| 관세사시험 대비 수험서 시리즈
| www.customsacademy.co.kr

TRADE PRACTICE & MANAGEMENT

관세사 시험 대비
무역실무
요약집

최권수 편저

관세사 합격자들이
반드시 추천하는 필독서

CONTENTS

Page 002　PART 1　무역의 기초

Page 020　PART 2　국제물품매매계약의 성립

022　제1장　매매계약의 본질
　022　　제1편 매매계약의 본질
　025　　제2편 매매계약의 성립과정
　027　　제3편 매매계약의 성립
　039　　제4편 매매계약의 법리

053　제2장　무역계약의 기본조건
　053　　제1편 품질조건 (QUALITY TERMS)
　060　　세2편 수량조건 (QUANTITY TERMS)
　064　　제3편 가격조건 (PRICE TERMS)
　065　　제4편 포장조건 (PACKING TERMS)
　066　　제5편 결제조건 (PAYMENT TERMS)
　067　　제6편 선적조건 (SHIPMENT TERMS)
　076　　제7편 보험조건 (INSURANCE TERMS)
　081　　제8편 분쟁해결과 법적 구제조건

088　제3장　정형거래조건과 Incoterms
　090　　제1편 Incoterms 자체
　093　　제2편 Incoterms 2020
　113　　제3편 Incoterms 개별규칙
　168　　제4편 FOB 및 CIF 매매조건

175　제4장　국제물품매매계약에 관한 유엔협약(CISG)
　175　　제1편 CISG 자체
　179　　제2편 개별 조문의 이해

Page 238　PART 3　국제물품매매계약의 이행

240　제5장　대금결제 _ 비신용장 방식
　241　　제1편 송금방식
　245　　제2편 추심결제방식

260		제3편 청산결제방식
262		제4편 국제팩토링
266		제5편 포피팅
270		제6편 전자결제

272	제6장	대금결제 _ 신용장 방식
273		제1편 신용장 일반
298		제2편 신용장의 실제
326		제3편 신용장관련 국제규칙

369	제7장	국제운송
369		제1편 국제운송 자체
373		제2편 해상운송
428		제3편 컨테이너 운송
430		제4편 복합운송
438		제5편 항공운송

467	제8장	해상보험
468		제1편 해상보험 개요
478		제2편 해상보험 계약
491		제3편 보험증권과 보험약관
512		제4편 해상위험과 해상손해
531		제5편 무역보험

PART 4 국제물품매매계약의 종료
Page 576

578	제9장	국제물품매매계약의 종료
578		제1편 무역계약의 종료(해제, 소멸)
579		제2편 계약위반
584		제3편 무역클레임
591		제4편 상사중재

PART 5 기출문제 모음
Page 614

최권수
무역실무
Summary

PART 1

제1편
무역의 기초

1. 무역의 의의
2. 무역의 대상
3. 무역의 특수성 (특성)
4. 무역의 형태(유형 / 종류)

> 1. 무역의 의의
> 2. 무역의 대상
> 3. 무역의 특수성(특성)
> 4. 무역의 형태(유형 / 종류)

1. 무역의 의의

(1) 무역의 의의
① 협의 : 상이한 국가 간에 물품(goods)을 대상으로 이루어지는 상거래
② 광의 : 물품 뿐만 아니라 기술, 용역 및 자본을 포함한 모든 대외적 경제거래

(2) 무역실무의 연구(연구영역)
① 무역상담과 교섭력에 관한 연구
② 국제상관습에 관한 연구
③ 국제무역관련 법규에 관한 연구
④ 주계약인 매매계약과 종속계약인 운송, 보험, 결제에 관한 연구
⑤ 상거래 분쟁 예방 및 해결에 관한 연구

2. 대상

① 물품 ② 기술 ③ 용역 ④ 자본 ⑤ 서비스

3. 특수성(특징)

① 다수의 위험이 존재
② 해상의존성
③ 산업연관성
④ **국제상관습 의존성**
⑤ **다수의 종속계약이 수반**
⑥ **불특정, 선물거래가 주종**
⑦ 교섭의 복잡성
⑧ 국가에 의한 관리
⑨ 각종 보조수단의 활용

4. 형태(종류/유형)

- 무역의 형태 Tool
    1. 의의 – 분류기준 및 주요 특징 등
    2. 정의(대외무역관리규정 활용 要 _ 특정거래형태)
    3. 활용 (1) 효용 (2) 필요성 (3) 적합한 거래
    4. 특징 (1) 소유권 (2) 대금지급 (3) 계약 수 (4) 환거래
    5. 거래절차(거래구조, 매커니즘)
    6. 장점 및 단점
    7. 실무 적용시 유의점(이행)
        ① 형태 + 결제
        ② 형태 + 운송
        ③ 형태 + 보험
    8. 타 형태와의 비교
    9. 대외무역법 관련 규정
        (1) 특정거래형태
        (2) 수출입실적

무역은 **상관습, 시대의 변천, 무역정책, 보는 관점** 등에 따라 여러 가지로 구분

(1) 물품의 이동방향
① 수출무역
② 수입무역

(2) 물품의 형태
① 유형무역
② 무형무역

(3) 제3국 개입
① 직접무역
② 간접무역(중개무역/중계무역/통과무역/스위치무역/우회무역 등)

(4) 연계무역
- ① 물물교환
- ② 구상무역
- ③ 대응구매
- ④ 제품환매
- ⑤ 산업협력
- ⑥ 기타(청산계정을 통한 연계)

(5) 연계무역과의 유사거래
- ① 절충교역거래(off-set trade)
- ② 선구매(advance purchase)

(6) 가공방식
- ① 위탁가공무역 + 외국인도수출 / 외국인수수입
- ② 수탁가공무역 + 외국인도수출 / 외국인수수입

(7) 판매방식
- ① 위탁판매수출(cf. BWT, CTS)
- ② 수탁판매수입

(8) 임대방식에 따른 분류
- ① 임대수출
- ② 임차수입

(9) 물품의 인수도장소
- ① 외국인수수입
- ② 외국인도수출

(10) 기타
- ① OEM
- ② ODM
- ③ 개발수입
- ④ 녹다운방식
- ⑤ 각서무역
- ⑥ 플랜트수출

P1 제3국 개입 여부에 따른 분류

1. 직접무역
2. 간접무역(중개무역/중계무역/통과무역/스위치무역/우회무역 등)

Q1. 중계무역

1. 의의
- 간접무역(제3자 개입)
- 중계차익 확보
- 신용장의 양도, Swtich B/L, Third party B/L

2. 정의(대외무역관리규정)

<u>수출할 것을 목적으로</u> 물품 등을 수입하여 「관세법」 제154조에 따른 보세구역 및 같은 법 제156조에 따라 보세구역외 장치의 허가를 받은 장소 또는 「자유무역지역의 지정 등에 관한 법률」 제4조에 따른 자유무역지역 이외의 <u>국내에 반입하지 아니하고 수출하는 수출입</u>

3. 효용(장점, 단점) **적합한 거래**

(1) 효용

중계무역은 중계업자의 입장에서 볼 때, 시간·인력 및 경비를 절감하면서 중계수수료를 취득하거나 자국 물품의 공급능력에 한계가 있을 때 능동적으로 대처할 수 있음.

(2) 단점

최종 수입국의 무역정책에 혼란을 가져올 수 있기 때문에 최종 수입국은 중계국에 대하여 수입금지 또한 제한 등 보복조치를 취할 수 있음에 유의

4. 특징

① 거래의 수 : 독립된 거래(2EA) vs 외국인도수출(1EA)
② 소유권 이전 : 있음(독립거래이므로) vs 외국인도수출(일반적으로 없음)
③ 제3자의 지위 : 거래의 주체(당사자) vs 중개무역(당사자 아님)
④ 영세율적용 : 적용가능(중계차익 : 수출실적) vs 외국인도수출(입금액 : 수출실적)

⑤ 물품의 이동 : 외국 -> 외국 vs 외국인도수출(외국 -> 외국)
⑥ 대외무역법상 규정
   1) 특정거래형태 – 해당
   2) 수출실적 – 인정범위, 인정금액, 인정시기, 확인 및 증명기관

5. 거래시 활용(거래의 실제)

(1) 양도가능신용장 (*결제-L/C의 종류, UCP 600 제38조)
(2) Switch B/L (*운송-선하증권의 종류)
(3) 제3자 B/L (*운송 및 결제-선하증권의 종류, UCP 600 제14조 k항)
(4) Stale B/L (*운송-선하증권의 종류, UCP 600 제14조 c항)

6. 타 형태와의 비교

(1) 외국인도수출 vs 중계무역(Q2 참고)
(2) 외국인수수입 vs 중계무역(Q3 참고)
(3) 중계무역 vs 중개무역(Q4 참고)
   (거래의 당사자, 물품과 선적서류의 이동형태, 적용법률, 기타)

7. 대외무역법상 관련 규정

(1) 특정거래형태
(2) 수출실적 ① 인정범위 : 중계차액(수출 FOB – 수입 CIF)
           ② 인정시점 : 입금일
           ③ 확인 및 증명기관 : 외국환은행

8. 중계무역 下 물품인도방법 _ 중계무역 절차

(1) 직접 운송 – 제3자 서류 활용하는 방법
   - 통상 중계무역시 물품이 최초 수출국에서 최종수입국으로 직접 운송됨
   - 이 경우엔 상업송장을 제외한 B/L 등 선적서류를 제3자 서류로 하기로 함.
   - shipper (최초수출자), Notify Party(중계자/최종수입자), consignee(최종수입자)
   - 'Third party B/L' 활용
   - UCP 600 제14조 k항
   - 당사자 노출되어도 상관없는 거래

(2) 중계국에서 물품환적 - Switch B/L 활용하는 방법
- 어느 한쪽이 상대방에 알려지기를 꺼려하는 경우에 활용
- B/L 등 운송서류를 중계자가 재작성하여 최종수입자에게 제시
- Switch B/L 활용
- **당사자 노출에 대한 우려** 때문에, 중계국에서 물품 환적
- 송장대체, 어음대체 및 추가어음 발행

Q2. 외국인도수출 VS 중계무역

1. 의의 / 정의

2. 공통점
(1) 물품의 이동 : 외국에서 외국으로 이동
(2) 영세율적용
(3) 대외무역법상 특정거래형태
(4) 수출실적 인정 可

3. 차이점
(1) 거래의 수(계약관계) - 외국인도수출(1EA) vs 중계무역(2EA)
(2) 수출실적 인정범위, 인정금액 - 외국인도수출(입금액) vs 중계무역(중계차익)
(3) 소유권 이전 - 외국인도수출(통상 이전 X) vs 중계무역(이전 O)

Q3 외국인수수입 VS 중계무역

1. 의의

2. 공통점
(1) 물품의 이동 : 외국에서 외국으로 이동
(2) 대외무역법상 특정거래형태

3. 차이점
(1) 거래의 수(계약관계) : 외국인수수입(1EA) vs 중계무역(2EA)
(2) 소유권 이전 : 외국인수수입(통상 이전 X) vs 중계무역(이전 O)
(3) 수입실적 인정 범위 등 : 외국인수수입(지급액) vs 중계무역(수입실적 X)

Q4. 중개무역

1. 의의
간접무역 / 하나의 거래로 취급

2. 정의
수출국과 수입국의 중간에서 제3국의 중개업자가 중개하여 무역거래가 이루어지는 경우, 제3국의 입장에서 볼 때의 무역

3. 효용(적합한 거래)

4. 특징
(1) 소유권이전
(2) 거래의 수
(3) 대금결제
(4) 3자의 지위 : 당사자 性

5. 비교(중개 vs 중계)

물품의 인도방법, 즉 물품이 중계지를 경유하는지 여부를 기준으로 하는 것이 아니라 **중간상(제3자)이 계약의 당사자인지의 여부에 의함.**

(1) 공통점 : 제3자 개입(간접무역)
(2) 차이점 – 무역계약의 당사자인가? (당사자성)
  ① 거래관계(거래의 당사자)
  ② 분쟁의 당사자
  ③ 물품의 이동(통상) : 각각 vs 직접

P2 / 연계무역

1. 의의

(1) 의의

연계무역(counter trade)이란 수출과 수입이 연계된 무역거래 말하며, 동일한 거래당사자간에 수출과 수입이 연계된 무역거래로서 거래당사국간의 수출입의 균형을 유지하거나 통상협력의 수단으로 이용될 수 있음.

(2) 정의(대외무역관리규정)

'연계무역'이라 함은 물물교환(Barter Trade), 구상무역(Compensation trade), 대응구매(Counter purchase), 제품환매(Buy Back) 등의 형태에 의하여 수출·수입이 연계되어 이루어지는 수출입을 말한다.

2. 특징

(1) 정의
(2) 거래의 수(계약서)
(3) 환거래 및 상계
(4) 대응수입의무 전가(제3국)
(5) 대응수입의무 이행기간 및 대응수입비율
(6) 기타(특수신용장)
(7) 수출과 수입의 무역차액

3. 활용

주로 외화가 부족하거나, 완제품수출이 불가능한 개발도상국의 수출증대 및 신시장 개척 등을 위한 목적으로 시작됨. 또한 무역마찰 해소, 무역불균형 시정 등의 목적으로 미국, EU 국가 등 선진국 내에서도 활용되고 있음.

4. 종류

대응구매기간, 대금청산의 형태, 교환되는 상품과의 관계 등에 따라 구분
① 물물교환 ② 구상무역 ③ 대응구매 ④ 제품환매 ⑤ 산업협력 ⑥ 기타

- 의의
- 정의
- 거래의 수(계약서)
- 환거래 및 상계
- 대응수입의무 전가(제3국)
- 대응수입의무 이행기간 및 대응수입비율
- 기타(특수신용장)
- 수출과 수입의 무역차액

5. 유사거래형태

① 절충교역거래(off-set trade)
② 선구매(advance purchase)

☑ 연계무역의 유형

	의의 정의	거래의 수 (계약서)	환거래 및 상계	대응수입의무 전가(제3국)	대응수입의무 이행기간 및 대응수입비율	기타 (특수신용장)
물물교환		1	*x	*x		
구상무역		1				*
대응구매		*2				
제품환매		2				
산업협력		2				

구상무역신용장 : Back to Back L/C, Escrow L/C, TOMAS L/C

P3 판매방식

1. 위탁판매수출 (cf. BWT, CTS)
2. 수탁판매수입

Q1. 위탁판매수출

1. 의의

(1) 의의

위탁판매수출(trade on consignment sales)이란 수출상이 대금결제 없이 물품 등을 무환으로 수출하여 소유권을 유보하고, 수입상으로 하여금 당해 물품을 판매하도록 하고, 당해 물품이 판매된 범위 안에서 수출대금결제가 이루어지는 계약에 의한 수출을 말함.

(2) 정의(대외무역관리규정)

'위탁판매수출'이란 물품 등을 무환으로 수출하여 해당 물품이 판매된 범위 안에서 대금을 결제하는 계약에 의한 수출을 말한다.

2. 특징

(1) 소유권 : 소유권이 이전되지 않고 유보됨.
(2) 대금송금 : 수탁된 물품이 판매되면 판매된 금액의 범위 내에서 송금함.
(3) 판매수수료 : 위탁자는 판매대금의 일부를 판매수수료로 지급함.

3. 장점

(1) 수출자(위탁자) : 신규수출에 따른 위험제거, 새로운 해외시장개척 방법
(2) 수입자 : 수입에 따른 부담이 없으며, 부대비용 절감, 클레임 제기등의 불편 없음.

4. 유사거래

(1) BWT 거래
(2) CTS 거래

5. 청약의 유형과의 결합

- 반품허용조건부청약

Q2. BWT 거래

1. 의의 / 정의 2. 특징 3. BWT 수출 vs 일반 수출 4. BWT 수출의 장점 및 단점	5. 거래시 유의점 (+L/C) 6. 적합한 청약 7. 적합한 결제방식 8. 선하증권의 종류

1. 의의 / 정의

보세창고인도(Bonded Warehouse Transaction ; BWT)에 의한 수출입이라 함은 수출상이 자신의 위험과 비용부담으로 수입국의 보세창고에 반입하여 보관하고 있는 상태에서, 자신의 지사 또는 대리인을 통하거나 또는 자신이 직접 수입상과 무역계약을 체결하여 수입국 보세창고에서 직접 물품인도가 이루어지는 거래형태를 말함.

2. 특징

(1) 매수인 미정상태의 수출
(2) 수출상의 소유권 유보
(3) 수출상의 위험 및 비용부담
(4) 수입통관 미필상태의 보관

3. BWT 수출 vs 일반수출

일반수출은 매매계약의 상대방이 확정된 상태에서 수출이이 이루어지나, BWT 수출의 경우 일반적으로 매매계약의 상대방이 확정되지 않은 상태에서 수출이 이루어짐.

4. BWT 거래의 장점 및 단점

(1) BWT 거래의 장점

① 판매기회의 확보
② 매수인의 충분한 물색
③ 수출용원자재의 수출입 : 시간단축의 필요성에서 장점
④ 점검매매 : 매매계약 체결하기 전에 보관되어 있는 물품을 사전에 확인 가능

(2) BWT 거래의 단점
   ① 수출상의 위험 및 비용부담 : 미판매시 반송에 따른 위험 및 비용부담
   ② 결제방식의 제한 : 화환취결시 많은 시간 소요(COD, TT가 적절)
       - UCP 600 제14조 c항 / Stale B/L Acceptable

5. 거래시 유의점(+ 신용장거래) (형태 + 결제)

(1) Stale B/L(기한경과선하증권)
   BWT 거래시 화환신용장 방식을 이용한 결제를 할 경우 제시된 B/L은 기한경과선하증권(Stale B/L)이 될 가능성이 높음

(2) UCP 600 제14조 c항(서류 제시기간)
   UCP 600 제14조 c항에 따라, 운송서류의 원본의 제시는 <u>선적일로부터 21일 이내에 제시</u>되어야 하나, BWT 거래에 의한 선하증권은 Stale B/L이 되어 **신용장 거래시 수리거절** 될 수 있음.

(3) 신용장 거래시 대응방안
   ① "Stale B/L Acceptable(기한경과선하증권 수리가능)" **문구(조건) 삽입**
   ② "Documents presented later than 21 days after the date of shipment acceptable"
      (선적일 후 21일 보다 늦게 제시되는 서류 수리가능) 문구(조건) 삽입

7. 적합한 청약(형태 + 청약)

점검매매조건부 청약

8. 적합한 결제방식(형태 + 결제)

COD, T/T

9. 선하증권의 종류(형태 + 운송)

Stale B/L(기한경과선하증권)

P4 / 물품의 인수도장소

Q1. 외국인도수출

1. 의의 / 정의

'외국인도수출'이라 함은 '수출대금은 국내에서 영수하지만 국내에서 통관되지 아니한 수출물품 등을 외국으로 인도하는 수출을 말한다.' (대외무역관리규정)

2. 특징

(1) 거래의 수 : 1개의 거래
(2) 소유권 이전 : 통상 도급형태 거래시 소유권 이전 안됨.
(3) 수출실적 : 수출실적 인정(인정범위, 인정대상, 인점시점)
(4) 물품의 이동 : 외국 -> 외국
(5) 영세율 : 영세율 적용

3. 효용 및 적합거래

(1) 효용

해외에서 사용한 기자재 등을 국내에 반입하여 다시 수출절차를 밟을 경우 생기는 비용과 시간을 절약하기 위한 방안

(2) 적합거래

플랜트수출, 해외건설, 해외투자 등 해외사업현장에서 필요한 기자재를 외국인수수입형태로 구입하여 사용한 후 국내로 반입하지 않고 다시 매각한다든지 또는 항해중이거나 어로작업 중인 선박을 현지에서 수출하고자 할 경우에 주로 사용하는 거래형태.

4. 대외무역법상 규정

(1) 특정거래형태
(2) 수출입실적

5. 거래의 실제

+ 위탁가공무역과 결합 가능성

6. 타 거래형태와의 비교

vs 중계무역(P1의 Q2참조)

P5 가공무역

1. 위탁가공무역
2. 수탁가공무역

Check Point

1. 위탁가공무역 및 수탁가공무역
2. CISG 제3조(서비스 계약 제외)
3. 관세법 上 해외임가공면세
4. 관세평가 上 생산지원비 과세

1. 의의

(1) 의의

가공무역(processing trade, improvement trade)이란 가득액의 획득을 위하여 수입상이 수탁자로서 대상 원자재의 일부 또는 전부를 거래 상대방의 위탁에 의하여 외국에서 수입하여 이를 가공한 후, 다시 위탁자 또는 그가 지정하는 자에게 수출하는 경우의 거래를 말한다. 가공무역은 위탁가공무역과 수탁가공무역으로 구분할 수 있다.

(2) 정의(대외무역관리규정)

'위탁가공무역'이라 함은 '가공임을 지급하는 조건으로 외국에서 가공(제조, 조립, 재생, 개조를 포함)할 원료의 전부 또는 일부를 거래 상대방에게 수출하거나 외국에서 조달하여 이를 가공한 후, 가공물품 등을 수입하거나 외국으로 인도하는 수출입을 말한다'.

'수탁가공무역'이라 함은 '가득액을 영수하기 위하여 원자재의 전부 또는 일부를 거래 상대방의 위탁에 의하여 수입하여 이를 가공한 후, 위탁자 또는 그가 지정하는 자에게 가공물품 등을 수출하는 수출입을 말한다.'

2. 효용

(1) 고도의 기술력을 활용
(2) 저렴한 노동력을 활용

3. 절차

4. 종류

(1) 위탁가공무역
(2) 수탁가공무역

P6 플랜트수출

1. 의의

플랜트수출이란 일반적으로 각종 상품을 제조, 가공하는데 필요한 기계, 장치 등의 하드웨어와 그 설치에 필요한 엔지니어링, 노하우, 건설시공 등의 소프트웨어가 결합된 생산단위체의 종합수출을 말한다.

2. 특징

(1) 수출금액이 크기 때문에 수출입은행 자금대출이 이루어짐.
(2) 수출이행기간 및 대금회수기간이 김.
(3) 상대국가와 경제협력의 수단으로 사용.
(4) 지식·기술집약적 산업의 수출.
(5) 수출선수금의 수령대상 : 외국환거래법 연계(외국환거래법 제16조 기간초과 지급 등)

3. 대외무역법상 규정 (대외무역법 제32조)
  (1) 의의

  (2) 플랜트수출의 범위
    - FOB금액 50만불 이상의 단순설비 수출
    - 일괄수주방식에 의한 수출
  (3) 플랜트수출 승인
  (4) 플랜트수출의 촉진

4. 외국환거래법상 규정
  (1) 의의
  (2) 지급 등의 방법(법 제16조)
  (3) 기간초과 지급 등

5. 결제방식과의 결합 이슈

   플랜트수출
   + 입찰보증 및 이행보증(보증신용장의 활용가능성)

최권수
무역실무
Summary

PART 2

제2편
국제물품매매계약의 성립

제1장 매매계약의 본질
제2장 매매계약의 기본조건
제3장 정형거래조건과 Incoterms
제4장 국제물품매매계약에 관한 유엔협약(CISG)

제1장 매매계약의 본질
제1편 매매계약의 본질
제2편 매매계약의 성립과정
제3편 매매계약 성립
제4편 매매계약의 법리

제2장 매매계약의 기본조건
제1편 품질조건 (QUALITY TERMS)
제2편 수량조건 (QUANTITY TERMS)
제3편 가격조건 (PRICE TERMS)
제4편 포장조건 (PACKING TERMS)
제5편 결제조건 (PAYMENT TERMS)
제6편 선적조건 (SHIPMENT TERMS)
제7편 보험조건 (INSURANCE TERMS)
제8편 분쟁해결과 법적 구제조건

제3장 정형거래조건과 Incoterms
Phase1. 정형거래조건
Phase2. 인코텀즈
　제1편 인코텀즈 자체
　제2편 인코텀즈 2020
　제3편 인코텀즈 개별조건
　제4편 FOB 및 CIF 매매조건

제4장 국제물품매매계약에 관한 유엔협약
제1편 CISG 자체
제2편 개별 조문의 이해
제3편 CISG와 Incoterms 비교

제1장 매매계약의 본질

제1편 매매계약의 본질
제2편 매매계약의 성립과정
제3편 매매계약의 성립
제4편 매매계약의 법리

제1편 매매계약의 본질

1. 의의

무역계약(trade contract)이란 서로 다른 국가영역 내에 영업소를 가진 매매당사자간에 체결되는 국제물품매매계약으로서, 매도인은 매수인에게 물품을 인도(물품의 소유권 이전)하기로 약정하고, 매수인은 이를 수령하고 그 대금을 지급할 것을 약정하는 계약

2. 대상

(1) 대상 : 물품(유체동산)
(2) 관련 근거
  ① CISG(제2조 ~ 제5조)
  ② Incoterms
  ③ 대외무역법
  ④ SGA, 한국민법, UCC

3. 특수성

(1) 당사자 자치(=사적자치 원칙 = 계약자유의 원칙)
(2) 다수의 종속계약수반
(3) 준거법문제 - cf 준거법결정의 일반원칙(주관주의, 객관주의)
(4) 상관습중시
(5) 상징적인도
(6) 불특정, 선물거래가 주종

4. 법적성질

(1) 낙성(합의)계약 ↔ 요물계약

　① 계약당사자의 합의만으로 성립되는 계약

　② <u>CISG 제6조, 제9조, 제2부, 제29조</u>

(2) 쌍무계약 ↔ 편무계약

　① 계약의 성립에 의하여 당사자 쌍방이 상호 채무를 부담하는 계약

　② CISG 제30조, 제53조

(3) 유상계약 ↔ 무상계약

　① 계약당사자가 상호 대가관계에 있는 급부를 할 것을 목적으로 성립되는 계약

　② 약인(consideration)의 법리

(4) 불요식계약 ↔ 요식계약

　① 계약체결에 아무런 방식도 요구하지 않는 계약

　② CISG 제11조

5. 매매계약의 종류

(1) 개별계약

　거래할 때마다 거래단위별로 거래조건에 대해 합의하는 방식으로 체결되는 계약

(2) 포괄계약(장기)

　동일한 매매당사자간에 동일한 품목을 거래하는 경우 일반거래조건에 대해 포괄적으로 합의하는 방식으로 체결하는 계약

(3) 독점계약

　특정품목의 거래에 있어서 수출업자는 수입국의 지정 수입업자 외에는 동일한 품목을 청약하지 않으며, 수입업자도 동일한 품목을 수출국의 다른 업자들과는 취급하지 않는다는 상호간의 조건에 따라 이루어지는 계약

(4) 대리점계약

　① 수출업자가 해외의 매수인과 직접 교섭하지 않고 중개인(판매 대리점)을 경유하여 판매하거나(판매 대리점을 통한 수출), ② 수입업자가 해외의 기업(구매대리점)에 수입상품의 구매를 위탁하고, 그 수탁자가 이에 기초하여 구매한 물품을 수입하는 것(구매대리점에 의한 수입)

6. 매매계약의 기본원리(법리)

(1) 의의

(2) 계약자유의 원칙

  ① 의의

  ② 주요내용

    ⓐ 실질법적 당사자 자치의 원칙

    ⓑ 저촉법적 당사자 자치의 원칙

    ⓒ 소송상의 당사자 자치의 원칙

  ③ 계약자유의 원칙의 한계

(3) 신의성실의 원칙

  ① 의의

  ② 주요 내용 및 기능

    ⓐ 실질이행의 원칙

    ⓑ 모순행위 금지의 원칙

    ⓒ 사정변경의 원칙

    ⓓ 실효의 원칙

제2편 매매계약의 성립과정

1. 해외시장조사

(1) 의의

① 해외시장조사는 수출입거래의 최초 단계
② 정치·경제·문화·사회·풍토·기후·언어 등 목적시장의 일반적인 환경을 조사한 다음 상관습, 무역관리제도, 시장특성, 유통경로, 경쟁대상, 거래처 등 당해 상품과 관련된 정보를 조사하는 것

(2) 필요성

(3) 내용

(4) 방법

① 무역통계자료를 이용한 조사
② 무역유관기관을 통한 조사
③ 주한외국공관을 이용한 조사
④ 광고회사를 통한 조사
⑤ 자체시장조사
⑥ 인터넷을 이용한 조사

2. 거래처 발굴

3. 거래제의

4. 조회/회신

5. 신용조회(신용조사)

(1) 의의

① 당사자 간의 신뢰관계가 형성되어야만 무역거래가 이루어지므로, 무역계약을 체결하기 전에 거래상대방의 신용을 반드시 조사해야 함.
② 신용조사(credit inquiry)는 거래상대방의 계약의무의 이행능력을 사전에 조사하여 장래의 의무이행에 대한 확실성을 측정하는 것을 말함

(2) 필요성

거래상대방의 신용상태를 확인하는 것은 향후 거래의 가능성을 판단함과 동시에 **위험요소를 사전에 예방한다는 점에서 무역거래의 가장 기본적이고 중요한 사항임**

(3) 내용(요건)

① Character(상도덕) - 가장 중요함(Market claim 방지 기능)
② Capital(지불능력) - 대차대조표와 관련된 사항
③ Capacity(거래능력) - 손익계산서와 관련된 사항

(4) 방법

(5) 영향(중요성) : 위험회피의 근본적 내용

① 대금지급관련(신용위험 등)
② 클레임 해결 및 예방

6. 청약/주문

7. 승낙/주문승낙

8. 성립

제3편 매매계약의 성립

제1절 매매계약의 성립요건 제2절 청약의 법리	제3절 승낙의 법리 제4절 무역계약의 문서화 유형

제1절 매매계약의 성립요건

1. 의의

매매계약은 매도인이 물품의 인도를 약속하고 매수인은 그 대가로 물품대금지급을 제공할 것을 조건으로 체결되는 계약이므로, 일방 당사자의 청약과 상대 당사자의 승낙에 의하여 계약이 성립함.

2. 합의(의사의 합치)

합의는 계약성립을 위한 본질적인 요소로서, 당사자는 계약의 조건에 합의해야 하고, 동일한 거래에 대한 상호간의 동의를 서로에게 표시해야 한다. 통상적으로 합의는 청약과 승낙에 의해서 입증됨.

3. 형식

(1) 대륙법계 : 불요식
(2) 영미법계
  ① 요식 - 날인증서, 법정서식
  ② 불요식 - 약인(consideration)

4. 법률적 의사표시 및 구속의 의사표시

5. 당사자의 행위능력, 적법성, 진정성, 강행성(구속성) 등 _ 효력발생요건

> **Q. '약인(Consideration)'**
>
> 1. 의의 - 영미법계 고유개념, 대가의 상호교환
> 2. 약인의 요건
>   ① 실제적
>   ② 과거의 약인은 될 수 없다.
>   ③ 적법한 것
>   ④ 수약자에 의해 제공된 것
> 3. 약인의 중요성
> 4. 국제계약상 약인이론

제2절 청약의 법리

1. 의의

청약(offer)이란 일반적으로 청약자(offeror)가 피청약자(offeree)에게 계약을 체결하고자 하는 확정적 의사표시를 말함. 청약은 매매관계에 있는 당사자의 일방이 그 상대방의 승낙(acceptance)과 아울러 일정조건의 매매계약을 기대하고 행하는 의사표시임.

2. 청약의 요건(CISG 제14조)

(1) 대상의 특정성(vs 청약의 유인)
(2) 내용의 확정성 : 물품명세(goods), 수량(quantity), 가격(price)
(3) 의사의 구속성

> **제14조** (청약의 기준)
>
> (1) 1인 이상의 특정한 자에게 통지된 계약체결의 제안은 그것이 충분히 확정적이고, 승낙시 그에 구속된다는 청약자의 의사가 표시되어 있는 경우에 청약이 된다. 제안이 물품(goods)을 표시하고, 명시적 또는 묵시적으로 수량(quantity)과 대금(price)을 지정하거나 그 결정을 위한 조항을 두고 있는 경우에, 그 제안은 충분히 확정적인 것으로 한다.
> (2) 1인 이상의 특정한 자에게 통지된 것 이외의 어떠한 제안은 그 제안을 행한 자가 반대의 의사를 명확히 표시하지 아니하는 한, 이는 단순히 청약을 행하기 위한 유인으로만 본다.

3. 청약의 방법 및 대상

(1) 방법 : 통지(방법 제한 X ; 구두, 서면, 행위) - CISG 제11조
(2) 대상 : 1인 또는 특정인(CISG 제14조)

4. 청약의 효력발생(도달주의) : CISG 제15조 1항 + CISG 제24조

① 청약의 효력발생시기는 피청약자의 승낙의 효력이 발생하는 시기와 연계되며, 청약의 유효기간을 기산하는 기산일이 되기 때문에 중요함.
② '청약은 피청약자에게 도달한 때 그 효력이 발생한다'(CISG 제15조 제1항)

5. 청약의 효력소멸

(1) 승낙(CISG 제18조)
(2) 청약의 철회(CISG 제15조 2항)
(3) 청약의 취소(CISG 제16조)
(4) 청약의 거절(CISG 제17조)
(5) 반대청약(CISG 제19조)
(6) 실효(시간경과) (CISG 제18조)
    유효기간 : 명시적 지정 / 지정 X -> 합리적 기간
(7) 사망(영미 - 소멸 / 민법 - 영향 미치지 X)
(8) 후발적 위법

6. 청약의 유형(종류)

(1) 주체기준 : 매도청약 / 매수청약
(2) 발행지 기준 : 국내발행청약 / 국외발행청약
(3) **효력기준**(확정력 즉 구속력을 지니는 지 여부에 따라)
    ① **확정청약**(cf. 청약의 유효기간과 확정성) ; Firm Offer
    ② **불확정청약** ; **자유청약** ; Free Offer
(4) 특수청약
    ① 반대청약 : 원청약에 대한 거절이면서 새로운 청약(CISG 제19조)
    ② 교차청약 : 계약의 성립여부
        (영미법 : 관계중시 -> 불인정 / 대륙법 : 의사중시 -> 인정)
    ③ 조건부 청약

Q. 조건부청약

1. 의의

조건부청약은 부가된 조건의 성격에 따라 **확정청약, 불확정청약 또는 청약의 유인**이 될 수 있다.

2. 조건부청약

조건부청약이란 청약자의 청약내용에 어떤 조건이나 단서가 붙어 있는 청약이다. 이 청약은 대부분 피청약자의 승낙만으로는 계약이 성립되지 아니하고 다시 청약자의 최종확인이 있어야만 비로소 법적인 구속력을 가진다.

3. 유형(종류)
  ① 최종확인조건부 청약 ; 불확정청약
  ② 재고잔류조건부 청약 ; 불확정청약
  ③ 선착순매매조건부 청약
  ④ 점검매매조건부 청약(cf 유사형태 - BWT, COD) ; 확정청약
  ⑤ 반품허용조건부청약 ; 확정청약(cf. 위탁판매수출과의 결합)
  ⑥ 시황조건부청약 ; 불확정청약

4. 예시

5. 거래시 유의점
  - 손해배상청구의 우려

Q. 조건부 청약의 종류

- 최종확인 조건부 청약
  1. 자체
  2. 조건부청약
  3. 청약의 유인
  4. 불확정청약

- 재고잔류 조건부 청약
  1. 자체
  2. 조건부청약
  3. 불확정청약

- 선착순매매 조건부청약
  1. 자체
  2. 조건부청약

- 점검매매조건부청약
  1. 자체
  2. 조건부청약
  3. BWT 거래와의 결합
  4. 확정청약
  5. 대금결제조건과의 결합(COD / TT)

- 반품허용조건부청약
  1. 자체
  2. 조건부청약
  3. 위탁판매수출과의 결합
  4. 확정청약

- 무확약 청약 ; 시황조건부 청약
  1. 자체
  2. 불확정청약

7. 청약의 유인

(1) 의의

청약의 유인이란 청약의 준비행위이며 계약체결의 예비적 교섭으로 타인을 유혹하여 자기에 청약하도록 하는 행위를 말한다.

(2) 효력

유인된 자가 의사표시를 하여도 **계약은 성립되지 않으며** 다시 유인한 측으로부터 승낙의 표시가 있어야 비로소 계약이 성립되는 것이다.

(3) 청약의 유인에 따르는 계약체결과정

(4) 형태(유형)

일반적으로 ① 최종확인조건부청약 ② 권유장 ③ 광고 등

(5) 청약의 유인에 따른 매매계약
- 계약의 성립문제
- 청약과의 구별기준 : 상대방의 수락으로 인한 계약 성립의 여부

(6) <u>청약과의 구별기준</u> (절대적 기준을 구할 수 없으나, 일반적으로)
① 계약의 성립여부
② 청약자의 의도
③ 청약의 대상(특정인 / 불특정인)
④ 당사자간 거래 관계 등
⑤ 거래성립절차

(7) 유의점

청약과 청약의 유인간의 오해로 인하여 분쟁이 발생하지 않도록 청약의 의사가 분명한 경우에는 '유효기간' 및 '확정적'이라는 문언을 명시하여 청약의 유인과 분명히 구별될 수 있도록 해야 한다.

제3절 승낙의 법리

1. 의의 / 정의

1) 의의 : 계약 성립에서 갖는 의미 / 경상의 원칙(mirror image rules)
2) 정의 : 청약(offer)에 대한 승낙(acceptance)은 계약성립을 완성시키는 행위이며 승낙은 피청약자가 청약자에 대하여 청약에 응하여 계약을 성립시키는 것을 목적으로 행하는 의사표시이다.

2. 승낙의 방법 / 원칙

(1) 방법

① 지정한 경우 : 지정한 방법
② 지정하지 않은 경우 : 합리적인 수단

(2) 원칙
① 경상의 원칙 : 절대적(absolute), 무조건적(unqualified), 무수정적, 최종적
② 경상의 원칙 완화

3. 승낙의 요건

① 승낙의 내용은 청약의 내용과 완전하게 일치해야 하고,
② 승낙은 절대적, 최종적, 무조건적이어야 하고,
③ 승낙은 청약의 효력기간 내에 행해져야 하고,
④ 승낙의 방법이 지정되어 있는 경우에는 그 방법에 따라야 하고,
⑤ 청약이 특정인에게 행해진 경우에는 그 당사자만이 승낙하여야 한다.

4. 승낙의 효력발생(개별 법제별 이해 要)

(1) 의의 - 계약의 성립시기와 연관되므로 매우 중요함.

(2) 효력발생시기에 관한 이론
① 발신주의
② 도달주의
③ 요지주의
④ 표백주의
   * 요지주의나 표백주의는 그 효력발생이 자의적이고 입증하는데 주관적인 요소가 있기 때문에 무역계약시에 채택하지는 않음.

(3) 효력발생시기(각 법제)

승낙의 효력발생시기를 보면 영미법계는 물론 대륙법계에서도 승낙의 의사표시에 관한 일반원칙으로 도달주의를 채택하고 있다. 그러나 승낙의 의사표시에서 대화자간이나 격지간에는 도달주의 또는 발신주의를 채택하는 국가들이 있다.

			한국법	일본법	영국법	미국법	독일법	비엔나협약
의사표시일반원칙			도달주의	도달주의	도달주의	도달주의	도달주의	도달주의
승낙의의사표시	대화자간	대면	도달주의	도달주의	도달주의	도달주의	도달주의	도달주의
		전화	도달주의	도달주의	도달주의	도달(발신)	도달주의	도달주의
		텔렉스	도달주의	도달주의	도달주의	도달(발신)	도달주의	도달주의
	격지자간	우편	발신주의	발신주의	발신주의	발신주의	도달주의	도달주의
		전보	발신주의	발신주의	발신주의	발신주의	도달주의	도달주의

(4) 유의점

무역거래에서 매매당사자가 어느 국가 또는 어느 지역이 도달주의 또는 발신주의를 채택하고 있는지 일일이 파악한다는 것은 사실상 번잡하고 어려운 일이다. 그러므로 무역계약을 체결하기 위하여 청약(offer)을 할 경우에는 승낙의 효력발생시기를 명확히 지정하는 것이 매우 중요하다.

5. 승낙의 효력소멸(도달주의 下)

(1) 철회(CISG 제22조) : 도달주의
(2) 취소, 해제 : 계약의 해제 관련

6. 유효하지 않은 승낙 / 계약이 성립될 수 없는 형태의 승낙

(1) 반대청약(CISG 제19조 1항)
(2) 부가조건부승낙(CISG 제19조)
(3) 지연승낙 ; 승낙의 연착 및 불착(CISG 제20조, 제21조)
(4) 침묵, 부작위(CISG 제18조)
(5) 모호한 승낙

Q1. 부가조건부승낙의 유효성

1. 의의 / 정의

2. 내용

(1) 원칙(경상의 원칙) - 유효한 승낙이 아님
(2) 완화(경상의 원칙 완화) - 승낙의 유효성 인정

3. CISG의 규정 (CISG 제19조)

(1) 원칙 : 반대청약구성(제19조 1항)
(2) 유효성 : 실질적 변경을 구성하지 않으면 - 유효한 승낙 O (제19조 2항)
(3) 단서(조건) : 청약자 - 반대/취지 통지를 발송하지 않아야(제19조 2항 단서)

(4) '실질적 변경'기준(QQPPS)

가격, 대금지급 방식, 물품의 수량과 품질, 물품인도의 시기 및 장소, 일방 당사자의 타방 당사자에 대한 책임의 범위, 분쟁해결 (6가지)

제19조 (변경된 승낙의 효력)

(1) 승낙을 의도하고는 있으나 이에 추가, 제한 또는 기타의 변경을 포함하고 있는 청약에 대한 회답은 청약의 거절(rejection of the offer)이면서 또한 반대청약(counter-offer)을 구성한다.

(2) 그러나 승낙을 의도하고 있으나 청약의 조건을 실질적(materially)으로 변경하지 아니하는 추가적 또는 상이한 조건을 포함하고 있는 청약에 대한 회답은 승낙을 구성한다. 다만 청약자가 부당한 지체없이 그 상위를 구두로 반대하거나 또는 그러한 취지의 통지를 발송하지 아니하여야 한다.
청약자가 그러한 반대를 하지 아니하는 경우에는, 승낙에 포함된 변경사항을 추가한 청약의 조건이 계약의 조건으로 된다.

(3) 특히, 대금(price), 지급(payment), 물품의 품질 및 수량(quality and quantity of the goods), 인도의 장소 및 시기(place and time of delivery), 상대방에 대한 당사자 일방의 책임의 범위 (extent of one party's liability to the other) 또는 분쟁의 해결(the settlement of disputes)에 관한 추가적 또는 상이한 조건은 청약의 조건을 실질적으로 변경하는 것으로 본다.

4. 거래시 유의점

5. 부가조건부 승낙의 문제점 및 해결방안

부가조건부 승낙시 CISG상 실질적 변경 내용에 해당되는 가 여부에 대한 문제를 고려하여 승낙자체만으로 그 효력을 미루지 말고 이를 부연하여 정식의 계약서에 모든 거래조건을 망라하여 당사자의 책임소재를 분명히 하도록 한다.

특히 이러한 부가조건부 승낙과 관련하여 서식의 전쟁이 무역계약에 등장하고 있으므로 거래당사자는 부가승낙에 대한 내용을 파악하고 다시 한 번 **완전합의 조항을 포함한 계약서의 작성을** 통해 불필요한 분쟁에 대비하여야 한다.

6. 서식의 다툼의 법제과의 관계

Q2. 지연승낙의 유효성

1. 의의

2. 내용
(1) 원칙(경상의 원칙) - 유효한 승낙이 아님.
(2) 완화(경상의 원칙 완화) - 승낙의 유효성 인정

3. CISG 규정
(1) 관련규정
  ① 제20조 3항 : 공휴일 - 다음날
  ② 제21조 1항 : 추인(청약자의 통지) - 승낙의 인정
    - 청약자 권리 제한 : 지체없이(악용방지를 위해)
  ③ 제21조 2항 : 사고로 지연된 승낙 - 정상적인 발송
    (적시도달, 청약자가 상실- 통지(제27조 발송주의)하지 않아야)
    - 계약의 성립을 예상하는 승낙자의 기대 보호
(2) 특징 : 실효 또는 무효에 대해서 청약자에 선택권 부여 - (제한:지체없이)

▌20조 (승낙기간의 해석)
(2) 승낙의 기간 중에 들어 있는 공휴일 또는 비영업일은 그 기간의 계산에 산입된다. 그러나 기간의 말일이 청약자의 영업소에서의 공휴일 또는 비영업일(non-business day)에 해당하는 이유로 승낙의 통지가 기간의 말일에 청약자의 주소에 전달될 수 없는 경우에는, 승낙의 기간은 이에 이어지는 최초의 영업일(first business day)까지 연장된다.

▌제21조 (지연된 승낙)
(1) 지연된 승낙(late acceptance)은 그럼에도 불구하고 청약자가 지체 없이 구두로 피청약자에게 유효하다는 취지를 통지하거나 또는 그러한 취지의 통지를 발송한 경우에는, 이는 승낙으로서의 효력을 갖는다.
(2) 지연된 승낙이 포함되어 있는 서신 또는 기타의 서면상으로, 이것이 통상적으로 전달된 경우라면 적시에 청약자에게 도달할 수 있었던 사정에서 발송되었다는 사실을 나타내고 있는 경우에는, 그 지연된 승낙은 승낙으로서의 효력을 갖는다. 다만 청약자가 지체 없이 피청약자에게 청약이 효력을 상실한 것으로 본다는 취지를 구두로 통지하거나 또는 그러한 취지의 통지를 발송하지 아니하여야 한다.

Q3. 서식의 다툼의 법제

1. 의의

매매계약의 성립을 확신하고 있는 당사자가 교환한 계약서식(Forms)의 내용이 다르기 때문에 계약의 성립 그 자체에 대한 다툼이나, 계약의 성립을 인정하고 있더라도 어느 서식의 조항이 유효한가에 대하여 당사자 간에 발생하는 다툼

2. 서식다툼에 관한 법제

(1) 영미보통법
  ① 원칙 : 경상의 원칙
  ② 완화 : 최후송부우선의 원칙(The Last Shot theory) / 한계 : 지나치게 경직

(2) 대륙법 – '경상의 원칙' 고수
(3) CISG – '최후송부서식 우선의 원칙'과 유사(CISG 제19조)
(4) UCC – '경상의 원칙' 대폭 완화 / Knock-Out Rules 수용하는 입장
(5) Knock-Out Rules(충돌제거이론)

3. 대책

  ① **충분한 사전합의**
  ② **완전합의조항**
  ③ **조건부서식 활용**

4. 전자계약시 서식의 논쟁 및 대처방안

제4절 무역계약의 문서화 유형

1. 의의

무역계약은 낙성계약이기 때문에 구두의 약속에 의하든, 혹은 행위에 의하든 상관없이 당사자 간의 합의만 있으면 유효하게 성립. 불요식계약이기 때문에 반드시 서면으로 작성될 필요도 없다.

그러나 무역거래는 관습, 언어, 법률 및 통화가 다른 국가에 영업소를 두고 있는 당사자 간의 거래이기 때문에 당사자 간에 서로 합의하거나 약속한 내용을 문서로 작성하는 것이 후일의 분쟁을 피할 수 있는 방법이다.

2. 종류

(1) 물품매도확약서에 의한 방법
(2) 개별계약서에 의한 방법
    1) 매도계약서에 의한 방법
    2) 구매계약서에 의한 방법
(3) 일반거래조건협정서
    1) 의 의
    2) 일반거래조건협정서의 내용
(4) 양해각서(MOU)
    1) 의 의
    2) 양해각서의 효력

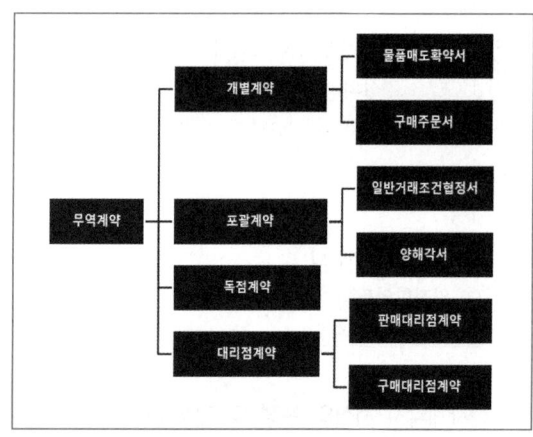

3. 중요성

제4편 매매계약의 법리

제1절 매도인의 중심이행과제

PART 1 소유권 이전

1. 의의
물품을 법률의 범위 안에서 사용, 수익, 처분할 수 있는 권리(민법 211)
-〉 물품에 대한 완전지배권 ; 재산권과 동의어로 사용
-〉 property, ownership, title ; 통상적으로 소유권의 의미로 사용됨

2. 소유권이전의 일반원칙(학설)

① 원칙
매매계약상의 **당사자 간의 합의내용과 준거법에 따라서 판단**하여야 하며, 실무적으로는 운송서류에 대한 권리자를 물품에 대한 소유권자로 이해한다.

② 소유권이전의 2대 법원칙(소유권 이전방식)
1) 의사주의 : 일, 영미, 프 - SGA
2) 형식주의 : 독, 한국, 민법 - CISG, Incoterms, UCC
-〉 국제법상 소유권이전 : 소유권 이전시기에 대하여 국가마다 법률체계와 접근방법의 괴리가 매우 크기 때문에 서로 연결하기가 쉽지 않음 -〉 중요한 변수로서 점유권의 역할

3. 법제(소유권이전방법 및 시기)

① SGA(의사주의)
ⓐ 특정물 : 매매당사자가 이전을 의도할 때에 매수인에게 이전한다.
ⓑ 불특정물 : 물품이 특정되기까지는 그 물품의 소유권은 이전되지 아니한다.

② 민법(형식주의) : 의사주의 + 인도
③ UCC
ⓐ 현실적인도
매도인이 현실적 인도이행을 종료한 시기와 장소에서 소유권 이전

ⓑ 그렇지 않은 경우(현실적 인도에 의하지 아니하는 경우)
  ① 매도인이 권리증권을 교부하여야 하는 때 : 그 증권을 교부하는 시기와 장소
  ② 권리증권을 교부 필요하지 않고 계약체결시 목적물이 특정된 경우
    - 계약을 체결하는 시기와 장소에서 소유권 이전
④ CIF 계약에 관한 와르소 - 옥스포드 규칙
  선하증권을 매수인에게 인도한 때 그 소유권이 이전한다고 규정
⑤ CISG
  소유권 이전에 대한 구체적인 약정은 없이, 단지 매도인의 의무에 관하여 제30조에서 매도인은 소유권을 이전해야 한다고 <u>소유권 이전의 대원칙만 규정(30조, 4조 b항)</u>
⑥ Incoterms
  소유권의 이전에 관한 <u>규정이 없음</u> (소개문 Ⅱ. 7번 단락)

4. 실무
일반적인 무역거래에 있어 소유권 이전은 **선하증권의 발행방식과 그에 따른 적법한 배서 또는 교부에 의해서 결정**된다.

5. 소유권의 유보
- CIF 거래시 선하증권의 발행방식

선하증권 발행방식	선적시	대금지급시
① A. 단순지시식 　 B. 송하인지시식	수익이익만 이전	담보이익소멸 (전소유권 매수인에게 이전)
② 제3자 지시식	수익이익만 이전	담보이익소멸 (전소유권 매수인에게 이전)
③ 소지인식	수익이익만 이전	담보이익소멸 (전소유권 매수인에게 이전)
④ A. 매수인지시식 　 +매도인의 증권점유 　 B. 매수인지시식 　 +매수인에게 증권인도	A. 수익이익만 이전 B. 전소유권 이전	A. 담보이익소멸 (전소유권 매수인에게 이전)
⑤ 매수인기명식	전소유권 이전	

PART 2 점유권이전(인도)

1. 의의

국제물품매매계약의 이행에 있어서 물품의 인도의 중요성
-> 위험과 비용의 이전 및 지배권, 처분권을 비롯한 소유권 이전과 연결
계약이론상 인도의 시기, 인도의 장소, 인도의 방식 등의 요소로 논의.

2. 인도의 정의

점유 : 물품에 대한 사실상의 지배 또는 사실상의 물품보관
인도 : 매도인이 매수인으로 하여금 계약목적물을 점유하게 하는 것

3. 인도의 방식(방법)

(1) 현실적 인도와 추정적인도

　① 현실적 인도
　② 추정적 인도
　　　ⓐ 양도승인에 의한 인도 : 간이양도, 점유개정, 목적물반환청구권에 의한 양도
　　　ⓑ 상징적 인도

(2) 적출지인도와 양륙지 인도
(3) 단순인도와 복합인도
(4) 직접인도와 간접인도

4. 인도의 시기 및 장소 : CISG 중심

(1) 인도의 시기(CISG 제33조) : 인도시기는 계약의 본질

　① SGA - 약정 O - 약정기간
　　　　　　약정 X - 합리적 기간 이내에(SGA 29-3)

　② CISG 제33조
　　　ⓐ 기일 : 기일 + CISG 제9조
　　　ⓑ 기간 : 기간내(Incoterms A2 : 규정된 날짜 또는 기간 내)
　　　ⓒ 규정 없는 경우 : 계약체결 후 합리적인 기간 이내

③ Incoterms 2020 : A2, B2
④ 실무상 : 구체적으로 합의하는 것이 좋다.
　　(ex. 선적일, 본선적재일, 수탁일, 발송일 등)

(2) 인도의 장소(CISG 제31조)

　① SGA - 매도인의 영업장소가 없는 경우 매도인의 주소지
　　　　- 특정물 : 계약체결시 알고 있는 장소

　② CISG - 제31조
　　ⓐ 합의가 있는 경우 : 합의장소
　　ⓑ 운송을 포함하는 경우 : 물품을 최초의 운송인에게 현실적으로 제공하는 곳
　　ⓒ 운송을 포함하지 않는 경우로 특정물, 특정재고, 특정장소를 알고 있는 경우 :
　　　특정장소 -> 매도인이 물품을 매수인의 임의처분
　　ⓓ 기타 : 매도인의 영업소

　③ Incoterms 2020 - A2
　　계약에서 지정된 장소, 구체적인 장소는 계약조항 및 각 개별조건에 규정

　④ 민법
　　ⓐ 특정물의 경우 : 계약체결 시 물품이 존재하고 있는 장소
　　ⓑ 불특정물의 경우 : 매수인의 영업장소(지참채무원칙)

5. 인도수량

　① 계약적합수량 인도 : CISG 제35조 1항
　② 부족수량 인도 : 매수인의 거절 -> 만약 수령, 비율에 의하여 대금지급
　③ 초과수량 인도 : 매수인의 거절 -> 만약 수령, 비율에 의하여 대금지급(CISG 제52조 2항)

6. 인도에 수반하는 의무

1) 물품의 특정과 통지
　　① CISG
　　② Incoterms

2) 운송계약 및 보험계약의 체결
　　① 운송계약
　　② 보험계약

PART 3 위험의 이전

1. 의의

위험 : 물품의 멸실 또는 손상의 염려가 있는 상태

위험부담 : 매매당사자의 일방이 그 물품의 손실을 부담하는 경우

위험부담자 : 매매의 목적물이 매도인의 과실도 매수인의 과실도 아닌 원인으로 멸실, 손상된 경우에 그 손해를 부담하는 자

위험의 이전 : 위험을 부담할 책임이 매도인으로부터 매수인에게로 이전하는 것

위험의 이전은 소유권 이전과 함께 매매계약 당사자 간에 이해관계가 자주 문제되는 부분으로 위험부담 및 위험의 이전시점을 분명하게 설정하여야 한다.

2. 위험이전의 일반원칙

전통적으로 물품의 위험은 소유자가 부담하며 일반적으로 소유자주의(채권자 주의)

그러나 현대의 무역거래가 물품의 원격지로의 운송, 화환어음결제에 따르는 환위험의 존재 등의 많은 위험이 따르게 되자, 소유권의 이전과 위험의 이전을 분리시켜 소유권이 이전하지 않아도 위험이 이전될 수 있음이 인정되고 있다. 즉 소유자주의에 많은 변화가 있으며 각 국의 법제와 국제무역법규상에는 위험의 이전시기가 상이하게 규정되어 있다.

3. 위험이전에 관한 제규정

① SGA : 위험은 소유권과 함께 이전(소유자주의)
② CISG : 제66조 내지 제70조
③ Incoterms 2020 : A3, B3 조문별 정리
④ 민법 : 쌍무계약에서의 위험부담에 관하여 당사자 일방의 채무가 당사자들의 책임없는 사유로 이행할 수 없게 된 때에는 채무자는 상대방에게 이행청구를 하지 못한다고 규정

4. 접근포인트

① 원칙과 예외
② CISG VS Incoterms 비교

위험부담 관련 법 원칙

1. 계약체결시 주의

원칙적으로 소유권의 이전을 내용으로 하는 계약체결과 동시에 위험도 이전하도록 정한 입법주의를 말한다. 즉 매매계약을 체결할 때 위험도 매수인이 부담하는 것을 원칙으로 하고 있다. 이는 로마법의 원칙에 근거를 두고 있으며 특정물의 매매와 가격에 대해 합의가 이루어지고 계약체결이 완료되면 그 이후부터 매수인이 위험을 부담한다. 그러나 계약체결시주의는 많은 경우 매수인이 물건을 점유도 소유도 하지 아니하였음에도 불구하고 매매대금을 지급하여야만 하는 점에서 형평에 어긋난다는 비판을 받는다. 뿐만 아니라 실무에서는 계약체결의 시점이 정확히 언제인지 명확하지 아니한 경우나 허다하나, 나아가 이 원칙은 매매계약의 쌍무계약성과 모순된다.

2. 소유자 위험부담주의

계약상 물품의 소유자가 물품의 멸실이나 손상 등에 대한 위험을 부담하는 입법주의이다. 매매관계에서 소유권 관계의 변동에 따라 모든 문제를 해결하려고 하였기 때문에 위험부담도 그러한 관점에서 취급된 것뿐이지, 위험부담문제만이 별도로 소유권자위험부담주의라는 독특한 원리가 생긴 것은 아니다. 그러한 소유권자위험부담주의는 소유권이전의 시점 자체가 불분명한 경우가 많아서, 이 경우에는 당사자의 의사를 추정하는 방법으로 그 시점을 정하였다. 당사자의 의사를 추정하는 과정에서 법관의 자의적인 판단을 야기하였으며, 결과적으로 법적 불안정을 야기하였다. 그리하여 UN국제물품매매법을 비롯하여 미국의 통일상법전(UCC), 독일의 민법전 등 현대의 매매법은 모두 인도주의로 통일하여 가는 추세이다. 영미법의 보통법, 영국의 1893년의 동산매매법(SGA), 미국의 통일매매법(USA) 및 프랑스의 1816년 민법은 소유자위험부담주의를 취하고 있다. 그러나 미국은 1952년 통일상법전(UCC)의 제정으로 넓은 의미의 인도주의를 채택하였다.

3. 인도주의

인도주의는 물건을 매수인에게 인도함으로써, 또한 그의 처분상태에 둠으로써 위험이 이전한다는 입법주의이다. 따라서 이 원칙은 매매계약상의 쌍무계약성과 일치한다. 즉, 인도함으로써 물건은 매수인의 지배 및 감시영역에 들어가게 되고 매도인은 인도로써 계약의 본질적인 부분을 이행한 것이며, 이로써 매매대금을 청구할 수 있게 된다. 인도주의는 위험이전의 시점에 관한 기준으로서 어떤 절대적인 원리가 아니라, 상관습을 기초로 하고 있다는 장점이 있다. 따라서 인도주의는 실용성의 관점에서 가장 나은 입법주의이다. 인도주의는 물건의 손해를 방지함에 있어 또는 이미 발생된 손해에 대하여 손해배상을 청구함에 있어, 그리고 손해를 부담함에 있어 가장 나은 위치에 있는 자에게 위험을 부담시킨다. 물건의 점유자가 위험을 부담한다면 물건의 멸실·훼손이 그 점유자의 귀책사유로 인한 것인지, 아니면 우연에 의한 것인지 문제되지 않고, 이로써 위험부담을 둘러싼 분쟁도 감소하게 될 것이다. 인도주의는 약간의 개별적인 수정을 거쳐 독일, 한국, 오스트리아 및 헤이그협약과 CISG 등 국제통일매매법에서 채택되었다.

PART 4 물품의 적합성

1. 물적 적합성

1) 수량적합성
① SGA
② CISG : 제35조 1항
③ 매매계약에서의 수량조건
④ 과부족용인조항
⑤ 개산수량조건

2) 품질적합성
① CISG
② UCC : 묵시담보로서의 물품의 적상성
③ 매매계약상 품질조건
④ 실제의 무역계약

3) 포장적합성
① CISG - 제35조 1항, 2항
② Incoterms 2020 - A8
③ 운송인의 면책 - 헤이그, 헤이그-비스비 규칙 등
④ 보험자의 면책 - 신ICC 제4조

4) 적합성의 결정시기
① CISG 제36조
② 실제적인 무역거래 ; 정형거래규칙

2. 법적 적합성
(1) 의의
(2) 제3자 청구권으로부터 자유로운 물품의 인도(CISG 제41조)
(3) 제3자의 지적재산권 등으로부터 자유로운 물품의 인도(CISG 제42조)
(4) 제3자의 권리에 대한 통지(CISG 제43조)
(5) 통지불이행의 정당한 이유(CISG 제44조)

PART 5 서류의 제공

1. Incoterms 2020 _ 당사자 의무
- A1 : 상업송장, 일치하는 증빙
- A6 : 인도서류

2. CISG _ 당사자 의무
- 제30조 (매도인의 일반의무)
- 제34조 (매도인의 서류제공의무)

3. UCP 600 _ 서류 심사 + 서류 일치성
- 선적서류(제18조 상업송장, 제19조 ~ 제27조 운송서류, 제28조 보험서류)
- 서류의 심사(제14조 ~ 제17조)

Q1. 소유권이전과 위험이전과의 관계

1. 소유권이전의 원칙과 위험이전의 원칙

영미법계는 소유권이전시점에 위험이 이전한다는 원칙, 즉 소유자가 위험을 부담한다는 원칙을 채택하여 소유권이전시점과 위험이전시점을 동일시하였다.

소유자가 위험을 부담하는 원칙은 소유권의 소유와 위험의 소재는 일치하며, 소유권을 가진 자가 위험을 부담하는 동시에, 소유권이 매도인으로부터 매수인에게 이전되면 위험도 이에 따라 매수인에게 이전된다. 그런데 영미법상 불특정물의 매매계약에서 소유권이 매수인에게 이전하는 것은 물품의 인도에 의하여 목적물이 특정된 때이므로 위험도 매수인에게 또는 운송인에게 물품을 인도한 때에 매수인에게 이전한다. 외견상 인도주의를 따르는 것으로 오해할 수 있으나 물품인도에 의하여 특정되고 동 시점에 소유권이 이전되므로 소유권이전시점, 위험이전시점, 인도시점이 동일하게 되는 것 뿐이다.

2. 소유권의 이전과 위험이전의 분리

소유권이전과 위험이전은 불가분의 관계이지만 국제무역의 특수성으로 인하여 권리증권인 선하증권의 등장과 대금결제과정에서 은행이 개입되는 등 거래관계가 복잡해짐에 따라 위험의 이전이 소유권 이전 이전에 발생하는 경우가 발생하는 등 소유권과 위험이 분리되는 현상이 발생하고 있다.

1) 국제무역에서 물품청구권을 포함한 권리증권인 '선하증권이 발행된 경우' 위험과 소유권이 분리된다. 매도인이 운송인에게 물품을 인도하고 선하증권을 수취하게 되는 데, 이 경우 매도인은 운송인에게 물품을 인도하면서 위험은 운송인에게 인도되지만 소유권은 매도인에게 유보된 상태이다. 국제매매계약은 국제운송이 필수적이며, 이러한 경우 매도인과 매수인이 아닌 운송인이 물품을 점유하는 구간이 생기기 마련인데, 이 경우에 이러한 현상이 자주 발생한다.
2) 대금결제에 '화환신용장을 활용'하는 경우에 위험과 소유권이 분리된다. 매도인이 선하증권과 자신이 환어음을 발행하여 은행에 매입할 때 발행은행을 지시인으로 하거나 발행은행을 지시인으로 배서한 선하증권을 제시한 경우에 '위험'은 운송인에게 물품을 인도하는 것과 동시에 '매수인'에게 이전되지만 '소유권'은 '발행은행'에 귀속된다.

3. CISG와 Incoterms 상의 규정

전통적으로 영미법계에서는 소유권이전시기에 따라 위험 및 비용이 이전되는 원칙을 적용하였으나, 소유권이전과 위험이전이 분리됨에 따라 소유권 이전 논쟁의 실익에 한계가 노출됨에 따라 CISG와 Incoterms에서는 소유권이전에 관하여 소극적인 입장을 취하고 있다.

CISG는 인도와 위험이전에 관하여 규정하고 있지만 소유권이전시기 등에 관하여는 규정하고 있지 않고, Incoterms에서도 매도인과 매수인 사이에 발생하는 물품의 멸실 또는 손상 등 위험이전의 문제는 정형거래조건별로 규정하고 있지만, 물품에 대한 소유권 이전에 관련된 문제는 규정하고 있지 않다.

실무적으로 실질적인 문제는 소유권이전문제 보다 점유권의 이전 및 위험의 이전이므로 CISG나 Incoterms 에서 규정하고 있는 인도 또는 위험이전에 관한 조항을 참조하면 굳이 소유권이 이전되는 시기를 결정하지 아니하여도 문제되지 않을 것이다.

Q2. 인도와 위험이전과의 관계

1. 인도와 위험이전의 원칙

매매당사자의 입장에서 물품의 인도가 매도인이 매수인에게 대금을 청구하기 위한 계약이행의 가장 본질적이고 실질적인 조건으로 매도인은 매수인의 대금지급을 정지조건으로 하여 물품을 인도한다고 볼 수 있다.

이 경우 매도인은 물품을 인도하고 인도의 증빙서류를 제공하면 자신의 인도의무가 종료되고 매수인에 대한 대금청구권이 발생한다. 이처럼 실무적으로는 물품의 점유권의 자발적 이전인 인도시점으로부터 매수인이 수익이익을 행사할 수 있으므로 점유권이전시기인 물품의 인도시점에 위험이 이전된 것으로 보는 입장이 우세해지고 있는데, 이를 위험이전의 '인도주의'라고 한다. 이처럼 Incoterms, CISG, UCC는 위험의 이전을 물품의 인도와 연관시키고 소유권이전 시기와는 연관시키지 않고 있다.

2. 국제법규상 인도와 위험의 이전

UCC 에서는 '손실위험은 매수인이 당해 물품을 수령할 때 그에게 이전된다. 그렇지 않으면 인도의 제공시에 위험은 매도인으로부터 매수인에게 이전된다.'라고 규정하여 현실적 점유의 이전 시점이나 인도시점에 위험이 이전되는 것으로 되어 있다.

Incoterms는 인도시점에 매도인으로부터 매수인에게 위험이 이전되는 원칙을 따르고 있다.

CISG 에서는 운송을 약정한 매매계약의 경우 최초의 운송인에게 인도한 때 위험이 이전하고, 운송 중의 물품의 매매의 경우 계약체결시에 위험이 이전하며, 운송을 약정하지 않는 매매계약의 경우 매수인이 물품을 인수할 때 위험이 이전한다고 규정하여 위험의 이전을 인도와 관련하여 규정하고 있다.

즉 Incoterms나 CISG는 위험의 이전을 물품의 인도와 연관시키고 계약 체결시나 소유권의 이전시기와는 연관시키지 않고 있다.

Q3. 소유권이전과 인도와의 관계

1. 개요

소유권이전은 위험이전 및 위험부담 등 여러 부문에 영향을 미칠 수 있다. 그러나 소유권이전에 관한 법제는 각각 상이하게 규정하고 있으므로 분쟁발생 시 많은 어려움에 처할 수 있다. 따라서 당사자는 계약서에 소유권 이전시기 등에 대해 명확히 약정하는 것이 바람직하다.

2. 소유권이전과 인도

국제매매계약에서 매도인이 인도에 관한 의무를 이행함으로써 소유권은 매수인에게 이전되고, 위험도 이전되는 것으로 볼 수 있다. 이후의 비용 역시 특약이 없는 한 매수인의 부담이다. 또한 매도인이 물품을 인도하면 매수인은 대금을 지불하여야 한다. 즉 매도인의 물품인도에 관한 의무는 매도인의 기본적 의무이며, 국제매매계약의 이행의 근본이며 인도가 행해지는 장소가 계약이행지가 된다.

3. 개별 법제

(1) UCC

매도인이 물품을 현실적으로 인도하면, 물품인도를 완료한 시기와 장소에서 소유권은 매수인에게 이전하게 하였다. 즉 소유권 이전시기와 물품의 인도시기를 동일시하였다.

(2) SGA

물품매매계약에서 인도란 점유의 자발적 이전이라 하고, 이와 관련하여 매도인이 물품을 매수인에게 전달할 목적으로 운송인에게 인도하는 것을 곧 물품을 매수인에게 인도하는 것으로 추정한다고 규정되어 있다. SGA에서는 인도와 소유권과의 관계를 직접 언급한 규정은 없다.

(3) 우리 민법

형식주의를 취하는 우리 민법에서는 인도를 소유권변동의 한 요건으로 규정하고 있다. 즉 '동산에 관한 물권의 양도는 그 동산을 인도하여야 효력이 생긴다.'라고 규정되어 있다.

(4) CISG

CISG에서는 인도의 정의에 관한 규정은 없으나, 제31조 내지 제34조에서 인도의무의 구체적인 내용을 규정하고 있다. 소유권과 관련하여서는 제30조에서는 매도인의 의무로서 소유권이전의 무가 있다는 것을 규정하고, 이외에는 소유권에 관해 전혀 관여하지 않겠다는 규정을 제4조에 명확히 하고 있다. 따라서 CISG 에서는 소유권의 이전은 인도와 연관하여 규정하고 있지 않다.

4. 국제매매계약에서의 실제

국제매매계약의 전통적인 방식에서 소유권의 이전과 인도의 시점은 동일하였다. SGA 제28조에 의하면, '별도의 합의가 없는 한, 물품의 인도 및 대금의 지급은 동시이행조건이다.'라고 규정한 인도의 시점은 소유권이전과 동일한 것이다.

그러나 법률상 소유권 이전과 인도는 분리될 수 있으며, 점유권은 이전되더라도 소유권이 이전되지 않는 경우가 자주 발생한다. 특히, 이러한 현상은 전술한 바와 같이 매도인이 소유권이전의 유보조항을 둔 경우, 권리증권인 '선하증권'을 발행한 경우, '화환신용장을 활용'한 경우, 대금지급을 정지조건으로 하여 소유권을 이전한 경우 등 권리증권의 등장과 신용장의 등장 등으로 인도와 소유권이전은 분리되어 소유권이전의 문제는 더욱 복잡하다.

제2절 매수인의 중심이행과제

PART 1 · 물품의 수령(CISG 제53조 + 제60조 + 제86조)

▎제60조(인도수령의 의무)
매수인의 인도수령의 의무는 다음과 같은 것으로 구성된다.
(a) 매도인에 의한 인도를 가능케 하기 위하여 매수인에게 합리적으로 기대될 수 있었던 모든 행위를 하는 것, 그리고
(b) 물품을 수령하는 것.

PART 2 · 대금의 지급(CISG 제54조 내지 제59조)

1. **대금의 지급을 위한 조치**(CISG 제54조)
   계약 또는 법률에 따라 요구되는 조치를 취하고 절차를 준수하는 것 포함

2. **대금이 불확정된 계약**(CISG 제55조)
   ① 원칙 – 합의
   ② 이외 : 유사사정하의 동종물품에 대해 묵시적 참조

3. **순중량에 의한 결정**(CISG 제56조)

4. **대금지급의 장소**(CISG 제57조)
   ① 원칙 – 합의(지정)장소
   ② 이외 – 매도인의 영업소, 물품 또는 서류와 상환으로 교부가 행해진 장소

5. **대금지급의 시기**(CISG 제58조)
   ① 원칙 – 합의
   ② 이외 – 물품 또는 서류를 매수인의 임의처분 하에 둔 때

6. **지급청구에 앞선 지급**(CISG 제59조)

PART 3 / 물품의 검사(CISG 제38조 물품의 검사기간)

1. 매수인은 그 사정에 따라 실행가능한 짧은 기간 내에 물품을 검사
2. 운송을 포함하고 있는 경우, 물품이 목적지에 도착한 이후까지 연기
3. 검사는 새로운 목적지에 도착한 이후까지 연기될 수 있음.

┃제38조 (물품의 검사시기)
(1) 매수인은 그 사정에 따라 실행가능한 짧은 기간 내에 물품을 검사하거나 또는 물품이 검사되어 지도록 하여야 한다.
(2) 계약이 물품의 운송을 포함하고 있는 경우에는, 검사는 물품이 목적지에 도착한 이후까지 연기될 수 있다.
(3) 물품이 매수인에 의한 검사의 상당한 기회도 없이 매수인에 의하여 운송 중에 목적지가 변경되거나 또는 전송(轉送)되고, 또한 계약 체결시에 매도인이 그러한 변경이나 전송의 가능성을 알았거나 또는 알았어야 하는 경우에는, 검사는 물품이 새로운 목적지에 도착한 이후까지 연기될 수 있다.

PART 4 / 하자의 통지(CISG 제39조 불일치의 통지시기)

1. 발견 또는 발견했어야 하는 때부터 상당한 기간 내에 통지
2. 그렇지 않을 경우 권리 상실(손해배상, 보완청구, 계약해제, 대금감액청구 등)
3. 매수인에게 현실적으로 인도된 날부터 2년 이내 통지(보증과 모순되는 경우 제외)

┃제39조 (불일치의 통지시기)
(1) 매수인이 물품의 불일치를 발견하였거나 또는 발견하였어야 한 때부터 상당한 기간(reasonable time)내에 매도인에게 불일치의 성질을 기재한 통지를 하지 아니한 경우에는, 매수인은 물품의 불일치에 의존하는 권리를 상실한다.
(2) 어떠한 경우에도, 물품이 매수인에게 현실적으로 인도된 날로부터 늦어도 2년 이내에 매수인이 매도인에게 불일치의 통지를 하지 아니한 경우에는, 매수인은 물품의 불일치에 의존하는 권리를 상실한다. 다만 이러한 기간의 제한이 계약상의 보증기간과 모순된 경우에는 그러하지 아니하다.

Chapter

제2장 무역계약의 기본조건

1. 상품(물품)자체 관한 조건
   Q(품질), Q(수량), P(가격), P(포장)

2. 계약이행에 관한 조건
   P(결제), S(선적), I(보험)

3. 분쟁해결과 법적 구제조건

제1편 품질조건 (QUALITY TERMS)
제2편 수량조건 (QUANTITY TERMS)
제3편 가격조건 (PRICE TERMS)
제4편 포장조건 (PACKING TERMS)
제5편 결제조건 (PAYMENT TERMS)
제6편 선적조건 (SHIPMENT TERMS)
제7편 보험조건 (INSURANCE TERMS)
제8편 분쟁해결과 법적 구제조건

제1편
품질조건(QUALITY TERMS)

◆ CISG 14, 19, 25, 35, 36, 38, 39

제1절 품질결정방법
제2절 품질결정시기
제3절 품질의 입증방법
제4절 품질조건에 관한 유의사항

제1절 품질 결정 방법

PART 1 견본매매

1. 의의

견본 매매는 실제 무역거래에서 폭 넓게 쓰이고 있는 품질결정방식으로, 매매의 주가 되는 물품을 매매 당사자가 제시한 견본과 동일한 물품을 인도할 것을 약정하는 거래 방법

2. 견본 및 견본매매의 의의

거래목적물의 품질을 제시된 견본에 의하여 약정하는 방법으로 매매의 당사자가 제시한 견본과 동일한 품질의 물품을 인도하도록 약정하는 방법

3. 견본의 종류

1) 매도인견본 2) 매수인견본 3) 원견본 4) 대응견본 5) 보관견본 6) 제3견본 7) 선적견본

4. 견본매매 거래시 유의사항

1) 융통성 있는 조항 활용(quality to be about to the sample)
2) 마켓클레임 예방
3) 후일에 야기될지 모르는 분쟁에 대비하여 최소한 동일 견본을 2개 내지 3개를 만들어 물품이 매수인측에 인도완료된 후에도 상당한 기간 동안 보관

5. CISG관련 규정(품질적합성과의 연계)

통상적으로 국제물품매매계약에 있어 계약물품의 계약 적합성 여부는 계약상 합의에 의해 **명시된 방법에 따른다. 만일 이를 명시하고 있지 않은 경우에는 CISG 제35조**에 명시한 경우에 품질 조건을 충족한다고 명시하고 있다. 만일 견본과 물품의 일치성과 관련한 조항이 계약서에 명시되지 않은 경우에는 각국의 국내법상 상이한 해석이 있을 수 있으나, <u>CISG 제35조 2항 (c)에서는 그와 같은 경우 "견본 또는 모형으로서 제시한 물품의 품질을 보유한 물품"은 품질 조건을 충족한다고 명시하고 있다.</u>

> **┃제35조 (물품의 일치성)**
> (1) 매도인은 계약에서 요구되는 수량(quantity), 품질(quality) 및 상품명세(description)에 일치하고, 또한 계약에서 요구되는 방법으로 용기에 담거나 또는 포장된 물품을 인도하여야 한다.
> (2) 당사자가 별도로 합의한 경우를 제외하고, 물품은 다음과 같이 아니하는 한 계약과 일치하지 아니한 것으로 한다.
>   (a) 물품은 그 동일한 명세(description)의 물품이 통상적으로(ordinally) 사용되는 목적에 적합할 것.
>   (b) 물품은 계약체결시에 명시적 또는 묵시적으로 매도인에게 알려져 있는 어떠한 특정의 목적에 적합할 것. 다만 사정으로 보아 매수인이 매도인의 기술(skill)과 판단(judgement)에 신뢰하지 않았거나 또는 신뢰하는 것이 불합리한 경우에는 제외한다.
>   <u>(c) 물품은 매도인이 매수인에게 견본(sample) 또는 모형(model)으로서 제시한 물품의 품질을 보유할 것.</u>

(d) 물품은 그러한 물품에 통상적인 방법으로, 또는 그러한 방법이 없는 경우에는 그 물품을 보존하고 보호하는데 적절한 방법으로 용기에 담거나 또는 포장되어 있을 것.
(3) 매수인이 계약체결시에 물품의 어떠한 불일치를 알고 있었거나 또는 알지 못하였을 수가 없는 경우에는, 매도인은 물품의 어떠한 불일치에 대하여 전항의 제a호 내지 제d호에 따른 책임을 지지 아니한다.

PART 2 표준품매매

1. 의의

- 표준품 : 동종이질의 대표품
- 표준품 매매 : 수확예정의 농산물, 어획예정의 수산물 또는 벌채예정의 원목 등은 매매계약시에 현품이 없고 견본제공이 곤란하다. 이러한 물품에 대해서는 그 표준품을 정하고 실제 인도된 물품과 표준품 사이에 차이가 있을 경우 대금을 증감하여 조정하는 거래방법이다.

따라서 품질의 차이에 대하여 견본매매에서는 클레임 사유가 되지만 표준품매매에서는 사후 정산하면 그만이다.

2. 종류 (표준품 매매의 표시 방법)

(1) 평균중등품질조건(F.A.Q) - 곡물(선적지품질기준)
(2) 판매적격품질조건(G.M.Q) - 목재, 냉동수산물, 광석류 등(양륙지품질기준)
(3) 보통표준품질조건(U.S.Q) - 원면(조건부선적지품질기준), 인삼, 오징어 등

	개념(정의)	대상	품질결정시기
F.A.Q			
U.S.Q			
G.M.Q			

3. 견본매매와의 차이(클레임)

품질의 차이에 대하여 견본매매에서는 클레임 사유가 되지만 **표준품매매에서는 사후 정산하면 그만이다.**

PART 3 명세서매매

1. **의의**
2. **활용** : 견본제시가 불가능한 선박·항공기 등, 색채, 수분 등 화학제품거래
3. **품질적합성과 연계**(CISG 제35조 2항 a호)
   - 원칙(특정한 약정이 있는 경우)
   - 다만 특정한 약정이 없는 경우
     (동일한 명세의 물품이 통상적으로 사용되는 목적에 적합할 것.)

> **제35조** (물품의 일치성)
> (1) 매도인은 계약에서 요구되는 수량(quantity), 품질(quality) 및 상품명세(description)에 일치하고, 또한 계약에서 요구되는 방법으로 용기에 담거나 또는 포장된 물품을 인도하여야 한다.
> (2) 당사자가 별도로 합의한 경우를 제외하고, 물품은 다음과 같이 아니하는 한 계약과 일치하지 아니한 것으로 한다.
>   (a) 물품은 그 동일한 명세(description)의 물품이 통상적으로(ordinally) 사용되는 목적에 적합할 것.
>   (b) 물품은 계약체결시에 명시적 또는 묵시적으로 매도인에게 알려져 있는 어떠한 특정의 목적에 적합할 것. 다만 사정으로 보아 매수인이 매도인의 기술(skill)과 판단(judgement)에 신뢰하지 않았거나 또는 신뢰하는 것이 불합리한 경우에는 제외한다.
>   (c) 물품은 매도인이 매수인에게 견본(sample) 또는 모형(model)으로서 제시한 물품의 품질을 보유할 것.
>   (d) 물품은 그러한 물품에 통상적인 방법으로, 또는 그러한 방법이 없는 경우에는 그 물품을 보존하고 보호하는데 적절한 방법으로 용기에 담거나 또는 포장되어 있을 것.
> (3) 매수인이 계약체결시에 물품의 어떠한 불일치를 알고 있었거나 또는 알지 못하였을 수가 없는 경우에는, 매도인은 물품의 어떠한 불일치에 대하여 전항의 제a호 내지 제d호에 따른 책임을 지지 아니한다.

Q. 견본사용이 불가하거나 곤란한 경우 활용할 수 있는 품질결정방법
  - 명세서 매매
  - 표준품 매매

PART 4 점검매매

1. 의의

2. 정의

3. 활용

　① 점검매매 + 결제(COD)
　② 점검매매 + 정형거래조건(EXW)
　③ 점검매매 + 거래유형(BWT)
　④ 점검매매 + 청약의 유형(점검매매조건부 청약)

4. 효용 - 분쟁발생 가능성 낮음

5. 한계

　① 매수인의 주관적 판단에 준거
　② 매도인에 불리할 수 있는 조건

PART 5 기타

Q1. 상표매매

1. 의의 - 견본을 이용할 필요없이

2. 활용

Q2. 규격매매 - 보조적 수단

1. 의의

2. 활용

3. 규격의 종류 등

제2절 품질결정시기_물품 품질의 적합성의 문제와 연관

1. 의의
① 장기간 걸쳐 해상운송 - 선적시와 양륙시에 품질의 차이가 발생할 수 있음
② 분쟁발생우려- 품질의 기준시점을 명확히 약정하여 두는 것이 바람직

2. 일반물품의 품질결정시기

(1) 선적품질조건

① 명시하는 것이 바람직
② 달리 규정한 바가 없으면 정형거래조건을 해석의 기준으로 삼을 수 밖에 없음.
 (FCA, CFR, CIF, CPT, CIP) (FAQ)

(2) 양륙품질조건

- 실무에서 계약서나 협정서에 달리 규정한 바 없으면 : (DAP, DPU, DDP) (GMQ)

3. 특히 곡물류의 거래에 사용되는 전통적인 특수한 조건(곡물의 품질결정시기)

- T.Q / R.T / S.D

4. CISG 관련 규정

- 36, 38, 39(일치성 결정시점 = 품질적합 시점) -> 검사 -> 하자통지

구분	개념	관련조건	특수조건	
			종류	개 념
선적품질조건	선적시 물품의 품질로서 품질을 결정하는 조건	FCA, CFR, CIF, CPT, CIP, 표준품매매의 F.A.Q 조건	T.Q	매도인이 약정한 물품의 품질을 선적시까지 책임지는 조건
			S.D	매도인이 해상운송 중 발생한 손상에 대하여 책임지는 조건
양륙품질조건	양륙시 물품의 품질로서 품질을 결정하는 조건	DAP, DPU, DDP 표준품매매의 G.M..Q 조건	R.T	매도인이 약정한 물품의 품질을 도착지까지 책임지는 조건

제3절 품질의 입증방법

품질의 증명방법은 인도물품의 품질이 약정한 품질과 일치하는가의 여부를 증명하는 방법을 말한다. 즉, 품질의 일치증명을 입증할 책임이 있는 당사자는 인도물품이 선적시 또는 도착시에 약정한 품질과 일치한다는 것을 증명하기 위하여 검사기관으로부터 검사나 증명을 받아야 한다.

품질의 결정방법은 매매계약시에 매매당사자간에 누가 검사할 것인지를 미리 합의하여야 하지만, 원칙적으로 품질의 결정시기와 직결된다고 할 수 있다.

선적품질조건에서는 품질의 일치증명을 입증할 책임은 매도인에게 있다. 따라서 매도인은 미리 매수인의 동의를 얻어 정해진 선적지에서 객관적이고 권위있는 검사기관(감정인 ; surveyor)으로부터 검사를 받은 후 검사증명서 또는 품질증명서를 발급받아 매수인에게 제공함으로써 인도물품의 품질이 약정한 품질과 일치한다는 것을 입증해야 한다.

양륙품질조건에서는 물품의 품질수준의 미달 또는 운송 중의 변질에 대하여 입증할 책임은 매수인에게 있다. 따라서, 매수인은 물품의 도착시에 품질수준의 미달 또는 운송중의 변질 등에 대하여 객관적이고 권위있는 검사기관으로부터 감정을 받은 후 발급을 받은 감정보고서에 의하여 사실을 증명하고 매도인에게 손해배상을 청구할 수 있다.

제2편 수량조건(QUANTITY TERMS)

* CISG 14, 19, 35, 51, 52
* UCP 600 30

제1절 수량표현방법

거래 대상 물품의 수량을 어떤 방식으로 표현하느냐 문제
(중량, 용적, 개수, 포장단위, 길이, 면적 등)

1. 개수를 셀 수 있는 개체 물품

정확히 수량을 표시하여 약정

2. 곡물, 광물 등 벌크(Bulk Products)

- 과부족용인약관(More or Less Clause : M/L clause)과 개산수량조건 이용
-〉〈살물〉의 거래에 있어서는 분쟁의 방지를 위해 인도수량에 신축성을 부여하여 다소의 과부족을 인정하는 약관(clause)을 설정하거나 또는 개략적 표현방법을 쓰는 것이 현명하고 합리적이다.

Q1. 과부족용인약관(M/L clause)

1. 의의

일정한 수량의 과부족 한도를 정해두고 그 범위 내에서 상품이 인도되면 계약불이행으로 보지 않고, 따라서 수량 클레임을 제기하지 않도록 하는 수량표현방법으로 인도수량에 신축성을 부여하는 수량조건

2. 과부족한도설정 - 합의(최우선)

원칙 : 당사자 합의사항(특약에 의한 과부족 용인조항 설정)

3. 신용장거래시 수량과부족인정의 적용요건

(UCP 600 제30조 b항) : 당사자가 합의하지 않더라도 5% 과부족 인정

신용장거래시 수량과부족인정의 적용요건(UCP 600 제30조 b항)

① 신용장 상에 수량의 과부족을 금지하는 문구가 없고,
② 신용장금액을 한도로 어음을 발행해야 하며,
③ 비포장의 산물에만 적용

> **┃제30조 신용장 금액, 수량 그리고 단가의 허용**
> b. 만일 신용장이 수량을 포장단위 또는 개별단위의 특정 숫자로 기재하지 않고 청구금액의 총액이 신용장의 금액을 초과하지 않는 경우에는, 물품의 수량에서 5%를 초과하지 않는 범위 내의 많거나 적은 과부족은 허용된다.

4. 비신용장거래시 과부족한도

당사자 간의 관습이나 준거법(따라서 명확히 설정) 즉 과부족용인조항 명시

5. 대금정산(정산기준 가격)

과부족용인약관이나 개산수량조건에 의해 수량을 표시한 경우 과부족분에 대해 정산이 필요하다. 그러므로 매매계약시 계약가격, 선적일 가격, 도착일 가격 중 하나를 선택해 표시해두는 것이 분쟁해결에 유리하다. 특별한 약정이 없는 경우에는 <u>계약체결시의 가격</u>으로 정산하는 것이 일반적이다.

6. 관련규정

7. 거래시 유의점

Q2. 개산수량조건(Approximate Quantity Terms)

1. 의의

개별 단위로 포장을 하지 아니하고 운송되는 bulk cargo 경우에는 계약수량의 신축성을 부여하고자 할 경우에는 More or Less Clause 의 설정에 의한 방법이 선명하고 좋다. 그러나 만일 이러한 설정 없이 간단히 '약(about)'이라 표현해도 인도수량의 신축성을 부여하는 효과를 거둘 수 있는데, 이렇게 수량을 약정하는 방법

2. 과부족한도설정 - 합의(최우선)

3. 신용장거래시 개산수량 적용요건

신용장의 금액 또는 수량 또는 단가와 관련하여 사용된 "약(about)" 또는 "대략(approximately)"이라는 단어는 이에 언급된 금액, 수량 또는 단가의 10%를 초과하지 아니하는 과부족을 허용하는 것으로 해석된다. (UCP 600 제30조 a항)

> ▎제30조 신용장 금액, 수량 그리고 단가의 허용
> a. 신용장 금액 또는 신용장에서 표시된 수량 또는 단가와 관련하여 사용된 "about" 또는 "approximately"라는 단어는, 그것이 언급하는 금액, 수량 또는 단가에 관하여 10%를 초과하지 않는 범위 내에서 많거나 적은 과부족을 허용하는 것으로 해석된다.

4. 비신용장거래시 과부족한도

당사자 간의 관습이나 준거법(따라서 명확히 설정) 즉 과부족용인조항 명시

5. 대금정산

과부족용인약관이나 개산수량조건에 의해 수량을 표시한 경우 과부족분에 대해 정산이 필요하다. 그러므로 매매계약시 계약가격, 선적일 가격, 도착일 가격 중 하나를 선택해 표시해두는 것이 분쟁해결에 유리하다. 특별한 약정이 없는 경우에는 계약체결시의 가격으로 정산하는 것이 일반적이다.

6. 거래시유의점

제2절 수량결정시기

◆ CISG 제35조, 제36조

- 선적수량조건(Incoterms E, F, C)
- 양륙수량조건(Incoterms D)

제3절 수량증명방법

- 선적수량조건
- 양륙수량조건

제3편
가격조건(PRICE TERMS)

♦ CISG 제14조, 제55조, 제19조

1. 의의
2. 매매계약의 산출근거
3. 매매가격의 원가요소
4. 매매가격의 표시통화

제4편 포장조건(PACKING TERMS)

1. 의의
2. 포장조건
   (1) 포장방법
   (2) 포장종류
3. 화인

Issue. 포장적합성 이슈
(계약 + 정형거래조건 + 운송 + 결제 +보험)

1. **CISG**(제32조, 35조 제1항, 2항)
   - CISG 제32조(포장, 화인, 특정)
   - CISG 제35조(포장적합성), 36, 38, 39
   - CISG 제67조(32 않았다면 위험이전 안됨)

2. **Incoterms**

   Incoterms 2020 ① A8 (점검, 포장 화인)

3. **운송관련 규칙**(헤이그규칙, 헤이그비스비규칙, 로테르담규칙 등) : **면책카달로그**(운송인 면책)

4. **보험관련 규칙** : ICC 제4조(보험자 면책)

5. **UCP 600 제34조 + 제27조**(clean B/L)

6. **포장조건**

제5편 결제조건(PAYMENT TERMS)

• CISG 54 ~ 59

1. 대금결제수단

① 현금결제
② 환어음결제
③ 송금환결제
④ 물품결제

2. 대금결제방식(방법)

① 신용장 방식
② 비신용장 방식

3. 대금결제시기

① 선지급 : CWO, 단순송금방식, 선대신용장
② 동시지급 : COD, CAD, 일람지급방식(L/C), D/P
③ 후지급 : 청산계정, 기한부신용장, D/A, 위탁판매방식 등

제6편 선적조건(SHIPMENT TERMS)

1. 선적
   - 선적의 의의
   - 선적조건 / 인도조건
2. 선적시기의 결정
   - 특정선적조건
   - 즉시선적조건
   - 선적일 및 기간에 대한 표현
3. 선적방법
   - 전량선적, 분할선적
   - 환적, 직항
4. 선적일자의 해석(증명)
   - 선적일자의 해석기준(선적일의 증명)
5. 선적지연

제1절 선 적

Q1. 선적의 개념

무역거래에서 선적이라는 의미는 본선적재(loading on board), 발송(dispatch), 운송을 위한 인수(accepted for carriage), 비행일(flight date), 우편수령일(dated of post receipt), 접수일(date of pick-up) 및 복합운송을 요구하거나 허용할 경우에는 수탁(taking in charge)의 뜻을 표현하는 것으로 광범위하게 이해되고 있다.

무역계약에서 선적에 관한 조건은 계약물품이 어느 시기에 선적이 이행되어야 하느냐를 약정하는 것이다. 인도란 매도인이 매수인에게 계약목적물을 점유시키는 것을 말한다. 점유란 물품에 대한 사실상의 지배 또는 사실상의 물품보관을 의미한다. 물품의 인도와 관련하여 계약물품의 인도장소가 적출지인지 양륙지인지 오해의 여지가 있으므로 **무역계약시에는 인도조건보다 선적조건으로 약정하는 것이 혼란을 예방할 수 있다.**

Q2. 선적조건(vs 인도조건)

- 매도인이 약정물품의 인도의무를 이행하기 위한 조건
- 언제(선적시기), 어디서(선적장소), 어떤 방법(인도방법)으로 선적할 것인지 관한 제조건

무역계약을 체결함에 있어서 선적조건은 곧 인도조건을 의미하게 되므로 중요한 거래조건의 하나이다. 선적조건에 대해서는 선적시기, 선적방법으로서의 분할선적 내지 할부선적과 환적 그리고 불가항력에 의한 선적미이행과 지체선적 등에 관하여 약정해야 하며, 이 밖에도 선적일의 입증수단에 관한 일반적인 관례에 대하여도 이해하고 있어야 한다.

제2절 선적시기의 결정

1. 특정조건
   (1) 단월선적조건
   (2) 연월선적조건
   (3) 특정기간선적조건
   (4) 특정일선적조건
   (5) 최종일선적조건
   (6) 조건부선적조건

2. 즉시선적조건 - UCP에서는 금지(은행에서는 무시 UCP 600 제3조)

3. 선적일 및 기간에 대한 표현 (UCP 600 제3조)

4. 선적일자의 해석기준(선적일 관련 용어 / 선적일의 증명)

   ① 선적일자 해석의 일반원칙
      -> 보통 운송서류의 발행일자를 기준.
      -> 약정기간 내 선적이 이행되었는지, 지연선적이 되었는지 판단기준

   ② UCP 600상 운송서류별 선적일자의 해석기준

      (1) 선하증권(20), 해상화물운송장(21), 용선계약부 선하증권(22)
         1) 지정선박에 본선, 적재, 선적되었다는 것이 미리 인쇄된 경우 : 발행일자
            -> 선하증권의 발행일
            -> 해상화물운송장의 발행일
            -> 용선계약부 선하증권의 발행일
         2) 물품이 본선에 선적된 일자를 표시하고 있는 본선적재 표기 : 부기일
            -> 선하증권에 표시(부기)된 본선적재일자를 선적일로 간주
            -> 해상화물운송장에 표시(부기)된 본선적재일자를 선적일로 간주
            -> 용선계약부 선하증권에 표시(부기)된 본선적재일자를 선적일로 간주

      (2) 복합운송증권(19)
         1) 신용장에 명기된 장소에서 발송, 수탁, 본선적재 되었음을 미리 인쇄
            -> 복합운송서류의 발행일

2) 발송, 수탁 또는 본선적재일을 증권에 명시, 압인 또는 기타의 방법으로 표시
 -〉 명시, 압인, 표시한 일자를 선적일로 봄

(3) 항공운송서류(23)
 1) 발행일을 명기하여야 함
  -〉 항공운송서류의 발행일을 선적일로 간주
 2) 발송일에 관한 특기사항을 명시
  -〉 발송일을 선적일로 간주

(4) 철도, 도로, 내수로 운송서류(24)
 1) 운송서류에 인수스탬프가 있는 경우
  -〉 인수스탬프일자를 선적일로 간주
 2) 기타의 경우
  -〉 운송서류의 발행일을 선적일로 간주

(5) 우편수취증, 특사수령증(25)
 1) 접수일, 수령일, 이러한 취지의 문언
  -〉 그러한 날짜를 선적일 또는 발송일로 간주
 2) 선적지 또는 발송지에서 스탬프되거나 기타의 방법으로 인증되고 부기된 경우
  -〉 그러한 날짜를 선적일 또는 발송일로 간주
  ▪ 우편 : 신용장상 명시장소에서 소인, 서명일자 표시시 해당일자
  ▪ 특사 : 접수일, 수취일, 이러한 취지의 문언의 날짜 표시시 해당일자

③ <u>e-UCP상의 운송서류의 해석</u>(e-UCP 2.0 11조)
- 운송을 증명하는 전자기록이 선적이나 발송 또는 수탁 또는 물품이 운송을 위하여 수취된 일자를 명시하지 아니할 경우, 전자기록의 발행일자는 선적이나 발송 또는 수탁 또는 운송을 위하여 수취된 일자로 간주
- 전자기록이 선적이나 발송 또는 수탁 또는 운송을 위하여 수취된 일자를 증명하는 표기를 포함하는 경우, 표기일자는 선적이나 발송 또는 수탁 또는 운송을 위하여 수취된 일자로 간주
- 부가직인 자료 내용을 보여주는 표기는 독립적인 서명이나 별도의 인증을 요하지 않음

제3절 분할선적

1. 의의
2. 분할선적
   (1) 의의
   (2) 조건
   (3) 유의점(UCP 600 제31조)
      제31조 a항 : 분할어음발행 또는 분할선적의 허용
      제31조 b항 : 특송, 우편 이외의 운송방식에 의한 복수선적의 경우 분할선적의 해석
                  (1) 복수선적의 경우 분할선적으로 보지 않는 경우
                  (2) 복수선적의 경우 분할선적으로 보는 경우
      제31조 c항 : 특송, 우편에 의한 복수선적의 경우 분할선적의 해석

> **┃제31조 분할어음발행 또는 선적**
> a. 분할어음발행 또는 분할선적은 허용된다.
> b. 같은 운송수단에서 개시되고 같은 운송구간을 위한 선적을 증명하는 두 세트 이상의 운송서류로 이루어진 제시는, 그 운송서류가 같은 목적지를 표시하고 있는 한 비록 다른 선적일자 또는 다른 선적항, 수탁지 또는 발송지를 표시하더라도 분할선적으로 보지 않는다.
> 제시가 두 세트 이상의 운송서류로 이루어지는 경우 어느 운송서류에 의하여 증명되는 가장 늦은 선적일을 선적일로 본다.
> 같은 운송방법 내에서 둘 이상의 운송수단의 선적을 증명하는 하나 또는 둘 이상의 세트의 운송서류로 이루어진 제시는, 비록 운송수단들이 같은 날짜에 같은 목적지로 향하더라도 분할선적으로 본다.
> c. 둘 이상의 특송화물수령증, 우편수령증 또는 우편증명서로 이루어진 제시는 만일 특송화물수령증, 우편수령증 또는 우편증명서가 같은 특송배달 또는 우편 서비스에 의하여 같은 장소, 같은 날짜 그리고 같은 목적지로 스탬프가 찍히거나 서명된 것으로 보이는 경우에는 분할선적으로 보지 않는다.

제4절 할부선적

1. 의의

2. 위반시 효력

3. UCP 관련 규정(UCP 600 제32조)

> **┃제32조 할부어음발행 또는 선적**
>
> 신용장에서 할부어음발행 또는 할부선적이 일정한 기간 내에 이루어지도록 명시된 경우 동 할부 거래를 위하여 배정된 기간 내에 할부어음발행이나 할부선적이 이루어지지 않으면 동 신용장은 해당 할부분과 향후 할부분에 대하여 더 이상 이용될 수 없다.

제5절 환 적

1. 의의

2. 환적의 의의

환적(transshipment)이란 적재항(선적지)으로부터 양륙항(목적지)까지의 운송과정 중에 한 운송수단으로부터의 양하(unloading) 및 다른 운송수단으로의 재적재(reloading)를 말한다. 환적이 이들 2항구 간에 발생하지 않는 경우에는, 양하 및 재적재는 환적으로 보지 않는다. 즉, **환적은 선적지(항)에서 선적된 물품을 목적지(항)로 운송되는 도중에 한 운송수단으로부터 다른 운송수단에 옮겨 싣는 것으로서, 이적이라고도 한다.**

3. 신용장통일규칙 관련 규정

환적을 허용하는 경우에는 "Transshipment are allowed"라고 표시하고, 환적항을 지정하고자 하는 경우에는 "Transshipment at Busan port are permitted"라는 표시해야 한다.

(1) 운송인이 환적할 권리를 유보한다는 문언이 기재되어 있거나, 복합운송이 이루어지는 경우 전 항로를 단일한 동일증권이 커버하고 있는 운송서류를 수리하는 것으로 규정

이는 국제복합운송의 경우 화물이 수탁지에서 선적지, 양륙지, 최종 목적지까지의 전 구간에 선박에서 선박, 철도화차에서 선박, 자동차에서 철도화차 등의 동일운송방식 또는 상이한 운송방식간의 환적이 불가피하기 때문이다.

4. 신용장통일규칙에 따른 환적서류의 처리

(1) 선하증권(제20조)과 해상화물운송장(제21조)
 ① 선하증권은 전 운송이 하나 그리고 동일한 선하증권에 의해 포괄되는 것을 조건으로 물품이 환적될 수 있음을 표시할 수 있다.
 ② 환적될 것이라거나 또는 환적될 수 있다고 표시하고 있는 선하증권은 신용장에 환적을 금지하는 경우에도, 물품이 선하증권에 의해 래쉬선 또는 트레일러, 컨테이너선에 선적되었음이 증명되는 경우 수리될 수 있다.
 ③ 운송인이 환적할 권리를 갖는다는 선하증권상의 조항은 무시된다.

(2) **용선계약선하증권**(제22조)

환적을 예상하지 않으므로 환적에 대한 규정이 없다.

(3) **기타운송서류**(제19조 복합운송서류, 제23조 항공운송서류, 제24조 철도, 도로, 내수로운송서류)

① 운송서류는 전 운송이 하나 그리고 동일한 운송서류에 의해 포괄되는 것을 조건으로 물품이 환적될 수 있음을 표시할 수 있다.

② 환적될 것이라거나 또는 환적될 수 있다고 표시하고 있는 운송서류는 신용장에 환적을 금지하는 경우에도 수리될 수 있다.

(4) **특사수령증과 우편수취증**(제25조)

환적관련 규정 없음

	환적 개념	환적서류의 처리		
		환적 허용	환적금지	환적유보약관
19	○	○	○	
20	○	○	○	○
21	○	○	○	○
22				
23	○	○	○	
24	○	○	○	
25				

	환적개념	환적서류의 처리		환적유보약관 - 유보약관
		환적허용	환적금지	
19	환적이란 신용장에 명기된 **발송, 수탁 또는 선적지**로부터 최종목적지까지의 운송과정 중에 한 **운송수단**으로부터의 양하 및 다른 운송수단의 재적재를 말한다.	**운송서류**는 물품이 환적될 것이라거나 또는 될 수 있다고 표시할 수 있다. 다만, 전 운송은 동일한 운송서류에 의하여 커버되어야 한다.	신용장이 환적을 금지하고 있는 경우에도, **환적이 행해질 것이라거나 또는 행해질 수 있다**고 표시하고 있는 운송서류를 수리될 수 있다.	〈규정없음〉
20	환적이란 신용장에 명기된 **적재항**으로부터 **양륙항**까지의 운송과정 중에 한 **선박**으로부터의 양하 및 다른 선박으로의 재적재를 말한다.	**선하증권**은 물품이 환적될 것이라거나 또는 될 수 있다고 표시할 수 있다. 다만, 전 운송이 동일한 선하증권에 의하여 커버되어야 한다.	신용장이 환적을 금지하고 있는 경우에도, 물품이 선하증권에 의하여 입증된 대로 **컨테이너, 트레일러 또는 래쉬선에 선적된 경우에는, 환적이 행해질 것이라거나 또는 행해질 수 있다**고 표시하고 있는 선하증권은 수리될 수 있다.	운송인이 환적할 권리를 유보한다고 명기하고 있는 선하증권상의 조항은 무시된다.
21	환적이란 신용장에 넣기된 **적재항**으로부터 **양륙항**까지의 운송과정 중에 한 **선박**으로부터의 양하 및 다른 선박으로의 재적재를 의미한다.	**비유통성 해상화물운송장**은 물품이 환적될 것이라거나 또는 될 수 있다고 표시할 수 있다. 다만, 전 운송이 동일한 비유통성 해상화물운송장에 의하여 커버되어야 한다.	신용장이 환적을 금지하고 있는 경우에도, 물품이 비유통성 해상화물운송장에 의하여 입증된 대로 **컨테이너, 트레일러 또는 래쉬선에 선적된 경우에는, 환적이 행해질 것이라거나 또는 행해질 수 있다**고 표시하고 있는 비유통성 해상화물운송장은 수리될 수 있다.	운송인이 환적할 권리를 유보한다고 명기하고 있는 비유통성 해상화물운송장사의 조항은 무시된다.
22	〈규정없음〉	〈규정없음〉	〈규정없음〉	〈규정없음〉
23	환적이란 신용장에 명기된 **출발공항**으로부터 **목적공항**까지의 운송과정 중에 한 **항공기**로부터의 양하 및 다른 항공기로의 재적재를 말한다.	**항공운송서류**는 물품이 환적될 것이라거나 또는 될 수 있다고 표시할 수 있다. 다만, 전 운송은 동일한 항공운송서류에 의하여 커버되어야 한다.	신용장이 환적을 금지하고 있는 경우에도, 은행은 **환적이 행해질 것이라거나 또는 행해질 수 있다**고 표시하고 있는 항공운송서류는 수리될 수 있다.	〈규정없음〉
24	환적이란 신용장에 명기된 **선적, 발송 또는 운송지**로부터 **목적지**까지의 운송과정 중에, 동일한 운송방식 내에서, 한 **운송수단**으로부터의 양하 및 다른 운송수단으로의 재적재를 말한다.	**도로, 철도 또는 내륙수로운송서류**는 물품이 환적될 것이라거나 또는 될 수 있다고 표시할 수 있다. 다만, 전 운송은 동일한 운송서류에 의하여 커버되어야 한다.	신용장이 환적을 금지하고 있는 경우에도, **환적이 행해질 것이라거나 또는 행해질 수 있다**고 표시하고 있는 도로, 철도 또는 내륙수로운송서류는 수리될 수 있다.	〈규정없음〉
25	〈규정없음〉	〈규정없음〉	〈규정없음〉	〈규정없음〉

제6절 선적지연

1. 의의(선적조건)

2. 선적지연의 의의

3. 선적지연의 효과
   (1) 원칙 : 계약위반
   (2) 불가항력 : 면책

4. 당사자의 대응방안
   - 불가항력조항 설정의 중요성

제7편
보험조건(INSURANCE TERMS)

1. 자체
2. 보험관련 인코텀즈 규정
3. 보험관련 UCP 규정
4. 해상보험
5. 규정간 차이 사항

(1) 공통조건

① 보험자(발행자) ② 통화, ③ 부보금액, ④ 보험기간,

(2) Incoterms

① 보험취득(담보조건), ② 보험청구, ③ 추가보험 ④ 보험서류, ⑤ 정보제공

(3) UCP

① 전통제시, ② 부보각서, ③ 보험서류(형식), ④ 발행일자, ⑤ 보험종류, 부정확 용어
⑥ 전 위험, ⑦ 면책위험, ⑧ 면책비율

UCP 600 제28조	
보험서류 발행자 서명	a.보험증권, 보험증서 또는 포괄보험에서의 확인서와 같은 보험서류는 보험회사, 보험인수인 또는 그들의 대리인 또는 수탁인(proxies)에 의하여 발행되고 서명된 것으로 보여야 한다. 대리인 또는 수탁인에 의한 서명은 보험회사 또는 보험중개인을 대리하여 서명했는지의 여부를 표시하여야 한다.
전통제시	b.보험서류가 한 통을 초과한 원본으로 발행되었다고 표시하는 경우, 모든 원본 서류가 제시되어야 한다.
부보각서	c.잠정적 보험영수증(cover notes)은 수리되지 않는다.
보험서류 (형식)	d.보험증권은 보험증서나 포괄보험의 확인서를 대신하여 수리 가능하다.
발행일자	e.보험서류의 일자는 선적일보다 늦어서는 안 된다. 다만 보험서류에서 부보가 최소한 선적일자 이전에 효력이 발생함을 나타내고 있는 경우에는 그러하지 아니하다.
통화	f.ⅰ.보험서류는 부보금액을 표시하여야 하고 신용장과 동일한 통화로 표시되어야 한다.
부보금액	ⅱ.신용장에 부보금액이 물품의 가액, 송장가액 또는 그와 유사한 가액에 대한 백분율로 표시되어야 한다는 요건이 있는 경우, 이는 요구되는 부보금액의 최소한으로 본다. 신용장에 부보금액에 대한 명시가 없는 경우, 부보금액은 최소한 물품의 CIF 또는 CIP 가액의 110%가 되어야 한다. 서류로부터 CIF 또는 CIP 가액을 결정할 수 없는 경우, 부보금액의 범위는 요구된 지급이행(honour) 또는 매입 금액 또는 송장에 나타난 물품에 대한 총가액 중 더 큰 금액을 기준으로 산출되어야 한다.
보험기간	ⅲ.보험서류는 최소한 신용장에 명시된 수탁지 또는 선적지로부터 양륙지 또는 최종 목적지 사이에 발생하는 위험에 대하여 부보가 되는 것이어야 한다.
보험종류 부정확 용어	g.신용장은 요구되는 보험의 종류를 명시하여야 하고, 부보되어야 할 추가 위험이 있다면 그것도 명시하여야 한다. 만일 신용장이 "통상의 위험" 또는 "관습적인 위험"과 같이 부정확한 용어를 사용하는 경우 보험서류는 특정위험을 부보하지 않는지 여부와 관계없이 수리된다.
전위험	h.신용장이 "전위험(all risks)"에 대한 부보를 요구하는 경우, 어떠한 "전위험(all risks)" 표시 또는 문구를 포함하는 보험서류가 제시되는 때에는, 제목에 "전위험(all risks)"이 포함되는가에 관계없이, 또한 어떠한 위험이 제외된다고 기재하는가에 관계없이 수리된다.
면책위험	i.보험서류는 어떠한 제외문구(exclusion clause)에 대한 언급을 포함할 수 있다.
면책비율	j.보험서류는 부보범위가 일정한도 본인부담이라는 조건 또는 일정한도 이상 보상 조건(a franchise or excess) (일정액 공제제도, deductible)의 적용을 받고 있음을 표시할 수 있다.

Incoterms 2020 소개문 _ IX.인코텀즈2010과 인코텀즈2020 차이점 _ 70.	
인코텀즈 2010에서의 담보범위	인코텀즈 2010 규칙에서는 CIF 및 CIP의 A3에서 매도인에게 "자신의 비용으로 (로이즈시장협회/국제보험업협회) 협회적하약관이나 그와 유사한 약관의 C-약관에서 제공하는 최소담보조건에 따른 적하보험을 취득할" 의무를 부과하였다. 협회적하약관의 C-약관은 항목별 면책위험의 제한을 받는 다수의 담보위험을 열거한다. 한편 협회적하약관의 A-약관은 항목별 면책위험의 제한 하에 "모든 위험"("all risks")을 담보한다.
초안 의견수렴	인코텀즈 2020 규칙의 초안을 위한 의견수렴과정에서 협회적하약관의 약관에서 협회적하약관의 A-약관으로 변경함으로써 매도인이 취득하는 부보의 범위를 확대하여 매수인에게 이익이 되도록 하자는 의견이 제기되었다. 당연히 이는 보험료 면에서 비용증가를 수반할 수 있다. 특히 일차산품 해상무역에 종사하는 사람들은 반대의견 즉 협회적하약관의 C-약관의 원칙을 유지하여야 한다는 의견을 동등하게 강력히 제기하였다.
인코텀즈 2020에서의 담보범위	초안그룹 내외에서 상당한 논의를 거친 후 <u>CIF 인코텀즈규칙과 CIP 인코텀즈규칙에서 최소부보에 관하여 다르게 규정하기로</u> 결정되었다. 전자 즉 CIF 규칙은 일차산품의 해상무역에서 사용될 가능성이 매우 높으므로 <u>CIF 규칙에서는 현상유지 즉 협회적하약관 C-약관</u>의 원칙을 계속 유지하되 다만 당사자들이 보다 높은 수준의 부보를 하기로 달리 합의할 수 있도록 길을 열어 두었다. 후자 즉 <u>CIP 규칙의 경우에 이제 매도인은 협회적하약관의 A-약관에 따른 부보를 취득하여야 한다</u>. 물론 또한 당사자들은 원한다면 보다 낮은 수준의 부보를 하기로 합의할 수 있다.

Incoterms 2020 _ 사용자를 위한 설명문 _ CIP	
보험계약 체결의무 & 대체조건	매도인은 또한 인도지점부터 적어도 목적지점까지 <u>매수인의 물품의 멸실 또는 훼손 위험에 대하여 보험계약을 체결하여야 한다</u>. 이는 목적지 국가가 자국의 보험자에게 부보하도록 요구하는 경우에는 어려움을 야기할 수 있다. 이러한 경우에 당사자들은 <u>CPT로 매매하는 것을 고려하여야 한다</u>.
최대 조건부보	또한 매수인은 인코텀즈 2020 CIP 하에서 매도인은 협회적하약관의 C-약관에 의한 제한적인 담보조건이 아니라 <u>협회적하약관의 A-약관이나 그와 유사한 약관에 따른 광범위한 담보조건으로 부보하여야 한다</u>는 것을 유의하여야 한다.
부보수준 합의	그러나 당사자들은 여전히 <u>더 낮은 수준의 담보조건으로 부보하기로 합의할 수 있다</u>.

Incoterms 2020 _ 사용자를 위한 설명문 _ CIF	
보험계약 체결의무 & 대체조건	매도인은 또한 선적항부터 적어도 목적항까지 매수인의 물품의 멸실 또는 훼손 위험에 대하여 보험계약을 체결하여야 한다. 이는 목적지 국가가 자국의 보험자에게 부보하도록 요구하는 경우에는 어려움을 야기할 수 있다. 이러한 경우에 당사자들은 CFR로 매매하는 것을 고려하여야 한다.
최소 조건부보	또한 매수인은 인코텀즈 2020 CIF 하에서 매도인은 협회적하약관의 A-약관에 의한 보다 광범위한 담보조건이 아니라 협회적하약관의 C-약관이나 그와 유사한 약관에 따른 제한적인 담보조건으로 부보하여야 한다는 것을 유의하여야 한다.
부보수준 합의	그러나 당사자들은 여전히 더 높은 수준의 담보조건으로 부보하기로 합의할 수 있다.

Incoterms 2020 _ CIP_ A5 보험	
보험취득 담보조건	특정한 거래에서 다른 합의나 관행이 없는 경우에 매도인은 자신의 비용으로, 사용되는 당해 운송수단에 적절한 (로이즈시장협회/국제보험업협회의) 협회적하약관이나 그와 유사한 약관의 A-약관에서 제공하는 담보조건에 따른 적하보험을 취득하여야 한다.
보험자	보험계약은 평판이 양호한 보험인수업자나 보험회사와 체결하여야 하고,
보험청구	보험은 매수인이나 물품에 피보험이익을 가지는 제3자가 보험자에 대하여 직접 청구할 수 있도록 하는 것이어야 한다.
추가보험	매수인의 요청이 있는 경우에 매도인은 그가 요청하는 필요한 정보를 매수인이 제공하는 것을 조건으로 매수인의 비용으로, 가능하다면 (로이즈시장협회/국제보험업협회) 협회전쟁약관 및/또는 협회동맹파업약관 그밖에 그와 유사한 약관에 의한 담보조건과 같은 추가보험을 제공하여야 한다(다만 바로 위의 단락에 규정된 적하보험에서 그러한 보험이 이미 포함되어 있는 때에는 그러하지 아니하다).
부보금액	보험금액은 최소한 매매계약에 규정된 대금에 10%를 더한 금액(즉 매매대금의 110%)이어야 하고,
통화	보험의 통화는 매매계약의 통화와 같아야 한다.
보험기간	보험은 물품에 관하여 A2에 규정된 인도지점부터 적어도 지정목적지까지 부보되어야 한다.
보험서류	매도인은 매수인에게 보험증권이나 보험증명서 그 밖의 부보의 증거를 제공하여야 한다.
정보제공	또한 매도인은 매수인에게, 매수인의 요청에 따라 매수인의 위험과 비용으로 매수인이 추가보험을 조달하는 데 필요한 정보를 제공하여야 한다.

Incoterms 2020 _ CIF_ A5 보험	
보험취득 담보조건	특정한 거래에서 다른 합의나 관행이 없는 경우에 매도인은 자신의 비용으로 (로이즈시장협회 국제보험업협회의) 협회적하약관이나 그와 유사한 약관의 C-약관에서 제공하는 담보조건에 따른 적하보험을 취득하여야 한다.
보험자	보험계약은 평판이 양호한 보험인수업자나 보험회사와 체결하여야 하고,
보험청구	보험은 매수인이나 물품에 피보험이익을 가지는 제3자가 보험자에 대하여 직접 청구할 수 있도록 하는 것이어야 한다.
추가보험	매수인의 요청이 있는 경우에 매도인은 그가 요청하는 필요한 정보를 매수인이 제공하는 것을 조건으로 매수인의 비용으로, 가능하다면 (로이즈시장협회/국제보험업협회의) 협회전쟁약관 및/또는 협회동맹파업약관 그밖에 그와 유사한 약관에 의하여 부보하는 것과 같은 추가보험을 제공하여야 한다(다만 바로 위의 단락에 규정된 적하보험에서 그러한 보험이 이미 포함되어 있는 때에는 그러하지 아니하다).
최소금액	보험금액은 최소한 매매계약에 규정된 대금에 10%를 더한 금액(즉 매매대금의 110%)이어야 하고,
통화	보험의 통화는 매매계약의 통화와 같아야 한다.
보험기간	보험은 물품에 관하여 A2에 규정된 인도지점부터 적어도 시정목적항까지 부보되어야 한다.
보험서류	매도인은 매수인에게 보험증권이나 보험증명서 그 밖의 부보의 증거를 제공하여야 한다.
정보제공	또한 매도인은 매수인에게, 매수인의 요청에 따라 매수인의 위험과 비용으로 매수인이 추가보험을 조달하는 데 필요한 정보를 제공하여야 한다.

제8편
분쟁해결과 법적 구제조건

무역계약을 체결할 때는 물품매매와 관련된 기본적인 조건 외에도 계약이행 이후에 발생될지도 모르는 분쟁과 계약내용에 대한 법적 구제조건들에 대하여도 약정하여 두는 것이 매우 중요하다. 이에 대해서는 불가항력조항, 클레임과 중재조항, 재판관할조항, 준거법조항 등을 설정해 두도록 한다.

1. 불가항력조항
2. Hardship 조항
3. 권리침해조항
4. 완전합의조항
5. 검사조항
6. 가격변동조항
7. 손해배상액예정조항(Liquidate Damage Clause)
8. 권리불포기 조항
9. 가분성조항

제1절 불가항력조항

1. 의의

불가항력은 매도인이 통제할 수 없는 우발사태나 사고를 말하는 바, 그러한 것에는 자연적으로 불가항력 즉 천재지변과 인위적인 불가항력이 있다.

무역거래에서 매매당사자는 프러스트레이션(Frustration)이 성립되는 경우를 고려하여 계약을 체결할 때 불가항력조항(Force Majeure Clause) 등을 명시적으로 삽입하도록 대비하여야 한다.

2. 내용

① 매매당사자의 귀책사유가 아닌 불가항력으로 인하여 약정된 선적기일 내지 인도기일 이전에 선적 또는 인도를 하지 못한 경우 등과 같이 계약내용을 이행하지 못한 경우에 이를 계약불이행으로 보지 않고 그 당사자는 면책된다는 것
② 불가항력의 정의 또는 예시
③ 면책받기 위하여 그 당사자가 해야 하는 조치 등을 그 내용

3. 효과

(1) 계약조건 불이행에 따른 면책 인정
(2) 계약이행기간 연장

4. 프러스트레이션과의 비교

(1) 공통점 - 계약이행의 불능
(2) 차이점 - 형성법리 / 계약에 대한 효과
(3) 관계 - 본질은 같고, 상호보완적

프러스트레이션과 불가항력의 사유가 발생할 경우에는 계약이행이 불가능한 점에서는 공통점이 있으나 전자는 계약자체를 소멸시키지만, 후자는 계약조건의 불이행에 따른 면책을 인정할 따름이다. 프러스트레이션의 원리의 적용이나 불가항력조항의 설정 등은 계약목적의 달성 불능 또는 이행불능에 따른 매매당사자의 면책을 인정하여 주기 때문에 본질적인 역할은 같고, 상호보완적이 된다고 할 수 있다.

프러스트레이션이 성립되는지 여부는 계약법상의 원칙으로 사건별로 판단 면책여부의 판단을 하는 것이 바람직하고 용이하다고 할 수 있다.

	프러스트레이션	불가항력
공통점	계약이행의 불능	
형성법리	일반계약법에 의해 형성된 법리 (영미법에서 발전)	당사자 자치의 원칙에 의한 계약 조항 (대륙법에서 발전)
계약에 대한 효과	계약자체를 소멸	계약조건 불이행에 따른 면책 인정 계약이행기간 연장
적용	무조건 적용 (사안에 따라 배제 가능)	명시규정으로 배제 가능
관계	본질적인 역할은 같고, 상호보완적	

5. 불가항력조항과 하드십조항과의 비교

(1) 매매계약 삽입이유

먼저 하드쉽조항과 불가항력조항의 근본적인 차이는 매매계약의 계속적인 이행을 담보하느냐 그렇지 않느냐이다. 하드쉽조항의 경우에는 사정의 변화가 생겨 양 당사자 중 한 당사자가 일방적으로 더 큰 의무를 부담하게 되지만, **매매계약이 근본적으로 이행 불가능하지 않을 경우 당사자간 조율을 통해 계약을 계속 이행**시켜나가기 위해 삽입한다. 반면 불가항력조항의 경우에는 사정의 변화 자체가 더 이상 **매매계약의 이행을 계속할 수 없는 이른바 본질적 사정변경, 이행 불가능한 사정변경의 경우에 매매계약을 종결**시키기 위하여 삽입한다.

(2) 조항내용

하드쉽 조항의 경우에는 통상 매매계약이 불가능하지는 않으나 서로의 합의를 요하는 사정의 변화시, 서로 재합의 한다는 취지의 조항내용이 일반적이다. 즉 일정한 사정 변화가 발생시 가격조정 및 기간의 연장에 관한 당사자들의 합의에 관한 내용이다. 하지만 불가항력 조항의 경우에는 하드쉽과는 달리 열거된 사유가 발생할 경우 재합의 없이 바로 계약을 종료시키기로 합의하기 때문에 통상 당사자 간의 귀책사유 없이 더 이상 매매계약을 이행시킬 수 없는 사유인 전쟁, 폭동, 내란, 천재지변 등 당사자가 합의한 내용을 열거하여 조항에 삽입한다.

(3) 효과

하드쉽 조항에 의한 사정변화시 당사자는 조항의 내용에 따라 계약의 계속적 이행을 위한 합의에 참여하여 새로운 매매계약의 합의를 도출한다. 반면, 열거된 불가항력 사유의 사건이 발생한 경우 당사자는 불가항력 조항에 의거 그 시점 이후로 합의하에 계약을 종료시킨다.

제2절 HARDSHIP 조항

1. 의의

Hardship은 계약체결 후 정치적, 사회적, 경제적 사정 등 주위사정의 큰 변화로 인하여 계약상 채무의 이행기 불가능하지는 않으나 현저하게 상업적으로 곤란한 경우를 의미한다. 이러한 경우 당사자 간에 계약을 수정할 수 있도록 규정한 조항을 말한다.

2. 효용(필요성)

장기계약에서 사정의 변화로 당사자 중 어느 일방이 본 사정변화에 의하여 회복할 수 없을 정도로 피해를 입거나 당초의 목적과 달리 균형이 무너진다면 계약에서 합의한 내용들이 무용지물이 되고 장기계약의 특성상 쉽게 계약을 파기하지 못하는 경우 이러한 조항은 당사자 간의 새로운 계약의 균형점을 찾아주는 데 있어 효과적인 역할을 한다.

3. 내용 및 요건

하드쉽조항은 당사자가 계약체결시에는 예상하지 못한 사정변경이 발생하여 채무이행이 불가능하지는 않지만 그 이행을 강요한다면 극히 불공평한 결과가 되는 경우 계약당사자가 이를 시정하기 위한 계약수정에 응하도록 약속하는 것을 포함한다.

(1) 당사자 모두 통제불능 사건에 의한 발생일 것
(2) 계약체결 양당사자에 의한 사정의 변화가 예상되지 못한 것이어야 하며, 예상불가능한 상황의 장애일 것
(3) 장애사건으로 인한 일방이 과도한 부담이 있어야 할 것.

4. 효과

하드쉽의 성립으로 인하여 계약의 수정이 요구되었을 때 양 당사자 간에 어떠한 당사자도 과중한 불이익을 당하지 않고 분쟁을 일으키지 않으며 상호 균형의 원칙 아래 원활한 계약의 이행을 도모할 수 있다.

제3절 완전합의조항

1. 의의

완전합의조항(Entire agreement clause)은 당사자 간의 합의내용을 완결시키는 것으로서, 본 계약은 당해 계약에 관한 전부의 내용을 포함하고 있으므로, 본 계약을 체결함에 있어서 그 시점까지 계약 당사자 간에 체결된 약속, 결정, 각서 내지 이해사항 등의 전부에 대하여 본 계약이 우선하고, 기존의 모든 것은 본 계약에 흡수되어 소멸한다는 내용을 포함하고 있는 조항을 말한다.

2. 완전합의조항의 내용

완전합의조항은 '이 계약은 양당사자간의 합의내용을 완결짓는 것이며 이 계약의 목적과 관련된 이전의 양 당사자간 모든 협상 및 의사표명, 양해, 약정 등을 대체하고, 양당사자의 서면 합의에 의하지 아니하고는 수정될 수 없다'는 취지를 규정하는 것이 일반적이다.

3. 효용(필요성)

장기간 계약협상을 필요로 하는 국제계약의 경우 협상도중의 잠정합의나 동의가 최종서명한 계약에 반영되지 않는 경우 분쟁방지의 큰 효력을 가질 뿐만 아니라 그 본래의 효력 이외에도 부수적 효과로서 계약내용의 증감이나 수정은 당사자나 그 대리인의 서면합의에 의하여야 한다는 결과를 낳는다.

4. 한계(문제점)

완전합의조항은 국제계약 서명이전의 모든 약정을 부인하는 면책적 효과도 갖기 때문에 이전의 합의사항이 최종계약서에 누락된 경우 그 효력을 주장할 수 없는 문제점이 있다.

만약 당해 계약서 작성 이전에 있었던 구술 또는 문서로 된 합의의 일부가 누락된 경우, 완전합의조항이 있으면 그 합의의 내용을 계약내용대로 주장할 수 없게 되며, 또한 이 조항에 의해 명시적 담보책임이 부인되는 효과가 발생할 수도 있으므로 각별히 주의해야 한다.

제4절 권리침해조항(Infringement clause)

1. 의의

2. 내용 / 정의

권리침해조항(Infringement clause)은 매도인이 특허권·실용신안권·디자인권·상표권 등의 지적재산권 등의 내용에 대한 사전정보 없이 매수인의 주문에 의하여 물품을 제조함으로써 발생할 수 있는 지적재산권의 침해와 관련된 모든 책임으로부터 매도인을 면책으로 하는 면책조항

3. CISG 와의 관계

비엔나협약(CISG)에서도 제41조 및 제42조에 이와 동일한 취지의 규정을 두고 있다. 제41조에 '매도인은 매수인이 제3자의 권리 또는 청구권을 전제로 물품을 수령하는 것에 동의한 경우가 아닌 한, 제3자의 권리 또는 청구권으로부터 자유로운 물품을 인도하여야 한다.'고 규정되어 있으며, 제42조에 '매도인은 매수인이 제3자의 권리 또는 청구권을 전제로 물품을 수령하는 것에 동의한 경우가 아닌 한, 제3자의 권리 또는 청구권으로부터 자유로운 물품을 인도하여야 한다.'고 규정되어 있다. 그러나 (a) 계약 체결시에 매수인이 그 권리 또는 청구권을 알았거나 또는 알지 못하였을 수가 없는 경우, 또는 (b) 그 권리 또는 청구권이 매수인에 의하여 제공된 기술적 설계, 디자인, 공식 또는 기타의 명세서에 매도인이 따른 결과로 발생한 경우에는 매도인이 면책됨이 규정되어 있다. 따라서 <u>계약의 준거법으로 CISG가 채택된 경우에는 동 권리침해조항이 필요가 없을 것이다.</u>

제5절 신축조항(Escalation clause)

1. 의의

무역계약이란 국가 간에 이루어지는 일종의 물품매매계약으로서 수출지의 매도인이 수입지의 매수인에게 약품의 소유권을 양도하여 상품을 인도할 것을 약정하고 매수인은 이를 영수하여 대금을 지급할 것을 약정하는 계약을 말한다. 신축조항이란 계약체결시 예상치 못했던 비용의 증가를 누구의 부담으로 할 것인가에 대한 약정조항으로서 증가비용조항(Increased Cost Clause) 또는 우발비용조항(Contingent Cost Clause)이라고도 한다.

2. 신축조항

(1) 의의

무역계약을 체결할 때에는 후일의 오해와 분쟁을 방지하기 위하여 그 내용을 명확히 하는 동시에 무역클레임에 대한 방법까지도 명시하여 문서화 화는 것이 바람직하다. 무역계약서에 포함되는 제조건 중에서도 계약서에 반드시 포함하거나 문서화 해야 할 거래조건을 무역거래의 기본조건이라 하며, 품질조건, 수량조건, 가격조건 등이 있으며, 또한 신축조항(Escalation clause)도 있다.

(2) 신축조항의 내용

① 무역계약에서 신축조항(Escalation clause)은 무역계약시에 계약금액이 고정되어 있었으나 계약이행기간이 장기인 경우 물가상승 등으로 인해 가격이 변동될 수 있다는 조건을 제시한 조항이다. 이 조항을 가격변동조항(Escalation clause)이라고도 한다.
② 이는 계약서나 일반거래협정서 작성당시에 물품가격보다 시가가 상승한 경우 가격을 조정할 수 있는 것을 조건으로 하는 조항이다.
③ 일반거래협정서 등에 등장하는 대표적인 신축조항의 예로는 "Party A can enjoy the benefit of escalator clause in quoting prices when the prices of the contract goods are rising" 등이 있다.

(3) 신축조항의 예시

"본 계약을 이행하는 동안에 매수인에게 물품을 인도하는 매도인의 비용이 환율변동, 원재료나 원유 및 기타 에너지원의 가격증가나 세금 또는 기타 공적비용의 증가와 관련당사자들의 합리적인 통제를 벗어나는 이와 유사한 요소로 인하여 예상치 못하게 계약가격으로부터 10% 이상 증가하는 경우, 별도의 다른 약정이 없는 한 가격은 적정하게 증가할 수 있다"

제6절 손해배상액예정조항(Liquidate Damage Clause : LD Clause)

1. 의의

국제물품매매계약에서 계약위반에 대한 구제방법은 다양하지만, 어떤 구제방법과도 병행하여 사용할 수 있는 것이 손해배상청구권이다. 하지만 손해배상청구권을 행사하기 위해서는 상대방의 계약위반사실과 자신이 입은 손해액을 입증하여야 한다.

2. LD 조항의 의의

손해액의 입증은 경우에 따라서 매우 어렵고 복잡하기 때문에, 계약당사자는 계약서상에 상대방이 계약위반 시 일정금액의 손해배상금을 지급하도록 미리 약정할 수 있다. 이를 손해배상액예정조항(Liquidate Damage Clause)이라 한다.

3. LD 조항의 기능

(1) 손해배상기능
(2) 이행확보기능
(3) 손해액 경감기능

4. LD 조항 VS PENALTY(위약벌)

(1) 추정손해액의 균형(균형 - LD 조항 / 부당과다 - 위약벌)
(2) 목적(손해배상 간편 처리 - LD 조항 / 이행 압박 - 위약벌)
(3) 청구액(약정액 - LD 조항 / 위약금+손해액 - 위약벌)

5. 고려사항

(1) 계약체결시 손해배상예정액이 과도하게 지나치지 않도록 유의하여야 한다.
(2) 계약체결과정에서 손해배상액예정조항을 선택할 때 각종 모델계약서나 해당거래의 성격을 감안하여 Penalty로 판단되지 않도록 하여야 한다.

제3장 정형거래조건과 Incoterms

Phase1. 정형거래조건

1. 의의
2. 정형거래조건의 의의
3. 정형거래조건의 필요성
4. 정형거래조건의 기능
5. 정형거래조건의 내용
6. 정형거래조건의 종류
7. 정형거래조건의 성격

1. 의의

무역계약의 내용 또는 조항은 명시조항과 묵시조항으로 구성하게 된다. 묵시조항은 계약시에 명시하지는 않았으나 법 또는 관습에 의하여 당사자가 당연히 따를 것으로 생각하는 것으로 계약내용의 일부가 되는 것이다.

① 국제상관습

관습 : 한 사회 내부에 역사적으로 발생하여 계속 반복됨으로써, 널리 승인되어 있는 사실적인 행위양식 상업에 종사하는 사람들이 오랜 시일에 걸친 상습적 행위에 의하여 널리 승인되어 준수하려고 하는 거래양식을 상관습이라고 함

② 정형거래조건

→ 가격조건, 관습, 관행, 상관습

2. 정형거래조건(의의)

무역계약에서 오랜 거래관습에 의해 국제적으로 시인된 CIF, FOB라는 약어로 표기된 정형화된 거래조건을 사용하여 계약상 당사자 의무관계를 통일화와 단순화 시킨 것.

3. 정형거래조건의 필요성

그러나 정형화된 무역조건들도 국가나 지역에 따라 각기 다른 상관습과 실정법이 적용되어 일관성과 통일성이 결여되어 국제적인 해석기준으로서의 본래적 기능을 상실하게 되었다. 따라서 이들 무역조건의 해석을 국제적으로 통일하여 무역업자들로 하여금 임의적으로 채택하여 사용할 수 있도록 통일된 거래조건의 해석에 관한 국제규칙이 제정되게 되었다.

4. 정형거래조건의 기능

① 계약내용의 보완적 기능
② 무역계약의 통일된 해석기준

5. 정형거래조건의 내용

① 위험부담 분기점
② 비용부담의 분기점
③ 매도인의 제공서류
④ 당사자 기타의무

6. 정형거래조건의 종류

① Incoterms
② CIF 계약에 관한 와르소-옥스포드규칙(1932)
③ UCC
④ RAFTD(1919제정, 1941 개정)
⑤ SGA
⑥ CISG

7. 정형거래조건의 성격

① 가격조건
② 거래조건
③ 인도조건

Phase2. Incoterms

제1편 Incoterms 자체
제2편 Incoterms 2020
제3편 Incoterms 개별규칙
제4편 FOB 및 CIF 매매조건

제1편
Incoterms 자체

1. 의의 (의의 / 개정배경)
2. 연혁
3. 개정특징
4. Incoterms의 적용범위 및 적용요건
5. 현실적용상 유의점
6. 한계

1. 의의(이론적 배경, 제, 개정, 특징)

〈개정배경 : 범세계적으로〉

① 관세자유지역의 지속적 확대
② 상거래에서 전자적 통신수단의 사용이 증대
③ 국제적으로 물류상 보안에 대한 규제가 강화
④ 국제운송실무의 변화가 지속되고 있는 현실을 고려

2. 연혁(제정, 개정)

(1) 제정주체 : ICC(국제상업회의소)
(2) 제, 개정(8차 개정)

1936(제정) - 1953(1차) - 1967(2차) - 1976(3차) - 1980(4차) - 1990(5차) - 2000(6차) - 2010(7차) - 2020(8차)

> Q. 복합운송의 수용

- Incoterms 1980 : DCP(->CPT), FRC(신설), CIP(신설)
  DCP : 기존에 내륙운송에만 사용하던 것을 복합운송에도 사용하도록 확대
- Incoterms 1990 : FRC-> FCA(FOA, FOR/FOT 흡수통합)
- Incoterms 2000 : FCA 인도장소별 의무
- Incoterms 2010 : 분류방식 변경(운송수단별 대별), 사용지침 명기
- Incoterms 2020 : 분류방식 및 설명문의 내용 유지

	Incoterms 1980 (4차 개정)	Incoterms 1990 (5차 개정)	Incoterms 2000 (6차 개정)	Incoterms 2010 (7차) Incoterms 2020 (8차)
변경내용	DCP (변경)	CPT	CPT	1. 운송수단 대별 (복합운송 VS 해상) 2. 사용자를 위한 설명문 (운송수단별 기준 명기)
	FRC (신설)	FCA (FRC,FOA,FOR /FOT 흡수)	FCA 명료화	
	CIP (신설)	CIP	CIP	

3. 개정특징

(1) 개정이유(개정배경)

① 복합운송규칙의 이용률 저조
② D 그룹의 이용율 저조
③ 운송상관습 반영
④ 전자무역대비
⑤ 보안문제 대두
⑥ 운송관습

(2) Incoterms 2020 개정특징

① 개별규칙 내 조항순서 변경
② CIP 최대 부보 의무
③ FCA 상 본선적재표기 선하증권
④ DAT에서 DPU로 명칭 변경
⑤ FCA, DAP, DPU, DDP에서 자신의 운송수단에 의한 운송 허용
⑥ 운송 및 비용조항에 보안관련 의무 삽입

⑦ 사용자를 위한 설명문(Explanatory Notes for Users)
⑧ 소개문(Introduction)의 강화

4. Incoterms의 적용범위

(1) '유체동산'의 인도와 관련한 당사자들의 권리와 의무에 관련된 사안 한하여 적용
(2) 물품의 매매계약에 따른 매도인과 매수인 간의 관계만을 규정
(3) 매도인과 매수인의 인도, 위험 및 비용분담을 위주로 규정
(4) 매매계약에 따른 소유권 이전, 계약의 위반과 권리구제 또는 의무면제 등에 대하여는 전혀 다루지 아니함

5. 현실적용상 유의점

(1) 대금결제 – CIF + 화환신용장(일치성 도출)
              – FOB + 화환신용장(본질직 상이) but, 현실적으로 변형사용 多
(2) 복합운송 – FOB / CIF + 복합운송

6. Incoterms 한계

(1) 임의규칙적 성격
(2) 불완전한 규칙
(3) 거래상황에 적합한 규칙의 이용
(4) 물품인도와 비용분담 등을 위한 정확한 장소의 명시
(5) 인코텀즈 2020의 변형

제2편 Incoterms 2020

1. 의의
2. Incoterms 2020의 구성
3. Incotemrs 2020의 소개문의 내용
4. Incoterms 2020 주요 개정 내용

1. 의의

2. Incoterms 2020의 구성

(1) 인코텀즈 2020 소개문(Introduction to Incoterms 2020)
- 인코텀즈 2010의 서문(Introduction)에 비해 내용과 범위가 확대되었으며 10개의 항목(Ⅰ~Ⅹ)에 78개의 단락(paragraph)으로 구성
- 본 규칙의 적용 범위를 비롯한 각 개념에 대한 정의, 규칙의 사용 방법, 기타 계약과의 관계, Incoterms분류 방식에 대한 설명 및 Incoterms® 2010 및 Incoterms® 2020의 차이점 등을 중심으로 설명

(2) 모든 운송방식에 사용되는 규칙(Rules for any Mode or Modes of transport)
- EXW, FCA, CPT, CIP, DAP, DPU, DDP의 7개의 규칙을 규정
- 각 규칙의 시작부분에 사용자를 위한 설명문(Explanatory Note for Users)
- 그 후로 매도인의 의무 10개 항목(A1~A10)과 매수인의 의무 10개 항목(B1~B10)을 대칭적으로 규정
- 모든 운송방식용 규칙은 운송수단에 관계없이 사용될 수 있고, 둘 이상의 운송방식이 이용되는 경우에도 사용될 수 있음

(3) 해상운송과 내수로운송에 적용되는 규칙(Rules for Sea and Inland waterway transport)
- FAS, FOB, CFR, CIF의 4개의 규칙을 규정
- 각 규칙의 시작부분에 사용자를 위한 설명문(Explanatory Note for Users)
- 그 후로 매도인의 의무 10개 항목(A1~A10)과 매수인의 의무 10개 항목(B1~B10)을 대칭적으로 규정
- 이 규칙들은 오직 해상운송이나 내수로운송에만 사용될 수 있다.

(4) 조항별 규칙조문(Article-by-Article Text of Rules)
- 사용자가 각 인코텀즈 규칙에 대한 당사자의 각각의 의무(A1~A10, B1~B10)를 쉽게 알 수 있도록 인코텀즈 2020의 뒷 부분에 '조항별 규칙조문(Article-by-Article Text of Rules)'을 신설
- 사용자는 이를 활용함으로써 각 규칙의 비교가 종래에 비해 보다 간단하게 되어, 당해 거래에 가장 적합한 규칙을 선택하는 것이 용이하게 됨.

Q. 인코텀즈의 구분

1. 표현형식에 따라
   (1) 지정장소인도규칙 : 물품의 인도장소를 나타냄.
       EXW, FAS, FOB, FCA, DAP, DPU, DDP
       (지정장소 = 인도장소 = 위험이 이전되는 장소)
   (2) 특수비용포함인도규칙 : 가격을 구성하는 비용요소를 나타냄.
       CFR, CIF, CPT, CIP
       - 비용부담과 위험부담이 분리됨
       (지정장소 ≠ 인도장소
            = 목적지(목적지까지의 운임이 지급되어야 함)

2. 물품의 인도장소에 따라
   (1) 선적지 인도규칙 : 위험=비용, 위험⇎비용
       EXW, FAS, FCA, FOB, CFR, CIF, CPT, CIP
   (2) 양륙지 인도규칙 : 위험=비용
       DAP, DPU, DDP

3. 물품의 인도형태에 따라
   (1) 현실적 인도규칙 : EXW, FCA, FAS, FOB, DAP, DPU, DDP
   (2) 상징적 인도규칙 : CFR, CIF, CPT, CIP.

4. 운송방식에 따라
   (1) 복합운송규칙 : EXW, FCA, CPT, CIP, DAP, DPU, DDP
   (2) 해상운송규칙 : FAS, FOB, CFR, CIF

3. Incoterms 2020의 소개문의 내용

PART 1 소개문의 목적 및 구조

1. 본 소개문의 목적은 다음 네 가지이다.
   - 인코텀즈 2020 규칙이 무슨 역할을 하고 또 하지 않는지 그리고 어떻게 인코텀즈규칙을 가장 잘 편입시킬 수 있는지를 설명하는 것
   - 다음과 같은 인코텀즈규칙의 중요한 기초들을 기술하는 것: 매도인과 매수인의 기본적 역할과 책임, 인도, 위험 및 인코텀즈규칙과 계약들(전형적인 수출/수입매매계약 및 해당되는 경우 국내매매계약을 둘러싼 계약들) 사이의 관계
   - 어떻게 당해 매매계약에 올바른 인코텀즈규칙을 가장 잘 선택할지를 설명하는 것
   - 인코텀즈 2010과 인코텀즈 2020의 주요한 변경사항들을 기술하는 것.

2. 본 소개문의 구조는 다음과 같다.
   Ⅰ. 인코텀즈규칙은 무슨 역할을 하는가
   Ⅱ. 인코텀즈규칙이 하지 않는 역할은 무엇인가
   Ⅲ. 어떻게 인코텀즈규칙을 가장 잘 편입시킬 수 있는가
   Ⅳ. 인코텀즈 2020 규칙상 인도, 위험 및 비용
   Ⅴ. 인코텀즈 2020 규칙과 운송인
   Ⅵ. 매매계약규칙 및 이것과 다른 계약들과의 관계
   Ⅶ. 11개 인코텀즈 2020 규칙 - "해상운송과 내수로운송"에 적용되는 규칙 및 "모든 운송방식"에 적용되는 규칙: 올바른 사용법
   Ⅷ. 인코텀즈 2020 규칙 내 조항의 순서
   Ⅸ. 인코텀즈 2010과 인코텀즈 2020의 차이점
   Ⅹ. 인코텀즈규칙 변용시 유의점

3. 본 소개문은 인코텀즈 2020 규칙의 사용과 그 기본원칙에 관한 지침을 제공한다.

PART 2 인코텀즈규칙은 무슨 역할을 하는가

Ⅰ. 인코텀즈규칙은 무슨 역할을 하는가 (WHAT THE INCOTERMS® RULES DO)

4. 인코텀즈규칙은 예컨대 CIF, DAP 등과 같이 가장 일반적으로 사용되는 세 글자로 이루어지고 물품매매계약상 기업간 거래관행(business-to-business practice)을 반영하는 11개의 거래조건(trade term)을 설명한다.

5. 인코텀즈규칙은 다음 사항을 규정한다.
   - 의무: 매도인과 매수인 사이에 누가 무엇을 하는지. 즉 누가 물품의 운송이나 보험을 마련하는지 또는 누가 선적서류와 수출 또는 수입허가를 취득하는지
   - 위험: 매도인은 어디서 그리고 언제 물품을 "인도" 하는지, 다시 말해 위험은 어디서 매도인으로부터 매수인에게 이전하는지
   - 비용: 예컨대 운송비용, 포장비용, 적재 또는 양하비용 및 점검 또는 보안관련 비용에 관하여 어느 당사자가 어떤 비용을 부담하는지.

   인코텀즈규칙은 A1/B1 등의 번호가 붙은 일련의 10개의 조항에서 위와 같은 사항들을 다루는데, 여기서 A 조항은 매도인의 의무를, 그리고 B 조항은 매수인의 의무를 지칭한다. 아래 53번 단락을 보라.

PART 3 / 인코텀즈 규칙이 하지 않는 역할은 무엇인가

Ⅱ. 인코텀즈규칙이 하지 않는 역할은 무엇인가 (WHAT THE INCOTERMS® RULES DO NOT DO)

6. 인코텀즈규칙 그 자체는 매매계약이 아니며, 따라서 매매계약을 대체하지도 않는다. 인코텀즈규칙은 어떤 특정한 종류의 물품이 아니라 모든 종류의 물품에 관한 거래관행을 반영하도록 고안되어 있다. 인코텀즈규칙은 산적화물(散積貨物, bulk cargo) 형태의 철광석 거래에도 적용될 수 있고 5개의 전자장비 컨테이너 또는 항공운송되는 5개의 생화 팔레트의 거래에도 적용될 수 있다.

7. 인코텀즈규칙은 다음의 사항을 다루지 않는다.
   - 매매계약의 존부
   - 매매물품의 성상(性狀)
   - 대금지급의 시기, 장소, 방법 또는 통화
   - 매매계약 위반에 대하여 구할 수 있는 구제수단
   - 계약상 의무이행의 지체 및 그 밖의 위반의 효과
   - 제재의 효력
   - 관세부과
   - 수출 또는 수입의 금지
   - 불가항력 또는 이행가혹
   - 지식재산권 또는
   - 의무위반의 경우 분쟁해결의 방법, 장소 또는 준거법, 아마도 가장 중요한 것으로, 인코텀즈규칙은 매매물품의 소유권/물권의 이전을 다루지 않는다는 점도 강조되어야 한다.

8. 위와 같은 사항들은 당사자들이 매매계약에서 구체적으로 규정할 필요가 있다. 그렇게 하지 않는다면 의무의 이행이나 위반에 관하여 분쟁이 발생하는 경우에 문제가 생길 수 있다. 요컨대 인코텀즈 2020 규칙 자체는 매매계약이 아니다. 즉 인코텀즈규칙은 이미 존재하는 매매계약에 편입되는 때 그 매매계약의 일부가 될 뿐이다. 인코텀즈규칙은 매매계약의 준거법을 정하지도 않는다. 매매계약에 적용되는 법률체계(legal regimes)가 있으며, 이는 국제물품매매협약(CISG)과 같은 국제적인 것이거나 예컨대 건강과 안전 또는 환경에 관한 국내의 강행법률일 수 있다.

PART 4 어떻게 인코텀즈 규칙을 가장 잘 편입시킬 수 있는가

Ⅲ. 어떻게 인코텀즈규칙을 가장 잘 편입시킬 수 있는가 (HOW BEST TO INCORPORATE THE INCOTERMS® RULES)

9. 당사자들이 인코텀즈 2020 규칙이 계약에 적용되도록 하고자 하는 경우에 가장 안전한 방법은 계약에서 다음과 같은 문구를 통하여 그러한 의사를 명백하게 표시하는 것이다.
("[선택된 인코텀즈규칙] [지정항구, 장소 또는 지점] Incoterms 2020")

10. 따라서 예컨대, CIF Shanghai Incoterms® 2020, 또는 DAP No 123, ABC Street, Importland Incoterms® 2020.

11. 연도를 빠트리면 해결하기 어려운 문제가 발생할 수 있다. 당사자, 판사 또는 중재인이 어떤 버전의 인코텀즈규칙이 계약에 적용되는지 결정할 수 있어야 한다.

12. 선택된 인코텀즈규칙 바로 다음에 기명되는 장소는 더 중요하다.
    - C 규칙을 제외한 모든 인코텀즈규칙에서 그러한 지정장소는 물품이 어디서 "인도" 되는지, 즉 위험이 어디서 매도인으로부터 매수인에게 이전하는지를 표시한다.
    - D 규칙에서 지정장소는 인도장소이자 목적지이고 매도인은 그 지점까지 운송을 마련하여야 한다.
    - C 규칙에서 지정장소는 매도인이 그 운송을 마련하고 그 비용도 부담하여야 하는 물품운송의 목적지이지만 인도장소나 인도항구는 아니다.

13. 따라서 선적항에 관하여 의문을 야기하는 FOB 매매는 매수인이 물품의 선적과 운송을 위하여 어디서 매도인에게 선박을 제공하여야 하는지에 관하여 – 또한 매도인은 위험이 매수인에게 이전되도록 하기 위하여 어디서 물품을 선적하여야 하는지에 관하여 – 양당사자에게 불확실한 점을 남긴다. 마찬가지로 지정목적지가 불명확한 CPT 계약은 매도인이 체결하여야 하고 그 비용을 부담하여야 하는 물품운송계약의 목적지점에 관하여 양당사자에게 의문을 남긴다.

14. 이러한 종류의 문제를 피하는 최상의 방법은 선택된 인코텀즈규칙에서 해당되는 항구나 장소 또는 지점의 지리적 위치를 가급적 구체적으로 지정하는 것이다.

15. 특정한 인코텀즈 2020 규칙을 매매계약에 편입할 때, 상표표지(trademark symbol)까지 표기할 필요는 없다. 상표와 저작권에 관한 상세한 안내는 〈https://iccwbo.org/incoterms-copyrihgt/〉를 참조하라.

PART 5 인코텀즈 2020 규칙상 인도, 위험 및 비용

Ⅳ. 인코텀즈 2020 규칙상 인도, 위험 및 비용 (DELIVERY, RISK AND COSTS IN THE INCOTERMS® 2020 RULES)

16. 따라서 예컨대 CIP Las Vegas 또는 CIF Los Angeles와 같이 세 글자 다음에 부가되는 지정장소나 지정항구는 인코텀즈 2020 규칙의 작동과정에서 매우 중요하다. 어떤 인코텀즈 2020 규칙이 선택되는지에 따라 그러한 장소는 물품이 매도인에 의하여 매수인에게 "인도된" 것으로 다루어지는 장소나 항구 또는 "인도" 장소가 되거나 매도인이 마련하여야 하는 물품운송의 목적지나 목적항이 되고, D 규칙의 경우에는 양자 모두가 된다.

17. 모든 인코텀즈 2020 규칙에서 A2는 인도의 장소나 항구를 정한다. - 그리고 그러한 장소나 항구는 EXW와 FCA에서는 매도인에게 가장 가깝고(매도인의 영업구내) DAP와 DPU, DDP에서는 매수인에게 가장 가깝다.

18. A2에서 정해지는 인도장소나 인도항구는 위험과 비용 모두에 관하여 매우 중요하다.

19. A2의 인도장소나 인도항구는 A3 하에서 위험이 매도인으로부터 매수인에게 이전하는 장소를 확정한다. 매도인은 이러한 장소와 항구에서 A1에 반영되어 있는 계약에 따른 물품인도의무를 이행하며 그에 따라 매수인은 그 지점을 지난 뒤에 발생하는 물품의 멸실 또는 훼손에 대하여 매도인에게 책임을 묻지 못한다.

20. A2의 인도장소나 인도항구는 또한 A9 하에서 매도인과 매수인 사이에 비용을 할당하는 기준점을 확정한다. 대략 말하자면, A9에서 그러한 인도지점 전의 비용은 매도인이 분담하고 그러한 지점 후의 비용은 매수인이 분담한다.

◆ 인도지점
 극단적 그룹과 중간적 그룹: 4가지의 전통적 인코텀즈규칙 그룹

21. 2010 전의 인코텀즈규칙 버전들에서는 전통적으로 개별 규칙들을 4개 그룹, 즉 E 그룹, F 그룹, C 그룹 및 D 그룹으로 분류하였는데, 인도지점의 측면에서 E 그룹과 D 그룹은 양극단에 있고 F 그룹과 C 그룹은 그 중간에 있다. 2010 버전부터 인코텀즈규칙은 사용된 운송수단에 따라 그룹을 분류하고 있으나 과거의 분류방법은 아직도 인도지점을 이해하는 데 유익하다. 따라서 EXW에서 인도지점은 매수인이 물품을 수취하기로 합의된 지점이며, 매수인이 그 물품을 가져갈 목적지는 어느 곳이든 무방하다. 반대편 극단에 있는 DAP, DPU 및 DDP의 경우에 인도지점은 매도인이나 그의 운송인이 운송할 물품의 목적지와 동일하다. 전자 즉 EXW의 경우에는 운송과정이 시작되기도 전에 위험이 이전한다. 후자 즉 D 규칙의 경우에는 운송과정의 막바지에 이르러 위험이 이전한다. 또 전자 즉 EXW의 경우 및 같은 문제로 FCA(매도인의 영업구내)의 경우에 매도인의 물품인도의무는 물품이 실제로 목적지에 도착하는지와 무관하다. 후자의 경우에 매도인은 물품이 실제로 목적지에 도착한 경우에만 물품인도의무를 이행한 것으로 된다.

22. 인코텀즈규칙들 중 양극단에 있는 두 규칙, 즉 EXW와 DDP 규칙은 국제거래에서 전형적으로 사용되는 총 11개 규칙 중에 포함된다. 그러나 거래당사자들은 국제계약에서는 이러한 두 가지를 대체하는 규칙을 고려하여야 한다. EXW의 경우에 매도인은 물품을 단지 매수인의 처분하에 두기만 하면 된다. 이는 적재와 수출통관에 관하여 매도인과 매수인에게 각각 문제를 야기할 수 있다. 따라서 매도인은 FCA 규칙으로 매매하는 것이 더 좋다. 마찬가지로 DDP의 경우에 매도인은 매수인 국가에서만 이행될 수 있는 의무들 예컨대 수입통관을 할 의무를 부담한다. 매도인이 그러한 의무들을 매수인 국가에서 이행하기는 물리적으로나 법적으로 어려울 수 있고, 따라서 매도인은 그러한 경우에 DAP나 DPU 규칙으로 물품을 매매하는 것을 고려하는 것이 더 좋다.

23. 양극단의 E 규칙과 D 규칙 사이에 3개의 F 규칙(FCA, FAS 및 FOB)과 4개의 C 규칙 (CPT, CIP, CFR 및 CIF)이 있다.

24. 모두 7개의 F 규칙 및 C 규칙에서 인도장소는 예정된 운송[구간상] 매도인 쪽에 있다. 따라서 이러한 인코텀즈규칙을 사용하는 매매를 흔히 "선적" 매매("shipment" sales)라 한다. 인도는 예컨대 다음과 같이 일어난다.

   a) CFR, CIF 및 FOB에서는 물품이 선적항에서 선박에 적재된 때, 또는

   b) CPT 및 CIP에서는 물품을 운송인에게 교부함으로써 또는

   c) FCA에서는 물품을 매수인이 제공하는 운송수단에 적재하거나 매수인의 운송인의 처분하에 둠으로써.

   F 그룹과 C 그룹에서 위험은 주된 운송을 위한 매도인의 끝단에서 이전하며 그에 따라 매도인은 물품이 실제로 목적지에 도착하는지 여부와 무관하게 그의 물품인도의무를 이행한 것으로 된다. 이러한 특징, 즉 선적매매의 경우에 인도는 운송과정의 초반에 매도인의 끝단에서 일어난다는 특징은 그것이 해상운송을 위한 인코텀즈규칙인지 또는 모든 운송방식을 위한 인코텀즈규칙인지에 관계없이 F 규칙과 C 규칙에 공통된다.

25. 그러나 F 규칙과 C 규칙은 인도장소나 인도항구 이후의 물품운송계약을 체결하거나 운송을 마련하는 당사자가 매도인인지 아니면 매수인인지에 관하여 다르다. F 규칙에서는 당사자들이 달리 합의하지 않은 한 매수인이 그렇게 하여야 한다. C 규칙에서는 이러한 의무를 매도인이 부담한다.

26. 모든 C 규칙에서는 매도인이 인도 이후의 물품운송계약을 체결하거나 운송을 마련하도록 하므로 당사자들은 그 운송의 목적지가 어디인지를 알아야 할 필요가 있는데, 당해 인코텀즈규칙의 명칭 뒤에 부가되는 지명 예컨대 "CIF the port of Dalian" 또는 "CIP the inland city of Shenyang"이 곧 그러한 목적지이다. 그러한 지정목적지가 어디든지 간에 그러한 장소는 결코 인도장소가 아니며 인도장소로 되지도 않는다. 위험은 인도장소에서 물품의 선적과 동시에 또는 교부와 동시에 이미 이전하나, 그 전에 지정목적지로 향하는 운송계약은 매도인이 체결하였어야 한다. 따라서 C 규칙에서는 인도지와 목적지가 반드시 동일한 곳이 아니다.

PART 6

인코텀즈 2020 규칙과 운송인

V. 인코텀즈 2020 규칙과 운송인 (INCOTERMS® 2020 RULES AND THE CARRIER)

27. F 규칙과 C 규칙에서는 예컨대 물품을 선박에 적재하거나 운송인에게 교부하거나 운송인의 처분하에 둠으로써 물품이 매도인에 의하여 매수인에게 "인도된" 지점이 확정된다. 따라서 이 지점에서 위험이 매도인으로부터 매수인에게 이전한다.

28. 위와 같은 두 가지의 중요한 효과 때문에 개별 운송구간 예컨대 도로, 철도, 항공 또는 해상운송구간을 각각 따로 담당하는 복수의 운송인이 있는 경우에 누가 운송인인지를 확정하는 것은 매우 중요하다. 물론 매도인이 매우 신중을 가하여 단일운송인이 운송의 모든 운송구간을 책임지는 하나의 운송계약을 체결하는 이른바 "통"운송계약("through" carriage contract)을 체결한 경우에는 문제가 발생하지 않는다. 그러나 그러한 "통" 운송계약이 없는 경우에 물품은 (CIP나 CPT 규칙이 사용되는 경우) 후속하는 해상운송인에게 전달하기 위하여 먼저 도로운송회사나 철도회사에게 교부될 수 있다. 해상운송만이 단독으로 사용되는 경우에도 예컨대 물품이 후속하는 해양운송인에게 전달하기 위하여 먼저 강호(江湖)운송인이나 연안의 피더운송인에게 교부되는 때에는 같은 상황이 발생할 수 있다.

29. 이러한 경우에 매도인은 물품을 언제 매수인에게 "인도"한 것이 되는가? 최초운송인에게 교부한 때인가 아니면 둘째 또는 셋째 운송인에게 교부한 때인가?

30. 그 질문에 대답하기 전에 선결문제가 있다. 대부분의 경우에 운송인은 (당사자들이 인코텀즈 C 규칙 또는 F 규칙을 선택하였는지에 따라) 매도인 또는 매수인이 운송계약에 따라 사용하는 독립된 제3자일 것이지만, 매도인 또는 매수인이 매매물품을 직접 운송함으로 인하여 그러한 독립된 제3자가 전혀 존재하지 않는 경우가 있을 수 있다. 이러한 일은 매도인이 자신의 운송수단을 사용하여 인도장소인 목적지까지 물품을 운송할 수도 있는 D 규칙(DAP, DPU 및 DDP)에서 더 일어날 수 있다. 따라서 인코텀즈 2020 규칙에서는 D 규칙상 매도인이 운송계약을 체결하거나 아니면 운송을 마련하도록 즉 자신의 운송수단으로 운송하도록 규정한다. A4를 보라.

31. 위의 29번 단락에서 제기된 질문은 단순히 "운송"문제가 아니다. 이는 중요한 "매매" 문제이다. 이 문제는 운송 중 훼손된 물품에 관하여 매도인이나 매수인이 어느 운송인에게 운송계약상 책임을 물을 수 있는지의 문제가 아니다. 이는 "매매" 문제이며, 물품을 매도인으로부터 매수인에게까지 운송하는 데 복수의 운송인이 참여한 경우에 운송과정 중 어느 지점에서 일어난 물품교부가 인도지점을 확정하는지 그리고 매도인과 매수인 사이에 위험이전을 초래하는지의 문제이다.

32. 이 문제에 대해서는 간단한 대답이 필요하다. 수개의 개별 운송계약들의 계약조건 여하에 따라 복수의 운송인들 사이의 관계와 매도인 및/또는 매수인과 그러한 복수의 운송인 사이의 관계는 복잡할 것이기 때문이다. 따라서 예컨대 그러한 일련의 운송계약(chain of contracts of carriage)에서 도로운송구간을 실제로 담당한 운송인과 같은 어떤 운송인은 해상운송인과 운송계약을 체결함에 있어서 매도인의 대리인(seller's agent)으로 행동할 수 있다.

33. 인코텀즈 2020 규칙은 당사자들이 FCA로 계약한 경우에 이 문제에 대하여 분명한 답을 제공한다. FCA에서 관련운송인(relevant carrier)은 매수인이 지정한 운송인이며, 매도인은 매매계약상 합의된 장소 또는 지점에서 그 운송인에게 물품을 교부한다. 따라서 매도인이 도로운송인을 사용하여 물품을 합의된 인도지점까지 운송하더라도 위험은 매도인이 사용한 도로운송인에게 물품을 교부한 장소와 시점이 아니라 물품이 매수인이 사용한 운송인의 처분하에 놓인 장소와 시점에 이전한다. 이 때문에 FCA 매매에서는 인도장소나 인도지점을 가급적 정확하게 지정하는 것이 매우 중요하다. FOB에서도 매도인이 피더선이나 바지선을 사용하여 물품을 매수인이 사용한 선박에 넘기도록 한 경우에는 동일한 상황이 발생할 수 있다. 이에 대하여 인코텀즈 2020은 유사한 답을 제공한다. 즉 인도는 물품이 매수인의 운송인에게 적재된 때 일어난다.

34. C 규칙에서는 상황이 더 복잡하며, 법제에 따라 다른 해법들을 도출할 것이다. CPT와 CIP의 경우에 어쨌든 어떤 법역에서는 (당사자들이 인도지점에 관하여 합의하지 않았다면) 매도인이 A2 하에서 물품을 교부한 최초운송인(first carrier)이 관련운송인으로 간주될 가능성이 있다. 매수인은 매도인과 최초운송인 또는 후속운송인 사이에 또는 사실 최초운송인과 후속운송인 사이에 체결된 운송계약에 관하여 아는 것이 없다. 단지 매수인이 아는 것은 물품이 자신에게로 "운송중"에 있다는 점 – 그리고 매수인이 아는 한 "운송"은 매도인이 물품을 최초운송인의 수중에 넘긴 때 시작한다는 점이다. 그 결과, 위험은 그러한 "인도"(delivery)의 초기단계 즉 최초운송인에게 인도된 때 매도인으로부터 매수인에게 이전한다. CFR과 CIF에서도 매도인이 물품을 합의된 선적항이 있다면 그러한 선적항으로 가져가기 위하여 피더선이나 바지선을 사용한 경우에는 동일한 상황이 발생할 수 있다. 이에 대하여 인코텀즈 2020은 유사한 답을 제공한다. 즉 인도는 물품이 합의된 선적항이 있다면 그러한 선적항에서 선박에 적재된 때 일어난다.

35. 이러한 결론은 만약 채택된다면 매수인에게 가혹하게 보일 수 있다. CPT와 CIP 매매에서 위험은 물품이 최초운송인에게 교부된 때 매도인으로부터 매수인에게 이전한다. 이러한 단계에서 매수인은 최초운송인이 관련운송계약(relevant carriage contract)상 물품의 멸실 또는 훼손에 대하여 책임을 지는지 여부를 알지 못한다. 매수인은 그러한 계약의 당사자가 아니고, 그에 대하여 어떠한 통제를 할 수도 없고, 그 계약조건을 알지도 못할 것이다. 그럼에도 불구하고 매수인은 아마도 최초운송인에 대한 구상권을 갖지 못한 채 바로 그 물품교부의 최초시점부터 물품의 위험을 부담하는 것으로 종결된다.

36. 매수인은 결국 운송과정의 초기단계에서 물품의 멸실 또는 훼손의 위험을 부담하는 것으로 종결될 것이지만 그럼에도 매수인은 매도인에 대하여 구제수단을 갖기도 한다. A2/A3은 진공상태에서 작동하는 것이 아니기 때문이다. 즉 A4 하에서 매도인은 "인도장소에 합의된 인도지점이 있는 때에는 그 인도지점으로부터 지정목적지까지 또는 합의가 있는 때에는 그 지정목적지의 어느 지점까지" 물품을 운송하는 계약을 체결하여야 한다. 비록 물품이 A2/A3에 따라 최초운송인에게 교부된 때 위험이 매수인에게 이전하였더라도 만약 그 최초운송인이 자신의 운송계약상 물품을 지정목적지까지 통운송(through carriage)을 하는 책임을 부담하지 않는다면, 매도인은 이러한 견해에서는 A4 하에서 매수인에 대하여 책임이 있다. 요컨대 매도인은 매매계약에서 지정된 목적지까지 운송하는 운송계약을 체결하여야 한다.

PART 7 매매계약 규칙 및 이것과 다른 계약들과의 관계

Ⅵ. 매매계약규칙 및 이것과 다른 계약들과의 관계 (RULES FOR THE CONTRACT OF SALE AND THEIR RELATIONSHIP TO OTHER CONTRACTS)

37. 인코텀즈 C 규칙과 F 규칙에서 운송인이 매도인과 매수인 사이에서 물품인도에 관하여 어떤 역할을 하는지의 논의는 의문을 야기한다. 즉 인코텀즈규칙은 과연 운송계약에서 또는 사실 전통적으로 예컨대 보험계약이나 신용장과 같은 수출계약을 둘러싼 다른 계약들에서 어떤 역할을 하는가?

38. 짧은 대답은 인코텀즈규칙은 그러한 다른 계약들의 일부를 이루지 않는다는 것이다. 즉 인코텀즈규칙은 편입되는 경우에 매매계약의 단지 일정한 국면에 적용되고 이를 규율한다.

39. 그러나 이는 인코텀즈규칙이 그러한 다른 계약들에 어떠한 영향도 주지 않는다는 말은 아니다. 물품은 이상적인 세계에서라면 서로 일치하는 계약들의 네트워크를 통하여 수출되고 수입된다. 따라서 매매계약은 예컨대 운송인이 운송계약상 매도인/송하인(seller/shipper)에게 발행하는 운송서류의 제공을 요구하고 매도인 / 송하인 / 수익자(seller / shipper / beneficiary)는 신용장상 그러한 운송서류와 상환으로 대금을 지급받고자 할 수 있다. 이러한 세 계약이 일치할 때 일이 잘 굴러간다. 그렇지 않을 때 문제가 속히 발생한다.

40. 예컨대 운송과 운송서류에 관한 인코텀즈규칙의 규정(A4/B4 및 A6/B6) 또는 부보에 관한 규정(A5/B5)은 관련된 해당 운송인이나 보험자 또는 어떤 은행도 구속하지 않는다. 따라서 운송인은 자신이 그의 상대방과 체결하는 운송계약에서 요구되는 바에 따라 운송서류를 발행할 의무가 있을 뿐이다. 즉 운송인은 인코텀즈규칙에 일치하는 운송서류를 발행할 의무가 없다. 마찬가지로 보험자는 인코텀즈규칙과 일치하는 보험증권이 아니라 그의 보험을 구매한 자와 합의한 수준과 조건을 갖춘 보험증권을 발행할 의무가 있다. 끝으로 은행은 매매계약조건이 아니라 오직 신용장상의 서류적 조건을 주목한다.

41. 그러나 그 네트워크 안에 드는 다른 계약들의 모든 당사자들은 그들이 운송인이나 보험자와 합의한 운송조건이나 보험조건 또는 신용장조건이 매매계약의 내용 즉 장차 체결되어야 하는 부수적 계약들이나 장차 구비되어 제공되어야 하는 서류들에 관한 매매계약의 내용과 일치하도록 하는 데 매우 많은 이해관계를 갖는다. 이러한 작업은 매매계약의 당사자도 아니고 따라서 인코텀즈 2020 규칙의 당사자도 아니고 이에 구속되지도 않는 운송인이나 보험자 또는 은행이 하는 일이 아니다. 그러나 매도인과 매수인은 자신의 이익을 위하여 위 계약네트워크상의 다른 부분들이 - 먼저 매매계약과 일치하도록 하고 - 그에 따라 해당되는 경우에는 인코텀즈 2020 규칙과 일치하도록 노력하게 된다.

PART 8 11개 인코텀즈 2020 규칙

Ⅶ. 11개 인코텀즈 2020 규칙 – "해상운송과 내수로운송"에 적용되는 규칙 및 모든 운송방식에 적용되는 규칙 : 올바른 사용법 (THE ELEVEN INCOTERMS® 2020 RULES—"SEA AND INLAND WATERWAY" AND "ANY MODE(S) OF TRANSPORT": GETTING IT RIGHT)

42. 인코텀즈 2010 규칙에 도입된 기본분류법 즉 "모든 운송방식에 적용되는 규칙"(즉 EXW, FCA, CPT, CIP, DAP, 신설 DPU(구 DAT) 및 DDP)과 "해상운송과 내수로운송에 적용되는 규칙"(즉 FAS, FOB, CFR 및 CIF)으로 구분하는 방법은 유지되었다.

43. 4개의 이른바 "해상" 인코텀즈규칙("maritime" Incoterms rule)은 매도인이 물품을 바다나 강의 항구에서 선박에 적재하는 (FAS에서는 선측에는 두는) 경우에 사용하도록 고안되었다. 이러한 지점에서 매도인은 매수인에게 물품을 인도한다. 이러한 규칙이 사용되는 경우에 물품의 멸실 또는 훼손의 위험은 그러한 항구로부터 매수인이 부담한다.

44. 한편 모든 운송방식에 적용되는 7개의 인코텀즈규칙(이른바 "복합운송" 인코텀즈규칙 ("multi-modal" Incoterms rule)은 다음과 같은 지점이 선상(船上)(또는 FAS에서는 선측)이 아닌 경우에 사용되도록 고안되었다.
 a) 매도인이 물품을 운송인에게 교부하거나 운송인의 처분하에 두는 지점 또는
 b) 운송인이 물품을 매수인에게 교부하는 지점 또는 물품이 매수인의 처분하에 놓이는 지점 또는
 c) 위의 (a) 지점과 (b) 지점 모두

45. 이러한 각각의 7개 인코텀즈규칙에서 어디서 인도가 일어나고 위험이 이전하는지는 사용된 당해 규칙이 무엇인지에 달려있다. 예컨대 CPT의 경우에 인도는 물품이 매도인과 계약을 체결한 운송인에게 교부되는 때 즉 매도인의 끝단에서 일어난다. 반면에 DAP의 경우에 인도는 물품이 지정목적지 또는 지정목적지점에서 매수인의 처분하에 놓인 때 일어난다.

46. 언급하였듯이 인코텀즈 2010 규칙의 배열순서는 인코텀즈 2020에서도 대체로 유지되었고, 이렇게 인코텀즈규칙을 2개의 묶음으로 분류한 것은 당해 매매계약에 사용된 운송수단에 맞는 올바른 규칙을 사용하도록 하기 위함이라는 것을 중요하게 강조한다.

47. 인코텀즈규칙을 사용할 때 가장 자주 발생하는 문제 중의 하나는 당해 계약의 종류에 맞지 않는 규칙이 선택되는 것이다.

48. 따라서 예컨대 내륙의 어떤 지점을 지정하는 FOB 매매계약(예컨대 FOB airport 또는 FOB warehouse)은 옳지 않다. 이때 매수인은 어떤 종류의 운송계약을 체결하여야 하는가? 매수인은 매도인에 대하여 운송인이 물품을 그에 지정된 내륙의 지점에서 아니면 그러한 지점과 가장 가까운 항구에서 수령하도록 하는 운송계약을 체결할 의무를 부담하는가?

49. 또한 매수인이 매수인 국가의 내륙에 있는 어떤 지점까지 물품이 운송되도록 기대하는 경우에 어떤 해양항구(sea port)를 지정하는 CIF 매매계약은 옳지 않다. 매도인은 당사자들이 의도하는 내륙의 최종목적지까지 아니면 매매계약에서 지정된 해양항구까지 커버하는 운송계약와 보험을 마련하여야 하는가?

50. 공백부분, 중복부분과 불필요한 비용이 발생할 수 있고 – 이러한 모든 것은 당해 계약에서 잘못된 인코텀즈규칙이 선택되었기 때문이다. 그러한 불일치가 "잘못된 것"이 되는 이유는 인코텀즈규칙의 가장 중요한 두 가지 특징적 사항, 즉 인도항구, 인도장소 또는 인도지점이라는 사항과 위험이전이라는 사항이 상호간에 거울이라는 점을 충분히 고려하지 않았기 때문이다.

51. 잘못된 인코텀즈규칙을 종종 오용하게 되는 이유는 인코텀즈규칙이 종종 전적으로 가격지표라고 오해되기 때문이다. 즉 이것 또는 저것이 EXW 가격, FOB 가격 또는 DAP 가격이라고 말이다. 인코텀즈규칙에 사용되는 머리글자들은 가격산정에 사용되는 의심의 여지없는 편리한 약어들이다. 그러나 인코텀즈규칙은 전적인 가격지표가 아니며 주요한 가격지표도 아니다. 인코텀즈규칙은 널리 인정되는 정형적인 매매계약 하에서 매도인과 매수인이 서로에 대하여 부담하는 일반적 의무들의 목록이고 – 인코텀즈규칙의 주요한 역할 중의 하나가 위험이 이전하는 인도항구나 인도장소 또는 인도지점을 표시하는 것이다.

PART 9 인코텀즈 2020 규칙 내 조항의 순서

Ⅷ. 인코텀즈 2020 규칙 내 조항의 순서 (ORDER WITHIN THE INCOTERMS® 2020 RULES)

52. 각 인코텀즈규칙에 규정된 10개의 모든 A/B 조항이 다 중요하나 – 어떤 것은 다른 것보다 더 중요하다.

53. 사실 개별 인코텀즈규칙 내에서 조직적으로 짜여 있는 그러한 10개 조항의 내부적 순서는 철저하게 변경되었다. 인코텀즈 2020에서 개별 인코텀즈규칙의 내부적 순서는 다음과 같다.
    - A1/B1   일반의무
    - A2/B2   인도/인도의 수령
    - A3/B3   위험이전
    - A4/B4   운송
    - A5/B5   보험
    - A6/B6   인도/운송서류
    - A7/B7   수출/수입통관
    - A8/B8   점검/포장/하인표시
    - A9/B9   비용분담
    - A10/B10 통지

54. 인코텀즈 2020 규칙에서는 A1/B1에서 당사자의 기본적인 물품제공/대금지급의무를 규정하고 이어 인도조항과 위험이전조항을 보다 두드러진 위치인 A2와 A3으로 각각 옮겼다는 것을 발견할 것이다.
55. 그 이후 항목의 대략적 순서는 다음과 같다.
    - 부수적 계약들(A4/B4 및 A5/B5, 운송 및 보험)
    - 운송서류(A6/B6)
    - 수출/수입통관(A7/B7)
    - 포장(A8/B8)
    - 비용(A9/B9) 및
    - 통지(A10/B10).
56. 이러한 A/B 조항들 순서의 변경은 그에 익숙해질 때까지 다소의 시간과 비용이 든다는 것을 알고 있다. 인도와 위험이 보다 두드러지게 됨으로써 거래당사자들이 다양한 인코텀즈규칙들 사이의 차이점들, 즉 매도인이 물품을 매도인에게 "인도"하는 시간과 장소, 그에 따라 위험이 매수인에게 이전하는 시간과 장소 측면에서 차이점들을 보다 쉽게 인지하기를 희망한다.
57. 처음으로 인코텀즈 [2020]에서는 11개의 인코텀즈규칙들을 배열하는 전통적 체제(traditional format)와 개별 인코텀즈규칙상의 10개의 조항들을 위의 53번 단락에 열거된 조항제목별로 그리고 선(先)매도인조항-후(後)매수인조항 순으로 편제하는 새로운 수평적 체제(horizontal format)를 함께 출간한다. 따라서 거래당사자들은 이제는 예컨대 FCA상의 인도장소와 DAP상의 인도장소의 차이점을 훨씬 더 쉽게 볼 수 있고, CIF상 매수인이 부담하는 비용항목을 CFR상의 매수인의 비용항목과 비교하여 볼 수 있다. 이러한 인코텀즈 2020 규칙의 "수평적" 편제방법은 거래당사자들이 상거래상의 여건에 가장 적절한 규칙을 선택하는 데 도움이 될 것이다.

PART 10 인코텀즈 2010과 인코텀즈 2020의 차이점

IX. 인코텀즈 2010과 인코텀즈 2020의 차이점 (DIFFERENCES BETWEEN INCOTERMS® 2010 AND 2020)

58. 인코텀즈 2020 규칙의 가장 중요한 동기는 사용자들로 하여금 매매계약에서 올바른 인코텀즈규칙을 사용하도록 유도하기 위하여 어떻게 하면 인코텀즈의 제시방식을 개선할 수 있을 것인지에 주력하는 데 있었다. 그에 따라 다음과 같은 점에 주력하였다.
    a) 본 소개문(Introduction)에서 올바른 [인코텀즈규칙의] 선택을 더욱 강조하는 것
    b) 매매계약과 부수계약 사이의 구분과 연결을 더 명확하게 설명하는 것
    c) 각 인코텀즈규칙에 대한 기존의 사용지침(Guidance Note)을 개선하여 현재의 설명문(Explanatory Note)을 제시하는 것
    d) 개별 인코텀즈규칙 내에서 조항의 순서를 변경하여 인도와 위험을 더욱 두드러지게 하는 것

이러한 모든 변경은 비록 외견적인 포장이긴 하나 실제로 국제거래업계로 하여금 수출/수입거래를 더욱 순조롭게 하도록 돕고자 하는 ICC 측의 실질적 시도이다.

59. 이러한 일반적 변경 외에도 인코텀즈 2010와 비교할 때 인코텀즈 2020 규칙에는 더 실질적인 변화가 있다. 이러한 변화를 보기 전에 먼저 꼭 언급할 것이 있는데 2010년 이후 거래관행의 특정한 발전이 있었지만 ICC는 이것 때문에 인코텀즈 2020 규칙을 개정하여야 하는 것은 아니라고 결정하였다. 검증총중량(Verified Gross Mass: VGM)(혹은 총중량검증제)이 그것이다.

60. 검증총중량(VGM)에 관한 노트 - 2016. 7. 1. 이후 국제해사인명안전협약(International Convention for the Safety of Life at Sea: SOLAS) 하의 규정 2(Regulation 2)에서는 컨테이너 선적의 경우에 송하인에게 [적입완료]된 컨테이너의 중량을 수치로 측정되는 검증된 장비를 사용하여 측정하거나 아니면 컨테이너 내용물의 중량을 측정하고 그에 빈 컨테이너의 중량을 합할 의무를 부과한다. 각각의 경우에 VGM은 운송인에게 기록되어야 한다. 그 위반이 있으면 SOLAS 협약에 따른 제재가 부과되어 해당 컨테이너는 "선박에 적재될 수 없다"(para 4.2, MSC1/Circ.1475, 9 June 2014 참조).
이러한 측량작업은 분명히 비용을 발생시키고 그 불이행은 적재를 지연시킬 수 있다. 이러한 일이 2010년 후에 발생함에 따라 의견수렴과정에서 인코텀즈 2020에서는 매도인과 매수인 사이에서 누가 그러한 의무를 부담하는지에 관하여 분명한 표시가 있어야 한다는 약간의 압력이 있었다는 것은 놀랄 일이 아니다.

61. 초안그룹(Drafting Group)은 VGM에 관한 의무와 비용이 너무 구체적이고 복잡하여 이를 인코텀즈 2020 규칙에 명시하는 것은 적절하지 않다고 느꼈다.

62. 이에 ICC가 인코텀즈 2010 규칙을 이번 인코텀즈 2020 규칙에서 변경한 사항들은 다음과 같다.
    [a] 본선적재표기가 있는 선하증권과 인코텀즈 FCA 규칙
    [b] 비용 - 어디에 규정할 것인가
    [c] CIF와 CIP 간 부보수준의 차별화
    [d] FCA, DAP, DPU 및 DDP에서 매도인 또는 매수인 자신의 운송수단에 의한 운송 허용
    [e] DAT에서 DPU로의 명칭변경
    [F] 운송의무 및 비용 조항에 보안관련요건 삽입
    [g] 사용자를 위한 설명문

• [a] 본선적재표기가 있는 선하증권과 인코텀즈 FCA 규칙

63. 물품이 FCA 규칙으로 매매되고 해상운송 되는 경우에 매도인 또는 매수인(또는 신용장이 개설된 경우에는 그들의 은행이 그럴 가능성이 더 크다)은 본선적재표기가 있는 선하증권을 원할 수 있다.

64. 그러나 FCA 규칙에서 인도는 물품의 본선적재 전에 완료된다. 매도인이 운송인으로부터 선적선하증권(on-board bill of lading)을 취득할 수 있는지는 결코 확실하지 않다. 운송인은 자신의 운송계약상 물품이 실제로 선적된 후에야 비로소 선적선하증권을 발행할 의무와 권리가 있다.

65. 이러한 상황에 대비하여 이제 인코텀즈 2020 FCA A6/B6에서는 추가적인 옵션을 규정한다. 매수인과 매도인은 매수인이 선적 후에 선적선하증권을 매도인에게 발행하도록 그의 운송인에게 지시할 것을 합의할 수 있고, 그렇다면 매도인은 전형적으로 은행들을 통하여 매수인에게 선적선하증권을 제공할 의무가 있다. ICC는 이러한 선적선하증권과 FCA 인도 사이의 약간의 불편한 결합에도 불구하고 이러한 규정이 시장의 증명된 필요에 부응한다고 인정한다. 끝으로 이러한 선택적 기제가 채택되더라도 매도인은 운송계약조건에 관하여 매수인에 대하여 어떠한 의무도 없다는 것을 강조한다.

66. 매도인이 컨테이너화물을 선적 전에 운송인에게 교부함으로써 매수인에게 인도하는 경우에 매도인은 FOB 조건 대신에 FCA 조건으로 매매하는 것이 좋다는 말은 여전히 진실인가?
이 질문에 대한 대답은 '그렇다'이다. 다만 인코텀즈 2020 규칙에서 달라진 것이 있다면 그러한 매도인이 본선적재표기가 있는 선하증권을 여전히 원하거나 필요로 하는 경우에 위와 같은 FCA 조건 A6/B6상의 새로운 추가적 옵션이 곧 그러한 서류에 관한 규정으로 작용한다는 것이다.

◆ [b] 비용 - 어디에 규정할 것인가

67. 인코텀즈 2020 규칙들 내의 새로운 조항순서에 따라 이제 비용은 각 인코텀즈규칙의 A9/B9에서 나타난다. 그러나 이러한 위치변경 외에도 사용자들이 금방 알 수 있는 다른 변경이 있다. 인코텀즈 규칙의 여러 조항에 의하여 각 당사자에게 할당되는 다양한 비용은 전통적으로 개별 인코텀즈규칙의 여러 부분에 나뉘어 규정되었다. 예컨대 FOB 2010에서 인도서류의 취득에 관한 비용은 "비용분담"("Allocation of Costs")이라는 제목의 A6이 아니라 "인도서류"("Delivery Document")라는 제목의 A8에서 언급되었다.

68. 그러나 이제 인코텀즈 2020 규칙에서는 그러한 A6/B6에 상당하는 조항 즉 A9/B9에서 당해 인코텀즈 규칙상의 분담비용을 모두 열거한다. 따라서 인코텀즈 2020규칙의 A9/B9은 인코텀즈 2010 규칙의 A6/B6보다 더 길다.

69. 그 목적은 사용자들에게 비용에 관한 일람표(one-stop list)를 제공하는 데 있으며, 그에 따라 이제 매도인과 매수인은 당해 인코텀즈규칙상 자신이 부담하는 모든 비용을 한 곳에서 찾아볼 수 있다. 비용항목은 또한 그 항목의 본래조항(home article)에도 언급되어 있고, 따라서 예컨대 FOB에서 서류를 취득하는 데 드는 비용은 A9/B9 뿐만 아니라 A6/B6에도 여전히 나타난다. 이렇게 하기로 한 이유는 특정한 서류에 관한 비용분담을 알고자 하는 사용자는 모든 비용을 열거하는 일반조항보다는 인도서류를 다루는 특별조항을 보는 경향이 더 클 것이라는 생각 때문이었다.

◆ [c] CIF와 CIP 간 부보수준의 차별화

70. 인코텀즈 2010 규칙에서는 CIF 및 CIP의 A3에서 매도인에게 "자신의 비용으로 (로이즈시장협회/국제보험업협회의) 협회적하약관이나 그와 유사한 약관의 C-약관에서 제공하는 최소담보조건에 따른 적하보험을 취득할" 의무를 부과하였다. 협회적하약관의 C-약관은 항목별 면책위험의 제한을 받는 다수의 담보위험을 열거한다. 한편 협회적하약관의 A-약관은 항목별 면책위험의 제한하에 "모든 위험"("all risks")을 담보한다. 인코텀즈 2020 규칙의 초안을 위한 의견수렴과정에서 협회적하약관의 약관에서 협회적하약관의 A-약관으로 변경함으로써 매도인이 취득하는 부보의

범위를 확대하여 매수인에게 이익이 되도록 하자는 의견이 제기되었다. 당연히 이는 보험료 면에서 비용증가를 수반할 수 있다. 특히 일차산품 해상무역에 종사하는 사람들은 반대의견 즉 협회적하약관의 C-약관의 원칙을 유지하여야 한다는 의견을 동등하게 강력히 제기하였다. 초안그룹 내외에서 상당한 논의를 거친 후 CIF 인코텀즈규칙과 CIP 인코텀즈규칙에서 최소부보에 관하여 다르게 규정하기로 결정되었다. 전자 즉 CIF 규칙은 일차산품의 해상무역에서 사용될 가능성이 매우 높으므로 CIF 규칙에서는 현상유지 즉 협회적하약관 C-약관의 원칙을 계속 유지하되 다만 당사자들이 보다 높은 수준의 부보를 하기로 달리 합의할 수 있도록 길을 열어 두었다. 후자 즉 CIP 규칙의 경우에 이제 매도인은 협회적하약관의 A-약관에 따른 부보를 취득하여야 한다. 물론 또한 당사자들이 원한다면 보다 낮은 수준의 부보를 하기로 합의할 수 있다.

- [d] FCA, DAP, DPU 및 DDP에서 매도인 또는 매수인 자신의 운송수단에 의한 운송허용

71. 인코텀즈 2010 규칙에서는 물품이 매도인으로부터 매수인에게 운송되어야 하는 경우에 사용된 당해 인코텀즈규칙에 따라 매도인 또는 매수인이 운송을 위하여 사용하는 제3자 운송인(third-party carrier)이 물품을 운송하는 것으로 전반적으로 가정되었다.

72. 그러나 인코텀즈 2020 초안의 논의과정에서 물품이 매도인으로부터 매수인에게 운송될 때 상황에 따라서는 제3자 운송인의 개입이 전혀 없이 운송될 수도 있는 경우가 있다는 것이 명백해졌다. 따라서 예컨대 D 규칙에서 매도인이 운송을 제3자에게 아웃소싱하지 않고 즉 자신의 운송수단을 사용하여 운송하는 것을 못하도록 하는 그 어떤 것도 없다. 마찬가지로 FCA 매매에서 매수인이 물품을 수취하기 위하여 나아가 자신의 영업구내까지 운송하기 위하여 자신의 차량을 사용하는 것을 금지하는 그 어떤 것도 없다.

73. 인코텀즈 2010 규칙은 그러한 경우를 고려하지 않은 것 같았다. 이제 인코텀즈 2020규칙에서는 운송계약을 체결하도록 허용하는 것 외에도 단순히 필요한 운송을 마련하는 것을 허용함으로써 그러한 경우를 고려한다.

- [e] DAT에서 DPU로의 명칭변경

74. 인코텀즈 2010 규칙에서 DAT와 DAP의 유일한 차이점은, DAT의 경우에 매도인은 물품을 도착운송수단으로부터 양하한 후 "터미널"에 두어 인도하여야 하였고 DAP의 경우에 매도인은 물품을 도착운송수단에 실어둔 채 양하를 위하여 매수인의 처분하에 두었을 때 인도를 한 것으로 되었다는 점이다. 인코텀즈 2010의 DAT 사용지침(Guidance Note)에서는 "터미널"이라는 용어를 넓게 정의하여 "... 지붕의 유무를 불문하고 모든 장소"가 포함되도록 하였다는 점도 기억할 것이다.

75. ICC는 DAT와 DAP에서 두 가지를 변경하기로 결정하였다. 첫째, 이러한 두 인코텀즈 2020 규칙의 등장순서가 서로 바뀌었고, 양하 전에 인도가 일어나는 DAP가 이제는 DAT 앞에 온다. 둘째, DAT 규칙의 명칭이 DPU(Delivered at Place Unloaded)로 변경되었고, 이는 "터미널" 뿐만 아니라 어떤 장소든지 목적지가 될 수 있는 현실을 강조하기 위함이다. 그러나 그러한 목적지가 터미널에 있지 않는 경우에 매도인은 자신이 물품을 인도하고자 하는 장소가 물품의 양하가 가능한 장소인지 꼭 확인하여야 한다.

◆ [f] 운송의무 및 비용 조항에 보안관련요건 삽입

76. 되돌아보면 인코텀즈 2010 규칙에서는 보안관련요건이 개별 규칙의 A2/B2 내지 A10/B10에 걸쳐 다소 얌전하게 들어가 있었다. 인코텀즈 2010 규칙은 21세기 초반에 들어 보안관련 우려가 널리 확산된 후 시행된 인코텀즈규칙의 최초 개정이었다. 그러한 우려 및 그에 관하여 초기에 그러한 우려 때문에 성립된 선적관행은 이제 상당히 정립되었다. 그러한 우려는 운송요건과 관련되기 때문에 이제 보안관련의무의 명시적 할당이 개별 인코텀즈규칙의 A4와 A7에 추가되었다. 그러한 요건 때문에 발생하는 비용도 또한 이제는 더 현저한 위치 즉 비용조항인 A9/B9에 규정된다.

◆ [g] 사용자를 위한 설명문

77. 2010 버전에서 개별 인코텀즈규칙의 첫머리에 있던 사용-지침(Guidance Note)은 이제는 "사용자를 위한 설명문"("Explanatory Notes for Users")이 되었다. 이러한 설명문은 각 규칙이 어떤 경우에 사용되어야 하는지, 위험은 언제 이전하는지 그리고 매도인과 매수인 사이에 비용분담은 어떠한지 와 같은 개별 인코텀즈 2020 규칙의 기초를 설명한다. 설명문의 목적은 (a) 사용자들이 당해 거래에 적합한 인코텀즈규칙을 정확하고 효율적으로 찾도록 돕는 것과 (b) 인코텀즈 2020이 적용되는 분쟁이나 계약에 관하여 결정을 내리거나 조언하는 사람들에게 해석이 필요한 사항에 관하여 지침을 제공하는 것이다. 또한 물론 인코텀즈 2020 규칙 전반을 관통하는 보다 기초적인 쟁점들에 관한 지침에 관하여 보다 일반적으로는 본 소개문(Introduction)을 참조할 수 있다.

PART 11 인코텀즈규칙 변용(變用)시 유의점

X. 인코텀즈규칙 변용(雙用)시 유의점 (CAUTION WITH VARIANTS OF INCOTERMS® RULES)

78. 때때로 당사자들은 인코텀즈규칙을 조금 고쳐서 사용하길 원한다. 인코텀즈 2020 규칙은 그러한 변경을 금지하지 않으나 그렇게 하는 데에는 위험이 따른다. 의외의 결과를 피하기 위하여 당사자들은 그러한 변경으로 의도하는 효과를 계약에서 매우 분명하게 표시하여야 한다. 따라서 예컨대 인코텀즈 2020 규칙상의 비용분담을 계약에서 변경하는 경우에 당사자들은 또한 인도가 이루어지고 위험이 매수인에게 이전하는 지점(point)까지도 바꾸기로 의도하는 것인지 여부를 명백하게 기술하여야 한다.

4. Incoterms 2020 주요 개정 내용

(1) 개별규칙 내 조항순서 변경
- 인코텀즈 2020에서는 규칙의 목적에 맞게 이들 조항을 재배열
- 특히 매도인의 인도의무를 중요한 의무로 하여 인도와 위험이전조항을 각각 A/B2와 A3/B3로 배치하여 강조
- 이후의 조항들은 인도와 관련한 부수적 의무로 순차적으로 규정
- 특히 비용에 관해서는 A9/B9에서 비용에 관한 일람표(one-stop list)를 일괄적으로 열거하여 편의성을 도모

조항	Incoterms 2010	Incoterms 2020
A1/B1	일반적 의무	일반 의무
A2/B2	허가, 승인, 보안통관 및 기타절차	인도 / 인도의 수령
A3/B3	운송 및 보험계약	위험이전
A4/B4	인도	운송
A5/B5	위험의 이전	보험
A6/B6	비용의 배분	인도/운송서류
A7/B7	매수인에 대한 통지	수출/수입통관
A8/B8	인도서류	점검/포장/하인표시
A9/B9	점검, 포장, 화인	비용분담
A10/B10	정보에 의한 협조와 관련 비용	통지

(2) CIP 최대 부보 의무
- 인코텀즈 2020에서는 CIP 규칙과 CIF 규칙의 적하보험 부보수준을 차별화
- CIP 규칙의 경우 기본적으로 매도인은 협회적하약관의 A-약관을 부보하여야 하고, 당사자의 합의로 보다 낮은 수준의 부보를 할 수 있음
- CIF 규칙에서는 협회적하약관의 C-약관을 유지하면서, 당사자들이 보다 높은 수준의 부보를 합의할 수 있도록 유연성을 부여
- 개정의 이유는 기본적인 부보 수준의 C-약관은 전형적으로 일차산품인 산적화물(bulk commodity cargo)에 적합하나 가공품(manufactured goods)에는 적합하지 않은 점, 그리고 대량의 산적화물 거래에는 CIF 규칙이 더 많이 사용되고, 가공품 거래에는 CIP 규칙이 더 많이 사용되는 점 등 보험의 특성을 고려하면서 실무적인 사항을 반영하여 개정

(3) FCA 상 본선적재표기 선하증권
- 당사자의 합의로 '본선적재표시(on-board notation)가 있는 선하증권'을 요구할 수 있도록 함.

- FCA 규칙 하에서 해상운송이 수반되는 경우 물품의 인도는 본선 적재 전에 이루어지며, 그 시점에 수취선하증권(Received B/L)이 발행된다. 대금결제방식으로 신용장방식이 선택되었다면 매도인의 본선적재를 통제할 수 없는 수취선하증권은 은행 입장에서 화물에 대한 담보권을 상실할 위험에 처하게 된다. 이러한 상황에 대비하여 FCA 매매에서 최초 운송인의 화물 수탁시점에 본선적재표기(on-board notation)가 있는 선하증권의 발행을 운송인에게 지시할 수 있도록 하였다.
- 인코텀즈 2020에서는 당사자의 합의로 매수인은 본선적재표기가 있는 선하증권을 자신의 위험과 비용으로 매도인에게 발행하도록 운송인에게 지시할 수 있는 옵션의 선택을 허용

(4) DAT에서 DPU로 명칭 변경
- DAT(터미널 인도)를 DPU(도착지 양하인도)로 변경
- DAT 규칙은 터미널이라는 인도장소의 물리적 한계를 가지고 있었으며 인코텀즈 2020에서 이러한 한계를 극복하고 매도인의 목적지 양하의무를 내포하는 DAT 규칙을 계승하고자 DAT 규칙을 DPU(Delivered at Place Unloaded)규칙으로 변경
- 이에 따라 배열순서도 DAP 규칙 다음에 DPU 규칙을 두었다.

(5) FCA, DAP, DPU, DDP에서 자신의 운송수단에 의한 운송 허용
- FCA, DAP, DPU 및 DDP에서 매수인 또는 매도인 자신의 운송수단에 의한 운송을 허용
- 인코텀즈 2010에서는 물품이 매도인으로부터 매수인에게 운송되어야 하는 경우 제3자 운송인(third-party carrier)의 물품 운송을 전제
- FCA 매매인 경우 매수인은 매도인의 영업구내에서 물품을 직접 수취하거나 자신의 영업구내까지 운송하기 위하여 자신의 차량을 사용할 수 있음
- DAP, DPU, DDP 규칙에서 매도인이 제3자에게 운송을 아웃소싱하지 않고 자신의 운송수단을 사용하여 운송할 수도 있음
- 즉 인코텀즈 2020에서는 제3자 운송인과 운송계약을 체결하는 것 외에도 자신의 필요에 의해 자가 운송수단을 마련(arrange the carriage)하는 것을 명확하게 규정함

(6) 운송 및 비용조항에 보안관련 의무 삽입
- 운송의무 및 비용 조항에 보안관련 요건을 포함
- 인코텀즈 2010에서 테러 등에 대비한 '보안통관'의 개념이 신설되어 적용
- 약 10년이 지난 후 보안문제에 따른 새로운 선적관행이 상당히 정립된 것으로 봄.
- 보안통관은 운송 및 통관과 직결되기 때문에 인코텀즈 2020에서는 각 인코텀즈 규칙의 A4(운송)와 A7(수출통관)에 보안관련 의무를 명시하였으며 보안관련 비용도 A9/B9(비용분담)에 규정함.

(7) 사용자를 위한 설명문(Explanatory Notes for Users)
- 인코텀즈 2010에서 개별 규칙의 서두에 있던 사용지침(Guidance Note)이 인코텀즈 2020에서는 사용자를 위한 설명문(Explanatory Notes for Users)으로 대체
- 설명문은 각 규칙이 어느 경우에 사용되는지, 언제 위험이 이전하는지 그리고 비용은 어떻게 배분되는 지와 같은 인코텀즈 2020 규칙의 기초사항(fundamentals)을 설명
- 각 항목에 대하여 번호를 부여하여 세부적으로 설명하여 인코텀즈를 이용하는 당사자들이 보다 쉽게 규칙을 이해할 수 있도록 도움
- 설명문은 인코텀즈 2020이 적용되는 분쟁이나 계약에 관하여 결정 또는 조언하는 사람들에게 해석이 필요한 사항에 대하여 지침(guidance)을 제공하기 위한 것
- 사용자를 위한 설명문(Explanatory Notes for Users)은 각 규칙의 일부는 아니고, 각 규칙의 지침(guidance)으로서 규칙의 해석을 돕는다고 볼 수 있음.

(8) 소개문(Introduction)의 강화
- 인코텀즈 2010의 서문(Introduction)에 비해 내용과 범위가 확대
- 소개문은 Charles Debattista가 작성
- 인코텀즈 2020 자체의 기초적 사항들을 비교적 상세하고 유익하게 설명
- 본 규칙의 적용 범위를 비롯한 각 개념에 대한 정의, 규칙의 사용 방법, 기타 계약과의 관계, Incoterms분류 방식에 대한 설명 및 Incoterms® 2010 및 Incoterms® 2020의 차이점을 중심으로 10개의 항목에 78개의 단락(paragraph)으로 구성
- "Introduction(소개문)"은 인코텀즈 2020 규칙 자체의 일부를 구성하지 않음에 유의

(9) 조달(Procure)의 적용확대
- 인코텀즈 2020에서는 조달(procure)에 의한 연속매매가 적용되는 규칙을 확대
- 인코텀즈 2010에서 물품의 운송중 전매를 염두에 두고 물품이 적재되거나 인도되어진 물품을 조달(procuring)하는 것으로 물품인도(delivery)가 이행된다고 규정
- 즉 인코텀즈 2010에서는 연속매매(string sale)의 무역관행을 수용하기 위하여 FAS, FOB, CFR, CIF 규칙 즉 해상운송 및 내수로 운송에서 사용가능한 조건에서 '그렇게 인도된 물품을 조달한다. (procure goods so delivered)'는 조항을 추가
- 인코텀즈 2020에서는 이러한 문구를 EXW를 제외한 10개 규칙 모두에 대해서 조달(procure)에 의한 연속매매를 규정
- 따라서 해상운송 및 내수로 운송 뿐만 아니라 복합운송 등의 경우에도 운송수단의 종류와 상관없이 사용할 수 있게 됨.

제3편
Incoterms 개별규칙

■ 사용자를 위한 설명문(Explanatory to Users)의 이해

1. 의의	7. 적재위험
2. 정의	8. 수출입통관
3. 인도와 위험	9. 인도된 물품의 조달
4. 운송방식	10. 인도장소와 목적지
5. 인도장소 또는 정확한 인도지점	11. 가급적 정확한 목적지 지정
6. 매수인을 위한 유의사항	12. 목적지의 양하비용
	13. 보험

☑ Ex. FCA 규칙

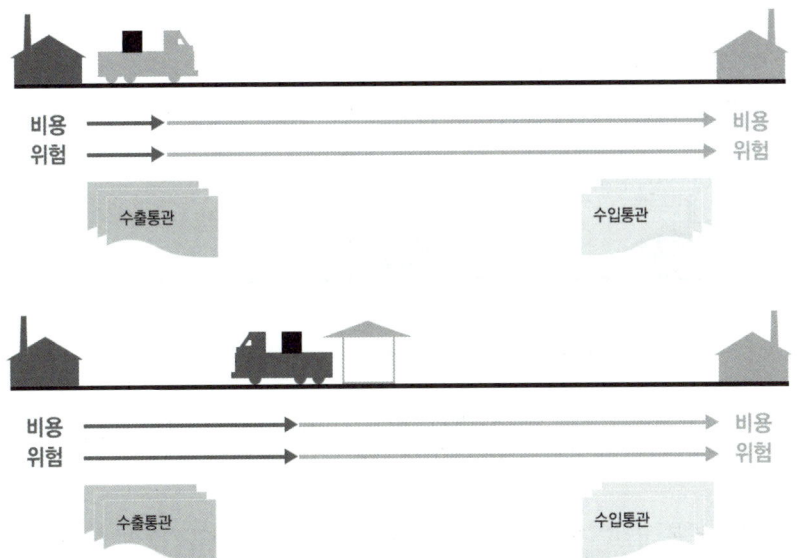

☑ 사용자를 위한 설명문

1. 인도와 위험 – "운송인인도(지정장소)"는 매도인이 물품을 매수인에게 다음과 같은 두 가지 방법 중 어느 하나로 인도하는 것을 의미한다.
   ✓ **첫째,** 지정장소가 매도인의 영업구내인 경우, 물품은 다음과 같이 된 때 인도된다.
     ▸ 물품이 매수인이 마련한 운송수단에 적재된 때

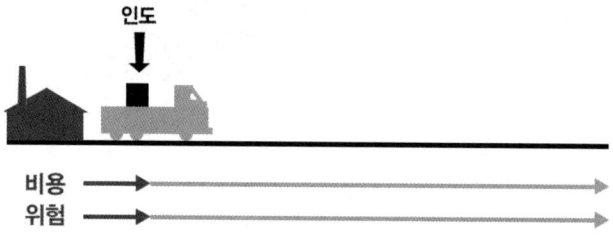

   ✓ **둘째,** 지정장소가 그 밖의 장소인 경우, 물품은 다음과 같이 된 때 인도된다.
     ▸ 매도인의 운송수단에 적재되어서
     ▸ 지정장소에 도착하고
     ▸ 매도인의 운송수단에 실린 채 양하준비된 상태로
     ▸ 매수인이 지정한 운송인이나 제3자의 처분하에 놓인 때

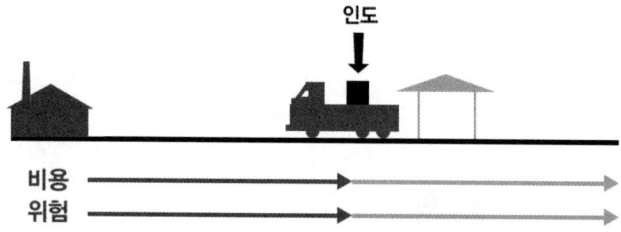

   그러한 두 장소 중에서 인도장소로 선택되는 장소는 위험이 매수인에게 이전하는 곳이자 또한 매수인이 비용을 부담하기 시작하는 시점이 된다.

2. 운송방식 – 본 규칙은 어떠한 운송방식이 선택되는지를 불문하고 사용할 수 있고 둘 이상의 운송방식이 이용되는 경우에도 사용할 수 있다.

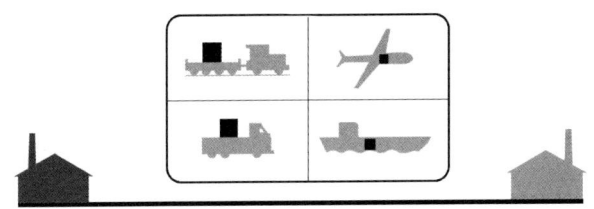

3. 인도장소 또는 인도지점 - FCA 매매는 지정장소 내에 정확한 인도지점을 명시하지 않고서 매도인의 영업구내나 그 밖의 장소 중에서 어느 하나를 단지 인도장소로 지정하여 체결될 수 있다. 그러나 당사자들은 지정인도장소 내에 정확한 지점도 가급적 명확하게 명시하는 것이 좋다. 그러한 정확한 지정인도지점은 양당사자에게 언제 물품이 인도되는지와 언제 위험이 매수인에게 이전하는지 명확하게 하며, 또한 그러한 정확한 지점은 매수인의 비용부담의 기준점을 확정한다. 그러나 정확한 지점이 지정되지 않는 경우에는 매수인에게 문제가 생길 수 있다. 이러한 경우에 매도인은 "그의 목적에 가장 적합한" 지점을 선택할 권리를 갖는다. 즉 이러한 지점이 곧 인도지점이 되고 그곳에서부터 위험과 비용이 매수인에게 이전한다. 계약에서 이를 지정하지 않아서 정확한 인도지점이 정해지지 않은 경우에, 당사자들은 매도인이 "자신의 목적에 가장 적합한" 지점을 선택하도록 한 것으로 된다. 이는 매수인으로서는 매도인이 물품의 멸실 또는 훼손이 발생한 지점이 아닌 그 직전의 지점을 선택할 수도 있는 위험이 있음을 의미한다. 따라서 매수인으로서는 인도가 이루어질 장소 내에 정확한 지점을 선택하는 것이 가장 좋다.

4. '또는 그렇게 인도된 물품을 조달한다' - 여기에 "조달한다"(procure)고 규정한 것은 꼭 이 분야에서 그런 것만은 아니지만 특히 일차산품거래(commodity trades)에서 일반적인 수차에 걸쳐 연속적으로 이루어지는 매매(연속매매, 'string sales')에 대응하기 위함이다.

5. 수출/수입통관 - FCA에서는 해당되는 경우에 매도인이 물품의 수출통관을 하여야 한다. 그러나 매도인은 물품의 수입을 위한 또는 제3국 통과를 위한 통관을 하거나 수입관세를 납부하거나 수입통관절차를 수행할 의무가 없다.

6. FCA 매매에서 본선적재표기가 있는 선하증권 - 이미 언급하였듯이 FCA는 사용되는 운송방식이 어떠한지를 불문하고 사용할 수 있다. 이제는 매수인의 도로운송인이 라스베이거스에서 물품을 수거(pick up)한다고 할 때, 라스베이거스에서 운송인으로부터 본선적재표기가 있는 선하증권을 발급받기를 기대하는 것이 오히려 일반적이지 않다. 라스베이거스는 항구가 아니어서 선박이 물품적재를 위하여 그곳으로 갈 수 없기 때문이다. 그럼에도 FCA Las Vegas 조건으로 매매하는 매도인은 때로는 (전형적으로 은행의 추심조건이나 신용장조건 때문에) 무엇보다도 물품이 라스베이거스에서 운송을 위하여 수령된 것으로 기재될 뿐만 아니라 그것이 로스앤젤레스에서 선적되었다고 기재된 본선적재표기가 있는 선하증권이 필요한 상황에 처하게 된다. 본선적재표기가 있는 선하증권을 필요로 하는 FCA 매도인의 이러한 가능성에 대응하기 위하여 인코텀즈 2020 FCA에서는 처음으로 다음과 같은 선택적 기제를 규정한다. 당사자들이 계약에서 합의한 경우에 매수인은 그의 운송인에게 본선적재표기가 있는 선하증권을 매도인에게 발행하도록 지시하여야 한다. 물론 운송인으로서는 물품이 로스앤젤레스에서 본선적재된 때에만 그러한 선하증권을 발행할 의무가 있고 또 그렇게 할 권리가 있기 때문에 매수인의 요청에 응할 수도 응하지 않을 수도 있다. 그러나 운송인이 매수인의 비용과 위험으로 매도인에게 선하증권을 발행하는 경우에는 매도인은 바로 그 선하증권을 매수인에게 제공하여야 하고 매수인은 운송인으로부터 물품을 수령하기 위하여 그 선하증권이 필요하다. 물론 당사자들의 합의에 의하여 매도인이 매수인에게 물품의 본선적재 사실이 아니라 단지 물품이 선적을 위하여 수령되었다는 사실을 기재한 선하증권을 제시하는 경우에는 이러한 선택적 기제는 불필요하다. 또한 강조되어야 할 것으로 이러한 선택적 기제가 적용되는 경우에도 매도인은 매수인에 대하여 운송계약조건에 관한 어떠한 의무도 없다. 끝으로, 이러한 선택적 기제가 적용되는 경우에 내륙의 인도일자와 본선적재일자는 부득이 다를 수 있을 것이고, 이로 인하여 매도인에게 신용장상 어려움이 발생할 수 있다.

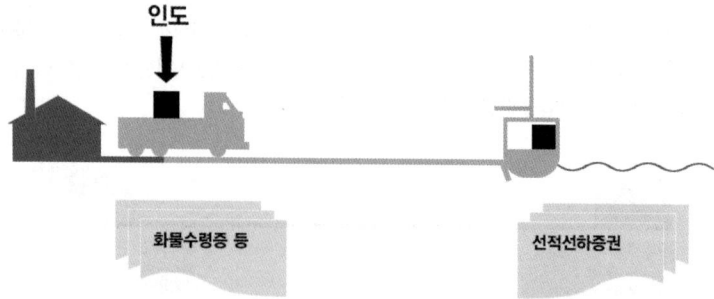

■ 매매당사자의 구체적인 의무

A. The Seller's Obligations (매도인의 의무)	B. The Buyer's Obligations (매수인의 의무)
A1. General obligations (일반 의무)	B1. General obligations (일반 의무)
A2. Delivery (인도)	B2. Taking delivery (인도의 수령)
A3. Transfer of risks (위험이전)	B3. Transfer of risks (위험이전)
A4. Carriage (운송)	B4. Carriage (운송)
A5. Insurance (보험)	B5. Insurance (보험)
A6. Delivery/transport document (인도/운송서류)	B6. Delivery/transport document (인도/운송서류)
A7. Export/import clearance (수출/수입통관)	B7. Export/import clearance (수출/수입통관)
A8. Checking/packaging/marking (점검/포장/하인표시)	B8. Checking/packaging/marking (점검/포장/하인표시)
A9. Allocation of costs (비용분담)	B9. Allocation of costs (비용분담)
A10. Notices (통지)	B10. Notices (통지)

1. 매매당사자의 일반적 의무(A1, B1)

- 당사자의 의무
- 전자서류의 효력
- 당사자의 제공서류 : A1, A6, CISG 제30조, 34조
- UCP - 상업송장(UCP 600 제18조)
- 전자서류(EDI) : eUCP, CISG 제13조, 전자결제, 전자운송(e-B/L)
- 인도 관련(적합성 관련) : 매매계약에 일치하는 물품
- C 규칙의 상징적 인도규칙으로서의 한계 도출

구 분	A1 (일반의무)	B1 (일반의무)
EXW FCA CPT CIP DAP DPU DDP FAS FOB CFR CIF	매도인은 매매계약에 일치하는 물품(goods) 및 상업송장(commercial invoice)과 그 밖에 계약에서 요구될 수 있는 일치성에 관한 증거(evidence of conformity)를 제공하여야 한다. 매도인이 제공하여야 하는 서류는 합의에 따라, 합의가 없는 경우에는 관행에 따라 종이서류(in paper) 또는 전자적 방식(electronic form)으로 제공될 수 있다.	매수인은 매매계약에 규정된 바에 따라 물품의 대금을 지급(pay the price)하여야 한다. 매수인이 제공하여야 하는 서류는 합의에 따라, 합의가 없는 경우에는 관행에 따라 종이서류(in paper) 또는 전자적 방식(electronic form)으로 제공될 수 있다.

2. 매도인의 물품인도와 매수인의 물품수령의무(A2, B2)

- 개정특징 : 조항순서의 변경
- 인도(delivery), 수령(take delivery)
- 현실인도(FOB), 상징인도(CIF)
- 위험 및 비용이전의 분기와 일치(즉 기준을 제시하므로 중요)
- C 규칙 하에서의 매수인의 수령의무(take delivery, receive them)
- 매도인의 주요 의무(점유의 이전-> 인도)
- 인도의무 : 인도 + 조달의무
- 개정특징 : 조달의무 확대 (EXW 제외 10가지 규칙)
- CISG + 인코텀즈 : 인도의무 비교
- 매도인의 인도(A2 - CISG 제35조+적합성)
- 매수인의 수령(B2 - CISG 제60조)
- 소유권, 위험, 인도

거래조건	매도인의 의무(A2)	매수인의 의무(B2)
EXW	매도인은 지정인도장소에서, 그 지정인도장소에 합의된 지점이 있는 경우에는 그 지점에서 물품을 수취용 차량에 적재하지 않은 채로 매수인의 처분하에 둠으로써 인도하여야 한다.	매수인은 물품이 A2에 따라 인도되고 A10에 따른 통지가 있는 때에 그 물품의 인도를 수령하여야 한다.
FCA	매도인은 물품을 지정장소에서, 그 지정장소에 지정된 지점이 있는 경우에는 그 지점에서 매수인이 지정한 운송인 또는 제3자에게 인도하거나 그렇게 인도된 물품을 조달하여야 한다. (인도는 a) 지정장소가 매도인의 영업구내인 경우에는 물품이 매수인이 제공한 운송수단에 적재되는 때 또는 b) 그 밖의 경우에는 물품이 매도인의 운송수단에 실린 채 양하준비된 상태로 매수인이 지정한 운송인 또는 제3자의 처분하에 놓인 때 완료된다.)	매수인은 물품이 A2에 따라 인도된 때에 그 물품의 인도를 수령하여야 한다.
CPT CIP	매도인은 물품을 A4에 따라 운송계약을 체결한 운송인에게 교부하거나 그렇게 인도된 물품을 조달함으로써 인도하여야 한다.	매수인은 물품이 A2에 따라 인도된 때에 그 물품의 인도를 수령(,take delivery)하여야 하고 지정목적지에서 또는 합의된 경우에는 지정목적지 내의 지점에서 운송인으로부터 물품을 수령(receive them)하여야 한다.

DAP DDP	매도인은 물품을 지정목적지에서, 그 지정목적지에 합의된 지점이 있는 때에는 그 지점에서 도착운송수단에 실어둔 채 양하준비된 상태로 매수인의 처분하에 두거나 그렇게 인도된 물품을 조달함으로써 인도하여야 한다.	매수인은 물품이 A2에 따라 인도된 때에 그 물품의 인도를 수령하여야 한다.
DPU	매도인은 물품을 도착운송수단으로부터 양하하여야 하고 또한 물품을 지정목적지에서, 그 지정목적지에 합의된 지점이 있는 때에는 그 지점에서 매수인의 처분하에 두거나 그렇게 인도된 물품을 조달함으로써 인도하여야 한다.	
FAS	매도인은 물품을 지정선적항에서, 그 지정선적항에 매수인이 표시하는 적재지점이 있는 경우에는 그 지점에서 매수인이 지정하는 선박의 선측에 두거나 그렇게 인도된 물품을 조달함으로써 인도하여야 한다.	매수인은 물품이 A2에 따라 인도된 때에 그 물품의 인도를 수령하여야 한다.
FOB	매도인은 물품을 지정선적항에서, 그 지정선적항에 매수인이 표시하는 적재지점이 있는 경우에는 그 지점에서 매수인이 지정하는 선박에 적재하거나 그렇게 인도된 물품을 조달함으로써 인도하여야 한다.	
CFR CIF	매도인은 물품을 선박에 적재하거나 또는 그렇게 인도된 물품을 조달함으로써 인도하여야 한다.	매수인은 물품이 A2에 따라 인도된 때에 그 물품의 인도를 수령(,take delivery)하여야 하고 지정목적지에서 또는 합의된 경우에는 지정목적지 내의 지점에서 운송인으로부터 물품을 수령(receive them)하여야 한다.

3. 위험의 이전(A3, B3)

- 개정특징 : 조항순서의 변경
- 위험의 조기이전
- 인코텀즈의 위험이전시기의 예외
  (통지의무 미이행, 인수를 위한 적절한 조치 못한 경우, 통관 및 협조의무 미이행)
- 특정 (충당)
- CISG 와 비교 : CISG 제66조 ~ 제70조
- 인코텀즈 위험이전 (Incoterms 2010 개정사항 - 유의 要)
    - FOB, CIF, CFR : **본선난간**(Ship's Rail) -> **본선적재**(On board)
- 소유권, 위험, 인도

거래조건	위험이전시기
EXW	지정 인도장소에서 매수인의 처분에 맡겨진 때
FCA	매수인이 지정한 운송인 또는 제3자에게 인도하거나 그렇게 인도된 물품을 조달한 때
CPT	운송인에게 교부하거나 그렇게 인도된 물품을 조달한 때
CIP	운송인에게 교부하거나 그렇게 인도된 물품을 조달한 때
DAP	지정목적지에서 도착운송수단에서 양하준비된 상태로 매수인의 처분에 두거나 그렇게 인도된 물품을 조달한 때
DPU	지정목적지에서 도착운송수단으로부터 양하완료 후 매수인의 처분에 두거나 그렇게 인도된 물품을 조달한 때
DDP	지정목적지에서 도착운송수단에서 양하준비된 상태로 매수인의 처분에 두거나 그렇게 인도된 물품을 조달한 때
FAS	지정선적항에서 매수인이 지명한 본선의 선측에 인도하거나 그렇게 인도된 물품을 조달한 때
FOB	지정선적항에서 매수인이 지명한 본선상에 인도하거나 그렇게 인도된 물품을 조달한 때
CFR	본선상에 인도하거나 그렇게 인도된 물품을 조달한 때
CIF	본선상에 인도하거나 그렇게 인도된 물품을 조달한 때

Q. 위험의 이전

1. 의의
2. 원칙 - 물품을 인도한 때(A2)
3. 규정
   (1) 인코텀즈 (Incoterms 2020 A2)
   (2) 비엔나협약 (CISG 제66조 ~ 70조)
4. 예외
   (1) 불이전
   (2) 조기이전

4. 운송계약 (A4, B4)

- 개정특징 : 조항 순서변경
- 개정특징 : 운송관련 보안요건 강화
- 개정특징 : FCA, DAP, DPU, DDP 규칙에서의 운송 마련(arrange the carriage)
- 규정간 차이 사항

5. 보험계약 (A5, B5)

- 개정특징 : 조항 순서변경
- 개정특징 : CIF, CIP의 부보수준 차별화
- 보험관련 諸 규정
- 규정간 차이 사항

(1) 공통조건
① 보험자(발행자) ② 통화, ③ 부보금액, ④ 보험기간,

(2) Incoterms
① 보험취득(담보조건), ② 보험청구, ③ 추가보험 ④ 보험서류, ⑤ 정보제공

(3) UCP
① 전통제시, ② 부보각서, ③ 보험서류(형식), ④ 발행일자, ⑤ 보험종류, 부정확 용어
⑥ 전 위험, ⑦ 면책위험, ⑧ 면책비율

6. 인도서류(A6, B6)

- 개정특징 : 조항 순서변경
- 당사자의 제공서류 : A1, A6, CISG 제30조, 34조
- 매도인의 인도서류
- C규칙에서의 인도서류 요건

> 1. 의의
> 2. 제공서류
>   ① E 규칙   ② F 규칙   ③ C 규칙   ④ D 규칙

거래조건	인도서류
EXW	없 음
FCA	통상적인 증거. 그리고 매수인이 요청하는 경우에는 매수인의 위험과 비용부담으로 운송서류를 취득하는데 협력을 제공하여야 한다. 매수인이 매도인에게 운송서류를 발행하도록 운송인에게 지시한 경우에 매도인은 그 서류를 매수인에게 제공하여야 한다.
CPT	(관행이 있거나 매수인의 요청이 있는 경우) 운송에 관한 통상적인 운송서류(들)
CIP	
DAP	매수인이 물품을 수령할 수 있도록 하는 데 필요한 서류
DPU	
DDP	
FAS	통상적인 증거. 그러한 증거가 운송서류가 아닌 경우, 매수인의 요청에 따라 매수인의 위험과 비용으로 매수인이 운송서류를 취득하는 데 협력을 제공하여야 한다.
FOB	
CFR	운송에 관한 통상적인 운송서류
CIF	

- Incoterms C규칙의 인도서류인 <u>운송서류의 요건</u>(CFR, CIF, CPT, CIP) _ A6항

  관행이 있거나 매수인의 요청이 있는 경우에 매도인은 자신의 비용으로 A4에 따라 체결된 **운송에 관한 통상적인 운송서류(들)**을 제공하여야 한다.
  ① 계약물품에 관한 것
  ② 합의된 기간 선적기간 이내로 일부(日附)되어야 함.
  ③ 매수인이 목적항에서 운송인에게 인도청구 가능
  ④ 후속매수인에게 양도함으로써 또는 운송인에 대한 통지로써 운송 중 물품 매각가능
  ⑤ 유통가능형식의 복수로 발행된 경우 원본의 전통(全通)이 매수인에게 제공

7. 수출입허가의 취득 및 통관절차의 수행의무(A7, B7)

- 거주자통관주의 및 예외(EXW, DDP)
- 개정특징(보안관련 의무 강화)
- 비용분담(통관 비용 등)
- 대체조건의 활용
  EXW -> FCA(매도인 수출통관 不/매도인 적재)
  DDP -> DAP(매도인 수입통관 不)
  DAP -> DDP(매도인 수입통관 원)
- 위험의 조기이전 사유

구 분	당사자의 의무	
	수출허가 취득·통관수행	수입허가 취득·통관수행
EXW	매수인	매수인
FCA	매도인	매수인
CPT	매도인	매수인
CIP	매도인	매수인
DAP	매도인	매수인
DPU	매도인	매수인
DDP	매도인	매도인
FAS	매도인	매수인
FOB	매도인	매수인
CFR	매도인	매수인
CIF	매도인	매수인

8. 점검·포장·화인(A8, B8)

① 점검비용

② 포장, 화인

구 분	A1 (일반의무)	B1 (일반의무)
EXW FCA CPT CIP DAP DPU DDP FAS FOB CFR CIF	매도인은 A2에 따라 물품을 인도하기 위한 목적에서 필요한 점검작업(예컨대 품질점검, 용적측량, 중량측정, 수량계수)에 드는 비용을 부담하여야 한다. 매도인은 자신의 비용으로 물품을 포장하여야 하되 다만 특정한 거래에서 통상적으로 포장되지 않은 채 매매되어 운송되는 형태의 물품인 경우에는 그러하지 아니하다. 매도인은 당해 운송에 적절한 방법으로 물품을 포장하고 하인을 표시하여야 하되 다만 당사자들이 특정한 포장요건이나 하인요건에 합의한 경우에는 그러하지 아니하다.	매수인은 매도인에 대하여 의무가 없다.

9. 비용의 배분(A9, B9)

- 개정특징 : 의무조항 순서 변경
- 개정특징 : 비용의 일람표(one stop list)적 성격
- 비용부담 요소
  - 인도시 까지 비용

- 통관관련 비용
- 인도서류 취득비용
- 보험비용
- 운송비용
- 양하비용
- 협력비용
- 추가비용

거래조건	매도인 비용분담(A9)	매수인의 비용분담(B9)
EXW	① 물품 인도된 때(A2)까지 물품에 관한 모든 비용(B9의 매수인부담 비용 제외)	① 물품 인도된 때부터 물품에 관한 모든 비용 ② 서류, 정보 취득시 협력 제공 관련 매도인에게 발생한 모든 비용 (상환) ③ (해당되는 경우)수출에 부과된 모든 관세, 세금 기타 공과금 및 수출통관절차 수행 비용 ④ 물품의 미수령, 부적절한 통지(B10)에 따른 추가비용(단, 계약물품으로 명확히 특정되어야 함)
FCA	① 물품 인도된 때(A2)까지 물품에 관한 모든 비용(B9의 매수인부담 비용 제외) ② 인도의 통상적인 증거(A6) 제공 비용 ③ (해당되는 경우)수출통관에 관한 관세, 세금 그 밖의 비용 ④ 서류, 정보 취득시 매수인의 협력 제공 관련 모든 비용	① 물품 인도된 때부터 물품에 관한 모든 비용 (A9의 매도인부담 비용 제외) ② 서류, 정보 취득시 매도인의 협력 제공관련 모든 비용 ③ (해당되는 경우)통과통관 또는 수입통관에 관한 관세, 세금 그 밖의 비용 ④ (i)운송인, 제3자의 미지정(B10) 또는 (ii) 운송인, 제3자의 물품 미수령에 따른 추가비용(단, 계약물품으로 명확히 특정되어야 함)
CPT	① 물품 인도된 때(A2)까지 물품에 관한 모든 비용(B9의 매수인부담 비용 제외) ② 물품적재비용, 운송관련 보안비용, 운송비용 및 그 밖의 모든 비용 ③ 합의된 목적지 양하비용 중 운송계약상 매도인이 부담하기로 된 비용 ④ 운송계약상 매도인이 부담하기로 된 통과비용 ⑤ 인도의 통상적인 증거 제공 비용 ⑥ (해당되는 경우)수출통관에 관한 관세, 세금 그 밖의 비용 ⑦ 서류, 정보 취득시 매수인의 협력 제공 관련 모든 비용	① 물품 인도된 때부터 물품에 관한 모든 비용 (A9의 매도인부담 비용 제외) ② 통과비용(단, 운송계약상 매도인부담인 경우 제외) ③ 양하비용(단, 운송계약상 매도인부담인 경우 제외) ④ 서류, 정보 취득시 매도인의 협력 제공 관련 모든 비용 ⑤ (해당되는 경우)통과통관 또는 수입통관에 관한 관세, 세금 그 밖의 비용 ⑥ 매수인의 미통지(B10)에 따라 발생하는 추가비용(단, 계약물품으로 명확히 특정되어야 함)
CIP	① 물품 인도된 때까지 물품에 관한 모든 비용(B9의 매수인부담 비용 제외) ② 물품적재비용, 운송관련 보안비용, 운송비용 및 그 밖의 모든 비용	① 물품 인도된 때(A2)부터 물품에 관한 모든 비용(A9의 매도인부담 비용 제외) ② 통과비용(단, 운송계약상 매도인부담인 경우 제외)

거래조건	매도인 비용분담(A9)	매수인의 비용분담(B9)
	③ 합의된 목적지 양하비용 중 운송계약상 매도인이 부담하기로 된 비용 ④ 운송계약상 매도인이 부담하기로 된 통과비용 ⑤ 인도의 통상적인 증거 제공 비용 ⑥ 보험비용 ⑦ (해당되는 경우)수출통관에 관한 관세, 세금 그 밖의 비용 ⑧ 서류, 정보 취득시 매수인의 협력 제공(B7(a)) 관련 모든 비용	③ 양하비용(단, 운송계약상 매도인부담인 경우 제외) ④ 매수인 요청에 따라 조달된 추가보험 비용 ⑤ 서류, 정보 취득시 매도인의 협력 제공관련 모든 비용 ⑥ (해당되는 경우)통과통관 또는 수입통관에 관한 관세, 세금 그 밖의 비용 ⑦ 매수인의 미통지에 따라 발생하는 추가비용(단, 계약물품으로 명확히 특정되어야 함)
DAP	① 물품 인도될 때까지 물품과 물품운송에 관한 모든 비용 (B9의 매수인부담 비용 제외) ② 목적지 양하비용 중 운송계약상 매도인이 부담하기로 된 비용 ③ 인도/운송서류 제공 비용 ④ 해당되는 경우)수출통관에 관한 관세, 세금 그 밖의 비용 ⑤ 서류, 정보 취득시 매수인의 협력 제공 관련 모든 비용	① 물품 인도된 때부터 물품에 관한 모든 비용 ② 지정목적지 도착운송수단으로부터 물품의 인도를 수령하는 데 필요한 모든 양하비용(단, 운송계약상 매도인부담인 경우 제외) ③ 서류와 정보를 취득하는 데 매도인이 협력을 제공하는 것과 관련한 모든 비용 ④ (해당되는 경우)수입통관에 관한 관세, 세금 그 밖의 비용 ⑤ (i)매수인의 통관의무 미이행(B7) 또는 (ii)미통지(B10)에 따라 발생하는 추가비용(단, 계약물품으로 명확히 특정되어야 함)
DPU	① 물품 인도될 때까지 물품과 물품운송에 관한 모든 비용 (B9의 매수인부담 비용 제외) ② 인도/운송서류 제공 비용 ③ 해당되는 경우)수출통관에 관한 관세, 세금 그 밖의 비용 ④ 서류, 정보 취득시 매수인의 협력 제공 관련 모든 비용	① 물품 인도된 때부터 물품에 관한 모든 비용 ② 서류와 정보를 취득하는 데 매도인이 협력을 제공하는 것과 관련한 모든 비용 ③ (해당되는 경우)수입통관에 관한 관세, 세금 그 밖의 비용 ④ (i)매수인의 통관의무 미이행(B7) 또는 (ii)미통지(B10)에 따라 발생하는 추가비용(단, 계약물품으로 명확히 특정되어야 함)
DDP	① 물품 인도될 때까지 물품과 물품운송에 관한 모든 비용 (B9의 매수인 부담 비용 제외) ② 목적지 양하비용 중 운송계약상 매도인이 부담하기로 된 비용 ③ 인도/운송서류 제공 비용 ④ 해당되는 경우)수출통관에 관한 관세, 세금 그 밖의 비용 ⑤ 서류, 정보 취득시 매수인의 협력 제공 관련 모든 비용	① 물품 인도된 때부터 물품에 관한 모든 비용 ② 지정목적지 도착운송수단으로부터 물품의 인도를 수령하는 데 필요한 모든 양하비용(단, 운송계약상 매도인부담인 경우 제외) ③ (i) 매수인의 통관의무 미이행(B7) 또는 (ii) 미통지(B10)에 따라 발생하는 추가비용(단, 계약물품으로 명확히 특정되어야 함)
FAS	① 물품 인도될 때까지 물품에 관한 모든 비용(B9의 매수인부담 비용 제외)	① 물품 인도된 때부터 물품에 관한 모든 비용 (A9의 매도인부담 비용 제외)

거래조건	매도인 비용분담(A9)	매수인의 비용분담(B9)
	② 인도의 통상적인 증거 제공 비용 ③ (해당되는 경우)수출통관에 관한 관세, 세금 그 밖의 비용 ④ 서류, 정보 취득시 매수인의 협력 제공 관련 모든 비용	② 서류, 정보 취득시 매도인의 협력 제공관련 모든 비용 ③ (해당되는 경우)통과통관 또는 수입통관에 관한 관세, 세금 그 밖의 비용 ④ (i)매수인의 미통지(B10),(ii)지정선박 정시미도착, 물품미수령, 조기선적 마감에 따라 발생하는 추가비용(단, 계약물품으로 명확히 특정되어야 함)
FOB	① 물품 인도된 때까지 물품에 관한 모든 비용(B9의 매수인부담 비용 제외) ② 인도의 통상적인 증거 제공 비용 ③ (해당되는 경우)수출통관에 관한 관세, 세금 그 밖의 비용 ④ 서류, 정보 취득시 매수인의 협력 제공 관련 모든 비용	③ (해당되는 경우)통과통관 또는 수입통관에 관한 관세, 세금 그 밖의 비용 ④ (i)매수인의 미통지(B10),(ii)지정선박 정시미도착, 물품미수령, 조기선적 마감에 따라 발생하는 추가비용(단, 계약물품으로 명확히 특정되어야 함)
CFR	① 물품 인도된 때까지 물품에 관한 모든 비용(B9의 매수인부담 비용 제외) ② 물품선적비용, 운송관련 보안비용, 운임 및 그 밖의 모든 비용 ③ 합의된 양륙항 양하비용 중 운송계약상 매도인이 부담하기로 한 비용 ④ 운송계약상 매도인이 부담하기로 된 통과비용 ⑤ 인도의 통상적인 증거 제공 비용 ⑥ (해당되는 경우)수출통관에 관한 관세, 세금 그 밖의 비용 ⑦ 서류, 정보 취득시 매수인의 협력 제공 관련 모든 비용	① 물품 인도된 때부터 물품에 관한 모든 비용(A9의 매도인부담 비용 제외) ② 통과비용(단, 운송계약상 매도인부담인 경우 제외) ③ 양하비용(단, 운송계약상 매도인부담인 경우 제외) ④ 서류, 정보 취득시 매도인의 협력 제공 관련 모든 비용 ⑤ (해당되는 경우)통과통관 또는 수입통관에 관한 관세, 세금 그 밖의 비용 ⑥ 매수인의 미통지(B10)에 따라 발생하는 추가비용(단, 계약물품으로 명확히 특정되어야 함)
CIF	① 물품 인도된 때까지 물품에 관한 모든 비용(B9의 매수인부담 비용 제외) ② 물품선적비용, 운송관련 보안비용, 운임 및 그 밖의 모든 비용 ③ 합의된 양륙항 양하비용 중 운송계약상 매도인이 부담하기로 한 비용 ④ 운송계약상 매도인이 부담하기로 된 통과비용 ⑤ 인도의 통상적인 증거 제공 비용 ⑥ 보험비용 ⑦ (해당되는 경우)수출통관에 관한 관세, 세금 그 밖의 비용 ⑧ 서류, 정보 취득시 매수인의 협력 제공 관련 모든 비용	① 물품 인도된 때부터 물품에 관한 모든 비용(A9의 매도인부담 비용 제외) ② 통과비용(단, 운송계약상 매도인부담인 경우 제외) ③ 양하비용(단, 운송계약상 매도인부담인 경우 제외) ④ 매수인 요청에 따라 조달된 추가보험 비용 ⑤ 서류, 정보 취득시 매도인의 협력 제공관련 모든 비용 ⑥ (해당되는 경우)통과통관 또는 수입통관에 관한 관세, 세금 그 밖의 비용 ⑦ 매수인의 미통지에 따라 발생하는 추가비용(단, 계약물품으로 명확히 특정되어야 함)

10. 통지의무(A10, B10)

- 개정특징 : 의무조항 순서 변경
- 위험의 조기이전 사유

거래조건	매도인의 통지의무	매수인의 통지의무
EXW	매수인이 물품의 인도를 수령할 수 있도록 하는 데 필요한 통지	합의된 기간 중의 시기 및/또는 지정장소 내에서 인도를 수령할 지점(매수인이 결정할 권리를 갖는 것으로 합의된 경우)
FCA	① 물품이 A2에 따라 인도된 사실 ② 매수인이 지정한 운송인 또는 제3자가 합의된 시기 내에 물품을 수령하지 않은 사실	① 지정된 운송인 또는 제3자의 이름 ② 합의된 인도기간 내 운송인이나 제3자의 물품 수령 시기 ③ 운송관련 보안요건 포함하여 사용할 운송방식 ④ 지정인도장소 내 물품 수령지점
CPT	① 물품이 A2에 따라 인도되었음을 통지 ② 매수인이 물품을 수령할 수 있도록 하는 데 필요한 통지	물품의 발송시기 및 지정목적지 내의 인도를 수령할 지점(매수인이 결정할 권리를 갖는 것으로 합의된 경우)
CIP	① 물품이 A2에 따라 인도되었음을 통지 ② 매수인이 물품을 수령할 수 있도록 하는 데 필요한 통지	물품의 발송시기 및 지정목적지 내의 인도를 수령할 지점(매수인이 결정할 권리를 갖는 것으로 합의된 경우)
DAP	매수인이 물품을 수령할 수 있도록 하는 데 필요한 통지	합의된 수령기간 내의 어느 시기, 지정목적지 내의 인도를 수령할 지점(매수인이 결정할 권리를 갖는 것으로 합의된 경우)
DPU	매수인이 물품을 수령할 수 있도록 하는 데 필요한 통지	합의된 수령기간 내의 어느 시기, 지정목적지 내의 인도를 수령할 지점(매수인이 결정할 권리를 갖는 것으로 합의된 경우)
DDP	매수인이 물품을 수령할 수 있도록 하는 데 필요한 통지	합의된 수령기간 내의 어느 시기, 지정목적지 내의 인도를 수령할 지점(매수인이 결정할 권리를 갖는 것으로 합의된 경우)
FAS	① 물품이 A2에 따라 인도된 사실 ② 매수인이 지정한 선박이 합의된 시기 내에 물품의 인도를 수령하지 않은 사실	운송관련 보안요건, 선박명, 적재지점 및 합의된 기간 내의 인도일자
FOB	① 물품이 A2에 따라 인도된 사실 ② 선박이 합의된 시기 내에 물품을 수령하지 않은 사실	운송관련 보안요건, 선박명, 적재지점 및 합의된 기간 내의 인도일자
CFR	① 물품이 A2에 따라 인도되었음을 통지 ② 매수인이 물품을 수령할 수 있도록 하는 데 필요한 통지	물품의 선적시기, 지정목적항 내 물품을 수령할 지점(매수인이 결정할 권리를 갖는 것으로 합의된 경우)
CIF	① 물품이 A2에 따라 인도되었음을 통지 ② 매수인이 물품을 수령할 수 있도록 하는 데 필요한 통지	물품의 선적시기, 지정목적항 내 물품을 수령할 지점(매수인이 결정할 권리를 갖는 것으로 합의된 경우)

Article-by-Article Text of rules
조항별 규칙조문

A1 일반의무

- **EXW (공장인도)**
  매도인은 매매계약에 일치하는 물품 및 상업송장과 그밖에 계약에서 요구될 수 있는 일치성에 관한 증거를 제공하여야 한다. 매도인이 제공하여야 하는 서류는 합의에 따라, 합의가 없는 경우에는 관행에 따라 종이서류 또는 전자적 방식으로 제공될 수 있다.

- **FCA (운송인인도)**
  매도인은 매매계약에 일치하는 물품 및 상업송장과 그밖에 계약에서 요구될 수 있는 일치성에 관한 증거를 제공하여야 한다. 매도인이 제공하여야 하는 서류는 합의에 따라, 합의가 없는 경우에는 관행에 따라 종이서류 또는 전자적 방식으로 제공될 수 있다.

- **CPT (운송비지급인도)**
  매도인은 매매계약에 일치하는 물품 및 상업송장과 그밖에 계약에서 요구될 수 있는 일치성에 관한 증거를 제공하여야 한다. 매도인이 제공하여야 하는 서류는 합의에 따라, 합의가 없는 경우에는 관행에 따라 종이서류 또는 전자적 방식으로 제공될 수 있다.

- **CIP (운송비·보험료지급인도)**
  매도인은 매매계약에 일치하는 물품 및 상업송장과 그밖에 계약에서 요구될 수 있는 일치성에 관한 증거를 제공하여야 한다. 매도인이 제공하여야 하는 서류는 합의에 따라, 합의가 없는 경우에는 관행에 따라 종이서류 또는 전자적 방식으로 제공될 수 있다.

- **DAP (도착지인도)**
  매도인은 매매계약에 일치하는 물품 및 상업송장과 그밖에 계약에서 요구될 수 있는 일치성에 관한 증거를 제공하여야 한다. 매도인이 제공하여야 하는 서류는 합의에 따라, 합의가 없는 경우에는 관행에 따라 종이서류 또는 전자적 방식으로 제공될 수 있다.

- **DPU (도착지양하인도)**
  매도인은 매매계약에 일치하는 물품 및 상업송장과 그밖에 계약에서 요구될 수 있는 일치성에 관한 증거를 제공하여야 한다. 매도인이 제공하여야 하는 서류는 합의에 따라, 합의가 없는 경우에는 관행에 따라 종이서류 또는 전자적 방식으로 제공될 수 있다.

- **DDP (관세지급인도)**
  매도인은 매매계약에 일치하는 물품 및 상업송장과 그밖에 계약에서 요구될 수 있는 일치성에 관한 증거를 제공하여야 한다. 매도인이 제공하여야 하는 서류는 합의에 따라, 합의가 없는 경우에는 관행에 따라 종이서류 또는 전자적 방식으로 제공될 수 있다.

- **FAS (선측인도)**

  매도인은 매매계약에 일치하는 물품 및 상업송장과 그밖에 계약에서 요구될 수 있는 일치성에 관한 증거를 제공하여야 한다. 매도인이 제공하여야 하는 서류는 합의에 따라, 합의가 없는 경우에는 관행에 따라 종이서류 또는 전자적 방식으로 제공될 수 있다.

- **FOB (본선인도)**

  매도인은 매매계약에 일치하는 물품 및 상업송장과 그밖에 계약에서 요구될 수 있는 일치성에 관한 증거를 제공하여야 한다. 매도인이 제공하여야 하는 서류는 합의에 따라, 합의가 없는 경우에는 관행에 따라 종이서류 또는 전자적 방식으로 제공될 수 있다.

- **CFR (운임포함인도)**

  매도인은 매매계약에 일치하는 물품 및 상업송장과 그밖에 계약에서 요구될 수 있는 일치성에 관한 증거를 제공하여야 한다. 매도인이 제공하여야 하는 서류는 합의에 따라, 합의가 없는 경우에는 관행에 따라 종이서류 또는 전자적 방식으로 제공될 수 있다.

- **CIF (운임 · 보험료포함인도)**

  매도인은 매매계약에 일치하는 물품 및 상업송장과 그밖에 계약에서 요구될 수 있는 일치성에 관한 증거를 제공하여야 한다. 매도인이 제공하여야 하는 서류는 합의에 따라, 합의가 없는 경우에는 관행에 따라 종이서류 또는 전자적 방식으로 제공될 수 있다.

B1 일반의무

- **EXW (공장인도)**

  매수인은 매매계약에 규정된 바에 따라 물품의 대금을 지급하여야 한다. 매수인이 제공하여야 하는 서류는 합의에 따라, 합의가 없는 경우에는 관행에 따라 종이서류 또는 전자적 방식으로 제공될 수 있다.

- **FCA (운송인인도)**

  매수인은 매매계약에 규정된 바에 따라 물품의 대금을 지급하여야 한다. 매수인이 제공하여야 하는 서류는 합의에 따라, 합의가 없는 경우에는 관행에 따라 종이서류 또는 전자적 방식으로 제공될 수 있다.

- **CPT (운송비지급인도)**

  매수인은 매매계약에 규정된 바에 따라 물품의 대금을 지급하여야 한다. 매수인이 제공하여야 하는 서류는 합의에 따라, 합의가 없는 경우에는 관행에 따라 종이서류 또는 전자적 방식으로 제공될 수 있다.

- **CIP (운송비 · 보험료지급인도)**

  매수인은 매매계약에 규정된 바에 따라 물품의 대금을 지급하여야 한다. 매수인이 제공하여야 하는 서류는 합의에 따라, 합의가 없는 경우에는 관행에 따라 종이서류 또는 전자적 방식으로 제공될 수 있다.

- **DAP (도착지인도)**

  매수인은 매매계약에 규정된 바에 따라 물품의 대금을 지급하여야 한다. 매수인이 제공하여야 하는 서류는 합의에 따라, 합의가 없는 경우에는 관행에 따라 종이서류 또는 전자적 방식으로 제공될 수 있다.

- **DPU (도착지양하인도)**

  매수인은 매매계약에 규정된 바에 따라 물품의 대금을 지급하여야 한다. 매수인이 제공하여야 하는 서류는 합의에 따라, 합의가 없는 경우에는 관행에 따라 종이서류 또는 전자적 방식으로 제공될 수 있다.

- **DDP (관세지급인도)**

  매수인은 매매계약에 규정된 바에 따라 물품의 대금을 지급하여야 한다. 매수인이 제공하여야 하는 서류는 합의에 따라, 합의가 없는 경우에는 관행에 따라 종이서류 또는 전자적 방식으로 제공될 수 있다.

- **FAS (선측인도)**

  매수인은 매매계약에 규정된 바에 따라 물품의 대금을 지급하여야 한다. 매수인이 제공하여야 하는 서류는 합의에 따라, 합의가 없는 경우에는 관행에 따라 종이서류 또는 전자적 방식으로 제공될 수 있다.

- **FOB (본선인도)**

  매수인은 매매계약에 규정된 바에 따라 물품의 대금을 지급하여야 한다. 매수인이 제공하여야 하는 서류는 합의에 따라, 합의가 없는 경우에는 관행에 따라 종이서류 또는 전자적 방식으로 제공될 수 있다.

- **CFR (운임포함인도)**

  매수인은 매매계약에 규정된 바에 따라 물품의 대금을 지급하여야 한다. 매수인이 제공하여야 하는 서류는 합의에 따라, 합의가 없는 경우에는 관행에 따라 종이서류 또는 전자적 방식으로 제공될 수 있다.

- **CIF (운임·보험료포함인도)**

  매수인은 매매계약에 규정된 바에 따라 물품의 대금을 지급하여야 한다. 매수인이 제공하여야 하는 서류는 합의에 따라, 합의가 없는 경우에는 관행에 따라 종이서류 또는 전자적 방식으로 제공될 수 있다.

A2 인도

- **EXW (공장인도)**

  매도인은 지정인도장소에서, 그 지정인도장소에 합의된 지점이 있는 경우에는 그 지점에서 물품을 수취용 차량에 적재하지 않은 채로 매수인의 처분하에 둠으로써 인도하여야 한다. 지정인도장소 내에 합의된 특정한 지점이 없는 경우에 그리고 이용가능한 복수의 지점이 있는 경우에 매도인은 그의 목적에 가장 적합한 지점을 선택할 수 있다. 매도인은 합의된 기일에 또는 합의된 기간 내에 물품을 인도하여야 한다.

- **FCA (운송인인도)**

매도인은 물품을 지정장소에서, 그 지정장소에 지정된 지점이 있는 경우에는 그 지점에서 매수인이 지정한 운송인 또는 제3자에게 인도하거나 그렇게 인도된 물품을 조달하여야 한다.

매도인은 다음의 시기에 물품을 인도하여야 한다.
1. 합의된 기일

    또는

2. B10(b)에 따라 매수인으로부터 통지받은 합의된 기간 중의 어느 시기

    또는,

3. 그러한 시기가 통지되지 않은 경우에는 합의된 기간의 만료일

    인도는 다음의 시점에 완료된다.

    a) 지정장소가 매도인의 영업구내인 경우에는 물품이 매수인이 제공한 운송수단에 적재되는 때

        또는

    b) 그 밖의 경우에는 물품이 매도인의 운송수단에 실린 채 양하준비된 상태로 매수인이 지정한 운송인 또는 제3자의 처분하에 놓인 때

    지정인도장소 내에 매수인이 B10(d)에 따라 통지한 특정한 지점이 없고 또한 이용가능한 복수의 지점이 있는 경우에 매도인은 그의 목적에 가장 적합한 지점을 선택할 수 있다.

- **CPT (운송비지급인도)**

매도인은 물품을 A4에 따라 운송계약을 체결한 운송인에게 교부하거나 그렇게 인도된 물품을 조달함으로써 인도하여야 한다. 각각의 경우에 매도인은 합의된 기일에 또는 합의된 기간 내에 인도하여야 한다.

- **CIP (운송비·보험료지급인도)**

매도인은 물품을 A4에 따라 운송계약을 체결한 운송인에게 교부하거나 그렇게 인도된 물품을 조달함으로써 인도하여야 한다. 각각의 경우에 매도인은 합의된 기일에 또는 합의된 기간 내에 인도하여야 한다.

- **DAP (도착지인도)**

매도인은 물품을 지정목적지에서, 그 지정목적지에 합의된 지점이 있는 때에는 그 지점에서 도착운송수단에 실어둔 채 양하준비된 상태로 매수인의 처분하에 두거나 그렇게 인도된 물품을 조달함으로써 인도하여야 한다. 각각의 경우에 매도인은 합의된 기일에 또는 합의된 기간 내에 물품을 인도하여야 한다.

- **DPU (도착지양하인도)**
  매도인은 물품을 도착운송수단으로부터 양하하여야 하고 또한 물품을 지정목적지에서, 그 지정목적지에 합의된 지점이 있는 때에는 그 지점에서 매수인의 처분하에 두거나 그렇게 인도된 물품을 조달함으로써 인도하여야 한다. 각각의 경우에 매도인은 합의된 기일에 또는 합의된 기간 내에 물품을 인도하여야 한다.

- **DDP (관세지급인도)**
  매도인은 물품을 지정목적지에서, 그 지정목적지에 합의된 지점이 있는 때에는 그 지점에서 도착운송수단에 실어둔 채 양하준비된 상태로 매수인의 처분하에 두거나 그렇게 인도된 물품을 조달함으로써 인도하여야 한다. 각각의 경우에 매도인은 합의된 기일에 또는 합의된 기간 내에 물품을 인도하여야 한다.

- **FAS (선측인도)**
  매도인은 물품을 지정선적항에서, 그 지정선적항에 매수인이 표시하는 적재지점이 있는 경우에는 그 지점에서 매수인이 지정하는 선박의 선측에 두거나 그렇게 인도된 물품을 조달함으로써 인도하여야 한다.
  매도인은 다음과 같이 물품을 인도하여야 한다.
  1. 합의된 기일에
     또는
  2. B10에 따라 매수인으로부터 통지받은 합의된 기간 중의 어느 시기에
     또는
  3. 그러한 시기의 통지가 없는 경우에는 합의된 기간의 만료일에
     그리고
  4. 그 항구에서 관행적인 방법으로

  매수인이 특정한 적재지점을 표시하지 않은 경우에 매도인은 지정선적항 내에서 그의 목적에 가장 적합한 지점을 선택할 수 있다.

- **FOB (본선인도)**
  매도인은 물품을 지정선적항에서, 그 지정선적항에 매수인이 표시하는 적재지점이 있는 경우에는 그 지점에서 매수인이 지정하는 선박에 적재하거나 그렇게 인도된 물품을 조달함으로써 인도하여야 한다.
  매도인은 다음과 같이 물품을 인도하여야 한다.
  1. 합의된 기일에
     또는
  2. B10에 따라 매수인으로부터 통지받은 합의된 기간 중의 어느 시기에
     또는
  3. 그러한 시기의 통지가 없는 경우에는 합의된 기간의 만료일에
     그리고
  4. 그 항구에서 관행적인 방법으로

매수인이 특정한 적재지점을 표시하지 않은 경우에 매도인은 지정선적항 내에서 그의 목적에 가장 적합한 지점을 선택할 수 있다.

- CFR (운임포함인도)

  매도인은 물품을 선박에 적재하거나 또는 그렇게 인도된 물품을 조달함으로써 인도하여야 한다. 각각의 경우에 매도인은 합의된 기일에 또는 합의된 기간 내에 당해 항구에서 관행적인 방법으로 물품을 인도하여야 한다.

- CIF (운임·보험료포함인도)

  매도인은 물품을 선박에 적재하거나 그렇게 인도된 물품을 조달함으로써 인도하여야 한다. 각각의 경우에 매도인은 합의된 기일에 또는 합의된 기간 내에 당해 항구에서 관행적인 방법으로 물품을 인도하여야 한다.

B2 인도의 수령

- EXW (공장인도)

  매수인은 물품이 A2에 따라 인도되고 A10에 따른 통지가 있는 때에 그 물품의 인도를 수령하여야 한다.

- FCA (운송인인도)

  매수인은 물품이 A2에 따라 인도된 때에 그 물품의 인도를 수령하여야 한다.

- CPT (운송비지급인도)

  매수인은 물품이 A2에 따라 인도된 때에 그 물품의 인도를 수령하여야 하고 지정목적지에서 또는 합의된 경우에는 지정목적지 내의 지점에서 운송인으로부터 물품을 수령하여야 한다.

- CIP (운송비·보험료지급인도)

  매수인은 물품이 A2에 따라 인도된 때에 그 물품의 인도를 수령하여야 하고 지정목적지에서 또는 합의된 경우에는 지정목적지 내의 지점에서 운송인으로부터 물품을 수령하여야 한다.

- DAP (도착지인도)

  매수인은 물품이 A2에 따라 인도된 때에 그 물품의 인도를 수령하여야 한다.

- DPU (도착지양하인도)

  매수인은 물품이 A2에 따라 인도된 때에 그 물품의 인도를 수령하여야 한다.

- DDP (관세지급인도)

  매수인은 물품이 A2에 따라 인도된 때에 그 물품의 인도를 수령하여야 한다.

- **FAS (선측인도)**
  매수인은 물품이 A2에 따라 인도된 때에 그 물품의 인도를 수령하여야 한다.

- **FOB (본선인도)**
  매수인은 물품이 A2에 따라 인도된 때에 그 물품의 인도를 수령하여야 한다.

- **CFR (운임포함인도)**
  매수인은 물품이 A2에 따라 인도된 때에 그 물품의 인도를 수령하여야 하고 지정목적항에서 운송인으로부터 물품을 수령하여야 한다.

- **CIF (운임 · 보험료포함인도)**
  매수인은 물품이 A2에 따라 인도된 때에 그 물품의 인도를 수령하여야 하고 지정목적항에서 운송인으로부터 물품을 수령하여야 한다.

A3 위험이전

- **EXW (공장인도)**
  매도인은 물품이 A2에 따라 인도된 때까지 물품의 멸실 또는 훼손의 모든 위험을 부담하되, B3에 규정된 상황에서 발생하는 멸실 또는 훼손은 예외로 한다.

- **FCA (운송인인도)**
  매도인은 물품이 A2에 따라 인도된 때까지 물품의 멸실 또는 훼손의 모든 위험을 부담하되, B3에 규정된 상황에서 발생하는 멸실 또는 훼손은 예외로 한다.

- **CPT (운송비지급인도)**
  매도인은 물품이 A2에 따라 인도된 때까지 물품의 멸실 또는 훼손의 모든 위험을 부담하되, B3에 규정된 상황에서 발생하는 멸실 또는 훼손은 예외로 한다.

- **CIP (운송비 · 보험료지급인도)**
  매도인은 물품이 A2에 따라 인도된 때까지 물품의 멸실 또는 훼손의 모든 위험을 부담하되, B3에 규정된 상황에서 발생하는 멸실 또는 훼손은 예외로 한다.

- **DAP (도착지인도)**
  매도인은 물품이 A2에 따라 인도된 때까지 물품의 멸실 또는 훼손의 모든 위험을 부담하되, B3에 규정된 상황에서 발생하는 멸실 또는 훼손은 예외로 한다.

- **DPU (도착지양하인도)**
  매도인은 물품이 A2에 따라 인도된 때까지 물품의 멸실 또는 훼손의 모든 위험을 부담하되, B3에 규정된 상황에서 발생하는 멸실 또는 훼손은 예외로 한다.

- DDP (관세지급인도)

  매도인은 물품이 A2에 따라 인도된 때까지 물품의 멸실 또는 훼손의 모든 위험을 부담하되, B3에 규정된 상황에서 발생하는 멸실 또는 훼손은 예외로 한다.

- FAS (선측인도)

  매도인은 물품이 A2에 따라 인도된 때까지 물품의 멸실 또는 훼손의 모든 위험을 부담하되, B3에 규정된 상황에서 발생하는 멸실 또는 훼손은 예외로 한다.

- FOB (본선인도)

  매도인은 물품이 A2에 따라 인도된 때까지 물품의 멸실 또는 훼손의 모든 위험을 부담하되, B3에 규정된 상황에서 발생하는 멸실 또는 훼손은 예외로 한다.

- CFR (운임포함인도)

  매도인은 물품이 A2에 따라 인도된 때까지 물품의 멸실 또는 훼손의 모든 위험을 부담하되, B3에 규정된 상황에서 발생하는 멸실 또는 훼손은 예외로 한다.

- CIF (운임·보험료포함인도)

  매도인은 물품이 A2에 따라 인도된 때까지 물품의 멸실 또는 훼손의 모든 위험을 부담하되, B3에 규정된 상황에서 발생하는 멸실 또는 훼손은 예외로 한다.

B3 위험이전

- EXW (공장인도)

  매수인은 물품이 A2에 따라 인도된 때부터 물품의 멸실 또는 훼손의 모든 위험을 부담한다. 매수인이 B10에 따른 통지를 하지 않는 경우에 매수인은 합의된 인도기일 또는 합의된 인도기간의 만료일부터 물품의 멸실 또는 훼손의 모든 위험을 부담하되, 다만 물품은 계약물품으로 명확히 특정되어 있어야 한다.

- FCA (운송인인도)

  매수인은 물품이 A2에 따라 인도된 때부터 물품의 멸실 또는 훼손의 모든 위험을 부담한다. 만약
  a) 매수인이 A2상의 운송인이나 제3자를 지정하지 않거나 B10에 따른 통지를 하지 않는 경우, 또는
  b) B10(a)에 따라 매수인이 지정한 운송인이나 제3자가 물품을 수령하지 않는 경우 매수인은 다음의 시기부터 물품의 멸실 또는 훼손의 모든 위험을 부담한다.
  (i) 합의된 인도기일부터 또는 합의된 안도기일이 없는 경우에는
  (ii) 매수인이 B10(b)에 따라 선택한 시기부터 또는 그러한 시기가 통지되지 않은 경우에는
  (iii) 합의된 인도기간의 만료일부터
  다만 물품은 계약물품으로 명확히 특정되어 있어야 한다.

- **CPT (운송비지급인도)**

  매수인은 물품이 A2에 따라 인도된 때부터 물품의 멸실 또는 훼손의 모든 위험을 부담한다. 매수인이 B10에 따른 통지를 하지 않은 경우에 매수인은 합의된 인도기일이나 합의된 인도기간의 만료일부터 물품의 멸실 또는 훼손의 모든 위험을 부담하여야 하되, 다만 물품은 계약물품으로 명확히 특정되어 있어야 한다.

- **CIP (운송비·보험료지급인도)**

  매수인은 물품이 A2에 따라 인도된 때부터 물품의 멸실 또는 훼손의 모든 위험을 부담한다. 매수인이 B10에 따른 통지를 하지 않은 경우에 매수인은 합의된 인도기일이나 합의된 인도기간의 만료일부터 물품의 멸실 또는 훼손의 모든 위험을 부담하여야 하되, 다만 물품은 계약물품으로 명확히 특정되어 있어야 한다.

- **DAP (도착지인도)**

  매수인은 물품이 A2에 따라 인도된 때부터 물품의 멸실 또는 훼손의 모든 위험을 부담한다.

  만약

  a) 매수인이 B7에 따른 의무를 이행하지 않는 경우에 매수인은 그로 인한 물품의 멸실 또는 훼손의 모든 위험을 부담한다. 또는

  b) 매수인이 B10에 따른 통지를 하지 않은 경우에 매수인은 합의된 인도기일이나 합의된 인도기간의 만료일부터 물품의 멸실 또는 훼손의 모든 위험을 부담한다.

  다만 물품은 계약물품으로 명확히 특정되어 있어야 한다.

- **DPU (도착지양하인도)**

  매수인은 물품이 A2에 따라 인도된 때부터 물품의 멸실 또는 훼손의 모든 위험을 부담한다.

  만약

  a) 매수인이 B7에 따른 의무를 이행하지 않는 경우에 매수인은 그로 인한 물품의 멸실 또는 훼손의 모든 위험을 부담한다. 또는

  b) 매수인이 B10에 따른 통지를 하지 않은 경우에 매수인은 합의된 인도기일이나 합의된 인도기간의 만료일부터 물품의 멸실 또는 훼손의 모든 위험을 부담한다.

  다만 물품은 계약물품으로 명확히 특정되어 있어야 한다.

- **DDP (관세지급인도)**

  매수인은 물품이 A2에 따라 인도된 때부터 물품의 멸실 또는 훼손의 모든 위험을 부담한다.

  만약

  a) 매수인이 B7에 따른 의무를 이행하지 않는 경우에 매수인은 그로 인한 물품의 멸실 또는 훼손의 모든 위험을 부담한다. 또는

  b) 매수인이 B10에 따른 통지를 하지 않은 경우에 매수인은 합의된 인도기일이나 합의된 인도기간의 만료일부터 물품의 멸실 또는 훼손의 모든 위험을 부담한다.

다만 물품은 계약물품으로 명확히 특정되어 있어야 한다.

- **FAS (선측인도)**
  매수인은 물품이 A2에 따라 인도된 때부터 물품의 멸실 또는 훼손의 모든 위험을 부담한다.
  만약
  a) 매수인이 B10에 따른 통지를 하지 않는 경우, 또는
  b) 매수인이 지정한 선박이 매도인이 A2를 준수할 수 있도록 정시에 도착하지 아니하거나, 물품을 수령하지 않거나, B10에 따라 통지된 시기보다 일찍 선적을 마감하는 경우
  매수인은 다음의 시기부터 물품의 멸실 또는 훼손의 모든 위험을 부담한다.
  (i) 합의된 인도기일부터 또는 합의된 인도기일이 없는 경우에는
  (ii) 매수인이 B10에 따라 선택한 일자부터 또는 그러한 일자가 통지되지 않은 경우에는
  (iii) 합의된 인도기간의 만료일부터
  다만 물품은 계약물품으로 명확히 특정되어 있어야 한다.

- **FOB (본선인도)**
  매수인은 물품이 A2에 따라 인도된 때부터 물품의 멸실 또는 훼손의 모든 위험을 부담한다.
  만약
  a) 매수인이 B10에 따른 통지를 하지 않는 경우 또는
  b) 매수인이 지정한 선박이 매도인이 A2를 준수할 수 있도록 정시에 도착하지 아니하거나, 물품을 수령하지 않거나, B10에 따라 통지된 시기보다 일찍 선적을 마감하는 경우
  매수인은 다음의 시기부터 물품의 멸실 또는 훼손의 모든 위험을 부담한다.
  (i) 합의된 인도기일부터 또는 합의된 인도기일이 없는 경우에는
  (ii) 매수인이 B10에 따라 선택한 일자부터 또는 그러한 일자가 통지되지 않은 경우에는
  (iii) 합의된 인도기간의 만료일부터
  다만 물품은 계약물품으로 명확히 특정되어 있어야 한다.

- **CFR (운임포함인도)**
  매수인은 물품이 A2에 따라 인도된 때부터 물품의 멸실 또는 훼손의 모든 위험을 부담한다. 매수인이 B10에 따른 통지를 하지 않은 경우에 매수인은 합의된 선적기일이나 합의된 선적기간의 만료일부터 물품의 멸실 또는 훼손의 모든 위험을 부담하여야 하되, 다만 물품은 계약물품으로 명확히 특정되어 있어야 한다.

- CIF (운임·보험료포함인도)

    매수인은 물품이 A2에 따라 인도된 때부터 물품의 멸실 또는 훼손의 모든 위험을 부담한다. 매수인이 B10에 따른 통지를 하지 않은 경우에 매수인은 합의된 선적기일이나 합의된 선적기간의 만료일부터 물품의 멸실 또는 훼손의 모든 위험을 부담하여야 하되, 다만 물품은 계약물품으로 명확히 특정되어 있어야 한다.

A4 운송

- EXW (공장인도)

    매도인은 매수인에 대하여 운송계약을 체결할 의무가 없다. 그러나 매도인은 매수인의 요청에 따라 매수인의 위험과 비용으로, 운송관련 보안요건을 포함하여 매수인이 운송을 마련하기 위하여 필요로 하는 정보로서 매도인 자신이 가지고 있는 정보를 매수인에게 제공하여야 한다.

- FCA (운송인인도)

    매도인은 매수인에 대하여 운송계약을 체결할 의무가 없다. 그러나 매도인은 매수인의 요청에 따라 매수인의 위험과 비용으로, 운송관련 보안요건을 포함하여 매수인이 운송을 마련하기 위하여 필요로 하는 정보로서 매도인 자신이 가지고 있는 정보를 매수인에게 제공하여야 한다. 합의가 있는 경우에 매도인은 매수인의 위험과 비용으로 통상적인 조건으로 운송계약을 체결하여야 한다.

    매도인은 인도가 있을 때까지 운송관련 보안요건을 준수하여야 한다.

- CPT (운송비지급인도)

    매도인은 인도장소로부터, 그 인도장소에 합의된 인도지점이 있는 때에는 그 지점으로부터 지정목적지까지 또는 합의가 있는 때에는 그 지정목적지의 어느 지점까지 물품을 운송하는 계약을 체결하거나 조달하여야 한다. 운송계약은 매도인의 비용으로 통상적인 조건으로 체결되어야 하며 매매물품과 같은 종류의 물품을 운송하는 데 사용되는 통상적인 항로로 관행적인 방법으로 운송하는 내용이어야 한다. 특정한 지점이 합의되지 않거나 관례에 의하여 결정되지 않는 경우에 매도인은 그의 목적에 가장 적합한 인도지점 및 지정목적지의 지점을 선택할 수 있다.

    매도인은 목적지까지 운송하는 데 요구되는 운송관련 보안요건을 준수하여야 한다.

- CIP (운송비·보험료지급인도)

    매도인은 인도장소로부터, 그 인도장소에 합의된 인도지점이 있는 때에는 그 지점으로부터 지정목적지까지 또는 합의가 있는 때에는 그 지정목적지의 어느 지점까지 물품을 운송하는 계약을 체결하거나 조달하여야 한다. 운송계약은 매도인의 비용으로 통상적인 조건으로 체결되어야 하며 매매물품과 같은 종류의 물품을 운송하는 데 사용되는 통상적인 항로로 관행적인 방법으로 운송하는 내용이어야 한다. 특정한 지점이 합의되지 않거나 관례에 의하여 결정되지 않는 경우에 매도인은 그의 목적에 가장 적합한 인도지점 및 지정목적지의 지점을 선택할 수 있다.

    매도인은 목적지까지 운송하는 데 요구되는 운송관련 보안요건을 준수하여야 한다.

- **DAP (도착지인도)**
  매도인은 자신의 비용으로 물품을 지정목적지까지 또는 그 지정목적지에 합의된 지점이 있는 때에는 그 지점까지 운송하는 계약을 체결하거나 그러한 운송을 마련하여야 한다. 특정한 지점이 합의되지 않거나 관례에 의하여 결정되지 않는 경우에 매도인은 지정목적지에서 그의 목적에 가장 적합한 지점을 선택할 수 있다.
  매도인은 목적지까지 운송하는 데 요구되는 운송관련 보안요건을 준수하여야 한다.

- **DPU (도착지양하인도)**
  매도인은 자신의 비용으로 물품을 지정목적지까지 또는 그 지정목적지에 합의된 지점이 있는 때에는 그 지점까지 운송하는 계약을 체결하거나 그러한 운송을 마련하여야 한다. 특정한 지점이 합의되지 않거나 관례에 의하여 결정되지 않는 경우에 매도인은 지정목적지에서 그의 목적에 가장 적합한 지점을 선택할 수 있다.
  매도인은 목적지까지 운송하는 데 요구되는 운송관련 보안요건을 준수하여야 한다.

- **DDP (관세지급인도)**
  매도인은 자신의 비용으로 물품을 지정목적지까지 또는 그 지정목적지에 합의된 지점이 있는 때에는 그 지점까지 운송하는 계약을 체결하거나 그러한 운송을 마련하여야 한다. 특정한 지점이 합의되지 않거나 관례에 의하여 결정되지 않는 경우에 매도인은 지정목적지에서 그의 목적에 가장 적합한 지점을 선택할 수 있다.
  매도인은 목적지까지 운송하는 데 요구되는 운송관련 보안요건을 준수하여야 한다.

- **FAS (선측인도)**
  매도인은 매수인에 대하여 운송계약을 체결할 의무가 없다. 그러나 매도인은 매수인의 요청에 따라 매수인의 위험과 비용으로, 운송관련 보안요건을 포함하여 매수인이 운송을 마련하기 위하여 필요로 하는 정보로서 매도인 자신이 가지고 있는 정보를 매수인에게 제공하여야 한다. 합의가 있는 경우에 매도인은 매수인의 위험과 비용으로 통상적인 조건으로 운송계약을 체결하여야 한다.
  매도인은 인도가 있을 때까지 운송관련 보안요건을 준수하여야 한다.

- **FOB (본선인도)**
  매도인은 매수인에 대하여 운송계약을 체결할 의무가 없다. 그러나 매도인은 매수인의 요청에 따라 매수인의 위험과 비용으로, 운송관련 보안요건을 포함하여 매수인이 운송을 마련하기 위하여 필요로 하는 정보로서 매도인 자신이 가지고 있는 정보를 매수인에게 제공하여야 한다. 합의가 있는 경우에 매도인은 매수인의 위험과 비용으로 통상적인 조건으로 운송계약을 체결하여야 한다.
  매도인은 인도가 있을 때까지 운송관련 보안요건을 준수하여야 한다.

- **CFR (운임포함인도)**
  매도인은 물품을 인도장소로부터, 그 인도장소에 합의된 인도지점이 있는 때에는 그 지점으로부터 지정목적항까지 또는 합의가 있는 때에는 그 지정목적항의 어느 지점까지 운송하는 계약을 체결하거나 조달하여야 한다. 운송계약은 매도인의 비용으로 통상적인 조건으로 체결되어야 하며 매매물품과 같은 종류의 물품을 운송하는 데 통상적으로 사용되는 종류의 선박으로 통상적인 항로로 운송하는 내용이어야 한다.
매도인은 목적지까지 운송하는 데 요구되는 운송관련 보안요건을 준수하여야 한다.

- **CIF (운임 · 보험료포함인도)**
  매도인은 물품을 인도장소로부터, 그 인도장소에 합의된 인도지점이 있는 때에는 그 지점으로부터 지정목적항까지 또는 합의가 있는 때에는 그 지정목적항의 어느 지점까지 운송하는 계약을 체결하거나 조달하여야 한다. 운송계약은 매도인의 비용으로 통상적인 조건으로 체결되어야 하며 매매물품과 같은 종류의 물품을 운송하는 데 통상적으로 사용되는 종류의 선박으로 통상적인 항로로 운송하는 내용이어야 한다.
  매도인은 목적지까지 운송하는 데 요구되는 운송관련 보안요건을 준수하여야 한다.

B4 운송

- **EXW (공장인도)**
  자신의 비용으로 물품을 지정인도장소로부터 운송하는 계약을 체결하거나 그러한 운송을 마련하는 것은 매수인의 몫이다.

- **FCA (운송인인도)**
  매수인은 자신의 비용으로 물품을 지정인도장소로부터 운송하는 계약을 체결하거나 그러한 운송을 마련하여야 하되, 다만 A4에 규정된 바에 따라 매도인이 운송계약을 체결하는 경우에는 예외이다.

- **CPT (운송비지급인도)**
  매수인은 매도인에 대하여 운송계약을 체결할 의무가 없다.

- **CIP (운송비 · 보험료지급인도)**
  매수인은 매도인에 대하여 운송계약을 체결할 의무가 없다.

- **DAP (도착지인도)**
  매수인은 매도인에 대하여 운송계약을 체결할 의무가 없다.

- **DPU (도착지양하인도)**
  매수인은 매도인에 대하여 운송계약을 체결할 의무가 없다.

- **DDP (관세지급인도)**
  매수인은 매도인에 대하여 운송계약을 체결할 의무가 없다.

- **FAS (선측인도)**
  매수인은 자신의 비용으로 물품을 지정선적항으로부터 운송하는 계약을 체결하여야 하되, 다만 A4에 규정된 바에 따라 매도인이 운송계약을 체결하는 경우에는 예외이다.

- FOB (본선인도)
  매수인은 자신의 비용으로 물품을 지정선적항으로부터 운송하는 계약을 체결하여야 하되, 다만 A4에 규정된 바에 따라 매도인이 운송계약을 체결하는 경우에는 예외이다.

- CFR (운임포함인도)
  매수인은 매도인에 대하여 운송계약을 체결할 의무가 없다.

- CIF (운임 · 보험료포함인도)
  매수인은 매도인에 대하여 운송계약을 체결할 의무가 없다.

A5 보험

- EXW (공장인도)
  매도인은 매수인에 대하여 보험계약을 체결할 의무가 없다. 그러나 매도인은 매수인의 요청에 따라 매수인의 위험과 비용으로 매수인이 부보하는 데 필요한 정보로서 매도인 자신이 가지고 있는 정보를 매수인에게 제공하여야 한다.

- FCA (운송인인도)
  매도인은 매수인에 대하여 보험계약을 체결할 의무가 없다. 그러나 매도인은 매수인의 요청에 따라 매수인의 위험과 비용으로 매수인이 부보하는 데 필요한 정보로서 매도인 자신이 가지고 있는 정보를 제공하여야 한다.

- CPT (운송비지급인도)
  매도인은 매수인에 대하여 보험계약을 체결할 의무가 없다. 그러나 매도인은 매수인의 요청에 따라 매수인의 위험과 비용으로 매수인이 부보하는 데 필요한 정보로서 매도인 자신이 가지고 있는 정보를 제공하여야 한다.

- CIP (운송비 · 보험료지급인도)
  특정한 거래에서 다른 합의나 관행이 없는 경우에 매도인은 자신의 비용으로, 사용되는 당해 운송수단에 적절한 (로이즈시장협회/국제보험업협회의) 협회적하약관이나 그와 유사한 약관의 A-약관에서 제공하는 담보조건에 따른 적하보험을 취득하여야 한다. 보험계약은 평판이 양호한 보험인수업자나 보험회사와 체결하여야 하고, 보험은 매수인이나 물품에 피보험이익을 가지는 제3자가 보험자에 대하여 직접 청구할 수 있도록 하는 것이어야 한다.
  매수인의 요청이 있는 경우에 매도인은 그가 요청하는 필요한 정보를 매수인이 제공하는 것을 조건으로 매수인의 비용으로, 가능하다면 (로이즈시장협회 국제보험업협회의) 협회전쟁약관 및/또는 협회동맹파업약관 그밖에 그와 유사한 약관에 의한 담보조건과 같은 추가보험을 제공하여야 한다(다만 바로 위의 단락에 규정된 적하보험에서 그러한 보험이 이미 포함되어 있는 때에는 그러하지 아니하다).
  보험금액은 최소한 매매계약에 규정된 대금에 10%를 더한 금액(즉 매매대금의 110%) 이어야 하고, 보험의 통화는 매매계약의 통화와 같아야 한다.

보험은 물품에 관하여 A2에 규정된 인도지점부터 적어도 지정목적지까지 부보되어야 한다.
매도인은 매수인에게 보험증권이나 보험증명서 그 밖의 부보의 증거를 제공하여야 한다.
또한 매도인은 매수인에게, 매수인의 요청에 따라 매수인의 위험과 비용으로 매수인이 추가보험을 조달하는 데 필요한 정보를 제공하여야 한다.

- DAP (도착지인도)

    매도인은 매수인에 대하여 보험계약을 체결할 의무가 없다.

- DPU (도착지양하인도)

    매도인은 매수인에 대하여 보험계약을 체결할 의무가 없다.

- DDP (관세지급인도)

    매도인은 매수인에 대하여 보험계약을 체결할 의무가 없다.

- FAS (선측인도)

    매도인은 매수인에 대하여 보험계약을 체결할 의무가 없다. 그러나 매도인은 매수인의 요청에 따라 매수인의 위험과 비용으로 매수인이 부보하는 데 필요한 정보로서 매도인 자신이 가지고 있는 정보를 제공하여야 한다.

- FOB (본선인도)

    매도인은 매수인에 대하여 보험계약을 체결할 의무가 없다. 그러나 매도인은 매수인의 요청에 따라 매수인의 위험과 비용으로 매수인이 부보하는 데 필요한 정보로서 매도인 자신이 가지고 있는 정보를 제공하여야 한다.

- CFR (운임포함인도)

    매도인은 매수인에 대하여 보험계약을 체결할 의무가 없다. 그러나 매도인은 매수인의 요청에 따라 매수인의 위험과 비용으로 매수인이 부보하는 데 필요한 정보로서 매도인 자신이 가지고 있는 정보를 제공하여야 한다.

- CIF (운임·보험료포함인도)

    특정한 거래에서 다른 합의나 관행이 없는 경우에 매도인은 자신의 비용으로 (로이즈시장협회/국제보험업협회) 협회적하약관이나 그와 유사한 약관의 C-약관에서 제공하는 담보조건에 따른 적하보험을 취득하여야 한다. 보험계약은 평판이 양호한 보험인수업자나 보험회사와 체결하여야 하고, 보험은 매수인이나 물품에 피보험이익을 가지는 제3자가 보험자에 대하여 직접 청구할 수 있도록 하는 것이어야 한다.

    매수인의 요청이 있는 경우에 매도인은 그가 요청하는 필요한 정보를 매수인이 제공하는 것을 조건으로 매수인의 비용으로, 가능하다면 (로이즈시장협회/국제보험업협회) 협회전쟁약관 및/또는 협회동맹파업약관 그밖에 그와 유사한 약관에 의하여 부보하는 것과 같은 추가보험을 제공하여야 한다(다만 바로 위의 단락에 규정된 적하보험에서 그러한 보험이 이미 포함되어 있는 때에는 그러하지 아니하다).

보험금액은 최소한 매매계약에 규정된 대금에 10%를 더한 금액(즉 매매대금의 110%)이어야 하고, 보험의 통화는 매매계약의 통화와 같아야 한다.

보험은 물품에 관하여 A2에 규정된 인도지점부터 적어도 지정목적항까지 부보되어야 한다.

매도인은 매수인에게 보험증권이나 보험증명서 그 밖의 부보의 증거를 제공하여야 한다. 또한 매도인은 매수인에게, 매수인의 요청에 따라 매수인의 위험과 비용으로 매수인이 추가보험을 조달하는 데 필요한 정보를 제공하여야 한다.

B5 보험

- **EXW (공장인도)**
  매수인은 매도인에 대하여 보험계약을 체결할 의무가 없다.

- **FCA (운송인인도)**
  매수인은 매도인에 대하여 보험계약을 체결할 의무가 없다.

- **CPT (운송비지급인도)**
  매수인은 매도인에 대하여 보험계약을 체결할 의무가 없다.

- **CIP (운송비·보험료지급인도)**
  매수인은 매도인에 대하여 보험계약을 체결할 의무가 없다. 그러나 매수인은 요청이 있는 때에는 매도인이 A5에 따라 매수인이 요청한 추가보험을 조달하는 데 필요한 정보를 제공하여야 한다.

- **DAP (도착지인도)**
  매수인은 매도인에 대하여 보험계약을 체결할 의무가 없다. 그러나 매수인은 매도인의 요청에 따라 매도인의 위험과 비용으로 매도인이 부보하는 데 필요한 정보를 매도인에게 제공하여야 한다.

- **DPU (도착지양하인도)**
  매수인은 매도인에 대하여 보험계약을 체결할 의무가 없다. 그러나 매수인은 매도인의 요청에 따라 매도인의 위험과 비용으로 매도인이 부보하는 데 필요한 정보를 매도인에게 제공하여야 한다.

- **DDP (관세지급인도)**
  매수인은 매도인에 대하여 보험계약을 체결할 의무가 없다. 그러나 매수인은 매도인의 요청에 따라 매도인의 위험과 비용으로 매도인이 부보하는 데 필요한 정보를 매도인에게 제공하여야 한다.

- **FAS (선측인도)**
매수인은 매도인에 대하여 보험계약을 체결할 의무가 없다.

- **FOB (본선인도)**
매수인은 매도인에 대하여 보험계약을 체결할 의무가 없다.

- **CFR (운임도학인도)**
매수인은 매도인에 대하여 보험계약을 체결할 의무가 없다.

- **CIF (운임·보험료포함인도)**
매수인은 매도인에 대하여 보험계약을 체결할 의무가 없다. 그러나 매수인은 요청이 있는 때에는 매도인이 A5에 따라 매수인이 요청한 추가보험을 조달하는 데 필요한 정보를 제공하여야 한다.

A6 인도/운송서류

- **EXW (공장인도)**
매도인은 매수인에 대하여 의무가 없다.

- **FCA (운송인인도)**
매도인은 자신의 비용으로 매수인에게 물품이 A2에 따라 인도되었다는 통상적인 증거를 제공하여야 한다.
매도인은 매수인의 요청에 따라 매수인의 위험과 비용으로 매수인이 운송서류를 취득하는 데 협력을 제공하여야 한다.
매수인이 B6에 따라 매도인에게 운송서류를 발행하도록 운송인에게 지시한 경우에 매도인은 그러한 서류를 매수인에게 제공하여야 한다.

- **CPT (운송비지급인도)**
관행이 있거나 매수인의 요청이 있는 경우에 매도인은 자신의 비용으로 매수인에게 A4에 따라 체결된 운송에 관한 통상적인 운송서류(들)를 제공하여야 한다.
이 운송서류는 계약물품에 관한 것이어야 하고 합의된 선적기간 이내로 일부(日附)되어야 한다. 합의나 관행이 있는 경우에 그 운송서류는 매수인이 지정목적지에서 운송인에 대하여 물품의 인도를 청구할 수 있도록 하는 것이어야 하고 또한 매수인이 후속 매수인에게 운송서류를 양도함으로써 또는 운송인에 대한 통지로써 운송 중에 물품을 매각할 수 있도록 하는 것이어야 한다.
그러한 운송서류가 유통가능한 형식으로 복수의 원본으로 발행된 경우에 그 원본의 전통(全通)이 매수인에게 제공되어야 한다.

- **CIP (운송비·보험료지급인도)**
관행이 있거나 매수인의 요청이 있는 경우에 매도인은 자신의 비용으로 매수인에게 A4에 따라 체결된 운송에 관한 통상적인 운송서류(들)를 제공하여야 한다.

이 운송서류는 계약물품에 관한 것이어야 하고 합의된 선적기간 이내로 일부(日附)되어야 한다. 합의나 관행이 있는 경우에 그 운송서류는 매수인이 지정목적지에서 운송인에 대하여 물품의 인도를 청구할 수 있도록 하는 것이어야 하고 또한 매수인이 후속매수인에게 운송서류를 양도함으로써 또는 운송인에 대한 통지로써 운송 중에 물품을 매각할 수 있도록 하는 것이어야 한다.

그러한 운송서류가 유통가능한 형식으로 복수의 원본으로 발행된 경우에 그 원본의 전통(全通)이 매수인에게 제공되어야 한다.

- DAP (도착지인도)
  매도인은 자신의 비용으로 매수인이 물품을 수령할 수 있도록 하는 데 필요한 서류를 제공하여야 한다.

- DPU (도착지양하인도)
  매도인은 자신의 비용으로 매수인이 물품을 수령할 수 있도록 하는 데 필요한 서류를 제공하여야 한다.

- DDP (관세지급인도)
  매도인은 자신의 비용으로 매수인이 물품을 수령할 수 있도록 하는 데 필요한 서류를 제공하여야 한다.

- FAS (선측인도)
  매도인은 자신의 비용으로 매수인에게 물품이 A2에 따라 인도되었다는 통상적인 증거를 제공하여야 한다.
  그러한 증거가 운송서류가 아닌 경우에 매도인은 매수인의 요청에 따라 매수인의 위험과 비용으로 매수인이 운송서류를 취득하는 데 협력을 제공하여야 한다.

- FOB (본선인도)
  매도인은 자신의 비용으로 매수인에게 물품이 A2에 따라 인도되었다는 통상적인 증거를 제공하여야 한다.
  그러한 증거가 운송서류가 아닌 경우에 매도인은 매수인의 요청에 따라 매수인의 위험과 비용으로 매수인이 운송서류를 취득하는 데 협력을 제공하여야 한다.

- CFR (운임포함인도)
  매도인은 자신의 비용으로 매수인에게 합의된 목적항에서 필요한 통상적인 운송서류를 제공하여야 한다.
  이 운송서류는 계약물품에 관한 것이어야 하고, 합의된 선적기간 이내로 일부(日附)되어야 하며, 매수인이 목적항에서 운송인에 대하여 물품의 인도를 청구할 수 있도록 하는 것이어야 하고, 또한 달리 합의되지 않은 한 매수인이 후속매수인에게 그 운송서류를 양도함으로써 또는 운송인에 대한 통지로써 운송 중에 물품을 매각할 수 있도록 하는 것이어야 한다.
  그러한 운송서류가 유통가능한 형식으로 복수의 원본으로 발행된 경우에 그 원본의 전통(全通)이 매수인에게 제공되어야 한다.

- **CIF (운임보험료포함인도)**
  매도인은 자신의 비용으로 매수인에게 합의된 목적항에서 필요한 통상적인 운송서류를 제공하여야 한다.
  이 운송서류는 계약물품에 관한 것이어야 하고, 합의된 선적기간 이내로 일부(日附)되어야 하며, 매수인이 목적항에서 운송인에 대하여 물품의 인도를 청구할 수 있도록 하는 것이어야 하고, 또한 달리 합의되지 않은 한 매수인이 후속매수인에게 그 운송서류를 양도함으로써 또는 운송인에 대한 통지로써 운송 중에 물품을 매각할 수 있도록 하는 것이어야 한다.
  그러한 운송서류가 유통가능한 형식으로 복수의 원본으로 발행된 경우에 그 원본의 전통(全通)이 매수인에게 제공되어야 한다.

B6 인도/운송서류

- **EXW (공장인도)**
  매수인은 매도인에게 인도를 수령하였다는 적절한 증거를 제공하여야 한다.

- **FCA (운송인인도)**
  매수인은 물품이 A2에 일치하게 인도되었다는 증거를 인수하여야 한다.
  당사자들이 합의한 경우에 매수인은 물품이 적재되었음을 기재한 (본선적재표기가 있는 선하증권과 같은) 운송서류를 자신의 비용과 위험으로 매도인에게 발행하도록 운송인에게 지시하여야 한다.

- **CPT (운송비지급인도)**
  매수인은 A6에 따라 제공된 운송서류가 계약에 일치하는 때에는 이를 인수하여야 한다.

- **CIP (운송비·보험료지급인도)**
  매수인은 A6에 따라 제공된 운송서류가 계약에 일치하는 때에는 이를 인수하여야 한다.

- **DAP (도착지인도)**
  매수인은 A6에 따라 제공된 서류를 인수하여야 한다.

- **DPU (도착지양하인도)**
  매수인은 A6에 따라 제공된 서류를 인수하여야 한다.

- **DDP (관세지급인도)**
  매수인은 A6에 따라 제공된 서류를 인수하여야 한다.

- **FAS (선측인도)**
  매수인은 A6에 따라 제공되는 인도의 증거를 인수하여야 한다.

- **FOB (본선인도)**
  매수인은 A6에 따라 제공되는 인도의 증거를 인수하여야 한다.

- **CFR (운임포함인도)**
  매수인은 A6에 따라 제공된 운송서류가 계약에 일치하는 때에는 이를 인수하여야 한다.

- **CIF (운임·보험료포함인도)**
  매수인은 A6에 따라 제공된 운송서류가 계약에 일치하는 때에는 이를 인수하여야 한다.

A7 수출/수입통관

- **EXW (공장인도)**
  해당되는 경우에 매도인은 매수인의 요청에 따라 매수인의 위험과 비용으로 다음과 같은 수출국/통과국/수입국에 의하여 부과되는 모든 수출/통과 수입통관절차에 관한 서류 및/또는 정보를 취득하는 데 매수인에게 협력하여야 한다.
  - 수출/통과/수입허가
  - 수출/통과/수입을 위한 보안통관
  - 선적전검사 및
  - 그 밖의 공적 인가

- **FCA (운송인인도)**
  a) **수출통관**
    해당되는 경우에 매도인은 다음과 같은 수출국에 의하여 부과되는 모든 수출통관절차를 수행하고 그에 관한 비용을 부담하여야 한다.
    - 수출허가
    - 수출을 위한 보안통관
    - 선적전검사 및
    - 그 밖의 공적 인가

  b) **수입통관에 관한 협력**
    해당되는 경우에 매도인은 매수인의 요청에 따라 매수인의 위험과 비용으로, 보안요건 및 선적전검사를 포함하여 통과국 또는 수입국에 의하여 필요한 모든 통과 수입통관절차에 관한 서류 및/또는 정보를 취득하는 데 매수인에게 협력하여야 한다.

- **CPT (운송비지급인도)**
  a) **수출통관**
    해당되는 경우에 매도인은 다음과 같은 수출국에 의하여 부과되는 모든 수출통관절차를 수행하고 그에 관한 비용을 부담하여야 한다.
    - 수출허가

- 수출을 위한 보안통관
- 선적전검사 및
- 그 밖의 공적 인가

b) 수입통관에 관한 협력

해당되는 경우에 매도인은 매수인의 요청에 따라 매수인의 위험과 비용으로, 보안요건 및 선적전검사를 포함하여 통과국 또는 수입국에 의하여 필요한 모든 통과/ 수입통관절차에 관한 서류 및/또는 정보를 취득하는 데 매수인에게 협력하여야 한다.

- **CIP (운송비·보험료지급인도)**

  a) 수출통관

  해당되는 경우에 매도인은 다음과 같은 수출국에 의하여 부과되는 모든 수출통관절차를 수행하고 그에 관한 비용을 부담하여야 한다.
  - 수출허가
  - 수출을 위한 보안통관
  - 선적전검사 및
  - 그 밖의 공적 인가

  b) 수입통관에 관한 협력

  해당되는 경우에 매도인은 매수인의 요청에 따라 매수인의 위험과 비용으로, 보안요건 및 선적전검사를 포함하여 통과국 또는 수입국에 의하여 필요한 모든 통과 수입통관절차에 관한 서류 및/또는 정보를 취득하는 데 매수인에게 협력하여야 한다.

- **DAP (도착지인도)**

  a) 수출통관 및 통과통관

  해당되는 경우에 매도인은 다음과 같은 수출국과 통과국(수입국 제외)에 의하여 부과되는 모든 수출통관 및 통과통관절차를 수행하고 그에 관한 비용을 부담하여야 한다.
  - 수출/통과허가
  - 수출/통과를 위한 보안통관
  - 선적전검사 및
  - 그 밖의 공적 인가

  b) 수입통관에 관한 협력

  해당되는 경우에 매도인은 매수인의 요청에 따라 매수인의 위험과 비용으로, 보안요건 및 선적전검사를 포함하여 수입국에 의하여 필요한 모든 수입통관절차에 관한 서류 및/또는 정보를 취득하는 데 매수인에게 협력하여야 한다.

- **DPU (도착지양하인도)**

  a) 수출통관 및 통과통관

해당되는 경우에 매도인은 다음과 같은 수출국과 통과국(수입국 제외)에 의하여 부과되는 모든 수출통관 및 통과통관절차를 수행하고 그에 관한 비용을 부담하여야 한다.
- 수출/통과허가
- 수출/통과를 위한 보안통관
- 선적전검사 및
- 그 밖의 공적 인가

b) 수입통관에 관한 협력

해당되는 경우에 매도인은 매수인의 요청에 따라 매수인의 위험과 비용으로, 보안요건 및 선적전검사를 포함하여 수입국에 의하여 필요한 모든 수입통관절차에 관한 서류 및/또는 정보를 취득하는 데 매수인에게 협력하여야 한다.

- DDP (관세지급인도)

해당되는 경우에 매도인은 다음과 같은 수출국, 통과국 및 수입국에 의하여 부과되는 모든 수출/통과/수입통관절차를 수행하고 그에 관한 비용을 부담하여야 한다.
- 수출/통과/수입허가
- 수출/통과/수입을 위한 보안통관
- 선적전검사 및
- 그 밖의 공적 인가

- FAS (선측인도)
  a) 수출통관

  해당되는 경우에 매도인은 다음과 같은 수출국에 의하여 부과되는 모든 수출통관절차를 수행하고 그에 관한 비용을 부담하여야 한다.
  - 수출허가
  - 수출을 위한 보안통관
  - 선적전검사 및
  - 그 밖의 공적 인가

  b) 수입통관에 관한 협력

  해당되는 경우에 매도인은 매수인의 요청에 따라 매수인의 위험과 비용으로, 보안요건 및 선적전검사를 포함하여 통과국 또는 수입국에 의하여 필요한 모든 통과 및 수입통관절차에 관한 서류 및/또는 정보를 취득하는 데 매수인에게 협력하여야 한다.

- FOB (본선인도)
  a) 수출통관

  해당되는 경우에 매도인은 다음과 같은 수출국에 의하여 부과되는 모든 수출통관절차를 수행하고 그에 관한 비용을 부담하여야 한다.

- 수출허가
- 수출을 위한 보안통관
- 선적전검사 및
- 그 밖의 공적 인가

b) 수입통관에 관한 협력

해당되는 경우에 매도인은 매수인의 요청에 따라 매수인의 위험과 비용으로, 보안요건 및 선적전검사를 포함하여 통과국 또는 수입국에 의하여 필요한 모든 통과 수입통관절차에 관한 서류 및/또는 정보를 취득하는 데 매수인에게 협력하여야 한다.

- **CFR (운임포함인도)**

  a) 수출통관

  해당되는 경우에 매도인은 다음과 같은 수출국에 의하여 부과되는 모든 수출통관절차를 수행하고 그에 관한 비용을 부담하여야 한다.
  - 수출허가
  - 수출을 위한 보안통관
  - 선적전검사 및
  - 그 밖의 공적 인가

  b) 수입통관에 관한 협력

  해당되는 경우에 매도인은 매수인의 요청에 따라 매수인의 위험과 비용으로, 보안요건 및 선적전검사를 포함하여 통과국 또는 수입국에 의하여 필요한 모든 통과 수입통관절차에 관한 서류 및/또는 정보를 취득하는 데 매수인에게 협력하여야 한다.

- **CIF (운임 · 보험료포함인도)**

  a) 수출통관

  해당되는 경우에 매도인은 다음과 같은 수출국에 의하여 부과되는 모든 수출통관절차를 수행하고 그에 관한 비용을 부담하여야 한다.
  - 수출허가
  - 수출을 위한 보안통관
  - 선적전검사 및
  - 그 밖의 공적 인가

  b) 수입통관에 관한 협력

  해당되는 경우에 매도인은 매수인의 요청에 따라 매수인의 위험과 비용으로, 보안요건 및 선적전검사를 포함하여 통과국 또는 수입국에 의하여 필요한 모든 통과 수입통관절차에 관한 서류 및/또는 정보를 취득하는 데 매수인에게 협력하여야 한다.

B7 수출수입통관

- **EXW (공장인도)**
  해당되는 경우에 다음과 같은 수출국/통과국/수입국에 의하여 부과되는 모든 수출/통과/수입통관절차를 수행하고 그에 관한 비용을 부담하는 것은 매수인의 몫이다.
  - 수출/통과/수입허가
  - 수출/통과/수입을 위한 보안통관
  - 선적전검사 및
  - 그 밖의 공적 인가

- **FCA (운송인인도)**
  a) **수출통관에 관한 협력**
  해당되는 경우에 매수인은 매도인의 요청에 따라 매도인의 위험과 비용으로, 보안요건 및 선적전검사를 포함하여 수출국에 의하여 필요한 모든 수출통관절차에 관한 서류 및/또는 정보를 취득하는 데 매도인에게 협력하여야 한다.

  b) **수입통관**
  해당되는 경우에 매수인은 다음과 같은 통과국 및 수입국에 의하여 부과되는 모든 절차를 수행하고 그에 관한 비용을 부담하여야 한다.
  - 수입허가 및 통과를 위하여 필요한 허가
  - 수입과 통과를 위한 보안통관
  - 선적전검사 및
  - 그 밖의 공적 인가

- **CPT (운송비지급인도)**
  a) **수출통관에 관한 협력**
  해당되는 경우에 매수인은 매도인의 요청에 따라 매도인의 위험과 비용으로, 보안요건 및 선적전검사를 포함하여 수출국에 의하여 필요한 모든 수출통관절차에 관한 서류 및/또는 정보를 취득하는 데 매도인에게 협력하여야 한다.

  b) **수입통관**
  해당되는 경우에 매수인은 다음과 같은 통과국 및 수입국에 의하여 부과되는 모든 절차를 수행하고 그에 관한 비용을 부담하여야 한다.
  - 수입허가 및 통과를 위하여 필요한 허가
  - 수입과 통과를 위한 보안통관
  - 선적전검사 및
  - 그 밖의 공적 인가

- CIP (운송비 · 보험료지급인도)
  a) **수출통관에 관한 협력**

  해당되는 경우에 매수인은 매도인의 요청에 따라 매도인의 위험과 비용으로, 보안요건 및 선적전검사를 포함하여 수출국에 의하여 필요한 모든 수출통관절차에 관한 서류 및/또는 정보를 취득하는 데 매도인에게 협력하여야 한다.

  b) **수입통관**

  해당되는 경우에 매수인은 다음과 같은 통과국 및 수입국에 의하여 부과되는 모든 절차를 수행하고 그에 관한 비용을 부담하여야 한다.
  - 수입허가 및 통과를 위하여 필요한 허가
  - 수입과 통과를 위한 보안통관
  - 선적전검사 및
  - 그 밖의 공적 인가

- DAP (도착지인도)
  a) **수출통관과 통과통관에 관한 협력**

  해당되는 경우에 매수인은 매도인의 요청에 따라 매도인의 위험과 비용으로, 보안요건 및 선적전검사를 포함하여 수출국과 통과국(수입국 제외)에 의하여 필요한 모든 수출/통과통관절차에 관한 서류 및/또는 정보를 취득하는 데 매도인에게 협력하여야 한다.

  b) **수입통관**

  해당되는 경우에 매수인은 다음과 같은 수입국에 의하여 부과되는 모든 절차를 수행하고 그에 관한 비용을 부담하여야 한다.
  - 수입허가
  - 수입을 위한 보안통관
  - 선적전검사 및
  - 그 밖의 공적 인가

- DPU (도착지양하인도)
  a) **수출통관과 통과통관에 관한 협력**

  해당되는 경우에 매수인은 매도인의 요청에 따라 매도인의 위험과 비용으로, 보안요건 및 선적전검사를 포함하여 수출국과 통과국(수입국 제외)에 의하여 필요한 모든 수출/통과통관절차에 관한 서류 및/또는 정보를 취득하는 데 매도인에게 협력하여야 한다.

  b) **수입통관**

  해당되는 경우에 매수인은 다음과 같은 수입국에 의하여 부과되는 모든 절차를 수행하고 그에 관한 비용을 부담하여야 한다.
  - 수입허가

- 수입을 위한 보안통관
- 선적전검사 및
- 그 밖의 공적 인가

- **DDP (관세지급인도)**

    해당되는 경우에 매수인은 매도인의 요청에 따라 매도인의 위험과 비용으로 다음과 같은 수출국/통과국/수입국에 의하여 부과되는 모든 수출/통과/수입통관절차에 관한 서류 및/또는 정보를 취득하는 데 매도인에게 협력하여야 한다.
    - 수출/통과/수입허가
    - 수출, 통과 및 수입을 위한 보안통관
    - 선적전검사 및
    - 그 밖의 공적 인가

- **FAS (선측인도)**

    a) **수출통관에 관한 협력**

    해당되는 경우에 매수인은 매도인의 요청에 따라 매도인의 위험과 비용으로, 보안요건 및 선적전검사를 포함하여 수출국에 의하여 필요한 모든 수출통관절차에 관한 서류 및/또는 정보를 취득하는 데 매도인에게 협력하여야 한다.

    b) **수입통관**

    해당되는 경우에 매수인은 다음과 같은 통과국 및 수입국에 의하여 부과되는 모든 절차를 수행하고 그에 관한 비용을 부담하여야 한다.
    - 수입허가 및 통과를 위하여 필요한 허가
    - 수입과 통과를 위한 보안통관
    - 선적전검사 및
    - 그 밖의 공적 인가

- **FOB (본선인도)**

    a) **수출통관에 관한 협력**

    해당되는 경우에 매수인은 매도인의 요청에 따라 매도인의 위험과 비용으로, 보안요건 및 선적전검사를 포함하여 수출국에 의하여 필요한 모든 수출통관절차에 관한 서류 및/또는 정보를 취득하는 데 매도인에게 협력하여야 한다.

    b) **수입통관**

    해당되는 경우에 매수인은 다음과 같은 통과국 및 수입국에 의하여 부과되는 모든 절차를 수행하고 그에 관한 비용을 부담하여야 한다.
    - 수입허가 및 통과를 위하여 필요한 허가
    - 수입과 통과를 위한 보안통관
    - 선적전검사 및
    - 그 밖의 공적 인가

- CFR (운임포함인도)
  a) 수출통관에 관한 협력
  해당되는 경우에 매수인은 매도인의 요청에 따라 매도인의 위험과 비용으로, 보안요건 및 선적전검사를 포함하여 수출국에 의하여 필요한 모든 수출통관절차에 관한 서류 및/또는 정보를 취득하는 데 매도인에게 협력하여야 한다.

  b) 수입통관
  해당되는 경우에 매수인은 다음과 같은 통과국 및 수입국에 의하여 부과되는 모든 절차를 수행하고 그에 관한 비용을 부담하여야 한다.
  - 수입허가 및 통과를 위하여 필요한 허가
  - 수입과 통과를 위한 보안통관
  - 선적전검사 및
  - 그 밖의 공적 인가

- CIF (운임·보험료포함인도)
  a) 수출통관에 관한 협력
  해당되는 경우에 매수인은 매도인의 요청에 따라 매도인의 위험과 비용으로, 보안요건 및 선적전검사를 포함하여 수출국에 의하여 필요한 모든 수출동관질차에 관한 서류 및/또는 정보를 취득하는 데 매도인에게 협력하여야 한다.

  b) 수입통관
  해당되는 경우에 매수인은 다음과 같은 통과국 및 수입국에 의하여 부과되는 모든 절차를 수행하고 그에 관한 비용을 부담하여야 한다.
  - 수입허가 및 통과를 위하여 필요한 허가
  - 수입과 통과를 위한 보안통관
  - 선적전검사 및
  - 그 밖의 공적 인가

A8 점검/포장/하인표시

- EXW (공장인도)
  매도인은 A2에 따라 물품을 인도하기 위한 목적에서 필요한 점검작업(예컨대 품질점검, 용적측량, 중량측정, 수량계수)에 드는 비용을 부담하여야 한다. 매도인은 자신의 비용으로 물품을 포장하여야 하되 다만 특정한 거래에서 통상적으로 포장되지 않은 채 매매되어 운송되는 형태의 물품인 경우에는 그러하지 아니하다. 매도인은 당해 운송에 적절한 방법으로 물품을 포장하고 하인을 표시하여야 하되 다만 당사자들이 특정한 포장요건이나 하인요건에 합의한 경우에는 그러하지 아니하다.

- **FCA (운송인인도)**
  매도인은 A2에 따라 물품을 인도하기 위한 목적에서 필요한 점검작업(예컨대 품질점검, 용적측량, 중량측정, 수량계수)에 드는 비용을 부담하여야 한다. 매도인은 자신의 비용으로 물품을 포장하여야 하되 다만 특정한 거래에서 통상적으로 포장되지 않은 채 매매되어 운송되는 형태의 물품인 경우에는 그러하지 아니하다. 매도인은 당해 운송에 적절한 방법으로 물품을 포장하고 하인을 표시하여야 하되 다만 당사자들이 특정한 포장요건이나 하인요건에 합의한 경우에는 그러하지 아니하다.

- **CPT (운송비지급인도)**
  매도인은 A2에 따라 물품을 인도하기 위한 목적에서 필요한 점검작업(예컨대 품질점검, 용적측량, 중량측정, 수량계수)에 드는 비용을 부담하여야 한다. 매도인은 자신의 비용으로 물품을 포장하여야 하되 다만 특정한 거래에서 통상적으로 포장되지 않은 채 매매되어 운송되는 형태의 물품인 경우에는 그러하지 아니하다. 매도인은 당해 운송에 적절한 방법으로 물품을 포장하고 하인을 표시하여야 하되 다만 당사자들이 특정한 포장요건이나 하인요건에 합의한 경우에는 그러하지 아니하다.

- **CIP (운송비·보험료지급인도)**
  매도인은 A2에 따라 물품을 인도하기 위한 목적에서 필요한 점검작업(예컨대 품질점검, 용적측량, 중량측정, 수량계수)에 드는 비용을 부담하여야 한다. 매도인은 자신의 비용으로 물품을 포장하여야 하되 다만 특정한 거래에서 통상적으로 포장되지 않은 채 매매되어 운송되는 형태의 물품인 경우에는 그러하지 아니하다. 매도인은 당해 운송에 적절한 방법으로 물품을 포장하고 하인을 표시하여야 하되 다만 당사자들이 특정한 포장요건이나 하인요건에 합의한 경우에는 그러하지 아니하다.

- **DAP (도착지인도)**
  매도인은 A2에 따라 물품을 인도하기 위한 목적에서 필요한 점검작업(예컨대 품질점검, 용적측량, 중량측정, 수량계수)에 드는 비용을 부담하여야 한다. 매도인은 자신의 비용으로 물품을 포장하여야 하되 다만 특정한 거래에서 통상적으로 포장되지 않은 채 매매되어 운송되는 형태의 물품인 경우에는 그러하지 아니하다. 매도인은 당해 운송에 적절한 방법으로 물품을 포장하고 하인을 표시하여야 하되 다만 당사자들이 특정한 포장요건이나 하인요건에 합의한 경우에는 그러하지 아니하다.

- **DPU (도착지양하인도)**
  매도인은 A2에 따라 물품을 인도하기 위한 목적에서 필요한 점검작업(예컨대 품질점검, 용적측량, 중량측정, 수량계수)에 드는 비용을 부담하여야 한다. 매도인은 자신의 비용으로 물품을 포장하여야 하되 다만 특정한 거래에서 통상적으로 포장되지 않은 채 매매되어 운송되는 형태의 물품인 경우에는 그러하지 아니하다. 매도인은 당해 운송에 적절한 방법으로 물품을 포장하고 하인을 표시하여야 하되 다만 당사자들이 특정한 포장요건이나 하인요건에 합의한 경우에는 그러하지 아니하다.

- **DDP (관세지급인도)**
  매도인은 A2에 따라 물품을 인도하기 위한 목적에서 필요한 점검작업(예컨대 품질점검, 용적측정, 중량측정, 수량계수)에 드는 비용을 부담하여야 한다. 매도인은 자신의 비용으로 물품을 포장하여야 하되 다만 특정한 거래에서 통상적으로 포장되지 않은 채 매매되어 운송되는 형태의 물품인 경우에는 그러하지 아니하다. 매도인은 당해 운송에 적절한 방법으로 물품을 포장하고 하인을 표시하여야 하되 다만 당사자들이 특정한 포장요건이나 하인요건에 합의한 경우에는 그러하지 아니하다.

- **FAS (선측인도)**

  매도인은 A2에 따라 물품을 인도하기 위한 목적에서 필요한 점검작업(예컨대 품질점검, 용적측정, 중량측정, 수량계수)에 드는 비용을 부담하여야 한다. 매도인은 자신의 비용으로 물품을 포장하여야 하되 다만 특정한 거래에서 통상적으로 포장되지 않은 채 매매되어 운송되는 형태의 물품인 경우에는 그러하지 아니하다. 매도인은 당해 운송에 적절한 방법으로 물품을 포장하고 하인을 표시하여야 하되 다만 당사자들이 특정한 포장요건이나 하인요건에 합의한 경우에는 그러하지 아니하다.

- **FOB (본선인도)**

  매도인은 A2에 따라 물품을 인도하기 위한 목적에서 필요한 점검작업(예컨대 품질점검, 용적측정, 중량측정, 수량계수)에 드는 비용을 부담하여야 한다. 매도인은 자신의 비용으로 물품을 포장하여야 하되, 다만 특정한 거래에서 통상적으로 포장되지 않은 채 매매되어 운송되는 형태의 물품인 경우에는 그러하지 아니하다. 매도인은 당해 운송에 적절한 방법으로 물품을 포장하고 하인을 표시하여야 하되, 다만 당사자들이 특정한 포장요건이나 하인요건에 합의한 경우에는 그러하지 아니하다.

- **CFR (운임포함인도)**

  매도인은 A2에 따라 물품을 인도하기 위한 목적에서 필요한 점검작업(예컨대 품질점검, 용적측정, 중량측정, 수량계수)에 드는 비용을 부담하여야 한다. 매도인은 자신의 비용으로 물품을 포장하여야 하되 다만 특정한 거래에서 통상적으로 포장되지 않은 채 매매되어 운송되는 형태의 물품인 경우에는 그러하지 아니하다. 매도인은 당해 운송에 적절한 방법으로 물품을 포장하고 하인을 표시하여야 하되 다만 당사자들이 특정한 포장요건이나 하인요건에 합의한 경우에는 그러하지 아니하다.

- **CIF (운임·보험료포함인도)**

  매도인은 A2에 따라 물품을 인도하기 위한 목적에서 필요한 점검작업(예컨대 품질점검, 용적측정, 중량측정, 수량계수)에 드는 비용을 부담하여야 한다. 매도인은 자신의 비용으로 물품을 포장하여야 하되 다만 특정한 거래에서 통상적으로 포장되지 않은 채 매매되어 운송되는 형태의 물품인 경우에는 그러하지 아니하다. 매도인은 당해 운송에 적절한 방법으로 물품을 포장하고 하인을 표시하여야 하되 다만 당사자들이 특정한 포장요건이나 하인요건에 합의한 경우에는 그러하지 아니하다.

B8 점검/포장/하인표시

- **EXW (공장인도)**

  매수인은 매도인에 대하여 의무가 없다.

- FCA (운송인인도)
  매수인은 매도인에 대하여 의무가 없다.

- CPT (운송비지급인도)
  매수인은 매도인에 대하여 의무가 없다.

- CIP (운송비 · 보험료지급인도)
  매수인은 매도인에 대하여 의무가 없다.

- DAP (도착지인도)
  매수인은 매도인에 대하여 의무가 없다.

- DPU (도착지양하인도)
  매수인은 매도인에 대하여 의무가 없다.

- DDP (관세지급인도)
  매수인은 매도인에 대하여 의무가 없다.

- FAS (선측인도)
  매수인은 매도인에 대하여 의무가 없다.

- FOB (본선인도)
  매수인은 매도인에 대하여 의무가 없다.

- CFR (운임포함인도)
  매수인은 매도인에 대하여 의무가 없다.

- CIF (운임 · 보험료포함인도)
  매수인은 매도인에 대하여 의무가 없다.

A9 비용분담

- EXW (공장인도)
  매도인은 B9에 따라 매수인이 부담하는 비용은 제외하고 물품이 A2에 따라 인도된 때까지 물품에 관한 모든 비용을 부담하여야 한다.

- FCA (운송인인도)
  매도인은 다음의 비용을 부담하여야 한다.
  a) 물품이 A2에 따라 인도된 때까지 물품에 관한 모든 비용. 다만 B9에 따라 매수인이 부담하는 비용은 제외한다.

b) 물품이 인도되었다는 통상적인 증거를 A6에 따라 매수인에게 제공하는 데 드는 비용
c) 해당되는 경우에 A7(a)에 따른 수출통관에 관한 관세, 세금 그 밖의 비용 및
d) B7(a)에 따라 서류와 정보를 취득하는 데 매수인이 협력을 제공하는 것과 관련한 모든 비용.

- **CPT (운송비지급인도)**

  매도인은 다음의 비용을 부담하여야 한다.
  a) 물품이 A2에 따라 인도된 때까지 물품에 관한 모든 비용. 다만 B9에 따라 매수인이 부담하는 비용은 제외한다.
  b) 물품적재비용과 운송관련 보안비용을 포함하여, A4로부터 비롯하는 운송비용 및 그 밖의 모든 비용
  c) 합의된 목적지의 양하비용 중에서 오직 운송계약상 매도인이 부담하기로 된 비용
  d) 운송계약상 매도인이 부담하기로 된 통과비용
  e) 물품이 인도되었다는 통상적인 증거를 A6에 따라 매수인에게 제공하는 데 드는 비용
  f) 해당되는 경우에 A7(2)에 따른 수출통관에 관한 관세, 세금 그 밖의 비용 및
  g) B7(a)에 따라 서류와 정보를 취득하는 데 매수인이 협력을 제공하는 것과 관련한 모든 비용.

- **CIP (운송비·보험료지급인도)**

  매도인은 다음의 비용을 부담하여야 한다.
  a) 물품이 A2에 따라 인도된 때까지 물품에 관한 모든 비용. 다만 B9에 따라 매수인이 부담하는 비용은 제외한다.
  b) 물품적재비용과 운송관련 보안비용을 포함하여, A4로부터 비롯하는 운송비용 및 그 밖의 모든 비용
  c) 합의된 목적지의 양하비용 중에서 오직 운송계약상 매도인이 부담하기로 된 비용
  d) 운송계약상 매도인이 부담하기로 된 통과비용
  e) 물품이 인도되었다는 통상적인 증거를 A6에 따라 매수인에게 제공하는 데 드는 비용
  f) A5로부터 비롯하는 보험비용
  g) 해당되는 경우에 A7(a)에 따른 수출통관에 관한 관세, 세금 그 밖의 비용 및
  h) B7(a)에 따라 서류와 정보를 취득하는 데 매수인이 협력을 제공하는 것과 관련한 모든 비용.

- **DAP (도착지인도)**

  매도인은 다음의 비용을 부담하여야 한다.
  a) 물품이 A2에 따라 인도된 때까지 물품과 그 물품의 운송에 관한 모든 비용. 다만 B9에 따라 매수인이 부담하는 비용은 제외한다.
  b) 목적지의 양하비용 중에서 오직 운송계약상 매도인이 부담하기로 된 비용
  c) A6에 따라 인도/운송서류를 제공하는 데 드는 비용

d) 해당되는 경우에 A7(a)에 따른 수출통관 및 통과통관에 관한 관세, 세금 그 밖의 비용
e) B5 및 B7(a)에 따라 서류와 정보를 취득하는 데 매수인이 협력을 제공하는 것과 관련한 모든 비용.

- **DPU (도착지양하인도)**
  매도인은 다음의 비용을 부담하여야 한다.
  a) 물품이 A2에 따라 양하되어 인도된 때까지 물품과 그 물품의 운송에 관한 모든 비용. 그러나 B9에 따라 매수인이 부담하는 비용은 제외한다.
  b) A6에 따라 인도/운송서류를 제공하는 데 드는 비용
  c) 해당되는 경우에 A7(a)에 따른 수출통관 및 통과통관에 관한 관세, 세금 그 밖의 비용
  d) B5 및 B7(a)에 따라 서류와 정보를 취득하는 데 매수인이 협력을 제공하는 것과 관련한 모든 비용.

- **DDP (관세지급인도)**
  매도인은 다음의 비용을 부담하여야 한다.
  a) 물품이 A2에 따라 인도된 때까지 물품과 그 물품의 운송에 관한 모든 비용. 다만 B9에 따라 매수인이 부담하는 비용은 제외한다.
  b) 목적지의 양하비용 중에서 오직 운송계약상 매도인이 부담하기로 된 비용
  c) A6에 따라 인도/운송서류를 제공하는 데 드는 비용
  d) 해당되는 경우에 A7(a)에 따른 수출, 통과 및 수입통관에 관한 관세, 세금 그 밖의 비용
  e) B5 및 B7(a)에 따라 서류와 정보를 취득하는 데 매수인이 협력을 제공하는 것과 관련한 모든 비용.

- **FAS (선측인도)**
  매도인은 다음의 비용을 부담하여야 한다.
  a) 물품이 A2에 따라 인도된 때까지 물품에 관한 모든 비용. 다만 B9에 따라 매수인이 부담하는 비용은 제외한다.
  b) 물품이 인도되었다는 통상적인 증거를 A6에 따라 매수인에게 제공하는 데 드는 비용
  c) 해당되는 경우에 A7(a)에 따른 수출통관에 관한 관세, 세금 그 밖의 비용
  d) B7(a)에 따라 서류와 정보를 취득하는 데 매수인이 협력을 제공하는 것과 관련한 모든 비용.

- **FOB (본선인도)**
  매도인은 다음의 비용을 부담하여야 한다.
  a) 물품이 A2에 따라 인도된 때까지 물품에 관한 모든 비용. 다만 B9에 따라 매수인이 부담하는 비용은 제외한다.

b) 물품이 인도되었다는 통상적인 증거를 A6에 따라 매수인에게 제공하는 데 드는 비용
c) 해당되는 경우에 A7(a)에 따른 수출통관에 관한 관세, 세금 그 밖의 비용
d) B7(a)에 따라 서류와 정보를 취득하는 데 매수인이 협력을 제공하는 것과 관련한 모든 비용.

- **CFR (운임포함인도)**
    매도인은 다음의 비용을 부담하여야 한다.
    a) 물품이 A2에 따라 인도된 때까지 물품에 관한 모든 비용. 다만 B9에 따라 매수인이 부담하는 비용은 제외한다.
    b) 물품선적비용과 운송관련 보안비용을 포함하여, A4로부터 비롯하는 운임 및 그 밖의 모든 비용
    c) 합의된 양륙항의 양하비용 중에서 운송계약상 매도인이 부담하기로 한 비용
    d) 운송계약상 매도인이 부담하기로 된 통과비용
    e) 물품이 인도되었다는 통상적인 증거를 A6에 따라 매수인에게 제공하는 데 드는 비용
    f) 해당되는 경우에 A7(a)에 따른 수출통관에 관한 관세, 세금 그 밖의 비용 및
    g) B7(a)에 따라 서류와 정보를 취득하는 데 매수인이 협력을 제공하는 것과 관련한 모든 비용.

- **CIF (운임·보험료포함인도)**
    매도인은 다음의 비용을 부담하여야 한다.
    a) 물품이 A2에 따라 인도된 때까지 물품에 관한 모든 비용. 다만 B9에 따라 매수인이 부담하는 비용은 제외한다.
    b) 물품선적비용과 운송관련 보안비용을 포함하여, A4로부터 비롯하는 운임 및 그 밖의 모든 비용
    c) 합의된 양륙항의 양하비용 중에서 운송계약상 매도인이 부담하기로 한 비용
    d) 운송계약상 매도인이 부담하기로 된 통과비용
    e) 물품이 인도되었다는 통상적인 증거를 A6에 따라 매수인에게 제공하는 데 드는 비용
    f) A5로부터 비롯하는 보험비용
    g) 해당되는 경우에 A7(a)에 따른 수출통관에 관한 관세, 세금 그 밖의 비용 및
    h) B7(a)에 따라 서류와 정보를 취득하는 데 매수인이 협력을 제공하는 것과 관련한 모든 비용.

B9 비용분담

- **EXW (공장인도)**
    매수인은
    a) 물품이 A2에 따라 인도된 때부터 물품에 관한 모든 비용을 부담하여야 한다.
    b) A4, A5 및 A7에 따라 서류와 정보를 취득하는 데 협력을 제공하는 것과 관련하여 매도인에게 발생한 모든 비용을 상환하여야 한다.

c) 해당되는 경우에 물품의 수출에 부과되는 모든 관세, 세금 기타 공과금 및 수출통관절차를 수행하는 비용을 부담하여야 한다. 그리고
d) 물품이 자신의 처분하에 놓인 때에 물품의 인도를 수령하지 않거나 B10에 따른 적절한 통지를 하지 않음으로써 발생하는 추가비용을 부담하여야 한다. 다만 물품은 계약물품으로 명확히 특정되어 있어야 한다.

- **FCA (운송인인도)**

  매수인은 다음의 비용을 부담하여야 한다.
  a) 물품이 A2에 따라 인도된 때부터 물품에 관한 모든 비용. 다만 A9에 따라 매도인이 부담하는 비용은 제외한다.
  b) A4, A5, A6 및 A7(b)에 따라 서류와 정보를 취득하는 데 매도인이 협력을 제공하는 것과 관련한 모든 비용
  c) 해당되는 경우에 B7에 따른 통과통관 또는 수입통관에 관한 관세, 세금 그 밖의 비용
  d) 다음의 경우에 발생하는 추가비용
     (i) 매수인이 B10에 따른 운송인이나 제3자를 지정하지 않는 경우 또는
     (ii) B10에 따라 매수인이 지정한 운송인이나 제3자가 물품을 수령하지 않는 경우
  다만 물품은 계약물품으로 명확히 특정되어 있어야 한다.

- **CPT (운송비지급인도)**

  매수인은 다음의 비용을 부담하여야 한다.
  a) 물품이 A2에 따라 인도된 때부터 물품에 관한 모든 비용. 다만 A9에 따라 매도인이 부담하는 비용은 제외한다.
  b) 통과비용. 다만 그러한 비용이 운송계약상 매도인이 부담하는 것으로 된 경우에는 그러하지 아니하다.
  c) 양하비용. 다만 그러한 비용이 운송계약상 매도인이 부담하는 것으로 된 경우에는 그러하지 아니하다.
  d) A5 및 A7(b)에 따라 서류와 정보를 취득하는 데 매도인이 협력을 제공하는 것과 관련한 모든 비용
  e) 해당되는 경우에 B7(b)에 따른 통과통관 또는 수입통관에 관한 관세, 세금 그 밖의 비용 및
  f) 매수인이 B10에 따른 통지를 하지 않는 경우에 합의된 기일 또는 합의된 선적기간의 만료일부터 발생하는 추가비용. 다만 물품은 계약물품으로 명확히 특정되어 있어야 한다.

- **CIP (운송비·보험료지급인도)**

  매수인은 다음의 비용을 부담하여야 한다.
  a) 물품이 A2에 따라 인도된 때부터 물품에 관한 모든 비용. 다만 A9에 따라 매도인이 부담하는 비용은 제외한다.

b) 통과비용. 다만 그러한 비용이 운송계약상 매도인이 부담하는 것으로 된 경우에는 그러하지 아니하다.
c) 양하비용. 그러나 그러한 비용이 운송계약상 매도인이 부담하는 것으로 된 경우에는 그러하지 아니하다.
d) A5 및 B5 하에서 매수인의 요청에 따라 조달된 추가보험에 드는 비용
e) A5 및 A7(b)에 따라 서류와 정보를 취득하는 데 매도인이 협력을 제공하는 것과 관련한 모든 비용
f) 해당되는 경우에 B7(b)에 따른 통과통관 또는 수입통관에 관한 관세, 세금 그 밖의 비용 및
g) 매수인이 B10에 따른 통지를 하지 않는 경우에 합의된 기일 또는 합의된 선적기간의 만료일부터 발생하는 추가비용. 다만 물품은 계약물품으로 명확히 특정되어 있어야 한다.

- **DAP (도착지인도)**

매수인은 다음의 비용을 부담하여야 한다.
a) 물품이 A2에 따라 인도된 때부터 물품에 관한 모든 비용
b) 지정목적지에서 도착운송수단으로부터 물품의 인도를 수령하는 데 필요한 모든 양하비용. 다만 그러한 비용을 운송계약상 매도인이 부담하기로 한 때에는 그러하지 아니하다.
c) A7(b)에 따라 서류와 정보를 취득하는 데 매도인이 협력을 제공하는 것과 관련한 모든 비용
d) 해당되는 경우에 B7(b)에 따른 수입통관에 관한 관세, 세금 그 밖의 비용 및
e) 매수인이 B7에 따른 의무를 이행하지 않거나 B10에 따른 통지를 하지 않는 경우에 매도인에게 발생하는 추가비용, 다만 물품은 계약물품으로 명확히 특정되어 있어야 한다.

- **DPU (도착지양하인도)**

매수인은 다음의 비용을 부담하여야 한다.
a) 물품이 A2에 따라 인도된 때부터 물품에 관한 모든 비용
b) A7(b)에 따라 서류와 정보를 취득하는 데 매도인이 협력을 제공하는 것과 관련한 모든 비용
c) 해당되는 경우에 B7(b)에 따른 수입통관에 관한 관세, 세금 그 밖의 비용 및
d) 매수인이 B7에 따른 의무를 이행하지 않거나 B10에 따른 통지를 하지 않는 경우에 매도인에게 발생하는 추가비용. 다만 물품은 계약물품으로 명확히 특정되어 있어야 한다.

- **DDP (관세지급인도)**

매수인은 다음의 비용을 부담하여야 한다.
a) 물품이 A2에 따라 인도된 때부터 물품에 관한 모든 비용

b) 지정목적지에서 도착운송수단으로부터 물품의 인도를 수령하는 데 필요한 모든 양하비용. 다만 그러한 비용을 운송계약상 매도인이 부담하기로 한 때에는 그러하지 아니하다.
c) 매수인이 B7에 따른 의무를 이행하지 않거나 B10에 따른 통지를 하지 않는 경우에 매도인에게 발생하는 추가비용. 다만 물품은 계약물품으로 명확히 특정되어 있어야 한다.

- **FAS (선측인도)**
  매수인은 다음의 비용을 부담하여야 한다.
  a) 물품이 A2에 따라 인도된 때부터 물품에 관한 모든 비용. 다만 A9에 따라 매도인이 부담하는 비용은 제외한다.
  b) A4, A5, A6 및 A7(b)에 따라 서류와 정보를 취득하는 데 매도인이 협력을 제공하는 것과 관련한 모든 비용
  c) 해당되는 경우에 B7에 따른 통과통관 또는 수입통관에 관한 관세, 세금 그 밖의 비용
  d) 다음의 경우에 발생하는 추가비용
     (i) 매수인이 B10에 따른 통지를 하지 않는 경우, 또는
     (ii) B10에 따라 매수인이 지정한 선박이 정시에 도착하지 않거나, 물품을 수령하지 않거나, B10에 따라 통지된 시기보다 일찍 선적을 마감하는 경우
  다만 물품은 계약물품으로 명확히 특정되어 있어야 한다.

- **FOB (본선인도)**
  매수인은 다음의 비용을 부담하여야 한다.
  a) 물품이 A2에 따라 인도된 때부터 물품에 관한 모든 비용. 다만 A9에 따라 매도인이 부담하는 비용은 제외한다.
  b) A4, A5, A6 및 A7(b)에 따라 서류와 정보를 취득하는 데 매도인이 협력을 제공하는 것과 관련한 모든 비용
  c) 해당되는 경우에 B7에 따른 통과통관 또는 수입통관에 관한 관세, 세금 그 밖의 비용 및
  d) 다음의 경우에 발생하는 추가비용
     (i) 매수인이 B10에 따른 통지를 하지 않는 경우, 또는
     (ii) B10에 따라 매수인이 지정한 선박이 정시에 도착하지 않거나, 물품을 수령하지 않거나, B10에 따라 통지된 시기보다 일찍 선적을 마감하는 경우
  다만 물품은 계약물품으로 명확히 특정되어 있어야 한다.

- **CFR (운임포함인도)**
  매수인은 다음의 비용을 부담하여야 한다.
  a) 물품이 A2에 따라 인도된 때부터 물품에 관한 모든 비용. 다만 A9에 따라 매도인이 부담하는 비용은 제외한다.

b) 통과비용. 다만 그러한 비용이 운송계약상 매도인이 부담하는 것으로 된 경우에는 그러하지 아니하다.
c) 부선료와 부두사용료를 포함한 양하비용. 다만 그러한 비용이 운송계약상 매도인이 부담하는 것으로 된 경우에는 그러하지 아니하다.
d) A5 및 A7(b)에 따라 서류와 정보를 취득하는 데 매도인이 협력을 제공하는 것과 관련된 모든 비용
e) 해당되는 경우에 B7(b)에 따른 통과통관 또는 수입통관에 관한 관세, 세금 그 밖의 비용 및
f) 매수인이 B10에 따른 통지를 하지 않는 경우에 합의된 선적기일 또는 합의된 선적기간의 만료일부터 발생하는 추가비용. 다만 물품은 계약물품으로 명확히 특정되어 있어야 한다.

- **CIF (운임·보험료포함인도)**
  매수인은 다음의 비용을 부담하여야 한다.
  a) 물품이 A2에 따라 인도된 때부터 물품에 관한 모든 비용. 다만 A9에 따라 매도인이 부담하는 비용은 제외한다.
  b) 통과비용. 다만 그러한 비용이 운송계약상 매도인이 부담하는 것으로 된 경우에는 그러하지 아니하다.
  c) 부선료와 부두사용료를 포함한 양하비용. 다만 그러한 비용이 운송계약상 매도인이 부담하는 것으로 된 경우에는 그러하지 아니하다.
  d) A5 및 B5 하에서 매수인의 요청에 따라 조달된 추가보험에 드는 비용
  e) A5 및 A7(b)에 따라 서류와 정보를 취득하는 데 매도인이 협력을 제공하는 것과 관련된 모든 비용
  f) 해당되는 경우에 B7(b)에 따른 통과 또는 수입통관에 관한 관세, 세금 그 밖의 비용 및
  g) 매수인이 B10에 따른 통지를 하지 않는 경우에 합의된 선적기일 또는 합의된 선적기간의 만료일부터 발생하는 추가비용. 다만 물품은 계약물품으로 명확히 특정되어 있어야 한다.

A10 통지

- **EXW (공장인도)**
  매도인은 매수인이 물품의 인도를 수령할 수 있도록 하는 데 필요한 통지를 하여야 한다.

- **FCA (운송인인도)**
  매도인은 물품이 A2에 따라 인도된 사실 또는 매수인이 지정한 운송인 또는 제3자가 합의된 시기 내에 물품을 수령하지 않은 사실을 매수인에게 충분히 통지하여야 한다.

- **CPT (운송비지급인도)**
  매도인은 매수인에게 물품이 A2에 따라 인도되었음을 통지하여야 한다.

매도인은 매수인에게 매수인이 물품을 수령할 수 있도록 하는 데 필요한 통지를 하여야 한다.

- CIP (운송비 · 보험료지급인도)

  매도인은 매수인에게 물품이 A2에 따라 인도되었음을 통지하여야 한다.

  매도인은 매수인에게 매수인이 물품을 수령할 수 있도록 하는 데 필요한 통지를 하여야 한다.

- DAP (도착지인도)

  매도인은 매수인에게 매수인이 물품을 수령할 수 있도록 하는 데 필요한 통지를 하여야 한다.

- DPU (도착지양하인도)

  매도인은 매수인에게 매수인이 물품을 수령할 수 있도록 하는 데 필요한 통지를 하여야 한다.

- DDP (관세지급인도)

  매도인은 매수인에게 매수인이 물품을 수령할 수 있도록 하는 데 필요한 통지를 하여야 한다.

- FAS (선측인도)

  매도인은 물품이 A2에 따라 인도된 사실 또는 매수인이 지정한 선박이 합의된 시기 내에 물품의 인도를 수령하지 않은 사실을 매수인에게 충분히 통지하여야 한다.

- FOB (본선인도)

  매도인은 물품이 A2에 따라 인도된 사실 또는 선박이 합의된 시기 내에 물품을 수령하지 않은 사실을 매수인에게 충분히 통지하여야 한다.

- CFR (운임포함인도)

  매도인은 매수인에게 물품이 A2에 따라 인도되었음을 통지하여야 한다.

  매도인은 매수인에게 매수인이 물품을 수령할 수 있도록 하는 데 필요한 통지를 하여야 한다.

- CIF (운임 · 보험료포함인도)

  매도인은 매수인에게 물품이 A2에 따라 인도되었음을 통지하여야 한다.

  매도인은 매수인에게 매수인이 물품을 수령할 수 있도록 하는 데 필요한 통지를 하여야 한다.

B10 통지

- **EXW (공장인도)**
  매수인은 자신이 합의된 기간 중의 어느 시기 및/또는 지정장소 내에 인도를 수령할 지점을 결정할 권리를 가지는 것으로 합의된 경우에는 매도인에게 충분한 통지를 하여야 한다.

- **FCA (운송인인도)**
  매수인은 매도인에게 다음을 통지하여야 한다.
  a) 지정된 운송인 또는 제3자의 이름. 이는 매도인이 A2에 따라 물품을 인도할 수 있도록 하는 정도의 충분한 기간 전에 통지되어야 한다.
  b) 합의된 인도기간 내에서 운송인이나 제3자가 물품을 수령할 것으로 선택된 시기가 있는 경우, 그 선택된 시기
  c) 운송관련 보안요건을 포함하여, 지정된 운송인 또는 제3자가 사용할 운송방식 및
  d) 지정인도장소 내에서 물품을 수령할 지점.

- **CPT (운송비지급인도)**
  매수인은 자신이 물품의 발송시기 및/또는 시정목적지 내에 물품을 수령할 지점을 결정할 권리를 갖는 것으로 합의된 경우에는 매도인에게 충분한 통지를 하여야 한다.

- **CIP (운송비·보험료지급인도)**
  매수인은 자신이 물품의 발송시기 및/또는 지정목적지 내에 물품을 수령할 지점을 결정할 권리를 갖는 것으로 합의된 경우에는 매도인에게 충분한 통지를 하여야 한다.

- **DAP (도착지인도)**
  매수인은 합의된 수령기간 내의 어느 시기 및/또는 지정목적지 내에서 인도를 수령할 지점을 결정할 권리를 갖는 것으로 합의된 경우에는 매도인에게 충분한 통지를 하여야 한다.

- **DPU (도착지양하인도)**
  매수인은 합의된 수령기간 내의 어느 시기 및/또는 지정목적지 내에서 인도를 수령할 지점을 결정할 권리를 갖는 것으로 합의된 경우에는 매도인에게 충분한 통지를 하여야 한다.

- **DDP (관세지급인도)**
  매수인은 합의된 수령기간 내의 어느 시기 및/또는 지정목적지 내에서 인도를 수령할 지점을 결정할 권리를 갖는 것으로 합의된 경우에는 매도인에게 충분한 통지를 하여야 한다.

- FAS (선측인도)

  매수인은 매도인에게 운송관련 보안요건, 선박명, 적재지점 및 합의된 인도기간 내에서 선택된 인도일자가 있는 경우에는 그 일자를 충분히 통지하여야 한다.

- FOB (본선인도)

  매수인은 매도인에게 운송관련 보안요건, 선박명, 적재지점 및 합의된 인도기간 내에서 선택된 인도일자가 있는 경우에는 그 일자를 충분히 통지하여야 한다.

- CFR (운임포함인도)

  매수인은 자신이 물품의 선적시기 및/또는 지정목적항 내에 물품을 수령할 지점을 결정할 권리를 갖는 것으로 합의된 경우에는 매도인에게 충분한 통지를 하여야 한다.

- CIF (운임·보험료포함인도)

  매수인은 자신이 물품의 선적시기 및/또는 지정목적항 내에 물품을 수령할 지점을 결정할 권리를 갖는 것으로 합의된 경우에는 매도인에게 충분한 통지를 하여야 한다.

제4편
FOB 및 CIF 매매조건

- **접근 Tool**
1. 의의
2. 특징
3. 소유권 이전
4. 위험의 이전
5. 점유의 이전(인도)
6. 형태(종류)
7. 변형 등
8. 현실적용
   (1) 대금결제
   (2) 운송(운송계약 주체, 운송형태)

제1절 FOB 매매관습

1. 의의
2. 특성
3. 유형(종류)
4. FOB 매매계약의 주요법리
5. 실무적용
6. FOB 계약의 현실적 문제점

1. 의의

① FOB 시초(19세기말-20세기 초)

② 가장 전형적으로 널리 사용

③ FOB의 정의(Free On Board : 본선인도조건)

2. 특성

① 선적지매매

② 본선인도

③ **현실적 인도**

④ 인도조건과 가격조건으로서의 역할

⑤ 해상 내수로 운송조건

3. FOB 매매계약의 유형

FOB매매계약은 영국, 미국 그리고 인코텀즈에 의한 관습 등과 같이 매우 다양한 형태를 취하고 있다. 따라서 이에 대한 연구는 물론 매매계약에서 적용되는 **FOB 매매관습의 형태를 명시적으로 합의하여 두는 것이 중요하다.**

(1) **영국의 FOB관습**(영국의 판례중심으로 발전됨)
  ① 고유의미 FOB(국내FOB)
  ② 추가의무부 FOB(수출FOB)

(2) **미국의 FOB관습과 법제**
  ① UCC
  ② RAFTD

(3) Incoterms

4. FOB 매매계약의 주요법리

(1) **FOB 매매계약에서의 소유권이전**

현실적 인도인 FOB 조건의 경우 소유권이전은 물품의 인도와 대금의 지급이 동시에 이뤄지는 **동시이행조건의 관계에 있으므로** '물품인도 시에 소유권이 이전된다.'라고 할 수 있는 것이다.

- **화환특약부 FOB 매매계약에서는** 매도인은 매수인이 환어음이 지급 또는 인수를 하면서 선하증권을 인도할 때까지 **소유권은 유보**된다. 만약, 매수인이 대금을 지급하지 않거나 혹은 정당한 거절권을 행사한다면 소유권은 매도인에게 다시 귀속되며, 대금이 지급되면 **선적 시로 소급하여 이전되는 것이 타당**하다고 볼 수 있다.
- 실무적으로 소유권의 이전에 대해서 각 법제에서 상이하게 규정하고 있으므로 인코텀즈에서도 소유권이전에 대해서는 규정하지 않고, 개별 조건하의 위험과 비용의 이전시기를 구체적으로 규정하고 있음.

(2) **FOB 매매계약에서의 점유권이전**

FOB 매매계약의 점유권은 **물품이 본선상(on board)에 인도될 때 매수인에게 이전**된다. 이것이 FOB 매매계약에서의 물품인도에 대한 일반원칙이다.

(3) **FOB 매매계약에서의 위험의 이전**

FOB 매매계약에서는 **물품이 본선상(on board)에 인도된 때** 모든 위험은 매도인으로부터 매수인에게 이전되는 것이 일반원칙이다.

5. 실무 적용(화환특약, 운송특약)

(1) FOB 계약의 현실적 모순
① 매도인이나 제3자의 선복수배
② 매도인의 선하증권 제공
③ 화환취결의 관행

(2) 해상운송특약부 FOB 계약

(3) 화환특약부 FOB 계약
① 인도방법의 불일치
② 매도인의 인도의무의 완료시기에 관한 문제점

6. FOB 계약의 현실적 문제점
① 복합운송의 보편화에 따른 문제점
② 법리상 문제점
③ 운송실무상의 문제
④ 대금결제상의 문제

Q. FOB 매매계약을 체결하고 복합운송조건으로 사용할 경우의 한계

1. 의의

2. 법리적 모순
   ① 위험부담의 공백
   ② 위험부담의 공백에 따른 적하보험의 담보구간의 문제
   ③ 수취식의 복합운송증권의 형식
   ④ 복합운송서류 특약의 문제점
   ⑤ 가격조건의 불일치

3. 극복방안
   ① 추가의무의 특약
   ② 대체조건의 사용

제2절 CIF 매매관습

1. 의의
2. 특징
3. 유용성
4. CIF 계약의 종류
5. CIF 매매계약의 본질
6. CIF 규칙의 한계

1. 의의

① 가장 전형적, 널리 사용되는 정형거래조건
② CIF 정의

2. 특징

① 서류에 의한 **상징적(symbolic) 인도조건**
② **선적지 인도**
③ 매도인의 최소부보
④ 당사자간 부담의 조화
⑤ 복합가격으로의 구성
⑥ 해상 및 내수로 운송에 의한 매매

3. 유용성(수출자/수입자)

4. CIF 계약의 종류

① CIF & C : 수수료
② CIF & E : 외환비용
③ CIF & I : 금리
④ CIF & C.I : 수수료, 금리
⑤ CIF Landed : 양륙비 포함
⑥ CIF Cleared : 수입국통관

5. CIF 매매계약의 본질

(1) 소유권 이전
(2) 점유의 이전(인도)
(3) 위험의 이전
(4) 비용의 이전
(5) 기타

6. CIF 규칙의 한계

① 운송형태의 제한
② 거래과정의 복잡성
③ 선하증권의 위기
④ 운임 및 보험료율의 변동에 따른 위험

제3절 FOB, CIF 매매관습의 실무상 적용 및 결합

PART 1 Incoterms 규칙의 실무적용상의 한계

1. 최소한의 해석기준 제공
2. 구체적 이행사항의 미규정
3. 임의의 통일적 해석기준
4. 소유권 이전과 계약위반책임의 미규정
5. 특정내용의 추가변경 가능
6. 당사자간 특별규정의 우선

PART 2 FOB, CIF매매관습의 현실적용상 한계

1. 대금결제

(1) CIF + 화환신용장
(2) FOB + 화환신용장

	계약상 의무	LC 상 매도인의 의무	관계
FOB	현실적 인도조건 - 본선인도 완료시 - 대금지급과 동시	서류제시 後 -> LC 조건과 일치시	본질적 모순
CIF	상징적 인도조건 - 서류의 인도 - 대금지급시	서류제시 後 -> LC 조건과 일치시	본질적 일치 (일관성)

2. 국제운송

(1) 계약 + 운송 주체 (매매계약의 주체 VS 운송계약의 주체)

Q. FOB 매매계약임에도 불구하고 매도인이 운송계약을 체결하는 경우		
	대리인(협조의무)	본인(매도인의 본질적 의무)
① 운송계약의 주체	매수인	매도인
② 인도의 방식	현실적 인도방식	상징적 인도방식(전환)
③ 소유권 이전 시점	선적시점	권리증권의 이전시점
④ 결제 결합(화환신용장)	본질적 모순 (괴리)	적합성(일치성 ; 조화)

(2) 계약 + 운송형태 (매매계약 + 운송계약의 형태)

Q. FOB / CIF / CFR + 복합운송(항공운송)
Q. Incoterms 복합운송 수용현황

	해상운송	복합운송	실무상 대책
FOB	해상 내수로에 적합	① 위험부담의 공백 ② 적하보험의 담보구간의 문제 ③ 복합운송증권의 형식문제 ④ 특약의 효력(본질적 의무 변화여부)	① 특약 활용 (인도지점, 추가부담) ② 대체조건 사용 (FCA, CPT, CIP)
CFR			
CIF			

3. 소유권 이전, 점유의 이전, 위험의 이전

	소유권 이전		점유의 이전 (인도)	위험의 이전
FOB	〈원칙〉 현실적 인도조건 - 본선인도 완료시 - 대금지급과 동시	〈예외〉 운송 + 결제 1) 운송특약부FOB (B/L) • 본인: 소유권유보/지급시 -〉 선적시로 소급이전 • 대리인: 선적시 2) 화환특약부FOB (L/C) - 대금지급시	본선인도 완료시	본선인도 완료시
CIF	〈원칙〉 상징적 인도조건 - 서류의 인도 - 대금지급시	+ 소유권 유보 • 소유권 유보(처분) • B/L의 발행 및 교부방법	본선인도 완료시	본선인도 완료시

4. 계약 + 보험(보험기간)

	보험계약 체결	피보험이익	보험계약상 보험기간 (신ICC 8조)	관계
FOB CFR	매수인	본선인도 완료 후 ~	매도인의 창고 ~ 매수인의 창고	보험기간의 공백
CIF	매도인	매도인의 창고 ~	매도인의 창고 ~ 매수인의 창고	공백 없음 (매도인 보험증권 양도)

제4장 국제물품매매계약에 관한 유엔협약(CISG)

제1편 CISG 자체
제2편 개별 조문의 이해
제3편 CISG와 Incoterms 비교

제1편 CISG 자체

1. 제정배경
2. 연혁
3. 특성
4. 구성체계

1. 제정배경

국제사법 - 특정국가의 국내법 적용

따라서 법적용의 예견 가능성, 법적 안정성 보장할 수 없음.

이를 해결하기 위해 국제적 통일법의 필요성 대두(CISG)

- UNIDROIT(사법통일을 위한 국제회의) 1964년 제정
- 모태 : ULIS(국제물품매매에 관한 통일법)
  ULF(국제매매계약의 성립에 관한 통일법)
  -> 대륙법적 접근방식 / 지나치게 도그마(dogma)중심
  -> 그러나 CISG는 영미법계 + 대륙법계 + 사회주의법계

2. 연혁

(1) 제정주체 : UN국제거래법위원회(UNCITRAL)
(2) 제정 : 1980년 제정 1988년 발효 2005.3.1 우리나라 발효
(3) 법제 : 영미법계 + 대륙법계 + 사회주의법계

3. 특성

1. 포괄적 법체계(성립-이행-종료)
2. 국제매매에 한정적용(1조)
3. 사적자치원칙의 존중(6조, 9조, 제2부, 29조)
4. 당사자 불문, 민사·상사 구분 안함(1조)
5. 소유권 이전 규정의 부재(30조, 4조b항)
6. 소유권과 위험부담의 분리(66조~70조)
7. 계약유지의 원칙
8. 고의, 과실여부 무관(무과실책임주의)
9. 대륙법계와 영미법계의 조화(타협)
10. 당사자별 권리구제 내용의 분리
    (매도인/매수인/공통규정)
11. 당사자의 의무를 별개의 독립된 의무로 상세하게 규정

1. 포괄적 법체계(성립-이행-종료)
1) 성립 : 청약, 승낙, 계약의 성립(제2편 ; 14조 ~ 24조)
2) 이행 : 인도, 위험, 비용 등(제31, 33조, 66~70조, 54~59조 등)
3) 종료 : 당사자별 구제수단(제45조~52조, 제61조 ~ 65조)

2. 국제매매에 한정적용(1조) + 10조(영업소)

3. 사적자치원칙의 존중(6조, 9조, 제2부, 29조)

> 1. 의의
> 2. 당사자자치의 원칙
> 3. 준거 법규
>   ① CISG 제2부(제2부 계약의 성립 ; 14조 - 24조)
>   ② CISG 제29조
>   ③ CISG 제6조
>   ④ CISG 제9조

4. 당사자 불문, 민사·상사 구분안 함 - 제1조 3항

5. 소유권 이전 규정의 부재(30조, 4조b항)

소유권이전 의무는 매도인의 가장 기본적이고 핵심적인 의무이다. 그러나 구체적인 내용에 대해서는 침묵을 지켜 각국마다 소유권의 개념과 이전방식이 다름에도 불구하고 이에 대한 통일적인 규정을 둘 경우에 발생할 수 있는 혼란을 피하고 있다. 또한 제4조 b항은 소유권에 관하여 계약이 미칠 수 있는 효과에 관한 문제는 협약의 규율대상이 아니라는 것을 명시하고 있다. 결국 계약의 준거법이 요구하는 방식과 내용에 따라 현실적 인도나 인도청구권이 표창된 서류의 인도로써 소유권을 이전해 주어야 할 것이다.

6. 소유권과 위험부담의 분리

위험부담의 문제에 관해서도 영미의 보통법(Common Law)이 취하고 있는 소유권 이전과 동시에 이전하는 방식에서 탈피하여 별개의 문제로 규정하고 있다.(제66조 내지 제70조)

7. 계약유지의 원칙

CISG는 계약자유의 원칙을 존중하지만 이미 성립된 계약은 끝까지 이행하도록 당사자에게 최대한의 기회를 부여하고, 가급적 계약이 그 목적을 달성하지 못한 채 소멸되는 것을 회피하고자 한다.

(1) 보완권 인정(제34조,제37조,제48조)
(2) 계약해제의 곤란성(제25조,제49조,제64조)

조 항	보완시기(시기)	보완대상(범위)	단서조항(요건)	공 통
제34조	서류교부 기일까지	물품관련서류의 결함보완	매수인에게 불합리한 불편 또는 비용이 발생하지 않는 경우	• 계약유지 원칙의 천명 • 매수인의 손해배상 청구권은 존속
제37조	물품인도 기일까지	물품의 불일치 보완 - 누락분 인도 - 부족분 보충 - 대체물 인도 - 부적합 제거	매수인에게 불합리한 불편 또는 비용이 발생하지 않는 경우	
제48조	물품인도 기일이후 불합리한 지체없이	매도인의 어떠한 불이행을 보완 (서류하자도 포함)	• 매수인에게 불합리한 불편이 발생하지 않는 경우 • 매수인의 선지급 비용에 대한 매도인의 보상이 확실한 경우	

☑ 참고

	인도 전	인도후
서류하자	제34조	제48조
물품하자	제37조	

8. 고의, 과실여부 무관(고의, 과실 불문주의)

cf. 민법 - 과실책임주의(채무자의 귀책사유)

9. 대륙법계와 영미법계의 조화(타협)

(1) 계약위반에 대한 권리구제(현실적 이행강제/손해배상)

(2) 제16조(청약의 취소가능성)
   영미 - 취소가능 / 대륙 - 취소불능

10. 당사자별 권리구제 내용의 분리
   (1) 매도인의 구제권
   (2) 매수인의 구제권
   (3) 공통의 구제권

11. 당사자의 의무를 별개의 독립된 의무로 상세하게 규정
   (1) 매도인의 의무
   (2) 매수인의 의무
   (3) 공통의 의무

4. 구성체계

서두 / 말미 : 전문, 후문(협약의 정당성 역설 - 선언적 의미)

제1편 적용범위와 총칙
1장(1-6) 적용범위
2장(7-13) 총칙

제2편 계약의 성립
14-17 청약
18-22 승낙
23,24 계약의 성립시기

제3편 물품의 매매(당사자의 권리와 의무)
1장(25-29) 총칙
2장(30-52) 매도인의 의무 - 매수인의 구제권
3장(53-65) 매수인의 의무 - 매도인의 구제권
4장(66-70) 위험의 이전
5장(71-88) 공통규정

제4편 최종규정
89-101 절차, 유보선언

제2편 개별 조문의 이해

◆ CISG의 체계를 활용함.

제1절 적용범위 및 총칙

| 제1장 적용범위 | 제2장 총칙 |

제1장 적용범위

제1조 적용범위
제2조 협약의 적용제외
제3조 서비스계약 등의 제외

제4조 적용대상과 대상외의 문제
제5조 사망 등의 적용제외
제6조 계약에 의한 적용배제

Q. CISG의 적용범위 관련

1. 의의
2. 장소적 적용범위
3. 사항적 적용범위
4. CISG 규정

제1조 장소적 적용범위 - <기본원칙>

① 물품의 매매계약(1-1)
② 국제성 인식 : 계약체결전 또는 그 당시(1-2)
③ 직접적용, 간접적용 : 체약국과의 관련성 : 직접 / 간접적용(제95조 유보규정) (1-1)
④ 국적, 계약성격 불문 : 당사자, 성격 불문(1-3)
  -> 10 - 영업소
  -> 6조(당사자 합의로 배제 or 적용)
  -> 29조

제1조(적용의 기본원칙)
(1) 이 협약은 다음과 같은 경우에 영업소가 상이한 국가에 있는 당사자 간의 물품매매계약에 적용된다.
   (a) 당해 국가가 모두 체약국인 경우, 또는
   (b) 국제사법의 규칙에 따라 어느 체약국의 법률을 적용하게 되는 경우.
(2) 당사자가 상이한 국가에 그 영업소를 갖고 있다는 사실이 계약의 체결 전 또는 그 당시에 당사자 간에 행한 계약이나 모든 거래에서, 또는 당사자가 밝힌 정보로부터 나타나지 아니한 경우에는 이를 무시할 수 있다.
(3) 당사자의 국적(nationality)이나, 또는 당사자 또는 계약의 민사상 또는 상사상의 성격은 이 협약의 적용을 결정함에 있어서 고려되지 아니한다.

제2조 ~ 제5조 사항적 적용범위

적용대상 : '물품'임을 유추하는 문제(제2조-제5조)
① CISG
② Incoterms
③ 대외무역법
④ SGA, 민법, UCC

제2조(협약의 적용제외)
이 협약은 다음과 같은 매매에는 적용되지 아니 한다.
(a) 개인용, 가족용 또는 가사용으로 구입되는 물품의 매매. 다만 매도인이 계약의 체결전 또는 그 당시에 물품이 그러한 용도로 구입된 사실을 알지 못하였거나 또는 알았어야 할 것도 아닌 경우에는 제외한다.
(b) 경매에 의한 매매,
(c) 강제집행 또는 기타 법률상의 권한에 의한 매매,
(d) 주식, 지분, 투자증권, 유통증권 또는 통화의 매매,
(e) 선박, 부선, 수상익선(水上翼船), 또는 항공기의 매매,
(f) 전기의 매매 등.

제3조 서비스 계약

① 제조, 생산 공급계약 -> 매매 O -> CISG 적용 可
   But 재료의 중요한 부분 공급하는 경우(위수탁가공무역 등) -> 적용 不
② 용역 및 서비스 거래는 제외

제3조(서비스계약 등의 제외)

(1) 물품을 제조하거나 또는 생산하여 공급하는 계약은 이를 매매로 본다. 다만 물품을 주문한 당사자가 그 제조 또는 생산에 필요한 재료의 중요한 부분(a substantial part)을 공급하기로 약정한 경우에는 그러하지 아니하다.
(2) 이 협약은 물품을 공급하는 당사자의 의무 중에서 대부분이 노동 또는 기타 서비스의 공급으로 구성되어 있는 계약의 경우에는 적용되지 아니한다.

▎제4조 계약의 효력, 소유권 이전

1. 자체
2. 관행(usage)의 유효성
   - 4조 관행의 유효성은 적용제외
   - 9조 관행의 구속력 인정
3. 소유권 이전 법리
4. 제4조 + 제7조

〈목차구성〉
1. 의의
2. CISG 규율대상
   - 계약의 성립
   - 당사자 간의 권리 의무
3. <u>CISG 규율 **비대상**</u>
   - 계약/조항/관행의 유효성(광범위)
   - 소유권 이전이 계약에 미치는 효과(다양)

제4조(적용대상과 대상외의 문제)

이 협약은 단지 매매계약의 성립과 그러한 계약으로부터 발생하는 매도인과 매수인의 권리와 의무만을 규율한다. 특히 이 협약에서 별도의 명시적인 규정이 있는 경우를 제외하고, 이 협약은 다음과 같은 사항에는 관계되지 아니한다.
(a) 계약(contract) 또는 그 어떠한 조항(provision)이나 어떠한 관습(usage)의 유효성,
(b) 매각된 물품의 소유권(property)에 관하여 계약이 미칠 수 있는 효과.

▎제5조 제조물배상책임

해당 국가의 개별법규에 규정되므로 CISG 적용 제외

제5조(사망 등의 적용제외)

이 협약은 물품에 의하여 야기된 어떠한 자의 사망 또는 신체적인 상해에 대한 매도인의 책임에 대해서는 적용되지 아니한다.

제6조 당사자 자치원칙

6조 + 9조 + 2부(청약과 승낙) + 29조
(1) 당사자 자치원칙의 논거
(2) 국제물품매매계약의 법적성질
    - 낙성(합의)계약적 성격
(3) 신의칙의 대전제

제6조(계약에 의한 적용배제)
당사자는 이 협약의 적용을 배제하거나, 또는 제12조에 따라 이 협약의 어느 규정에 관해서는 그 효력을 감퇴시키거나 변경시킬 수 있다.

제2장 총칙

제7조 협약의 해석원칙
제8조 당사자 진술이나 행위의 해석
제9조 관습과 관례의 구속력
제10조 영업소의 정의

제11조 계약의 형식
제12조 계약형식의 국내요건
제13조 서면의 정의

▌제7조 협약의 해석원칙

1. 의의
2. 해석의 일반원칙
   ① 국제적 성격
   ② 통일적 적용
   ③ 신의의 준수
3. 흠결보충원칙
   (1) 적용대상
      협약 규율사항으로 명시적으로 해결되지 않은 문제
   (2) 적용순서
      ① CISG의 명시적 규정
      ② CISG가 기초로 하고 있는 일반원칙
      ③ 국제사법에 의하여 지정되는 준거법

제7조(협약의 해석원칙)
(1) 이 협약의 해석에 있어서는, 협약의 국제적인 성격과 그 적용상의 통일성의 증진을 위한 필요성 및 국제무역상의 신의성실의 준수에 대한 고려가 있어야 한다.
(2) 이 협약에 의하여 규율되는 사항으로서 이 협약에서 명시적으로 해결되지 아니한 문제는 이 협약이 기초하고 있는 일반원칙에 따라 해결되어야 하며, 또는 그러한 원칙이 없는 경우에는 국제사법의 원칙에 의하여 적용되는 법률에 따라 해결되어야 한다.

▌제8조 당사자 진술 또는 기타 행위의 해석

1. 의의
2. 주관적 의사
3. 객관적 해석
4. 관련된 일체의 사정 - cf. 구두증거배제원칙 x

제8조(당사자 진술이나 행위의 해석)

(1) 이 협약의 적용에 있어서 당사자의 진술 또는 기타의 행위는 상대방이 그 의도를 알았거나 또는 알 수 있었던 경우에는 당사자의 의도에 따라 해석되어야 한다.
(2) 전항의 규정이 적용될 수 없는 경우에는, 당사자의 진술 또는 기타의 행위는 상대방과 동일한 종류의 합리적인 자가 동일한 사정에서 가질 수 있는 이해력에 따라 해석되어야 한다.
(3) 당사자의 의도 또는 합리적인 자가 가질 수 있는 이해력을 결정함에 있어서는, 당사자 간의 교섭, 당사자 간에 확립되어 있는 관례(practice), 관습(usage) 및 당사자의 후속되는 어떠한 행위를 포함하여 일체의 관련된 사정에 대한 상당한 고려가 있어야 한다.

제9조 관습과 관행의 구속력

1. 의의
2. 무역관습의 명시적 수용
   ① 합의한 관습
   ② 확립되어 있는 관례
3. 무역관습의 묵시적 수용
   ① 주관적 기준 요건
   ② 객관적 기준 요건

제9조(관습과 관례의 구속력)

(1) 당사자는 그들이 합의한 모든 관습(usage)과 당사자 간에 확립되어 있는 모든 관례(practices)에 구속된다.
(2) 별도의 합의가 없는 한, 당사자가 알았거나 또는 당연히 알았어야 하는 관습(usage)으로서 국제무역에서 해당되는 특정무역에 관련된 종류의 계약당사자에게 널리 알려져 있고 통상적으로 준수되고 있는 관습은 당사자가 이를 그들의 계약 또는 계약성립에 묵시적으로 적용하는 것으로 본다.

제11조 매매계약의 요식계약적 성격 - 불요식 계약

제11조(계약의 형식)

매매계약은 서면에 의하여 체결되거나 또는 입증되어야 할 필요가 없으며, 또 형식에 관해서도 어떠한 다른 요건에 따라야 하지 아니한다. 매매계약은 증인을 포함하여 여하한 수단에 의해서도 입증될 수 있다.

제12조 계약자유원칙 유보

- 96조 유보선언의 효과
- 명시적 강행규정
- 96조 유보한 국가의 체약국에 영업소가 있으면
  -> 계약자유원칙(11조, 29조, 2편) 규정 적용 x

Q. 매매계약 법적성격
- 낙성계약 : 6 / 9 / 12 / 29 / 2편

제12조(계약형식의 국내요건)

매매계약 또는 합의에 의한 계약의 변경이나 해제, 또는 모든 청약, 승낙 또는 기타의 의사표시를 서면 이외의 형식으로 행하는 것을 허용하고 있는 이 협약의 제11조, 제29조 또는 제2부의 모든 규정은 어느 당사자가 이 협약의 제96조에 의거한 선언을 행한 체약국에 그 영업소를 갖고 있는 경우에는 적용되지 아니한다. 당사자는 본조의 효력을 감퇴시키거나 또는 변경하여서는 아니된다.

제13조 서면

- EDI 관련 규정

  ▲ 전자서류 적극적 수용
  - Incoterms : Incoterms 2010 에서부터 전자적 기록은 종이서류와 동등한 효력
  - CISG 제13조
  - 신용장 : UCP 600 제11조, eUCP 2.0
  - e-B/L : CMI(전자식선하증권에 관한 통일규칙), 볼레로
  - 전자결제 : 볼레로, 트레이드카드

제13조(서면의 정의)

이 협약의 적용에 있어서 "서면(writing)"이란 전보(telegram)와 텔렉스(telex)를 포함한다.

제2절 계약의 성립

제14조 청약의 기준 제15조 청약의 효력발생 및 철회 제16조 청약의 취소 제17조 청약의 거절 제18조 승낙의 시기 및 방법 제19조 변경된 승낙의 효력	제20조 승낙기간의 해석 제21조 지연된 승낙 제22조 승낙의 철회 제23조 계약의 성립시기 제24조 도달의 정의

▌제14조 청약

1. 의의
2. 청약의 요건(제14조 1항)
    (1) 대상의 특정성
    (2) 내용의 확정성
    (3) 의사의 구속성
3. 청약의 유인과의 관계(제14조 2항)
    (1) 대상의 특정성 - 청약
    (2) 불특정 다수 - 청약의 유인

제14조(청약의 기준)
(1) 1인 이상의 특정한 자에게 통지된 계약체결의 제의는 그것이 충분히 확정적이고 또한 승낙이 있을 경우에 구속된다고 하는 청약자의 의사를 표시하고 있는 경우에는 청약으로 된다. 어떠한 제의가 물품(goods)을 표시하고, 또한 그 수량(quantity)과 대금(price)을 명시적 또는 묵시적으로 지정하거나 또는 이를 결정하는 규정을 두고 있는 경우에는 이 제의는 충분히 확정적인 것으로 한다.
(2) 1인 이상의 특정한 자에게 통지된 것 이외의 어떠한 제의는 그 제의를 행한 자가 반대의 의사를 명확히 표시하지 아니하는 한, 이는 단순히 청약을 행하기 위한 유인으로만 본다.

▌제15조(청약의 효력발생 및 철회)

1. 의의
2. 청약

3. 청약의 효력발생
4. 청약의 철회

제15조(청약의 효력발생 및 철회)
(1) 청약은 피청약자에게 도달한 때 효력이 발생한다.
(2) 청약은 그것이 취소불능한 것이라도 그 철회가 청약의 도달전 또는 그와 동시에 피청약자에게 도달하는 경우에는 이를 철회할 수 있다.

제16조(청약의 취소)

1. 의의
2. 청약의 효력 소멸
3. 청약의 취소(1항) – 원칙
4. 청약의 취소불능 ;구속(2항 ; 취소불능) – 예외

제16조(청약의 취소)
(1) 계약이 체결되기까지는 청약은 취소될 수 있다. 다만 이 경우에 취소의 통지는 피청약자가 승낙을 발송하기 전에 피청약자에게 도달하여야 한다.
(2) 그러나 다음과 같은 경우에는 청약은 취소될 수 없다.
  (a) 청약이 승낙을 위한 지정된 기간을 명시하거나 또는 기타의 방법으로 그것이 취소불능임을 표시하고 있는 경우, 또는
  (b) 피청약자가 청약을 취소불능이라고 신뢰하는 것이 합리적이고, 또 피청약자가 그 청약을 신뢰하여 행동한 경우.

제17조(청약의 거절)

1. 의의
2. 청약의 효력소멸 사유 등
3. 청약의 거절

제17조(청약의 거절)
　청약은 그것이 취소불능한 것이라도 어떠한 거절의 통지가 청약자에게 도달한 때에는 그 효력이 상실된다.

제18조 승낙

1. 의의
2. 승낙의 개념(표시) - 1항
3. 승낙의 방법
4. 승낙의 효력발생 - 2항
   - 도달한 때
     1) 기간 ; 기간 내
     2) 기간 X ; 합리적 기간 내
     3) 구두 ; 즉시 승낙
5. 도달을 요구하지 않은 승낙 - 3항(행위에 의한 승낙)
   - 행위만으로 승낙의 효력 발생

제18조(승낙의 시기 및 방법)
(1) 청약에 대한 동의를 표시하는 피청약자의 진술 또는 기타의 행위는 이를 승낙으로 한다. 침묵 또는 부작위 그 자체는(itself) 승낙으로 되지 아니한다.
(2) 청약에 대한 승낙은 동의의 의사표시가 청약자에게 도달한 때에 그 효력이 발생한다. 승낙은 동의의 의사표시가 청약자가 지정한 기간 내에 도달하지 아니하거나, 또는 어떠한 기간도 지정되지 아니한 때에는 청약자가 사용한 통신수단의 신속성을 포함하여 거래의 사정을 충분히 고려한 상당한 기간 내에 도달하지 아니한 경우에는 그 효력이 발생하지 아니한다. 구두의 청약은 별도의 사정이 없는 한 즉시 승낙되어야 한다.
(3) 그러나 청약의 규정에 의하거나 또는 당사자 간에 확립된 관습 또는 관행의 결과에 따라, 피청약자가 청약자에게 아무런 통지없이 물품의 발송이나 대금의 지급에 관한 행위를 이행함으로써 동의의 의사표시를 할 수 있는 경우에는, 승낙은 그 행위가 이행되어진 때에 그 효력이 발생한다. 다만 그 행위는 전항에 규정된 기간 내에 이행되어진 경우에 한한다.

제19조 부가조건부승낙

1. 의의
2. 내용(정의/원칙) - 제18조(도달한 때)
3. CISG상 규정
   (1) 변경된 승낙 ; 원칙 ; 청약의 거절 ; 반대청약(1항)
   (2) 실질적 변경이 아니면 유효한 승낙(2항)
      - 청약자가 이의제기(통지) 발송 하지 않아야
      - 변경된 청약조건 -> 계약의 조건(최후송부서식)
   (3) 실질적 변경의 범위(3항)

4. 거래시 유의점
5. 부가조건부 승낙의 문제점 및 해결방안
6. 서식의 다툼의 법제

제19조(변경된 승낙의 효력)

(1) 승낙을 의도하고는 있으나 이에 추가, 제한 또는 기타의 변경을 포함하고 있는 청약에 대한 회답은 청약의 거절이면서 또한 반대청약을 구성한다.

(2) 그러나 승낙을 의도하고 있으나 청약의 조건을 실질적(materially)으로 변경하지 아니하는 추가적 또는 상이한 조건을 포함하고 있는 청약에 대한 회답은 승낙을 구성한다. 다만 청약자가 부당한 지체없이 그 상위를 구두로 반대하거나 또는 그러한 취지의 통지를 발송하지 아니하여야 한다. 청약자가 그러한 반대를 하지 아니하는 경우에는, 승낙에 포함된 변경사항을 추가한 청약의 조건이 계약의 조건으로 된다.

(3) 특히, 대금(price), 지급(payment), 물품의 품질 및 수량(quality and quantity of the goods), 인도의 장소 및 시기(place and time of delivery), 상대방에 대한 당사자 일방의 책임의 범위(extent of one party's liability to the other) 또는 분쟁의 해결(the settlement of disputes)에 관한 추가적 또는 상이한 조건은 청약의 조건을 실질적으로 변경하는 것으로 본다.

▌제20조 승낙적격 / 승낙의 기산점

- 승낙기간의 결정
- 통신수단별 승낙기간의 기산일
- 지연승낙의 유효성 (20조 2항 + 21조)

1. 의의
2. 기산시점이 정해진 경우
3. 기산시점이 정해지지 않은 경우 _ 흠결보충규정 (제20조)
4. 승낙기간에 공휴일이 포함된 경우

제20조(승낙기간의 해석)

(1) 전보 또는 서신에서 청약자가 지정한 승낙의 기간은 전보가 발신을 위하여 교부된 때로부터, 또는 서신에 표시된 일자로부터, 또는 그러한 일자가 표시되지 아니한 경우에는 봉투에 표시된 일자로부터 기산된다. 전화, 텔렉스 또는 기타의 동시적 통신수단에 의하여 청약자가 지정한 승낙의 기간은 청약이 피청약자에게 도달한 때로부터 기산된다.

(2) 승낙의 기간 중에 들어 있는 공휴일 또는 비영업일은 그 기간의 계산에 산입된다. 그러나 기간의 말일이 청약자의 영업소에서의 공휴일 또는 비영업일에 해당하는 이유로 승낙의 통지가 기간의 말일에 청약자의 주소에 전달될 수 없는 경우에는, 승낙의 기간은 이에 이어지는 최초의 영업일까지 연장된다.

▎제21조 지연승낙

1. 의의
2. 내용 / 원칙
3. 각 법제
4. CISG의 규정
5. 규정의 특징

제21조(지연된 승낙)
(1) 지연된 승낙은 그럼에도 불구하고 청약자가 지체없이 구두로 피청약자에게 유효하다는 취지를 통지하거나 또는 그러한 취지의 통지를 발송한 경우에는, 이는 승낙으로서의 효력을 갖는다.
(2) 지연된 승낙이 포함되어 있는 서신 또는 기타의 서면상으로, 이것이 통상적으로 전달된 경우라면 적시에 청약자에게 도달할 수 있었던 사정에서 발송되었다는 사실을 나타내고 있는 경우에는, 그 지연된 승낙은 승낙으로서의 효력을 갖는다. 다만 청약자가 지체없이 피청약자에게 청약이 효력을 상실한 것으로 본다는 취지를 구두로 통지하거나 또는 그러한 취지의 통지를 발송하지 아니하여야 한다.

▎제22조 승낙의 철회

- 승낙의 효력소멸
1. 의의
2. 승낙의 효력소멸 관련 법제(발신, 도달주의)
3. CISG의 효력소멸 _ 철회(도달주의 下)

제22조(승낙의 철회)
승낙은 그 승낙의 효력이 발생하기 이전 또는 그와 동시에 철회가 청약자에게 도달하는 경우에는 이를 철회(withdrawal)할 수 있다.

▎제23조 계약의 성립

승낙이 효력을 발생하는 때란,
① 일반적으로 승낙이 도달하는 때(18-2),
② 승낙의 행위가 이루어지는 때(18-3),
③ 연착된 승낙의 경우는 21조의 요건 하에서 연착된 승낙이 도달하는 때

제23조(계약의 성립시기)
계약은 청약에 대한 승낙이 이 협약의 규정에 따라 효력을 발생한 때에 성립된다.

제24조 도달

의사표시가 언제 상대방에게 도달하는지에 대해 정의를 내린다.
(1) 원칙 : 합의(지정)
(2) 없는 경우 - 24조
   1) 구두에 의한 경우
   2) 기타의 방법에 의한 경우

제24조(도달의 정의)
이 협약의 제2편의 적용에 있어서, 청약, 승낙의 선언 또는 기타의 모든 의사표시는 그것이 상대방에게 구두로 통지되거나, 또는 기타 모든 수단에 의하여 상대방 자신에게, 상대방의 영업소 또는 우편송부처에, 또는 상대방이 영업소나 우편송부처가 없는 경우에는 그 일상적인 거주지에 전달되었을 때에 상대방에게 "도달"한 것으로 한다.

제3절 물품의 매매

제1장 총칙
제2장 매도인의 의무
제3장 매수인의 의무

제4장 위험의 이전
제5장 공통규정

제1장 총칙

제25조 본질적 위반의 정의
제26조 계약해제의 통지
제27조 통신상의 지연과 오류

제28조 특정이행과 국내법
제29조 계약변경 또는 합의종료

▌제25조 본질적 위반

1. 의의
2. 본질적 위반의 의의(요건)
   전제 : 계약 위반의 존재
   (1) 실질적 손해
       ① 손해의 개념
       ② 실질적 손해의 기준
   (2) 예측가능성
       ① 예측당사자
       ② 예측시기
       ③ 입증책임
3. 본질적 위반의 효과
   ① 계약해제권(49,64)
   ② 대체품인도청구권(46-2)
   ③ 물품일부불일치(50)
   ④ 위험의 이전(70)
   ⑤ 이행기일 전의 계약해제(72)
   ⑥ 분할이행계약의 해제(73)

4. 본질적 위반의 구체적 유형 -> 사례 및 판단의 문제로 활용가능
   ① 물품인도의무 위반
   ② 물품적합의무 위반
   ③ 대금지급의무 위반
   ④ 인도수령의무 위반

제25조(본질적 위반의 정의)
당사자의 일방이 범한 계약위반이 그 계약 하에서 상대방이 기대할 권리가 있는 것을 실질적으로(substantially) 박탈할 정도의 손실(detriment)을 상대방에게 주는 경우에는, 이는 본질적(fundamental) 위반으로 한다. 다만 위반한 당사자가 그러한 결과를 예견하지 못하였으며, 또한 동일한 종류의 합리적인 자도 동일한 사정에서 그러한 결과를 예견할 수가 없었던 경우에는 그러하지 아니하다.

제26조 해제의 통지

1. 의의
   ① 자동적 해제 부인
   ② 방식 불문
2. 통지의 효력
   전달위험(27조와 연관) : 발신주의

제26조(계약해제의 통지)
계약해제의 선언은 상대방에 대한 통지로써 이를 행한 경우에 한하여 효력을 갖는다.

제27조 통신의 효력

1. 의의
2. 적용대상
   ① 제3편의 의사표시
   ② 하자통지(39,43)
   ③ 계약해제(26)
   ④ 부적합보완 및 대체물 청구(46)
   ⑤ 감액(50)
   ⑥ 부가기간 설정(47-1, 63-1)
   ⑦ 경고의 통지(72-2)

⑧ 특정의 통지(32-1, 67-2)
⑨ 정보제공의 통지(32-3)
⑩ 매각의사의 통지(88-1,2)
3. 통신의 효력발생 원칙(발신주의)
4. 효력발생 예외(도달주의)
① 47-2 : 추가기간 설정권 - 매도인의 거부통지수령
② 48-3,4 : 인도기일 후 보완권
③ 63-2 : 추가기간 설정권 - 매수인의 거부통지 수령
④ 65-1,2 : 물품명세확정권 - 매수인에게 명세 통지
⑤ 79-4 : 손해배상
5. 유의점 - 예외(도달주의)가 많음에 유의

제27조(통신상의 지연과 오류)

이 협약 제3편에서 별도의 명시적인 규정이 없는 한, 어떠한 통지, 요청 또는 기타의 통신이 이 협약 제3편에 따라 그 사정에 적절한 수단으로 당사자에 의하여 행하여진 경우에는, 통신의 전달에 있어서의 지연 또는 오류, 또는 불착이 발생하더라도 당사자가 그 통신에 의존할 권리를 박탈당하지 아니한다.

제28조 특정이행과 국내법

1. 의의
   - 강행규정적 성격
2. 원칙적 구제수단으로서의 특정이행
3. 국내법에의 이양

제28조(특정이행과 국내법)

이 협약의 규정에 따라 당사자의 일방이 상대방에 의한 의무의 이행을 요구할 권리가 있는 경우라 하더라도, 법원은 이 협약에 의하여 규율되지 아니하는 유사한 매매계약에 관하여 국내법에 따라 특정이행을 명하는 판결을 하게 될 경우를 제외하고는 특정이행을 명하는 판결을 하여야 할 의무가 없다.

제29조 계약변경 또는 합의종료

1. 의의
2. 원칙(계약변경 및 계약종료의 합의)

3. 예외(서면방식의 합의)
   (1) 원칙(서면합의) + (13조 서면)
   (2) 예외(행위의 신뢰)
      ① 상대방이 인정할 수 있는 일방당사자의 행태
      ② 이러한 행태를 상대방이 신뢰

제29조(계약변경 또는 계약종료)
(1) 계약은 당사자 쌍방의 단순한 합의(agreement)만으로 변경되거나 또는 종료될 수 있다.
(2) 어떠한 변경 또는 합의에 의한 종료를 서면으로 할 것을 요구하는 규정이 있는 서면에 의한 계약은 그 이외의 방법으로 변경되거나 합의에 의하여 종료될 수 없다. 그러나 당사자 일방은 자신의 행위에 의하여 상대방이 그러한 행위를 신뢰한 범위에까지 위의 규정을 원용하는 것으로부터 배제될 수 있다.

제2장 매도인의 의무

제30조 매도인의 의무요약	제1절 물품의 인도와 서류의 교부 제2절 물품의 일치와 제3자의 청구권 제3절 매도인에 의한 계약위반에 대한 구제

▌제30조(매도인의 의무 총괄)

1. 의의
2. 물품인도의무
3. 서류교부의무
4. 소유권이전의무
5. 기타의무

제30조(매도인의 의무요약)
　매도인은 계약과 이 협약에 의하여 요구된 바에 따라 물품을 인도하고, 이에 관련된 모든 서류를 교부하며, 또 물품에 대한 소유권을 이전하여야 한다.

제1절 물품의 인도와 서류의 교부

제31조 인도의 장소	제33조 인도의 시기
제32조 선적수배의 의무	제34조 물품에 관한 서류

▎제31조 인도의 장소 - 인도의무의 내용 및 인도의 장소

1. 의의
   - 인도의 장소와 인도의 방법 규정
2. 당사자 합의 지정과 무역관습
3. 명시적 합의가 없는 경우
4. 거래시 유의점(거래의 실제)
5. Incoterms와 결합
   (1) 명시 - 인코텀즈의 명시 규정
   (2) 명시 x
      1) 최초의 운송인 : F, C 조건
         그러나 FAS, FOB, CFR, CIF 규칙은 CISG와 부조화
                FCA, CPT, CIP 규칙은 CISG와 조화
      2) 특정장소 : E 규칙
      3) 기타 : EXW

제31조(인도의 장소)
매도인이 물품을 다른 특정한 장소에서 인도할 의무가 없는 경우에는, 매도인의 인도의 의무는 다음과 같이 구성된다.
(a) 매매계약이 물품의 운송을 포함하는 경우 매수인에게 전달하기 위하여 물품을 최초의 운송인에게 인도하는 것.
(b) 전항의 규정에 해당되지 아니하는 경우로서 계약이 특정물, 또는 특정한 재고품으로부터 인출되어야 하거나 또는 제조되거나 생산되어야 하는 불특정물에 관련되어 있으며, 또한 당사자 쌍방이 계약체결시에 물품이 특정한 장소에 존재하거나 또는 그 장소에서 제조되거나 생산된다는 것을 알고 있었던 경우 그 장소에서 물품을 매수인의 임의처분 하에 두는 것.
(c) 기타의 경우 매도인이 계약체결시에 영업소를 가지고 있던 장소에서 물품을 매수인의 임의처분 하에 두는 것.

▎제32조 물품인도에 수반하는 의무

1. 물품특정의무
2. 운송계약체결의무

3. 운송보험계약을 체결하기 위해 필요한 정보의 제공의무

제32조(선적수배의 의무)
(1) 매도인이 계약 또는 이 협약에 따라 물품을 운송인에게 인도하는 경우에 있어서, 물품이 화인에 의하거나 선적서류 또는 기타의 방법에 의하여 그 계약의 목적물로서 명확히 특정되어 있지 아니한 경우에는, 매도인은 물품을 특정하는 탁송통지서를 매수인에게 송부하여야 한다.
(2) 매도인이 물품의 운송을 수배하여야 할 의무가 있는 경우에는, 매도인은 사정에 따라 적절한 운송수단에 의하여 그러한 운송의 통상적인 조건으로 지정된 장소까지의 운송에 필요한 계약을 체결하여야 한다.
(3) 매도인이 물품의 운송에 관련한 보험에 부보하여야 할 의무가 없는 경우에는, 매도인은 매수인의 요구에 따라 매수인이 그러한 보험에 부보하는데 필요한 모든 입수가능한 정보를 매수인에게 제공하여야 한다.

제33조 인도의 시기

1. 의의
2. 당사자의 합의에 의한 인도시기
3. 기간이 정해진 경우
4. 기타의 경우
5. 조기인도(제52조)

제33조(인도의 시기)
매도인은 다음과 같은 시기에 물품을 인도하여야 한다.
(a) 어느 기일(a date)이 계약에 의하여 지정되어 있거나 또는 결정될 수 있는 경우에 그 기일,
(b) 어느 기간(a period)이 계약에 의하여 지정되어 있거나 또는 결정될 수 있는 경우에는, 매수인이 기일을 선택하여야 하는 사정이 명시되어 있지 않는 한 그 기간 내의 어떠한 시기, 또는
(c) 기타의 모든 경우에는 계약체결후의 상당한 기간(reasonable time)내,

제34조 서류교부

1. 의의
2. 서류교부의무
3. 서류하자 보완권
    (1) 의의

(2) 요건(단서)
(3) 시기
(4) 대상(범위)
(5) 손해배상청구권과의 관계

제34조(물품에 관한 서류)
　매도인이 물품에 관련된 서류를 교부하여야 할 의무가 있는 경우에는, 매도인은 계약에서 요구되는 시기(time)와 장소(place)와 방법(form)에 따라 서류를 교부하여야 한다. 매도인이 당해 시기 이전에 서류를 교부한 경우에는, 매도인은 당해 시기까지는 서류상의 모든 결함을 보완할 수 있다. 다만 이 권리의 행사가 매수인에게 불합리한 불편이나 또는 불합리한 비용을 발생하게 하여서는 아니된다. 그러나 매수인은 이 협약에서 규정된 바의 손해배상을 청구하는 모든 권리를 보유한다.

제2절 물품의 일치와 제3자의 청구권

제35조 물품의 일치성　　　　　제38조 물품의 검사시기
제36조 일치성의 결정시점　　　제39조 불일치의 통지시기
제37조 인도만기전의 보완권　　제40조 매도인의 악의

Q. 물적 적합성

1. 의의
- 제30조에서 규정한 매도인의 의무 구체화
- 민법상 하자담보책임과 유사

　품질에 관한 명시의 경우나 이러한 명시가 없는 경우의 인도하는 물품의 일치의 기준을 규정함으로써 계약에 일치한 물품을 인도해야 할 매도인의 의무의 범위에 관해 규정

2. 명시적 적합의무
　수량, 품질, 상품명세, 포장　+ 2장과 연관(Q Q P)
(1) 수량(수량조건)
　① 35-1 : 계약에서 요구되는(정한) 수량
　② 52-2 : 초과 수량은 수령 또는 거절
　③ 52-2 : 초과 수량 인도한 경우 - 비율에 따라 금액지급

(2) 품질(품질조건-견본매매, 명세서매매)
   (3) 상품명세
   (4) 포장

3. **묵시적 계약적합의무**
   ① 통상 사용목적 적합의무
   ② 특별 사용목적 적합의무
   ③ 견본 및 모형과 일치여부
   ④ 용기 및 포장 적합의무

4. **적합성의 결정시기**(36조) (+ 위험의 이전과 연관)
   위험이 매수인에게 이전하는 때에

5. **부적합의 보완**(37조) -> 매도인의 권리

6. **계약적합의무 면책 / 매수인의 인식**(35-3)
   매수인이 물품의 불일치에 대한 사전인지의 경우 매도인의 면책
      cf. 그러나 매도인이 그러한 사실을 알고 있었던 경우에는 원칙적으로 매도인은 책임을 면할 수 없을 것이다.

7. **악의의 매도인**(40조)

제35조(물품의 일치성)
(1) 매도인은 계약에서 요구되는 수량(quantity), 품질(quality) 및 상품명세(description)에 일치하고, 또한 계약에서 요구되는 방법으로 용기에 담거나 또는 포장된 물품을 인도하여야 한다.
(2) 당사자가 별도로 합의한 경우를 제외하고, 물품은 다음과 같이 아니하는 한 계약과 일치하지 아니한 것으로 한다.
   (a) 물품은 그 동일한 명세(description)의 물품이 통상적으로(ordinally) 사용되는 목적에 적합할 것.
   (b) 물품은 계약체결시에 명시적 또는 묵시적으로 매도인에게 알려져 있는 어떠한 특정의 목적에 적합할 것. 다만 사정으로 보아 매수인이 매도인의 기술(skill)과 판단(judgement)에 신뢰하지 않았거나 또는 신뢰하는 것이 불합리한 경우에는 제외한다.
   (c) 물품은 매도인이 매수인에게 견본(sample) 또는 모형(model)으로서 제시한 물품의 품질을 보유할 것.
   (d) 물품은 그러한 물품에 통상적인 방법으로, 또는 그러한 방법이 없는 경우에는 그 물품을 보존하고 보호하는데 적절한 방법으로 용기에 담거나 또는 포장되어 있을 것.
(3) 매수인이 계약체결시에 물품의 어떠한 불일치를 알고 있었거나 또는 알지 못하였을 수가 없는 경우에는, 매도인은 물품의 어떠한 불일치에 대하여 전항의 제a호 내지 제d호에 따른 책임을 지지 아니한다.

제36조 일치성의 결정시점 + 위험의 이전과 연관

1. 의의
2. 원칙 – 위험이전시의 물품 부적합
3. 예외 – 위험이전후의 물품 부적합
   (1) 매도인의 계약위반에 기인
   (2) 보증의 위반

제36조(일치성의 결정시점)
(1) 매도인은 위험이 매수인에게 이전하는 때에 존재한 어떠한 불일치에 대하여 계약 및 이 협약에 따른 책임을 진다. 이는 물품의 불일치가 그 이후에 드러난 경우에도 동일하다.
(2) 매도인은 전항에서 규정된 때보다 이후에 발생하는 어떠한 불일치에 대해서도 그것이 매도인의 어떠한 의무위반에 기인하고 있는 경우에는 이에 책임을 진다. 그러한 의무위반에는 일정한 기간동안 물품이 통상적인 목적 또는 어떠한 특정의 목적에 적합성을 유지할 것이라는 보증, 또는 특정된 품질이나 특질을 보유할 것이라는 보증의 위반도 포함된다.

제37조 인도기일 전 물품하자 보완권(제37조)

1. 의의
2. 하자보완권 행사의 요건
3. 하자보완의 범위 : 누락분 인도, 부족분 보충, 대체물 인도, 부적합 제거
4. 하자보완의 시기
5. 손해배상청구권과의 관계

제37조(인도만기일전의 하자보완권)
매도인이 인도기일 이전에 물품을 인도한 경우에는, 매수인에게 불합리한 불편이나 또는 불합리한 비용을 발생시키지 아니하는 한, 매도인은 그 기일까지는 인도된 물품의 모든 부족분을 인도하거나, 또는 수량의 모든 결함을 보충하거나, 또는 인도된 모든 불일치한 물품에 갈음하는 물품을 인도하거나, 또는 인도된 물품의 모든 불일치를 보완할 수 있다. 그러나 매수인은 이 협약에서 규정된 바의 손해배상을 청구하는 모든 권리를 보유한다.

제38조 물품 검사

1. 의의
2. 검사의 기본원칙 – 검사의 기간(1항)
3. 검사의 특수원칙 – 송부매매시 검사(2항)
4. 검사의 특수원칙 – 목적지 변경시 또는 재송부시의 검사(3항)

제38조(물품의 검사시기)

(1) 매수인은 그 사정에 따라 실행가능한 짧은 기간 내에 물품을 검사하거나 또는 물품이 검사되어 지도록 하여야 한다.
(2) 계약이 물품의 운송을 포함하고 있는 경우에는, 검사는 물품이 목적지에 도착한 이후까지 연기될 수 있다.
(3) 물품이 매수인에 의한 검사의 상당한 기회도 없이 매수인에 의하여 운송 중에 목적지가 변경되거나 또는 전송(轉送)되고, 또한 계약 체결시에 매도인이 그러한 변경이나 전송의 가능성을 알았거나 또는 알았어야 하는 경우에는, 검사는 물품이 새로운 목적지에 도착한 이후까지 연기될 수 있다.

제39조 하자 통지

1. 의의
2. 통지시기
3. 통지내용
4. 통지의무 위반의 효과
5. 불일치 통지기간의 제한
6. 검사/통지의무 적용예외
    ① 악의의 매도인(40조)
    ② 통지불이행의 정당한 사유(44조)

제39조(불일치의 통지시기)

(1) 매수인이 물품의 불일치를 발견하였거나 또는 발견하였어야 한 때부터 상당한 기간(reasonable time)내에 매도인에게 불일치의 성질을 기재한 통지를 하지 아니한 경우에는, 매수인은 물품의 불일치에 의존하는 권리를 상실한다.
(2) 어떠한 경우에도, 물품이 매수인에게 현실적으로 인도된 날로부터 늦어도 2년 이내에 매수인이 매도인에게 불일치의 통지를 하지 아니한 경우에는, 매수인은 물품의 불일치에 의존하는 권리를 상실한다. 다만 이러한 기간의 제한이 계약상의 보증기간과 모순된 경우에는 그러하지 아니하다.

제40조(매도인의 악의)

물품의 불일치가 매도인이 알았거나 또는 알지 못하였을 수가 없는 사실에 관련되고 또 매도인이 이를 매수인에게 고지하지 아니한 사실에도 관련되어 있는 경우에는, 매도인은 제38조 및 제39조의 규정을 원용할 권리가 없다.

제44조(통지불이행의 정당한 이유)
　제39조 제1항 및 제43조 제1항의 규정에도 불구하고, 매수인은 요구된 통지의 불이행에 대한 정당한 이유가 있는 경우에는 제50조에 따라 대금을 감액하거나 또는 이익의 손실을 제외한 손해배상을 청구할 수 있다.

Q. 비엔나협약에서 규정하는 매수인의 물품검사 및 통지의무

1. 의의

2. 물품검사의무
   (1) 물품의 검사기간(제38조)
      ① 실행가능한 짧은 기간 내 검사
      ② 운송물품의 검사기간의 연장가능
      ③ 운송 중 변경된 물품의 검사기간 연장

3. 물품 불일치의 통지시기(제39조)
      ① 상당기간 내 통지의무
      ② 통지내용
      ③ 통지의무 위반의 효과
      ④ 불일치 통지기간의 제한
      ⑤ 검사 및 통지의무 적용의 예외

4. 제3자의 권리에 대한 통지의무(제43조)
   (1) 상당기간 내 통지의무
   (2) 통지의무위반의 효과
   (3) 통지의무 적용의 예외
      ① 매도인의 악의에 따른 권리제한
      ② 통지불이행의 정당한 사유존재(44조)

Q. 법적 적합성

1. 의의

2. 제3자의 청구권으로부터 자유로운 물품의 인도(제41조)
   (1) 의의

(2) 요건
      ① 제3자의 권리가능성
      ② 제한
   (3) 법적효과 : 계약위반

3. **제3자의 지적재산권 등으로부터 자유로운 물품의 인도**(제42조)
   - 권리하자 중 그 권리가 지적재산권일 경우의 특칙.
   - 일반적인 권리하자책임(41조)에 비해 매도인의 책임을 완화시켜 주고자 한 것임.
      (1) 원칙
      (2) 제3자의 권리 또는 청구권의 범위
      (3) 적합성 보장의무의 제한(매도인의 책임배제)

4. **제3자의 권리에 대한 통지**(제43조)

5. **통지불이행의 정당한 이유**(제44조)

제41조(제3자의 청구권)
　　매도인은 매수인이 제3자의 권리(right) 또는 청구권(claim)을 전제로 물품을 수령하는 것에 동의한 경우가 아닌 한, 제3자의 권리 또는 청구권으로부터 자유로운 물품을 인도하여야 한다. 그러나 그러한 제3자의 권리 또는 청구권이 공업소유권 또는 기타 지적재산권에 기초를 두고 있는 경우에는, 매도인의 의무는 제42조에 의하여 규율된다.

제42조(제3자의 지적재산권)
(1) 매도인은 계약 체결시에 매도인이 알았거나 또는 알지 못하였을 수가 없는 공업소유권 또는 지적재산권에 기초를 두고 있는 제3자의 권리 또는 청구권으로부터 자유로운 물품을 인도하여야 한다. 다만 그 권리 또는 청구권은 다음과 같은 국가의 법률에 의한 공업소유권 또는 기타 지적재산권에 기초를 두고 있는 경우에 한한다.
   (a) 물품이 어느 국가에서 전매되거나 또는 기타의 방법으로 사용될 것이라는 것을 당사자 쌍방이 계약 체결시에 예상한 경우에는, 그 물품이 전매되거나 또는 기타의 방법으로 사용되는 국가의 법률, 또는
   (b) 기타의 모든 경우에는, 매수인이 영업소를 갖고 있는 국가의 법률,
(2) 전항에 따른 매도인의 의무는 다음과 같은 경우에는 이를 적용하지 아니한다.
   (a) 계약 체결시에 매수인이 그 권리 또는 청구권을 알았거나 또는 알지 못하였을 수가 없는 경우, 또는
   (b) 그 권리 또는 청구권이 매수인에 의하여 제공된 기술적 설계, 디자인, 공식 또는 기타의 명세서에 매도인이 따른 결과로 발생한 경우

제43조(제3자의 권리에 대한 통지)

(1) 매수인이 제3자의 권리 또는 청구권을 알았거나 또는 알았어야 하는 때로부터 상당한 기간 내에 매도인에게 그 제3자의 권리 또는 청구권의 성질을 기재한 통지를 하지 아니한 경우에는, 매수인은 제41조 또는 제42조의 규정을 원용할 권리를 상실한다.

(2) 매도인이 제3자의 권리 또는 청구권 및 그 성질을 알고 있었던 경우에 매도인은 전항의 규정을 원용할 권리가 없다.

제44조(통지불이행의 정당한 이유)

제39조 제1항 및 제43조 제1항의 규정에도 불구하고, 매수인은 요구된 통지의 불이행에 대한 정당한 이유가 있는 경우에는 제50조에 따라 대금을 감액하거나 또는 이익의 손실을 제외한 손해배상을 청구할 수 있다.

> **Q. 당사자 계약위반에 따른 상대방 구제방안**
>
> - 각 당사자가 취할 수 있는 구제방안 TOOL
>   1. 의의
>   2. 구제권리
>   3. 요건
>   4. 타 구제권과의 관계 및 비교
>   5. 구제권의 제한
>   6. 허용가능한 구제수단 - 손해배상청구권

제3절 매도인의 계약위반에 대한 매수인의 구제

제45조 매수인의 구제
제46조 특정이행청구권
제47조 추가기간지정권
제48조 인도기일 후 하자보완권

제49조 계약해제권
제50조 대금감액권
제51조 계약의 일부이행
제52조 계약의 조기이행 및 초과이행

제45조(매수인의 구제방법)
(1) 매도인이 계약 또는 이 협약에 따른 어떠한 의무를 이행하지 아니하는 경우에는, 매수인은 다음과 같은 것을 행할 수 있다.
  (a) 제46조 내지 제52조에서 규정된 권리를 행사하는 것,
  (b) 제74조 내지 제77조에서 규정된 바의 손해배상을 청구하는 것 등.
(2) 매수인은 손해배상 이외의 구제를 구하는 권리의 행사로 인하여 손해배상을 청구할 수 있는 권리를 박탈당하지 아니한다.
(3) 매수인이 계약위반에 대한 구제를 구할 때에는, 법원 또는 중재판정부는 매도인에게 어떠한 유예기간도 적용하여서는 아니된다.

▌제46조 특정이행 청구권

1. 의의
   46-1/ 62 + 28(영미법)
   CISG는 매매법의 구제 기본원칙을 계약의 현실적 이행에 두고 있다. (대륙법계)
2. 내용(규정)
   ① 특정이행청구권(46-1)
   ② 대체품인도청구권(46-2)
   ③ 하자(수리)보완청구권(46-3)
3. 타 조항과의 관계
   28 / 46 / 62
4. 허용가능한 구제수단
   - 손해배상 청구권은 가능

	인도여부	전제	요건	제한
특정이행	불인도 -> 해!	X		모순되는 구제
대체품인도	인도 -> 불일치	물품 불일치	본질적 위반	물품반환 불가
하자보완	인도 -> 불일치	물품 불일치		수리가 불합리

제46조(매수인의 이행청구권)
(1) 매수인은 매도인에게 그 의무의 이행을 청구할 수 있다. 다만 매수인이 이러한 청구와 모순되는 구제를 구한 경우에는 그러하지 아니하다.
(2) 물품이 계약과 일치하지 아니한 경우에는, 매수인은 대체품의 인도를 청구할 수 있다. 다만 이러한 청구는 불일치가 계약의 본질적인 위반을 구성하고 또 대체품의 청구가 제39조에 따라 지정된 통지와 함께 또는 그 후 상당한 기간 내에 행하여지는 경우에 한한다.
(3) 물품이 계약과 일치하지 아니한 경우에는, 매수인은 모든 사정으로 보아 불합리하지 아니하는 한 매도인에 대하여 수리에 의한 불일치의 보완을 청구할 수 있다. 수리의 청구는 제39조에 따라 지정된 통지와 함께 또는 그 후 상당한 기간 내에 행하여져야 한다.

Q. 대체품인도 청구권(46조 2항)
1. 의의
2. 내용
3. 요건
   ① 본질적 위반(25조)
   ② 청구가 지정된 통지(39조)와 동시 또는 그 후 합리적 기간 내에 행해져야 함
4. 제한(배제사유)
   제82조 - 실질적으로 동등한 상태로 반환불가시
5. 손해배상청구권과의 관계

제47조 추가기간의 지정(47-1)
1. 의의
2. 구제권(+ 통지의 효력:도달주의)
3. 추가기간설정권의 제한
4. 손해배상청구권과의 관계
5. 계약해제권과의 관계(의의)

제47조(이행추가기간의 통지)
(1) 매수인은 매도인에 의한 의무의 이행을 위한 상당한 기간 만큼의 추가기간을 지정할 수 있다.
(2) 매수인이 매도인으로부터 그 지정된 추가기간 내에 이행하지 아니하겠다는 뜻의 통지를 수령하지 않은 한, 매수인은 그 기간 중에는 계약위반에 대한 어떠한 구제도 구할 수 없다. 그러나 매수인은 이로 인하여 이행의 지연에 대한 손해배상을 청구할 수 있는 어떠한 권리를 박탈당하지 아니한다.

제48조 인도기일후 하자보완권

1. 의의
2. 하자보완의 요건
3. 하자보완의 방법
4. 하자보완의 시기
5. 손해배상청구권과의 관계

제48조(인도기일후의 보완)
(1) 제49조의 규정에 따라, 매도인은 인도기일 후에도 불합리한 지체없이 그리고 매수인에게 불합리한 불편을 주거나 또는 매수인이 선지급한 비용을 매도인으로부터 보상받는데 대한 불확실성이 없는 경우에는 자신의 비용부담으로 그 의무의 어떠한 불이행을 보완할 수 있다. 그러나 매수인은 이 협약에 규정된 바의 손해배상을 청구하는 모든 권리를 보유한다.
(2) 매도인이 매수인에 대하여 그 이행을 승낙할 것인지의 여부를 알려 주도록 요구하였으나 매수인이 상당한 기간 내에 그 요구에 응하지 아니한 경우에는 매도인은 그 요구에서 제시한 기간 내에 이행할 수 있다. 매수인은 그 기간 중에는 매도인의 이행과 모순되는 구제를 구하여서는 아니된다.
(3) 특정한 기간 내에 이행하겠다는 매도인의 통지는 매수인이 승낙여부의 결정을 알려주어야 한다는 내용의 전항에 규정하고 있는 요구를 포함하는 것으로 추정한다.
(4) 본조 제2항 또는 제3항에 따른 매도인의 요구 또는 통지는 매수인에 의하여 수령되지 아니한 경우에는 그 효력이 발생하지 아니한다.

제49조 국제물품매매계약에서 매수인의 계약해제권

1. 의의
   - 구제권
   - 계약유지의 원칙 천명
2. 본질적 위반(25)
   (1) 의의
   (2) 본질적 위반 규정(제25조)
   (3) 본질적 위반의 효과
3. 계약해제의 요건
   (1) 본질적 위반(제25조)인 경우
   (2) **인도불이행**의 경우 : 추가기간 내에 인도하지 않거나
   　　　　　　　　　　　　 인도하지 않겠다는 의사표시를 한 경우
4. 계약해제의 방법(26조)
   - 해제권자의 의사표시
   - 효력발생과 전달위험 등은 원칙적으로 발신주의에 입각하고 있는 제27조

5. 계약해제의 제한 (cf. 효력소멸)
    (1) 개별적 제한
        ① 47조 추가기간 설정권
            (추가, 보완기간 통지한 후 당해 기간 중에 구제수단 행사 제한됨)
        ② 38, 39조 통지의무 불이행
            (매수인 물품검사, 하자통지의무 위반시 구제권 원용할 수 없음)
        ③ 39조-2 물품 수령 후 2년이 경과한 경우
    (2) 시기적 제한
        인도한 경우
        ① 인도지연 : 지연사실을 안 후 상당기간 내
        ② 인도지연 외
            - (매수인/매수인/매도인) 당해 사실을 안 날로부터 상당한 기간 내 행사 X
            - 47 조 기간
            - 48 조 기간

6. 계약해제의 효과(81-84)
    (1) 계약의무의 소멸과 반환청구(제81조)
        ① 계약상 의무 소멸
        ② 분쟁해결조항 등과 무관
        ③ 반환청구권의 발생
    (2) 매수인의 물품반환이 불가능한 경우의 계약해제
        ① 매수인의 권리제한
        ② 매수인의 권리제한의 예외
        ③ 기타 구제방법의 보유(83조)
    (3) 이익의 반환(84조)
        ① 매도인의 대금반환 및 이자지급 의무
        ② 매수인의 이익반환 의무

7. 공통규정
    (1) 이행의 정지(71조)
    (2) 이행기일 전의 계약해제(72조)
    (3) 분할이행계약의 해제(73조)

8. 일부인도 및 일부부적합
    일부해제(51-1)

9. 타 구제수단과의 관계 등
    손해배상청구권

	49조(매수인 계약해제권)	64조(매도인 계약해제권)
사유	① 본질적 위반 ② **인도불이행** + 추가기간	① 본질적 위반 ② **대금지급 X** + 추가기간 　**인도수령 X** + 추가기간
시기 제한	〈인도한 경우〉 ① 인도지체　-> ~ 합리적 기간 내 ② 인도지체 外 -> ~ 합리적 기간 　ㄱ. 알알 　ㄴ. 기간 　ㄷ. 기간	〈대금지급한 경우〉 ① 이행지체　-> 알기 **전** ② 이행지체 外 -> ~ 합리적 기간 　ㄱ. 알알 　ㄴ. 기간

- 본질적 계약위반의 여부가 불분명한 경우 당사자가 계약해제를 행사할 수 있는 유용한 권리구제수단 -> 추가기간 설정권

    1. 의의
    2. 추가기간지정권을 이용하여 계약해제를 할 수 있는 계약해제의 유형
        (1) 매도인의 인도불이행
        (2) 매수인의 인도수령의무 X
        (3) 매수인의 대금지급의무 X
    3. 추가기간지정권

- 물품이 계약에 부적합한 경우에 행사할 수 있는 매수인의 권리구제수단

    1. 의의 - 손해배상청구권
    2. 대체품인도청구권
    3. 하자보완청구권
    4. 대금감액권

제49조(매수인의 계약해제권)
(1) 매수인은 다음과 같은 경우에 계약의 해제를 선언할 수 있다.
　(a) 계약 또는 이 협약에 따른 매도인의 어떠한 의무의 불이행이 계약의 본질적인 위반(fundamental breach)에 상당하는 경우, 또는
　(b) 인도불이행의 경우에는, 매도인이 제47조 제1항에 따라 매수인에 의하여 지정된 추가기간 내에 물품을 인도하지 아니하거나, 또는 매도인이 그 지정된 기간 내에 인도하지 아니하겠다는 뜻을 선언한 경우.
(2) 그러나 매도인이 물품을 이미 인도한 경우에는, 매수인은 다음과 같은 시기에 계약의 해제를 선언하지 않는 한 그 해제의 권리를 상실한다.
　(a) 인도의 지연에 관해서는, 매수인이 인도가 이루어진 사실을 알게 된 때로부터 상당한 기간 내,

(b) 인도의 지연 이외의 모든 위반에 관해서는, 다음과 같은 때로부터 상당한 기간 내.
  (ⅰ) 매수인이 그 위반을 알았거나 또는 알았어야 하는 때,
  (ⅱ) 제47조 제1항에 따라 매수인에 의하여 지정된 어떠한 추가기간이 경과한 때, 또는 매도인이 그러한 추가기간 내에 의무를 이행하지 아니하겠다는 뜻을 선언한 때, 또는
  (ⅲ) 제48조 제2항에 따라 매도인에 의하여 제시된 어떠한 추가기간이 경과한 때, 또는 매수인이 이행을 승낙하지 아니하겠다는 뜻을 선언한 때.

제50조 대금감액청구권

1. 의의
   ① 인도된 물품이 계약에 부적합 경우에
2. 요건
   물품은 인도하였지만, 물품이 계약에 부적합한 것이어야 한다.
   - 의사표시 : 발신주의
3. 산정기준
   ① 계약에 적합한 물품과 현실로 인도된 물품간의 가치 차이
   ② 시점 - 인도시
4. 효과
   대금감액을 주장하면 즉시 대금에서 감액이 이루어진다.
   - 이미 대금 지급했다면 감액액수 반환 청구할 수 있다.
   - 이 때 이자 청구할 수 있다.(84조 1항)
5. 불인정
   ① 37, 48에 따라 채무의 불이행을 추완한 경우
   ② 이 규정에 따른 매도인의 추완을 매수인이 수령거절한 경우
   즉. 매수인의 대금감액권보다는 매도인의 사전적 또는 사후적 추완권이 앞선다.
   (해제 > 보완권 > 감액권)
6. 유용성
   손해배상청구권과 병존, 그러나 손해배상 면책 사유에 해당할 경우 매수인의 권리 구제수단으로 유효성이 있음

제50조(대금의 감액)
　물품이 계약과 일치하지 아니하는 경우에는 대금이 이미 지급된 여부에 관계없이, 매수인은 실제로 인도된 물품이 인도시에 가지고 있던 가액이 계약에 일치하는 물품이 그 당시에 가지고 있었을 가액에 대한 동일한 비율로 대금을 감액할 수 있다. 그러나 매도인이 제37조 또는 제48조에 따른 그 의무의 어떠한 불이행을 보완하거나, 또는 매수인이 그러한 조항에 따른 매도인의 이행의 승낙을 거절하는 경우에는, 매수인은 대금을 감액할 수 없다.

제51조 일부 불일치

1. 의의
2. 일부 불일치
3. 구제권 행사(46조 내지 50조 적용 가능)
4. 전체 해제(본질적 계약위반)

제51조(물품일부의 불일치)
(1) 매도인이 물품의 일부만을 인도하거나, 또는 인도된 물품의 일부만이 계약과 일치하는 경우에는, 제46조 내지 제50조의 규정은 부족 또는 불일치한 부분에 관하여 적용한다.
(2) 인도가 완전하게 또는 계약에 일치하게 이행되지 아니한 것이 계약의 본질적인 위반(fundamental breach)에 해당하는 경우에 한하여, 매수인은 계약 그 전체의 해제를 선언할 수 있다.

제52조 이행기전의 사전인도와 초과인도(매도인의 초과이행)

1. 이행기전 사전인도(제52조 1항)
   (1) 의의 및 효과
       매수인은 이를 수령하거나 거절 할 수 있다.
   (2) 원칙적 인도시기 : 33조 인도시기
   (3) 조기인도의 경우
       - 수령(* 계약의 변경으로 보지 않음)
       - 부적합 통지 하고 거절
       - 거절할 경우 86조의 매수인의 보관의무
       - 이로 인한 손해배상은 가능
   (4) 거절시 조치의무(CISG 86조)
   (5) 손해배상청구권과의 관계
2. 초과인도(제52조 2항)
   (1) 의의
   (2) 원칙적 초과수량(제35조)
   (3) 초과수량
       - 수령분 + 대금지급(기준가격은 계약가격) * 계약의 변경으로 봄
         수령한 경우에는 계약대금의 비율에 따라 대금을 지급하여야 한다.
       - 거절 + 물품보존(제86조)
   (4) 거절시 조치
   (5) 손해배상청구권과의 관계

<조기인도 및 초과수량인도>

33조(인도시기) - 52조(조기인도) - 수령 - 변경합의 아닌 것으로
                                           - 거절(86조 매수인의 보존의무)
35조(적합수량) - 52조(초과수량) - 수령(대금지급) - 계약변경 된 것으로
                                           - 거절(86조 매수인의 보존의무)

제52조(기일전의 인도 및 초과수량)
(1) 매도인이 지정된 기일 전에 물품을 인도하는 경우에는, 매수인은 인도를 수령하거나 또는 이를 거절할 수 있다.
(2) 매도인이 계약에서 약정된 것보다도 많은 수량의 물품을 인도하는 경우에는, 매수인은 초과수량의 인도를 수령하거나 또는 이를 거절할 수 있다. 매수인이 초과수량의 전부 또는 일부의 인도를 수령하는 경우에는, 매수인은 계약비율에 따라 그 대금을 지급하여야 한다.

제3장 매수인의 의무

제53조 매수인 의무 총괄

제1절 대금의 지급
제54조 대금지급의무의 내용
제55조 대금이 미확정된 경우 대금의 결정
제56조 순중량에 의한 대금의 결정
제57조 대금지급의 장소
제58조 대금지급시기와 물품의 검사
제59조 대금지급시기의 도래

제2절 물품인도의 수령
제60조 인도수령의 의무

제3절 매수인의 계약위반에 대한 구제
제61조 매도인의 구제
제62조 특정이행청구권
제63조 추가기간설정권
제64조 계약해제권
제65조 물품명세확정권

제1절 대금의 지급

제54조 대금지급의무의 내용
제55조 대금이 미확정된 경우 대금의 결정
제56조 순중량에 의한 대금의 결정
제57조 대금지급의 장소
제58조 대금지급시기와 물품의 검사
제59조 대금지급시기의 도래

Q. 대금지급의무(제54조 ~ 제59조)

제53조(매수인의 의무요약)
매수인은 계약 및 이 협약에 의하여 요구된 바에 따라 물품의 대금을 지급하고 물품의 인도를 수령하여야 한다.

제54조 대금지급의무의 내용

제54조(대금지급을 위한 조치)
매수인의 대금지급의 의무는 지급을 가능하게 하기 위한 계약 또는 어떠한 법률 및 규정에 따라 요구되는 그러한 조치를 취하고 또 그러한 절차를 준수하는 것을 포함한다.

제55조 대금이 미확정된 경우 대금의 결정

제55조(대금이 불확정된 계약)

계약이 유효하게 성립되었으나, 그 대금(price)을 명시적 또는 묵시적으로 지정하지 아니하거나 또는 이를 결정하기 위한 조항을 두지 아니한 경우에는, 당사자는 반대의 어떠한 의사표시가 없는 한 계약 체결시에 관련거래와 유사한 사정 하에서 매각되는 동종의 물품에 대하여 일반적으로 청구되는 대금을 묵시적으로 참조한 것으로 본다.

제56조 순중량에 의한 대금의 결정

제56조(순중량에 의한 결정)

대금이 물품의 중량에 따라 지정되는 경우에 이에 의혹이 있을 때에는, 그 대금은 순중량에 의하여 결정되어야 한다.

제57조 대금지급장소

1. 의의
2. 지급장소
   (1) 특정장소 지급의무 - 특정장소
   (2) 장소약정 없는 경우 - 매도인의 영업소
   (3) 물품 및 서류교부와 동시에 지급하는 경우 - 교부가 행해진 장소
3. 영업소의 변경
   매도인은 계약 체결 후에 자신의 영업소를 변경함으로써 발생하는 대금지급에 대한 부수비용의 증가액을 부담하여야 한다.

제57조(대금지급의 장소)

(1) 매수인이 기타 어느 특정한 장소에서 대금을 지급하여야 할 의무가 없는 경우에는, 매수인은 다음과 같은 장소에서 매도인에게 이를 지급하여야 한다.
   (a) 매도인의 영업소, 또는
   (b) 지급이 물품 또는 서류의 교부와 상환으로 이루어져야 하는 경우에는, 그 교부가 행하여지는 장소
(2) 매도인은 계약 체결 후에 그 영업소를 변경함으로 인하여 야기된 지급의 부수적인 비용의 모든 증가액을 부담하여야 한다.

▌제58조 대금지급 시기

1. 의의
2. 합의
3. 합의가 없는 경우
   (1) 일반원칙(물품과 대금의 교환)
   (2) 특별원칙(운송을 포함하는 경우)
   (3) 지급과 물품의 검사(대금지급 전의 물품검사)

제58조(대금지급의 시기)
(1) 매수인이 기타 어느 특정한 대금을 지급하여야 할 의무가 없는 경우에는, 매수인은 매도인이 계약 및 이 협정에 따라 물품 또는 그 처분을 지배하는 서류 중에 어느 것을 매수인의 임의처분 하에 인도한 때에 대금을 지급하여야 한다. 매도인은 그러한 지급을 물품 또는 서류의 교부를 위한 조건으로 정할 수 있다.
(2) 계약이 물품의 운송을 포함하는 경우에는, 매도인은 대금의 지급과 상환하지 아니하면 물품 또는 그 처분을 지배하는 서류를 매수인에게 교부하지 아니한다는 조건으로 물품을 발송할 수 있다.
(3) 매수인은 물품을 검사할 기회를 가질 때까지는 대금을 지급하여야 할 의무가 없다. 다만 당사자 간에 합의된 인도 또는 지급의 절차가 매수인이 그러한 기회를 가지는 것과 모순되는 경우에는 그러하지 아니하다.

제59조(지급청구에 앞선 지급)
매수인은 매도인측의 어떠한 요구나 그에 따른 어떠한 절차를 준수할 필요없이 계약 및 이 협약에 의하여 지정되었거나 또는 이로부터 결정될 수 있는 기일에 대금을 지급하여야 한다.

제2절 물품인도의 수령

제60조 인도수령의 의무

▌제60조 인도수령의무

1. 의의
2. 협력의무

3. 수령의무
4. 인도수령거절권

제60조(인도수령의 의무)
매수인의 인도수령의 의무는 다음과 같은 것으로 구성된다.
(a) 매도인에 의한 인도를 가능케 하기 위하여 매수인에게 합리적으로 기대될 수 있었던 모든 행위를 하는 것, 그리고
(b) 물품을 수령하는 것.

제3절 매수인의 계약위반에 대한 구제

제61조 매도인의 구제   제64조 계약해제권
제62조 특정이행청구권   제65조 물품명세확정권
제63조 추가기간설정권

▎제61조 매도인의 구제

제61조(매도인의 구제방법)
(1) 매수인이 계약 또는 이 협약에 따른 어떠한 의무를 이행하지 아니하는 경우에는, 매도인은 다음과 같은 것을 행할 수 있다.
   (a) 제62조 내지 제65조에 규정된 권리를 행사하는 것,
   (b) 제74조 내지 제77조에 규정된 바의 손해배상을 청구하는 것 등.
(2) 매도인은 손해배상 이외의 구제를 구하는 권리의 행사로 인하여 손해배상을 청구할 수 있는 권리를 박탈당하지 아니한다.
(3) 매도인이 계약위반에 대한 구제를 구할 때에는, 법원 또는 중재판정부는 매수인에게 어떠한 유예기간도 허용하여서는 아니된다.

제62조 특정이행청구권

제62조(매도인의 이행청구권)
매도인은 매수인에 대하여 대금의 지급, 인도의 수령 또는 기타 매수인의 의무를 이행하도록 청구할 수 있다. 다만 매도인이 이러한 청구와 모순되는 구제를 구한 경우에는 그러하지 아니하다.

제63조 추가기간설정권

제63조(이행추가기간의 통지)
(1) 매도인은 매수인에 의한 의무의 이행을 위한 상당한 기간 만큼의 추가기간을 지정할 수 있다.
(2) 매도인이 매수인으로부터 그 지정된 추가기간 내에 이행하지 아니하겠다는 뜻의 통지를 수령하지 않은 한, 매도인은 그 기간 중에는 계약위반에 대한 어떠한 구제도 구할 수 없다. 그러나 매도인은 이로 인하여 이행의 지연에 대한 손해배상을 청구할 수 있은 어떠한 권리를 박탈당하지 아니한다.

제64조 계약해제권

제64조(매도인의 계약해제권)
(1) 매도인은 다음과 같은 경우에 계약의 해제를 선언할 수 있다.
  (a) 계약 또는 이 협약에 따른 매수인의 어떠한 의무의 불이행이 계약의 본질적인 위반(fundamental breach)에 상당하는 경우, 또는
  (b) 매수인이 제63조 제1항에 따라 매도인에 의하여 지정된 추가기간 내에 대금의 지급 또는 물품의 인도수령의 의무를 이행하지 아니하거나, 또는 매수인이 그 지정된 기간 내에 이를 이행하지 아니하겠다는 뜻을 선언한 경우.
(2) 그러나 매수인이 대금을 이미 지급한 경우에는, 매도인은 다음과 같은 시기에 계약의 해제를 선언하지 않는 한 그 해제의 권리를 상실한다.
  (a) 매수인에 의한 이행의 지연에 관해서는, 매도인이 그 이행이 이루어진 사실을 알기 전, 또는
  (b) 매수인에 의한 이행의 지연 이외의 모든 위반에 관해서는, 다음과 같은 때로부터 상당한 기간 내.
    (ⅰ) 매도인이 그 위반을 알았거나 또는 알았어야 하는 때, 또는
    (ⅱ) 제63조 제1항에 따라 매도인에 의하여 지정된 어떠한 추가기간이 경과한 때, 또는 매수인이 그러한 추가기간 내에 의무를 이행하지 아니하겠다는 뜻을 선언한 때.

제65조 물품명세확정권

1. 의의
2. 매도인의 물품명세 확정
3. 물품명세 세부사항 통지
4. 효력
5. 손해배상청구권과의 관계

제65조(물품명세의 확정권)

(1) 계약상 매수인이 물품의 형태, 용적 또는 기타의 특징을 지정하기로 되어 있을 경우에 만약 매수인이 합의된 기일 또는 매도인으로부터의 요구를 수령한 후 상당한 기간 내에 그 물품명세를 작성하지 아니한 때에는, 매도인은 그가 보유하고 있는 다른 모든 권리의 침해없이 매도인에게 알려진 매수인의 요구조건에 따라 스스로 물품명세를 작성할 수 있다.

(2) 매도인이 스스로 물품명세를 작성하는 경우에는, 매도인은 매수인에게 이에 관한 세부사항을 통지하여야 하고, 또 매수인이 이와 상이한 물품명세를 작성할 수 있도록 상당한 기간을 지정하여야 한다. 매수인이 그러한 통지를 수령한 후 지정된 기간 내에 이와 상이한 물품명세를 작성하지 아니하는 경우에는, 매도인이 작성한 물품명세가 구속력을 갖는다.

제4장 위험의 이전

제66조 위험부담의 일반원칙
제67조 운송을 포함하는 물품의 매매
제68조 운송 중 물품의 매매

제69조 운송을 포함하지 않는 물품의 매매
제70조 매도인의 계약위반과 위험의 이전

Q. 위험의 이전(제66조 ~ 제70조)

1. 개요
2. **위험부담의 일반원칙**(제66조)
3. **위험의 이전시기**
   (1) 운송을 포함하는 물품의 매매(제67조)
   (2) 운송 중 물품의 매매(제68조)
   (3) 운송을 포함하지 않는 물품의 매매(제69조)
4. **매도인의 계약위반과 위험의 이전**(제70조)

▎**제66조**(위험이전의 원칙)

1. 의의
2. 위험이전의 효과(원칙)
3. 위험이전의 예외
   (1) 위험이전규정의 단서(특정이 되지 않았을 때)
   (2) 제70조(본질적 위반이 있을 때)
4. 거래의 실제(국제거래에서의 위험이전)
   국제거래에서 특히 위험부담에 대해서는 Incoterms나 관행, 관례에 의하는 것이 일반적이다. 따라서 실제로 CISG상의 위험이전의 규정들이 적용되는 경우는 많지 않을 것이다.

제66조(위험부담의 일반원칙)
　위험이 매수인에게 이전된 이후에 물품의 멸실 또는 손상은 매수인을 대금지급의 의무로부터 면제시키지 아니한다. 다만 그 멸실 또는 손상이 매도인의 작위 또는 부작위에 기인한 경우에는 그러하지 아니하다.

제67조(송부매매시 위험의 이전)

1. 의의
2. 기본원칙 : 특정장소가 지정되지 않은 경우 최초의 운송인
3. 특정장소에서 물품을 교부하여야 할 경우
4. 물품의 처분권 유보와 위험의 이전
5. 불특정물의 매매 : 계약 목적물의 특정

1. 의의
   송부매매시에 위험이 언제 이전하느냐의 문제
   그러나 Incoterms나 관행, 관례에 의해 위험부담을 정하는 것이 일반적이기 때문에 사실 이 규정이 적용되는 경우는 드물 것이다. 단지, 원칙적인 내용을 정하고 있다고 보면 됨.
2. 송부매매의 위험이전(1항)
   (1) 기본원칙(특정장소가 지정되어 있지 않은 경우 최초의 운송인)
       매매계약에 물품의 운송이 포함되어 있고 또한 매도인이 특정한 장소에서 물품을 운송인에게 교부할 의무가 없는 경우에는 첫 번째 운송인에게 물품을 교부한 때에 위험은 매수인에게 이전한다.
   (2) 특정장소에서 교부하여야 할 경우
       송부매매에 있어 매도인이 특정한 장소에서 물품을 운송인에게 교부할 의무가 있는 경우에는 그 장소에 물품을 운송인에게 교부하기까지는 위험이 매수인에게 이전하지 않는다.
   (3) 물품의 처분권 유보와 위험의 이전
       매도인이 물품의 처분을 지배하는 서류를 보유하는 권한이 있다는 사실은 위험의 이전에 영향을 미치지 아니함.
3. 특정(2항)
   매도인이 물품을 운송인에게 교부했다고 하더라도 그것이 매수인의 물품인 것으로 명확히 특정되어 있지 않는 한 위험은 매수인에게 이전하지 않는다.

제67조(운송조건부 계약품의 위험)

(1) 매매계약이 물품의 운송을 포함하고 있는 경우에 매도인이 특정한 장소에서 이를 인도하여야 할 의무가 없는 때에는, 위험은 물품이 매매계약에 따라 매수인에게 송부하도록 최초의 운송인에게 인도된 때에 매수인에게 이전한다. 매도인이 특정한 장소에서 물품을 운송인에게 인도하여야 할 의무가 있는 경우에는, 위험은 물품이 그러한 장소에서 운송인에게 인도되기까지는 매수인에게 이전하지 아니한다. 매도인이 물품의 처분을 지배하는 서류를 보유하는 권한이 있다는 사실은 위험의 이전에 영향을 미치지 아니 한다.
(2) 그럼에도 불구하고, 위험은 물품이 화인, 선적서류, 매수인에 대한 통지 또는 기타의 방법에 의하여 계약에 명확히 특정되기까지는 매수인에게 이전하지 아니 한다.

제68조(운송 중에 있는 물품의 위험이전)

1. 의의
2. 기본원칙 : 계약체결시 위험이전
3. 예외 : 운송인에게 물품교부시 위험이전(위험의 소급이전)
4. 매도인의 위험부담

1. 의의
   운송 중에 있는 물품의 위험이전
2. 계약체결시 위험이전
   운송중의 물품에 대해 매매계약을 체결하는 경우에 위험의 이전은 원칙적으로 계약체결시에 이루어진다.
3. 운송인에게 물품교부시 위험이전
   그러나 특정한 사정이 있는 경우에는 운송계약을 나타내는 서류를 발행한 운송인에게 물품이 교부된 때에 위험이 이전된다.
4. 매도인의 위험부담
   계약체결시에 물품이 멸실 또는 훼손되었음을 매도인이 알았거나 알 수 있었는데 이를 매수인에게 알리지 않은 경우에 그 멸실 또는 훼손의 위험을 매도인이 부담한다.

제68조(운송중 매매물품의 위험)
운송중에 매각된 물품에 관한 위험은 계약 체결시로부터 매수인에게 이전한다. 그러나 사정에 따라서는 위험은 운송계약을 구현하고 있는 서류를 발행한 운송인에게 물품이 인도된 때로부터 매수인이 부담한다. 그럼에도 불구하고, 매도인이 매매계약의 체결시에 물품이 이미 멸실 또는 손상되었다는 사실을 알았거나 또는 알았어야 하는 경우에 이를 매수인에게 밝히지 아니한 때에는, 그 멸실 또는 손상은 매도인의 위험부담에 속한다.

제69조 기타 위험의 이전

1. 의의
2. 매도인의 영업소에서 인도하는 경우
3. 그 외 장소에서 인도하는 경우
4. 특정

1. 의의
   67조의 송부매매와 68조의 운송중의 매매 이외에 발생하는 위험이전의 문제

2. 매도인의 영업소에서 인도하는 경우(1항)
   매도인의 영업소에서 인도하는 경우에는 매수인이 물품을 수령하는 때에 위험이 매수인에게 이전한다.(31조 c 항에 대응)
   그러나 수령을 지체하는 경우에는 매수인이 계약을 위반하는 때에 위험이 이전한다.
3. 그 외의 장소에서 인도하는 경우(2항)
   매도인의 영업소 이외에서 물품을 수령하는 경우에는
   1) 인도의 이행기가 도래하고
   2) 물품이 그 장소에서 매수인의 처분에 맡겨져 있으며
   3) 그러한 사실을 매수인이 안 경우에
   위험이 매수인에게 이전한다.
4. 특정(3항)
   물품이 계약의 목적물로 명확히 특정되지 않으면 위험이 이전하지 않는다.

제69조(기타 경우의 위험)

(1) 제67조 및 제68조에 해당되지 아니하는 경우에는, 위험은 매수인이 물품을 인수한 때, 또는 매수인이 적시에 이를 인수하지 아니한 경우에는 물품이 매수인의 임의처분 하에 적치되고 매수인이 이를 수령하지 아니하여 계약위반을 범하게 된 때로부터 매수인에게 이전한다.
(2) 그러나 매수인이 매도인의 영업소 이외의 장소에서 물품을 인수하여야 하는 경우에는, 위험은 인도의 기일이 도래하고 또 물품이 그러한 장소에서 매수인의 임의처분 하에 적치된 사실을 매수인이 안 때에 이전한다.
(3) 계약이 아직 특정되지 아니한 물품에 관한 것인 경우에는, 물품은 계약의 목적물로서 명확히 특정되기까지는 매수인의 임의처분 하에 적치되지 아니한 것으로 본다.

제70조 위험의 불이전

1. 자체
2. 본질적 위반의 효과
3. 위험이전의 예외(66조 단서, 70조)

제70조(매도인의 계약위반시의 위험)

매도인이 계약의 본질적인 위반(fundamental breach)을 범한 경우에는, 제67조, 제68조 및 제69조의 규정은 그 본질적인 위반을 이유로 매수인이 원용할 수 있는 구제를 침해하지 아니한다.

제5장 매도인과 매수인의 의무에 공통되는 규정

제1절 이행기전 구제권 및 분할이행계약의 해제
제71조 이행기전 이행정지권
제72조 이행기전 계약해제권
제73조 분할이행계약의 해제

제2절 손해배상액
제74조 손해배상액산정의 일반원칙
제75조 대체거래시 손해배상액
제76조 시가에 의한 손해배상액
제77조 손해경감의무

제3절 이자
제78조 연체금액에 관한 이자

제4절 면책

제5절 계약해제의 효력
제81조 계약의무의 소멸과 반환의무
제82조 반환의무불능과 계약해제권 상실
제83조 해제권상실과 기타구제권 보유
제84조 이자와 이익의 반환

제6절 물품의 보관
제85조 매도인의 물품보관의무
제86조 매수인의 물품보관의무
제87조 창고보관의무
제88조 물품의 매각

제1절 이행기전 구제권 및 분할이행계약의 해제

제71조 이행기전 이행정지권   제73조 분할이행계약의 해제
제72조 이행기전 계약해제권

이행기 이전에 존재하는 계약위반의 가능성에 대해 그 상대방의 권리를 인정하고 있음.
1. 제71조 이행정지권
2. 제72조 이행기일전 계약해제권
3. 제73조 분할이행계약해제권(2항, 3항)

▌제71조 이행정지권

1. 의의
2. 이행정지권 행사의 요건
3. 효과
4. 통지

5. 재이행
  6. 손해배상청구권과의 관계

제71조(이행의 정지)
(1) 당사자 일방은 계약체결 후에 상대방이 다음과 같은 사유의 결과로 그 의무의 어떤 실질적인 부분(a substantial part)을 이행하지 아니할 것이 판명된(becomes apparent) 경우에는, 자기의 의무의 이행을 정지할 수 있다.
  (a) 상대방의 이행능력 또는 그 신뢰성의 중대한 결함, 또는
  (b) 상대방의 계약이행의 준비 또는 계약이행의 행위.
(2) 매도인이 전항에 기술된 사유가 명백하게 되기 전에 이미 물품을 발송한 경우에는, 비록 매수인이 물품을 취득할 권한을 주는 서류를 소지하고 있더라도, 매도인은 물품이 매수인에게 인도되는 것을 중지시킬 수 있다. 본 항의 규정은 매도인과 매수인 간에서의 물품에 대한 권리에만 적용한다.
(3) 이행을 정지한 당사자는 물품의 발송 전후에 관계없이 상대방에게 그 정지의 통지를 즉시 발송하여야 하고, 또 상대방이 그 이행에 관하여 적절한 확약을 제공하는 경우에는 이행을 계속하여야 한다.

제72조 이행기전 계약해제권

  1. 의의
  2. 요건
  3. 효과
  4. 통지
  5. 재이행
  6. 손해배상청구권과의 관계

제72조(이행기일전의 계약해제)
(1) 계약의 이행기일 이전에 당사자의 일방이 계약의 본질적인 위반(a fundamental breach)을 범할 것이 명백한(is clear) 경우에는, 상대방은 계약의 해제를 선언할 수 있다.
(2) 시간이 허용하는 경우에는, 계약의 해제를 선언하고자 하는 당사자는 상대방이 그 이행에 관하여 적절한 확약을 제공할 수 있도록 하기 위하여 상대방에게 상당한 통지를 발송하여야 한다.
(3) 전항의 요건은 상대방이 그 의무를 이행하지 아니할 것을 선언한 경우에는 이를 적용하지 아니한다.

Q. 이행기전 구제권 비교

조항	구제권리	행사요건	통지의무	비고	공통사항
71조	이행 정지권	실질적인 부분(a substantial part)의 불이행이 명백한 경우 (become apparant)	즉시통지	물품발송 후에도 매수인에게로의 인도를 중지할 수 있음	▪ 상대방의 적절한 보장제공시 ▪ 구제권 행사자는 자신의 의무 이행을 계속해야 함
72조	계약 해제권	본질적 위반 (fundamental breach)을 범할 것이 분명한 경우(is clear)	시간이 허용되면 통지	이행정지권보다 엄격한 기준이 적용됨	

제73조 분할이행계약의 해제

1. 의의
2. 분할이행계약
3. 유형(CISG 규정)
   (1) 분할분의 계약해제
   (2) 장래분할분에 대한 계약해제
   (3) 전체 계약에 대한 해제

▪ 구분 포인트

대상부분	당사자	요건	시기	기간
분할분의 계약해제	당사자	본질적 위반	이행기	기간X
장래분할분에 대한 계약해제	당사자	본질적 위반	이행기전	합리적 기간
전체 계약에 대한 해제	(인도된 경우) 매수인	계약체결시 - 상관관계	-소급 -이행기 -이행기전	

제73조(분할이행계약의 해제)
(1) 물품의 분할인도를 위한 계약의 경우에 있어서, 어느 분할부분에 관한 당사자 일방의 어떠한 의무의 불이행이 그 분할부분에 관하여 계약의 본질적인 위반(fundamental breach)을 구성하는 경우에는, 상대방은 그 분할부분에 관하여 계약의 해제를 선언할 수 있다.
(2) 어느 분할부분에 관한 당사자 일방의 어떠한 의무의 불이행이 상대방으로 하여금 장래의 분할부분에 관하여 계약의 본질적인 위반(fundamental breach)이 발생할 것이라는 결론을 내리게 하는 충분한 근거가 되는 경우에는, 상대방은 장래의 분할부분에 관하여 계약의 해제를 선언할 수 있다. 다만 상대방은 상당한 기간 내에 이를 행하여야 한다.
(3) 어느 인도부분에 관하여 계약의 해제를 선언하는 매수인은 이미 행하여진 인도 또는 장래의 인도에 관해서도 동시에 계약의 해제를 선언할 수 있다. 다만 그러한 인도부분들이 상호 의존관계(interdependence)로 인하여 계약 체결시에 당사자 쌍방이 의도한 목적으로 사용될 수 없을 경우에 한한다.

제2절 손해배상액

| 제74조 손해배상액산정의 일반원칙 | 제76조 시가에 의한 손해배상액 |
| 제75조 대체거래시 손해배상액 | 제77조 손해경감의무 |

Q. 손해배상청구권(제74조 ~ 제77조)

1. 자체
2. 구제권
   45 + 61 + 74-77
3. 비엔나협약의 특징
   - 매도인의 계약위반이라는 객관적 사실의 존재 - 과실 입증 필요 X
   - 무과실책임주의
4. 병존채무로서의 구제권
   - 양립 가능한 청구권(중첩적으로 행사 가능)
5. 손해배상청구 VS 대금감액(유용성 도출)
6. 손해경감의무 - 신의칙
7. 구제의 특징
8. 실무적 문제점 및 대책
   - LD 조항의 활용

▎제74조(손해배상액산정의 일반원칙)

1. 의의
2. 손해배상산정의 일반원칙
   (1) 손해배상의 범위
   (2) 예견가능성에 의한 제한

1) 손해배상의 범위
   1) 완전배상의 원칙
   2) 예견가능성
      계약위반자가 계약체결시에 예견가능했던 손해(계약위반이 아님)에 한정
      ① 예견가능성의 대상 : 계약위반이 아니라 손해

② 예견가능성의 시점 : 계약체결시
③ 예견하는 주체
    계약위반자 자신이 아니라 그와 같은 상황에 있을 합리적인 계약위반자
3) 구체적인 배상범위
    계약체결시 계약위반자가 계약위반의 결과로 예견할 수 있었던 손해

제74조(손해배상액산정의 원칙)

당사자 일방의 계약위반에 대한 손해배상액은 이익의 손실을 포함하여 그 위반의 결과로 상대방이 입은 손실과 동등한 금액으로 한다. 그러한 손해배상액은 계약 체결시에 위반의 당사자가 알았거나 또는 알았어야 할 사실 및 사정에 비추어서 그 위반의 당사자가 계약 체결시에 계약위반의 가능한 결과로서 예상하였거나 또는 예상하였어야 하는 손실을 초과할 수 없다.

▌제75조 대체거래시의 손해배상액

> 1. 의의
> 2. 요건
> 3. 손해산정

1. 의의
    계약을 해제하고 그 물품에 대한 대체거래가 있었던 경우에 손해를 산정하는 방법
2. 요건
    - 계약해제가 있어야 하고
    - 물품에 대한 대체거래가 있어야 한다.
3. 손해산정

제75조(대체거래시의 손해배상액)

계약이 해제되고 또한 해제 후에 상당한 방법과 상당한 기간 내에 매수인이 대체품을 구매하거나 또는 매도인이 물품을 재매각한 경우에는, 손해배상을 청구하는 당사자는 계약대금과 대체거래의 대금과의 차액뿐만 아니라 제74조에 따라 회수가능한 기타의 모든 손해배상액을 회수할 수 있다.

▌제76조 시가에 기초한 손해배상액

> 1. 의의
> 2. 요건
> 3. 손해액의 산정범위
> 4. 시가의 기준시기

3. 시가적용의 기준장소

제76조(시가에 기초한 손해배상액)
(1) 계약이 해제되고 또한 물품에 시가가 있는 경우에는, 손해배상을 청구하는 당사자는 제75조에 따라 구매 또는 재매각을 행하지 아니한 때에는 계약대금과 계약해제시의 시가와의 차액뿐만 아니라 제74조에 따라 회수가능한 기타의 모든 손해배상액을 회수할 수 있다. 그러나 손해배상을 청구하는 당사자가 물품을 인수한 후에 계약을 해제한 경우에는, 계약해제시의 시가에 대신하여 물품인수시의 시가를 적용한다.
(2) 전항의 적용에 있어서, 시가라 함은 물품의 인도가 행하여졌어야 할 장소에서 지배적인 가격을 말하고, 그 장소에서 아무런 시가가 없는 경우에는 물품의 운송비용의 차이를 적절히 감안하여 상당한 대체가격으로 할 수 있는 다른 장소에서의 가격을 말한다.

제77조 매수인의 손해경감의무

1. 의의
   ① 7조(신의칙원칙) 의 일반화
   ② 손해를 입은 권리침해 당사자에게 위반 당사자의 손실을 경감시키는 조치를 취하도록 규정
   ③ 이행기 전 및 이행기일 후에도 부과됨
      cf. 손해경감의무는 이행청구권과 모순이 되는 경우가 발생하기도 한다.
2. 의무위반의 효과
3. 관련 규정
   - 비엔나협약 제77조
   - MIA 제78조 4항
   - 신 ICC 제16조

제77조(손해경감의 의무)
계약위반을 주장하는 당사자는 이익의 손실을 포함하여 그 위반으로부터 야기된 손실을 경감하기 위하여 그 사정에 따라 상당한 조치를 취하여야 한다. 그러한 조치를 취하지 아니하는 경우에는, 위반의 당사자는 경감되었어야 하는 손실의 금액을 손해배상액에서 감액하도록 청구할 수 있다.

제78조(연체금액의 이자)
당사자 일방이 대금 또는 기타 모든 연체된 금액을 지급하지 아니한 경우에는, 상대방은 제74조에 따라 회수가능한 손해배상액의 청구에 침해받지 아니하고 그 금액에 대한 이자를 청구할 권리를 갖는다.

제4절 면책

| 제79조 손해배상책임의 면제 | 제80조 채권자가 야기한 불이행 |

▮제79조 면책

1. 의의
   - 계약위반에 대해 무과실 책임
   cf. 적용 법리 : 이행불능, 천재지변, 계약목적달성불능(Frustration), 불가항력, 전제된 조건의 불이행
      * 비록 면책사유가 명백하더라도 계약을 이행하지 못한 당사자가 그 이행의 대금을 청구할 수는 없다. 문제는 계약을 불이행한 당사자가 손해에 대한 배상책임이 있느냐 하는 것이다.
2. 면책의 일반원칙(면책의 요건) - 제79조 1항
   (1) 통제할 수 없는 장애
   (2) 예견불가능성
   (3) 회피불가능성
   (4) 입증책임
3. 제3자에 기인한 불이행 - 제79조 2항
4. 장애발생의 통지(제79조 4항)
   - 불이행의 당사자가 합리적 기간 내에 통지(도달주의 - 27조의 예외)
5. 면책의 범위
   - 면책은 손해배상액의 청구에만 효력
6. 상대방의 작위 또는 부작위에 기한 불이행에 대한 면책(채권자가 야기한 불이행)

제79조(손해배상책임의 면제)
(1) 당사자 일방은 그 의무의 불이행이 자신의 통제를 벗어난 장해에 기인하였다는 점과 계약체결시에 그 장해를 고려하거나 또는 그 장해나 장해의 결과를 회피하거나 극복하는 것이 합리적으로 기대될 수 없었다는 점을 입증하는 경우에는 자신의 어떠한 의무의 불이행에 대하여 책임을 지지 아니한다.
(2) 당사자의 불이행이 계약의 전부 또는 일부를 이행하기 위하여 고용된 제3자의 불이행에 기인한 경우에는, 그 당사자는 다음과 같은 경우에 한하여 그 책임이 면제된다.
  (a) 당사자가 전항의 규정에 따라 면책되고, 또
  (b) 당사자가 고용한 제3자가 전항의 규정이 그에게 적용된다면 역시 면책되는 경우.
(3) 본조에 규정된 면책은 장해가 존재하는 동안의 기간에만 효력을 갖는다.
(4) 불이행의 당사자는 장해와 그것이 자신의 이행능력에 미치는 영향에 관하여 상대방에게

통지하여야 한다. 불이행의 당사자가 장해를 알았거나 또는 알았어야 하는 때부터 상당한 기간 내에 그 통지가 상대방에게 도착하지 아니한 경우에는, 당사자는 그러한 불착으로 인하여 발생하는 손해배상액에 대한 책임이 있다.
(5) 본조의 규정은 어느 당사자에 대해서도 이 협약에 따른 손해배상액의 청구 이외의 모든 권리를 행사하는 것을 방해하지 아니한다.

제80조(채권자가 야기한 불이행)

1. 의의
   채권자에 의해 야기된 불이행으로 인해 채무자가 불이익을 받아서는 안된다는 신의성실의 원칙을 나타내고 있음.
2. 요건
   채권자의 작위 또는 부작위
3. 효과
   채권자는 채무자의 불이행을 원용할 수 없다.

제80조(자신의 귀책사유와 불이행)
당사자 일방은 상대방의 불이행이 자신의 작위 또는 부작위에 기인하여 발생한 한도 내에서는 상대방의 불이행을 원용할 수 없다.

제5절 해제의 효력

제81조 계약의무의 소멸과 반환의무 제82조 반환의무불능과 계약해제권 상실	제83조 해제권상실과 기타구제권 보유 제84조 이자와 이익의 반환

제81조 계약의무의 소멸과 반환의무

1. 의의
   계약해제에서 발생하는 법적 효력을 정하고 있음.
   + 51(일부불일치) + 73(분할계약)
2. 급부로부터의 해방(81-1)
   - 손해배상금지급을 전제

3. 반환의무(81-2) + 85 ~ 88 ++ 84조

제81조(계약의무의 소멸과 반환청구)
(1) 계약의 해제는 이미 발생한 모든 손해배상의 의무를 제외하고 양당사자를 계약상의 의무로부터 면하게 한다. 해제는 분쟁해결을 위한 어떠한 계약조항이나 계약의 해제에 따라 발생하는 당사자의 권리와 의무를 규율하는 기타 모든 계약조항에 영향을 미치지 아니한다.
(2) 계약의 전부 또는 일부를 이행한 당사자 일방은 상대방에 대하여 그 계약하에서 자신이 이미 공급하였거나 또는 지급한 것에 대한 반환을 청구할 수 있다. 당사자 쌍방이 반환하여야 할 의무가 있는 경우에는, 양당사자는 동시에 이를 이행하여야 한다.

제82조(물품반환이 불가능한 경우)

1. 의의
2. 구제권의 제한
3. 제한의 예외
    (1) 작위, 부작위 X
    (2) 검사로 인한 멸실, 훼손
    (3) 정상적인 매각 및 소비
4. 기타의 구제권(83조)

제82조(물품반환이 불가능한 경우)
(1) 매수인이 물품을 수령한 상태와 실질적(substantially)으로 동등한 물품을 반환하는 것이 불가능한 경우에는, 매수인은 계약의 해제를 선언하거나 또는 매도인에게 대체품의 인도를 요구하는 권리를 상실한다.
(2) 전항의 규정은 다음과 같은 경우에는 이를 적용하지 아니한다.
    (a) 물품을 반환하거나 또는 매수인이 물품을 수령한 상태와 실질적으로 동등한 물품을 반환하는 것이 불가능한 사유가 매수인의 작위 또는 부작위에 기인하지 아니한 경우,
    (b) 제38조에 규정된 검사의 결과로 물품의 전부 또는 일부가 이미 멸실되었거나 또는 변질된 경우, 또는
    (c) 매수인이 불일치를 발견하였거나 또는 발견하였어야 하는 때 이전에 물품의 전부 또는 일부가 이미 매수인에 의하여 정상적인 영업과정에서 매각되었거나, 또는 정상적인 사용과정에서 소비되었거나 또는 변형된 경우

제83조 기타의 구제권

제83조(기타의 구제방법)
매수인은 제82조에 따라 계약의 해제를 선언하는 권리 또는 매도인에게 대체품의 인도를 요구하는 권리를 상실한 경우에도, 계약 및 이 협약에 따른 기타 모든 구제방법을 보유한다.

제84조 이익의 반환

1. 의의
2. 이자의 반환
3. 이익의 반환

제84조(이익의 반환)
(1) 매도인이 대금을 반환하여야 할 의무가 있는 경우에는, 매도인은 대금이 지급된 날로부터의 그것에 대한 이자도 지급하여야 한다.
(2) 매수인은 다음과 같은 경우에는 물품의 전부 또는 일부로부터 취득한 이익을 매도인에게 반환하여야 한다.
 (a) 매수인이 물품의 전부 또는 일부를 반환하여야 하는 경우, 또는
 (b) 매수인이 물품의 전부 또는 일부를 반환하거나 또는 그가 물품을 수령한 상태와 실질적으로 동등하게 물품의 전부 또는 일부를 반환하는 것이 불가능함에도 불구하고, 매수인이 계약의 해제를 선언하였거나 또는 매도인에게 대체품의 인도를 요구한 경우

제6절 물품의 보관

제85조 매도인의 물품보관의무   제87조 창고보관의무
제86조 매수인의 물품보관의무   제88조 물품의 매각

기본원칙 : 물품의 소유권이나 위험이 누구에게 있든 상관없이 물품이 사실상 자기의 책임영역에 존재하는 경우는 그가 물품을 보관해야 한다는 것
 - 보관의무는 신의칙에서 나온 것임(77 + 85 + 86)

(1) 물품보존을 위한 매수인의 합리적 조치의무
(2) 매수인의 유치권
(3) 인수거절물품의 점유의무
  1) 의의
  2) 적용의 배제
  3) 인수거절물품 점유자의 권리의무

제85조 매도인의 보존의무 + 88조 매각

1. 의의
   신의칙 77 + 85(손해경감을 위한 신의칙)

2. 보관의무의 요건
   (1) 매수인측의 요건
      - 물품 인도의 수령을 지체하거나
      - 지급과 인도가 동시에 이루어져야 함에도 매수인이 대금을 지급하지 아니한 경우
   (2) 매도인측의 요건
      - 물품을 점유하고 있거나
      - 처분을 지배할 수 있는 경우

3. 보관의무의 내용
   - 물품을 보관하기 위하여 상황에서 합리적인 조치를 취해야 함
   ex) 물품을 창고에 임치하거나, 비바람을 막아주는 것, 보험에 들어 두거나 경비를 세우는 것, 물품을 매각하는 것 등

4. 보관의무의 효과
   매도인의 보관의무는 계약의무의 하나이므로 이 의무를 위반하면 매도인은 손해를 배상하여야 한다. 그러나 보관의무를 위반하였더라도 매도인은 매수인의 수령의무의 위반이나 대금지급의무의 위반에 따른 구제수단은 모두 행사할 수 있다.

5. 비용상환과 유치권
   보관비용은 매수인이 부담한다. 보관비용과 물품인도는 동시이행관계이다.

6. 매각권(88조 1항 / 3항)
   비용상환이 불합리하게 지체된다면 매도인은 물품을 매각하고 매각대금에서 비용을 공제할 수도 있다.

제85조(매도인의 보존의무)
매수인이 물품의 인도수령을 지체한 경우에, 또는 대금의 지급과 물품의 인도가 동시에 이행되어야 하는 때에 매수인이 그 대금을 지급하지 아니하고 매도인이 물품을 점유하고 있거나 또는 기타의 방법으로 그 처분을 지배할 수 있는 경우에는, 매도인은 물품을 보존하기 위하여 그 사정에 합리적인 조치를 취하여야 한다. 매도인은 자신의 합리적인 비용을 매수인으로부터 보상받을 때까지 물품을 유치할 권리가 있다.

제86조 매수인의 보존의무 + 88조 매각

1. 의의

2. 매수인의 보관의무(1항)
   (1) 요건
      ① 매수인이 물품을 수령했어야 한다.
      ② 매수인이 정당한 물품 거절권을 가지고 있으며 이 권리를 행사하고자 해야 한다.
   (2) 내용
      그 상황에서 합리적인 조치를 취해야 한다.
   (3) 비용상환과 유치권
      매도인으로부터 비용을 상환받을 때까지 물품을 유치할 수 있다.

3. 잠정적 점유의무(2항)
   매수인이 아직 물품을 점유하고 있지 않은 경우에는 일정한 요건 하에서 매수인에게 먼저 점유의무를 부과하고, 매수인이 점유한 후에는 보관의무를 부담시키고 있다.
   (1) 물품이 도착지에서 매수인의 처분에 맡겨져야 한다.
   (2) 매수인이 물품을 거절하는 권리를 행사하여야 한다.
   (3) 대금지급 없이 매수인이 물품을 점유할 수 있어야 한다.
   (4) 매수인이 점유로 인해 불합리한 불편이나 불합리한 경비가 생기지 않아야 한다.
   (5) 도착지에 매도인이나 매도인을 위한 물품의 관리인이 없어야 한다.

- 계약해제(49), 대체품인도청구(46-2), 일부인도(51), 사전인도 및 초과인도(52)

   33조(인도시기) - 52조(조기인도) - 수령 - 거절(86조 매수인의 보존의무)
   35조(적합수량) - 52조(초과수량) - 수령(대금지급) - 거절(86조 매수인의 보존의무)

제86조(매수인의 보존의무)
(1) 매수인이 물품을 수령한 경우에 있어서 그 물품을 거절하기 위하여 계약 또는 이 협약에 따른 어떠한 권리를 행사하고자 할 때에는, 매수인은 물품을 보존하기 위하여 그 사정에 합리적인 조치를 취하여야 한다. 매수인은 자신의 합리적인 비용을 매도인으로부터 보상받을 때까지 물품을 유치할 권리가 있다.
(2) 매수인 앞으로 발송된 물품이 목적지에서 매수인의 임의처분 하에 적치된 경우에 있어서 매수인이 물품을 거절하는 권리를 행사할 때에는, 매수인은 매도인을 위하여 물품을 점유하여야 한다. 다만 이것은 대금의 지급이 없이 그리고 불합리한 불편이나 불합리한 비용이 없이 행하여질 수 있는 경우에 한한다. 이 규정은 매도인이나 또는 매도인을 위하여 물품을 관리하도록 수권된 자가 목적지에 있는 경우에는 이를 적용하지 아니한다. 매수인이 본항의 규정에 따라 물품을 점유하는 경우에는, 매수인의 권리와 의무에 대해서는 전항의 규정을 적용한다.

제87조 제3자 창고에의 기탁

제87조(제3자 창고에의 기탁)
  물품을 보존하기 위한 조치를 취하여야 할 의무가 있는 당사자는 그 발생한 비용이 불합리한 것이 아닌 한, 상대방의 비용으로 물품을 제3자의 창고에 기탁할 수 있다.

제88조 물품의 매각

1. 의의
2. 자조매각권(1항)
    1) 상대방이 물품을 점유하거나 반환 받는 것 또는 대금이나 보관비용을 지급하는 것을 불합리하게 지체하는 경우에
    2) 상대방에게 매각의 의사를 합리적으로 통지하는 한
3. 자조매각의무(2항)
4. 매각대금의 처리

제88조(물품의 매각)
(1) 제85조 또는 제86조에 따라 물품을 보존하여야 할 의무가 있는 당사자는 상대방이 물품의 점유 또는 반송에 있어서, 또는 대금이나 보존비용의 지급에 있어서 불합리하게 지연한 경우에는, 적절한 방법으로 물품을 매각할 수 있다. 다만 상대방에 대하여 그 매각의 의도에 관한 합리적인 통지가 있어야 한다.
(2) 물품이 급속히 변질되기 쉬운 것이거나 또는 그 보존에 불합리한 비용이 요구되는 경우에는, 제85조 또는 제86조에 따라 물품을 보존하여야 할 의무가 있는 당사자는 이를 매각하기 위한 합리적인 조치를 취하여야 한다. 보존의 의무가 있는 당사자는 가능한 한, 상대방에게 매각의 의도에 관하여 통지를 하여야 한다.
(3) 물품을 매각하는 당사자는 매각의 대금으로부터 물품의 보존과 그 매각에 소요된 합리적인 비용과 동등한 금액을 유보할 권리를 갖는다. 그러나 그 당사자는 상대방에게 잔액을 반환하여야 한다.

제3편 CISG와 Incoterms 비교

- 인코텀즈 : 당사자의 <u>의무를 위주로 상세하게</u> 규정 (인도의무 중심)
- CISG : 당사자의 구제를 위주로 <u>일반적이고 포괄적인</u> 규정

제1절 적용 관련
  (1) 적용범위
  (2) 적용대상
  (3) 적용요건

제2절 제정관련
  (1) 제정주체
  (2) 제정연도
  (3) 개정주기

제3절 계약의 성립 및 법리 관련
  (1) 계약의 성립
  (2) 청약과 승낙
  (3) 소유권의 이전
  (4) 위험의 이전
  (5) 점유의 이전
  (6) 계약의 유효성
  (7) 매도인과 매수인의 의무
  (8) 매도인의 제공서류

제4절 계약의 이행
  (1) 운송계약
  (2) 보험계약
  (3) 대금결제
  (4) 수출입통관 등

제5절 계약의 종료
- 당사자의 구제

제6절 종합
- CISG- 성립, 유지, 당사자권리구제
- Incoterms-정형화, 위험, 비용의 이전등 일부 구체적 문제 세분화하여 규정
- 당사자의무 : (포괄) VS (상세)
- 당사자구제권리 : (상세) VS (없음)

제7절 관계
- 배타적 규정이 아닌 상호 보완적임
- CISG 제9조의 규정에 의거 인코텀즈가 우선 적용

항 목	비엔나협약	Incoterms
제정주체	UN	ICC
제정년도	1980	1936
효력발생	1988.1.1	1936년 이후 8차 개정 현행 Incoterms 2020 적용
주안점	계약의 성립, 계약 유지 당사자 구제권리	국제매매 계약의 정형화 위험, 비용의 이전 등 일부 구체적 문제를 세분화하여 규정
당사자 의무	포괄적 규정 매도인 의무 - 4가지 매수인 의무 - 2가지	11개 정형조건별 매도인 의무 - 10개항 매수인 의무 - 10개항으로 상세히 규정
통관, 비용, 보험, 운송	규정 없음. 운송계약체결(의무가 있을 때) 보험 - 정보제공 의무규정	11개 정형거래조건별로 상세히 규정
위험이전	포괄적 규정	11개 정형거래조건별로 상세히 규정
상대방 구제권리	상세한 규정 매도인 구제권리 - 5가지 매수인 구제권리 - 7가지	당사자 위반 시의 책임규정이나 구제권리에 관한 규정 없음.
관련성	배타적 규정이 아니라 상호 보완적임.	
우선적용	비엔나협약 제9조에 의거 Incoterms 규정이 우선 적용됨.	

최권수
무역실무
Summary

PART 3

제3편
국제물품매매계약의 이행

제5장 대금결제 _ 비신용장방식
제6장 대금결제 _ 신용장방식
제7장 국제운송
제8장 해상보험

제5장 대금결제 _ 비신용장 방식

- **성립** - **이행** - **종료**
  매매계약   (종속계약)
  (주계약)   금융(결제)계약
                운송계약
                보험계약

- 계약자체 : **쌍무적 계약**(물품인도 vs 대금결제)

- 무역거래조건(**결제조건**) ; 결제방법 / 결제시기 / 결제통화 등
  ▽
  ▽
  ▽
  신용장 방식   결제방식의 기초
  비신용장 방식   ▼
                       실무상활용(현실적용/한계/극복)
                              ▼
                           관련 국제규칙

- CISG 상 매수인의 대금지급의무
  53조 + 54 ~ 59 조

- Incoterms 상 매수인의 대금지급의무
  B1

☑ 각 결제 방식 간 비교 / 한계도출 / 극복방안

대금결제 기초	준거법규	실무상 결제방식의 활용 (CASE 유형)

1. 의의(개념, 정의, 특징)
 2. 기능, 유용성
 3. 당사자, 당사자간 법률관계
 4. 거래절차
 5. 종류(유형)
 6. 거래의 실제(활용)
 7. 타 결제방식과의 비교
 8. 효용, 한계점 → 극복방안
	1. 준거법규 이해
	   (1) 의의
	   (2) 제, 개정
	   (3) 주요(개정)특징
	   (4) 구성
	   (5) 개별조문 이해
	   (6) Matrix
	 2. 사례문제 논거활용
		1. 실무 적용시 한계
		 2. 변형사용(유연성 부여)
		   원칙 / 한계

제1편 송금방식

1. 의의 2. 특징 3. 종류 4. 장단점 5. 활용 6. 한계	■ **특징** - 대금결제의 의의(단순성) - 순환 / 역환 - 은행 개입 및 은행의 지급확약 - 수수료(비용) - 절차성(단순성) - 적합한 거래

1. 의의

- 물품대금의 전액을 외화로 영수 또는 지급하는 조건
- 순환방식
- 가장 단순한 방식(안정성 문제)

2. 특징

① 대금결제의 의의(단순성) - 가장 단순한 방식(안정성문제)
② 순환(順換)
③ 은행 개입 및 은행의 지급확약
④ 수수료(비용)
⑤ 절차성(단순성)
⑥ 적합한 거래

3. 종류

(1) **단순송금방식**(= 사전송금방식 = 선지급 방식)

① 의의 : 수입대금 전액을 물품의 선적 전에 외화로 미리 지급하고, 수출상이 일정한 기일 내에 이에 상응하는 물품을 수출하는 것.
② 특징 : 수출상 가장 유리 / 수입상 자금부담 / 가장 단순한 방식
③ 적합한 거래 : 견본구매, 소액의 시험주문, 복잡한 절차 회피

④ 종류
어떠한 송금수단을 사용하는지 여부에 따라 3가지 방법으로 구분
송금환 ; 수취인에 대하여 일정한 금액의 지급을 은행에게 위탁하는 지급지시서(payment order)로서, 전신송금환은 지급지시가 전신으로 통지되는 것이고, 우편송금환은 지급지시서가 우편으로 송부되는 것을 말한다.

- D/D ; 수취인에 대하여 일정금액의 지급을 은행에게 위탁하는 유가증권
  (money order)
- M/T ; 수취인에 대하여 일정금액의 지급을 은행에게 우편으로 위탁하는 지급지시서
  (payment order)
- T/T ; 수취인에 대하여 일정금액의 지급을 은행에게 전신으로 위탁하는 지급지시서
  (payment order)

* **구분포인트**
ⓐ 수단 : 송금수표 vs 우편환 vs 전신환
ⓑ 전달위험 : 매수인 vs 은행(+ 분실, 전달위험)
ⓒ 신속성(환변동위험) : 느리냐 vs 신속

	수단	전달위험(+분실위험)	신속성(+환위험)	비용	적합거래
D/D					
M/T					
T/T					

- D/D, M/T, T/T
  1. 의의
  2. 특징
  3. 적합한 거래
  4. 거래절차
  5. 종류
  6. 장점
  7. 단점(한계)

(2) 대금상환도

> 1. 대금결제의 시기적 분류
> 2. 자체
> 3. CAD VS D/P

① 의의
　유용한 거래
　ex) 신용장 개설 및 환결제에 어려움이 있는 공산권 국가
　　　과다한 인지세로 인하여 대금결제시 환어음의 개입을 꺼리는 유럽
② 특징
③ 종류
　▪ COD ① 의의　② 특징　③ 적합한 거래　④ 절차　⑤ 한계
　▪ CAD ① 의의　② 특징　③ 적합한 거래　④ 절차　⑤ 한계

Issue1. COD(Cash On Delivery)

1. **의의**
2. **특징**
3. **적합한 거래**
4. **절차**
5. **한계**(장단점/효용)

　① 수출상 : 대금회수 장기 / 인수거절시 대금회수 불능
　② 수입상 : 위험 없음

6. **유사형태**

　점검매매조건부 / 동시결제 / BWT

Issue2. CAD(Cash Against Document)

1. 의의
2. 특징
3. 적합한 거래
4. 절차
5. 한계(장단점/효용)

- 수출상 : 대금회수 신속 / 대금 안전 회수(서류) / 서류 거절시 화물회수
  (완벽한 결제방식이 아님)
- 수입상 : 선적확신 / 품질 보장 할 수 없음 / 선적하지 않은 상태 대금지급시 문제

6. CAD VS D/P

Issue3. CAD(유럽식 D/P) VS D/P

1. 의의
2. 정의
3. 공통점

서류거래(선적서류와 상환으로 대금지급)

* CAD 방식이 외국환은행을 통하여 이루어지면, 형식적으로는 D/P 방식에 의한 거래와 거의 다름이 없다.

4. 차이점

(1) 은행을 통하는 거래
(2) 환어음 사용여부

제2편
추심결제방식

1. 의의 / 정의
2. 효용
3. 특징
4. 신용장 거래와 차이
5. 당사자와 당사자간 법률관계
6. 종류
7. 거래절차
8. 실제
9. 한계
10. URC 522(추심통일규칙)

1. 의의 / 정의

- 계약서 베이스(contract basis)에 의한 방식
- 순수외상 형식의 결제방식
- 매매당사자간의 계약에 의거하여 수출상이 상품을 선적한 후 관련서류를 첨부한 화환어음을 수입업자에게 제시하면 수입업자가 그 어음에 대한 지급 또는 인수를 하여 결제하는 방법
- URC 522 제2조 a항 : '추심(Collection)'이라 함은 은행이 접수된 지시에 따라 ① 지급 또는 인수를 받거나 ② 지급인도 또는 인수인도로 서류를 인도하거나 ③ 기타의 조건으로 서류를 인도하는 목적 등으로 금융서류 및 상업서류를 인도하는 목적으로 서류를 취급하는 것을 의미한다.

2. 효용

1) 일반적인 효용

　① 은행경비 및 수수료의 절감
　② 취급절차의 간편성
　③ 본·지사간 거래 등에 적합

2) 수입상의 효용

　① 자금부담의 경감
　② 상업위험의 회피

3) 수출상의 효용
   ① 수출경쟁수단으로 활용
   ② 수출상의 신용도에 따른 수출대금의 조기회수 가능
   ③ 무역금융의 활용
   ④ 수출보험의 활용을 통한 위험 회피

3. 특징
   (1) 역환(逆換)방식
   (2) 서류거래
   (3) 은행통한 거래
   (4) 은행지급확약 : 없음
   (5) 환어음 사용
   (6) 단순성(신용장 대비 상대적으로 간편)
   (7) 경제성(수수료 ; 신용장 대비 상대적으로 저렴)

4. 신용장 거래와의 차이
   <u>은행을 통한 서류의 송부와 대금의 추심 및 은행을 통한 거래</u>이라는 추심결제의 특성 때문에 외관상으로는 신용장거래와 D/P와 D/A가 별반 다른 것이 없는 것 같지만 양자 사이에는 차이점이 있다.
   (1) 수입대금의 지급책임자가 다르다.
   (2) 국제규범이 다르다.
   (3) 화물의 소유권과 관련한 법적 의미가 다르다.
   (4) 은행에 지불하는 수수료가 다르다.
   (5) 서류심사 의무가 다르다.
   (6) 환어음상의 지급인이 다르다.
   (7) Nego에 대한 법적 의미가 다르다.

5. 당사자와 권리관계
   (1) 당사자(URC 522 제3조)
      <u>① 추심의뢰인(principal)</u>
      <u>② 추심의뢰은행(remitting bank)</u>

③ 추심은행(collecting bank)
④ 제시은행(presenting bank)
⑤ 지급인(drawee)

(2) **책임과 의무**(URC 522 제9조 내지 제15조 ; 의무 및 책임)
  ① **추심의뢰은행**(추심관계은행)
   1) 의무
      - 신의성실 및 상당주의 의무(9조)
      - 접수된 서류의 검토와 통지의무(12조)
      - 추심은행 앞으로 탁송된 물품에 대한 의무(10조)
   2) 면책
      - 피지시자 행위에 대한 면책(11조)
      - 접수된 서류에 대한 면책(12조)
      - 서류의 효력 등에 대한 면책(13조)
      - 송달중의 지연, 분실 및 번역에 관한 면책(14조)
      - 불가항력의 사유로 인한 결과에 대한 면책(15조)

   > - URC
   >
   >   제11조 지시받은 당사자의 행위에 대한 면책 VS UCP 600 제37조
   >   <u>제12조 접수된 서류에 대한 면책</u>
   >   제13조 서류의 효력에 대한 면책 VS UCP 600 제34조
   >   제14조 운송 및 번역 중의 지연, 멸실에 대한 면책 VS UCP 600 제35조
   >   제15조 불가항력에 대한 면책 VS UCP 600 제36조

  ② 추심의뢰인 의무
      - 수수료 부담(10조 d항)
      - 비용 및 위험부담(11조 a항)
      - 외국의 법률과 관행에 따른 의무(11조 c항)

6. 추심결제방식의 종류

(1) **지급인도 조건** (D/P)
  - 의의
  - 특징
  - 절차
  - 종류(D/P Usance, D/P at sight)

D/P at sight ; 환어음 및 서류의 도착 즉시, 추심은행이 어음의 지급을 받음과 동시에 서류를 인도하는 조건

D/P usance ; 추심은행이 Usance 기간동안 서류를 보관하다가 그 이후에 제시하여 대금의 지급과 상환으로 서류를 인도하는 방식의 거래, 서류도착 즉시 추심은행이 수입자에게 인도하지 아니하고 명시된 기간이 경과한 후에 수입자에게 수입대금을 받고 서류를 인도해주는 D/P거래의 한 형태

> - D/P Usance VS D/A
> 1. 의의
> 2. D/P Usance
>   1) 의의
>   ex) D/P at 30 days after B/L date) ; 추심은행이 환어음과 서류의 도착 즉시가 아니라, 일정기간 후(B/L발행일로부터 30일이 되는 날)에 어음지급을 받음과 동시에 서류를 인도하는 조건
>   2) 효용
> 3. D/A
> 4. 차이점

(2) 인수인도 조건(D/A)
- 의의
- 특징
- 절차

D/A ; D/A at 30 days after B/L date ; 추심은행이 환어음과 서류의 도착 즉시, 환어음의 인수와 동시에 서류를 인도하고, 어음만기일(B/L 발행일로부터 30일이 되는 날)에 대금지급을 받는 조건

(3) D/P와 D/A 결제방식의 차이
① 공통점 : 은행거래 / 어음부거래
② 차이점 : 대금지급기한(어음종류/신용공여)

7. 추심결제방식의 거래절차

(1) D/P 결제방식의 거래절차

(2) D/A 결제방식의 거래절차

8. 추심결제의 실제

(1) 추심지시서(collection instruction)
(2) 추심서류의 접수
(3) 추심서류의 인도
(4) 추심대금의 결제

9. 추심결제방식의 한계

(1) 추심결제방식 공통의 한계
　① 수출상의 대금회수불능 위험
　② 수출상의 대금회수의 지연
　③ 수입상의 상품입수불능 위험
　④ 준거법상 문제

(2) D/P 결제방식의 한계성
　① 수출상 화물에 대한 통제권 보유
　② 수입상의 서류 인수 거부시 대금회수 불능
　③ 수입상 품질 불일치 우려

(3) D/A 결제방식의 한계성
　① 만기 도래전 수입상 파산시 수출상의 대금회수불능 위험
　② 수입상 품질 불일치 우려

- 수출상
-〉 대금회수 1) 확실성(불능) ---〉 매수인의 신용불량 / 지급불능
　　　　　　 2) 지연　　　 ---〉 추심기간동안의 대금지급의 지연

- 수입상
-〉 상품입수 1) 확실성(입수확신)
　　　　　　 2) 일치성 -------〉 계약에 적합한 물품인지 불확실(서류)
-〉 금융비용

10. 추심방식 하에서 위험관리 방안

(1) 수출보험제도 활용
(2) 해외바이어에 대한 현지신용정보기관을 통한 정보입수
(3) 미수채권지원제도 활용
(4) 추심거래의 선하증권 발행 관행 개선
(5) 기타
　① 철저한 신용조사
　② 수입자에게 Standby L/C 발행, 계약이행보증서 등의 담보제공 요구
　③ 수입자에게 지급보증서 요구 등

11. 추심결제에 관한 통일규칙(URC 522)

(1) 추심통일규칙의 의의
(2) 화환어음 추심에 관한 통일규칙의 구성과 주요 내용

> 1. 의의
> 2. 연혁
> 3. 특징
> 4. 개별조문

　(1) 적용범위(제1조)
　(2) 추심의 정의 및 서류 관련 규정(제2조)
　(3) 추심관계당사자(제3조)
　(4) 추심지시서(제4조)
　(5) 제시(제5조)
　(6) 일람출급 및 인수(제6조)
　(7) 상업서류의 인도(제7조)
　(8) 서류의 작성(제8조)
　(9) 의무와 책임(제9조 ~ 제10조)
　(10) 은행의 면책(제11조 ~ 제15조)
　(11) 지급조건(제16조 ~ 제19조)
　(12) 이자·수수료 및 비용(제20조 ~ 제21조)
　(13) 환어음·약속어음(제22조 ~ 제23조)

(14) 거절증서(제24조)
(15) 예비지급인(제25조)
(16) 추심결과의 통지(제26조)

A. General Provisions and Definitions(총칙 및 정의)

제1조 추심에 관한 통일규칙 522의 적용

a. 1995년 개정, 국제상업회의소 간행물 번호 522, 추심에 관한 통일규칙은 본 규칙의 준거문언이 제4조에 언급된 '추심지시서'의 본문에 삽입된 경우에 제2조에 정의된 모든 추심에 적용되며, 별도의 명시적인 합의가 없거나 또는 국가, 주, 또는 지방의 법률 및/또는 규칙의 규정에 위배되지 아니하는 한 모든 관계당사자를 구속한다.

b. 은행은 추심 또는 어떠한 추심지시서 또는 이후 관련지시서를 취급하여야 할 의무를 지지 아니한다.

c. 은행이 어떠한 이유로 접수된 추심 또는 관련지시서를 취급하지 않을 것을 결정한 경우에는 추심 또는 그 지시서를 송부한 당사자에게 전신, 또는 그것이 가능하지 않은 경우, 다른 신속한 수단으로 지체없이 통지하여야 한다.

제2조 추심의 정의

본 규칙의 목적상,

a. "추심"이라 함은 은행이 접수된 지시에 따라 다음과 같은 목적으로 아래 제2조 제b항에 정의된 서류를 취급하는 것을 의미한다.
   i. 지급 및/또는 인수를 받거나, 또는
   ii. 서류를 지급인도 및/또는 인수인도 하거나, 또는
   iii. 기타의 조건으로 서류를 인도하는 목적.

b. "서류"라 함은 다음의 금융서류 및/또는 상업서류를 의미한다.
   i. "금융서류"란 환어음, 약속어음, 수표 또는 기타 금전의 지급을 받기 위하여 사용되는 이와 유사한 증서를 의미한다.
   ii. "상업서류"란 송장, 운송서류, 권리증권 또는 이와 유사한 서류, 또는 그밖에 금융서류가 아닌 일체의 서류를 의미한다.

c. "무화환추심"이라 함은 상업서류가 첨부되지 아니한 금융서류의 추심을 의미한다.

d. "화환추심"이라 함은 다음과 같은 추심을 의미한다.
   i. 상업서류가 첨부된 금융서류의 추심;
   ii. 금융서류가 첨부되지 아니한 상업서류의 추심.

제3조 추심당사자

a. 본 규칙의 목적상 관계당사자란 다음과 같은 자를 의미한다.
  i. 은행에 추심의 취급을 의뢰하는 당사자인 "추심의뢰인",
  ii. 추심의뢰인으로 부터 추심의 취급을 의뢰받은 은행인 "추심의뢰은행"
  iii. 추심의뢰은행 이외에 추심과정에 참여하는 모든 은행인 "추심은행"
  iv. 지급인에게 제시를 행하는 추심은행인 "제시은행"
b. "지급인"은 추심지시서에 따라 제시를 받아야 할 자를 말한다.

B. Form and Structure of Collections(추심의 형식 및 구성)

제4조 추심지시서

a. i. 추심을 위해 송부되는 모든 서류에는 추심은 추심에 관한 통일규칙 간행물번호 522에 의함을 명시하고 완전하고 정확한 지시가 기재된 추심지시서가 첨부되어야 한다. 은행은 이러한 추심지시서에 기재된 지시 및 본 규칙에 따라서만 업무를 수행하여야 한다.
  ii. 은행은 지시를 찾기 위하여 서류를 검토하지 아니한다.
  iii. 추심지시서에 별도의 수권이 없는 한 은행은 추심을 의뢰한 당사자/은행 이외의 어느 당사자/은행으로부터의 어떠한 지시도 무시한다.
b. 추심지시서는 다음과 같은 정보자료를 적절하게 포함하여야 한다.
  i. 정식명칭, 우편 및 SWIFT 주소, 텔렉스, 전화, 팩스 번호 및 참조사항을 포함한 추심을 송부하는 은행의 명세
  ii. 정식명칭, 우편주소, 그리고 해당되는 경우, 텔렉스, 전화, 팩스 번호를 포함한 추심의뢰인의 명세
  iii. 정식명칭, 우편주소, 또는 제시가 행하여 질 환어음 지급장소 및 해당되는 경우 텔렉스, 전화, 팩스 번호를 포함한 환어음지급인의 명세
  iv. 정식명칭, 우편주소 및 해당되는 경우, 텔렉스, 전화, 팩스 번호를 포함한, 만일 있는 경우 제시은행의 명세
  v. 추심되는 금액과 통화
  vi. 동봉한 서류의 목록과 각 서류의 통수
  vii. a) 지급 및/또는 인수받는 조건
       b) 서류의 인도 조건
         1) 지급 및/또는 인수
         2) 기타 조건

추심지시서를 송부하는 당사자는 서류의 인도조건이 분명하고 명확하게 기술되도록 할 책임이 있으며, 그렇지 않을 경우 은행은 이로 인해 발생하는 어떠한 결과에 대해서도 책임을 지지 아니한다.

viii. 수수료가 포기 될 수 있는지의 여부를 명시한 추심 수수료.

ix. 해당되는 경우, 다음을 포함하여 이자가 포기될 수 있는 지의 여부를 명시한 추심이자.
   a) 이자율
   b) 이자지급기간
   c) 해당되는 경우, 계산 근거(예컨대, 1년을 365일로 또는 360 일로 할 것인지)

x. 지급방법 및 지급통지의 형식

xi. 지급거절, 인수거절, 및/또는 다른 지시와 불일치의 경우에 대한 지시

c. i. 추심지시서에는 환어음지급인 또는 제시가 행하여질 환어음지급장소의 완전한 주소가 기재되어야 한다. 그 주소가 불완전하거나 부정확한 경우에 추심은행은 의무나 책임없이 올바른 주소를 확인하기 위한 조치를 취할 수 있다.

ii. 추심은행은 불완전/부정확한 주소가 제공된 결과로 발생하는 어떠한 지연에 대해서도 의무 및 책임을 지지 아니한다.

C. Form of Presentation(제시의 형식)

제5조 제시

a. 이 규칙의 목적상, 제시는 제시은행이 지시받은 대로 서류를 지급인이 취득할 수 있도록 하는 절차이다.

b. 추심지시서는 지급인이 행위를 취해야 하는 정확한 기한을 기재하여야 한다.
제시와 관련하여 또는 지급인에 의해 서류가 인수되어야 하는 기한 또는 지급인에 의해 취해져야 하는 다른 조치에 대하여 "첫째", "신속한", "즉시" 또는 이와 유사한 표현은 사용되어서는 아니된다. 만일 그러한 용어가 사용된 경우 은행은 이를 무시한다.

c. 서류는 접수된 원형대로 지급인에게 제시되어야 한다. 다만 은행이, 별도의 지시가 없는 한 추심을 의뢰한 당사자의 비용부담으로, 필요한 인지를 첨부할 수 있도록 수권되어 있는 경우 및 필요한 배서를 하거나 또는 추심업무상 관례적으로 요구되는 고무인 또는 기타 인식표지 또는 부호를 표시할 수 있도록 수권되어 있는 경우에는 그러하지 아니하다.

d. 추심의뢰인의 지시를 이행하기 위하여, 추심의뢰은행은 추심의뢰인이 지정한 은행을 추심은행으로 이용할 수 있다. 그러한 지정이 없는 경우에 추심의뢰은행은 지급 또는 인수가 이루어지는 국가, 또는 기타 조건이 응하여지는 국가내에서 자신 또는 기타 은행이 선정한 모든 은행을 이용할 수 있다.

e. 서류와 추심지시서는 추심의뢰은행이 추심은행으로 직접 송부하거나, 다른 중개 은행을 통하여 송부될 수 있다.
f. 추심의뢰은행이 특정 제시은행을 지정하지 아니한 경우에 추심은행은 자신이 선택한 제시은행을 이용할 수 있다.

제6조 일람출급 / 인수

서류가 일람출급인 경우 제시은행은 지체없이 지급을 위한 제시를 하여야 한다. 제시은행은 서류가 일람출급이 아닌 기한부지급조건으로 인수를 요하는 경우 지체없이 인수를 위한 제시를, 그리고 지급을 요하는 경우에는 적절한 만기일 내에 지급을 위한 제시를 하여야 한다.

제7조 상업서류의 인도

인수인도(D/A) 대 지급인도(D/P)

a. 추심에는 상업서류가 지급과 상환으로 인도되어야 한다는 지시와 함께 장래의 확정일출급조건의 환어음을 포함시켜서는 아니된다.
b. 추심이 장래 확정일출급조건의 환어음을 포함하는 경우에 추심지시서에는 상업서류가 지급인에게 인수인도(D/A) 또는 지급인도 (D/P) 중 어느 조건으로 인도되어야 하는 지를 명시해야 한다.
   그러한 명시가 없는 경우, 상업서류는 지급과 상환으로만 인도되어야 하며, 추심은행은 서류인도의 지연에 기인하는 어떠한 결과에 대해서도 책임을 지지 아니한다.
c. 추심이 장래 확정일 출급조건의 환어음을 포함하고 추심지시서에 상업서류는 지급과 상환으로 인도되어야 한다고 명시된 경우에는, 서류는 오직 그러한 지급에 대해서만 인도되고, 추심은행은 서류인도의 지연으로 기인하는 어떠한 결과에 대해서도 책임을 지지 아니한다.

제8조 서류의 작성

추심의뢰은행이 추심은행 또는 지급인에게 추심에 포함되어 있지 않은 서류(환어음, 약속어음, 수입화물대도증서, 약속증서 또는 기타 서류)를 작성할 것을 지시하는 경우에는 그러한 서류의 형식과 문구는 추심의뢰은행에 의해 제공되어야 한다. 그렇지 않은 경우 추심은행은 추심은행 및/또는 지급인에 의해 제공된 그러한 서류의 형식과 문구에 대하여 의무나 책임을 지지 아니한다.

D. Liabilities and Responsibilities(의무 및 책임)

제9조 신의성실과 상당한 주의

은행은 신의성실에 따라 행동하고 또 상당한 주의를 하여야 한다.

제10조 서류 대 물품/용역/이행

a. 물품은 당해 은행의 사전동의 없이 어느 은행의 주소로 직접 발송되거나 은행에게 또는 은행의 지시인에게 탁송되어서는 아니된다.
그럼에도 불구하고 물품이 당해 은행의 사전동의 없이 지급인에게 지급인도, 인수인도, 또는 기타의 조건으로 인도하기 위하여 은행의 주소로 직접 발송되거나, 은행 또는 은행의 지시인에게 탁송되는 경우에 그와 같은 은행은 물품을 인수하여야 할 의무를 지지 아니하며 그 물품은 물품을 발송하는 당사자의 위험과 책임으로 남는다.

b. 은행은 화환추심과 관련된 물품에 대하여 특별한 지시를 받은 경우라 하더라도 물품의 보관, 물품에 대한 보험을 포함하여 어떠한 조치를 취할 의무가 없다. 은행은 그와 같이 하는 것을 동의한 경우 및 동의한 범위내에서 단지 그러한 조치를 취한다. 1조 c항의 규정에도 불구하고 본 규칙은 추심은행이 이와 같은 취지에 대하여 아무런 통지를 하지 않은 경우에도 적용된다.

c. 그럼에도 불구하고, 은행이 지시를 받았는지의 여부와는 상관없이, 그 물품의 보전을 위해 조치를 취할 경우, 그 물품의 보전 결과 및/또는 물품의 상태 및/또는 물품의 보관 및/또는 보전을 수탁한 어떠한 제3자 측의 모든 작위 및/또는 부작위에 관하여 아무런 의무나 책임을 지지 아니한다.
그러나 추심은행은 추심지시서를 송부한 은행에게 그러한 조치의 내용을 지체없이 통지해야 한다.

d. 물품을 보전하기 위하여 취해진 조치와 관련하여 은행에게 발생한 모든 수수료 및/또는 비용은 추심을 송부한 당사자의 부담으로 한다.

e. i. 제10조 제a항의 규정에도 불구하고, 물품이 추심은행에게 또는 추심은행의 지시인에게 탁송되고, 지급인이 지급, 인수 또는 기타 조건으로 추심을 결제(honour)하고, 추심은행이 물품의 인도를 주선하는 경우에는, 추심의뢰은행이 추심은행에게 그렇게 하도록 수권한 것으로 간주된다.
ii. 추심은행이 추심의뢰은행의 지시에 의거하여 또는 전항의 제e항 제 i 호와 관련하여 물품의 인도를 주선하는 경우, 추심의뢰은행은 그 추심은행에게 발생한 모든 손해와 비용을 보상하여야 한다.

제11조 지시받은 당사자의 행동에 대한 면책

a. 추심의뢰인의 지시를 이행하기 위하여 그 밖의 은행 또는 다른 은행의 서비스를 이용하는 은행은 그 추심의뢰인의 비용과 위험부담으로 이를 행한다.

b. 은행은 자신이 전달한 지시가 이행되지 않는 경우에도 아무런 의무 또는 책임을 지지 아니하며, 그 은행 자신이 그러한 다른 은행의 선택을 주도한 경우에도 그러하다.

c. 다른 당사자에게 서비스를 이행하도록 지시하는 당사자는 외국의 법률과 관행에 의해 부과되는 모든 의무와 책임을 겨야하며, 또 이에 대하여 지시받은 당사자에게 보상하여야 한다.

제12조 접수된 서류에 대한 면책

a. 은행은 접수된 서류가 외관상 추심지시서에 기재된 대로 있는가를 확인하여야 하며, 또 누락되거나 기재된 것과 다른 서류에 대하여 지체없이 전신으로, 이것이 가능하지 않은 경우에는 다른 신속한 수단으로 추심지시서를 송부한 당사자에게 통지해야 한다. 은행은 이와 관련하여 더 이상의 의무를 지지 아니한다.

b. 만일 서류가 목록에 없는 경우, 추심의뢰은행은 추심은행에 의해 접수된 서류의 종류와 통수에 대하여 다툴 수 없다.

c. 제5조 제c항 그리고 제12조 제a항과 제12조 제b항에 따라, 은행은 서류를 더 이상의 심사없이 접수된 대로 제시한다.

제13조 서류의 유효성에 대한 면책

은행은 어떠한 서류이든 그 형식, 충분성, 정확성, 진정성, 위조 또는 법적 효력에 대하여, 또는 서류상에 명기 또는 부기된 일반 조건 및/또는 특별조건에 대하여 어떠한 의무나 책임도 지지 않으며; 또한 은행은 서류에 의해 표시되어 있는 물품의 명세, 수량, 중량, 품질, 상태, 포장, 인도, 가치 또는 존재에 대하여, 또는 물품의 송하인, 운송인, 운송주선인, 수하인, 보험자, 또는 기타 당사자의 성실성, 작위 및/또는 부작위, 지급능력, 이행 또는 신용상태에 대하여 어떠한 의무나 책임을 지지 아니한다.

제14조 송달 및 번역 중의 지연, 멸실에 대한 면책

a. 은행은 모든 통보, 서신 또는 서류의 송달중의 지연 및/또는 멸실로 인하여 발생하는 결과, 또는 모든 전신의 송달 중에 발생하는 지연, 훼손 또는 기타의 오류, 또는 전문용어의 번역 및/또는 해석상의 오류에 대하여 어떠한 의무나 책임을 지지 아니한다.

b. 은행은 접수된 지시의 명확성을 기하기 위한 필요에서 기인하는 어떠한 지연에 대해서도 책임을 지지 아니한다.

제15조 불가항력

은행은 천재, 폭동, 소요, 반란, 전쟁 또는 기타 은행이 통제할 수 없는 원인에 의하거나 또는 동맹파업이나 직장폐쇄에 의하여 은행업무가 중단됨으로써 발생하는 결과에 대하여 어떠한 의무나 책임을 지지 아니한다.

E. Payment(지급)

제16조 지연 없는 지급

a. 추심금액(해당되는 경우 수수료 및/또는 지출금 및/또는 비용을 공제하고)은 추심지시서의 조건에 따라 추심지시서를 송부한 당사자에게 지체없이 지급되어야 한다.

b. 제1조 제c항의 규정에도 불구하고, 별도의 합의가 없는 경우에는 추심은행은 오직 추심의뢰은행 앞으로 추심금액의 지급을 행한다.

제17조 내국통화에 의한 지급

지급국가의 통화(내국통화)로 지급할 수 있는 서류의 경우, 제시은행은 추심지시서에 별도의 지시가 없는 한, 내국통화가 추심지시서에 명시된 방법으로 즉시 처분할 수 있는 경우에만 내국통화에 의한 지급인도에 한하여 지급인에게 서류를 인도하여야 한다.

제18조 외국통화에 의한 지급

지급국가의 통화 이외의 통화(외국통화)로 지급할 수 있는 서류의 경우, 제시은행은 추심지시서에 별도의 지시가 없는 한, 지정된 외국통화가 추심지시서의 지시에 따라 즉시 송금될 수 있는 경우에 한하여 그 외국통화에 의한 지급인도에 대하여 지급인에게 서류를 인도하여야 한다.

제19조 분할 지급

a. 무화환추심에 있어서 분할 지급은 지급지의 유효한 법률에 의하여 허용되는 경우 그 범위와 조건에 따라 인정될 수 있다. 금융서류는 그 전액이 지급되었을 때에 한하여 지급인에게 인도된다.
b. 화환추심에 있어서, 분할 지급은 추심지시서에 특별히 수권된 경우에만 인정된다. 그러나 별도의 지시가 없는 한, 제시은행은 그 전액을 지급받은 후에 지급인에게 서류를 인도하며, 제시은행은 서류인도의 지연에서 야기되는 어떠한 결과에 대해서도 책임을 지지 아니한다.
c. 모든 경우에 있어서 분할 지급은 제17조 또는 제18조의 해당되는 규정에 따라서만 허용된다. 분할지급이 허용되는 경우 제16조의 규정에 따라 처리되어야 한다.

F. Interest, Charges and Expenses(이자, 수수료 및 비용)

제20조 이자

a. 추심지시서에서 이자가 추심되어야 함을 명시하고 지급인이 그 이자의 지급을 거절할 경우에는 20조 c항에 해당되지 아니하는 한 제시은행은 그 이자를 추심하지 아니하고 서류를 경우에 따라 지급인도 또는 인수인도, 또는 기타의 조건으로 인도할 수 있다.
b. 그 이자가 추심되어야 하는 경우, 추심지시서에는 이자율, 이자지급기간과 계산근거를 명시하여야 한다.
c. 추심지시서가 이자는 포기될 수 없음을 명확하게 기재하고, 또한 지급인이 그 이자의 지급을 거절하는 경우, 제시은행은 서류를 인도하지 아니하며, 서류인도의 지연에서 비롯되는 어떠한 결과에 대해서도 책임을 지지 아니한다. 이자의 지급이 거절되었을 경우, 제시은행은 전신 또는 그것이 가능하지 않은 경우에는 다른 신속한 수단으로 지체없이 추심지시서를 송부한 은행에 통지하여야 한다.

제21조 수수료 및 비용

a. 추심지시서에 추심수수료 및/또는 비용은 지급인의 부담으로 하도록 명시하고 있으나 그 지급인이 이의 지급을 거절하는 경우에는 제시은행은 제21조 제b항에 해당하지 아니하는 한 수수료 및/또는 비용을 추심하지 아니하고 경우에 따라서 지급인도, 인수인도, 또는 기타 조건으로 서류를 인도할 수 있다.
추심수수료 및/또는 비용이 포기된 경우, 이는 추심을 송부한 당사자의 부담으로 하며 대금에서 공제될 수 있다.
b. 추심지시서에 수수료 및/또는 비용은 포기될 수 없음을 명확하게 기재하고, 지급인이 수수료 및 비용의 지급을 거절하는 경우, 제시은행은 서류를 인도하지 아니하며, 서류인도의 지연에서 비롯되는 어떠한 결과에 대해서도 책임을 지지 아니한다. 추심 수수료 및/또는 비용의 지급이 거절되었을 경우 제시은행은 전신 또는 그것이 가능하지 않은 경우에는, 다른 신속한 수단으로 지체없이 추심지시서를 송부한 은행에 통지하여야 한다.
c. 추심지시서의 명시된 조건에 의하거나 또는 이 규칙에 따라 지출금 및/또는 비용 및/또는 추심수수료를 추심의뢰인의 부담으로 하는 모든 경우에 있어서 추심은행은 지출금, 비용, 수수료와 관련한 지출경비를 추심지시서를 송부한 은행으로부터 즉시 회수할 권리를 가지며, 추심의뢰은행은 추심의 결과에 관계없이 자행이 지급한 지출금, 비용 및 수수료를 포함하여 이렇게 지급한 모든 금액을 추심의뢰인으로부터 즉시 상환받을 권리가 있다.
d. 은행은 어떤 지시를 이행하려고 시도하는 데 있어서의 경비를 충당하기 위하여 추심지시서를 송부한 당사자에게 수수료 및/또는 비용의 선지급을 요구할 권리를 보유하며 그 지급을 받을 때까지 그 지시를 이행하지 아니할 권리를 보유한다.

G. other Provisions(기타 규정)

제22조 인수

제시은행은 환어음의 인수의 형식이 외관상 완전하고 정확한지를 확인하여야 할 책임이 있다. 그러나 제시은행은 어떠한 서명의 진정성이나 인수의 서명을 한 서명인의 권한에 대하여 책임을 지지 아니한다.

제23조 약속어음 및 기타 증서

제시은행은 어떠한 서명의 진정성 또는 약속어음, 영수증, 또는 기타 증서에 서명을 한 어떠한 서명인의 권한에 대하여 책임을 지지 아니한다.

제24조 거절증서

추심지시서에는 인수거절 또는 지급거절의 경우에 있어서의 거절증서(또는 이에 갈음하는 기타 법적절차)에 관한 특정한 지시를 명기하여야 한다.
이러한 특정한 지시가 없는 경우 추심에 관여하는 은행은 지급거절 또는 인수거절에 대하여 서류의 거절증서를 작성하여야 할(또는 이에 갈음하는 법적절차가 취해져야 할) 의무를 지지 아니한다.
이러한 거절증서 또는 기타 법적 절차와 관련하여 은행에게 발생하는 모든 수수료 및/또는 비용은 추심지시서를 송부한 당사자의 부담으로 한다.

제25조 예비지급인

추심의뢰인이 인수거절 및/또는 지급거절에 대비하여 예비지급인으로서 행동할 대리인을 지명하는 경우에는, 추심지시서에 그러한 예비지급인의 권한에 대하여 명확하고 완전한 지시를 하여야 한다. 이러한 지시가 없는 경우 은행은 예비지급인으로부터의 어떠한 지시에도 응하지 아니한다.

제26조 통지

추심은행은 다음의 규칙에 따라 추심결과를 통지하여야 한다.

a. 통지형식

추심은행이 추심지시서를 송부한 은행으로 보내는 모든 지시 또는 정보에는 항상 추심지시서에 기재된 대로 추심지시서 송부은행의 참조번호를 포함한 적절한 명세가 기재되어야 한다.

b. 통지방법

추심의뢰은행은 추심은행에게 c항 ⅰ호, c항 ⅱ호 및 c항 ⅲ호에 상술된 통지가 행해져야 하는 방법을 지시하여야 할 의무가 있다. 이러한 지시가 없는 경우, 추심은행은 자신이 선택한 방법으로 추심지시서를 송부한 은행의 부담으로 관련된 통지를 보낸다.

c. ⅰ. 지급통지

추심은행은 추심지시서를 송부한 은행에게 추심금액, 충당한 경우 공제한 수수료 및/또는 지출금 및/또는 비용 및 그 자금의 처분방법을 상술한 지급통지를 지체없이 송부하여야 한다.

ⅱ. 인수통지

추심은행은 추심의뢰서를 송부한 은행으로 인수통지를 지체없이 송부하여야 한다.

ⅲ. 지급거절 또는 인수거절의 통지

지급거절 또는 인수거절의 사유를 확인하기 위하여 노력하고 그 결과를 지체없이 통지하여야 한다.

제시은행은 추심지시서를 송부한 은행에게 지급거절 및/또는 인수거절의 통지를 지체없이 송부해야 한다.

추심의뢰은행은 이러한 통지를 받는 대로 향후의 서류취급에 대한 적절한 지시를 하여야 한다. 제시은행은 지급거절 및/또는 인수거절을 통지한 후 60일 이내에 이러한 지시를 받지 못한 경우 제시은행 측에 더 이상의 책임없이 추심지시서를 송부한 은행으로 반송할 수 있다.

제3편 청산결제(O/A)방식

1. 의의
2. 효용
3. 특징
4. 절차
5. 청산계정의 계정설정방식
6. 청산계정협정
7. 한계
8. 연계무역과의 비교

1. 의의

청산계정(Open Account : O/A)이란 1국이 타국과의 무역대차를 결제할 경우 거래마다 직접 현금결제를 하지 않고 수출과 수입을 장부에 기장하여 두었다가 일정기간, 예컨대 6개월 또는 1년을 단위로 그 대차의 잔액만을 현금으로 결제하는 계정방식을 말하며, '장부결제'방식이라고도 한다.

2. 효용

청산계정에 의한 결정방식은 무역결제상의 번거로움과 비용절감을 위하여 본·지점간에 사용되기도 하지만, 외환보유고가 적은 나라와 무역하는 경우에 이용되며, 정부간에 체결된 청산협정에 의하여 행하여진다.
① 번거로움의 회피
② 자금부담의 경감
③ 신용공여 혜택

3. 특징

① 외국환은행을 경유하는 정상적인 환거래방식을 취한다.
② 외국환은행간의 대차는 협정국 정부기관에 이체되어 기장 상쇄된다.
③ 상호간에 일정한 신용공여한도를 설정하고 대차상쇄는 신용공여한도액에 달할 때까지는 대금결제가 행하여지지 않는다.
④ 대차에서 신용공여한도 초과분은 대금의 수불에 의하여 결제된다.
⑤ 일반적으로 무역협정이 수반된다.

4. 절차

5. 청산계정의 계정설정방식

6. 청산계정협정

7. 한계

청산계정에 의한 결제는 양국의 필요성에 의하여 정책적으로 이루어지는 경우가 많으므로 교역수지의 균형을 유지할 경우 반출입 규모확대 등 제약요인으로 작용할 수도 있다. 또한 신용장 방식과 달리 은행의 적극적인 개입이 이뤄지지 않으므로 매도인 입장에서는 대금회수가 보장되지 않는다.

8. 연계무역과의 비교

청산결제방식은 연계무역의 한 형태로 볼 수 있으나, 무역상대방에 대하여 대응구매의 의무를 직접 부과하지는 않는다는 점이 다르다.

제4편 국제팩토링

1. 의의
2. 기능
3. 당사자 및 역할
4. 효용성
5. 종류
6. 거래절차
7. 타결제방식과의 비교
8. 국제팩토링과 유사한 제도

1. 의의

국제팩토링 결제방식은 국제상거래부문에서 전세계의 팩토링회사가 국제적인 회원망을 형성하여 상호업무협약에 따라 국제간 금융서비스업무를 제공하는 무신용장방식의 신용조건부 무역거래의 수행을 위한 종합무역금융서비스

2. 기능

(1) **신용위험의 인수**
(2) **전도금융(prepayment)의 제공**
(3) **회계업무의 제공**

3. 당사자 및 역할

(1) **수출업자**

매매계약상의 매도인으로 수출팩터에서 양도하면서 전도금융을 제공받는 역할

(2) **수입업자**

매매계약상의 매수인으로 수입팩터의 신용을 바탕으로 외상으로 물품을 수입하는 자

(3) **수출팩터**

수출국의 수출업자와 국제팩토링계약을 체결하고 수출업자의 팩토링 채권을 매입하여 전도금융을 제공함으로써 효율적인 운전자금을 조달하며, 수입팩터와의 상호협약에 따라 수입업자에 대한 신용조사와 신용승인(credit approval), 채권관리 및 대금회수 서비스를 제공. 회계업무를 대행함으로써 매출채권과 관련된 회계장부를 정리

(4) 수입팩터

수입국에서 수입업자와의 국제팩토링계약을 체결하고 수입업자의 외상수입을 위하여 신용조사 및 신용승인의 위험을 인수. 팩토링채권을 회수하여 수출팩터에게 송금하며 수입업자에 대한 제반 회계서비스를 제공

4. 효용성

(1) 수출자
① 거래규모의 확대와 새로운 신규거래처의 개발 용이
② 신용거래의 위험과 부실채권의 방지
③ 전도금융
④ 외상매출관련 관리능력 강화
⑤ 부대비용의 절감을 통한 경쟁력 강화
⑥ 현금흐름의 원활화 도모

(2) 수입자
① 신용장 발행비용과 부대비용의 절감
② 수입에 따른 운영자금 압박 회피
③ 담보력 및 한도제약 해소, 업무 간편
④ 자금계획 및 운용이 편리

5. 종류
(1) 당사자 : 수출팩토링, 수입팩토링
(2) 운영방식 : 직접방식 팩토링, 간접방식 팩토링
<u>(3) 상환청구가능여부 : 상환청구가능팩토링, 상환청구불능팩토링</u>

6. 거래절차
(1) 수출팩토링 거래상담, 수출팩토링 거래약정 체결
(2) 수입업자에 대한 신용승인 의뢰
(3) 신용조사 후 신용승인 한도 결정
(4) 신용승인 통지
(5) 신용승인통지서 발급
<u>(6) 팩토링방식에 의한 매매계약서 작성</u>

(7) 상품선적
(8) 운송서류 매입의뢰 및 전도금융의 제공
(9) 운송서류 발송 및 수출채권을 수입팩터에게 양도
(10) 수입대금 결제
(11) 수입대금 송금
(12) 수출대금과 전도금융 상계후 차액지급(정산)

7. 타 결제방식과의 비교

(1) 담보되는 금액
(2) 담보되는 위험
(3) 거래가능한 기업 및 금액
(4) 신용공여 결정 소요기간
(5) 수수료

8. 국제팩토링과 유사한 제도

(1) 매출채권담보금융
(2) 상업어음할인제도
(3) 포피팅

9. 국제팩토링의 한계

(1) 국제팩토링은 일반적으로 매도인이 매수인에게 물품을 외상으로 판매하면, 팩터는 상환청구불능조건으로 매도인으로부터 수출채권을 매입하여 매도인에게 물품대금의 지급을 하는 금융기법이지만 우리나라는 수출입은행만 상환청구 불능조건으로 매도인과 국제팩토링약정을 체결하고 있다.
(2) 직접방식의 경우 팩터는 자체적으로 신용조사를 하여 이를 근거로 매도인의 신용한도를 정하고 신용승인을 하기 때문에 간접방식에서 보다 매도인의 비용부담이 줄어들지만 우리나라의 팩터들은 신용조사능력의 부족으로 간접방식의 국제팩토링을 선호하고 있어 비용이 높다.
(3) 우리나라의 국제팩토링은 제공하는 기관과 전문인력이 절대적으로 부족하고, 선지급이나 추심과 같은 기본적인 것만을 제공하는 제한적 서비스만 제공되는 한계점이 있다.
(4) 우리나라 매도인들은 국제상거래에서 발생하는 신용위험을 대처함에 있어 수출신용보험에 대한 인식은 익숙하나, 팩토링의 활용에 대한 인식이 부족하며, 대기업에 편중되고 있다.

Issue. 국제팩토링 VS 포피팅

1. 의의
2. 당사자
3. 금액
4. 외상기간
5. 소구권
6. 금리
7. 대상채권의 성격
8. 업무의 수행범위

항 목	국제팩토링	포페이팅
정의	외상거래에서 발생된 채권을 매도인으로부터 무소구조건으로 매입하는 무역금융상품	환어음 및 약속어음을 상환청구불능조건으로 매입, 할인하는 무역금융상품
주요대상	외상매출채권 등 비유통증권	약속어음, 환어음 등 유통증권
외상기간	단기금융(1년 미만)	중장기금융(6개월 ~ 10년)
거래규모	일반적으로 소액(30만불 미만)	비교적 거액(100만불 이상)
소구권	with recourse, without recourse 모두 인정 (원칙:without recourse)	without recourse만 인정
대상채권의 성격	현재 뿐만 아니라 미래에 발생할 매출채권까지 포함한 포괄적이고 계속적인 채권의 매매	개별적으로 확정된 매출채권에만 국한
업무의 수행범위	추심업무 등 부대서비스를 포함한 포괄적 업무수행	채권의 할인매입과 관련된 제한된 업무수행
지원금액	계약금액의 80 ~ 100% 정도 지원	계약금액의 100% 지원
거래의 비밀성	거래의 비밀성이 보장되지 않음 (팩터가 매출채권의 매입을 수입업자에게 통지하는 경우가 일반적임)	거래의 비밀성이 보장됨 (포페이팅 관련 당사자들에 대한 정보를 비밀로 하는 것이 관례)
금리	제한 없음	고정금리로만 할인
지급근거	수입팩터의 신용승인	수입상, 발행은행의 지급보증/Aval
거래방식	송금방식이 가장 많음	환어음 또는 약속어음이 매개체 - 주로 Usance L/C 또는 D/A 거래
대상품목	소비재	자본재
위험담보 책임	신용위험 : 팩터 부담 비상위험 : 수출업자 부담	신용위험 : 포페이터 부담 비상위험 : 포페이터 부담

제5편 포피팅

1. 의의
2. 필요성
3. 특징
4. 효용성
5. 당사자
6. 당사자의 법률관계(포피터의 위험 / 위험관리방안)
	7. 거래절차
	8. 기타(비용, 수수료등)
	9. 타결제방식과의 비교
	  (1) 팩토링과 비교
	  (2) 무역금융과 비교
	  (3) 팩토링 vs 포피팅 vs 어음할인

1. 의의(등장배경)

포페이팅이란 현금을 대가로 채권을 포기 또는 양도한다는 것을 의미한다. 즉, 현금을 대가로 미리 받고 그 대신 외상채권을 양도한다는 의미이며 수출입거래방식이라기 보다는 국제금융기법의 일종으로써 수출거래에 따른 환어음이나 약속어음을 소구권없이 할인하여 신용판매를 현찰판매로 환원시키는 금융기법

2. 필요성

개발도상국의 수입자들은 부족한 외환사정 때문에 경제 개발에 필요한 기계, 중장비, 산업설비, 플랜트 및 건설 등의 구매상담시 연불조건을 많이 요구하고 있다. 이 경우 수출자는 수입자의 연불수입요청에 적절히 대응해야만 하는 경우가 있으며 이러한 경우에 포페이팅 제도를 활용

3. 특징

<u>(1) 소구권 없는 할인</u>
(2) 포페이터의 위험부담
(3) 환위험 회피
<u>(4) 고정금리부 할인</u>
(5) 포피팅의 한도
(6) 포피팅의 대상
(7) 어음의 보증

4. 효용성

5. 당사자
　(1) 수출자
　(2) 수입자
　(3) 포페이터
　(4) 보증은행

6. 당사자의 법률관계

7. 포피터의 위험 / 위험관리방안
　1) 포피터의 위험
　　　① 상업적 위험
　　　② 국가별위험 / 비상위험
　　　③ 통화위험
　　　④ 금리위험

　2) 위험회피방안
　　　① 은행보증 요구 / 어음보증(aval)
　　　② 계약상 통화제한
　　　③ 어음의 재매각

8. 거래절차

9. 기타(비용, 수수료 등)

10. 타결제방식과의 비교
　(1) 팩토링과 비교
　(2) 무역금융과 비교

(3) 팩토링 vs 포피팅 vs 어음할인
   ① 금액
   ② 외상기간
   ③ 소구권
   ④ 금리
   ⑤ 대상채권의 성격
   ⑥ 업무의 수행범위

11. 장점

(1) 위험으로부터의 회피

신용위험, 통화위험, 국가위험, 금리위험 등으로부터 수출자는 벗어나 포페이터에게 이들 위험이 이전된다.

(2) 자금확보의 신속성

다수의 전문금융회사(포피터)에서는 수출업자가 서류를 제시하여 신청하면 약 2일 이내에 자금을 제공하기 때문에 신속한 현금확보로 인하여 자금회전의 원활함으로 인한 매출과 이익의 증대 등 수출자의 재무구조를 개선할 수 있으며, 수출업자의 기존 거래은행과의 대출한도와 재무제표에 영향을 미치지 않고 자금을 확보할 수 있다.

(3) 거래서류의 간결성

필요서류가 비교적 간편하기 때문에 수출업자의 입장에서 시간과 비용의 절감이 가능하다

(4) 경쟁업체에 대한 비교우위 확보

수출업자로 하여금 해외구매자에게 최장 10년까지 장기적인 신용을 제공해 줄 수 있기 때문에 금융상의 비교우의를 확보할 수 있으며 국가 위험도가 높은 신흥시장을 개척하기 위한 금융조달이 가능하다.

12. 포피팅의 한계

(1) 우리나라에서 제공되고 있는 포피팅 지원대상은 화환신용장과 국외은행의 지급보증이 수반된 무신용장 방식의 수출거래로 제한되어 있어 다양한 결제방식을 수용하지 못하고 있다.

(2) 우리나라에서 제공하는 포피팅의 무소구 시점은 포피팅 약정 후 대금지급과 동시에 이루어지는 것이 아니라, 발행은행이 인수의사를 통지하였을 때 비로서 상환청구불능조건이 되기 때문에 인수통지 의사가 포페이터에게 도달 할 때까지 매도인은 신용위험에 노출된다.

(3) 우리나라의 포피팅 무역금융을 지원하는 주기관은 정책기관인 수출입은행이고, 대부분의 민영금융기관들은 직접적으로 포피팅 서비스를 거의 지원하지 않는다. 따라서 포피팅 취급기관의 양적인 확대가 필요하다. 이러한 양적 확대는 포피팅 제공 기관들의 경쟁의 확대로 매도인에게 보다 나은 포피팅을 제공할 수 있을 것이다.

(4) 매도인들의 인식이 부족하다. 우리나라 매도인들은 국제상거래에서 발생하는 신용위험을 대처함에 있어 수출신용보험에 대한 인식은 익숙하나, 포피팅의 활용에 대한 인식이 부족하다.

제6편 전자결제

```
1. 의의
2. 장점
3. 단점

4. 종류(유형)
   (1) 볼레로 프로젝트
   (2) 트레이드카드
5. 한계 및 대응방안
```

1. 의의 / 정의 - 전자결제

전자결제란 전자적 수단을 이용하여 물품이나 서비스의 대가를 지급 및 결제하는 것

2. 장점

① 신속성

② 경제성

③ 절차성 - 간단

3. 단점

(1) 안정성

① 법적안정성

② 보안안정성

(2) 비용(규모의 경제)

4. 종류(유형)

(1) 볼레로 프로젝트

① 의의

② 시스템 (CMP / TR / SURF)

③ 특징

(2) 트레이드카드
　　① 의의
　　② 시스템 (SA)
　　③ 특징

5. 한계 및 대응방안

　① 인프라 확충
　② 유관기관의 참여
　③ 무역서류의 유효성 인정
　④ 해석기준의 마련

제6장 대금결제 _ 신용장 방식

☑ 매매계약 + 결제계약

	매매계약상 의무	금융계약상 의무 (L/C 상 수익자)	관계
FOB	현실적 인도조건 - 본선인도 완료시 - 대금지급과 동시	서류제시 後 -> LC 조건과 일치시	본질적 모순
		선하증권 요구 (운송계약 체결)	본질적 모순 (매도인의 의무 X)
CIF	상징적 인도조건 - 서류의 인도 - 대금지급시	서류제시 後 -> LC 조건과 일치시	본질적 일치 (일관성)
		선하증권 요구 (운송계약 체결)	적합성 / 일치성 (매도인의 의무O)

☑ 운송계약 + 결제계약

	운송계약	결제계약
FOB 매매계약	FOB + 매도인의 운송계약 - 운송특약부 FOB 한계	FOB + 신용장 결제 - 화환특약부 FOB 한계
위기(한계) -> 극복	선하증권의 위기 -> L/G	화환신용장의 위기 -> L/G
담보(처분권)	B/L (담보) AWB (처분권) SWB (처분권)	화환신용장 - 은행의 담보권 확보 (BL / AWB / SWB)

☑ 결제계약 + 보험계약 (+매매계약)

1. UCP 600 제28조
2. 보험서류(보험증권 및 보험약관)
3. 신협회보험약관 : 신ICC
4. CIF 매매계약(인코텀즈)
   (1) 소개문 - 부보 (CIP와 부보수준의 차별화)
   (2) CIF, CIP - 사용자를 위한 설명문
   (3) CIF, CIP - A5

신용장의 일반	신용장의 실제	신용장관련 국제규칙

1. 의의(정의)
2. 효용(유용성)
3. 기능
4. 특성 및 거래원칙
5. 당사자 및
6. 당사자간 법률관계
  당사자 파산
  은행의 면책
7. 거래절차(구조)
8. 종류
9. 한계
	1.신용장거래의 실제
	  (1) 신용장발행의뢰
	  (2) 신용장발행
	  (3) 신용장통지
	  (4) 조건변경 및 취소
	  (5) 신용장 확인
	  (6) 신용장 양도
	  (7) 결제
	2. 환어음의 매입
	3. 선적서류 및 서류심사
	4. L/G와 T/R
		1. UCP 600 자체
		  (1) 의의
		  (2) 제,개정
		  (3) 주요 개정 특징
		2. 각 조문 이해
		3. MATRIX
		4. 기타 규칙
		  (1) eUCP
		  (2) ISBP
		  (3) URR725

제1편 신용장 일반

1. 의의(정의) 2. 효용(유용성) 3. 기능 4. 특성 및 거래원칙 5. 당사자	6. 당사자간 법률관계 7. 거래절차(구조) 8. 종류 9. 한계

1. 신용장의 의의

(1) 신용장의 의의

① 의의 : 대금결제수단에 있어서 당사자 간의 이익을 조화시키는 유일한 방식

② 일반적 정의 : 신용장이란 국제무역거래에서 대금결제의 원활을 기하기 위하여 수입상의 요청과 지시에 의하여 신용장발행은행이 신용장조건에 일치하는 명시된 서류와 상환으로 수출상인 수익자 또는 그 지시인에게 지급(payment)을 이행하거나, 수익자가 발행한 환어음을 인수(acceptance) 및 지급(payment)하거나, 타은행에게 지급이행 또는 인수 및 매입(negotiation)을 하도록 수권하는 약정을 의미한다. 이를 한마디로 표현하면 **'은행의 조건부 지급확약**(conditional bank undertaking of payment)이라고 정의할 수 있다.

③ UCP 정의(UCP 600 제2조)

④ UCC 정의
⑤ 보증서와의 구별(주채무 vs 종속채무 , 채무확약, 이행측면)
    - 공통점 : 보증채무
    - 차이점 : 독립채무 vs 부종된 채무

2. 신용장의 기능

① 대금결제 수단
② 무역 수단
③ 위험의 회피기능(신용위험)
④ 금융수혜기능(수출 - 전대신용장, 매입신용장, 수입 - 기한부신용장)

3. 신용장의 유용성(효용)

① 수출자
   a. 대금회수의 확실성 보장
   b. 수출대금즉시회수
   c. 선적전 무역금융
   d. 거래의 안전성 확보
   e. 비상(국가)위험 회피
   f. 계약이행의 확실성 보장
   g. 환어음 할인시 유리

② 수입상
   a. 계약조건에 일치하는 상품입수에 대한 확신
   b. 계약체결시 유리한 위치 선점
   c. 금융상 부담경감
   d. 원하는 일자에 물품 입수 보장
   e. 무역금융활용

③ 은행의 이점
   a. 위험전가/담보취득
   b. 대금회수의 불확실성 제거
   c. 수수료 수입

④ 생산업자(공급자)의 이점
   a. 생산자는 수출상으로부터 전도금 수취 가능
   b. 금융편익
   c. 거래의 안정성 확보

4. 신용장의 특성과 거래원칙

- 신용장의 특성 적용 TOOL
  1. 의의
  2. 정의
  3. 관련 UCP 600 규정
  4. 효과
  5. 한계
  6. 원칙의 예외

- Part 1. 독립추상성의 원칙

1. **의의 / 정의**

2. **관련규정**
   (1) 독립성 : UCP 600 제4조 a항
   (2) 추상성 : UCP 600 제5조, 제14조, 제18조, 제34조

3. **효과**
   ① 신용장 거래의 본질
   ② 은행보호

4. **당사자에 미치는 효과**
   ① 지급은행, 인수은행, 매입은행 : 가장 필요한 당사자 ; 화환금융의 이행
   ② 발행은행 : 보호(매매계약상의 항변으로부터 보호되지만, 그 반면 수익자에 대하여는 독립, 추상성의 의무를 부담하게 된다.)
   ③ 수익자 : 가장 유리한 자(매매계약으로부터 독립된 별개의 청구권)

5. **한계**
   - 사기조장 우려 -> 사기거래원칙(Fraud Rules)으로 대응
     제시된 서류가 신용장 조건에 엄격히 일치한다고 하더라도 그것이 사기 또는 위조로 작성되었다는 것이 밝혀진다면, 당해 신용장의 대금 지급이 중단될 수 있다는 원칙으로, <u>신용장 거래의 독립성·추상성 원칙의 예외를 인정</u>
     법원의 판례에 의해 형성되어 왔으며, 미국의 UCC에서는 이를 인정

- Part 2. 서류거래의 원칙

1 의의 / 정의

2. **관련규정**(UCP 600 제5조, 제14조 a항, 제34조)
  ① 제5조 : 은행은 서류로 거래하는 것이며 그 서류가 관계된 물품, 서비스 또는 의무 이행으로 거래하는 것은 아니다.
  ② 제14조 a항 : 지정에 따라 행동하는 지정은행, 확인은행이 있는 경우 확인은행 그리고 발행은행은 서류에 대하여 문면상 일치하는 제시가 있는지 여부를 단지 서류만에 의해서 심사하여야 한다.
  ③ 제34조(서류의 효력에 대한 면책) : 은행은 어떤 서류의 방식, 충분성, 정확성, 진정성, 위조 여부 또는 법적 효력 또는 서류에 명시되거나 위에 추가된 일반 또는 특정조건에 대하여 어떠한 책임(liability or responsibility)도 지지 않는다. 또한 은행은 어떤 서류에 나타난 물품, 서비스 또는 다른 이행의 기술, 수량, 무게, 품질, 상태, 포장, 인도, 가치 또는 존재 여부 또는 물품의 송하인, 운송인, 운송중개인, 수하인 또는 보험자 또는 다른 사람의 선의 또는 작위 또는 부작위, 지불능력, 이행 또는 지위(standing)에 대하여 어떠한 책임도 지지 않는다.

3. 당사자에 미치는 효과 - 은행보호
4. 한계

- Part 3. 엄밀일치의 원칙과 국제표준은행관행

  1. 의의
  2. 정의(엄밀일치+상당일치)
  3. 관련 규정
     (1) 엄밀일치 : UCP 600 제2조, 제18조 c항, 제14조 e항
     (2) 상당일치 ① UCP 600 제14조 d항, 제14조 e항 ② ISBP
  4. 효과, 한계
     ① 효과 : 은행 보호
     ② 한계 : 은행의 대피처

1. 의의
전통적인 법원의 법률적 원칙 → 엄밀일치원칙/상당일치원칙

2. 정의

3. 관련 규정
(1) 엄밀일치의 원칙(UCP 600 제2조, 제18조 c항, 제14조 e항)
① UCP 600 제2조 : 신용장이라 함은 그 명칭이나 기술에 관계없이 일치하는 제시를 인수·지급하기 위한 발행은행의 취소불능적인 모든 약정 및 분명한 확약을 구성하는 모든 약정을 말한다.
② UCP 600 제18조 c항 : 상업송장상의 물품, 서비스 또는 이행의 명세는 신용장에 보이는 것과 일치하여야 한다.
③ UCP 600 제14조 e항 : 상업송장 이외의 서류에서, 물품, 서비스 또는 의무이행의 명세는, 만약 기재되는 경우, 신용장상의 명세와 저촉되지 않는 일반적이 용어로 기재될 수 있다.

(2) 실질일치 원칙의 대두(상당일치의 원칙)
UCP 600 제14조 d항, e항, 제18조 c항
내용상 상호 모순성이 없으면 서류 인수한다는 것 규정
① UCP 600 제14조 e항 : 상업송장 이외의 서류에서, 물품, 서비스 또는 의무이행의 명세는, 만약 기재되는 경우, 신용장상의 명세와 저촉되지 않는 일반적이 용어로 기재될 수 있다.
② UCP 600 제14조 d항 : 신용장, 서류 그 자체 그리고 국제표준은행관행의 문맥에 따라 읽을 때의 서류상의 정보는 그 서류나 다른 적시된 서류 또는 신용장상의 정보와 반드시 일치될 필요는 없으나, 그들과 저촉되어서는 안된다.

(3) 국제표준은행관행 : 일치하는 제시(UCP 600 제2조)
① 최초도입 : UCP 500 제13조
② 2002. ISBP 645(200개 조항)
③ 2007. ISBP 681(185개 조항)
④ 2013. ISBP 745(298개 조항)

4. 효과 및 한계
① 효과 : 은행 보호
② 한계 : 은행의 대피처

- Part 4. 완전정확성의 원칙

  1. 의의
  2. 정의
     (1) 신용장 발행 지시의 완전 정확성   (2) 신용장 발행의 완전 정확성
  3. 관련규정
     (1) 舊 UCP 500 제5조   (2) UCP 600 제4조

1. 의의
2. 정의
    (1) 신용장 발행 지시의 완전 정확성
    (2) 신용장 발행의 완전 정확성
3. 관련규정
    (1) 舊 UCP 500 제5조
    (2) UCP 600 제4조

- Part 5. 신용장 거래원칙의 악용과 사기행위

1. 의의
    - 신용장의 특성
    - 특성의 예외 / 한계

2. 신용장거래와 관련된 사기행위
    (1) 사기의 위험성
        원인 : UCP 600 제34조, UCP 600 제14조
    (2) 사기행위의 주체
    (3) 사기의 성립요건
        허위표시 또는 허위조작이 있을 것 / 상대를 속이려는 의도가 있을 것

3. 사기발생의 유형
    (1) 제시서류의 위변조
    (2) 무역계약과 관련된 거래상의 사기
    (3) 신용장의 위조

4. 사기발견시 조치
    (1) 신용장의 사용금지
    (2) 신용장대금 지급정지
    (3) 매매계약의 취소

5. 사기원칙적용
    (1) 사기원칙의 본질
        - 영미법을 중심으로 형성

- 판례법(UCP에는 명시되지 않음 / UCC에는 명시규정 있음)
  (2) 사기원칙의 적용요건 : 사기행위의 명확성 / 증거의 명확성

6. 독립추상성과 사기원칙
- 독립추상성 강조 -> 사기조장
- 사기원칙 강조(인정) -> 신용장의 본질 훼손
즉 독립추상성과 사기원칙은 표리관계
* 따라서 개별적, 구체적 상황으로 판단해야 함(실질적 거래관계)

7. 사기예방
① 신용조사
② 선적전 검사(공인검사기관 지정)
③ 선적견본의 활용
④ 품질조건의 약정

5. 신용장거래의 관련 당사자와 법률관계

Part1. 신용장거래 당사자
Part2. 신용장거래의 과정
Part3. 신용장거래 당사자 간의 법률관계
Part4. 신용장거래시 은행의 면책
Part5. 신용장거래 당사자의 파산

- Part 1. 신용장의 당사자(UCP 600 제2조 정의 활용)

1. 의의
- 의의
- 기본당사자 , 기타당사자

2. 발행의뢰인

1. 신용장 발행약정
2. 담보 제공(이중 담보제공)
   ① 담보/예치금
   ② B/L을 은행지시식으로
3. 신용장 당사자 性

3. 발행은행

1. 발행은행의 의의(2조)
2. 발행은행의 의무(7조)
3. 발행은행의 담보(채권확보)
4. 신용장의 당사자
5. 당사자의 파산
6. 관련 諸 규정
   (1) 정의(2조)
   (2) 의무(7조)
   (3) 서류심사의무(14조 ~ 17조)
   (4) 대금상환의무(7조)
   (5) 은행의 면책(34 ~ 37조)

4. 수익자

1. 당사자
2. 당사자의 파산(수익자 파산)
3. 수익자에게 유리한 신용장 종류
4. 신용장 양도 下에서의 수익자(제1수익자, 제2수익자)

5. 확인은행(UCP 600 제8조)

1. 정의 - 요건 / 확인, 확인은행(UCP 600 제2조)
2. 확인은행 의무
3. 비수권 확인(확인 VS 비수권확인)

4. 미확인(확인 VS 미확인)
  5. 종류(확인신용장)
  6. 거래의 실제(법리적 측면)
  7. 신용장 조건변경의 효력 발생(확인은행의 조건변경 효력발생시기)
  8. 확인은행의 관련 당사자에 대한 책임

6. 통지은행

  1. 자체 - 신용장 통지의 의미
  2. **통지은행의 책임강화**(통지업무의 성격변화)
      (1) 외견상 진정성
      (2) 신용장 조건들을 정확하게 반영
  3. 개정특징 - 외관상 진정성 / 제2통지은행
  4. 관련 규정(UCP 600 제9조)
  5. **통지지연 및 위조신용장 통지의 책임 관련**

7. 지정은행
   - 비지정은행 / 비수권은행
   - 지급은행 / 인수은행 / 매입은행

  1. **지정의 의미**(12조)
  2. **사용방법**(6조)
  3. 비지정은행의 결제
      - 지급(payment)   - 인수(acceptance)   - 매입(negotiation)

8. 상환은행

  1. 당사자 - 상환은행
  2. 은행간 대금상환 법리
  3. UCP 600 제13조
  4. URR 725 관련 사항
  5. 신용장의 종류(대금결제 간편도) - 단순신용장, 송금신용장, 상환신용장

1. 의의
2. 대금상환
3. 대금상환의 방법(종류)
   ① 직접 대금상환 ② 은행간 대금상환

9. 양도은행
   1. 자체
   2. 중계무역의 활용 및 이행
      - 신용장의 양도, 제3자 B/L, Switch B/L + Stale BL
   3. 양도시의 조건변경(+ UCP 600 제10조)
   4. 신용장 대금의 양도와의 비교(UCP 600 제38조 VS UCP 600 제39조)
   5. 신용장 활용
      - 신용장의 확인 / 신용장의 양도
   6. 양도신용장 VS 내국신용장

- Part 2. 신용장 거래의 과정(구조 매커니즘)

- Part 3. 신용장 당사자 간 법률관계

1. 의의
   - 신용장의 법률관계의 의미
   - 신용장 당사자 간의 법률관계의 유형
   - 기본당사자 VS 기타당사자

2. 매도인과 매수인
   (1) 매도인
      - 매매계약 이행의 의무 : 협조 및 지시의무 / 담보제공의무 / 선적서류 제공의무
      - 신용장권리의 포기 간주
      - 신용장의 개설의무 불이행을 이유로 한 계약해제권
      - 이행거절 및 손해배상청구권

(2) 매수인
- 매매계약과 일치하는 신용장 개설의무
- 은행부도시의 책임
- 이행불능의 사태와 면책

3. 발행의뢰인과 발행은행

(1) 발행은행
- 신용장 개설의무
- 지시내용의 엄격한 준수의무
- 서류심사의무
- 불일치서류의 수리거절권
- 서류수리거절 통지의무
- 발행은행의 면책

(2) 발행의뢰인의 의무
- 완전하고 정확한 신용장 개설 및 조건변경 지시의무
- 담보제공의무
- 수수료와 이자의 지급의무
- 타행비용의 부담의무
- 대금보상의 의무

cf. 발행은행의 서류심사 의무 태만 - 수입어음결제 거부 및 손해배상청구

4. 발행은행과 수익자

(1) 발행은행
- 신용장 통지의무
- 신용장대금지급의무
- 신용장의 조건변경 또는 취소에 관한 의무
- 발행은행 파산시의 책임관계

(2) 수익자
- 환어음 및/또는 서류의 제시의무
- 매입은행의 소구권 행사에 응할 의무
- 하자서류의 지급인수매입에 대한 상환의무
- 신용장의 조건변경 및 취소에 대한 승낙권
- 신용장 문언의 준수의무

5. 발행은행과 확인은행

(1) 발행은행
- 확인요청권
- 조건변경통지시 동의를 받을 의무
- 신용장 대금상환의무

(2) 확인은행
- 발행은행에 대한 확인수수료의 청구권
- 발행은행에 대한 대금상환청구권
- 신용장상의 지시의 준수의무
* 확인은행이 제시된 서류의 심사 후 수익자 또는 매입은행에게 대금지급을 하였다면 발행은행은 여하한 경우에도 확인은행의 구상요청을 거절하지 못한다.

6. 발행은행과 지정은행

(1) 발행은행
- 신용장 대금 상환의무
- 수수료 또는 경비의 보상의무

(2) 지정은행
- 발행은행의 지시사항 준수의무
- 서류심사 및 일치성 여부의 판단의무
- 확인 추가시 확인은행으로서 의무부담

7. 발행은행과 통지은행
- 발행은행의 지시를 수익자에게 통지할 의무
- 지급인수매입의 확약없는 통지
- 동일한 제2통지은행 이용의무
- 통지 불이행 결정시 통지의무

8. 통지은행과 수익자
- 확인추가시 지급인수매입에 응할 의무
- 신용장에 대한 외관상의 진정성 확인의무
- 진정성이 없는 신용장에 대한 통지의무

9. 통지은행과 발행의뢰인
아무런 관계 없음

10. 매입은행과 발행은행
11. 매입은행과 수익자
12. 매입은행과 발행의뢰인

- Part 4. 신용장 거래시 은행의 면책

✓ <u>은행보호 / 독립추상성에 기초</u>

1. **서류효력에 대한 면책**(UCP 600 제34조)
    - 서류의 형식 등에 대한 면책
    - 서류의 내용 및 실제 거래 등에 대한 면책
    - 매매거래에 관련되는 자의 상태에 대한 면책

2. **서신송달 및 번역에 대한 면책**(UCP 600 제35조)
    - 서신송달 중의 분실 등으로 인한 결과에 대한 면책
    - 전문용어의 번역 등에 대한 면책

3. **불가항력으로 인한 결과에 대한 면책**(UCP 600 제36조)
    - 불가항력으로 인한 결과에 대한 면책
    - 불가항력으로 인한 은행 업무 중단에 따른 결과에 대한 면책

4. **피지시자행위에 대한 면책**(UCP 600 제37조)
    - 개설신청인의 비용 및 위험부담
    - 피지시자의 지시 불이행에 대한 면책
    - 지시자의 비용부담 원칙
    - 지시자의 최종적인 비용부담 의무
    - 외국법 및 관행에 따른 채무에 대한 면책

5. eUCP에서 전자기록의 제시에 대한 면책사항

    (eUCP 제e13조 + eUCP 제e14조)

> - URC 522 상의 은행의 면책 규정
>   제11조 지시받은 당사자의 행위에 대한 면책 VS UCP600 제37조
>   제12조 접수된 서류에 대한 면책
>   제13조 서류의 효력에 대한 면책 VS UCP600 제34조
>   제14조 운송 및 번역 중의 지연, 멸실에 대한 면책 VS UCP600 제35조
>   제15조 불가항력에 대한 면책 VS UCP600 제36조

- Part 5. 신용장 거래 당사자의 파산

1. 의의

2. 발행의뢰인의 파산
   (1) 수익자에 미치는 영향 : 관계 없음
   (2) 발행은행에 미치는 영향
      ① 예치금 납입된 경우 : 예치금으로 결제 후, 발행의뢰인의 파산관재인에 인도
      ② 예치금 납입 안 된 경우 : 수익자에 결제 후, 발행의뢰인으로부터 회수시까지 담보 유치

3. 발행은행의 파산
   (1) 서류제시 전
      ① **수익자에 미치는 영향**
         신용장 사용 X / 서류 매수인에 직송 및 대금지급 청구
      ② **발행의뢰인에 미치는 영향**
         Ⓐ 담보금 예치 X : 신용장 사용 X
            매도인은 서류 매수인에 직송 및 대금지급청구
            문제 X(담보물 해제요청)
         Ⓑ 담보금 예치 O : 신용장 사용 X
            매도인은 서류 매수인에 직송 및 대금지급청구
            담보반환요청(채권자)
   (2) 서류제시 후
      ① **수익자에 미치는 영향**
         채권자로서 은행에 청구

② 발행의뢰인에 미치는 영향
　Ⓐ 담보금 예치 X : 발행의뢰인을 위하여 서류 수취 및 발행의뢰인으로부터
　　결제받아 대금결제
　Ⓑ 담보금 예치 O : 신용장 사용 X
　　매도인은 서류 매수인에 직송 및 대금지급청구
　　손해배상요청 및 채권자로서의 권리
③ 지정 및 확인은행에 미치는 영향 : 소구권 행사

4. 지정은행 및 확인은행의 파산
　(1) 지정은행의 파산 - 문제없음, 발행은행에 제시
　(2) 확인은행의 파산 - 문제없음, 발행은행에 제시

5. 수익자의 파산
　문제없음

6. 신용장의 종류

Part1. 일반(상업)신용장
Part2. 특수신용장
Part3. 유사신용장
Part4. 보증신용장
Part5. 내국신용장

▪ Part 1. 일반(상업)신용장의 분류

1. 경제적 기능에 따른 분류
　① 상업신용장 : 국제물품매매에 따른 무역대금의 직접적인 결제
　② 여행자 신용장 : 발행의뢰인과 수익자가 여행자

2. 운송서류의 첨부여부에 따른 분류

① 화환신용장 : 국제물품매매와 관련한 대부분의 신용장, 은행의 서류를 담보로
② 무화환신용장 : 선적서류가 없어도 대금지급 확약, 여행자신용장/보증신용장 등

3. 취소가능여부에 따른 분류

① 취소가능신용장
② 취소불능신용장 - UCP 600 제3조

4. 확인유무에 따른 분류

① 확인신용장
② 미확인신용장

<비수권확인>
1. 의의
2. 비수권확인의 의의
3. 비수권확인의 이유
4. 비수권확인과 확인의 비교
5. 비수권확인의 한계

☑ 신용장 확인과 비수권확인의 상호비교

	신용장 확인	비수권 확인
확인요청자	신용장발행은행	신용장 수익자
확인수락자	제3의 은행 또는 지정은행 (주로 신용장통지은행)	임의의 타은행 (주로 신용장 통지은행)
확인수혜자	신용장 수익자	신용장 수익자
확인수권(요건)	발행은행의 수권이 반드시 필요	발행은행의 수권은 불필요
관련규정	UCP 600 제8조	없음(개별 약정에 따름)
필요성	신용위험 또는 비상위험의 회피	신용장확인이 현실적으로 어려울 경우
확인은행의 지정	반드시 필요	불필요
확인수수료	비교적 고율	신용장 확인수수료에 준하는 금액
소구권 행사	불가능	불가능
당사자	신용장의 거래의 당사자	신용장 거래의 당사자 아님

5. 양도허용 여부에 따른 분류

① 양도가능신용장
② 양도불능신용장

6. 매입허용 여부에 따른 분류
   ① 매입신용장(Negotiation Credit)
   ② 지급신용장(Straight Credit)

7. 지급기간에 따른 분류
   ① 일람출급신용장
   ② 기한부신용장

8. 사용방법(지급확약방법)에 따른 분류
   ① 지급(payment)신용장
   ② 인수(acceptance)신용장
   ③ 매입(negotiation)신용장

9. 매입은행의 지정여부에 따른 분류
   ① 자유매입신용장
   ② 매입제한신용장

10. 상환청구권 유무에 따른 분류
   ① 상환청구가능신용장
      - 어음을 다시 발행인에게 반려하는 것
      - 신용장에 별도의 표시가 없는 경우(+with Recourse)

   ② 상환청구불능신용장
      - 우리나라 어음법(9조)에서는 인정하지 않음
      - but 구미 각국에서는 인정하는 경우 있음.

11. 국내발행 여부에 따른 분류
   ① 원신용장
   ② 내국신용장

12. 대금결제방법의 간편도(발행은행의 상환방식)에 따른 분류
   ① 단순신용장
   ② 상환신용장
   ③ 송금신용장(=추심신용장)

13. 직접금융신용장 / 간접금융신용장

14. 발행방법에 따른 분류
① 우편신용장
② 전송신용장

- Part 2. 특수신용장

1. 보증신용장
2. 전대(=선대)신용장
3. 회전신용장
4. 연장신용장(선적전 무화환담보)
5. 특혜신용장(창고)
6. 백지신용장
7. 구상무역신용장
   ① 동시발행신용장(Back to Back L/C)
   ② 기탁신용장(Escrow L/C)
   ③ 토마스신용장(TOMAS L/C)

- 수출상에 특혜를 부여한 신용장의 유형 – 전대신용장, 연장신용장, 특혜신용장
  1. 의의
  2. 정의
  3. 효용
  4. 제출서류
  5. 거래절차
  6. 거래상 유의점

✓ ISSUE 1. **전대신용장**(= 선대신용장 = 적색신용장 = 포장신용장)

1. 의의

- 수출상에게 특혜

발행은행이 매입은행으로 하여금 수출업자에게 선적 전에 수출물품의 생산, 가공 등에 필요한 자금을 선적서류를 첨부하지 않고 매입은행으로 하여금 전대하도록 허용하고 그 전대금의 보상을 확약하는 조건으로 개설한 신용장이다

2. 특징

제출서류 : **영수증 + 각서 + 무화환어음**

-> 선대신용장은 수령한 매도인은 아직 선적서류가 발행되기 이전이므로 전대금액에 해당하는 무화환어음과 영수증을 가지고 지정은행에서 매입을 하게 된다.

3. 필요성 / 효용

4. 절차

① 수익자가 신용장을 받으면 우선 대금을 수령하였다는 **영수증**에 **무화환어음**을 발행하여 매입은행에 제시하면 미리 대금을 결제 받는다.
② 물품을 선적하고 신용장조건에 따라 서류를 발행하여 매수인에게 서류를 송부해준다.
③ 매수인은 송부받은 서류로 현지에서 물품을 수령하여 통관한다.

5. 한계 및 거래시 유의점

상기 신용장들은 발행은행 및 발행의뢰인의 특혜 부여로 인해 수익상이 대금의 조기회수 등의 이점이 있지만, **당사자간의 신뢰관계** 등의 사항이 반드시 확인되는 경우에만 사용하는 것이 좋으며, 그렇지 않은 경우 상품입수 불능위험등의 위험에 직면할 수 있다.

✓ ISSUE 2. 회전신용장(Revolving Credit)

1. 의의 / 정의

2. 효용
- 자금부담의 감소
- 간편한 절차 : 절차의 간편 및 수수료 부담의 감소

3. 신용장 효력의 갱신방법
① 지급통지시
② 매입후 상당기간 부도통지가 없는 때
③ 일정기간 경과시

4. 신용장 금액의 갱신시기
① 누적적 방법
② 비누적적 방법

5. 유의점

✓ ISSUE3. 연장신용장(Extended Credit)

1. 의의
- 수출상에게 특혜

연장신용장은 수출상이 상품을 선적하기 전에 <u>운송서류의 첨부없이</u> 발행은행을 지급인으로 하는 무담보어음을 발행하여 이것을 통지은행이 매입의뢰하여 매입대전을 받고, 어음 발행 후 일정기간 내에 해당 상품에 관한 일체의 선적서류를 매입은행에 제공할 것을 조건으로 한 신용장이다. 이 역시 수출입상간 신용도가 높거나 장기간 거래한 경우 수출상의 자금의 조기융통을 위한 신용장이라 할 수 있다.

2. 효용 / 필요성

3. 유의점(특혜신용장 사용시 주의점)
상기 신용장들은 발행은행 및 발행의뢰인의 특혜 부여로 인해 수익상이 대금의 조기회수 등의 이점이 있지만, 당사자간의 신뢰관계등의 사항이 반드시 확인되는 경우에만 사용하는 것이 좋으며, 그렇지 않은 경우 상품입수 불능위험 등의 위험에 직면할 수 있다.

✓ ISSUE4. 특혜신용장

1. 의의
- 수출상에게 특혜

특혜신용장은 수출상이 물품을 선적하고 화환어음을 통하여 대금을 회수하도록 하는 것이 아니라 물품을 선적하기전 창고에 입고시킨 뒤 <u>창고증권을 발급받아 환어음을 첨부</u>하여 대금을 회수 할 수 있도록 수익자에게 특혜를 투여한 신용장을 말한다. 이 역시 수출상이 자금을 조기에 회수할 수 있는 이점이 있다.

2. 효용

3. 유의점
발행은행 및 발행의뢰인의 특혜 부여로 인해 수익상이 대금의 조기회수 등의 이점이 있지만, 당사자간의 신뢰관계등의 사항이 반드시 확인되는 경우에만 사용하는 것이 좋으며, 그렇지 않은 경우 상품입수 불능위험등의 위험에 직면할 수 있다.

✓ ISSUE5. 백지신용장

1. 의의
백지신용장은 신용장상에 물품의 명세를 공백으로 하여 금액만을 표시하여 개설된 신용장을 의미한다. 이는 한명의 수익자가 다수의 공급처의 물품을 조달하여 해외에 있는 수입상에게 수출하는 경우 활용가능한 신용장

-> 이는 플랜트와 같이 물품의 명세가 다양하거나 명세를 굳이 신용장에 기재하지 않아도 큰 문제가 없는 경우, 물품의 명세는 별도의 명세서나 부록에 의하고 신용장 상에는 물품의 명세를 공백으로 두어 서류 심사시 불필요한 확인을 피할 수 있다.

2. 효용
3. 유의점

✓ ISSUE 6. 구상무역신용장

1. 의의
2. 효용
3. 종류
   ① 동시개설신용장(Back to Back L/C)
   ② 기탁신용장(Escrow L/C)
   ③ 토마스신용장(TOMAS L/C)

4. 유의점

- Part 3. 유사신용장

1. 어음매입수권서(Authority to Purchase : A/P)
2. 어음지급수권서(Authority to Pay : A/P)
3. 어음매입지시서(Letter of Instruction : L/I)

- 구분포인트
   1. 사용방법 : 매입 / 지급
   2. 수권방법 : 수권 / 지시 ; 본지사간
   3. 은행간 관계 ; 동일은행 여부

	환어음 지급인	사용방법	수출지 대상은행	지급확약
매입신용장	발행은행	매입	자유 또는 지정	O
어음매입수권서	수입상	매입	발행은행과 본지점 또는 환거래은행	X
어음지급수권서	대금결제은행	지급	발행은행과 본지점 또는 환거래은행	X
어음매입지시서	수입상	매입	발행은행과 본지점	X

- Part 4. 보증신용장

1. 의의	6. 보증신용장의 장점
2. 사용례	7. 보증신용장의 단점
3. 보증신용장의 종류	8. 보증신용장의 활용
4. 화환신용장 VS 보증신용장	9. 독립보증과의 비교
5. 화환신용장의 문제점	

1. 의의

보증신용장(Stand-by L/C)은 다양한 무역거래나 금융거래에 대한 보증수단으로 사용된다. 보증신용장이란 신용장 발행은행이 고객의 요청에 따라 신용장에 요구된 바와 같은 고객이 채무불이행을 입증하는 수익자의 제시에 근거하여 수익자에게 지급을 약정하는 것을 말한다.

2. 사용예
   (1) 물품 매매계약
   (2) 신용장 개설시의 담보제공
   (3) 현지금융 조달시 담보제공
   (4) 입찰보증 및 이행보증
   (5) 선수금환급보증

3. 보증신용장 종류
   (1) 당사자 참여방식에 의한 분류
      - 직접보증신용장
      - 간접보증신용장

   (2) 주채무의 성질에 따른 분류
      - 이행보증신용장
      - 금융보증신용장

   (3) 내용에 따른 분류
      - 입찰보증신용장
      - 이행보증신용장
      - 선수금환급보증신용장
      - 유보금환급보증신용장
      - 하자보증신용장

4. 화환신용장과 보증신용장의 비교
   (1) 제시서류
   (2) 대금지급의 요건
   (3) 거래의 기초
   (4) 은행의 고객과 수익자와의 관계
   (5) 신용장금액의 지급
   (6) 거래형태 및 서류의 내용
   (7) 신용장의 사용
   (8) 발행은행의 채무의 성격

5. 화환신용장의 문제점
   (1) 복잡성
   (2) 신속성 : 업무처리의 지연
   (3) 경제성 :

6. 보증신용장의 장점
   (1) 신속성 : 선하증권의 위기 극복 -> 화환신용장 하의 보증도(L/G)의 불필요
   (2) 복잡성 : 매도인의 제공서류 간편 -> 화환신용장 보다 간단
   (3) 경제성 : 서류심사 없음으로 저렴한 은행수수료 -> 화환신용장보다 저렴

7. 보증신용장의 단점
   (1) 매수인의 위험부담
   (2) 매도인의 신용도에 따른 이용의 제한
   (3) 발행은행의 담보권 확보 문제
   (4) 수수료의 문제

8. 화환신용장 대신 보증신용장의 활용
   (1) 거액의 상품거래
   (2) 운송 중 빈번히 전매하는 물품의 거래
   (3) 권리증권이 발행되지 않는 매매거래

9. 독립보증과의 비교
   (1) 의의 : 독립보증은 수입자가 보증의 요건이나 서류에 관한 조건에 따라 단순히 서류에 의해서 지급을 요구하거나 또는 보증에서 요구하는 서류를 제시하여 지급을 요구하는 경우에 은행이나 기타 금융기관 또는 보증인이 수익자에게 일정한 금액을 일정한 기간 내에 지급하도록 하는 독립적인 확약을 말한다.

(2) 보증신용장과의 비교

수익자가 스스로 작성한 서류를 제출하면 기본계약상의 의무이행 여부에 관계없이 약정금액이 지급되며 발행의뢰인의 의무불이행이 주장되는 경우에 약정금액이 지급되는 담보수단이라는 점에서 보증신용장과 독립보증은 매우 유사하다.

- Part 5. 내국신용장

1. 의의

내국신용장(Local L/C)은 국내에서 무역상사가 수출용완제품을 구매하여 직수출하거나 수출물품제조업체가 수출물품 제조에 필요한 수출용원자재를 구매하여 가공한 후 직수출 또는 국내공급하고자 하는 경우 당해 업체의 의뢰에 의하여 외국환은행이 국내의 완제품 또는 원자재 생산업체를 수익자로 하여 발행하는 지급보증서로서 국내업자 간 거래용 신용장을 말한다.

2. 특징

3. 내국신용장 VS 구매확인서

(1) 공통점
① 용도 : 국내구매에 사용
② 수출실적 : 인정
③ 부가가치세 : 영세율 적용
④ 관세환급 : 가능
⑤ 무역금융 : 융자대상

(2) 차이점
① 지급보증 : 은행의 지급확약 여부
② 결제방식
 - 내국신용장 : 환어음에 의한 은행의 매입
 - 구매확인서 : 당사자간 결제
③ 근거법규
 - 내국신용장 : 한국은행총액한도대출관련 무역금융취급세칙
 - 구매확인서 : 대외무역법
④ 대금지급청구절차
⑤ 발급권자
 - 내국신용장 : 외국환은행
 - 구매확인서 : 외국환은행 + 전자무역기반사업자

4. 내국신용장과 양도신용장의 비교

	양도신용장	내국신용장
공통점	수익자에 대하여, 매커니즘 상 유사	
독립성	원 신용장 그대로	원신용장과 독립 (견질로)
지급확약	발행은행으로부터 지급확약	원 신용장 발행은행 확약 없음.
신용장조건	원신용장 그대로 (단, 일부 예외)	무관. 임의변경 가능
발행방법	명시적인 지시	무관

7. 신용장 제도의 한계

(1) 신용장의 특성에 따른 한계

① 수출상의 입장

대금지급 불능 위험(신용장에 명시된 서류구비/유효기일 및 서류제시기일 내에 제시/엄밀일치)
(cf. 사소한 불일치로 인한 하자제기 or 할인요구 등)

② 수입상의 입장

은행의 면책으로 인한 사기의 위험성, 계약상품의 입수의 불완전성
(cf. 사기거래 - 사기의 원칙)

(2) 대금결제면의 한계

절대적이고 독립적인 지급수단이 아님.(계약서 성격 → 조건부지급확약서)

(3) 업무처리상 한계

① 복잡성 : 거절율(70% 상회)
② 업무처리의 지연 : 선하증권의 위기, 화환신용장의 위기

(4) 구조적 한계

발행은행 및 국가의 신용문제 -> 극복 : 확인신용장 / 수출보험

제2편 신용장의 실제

제1절 신용장 거래의 실제 제2절 환어음	제3절 선적서류 및 서류심사 제4절 수입화물선취보증서와 수입화물대도

제1절 신용장거래의 실제

1. 신용장발행의뢰
2. 신용장발행
3. 신용장통지
4. 조건변경 및 취소
5. 신용장 확인
6. 신용장 양도
7. 결제

1. 신용장발행의뢰

1. 의의
2. 신용장 거래 약정
3. 담보설정 및 비용(수수료)지급
4. 신용장 발행의뢰시 유의사항

2. 신용장발행

1. 의의
2. 신용장 발행방법
   ① 우편에 의한 발행
   ② 전신에 의한 발행
3. 신용장의 효력

(1) 신용장의 효력 관련 Issue

1. 의의
2. 신용장의 효력 발생
3. 신용장 조건변경의 효력발생(10조)

4. 신용장 효력의 소멸
  5. 신용장 양도의 조건변경 및 효력발생(38조)
  6. 할부선적의 불이행분에 관한 효력 소멸(32조)

(2) 신용장의 기재사항
  1. 신용장 자체에 관한 사항
  2. 환어음에 관한 사항
  3. 상품 명세에 관한 사항
  4. 운송에 관한 사항
  5. 서류에 관한 사항
  6. 특별지시에 관한 사항
  7. 기타 기재사항

(3) 신용장 효력의 소멸
  1. 의의
  2. 신용장의 취소
  3. 유효기한 경과
  4. **신용장의 사용**
    ① **지급 : 지급한 때**
    ② **인수 : 인수한 때(≠지급한 때)**
    ③ **매입 : 지급한 때(≠매입한 때)**

3. 신용장 및 이에 대한 조건변경의 통지(UCP 600 제9조)
  1. 의의
  2. 정의
  3. 신용장의 통지방법
    (1) 우편에 의한 통지
    (2) 전신에 의한 통지

4. **통지은행의 의무**(UCP 600 제9조) -> **통지은행의 책임강화**
  (1) 통지의무
  (2) 외관상 진정성 충족 확인 의무 + 신용장 조건을 정확히 반영할 의무
  (3) 제2통지은행(동일은행) 의무
  (4) 거부시 통보의무
  (5) 외관상진정성 확인불가시 통보의무

4. 조건변경(UCP 600 제10조)

1. 의의 / 정의
2. 필요성
3. 당사자
4. 내용
5. 조건변경의 요건
6. 절차
7. 조건변경의 효력
8. 조건변경시 유의점
   (1) 일부 조건변경
   (2) 자동조건변경
9. 신용장 양도의 조건변경

(1) 의의 - 조건변경 / 취소

(2) 필요성

(3) 당사자 : 발행은행, 확인은행(있는 경우), 수익자

(4) 내용

①금액변경 ②선적기일 또는 유효기일 연장 ③품목 또는 상품명세의 변경
④선적항 또는 도착항의 변경 등

(5) 요건

① 전원합의
② 자동조건 변경 금지
③ 유효기일 내
* 양도된 신용장의 경우 제1수익자, 제2수익자의 동의도 있어야 한다.

(6) 절차(UCP600 제9조)

- 조건변경의 통지
  (통지의 방법, 외관상 진정성의 확인 / 제2통지은행을 이용한 통지 / 불통지 결정시의 통지의무)

(7) 효력

1) 발행은행에 대한 효력발생 : 조건변경서를 발행(issue)하는 시점
2) 확인은행에 대한 효력발생 : 조건변경을 통지(advice)한 시점
3) 수익자에 대한 효력발생
   - 명시적으로 승낙(acceptance)을 통지하는 경우 : 수락의 뜻 통지하는 시점
   - 승낙의 통지를 하지 않는 경우 : 부합하는 제시를 한 시점
   • 통지 -> ok / no ok
   • 통지 x ->
         -> 1) 조건변경 前 서류 제시 : 조건변경의 거절
         -> 2) 조건변경 後 서류 제시 : 조건변경의 수락

(8) 유의점
* 취소불능신용장의 조건변경
* 조건변경의 효력발생
* **조건변경의 일부승낙**(허용 안됨) : e. 조건변경에 대하여 일부만을 수락하는 것은 허용되지 않으며, 이는 조건변경 내용에 대한 거절의 의사표시로 본다.
* **조건변경승낙의제**(자동조건부-무시) : f. 수익자가 일정한 시간 내에 조건변경을 거절하지 않으면 조건변경이 효력을 가지게 된다는 규정이 조건변경 내용에 있는 경우 이는 무시된다.

(9) 양도신용장 하에서의 조건변경(UCP 600 제38조)

5. 신용장 확인(UCP 600 제8조)

1. 의의
2. 정의
3. 필요성
4. 특성
5. 유형
6. 절차
7. 당사자의 권리 의무
8. 효력발생
9. 확인요청의 거절과 조건부 확인
10. 유의점
11. 비수권 확인

(1) 의의

(2) **정의**(관련규정) - UCP 600 제2조(확인, 확인은행)

신용장의 확인이란 발행은행의 지시 또는 요청에 의하여 제3의 은행이 지급, 연지급, 인수, 매입에 대하여 발행은행과는 별도로 발행은행과 동일한 지급확약을 추가하는 것을 말한다.
① UCP 600 제2조 : **확인**은 일치하는 제시에 대하여 결제 또는 매입하겠다는 발행은행의 확약에 추가하여 확인은행이 하는 확약
② UCP 600 제2조 **확인은행** : 발행은행의 수권 또는 요청에 의하여 신용장에 확인을 한 은행

(3) **필요성**

(4) **요건**(특성)
① 취소불능신용장
② 발행은행의 수권 또는 요청
③ 소구권 없는 매입의 확인

(5) 유형

    ① 지급신용장의 확인

    ② 인수신용장의 확인

    ③ 매입신용장의 확인 : <u>소구권 없는 매입 可</u>

(6) 절차(확인의 요청 → 확인의 실행)

(7) 당사자(권리, 의무)

    UCP 600 제8조(확인은행의 의무)

(8) 효력발생

    ① 확인의 효력 : UCP 600 제8조 b 항

    ② 조건변경에의 확인

(9) 확인요청의 거절과 조건부 확인

(10) 유의점

(11) <u>비수권 확인(Silent Confirmation)</u>

    ① 의의

    ② 정의

    ③ 비수권 확인의 필요성

    ④ 비수권 확인 VS 확인

    ⑤ 비수권 확인의 한계 및 대응방안

6. 신용장 양도(UCP 600 제38조)

1. 의의
2. 정의
3. 필요성 및 효용
4. 신용장 양도의 요건
5. 종류(방법)
6. 절차
	7. 당사자의 권리 의무
	  (1) 양도인의 권리와 의무
	  (2) 양도은행의 권리와 의무
	8. 신용장 양도의 조건변경
	9. 대금양도와의 관계
	10. 신용장양도와 내국신용장의 비교

(1) 의의

    - 신용장의 활용

- 중계무역시 활용

> ■ 양도은행
> 1) 지정은행   2) 자유매입 -> 특별히 수권된 은행   3) 발행은행

(2) 정의
- 신용장의 양도(일반적 정의)
- 양도가능신용장(UCP 600 제38조 2항)
- 양도은행 – 발행은행도 양도은행 可 (UCP 600 제38조)
- 양도된 신용장 (UCP 600 제38조)

(3) 필요성 및 효용

(4) 신용장 양도의 요건 _ 수입자 보호
① 양도은행의 지정
② 양도문언표시 : transferable
③ 양도의 범위
④ 양도의 횟수
　cf. 재양도는 양도의 취소로 간주
⑤ 분할선적의 허용 : (분할양도의 경우)
⑥ <u>원신용장조건으로의 양도</u>
　- 원칙 : 원신용장 조건
　- 예외 : 감액, 단축 및 증액 허용, 발행의뢰인의 명의대체
　　· 단가, 금액 -> 감액허용
　　· 유효기일, 서류제시기일, 선적기일 -> 단축허용
　　· 보험금액 부보비율 -> 증액허용
　　· 발행의뢰인 명의 대체 -> 허용

(5) 종류(방법)
① 전액양도 VS 분할양도
② 국내양도 VS 국외양도
③ 단순양도 VS 조건부양도

(6) 절차
① 양도신용장 발행의뢰

② 양도신용장 발행 및 통지
③ 양도계약(양도합의) 체결
④ 양도 신청(수수료 납부 및 원신용장 첨부)
⑤ 양도 허용
⑥ 양도 통지(transfer advice) 및 양도신용장 교부

(7) 당사자(권리, 의무)
 1) 양도인의 권리와 의무
  • 권리
   ① 양도요청권
   ② 송장·어음대체권 및 추가어음 발행권
   ③ 양도지 지급·인수·매입 요구권
   ④ 양도사항 불고지 요청권
   ⑤ 발행의뢰인 명의대체권

  • 의무
   ① 양도비용 부담의무
   ② 제2수익자에의 직접 통지 허용여부 지시여부
   ③ 송장대체 요구시 즉시 행사의무

 2) 양도은행의 권리와 의무
  • 권리
   ① 양도 유보 권리(제 비용 지급하기 전까지) - UCP 600 제38조 c항
   ② 양도 방법 및 범위에 관한 권리(양도은행이 독립적 판단 내) - UCP 600 제38조 a항
   ③ 서류 대체 요구 불응시 제2수익자에게 인도할 권리 - UCP 600 제38조 i항

  • 의무
   ① 양도 동의시 양도절차 실행 의무

(8) 신용장 양도의 조건변경
 1) 전부양도 : 발행은행, 양도은행, 원수익자 및 제2수익자 전원의 합의
 2) 분할양도
   ① 승낙한 제2수익자에 대해서는 조건변경 효력 인정
   ② 거절한 제2수익자에 대해서는 원신용장의 효력 유지

(9) 대금양도와의 관계

> 1. 의의
> 2. 대금의 양도
> 3. 신용장 양도와의 비교
>   ① 양도의 형태
>   ② transferable 기재 여부
>   ③ 적용조항(근거규정)
>   ④ 양도차익을 위한 서류교체

(10) 양도신용장과 내국신용장의 비교

	양도신용장	내국신용장
공통점	수익자에 대하여, 매커니즘 상 유사	
독립성	원 신용장 그대로	원신용장과 독립(견질로)
지급확약	발행은행으로부터 지급확약	원 신용장 발행은행 확약 X
신용장조건	원신용장 그대로(단 일부 예외)	무관 · 임의변경 가능
발행방법	명시적인 지시	무관

7. 결제

> - TOOL
>   1. 의의
>   2. 특징
>   ① 사용방식의 표시(지급, 인수, 매입)
>   ② 지정은행(유무 및 형태)
>   ③ 환어음의 종류
>   ④ 어음지급기한(대금지급기한)
>   ⑤ 지정은행 업무(지정확약방식)
>   ⑥ 소구권 유무
>   ⑦ 배서 / 매입
>   3. 종류

> ✓ ISSUE 1. 지급
> 1. 의의

- 신용장과 일치하는 제시가 이루어지는 경우 지급의 의무를 부담하는 발행은행 또는 확인은행이 서류를 제시한 수익자에게 신용장 대금을 지급하여 신용장상의 거래가 완료되는 행위로서 또 다른 표현으로 신용장 대금의 "결제"에 속하는 개념이다.
- 신용장거래에서 지급(Payment)이란 수익자가 신용장에 지정된 지급은행(paying bank)에게 신용장조건과 일치하는 선적서류를 첨부한 일람출급환어음(신용장에서 요구하고 있는 경우) 또는 선적서류만을 제시하면 전액의 대금을 관련법에서 규정하고 있는 짧은 기간 내에 현금으로 결제(settlement)되는 것

2. 특징
① 지정은행 : 대개의 경우 수출지의 지급은행이 발행은행의 해외지점 또는 예치환거래은행일 때 사용된다.
② 어음부 : 무어음신용장이다. 영국과 같이 신용장개설에 반드시 어음을 필요로 하는 나라 이외에는 어음의 발행을 요구하지 않는다.
③ 지급기한 : 일람출급신용장으로 사용된다.
④ 지정은행 업무 : 이 신용장 하에서는 지급은행만이 지급업무를 담당할 수 있다.
⑤ 배서/매입 : 신용장의 배면에 매입사실의 배서를 요구하지 않는 비배서신용장이다. 지급신용장의 경우는 원칙적으로 매입이 허용되지 않고 지급을 위한 제시만 허용될 뿐이다.

3. 종류
(1) 일람지급
(2) 연지급

✓ ISSUE2. **인수**

1. 의의
- 인수란, 기한부 신용장에서 환어음을 비롯한 일치하는 제시가 이루어진 경우 인수의 의무를 부담하는 발행은행 또는 확인은행이 서류를 제시한 수익자에게 제시된 환어음 상에 인수를 표시하고 그 행위에 따라 만기일에 조건없는 지급의 확약을 의미하는 것으로 지급과 함께 신용장 대금의 "결제"에 속하는 개념이다.
- 인수(acceptance)란 어음행위로서 기한부어음의 지급인이 어음금액의 지급채무를 부담할 것을 목적으로 하는 어음행위로서 구체적으로는 어음발행인의 지급위탁에 대한 지급인의 동의의 표시이다.

2. 특징
① 지정은행 : 인수신용장은 일반적으로 발행은행이 예치환거래은행으로부터 인수편의를 제공받을 때 사용된다.
② 어음부 : 어음부신용장이다. 어음부신용장(with draft credit)이란 선적서류 제출시 어음을 제시하여야 하는 신용장을 말한다.

③ 지급기한 : 기한부신용장으로만 사용된다. 다른 신용장과는 달리 일람출급으로는 사용될 수 없다.
④ 지정은행 업무 : 이 신용장 하에서는 인수은행만이 인수업무를 담당할 수 있다.
⑤ 배서 : 비배서신용장이다. 일반적으로 인수지급만을 허용한 경우에는 매입을 할 수 없으나 인수지급과 매입을 동시에 허용하는 경우에는 매입사실 여부를 배서할 수 있다.

✓ ISSUE 3. 매입

1. 의의

매입이란 일치하는 제시에 대하여 지정은행이, 지정은행에 상환하여야 하는 은행영업일 또는 그 전에 대금을 지급함으로써 또는 대금지급에 동의함으로써 환어음 또는 서류를 매수하는 행위이다. 따라서 이는 결제의 의미를 갖지 못하며 서류를 매수한 지정은행(매입은행)이 결제의 의무를 가진 자(은행)에게 서류를 제시하여 대금을 상환받지 못하는 경우 그 서류를 제시한 수익자에게 소구권의 행사가 가능하다.

2. 특징

① 지정은행 : 수출지의 매입은행이 발행은행의 무예치환거래은행인 경우에 사용된다.
② 어음부 : 어음부신용장이다. 선적서류 매입의뢰시 어음을 제시하여야 한다. 어음의 제시를 요구하지 않고, 선적서류만 제시하도록 규정하는 경우도 있다.
③ 기한부 : 일람출급 또는 기한부신용장으로 사용된다. 기한부신용장으로는 수출업자가 신용을 공여하는 무역인수(선적인 유전스)의 경우에 사용되는 경우가 대부분이다.
④ 지정은행 업무 : 이 신용장에서는 어느 은행이나 매입할 수 있는 것이 원칙이고 예외적으로 통지은행만이 매입할 수 있는 경우가 있다. 즉, 신용장에서 통지은행만 매입할 수 있다는 문구가 있으면 통지은행만으로 매입이 제한되나, 그렇지 않는 경우에는 어느 은행이나 매입은행이 될 수 있다.
⑤ 배서 : 신용장의 배면에 매입사실의 배서를 요구하는 배서신용장이다.

3. 종류

종류	의의	지급확약방식	지정은행	지정유무	매입인정여부	어음지급기간	어음부	소구권	환어음종류	배서
지급신용장		지급	예치환은행	지정	불인정	일람출급, 기한부		없음	일람출급 없음 (연지급)	
인수신용장		인수	예치환은행	지정	불인정	기한부		없음	기한부	
매입신용장		매입	무예치환은행	제한/자유매입	인정	일람출급, 기한부		있음	일람출급 기한부 어음	

제2절 환어음

1. 의의
2. 법적성질
3. 활용(효용)
4. 환어음의 종류
5. 환어음의 당사자
6. 환어음의 발행과 양도(배서/교부)
7. 환어음의 기재사항
8. 국제규칙상 환어음 관련 규정
   (1) UCP 600상 환어음 관련규정
       (6, 18, 30, 31, 32)
   (2) ISBP상 환어음 심사 관련 규정
9. 실무상 유의점(소구권문제)

1. 의의

환어음(draft ; bills of exchange)이란 어음발행인(drawer)이 지급인(drawee)인 제3자로 하여금 일정금액을 수취인(payee) 또는 그 지시인(orderer) 또는 소지인(bearer)에게 지급일에 일정장소에서 무조건 지급할 것을 위탁하는 요식유가증권이자 유통증권임.

2. 법적성질

① 요식증권성 : 법정기재사항(엄격한 요식성)
② 유통증권
③ 무인증권성(추상증권성) : 환어음 유통성 강화
④ 문언증권성
⑤ 제시증권성
⑥ 상환증권성

3. 환어음의 활용 및 효용성

① 환어음의 유통적 기능에 의해 대금지급의 신뢰도를 확신할 수 있음
② 환어음의 무역거래나 은행간 거래에서 전 세계적으로 통용
③ 국제무역거래의 필수적 요소로서 환어음 거래를 규정하고 있는 통일규칙 존재
④ 화환신용장 방식의 중요한 서류
⑤ 화환추심방식에서 반드시 제시해야 할 서류
⑥ 환어음 인수됨으로써 수입업자로부터 대금지급의무가 있다는 사실에 법적 구속력이 작용함
⑦ 어느 통화로도 발행가능 대금지급 방법 수월
⑧ 외화로 발행되었을 경우 환율예약 가능
⑨ 합의된 기간 동안 발행

4. 환어음의 종류

(1) 첨부서류 유무에 따라
① 화환어음(신용장부화환어음, 화환추심어음)
② 무화환어음 / 화환무담보어음

(2) 지급기일(만기일)에 따라
① 일람출급환어음(at sight)
② 기한부환어음(usance)
 - 일람후 정기출급(at~days after sight)
 - 발행일자후 정기출급(at~days after date **of draft**)
 - 확정일출급(on a fixed date)
 - 확정일자후 정기출급(at ~ days after date **of B/L**) - 한국어음법 인정 X

(3) 지급인에 따라
① 은행환어음
② 개인환어음

(4) 수취인에 따라
① 기명식
② 지시식
③ 선택소지인식
④ 소지인식(지참인식)

(5) 상환청구가능여부에 따라
① 상환청구가능환어음
② 상환청구불능환어음(우리나라에서는 상환청구불능 인정하지 않음으로 청구가능)

5. 환어음의 당사자

① 발행인(Drawer) : 환어음을 발행하고 서명하는 자
② 지급인(Drawee) : 환어음금액을 일정한 시기에 지급하여 줄 것을 위탁받은 채무자로 보통 신용장 발행은행, 지정은행, 수입상 등임.
③ 수취인(Payee) : 환어음금액을 지급받은 자로 보통은 환어음을 매입한 은행. 그러나 발행은행이나 발행은행이 지정한 은행이 될 수도 있음.

6. 환어음의 발행과 양도(배서/교부)

(1) 환어음의 발행

환어음은 요식증권성이 있음. 그 이유는 불특정 다수인 사이에 유통되므로 정형적 외관이 필요하고 권리관계가 증권자체에서 완전하게 확정될 것이 요청되기 때문이다. 따라서 어음의 형식적 요건이 구비되지 않으면 효력이 없게 됨.

(2) 환어음의 유통

1) 배서(endorsement)
   ① 기명식 배서
   ② 지시식 배서
2) 교부(delivery)

7. 환어음의 기재사항

(1) 의의

환어음은 요식증권이므로 반드시 일정한 형식을 갖추어야 하며, 또한 무인증권으로서 어음상의 권리도 추상적인 것이므로 다른 유가증권에 비하여 엄격한 형식이 요구되고 있다. 따라서 이에는 필수기재사항과 임의기재사항이 있는데, 특히 필수기재사항은 그 중 어느 하나라도 누락이 되면 어음으로서의 법적효력이나 구속력을 갖지 못하게 되어 있는 바, 한국어음법 제1조에 명시적으로 규정이 되어 있음.

(2) 어음법상의 필수기재사항(한국환어음법 제1조)

1) 환어음의 표시
2) 무조건의 지급위탁문언
3) 지급인의 기재
4) 만기(지급기일)의 표시
   ① 일람출급(at sight)
   ② 일람후 정기출급(at~days after sight)
   ③ 발행일자후 정기출급(at~days after date of draft)
   ④ 확정일출급(on a fixed date)
   ⑤ 확정일자후 정기출급(at ~ days after dated of B/L) – 한국어음법 X
5) 수취인의 표시
   ① 기명식 : 'Pay to ABC Bank'
   ② 지시식 : 'Pay to ABC Bank or order', 'Pay to the order of ABC Bank'
   ③ 지참인식 또는 소지인식 : 'Pay to Bearer'도할 수 있다.
   ④ 선택소지인식 : 'Pay to ABC Bank or bearer'

6) 지급지의 표시
7) 발행일자 및 발행지
8) 발행인의 기명날인 또는 서명

(3) 임의기재사항

임의기재사항은 환어음의 법적효력에는 영향을 미치지 않으나 발행근거 서류간 또는 발행상 그 내용을 명확하게 하기 위한 것임. ① 어음번호, ② 어음금액(숫자), ③ 복본번호, ④ 파훼문구, ⑤ 금액(문자), ⑥ 대가수취문구, ⑦ 신용장 발행은행, ⑧ 신용장번호, ⑨ 신용장발행일 등이 있음.

8. 국제규칙상 환어음 관련 규정

(1) UCP 600 의 환어음 관련 규정
 - 6조, 18조, 30조, 31조, 32조

(2) ISBP 745 상 환어음 관련 규정 : ISBP 745 B1 - B18(구 ISBP 681 43 - 56)

9. 실무상 유의점(소구권문제)

☑ 환어음의 종류

	종류	의의	만기	표시방법	기타
일람	일람출급환어음	제시된 때 즉시 지급되는 것	제시된 때	at sight	"지급"
기한	일람후 정기출급 환어음	인수를 위하여 제시된 날로부터 일정한 기간이 경과한 후에 지급되는 것	인수일자 또는 거절증서의 일자에 의해 정해짐	30 days after sight	"인수" 행위 수반
	발행일자후 정기출급 환어음	환어음이 발행된 날로부터 일정기간 경과후에 지급되는 것	환어음의 발행일자에 의해 정해짐	at ~ days after date ①②로 보는 경우가 있으나 ①로 정리! (① 30 days after draft date ② 30 days after B/L date)	
	확정일후 정기출급 환어음	선하증권이 발행된 날로부터 일정기간 경과후에 지급되는 것	선하증권의 발행일자에 의해 정해짐 - 한국 어음법에서 인정안됨	at ~ days after date of B/L	
	확정일출급 환어음	환어음상에 확정된 날에 지급하는 것	환어음에 기재된 특정일	on a fixed date	

제3절 선적서류 및 서류심사

PART 1 선적서류

1. 상업송장   2. 운송서류   3. 보험서류

1. 상업송장

(1) 의의

(2) 기능

(3) 종류
   ① 상업송장
   ② 공용송장 : 세관송장, 영사송장

(4) UCP 600 제18조 수리요건
   ① 상업송장의 발행인과 상대방
   ② 신용장금액을 초과한 금액의 상업송장
   ③ 상업송장의 물품, 용역 및 이행의 명세

> **제18조 상업송장**
> a. 상업송장은,
>   ⅰ. (제38조가 적용되는 경우를 제외하고는) 수익자가 발행한 것으로 보여야 한다.
>   ⅱ. (제38조 (g)항이 적용되는 경우를 제외하고는) 발행의뢰인 앞으로 발행되어야 한다.
>   ⅲ. 신용장과 같은 통화로 발행되어야 한다. 그리고
>   ⅳ. 서명될 필요는 없다.
> b. 지정에 따라 행동하는 지정은행, 확인은행이 있는 경우의 확인은행 또는 발행은행은 신용장에서 허용된 금액을 초과하여 발행된 상업송장을 수리할 수 있고, 이러한 결정은 문제된 은행이 신용장에서 허용된 금액을 초과한 금액을 지급이행(honour) 또는 매입하지 않았던 경우에 한하여, 모든 당사자를 구속한다.
> c. 상업송장상의 물품, 서비스 또는 의무이행의 명세는 신용장상의 그것과 일치하여야 한다.

(5) 신용장 관련 법리
   ① 엄밀일치

② 상당일치
③ 서류거래원칙

2. 운송서류

✓ **Issue1. 운송서류 수리요건**
UCP 600 제19조 ~ 제25조

✓ **Issue2. 공통 수리요건**
UCP 600 제26조 - ① 갑판적재 ② 내용물 부지약관 ③ 운임에 대한 추가비용
UCP 600 제27조 - 무고장 운송서류

Q. 부지약관(Unknown Clause)

1. 의의
2. 선하증권 기재사항
3. 부지약관의 정의
4. 신용장통일규칙 관련 규정
   - UCP 600 제26조

제26조 "갑판적재(On-Deck)", "내용물 부지약관"과 운임에 대한 추가비용
b. "선적인이 적재하고 검수하였음"(shipper's load and count)과 "선적인의 내용신고에 따름"(said by shipper to contain)과 같은 조항이 있는 운송서류는 수리될 수 있다.

Q. 무고장 운송서류

1. 의의
2. 효력
3. 신용장통일규칙 관련 규정
   - UCP 600 제27조

제26조 "갑판적재(On-Deck)", "내용물 부지약관"과 운임에 대한 추가비용
b. "선적인이 적재하고 검수하였음"(shipper's load and count)과 "선적인의 내용신고에 따름"(said by shipper to contain)과 같은 조항이 있는 운송서류는 수리될 수 있다.

Q. 파손화물보상장(Letter of Indemnity ; L/I ; LOI)

1. 의의 및 정의
송하인이 본선수취증상의 비고(remark)란에 기재된 하자로 인하여 운송 중의 물품이 손상되어 운송인이 수하인에게 손해배상을 하게 된다면 송하인이 책임지고 운송인에게 손해배상액을 보상하겠다는 것을 약속하는 것이다.
〈국제거래의 실제 : 매도인은 운송물에 이상이 있는 경우에도 매수인이 물품의 인수를 거절하지 않을 것을 확신하는 때(ex. 운송물의 포장은 파손되었지만 정작 그 내용물인 운송물 자체에는 아무 이상이 없는 경우 등)〉

2. 의의
사고부선하증권은 물품이나 포장상태의 하자에 관한 기록이 B/L상에 기재되어 있다. 통상 사고부선하증권은 은행에서 수리되지 않으며 이에 따라 수출상은 수출대금을 수령할 수 없기 때문에 또한 파손화물의 대체나 교환이 시간적으로 가능하지 않을 경우 수출상은 선박회사에 파손화물보상장(L/I ; Letter of Indemnity)을 제출하고 무사고선하증권을 발급받는다.

3. 효력
그렇지만 이러한 L/I는 **송하인과 선박회사 사이에만 유효한 보상약속**이므로 운송인은 선의의 제3자인 수하인이나 보험자에 대하여는 대항할 수 없다.
따라서 L/I를 제출하고 무고장선하증권을 발급받은 송하인은 이러한 사실을 통보하고 파손화물에 대하여는 차후 추가선적이나 가격공제 또는 할인등의 양해를 구해야 한다.

4. 보험회사
보험회사도 L/I에 대하여는 보상약속(보상책임)이 없기 때문에 수출상은 이를 보험자에게 고지하여야 한다. 그렇지 않으면 **고지의무위반이 되어 보험계약이 취소**된다.
(이를 위반하면 사기로 간주)

5. 관련규정
+ 함부르크규칙(17조)
    보상장이 수하인을 포함하는 제3자를 속일 의도로 발행되지 않는 한, 운송인이 수하인에게 배상한 금액을 송하인으로부터 보상받을 수 있다고 규정하고 있다. 그러나, 운송인이 명백히 손상이 있는 화물에 대하여 파손화물보상장과 교환으로 무고장선하증권을 발행하는 것은 선하증권의 공신력이나 공정한 거래를 저해하는 행위에 해당된다. 따라서, 운송인이 제3자를 속일 의도로 무고장 선하증권을 발행한 경우에는 송하인에 대하여 파손화물보상장에 의한 보상청구가 불가능하게 된다.
+ MIA 제18조

6. 국제거래계의 관행

> 이러한 관행은 송하인과 운송인의 공모에 의한 사기행위와 결부될 위험성이 있으며 이 방법이 남용되는 경우에는 매수인, 은행 또는 적하보험자와 같은 선하증권의 취득자에게 불측의 손해를 끼치게 되고, 그 결과 선하증권의 신용이 실추되어 거래의 안전이 훼손될 가능성이 크다. 따라서 이러한 보상장의 효력을 어떻게 인정할 것인지의 문제 발생

> **제27조 무고장 운송서류**
> 은행은 단지 무고장 운송서류만을 수리한다. 무고장 운송서류는 물품 또는 포장의 하자상태(defective conditions)를 명시적으로 선언하는 조항 또는 부기가 없는 운송서류를 말한다. "무고장(clean)"이라는 단어는 비록 신용장이 운송서류가 "무고장 본선적재(clean on board)"일 것이라는 요건을 포함하더라도 운송서류상에 나타날 필요가 없다.

3. 보험서류

- 규정간 차이 사항

(1) 공통조건

① 보험자(발행자) ② 통화, ③ 부보금액, ④ 보험기간,

(2) Incoterms

① 보험취득(담보조건), ② 보험청구, ③ 추가보험 ④ 보험서류, ⑤ 정보제공

(3) UCP

① 전통제시, ② 부보각서, ③ 보험서류(형식), ④ 발행일자, ⑤ 보험종류, 부정확 용어 ⑥ 전 위험, ⑦ 면책위험, ⑧ 면책비율

- 인코텀즈

(1) 소개문 : 부보수준 차별화
(2) CIF, CIP : 사용자를 위한 설명문의 보험 부분
(3) CIF, CIP 의 A5

- UCP 600 제28조
    1. 보험서류, 발행자, 서명
    2. 전통제시
    3. 보험승인서/부보각서/COVER NOTE
    4. 보험서류 (형식)
    5. 발행일자
    6. 통화
    7. 부보금액
    8. 보험기간
    9. 보험종류, 부정확한 용어
    10. 전 위험
    11. 면책위험
    12. 면책비율

- 해상보험

PART 2 서류심사

1. 서류심사
2. 서류심사기준
3. 심사대상 서류
4. 일치 및 불일치 서류

1. 서류심사

1. 개요

2. 은행의 서류심사 관행
   (1) 전통적 서류심사기준
   (2) 국제표준은행관행

3. UCP 상의 서류심사

(1) 심사주체 - 은행(14-a)
(2) 심사대상 - 명시된 서류
(3) 심사기준 - 일치하는 제시(14-a)
(4) 심사기간(14-b)
(5) 비명시 서류(14-g)
(6) 비서류 조건(14-h)
(7) 운송서류 원본제시
(8) 불명확한 서류심사(14-f)
(9) 서류 작성 일자 및 제시일자
(10) 제3자 서류(14-k)
(11) 발행(14-l) 기준

4. 원본서류 및 사본(UCP 600 제17조)

제14조 서류심사의 기준

a. 지정에 따라 행동하는 지정은행, 확인은행(있는 경우) 그리고 발행은행은 서류에 대하여 문면상 (on their face) 일치하는 제시가 있는지 여부를 단지 서류만에 의해서 심사하여야 한다.
b. 지정에 따라 행동하는 지정은행, 확인은행(있는 경우) 그리고 발행은행에게는 제시가 일치하는지 여부를 결정하기 위하여 제시일의 다음날로부터 기산하여 최장 제5은행영업일이 각자 주어진다. 이 기간은 유효기일 내의 제시일자나 최종제시일 또는 그 이후에 발생하는 사건에 의해서 단축되거나 달리 영향을 받지 않는다.
c. 제19조, 제20조, 제21조, 제22조, 제23조, 제24조 또는 제25조에 따른 하나 이상의 운송서류 원본이 포함된 제시는, 이 규칙에서 정하고 있는 선적일 후 21일보다 늦지 않게 수익자에 의하거나 또는 그를 대신하여 이루어져야 하고, 어떠한 경우라도 신용장의 유효기일보다 늦게 이루어져서는 안 된다.
d. 신용장, 서류 그 자체 그리고 국제표준은행관행의 문맥에 따라 읽을 때의 서류상의 정보(data)는 그 서류나 다른 적시된 서류 또는 신용장상의 정보와 반드시 일치될 필요는 없으나, 그들과 저촉되어서는 안 된다.
e. 상업송장 이외의 서류에서, 물품, 서비스 또는 의무이행의 명세는, 만약 기재되는 경우, 신용장상의 명세와 저촉되지 않는 일반적인 용어로 기재될 수 있다.
f. 신용장에서 누가 서류를 발행하여야 하는지 여부 또는 그 정보의 내용을 명시함이 없이 운송서류, 보험서류 또는 상업송장 이외의 다른 어떠한 서류의 제시를 요구한다면, 그 서류의 내용이 요구되는 서류의 기능을 충족하는 것으로 보이고 또한 그밖에 제14조 (d)항에 부합하는 한 은행은 제시된 대로 그 서류를 수리한다.

g. 제시되었으나 신용장에서 요구되지 아니한 서류는 무시될 것이고 제시자에게 반환될 수 있다.
h. 조건과 일치함을 나타낼 서류를 명시함이 없이 신용장에 어떠한 조건이 담겨 있다면, 은행은 그러한 조건이 기재되지 아니한 것으로 보고 무시할 것이다.
i. 서류는 신용장 발행일 이전 일자에 작성된 것일 수 있으나 제시일자보다 늦은 일자에 작성된 것이어서는 안 된다.
j. 수익자와 발행의뢰인의 주소가 어떤 요구서류에 나타날 때, 그것은 신용장 또는 다른 요구서류상에 기재된 것과 동일할 필요는 없으나 신용장에 기재된 각각의 주소와 동일한 국가 내에 있어야 한다. 수익자 및 발행의뢰인의 주소의 일부로 기재된 세부 연락처(팩스, 전화, 이메일 및 이와 유사한 것)는 무시된다.
그러나 발행의뢰인의 주소와 세부 연락처가 제19조, 제20조, 제21조, 제22조, 제23조, 제24조 또는 제25조의 적용을 받는 운송서류상의 수하인 또는 통지처의 일부로서 나타날 때에는 신용장에 명시된 대로 기재되어야 한다.
k. 어떠한 서류상에 표시된 물품 선적인 또는 송하인은 신용장의 수익자일 필요가 없다.
l. 운송서류가 이 규칙 제19조, 제20조, 제21조, 제22조, 제23조 또는 제24조의 요건을 충족하는 한, 그 운송서류는 운송인, 소유자, 선장, 용선자 아닌 어느 누구에 의해서도 발행될 수 있다.

2. 서류심사기준

(1) 의의
(2) 일치하는 제시
(3) ISBP
(4) 독립추상성
(5) 엄밀일치성
(6) 상당일치성

3. 심사대상 서류

(1) 운송서류
(2) 상업서류
(3) 보험서류
(4) 기타서류

4. 일치 및 불일치 서류

(1) 일치서류(UCP 600 제15조)
1) 의의
2) 발행은행의 조치
3) 확인은행의 조치
4) 지정은행의 조치

(2) 불일치서류(UCP 600 제16조)
1) 의의
   지정에 따라 행동하는 지정은행, 확인은행이 있는 경우에는 확인은행 또는 발행은행은 제시가 일치하지 아니한 것으로 결정하는 경우에는, 지급이행 또는 매입이행을 거절할 수 있다.
2) 불일치통지시기(기간)
   수리거절의 통지는 전송 또는 그것이 불가능한 경우 다른 신속한 수단에 의해 제시일의 다음날로부터 제5은행영업일의 마감시간 이전에 행해져야 한다.(UCP 600 제16조 d항)
3) 불일치통지 횟수 및 상대방
   지정은행, 확인은행, 발행은행이 지급 또는 매입을 거절하기로 결정한 경우 제시인에게 1회에 한하여 통지해야 한다.
4) 불일치통지 내용
   ① 은행이 지급 또는 매입을 거절한다는 것
   ② 은행이 지급 또는 매입을 거절하는 각각의 불일치사항
   ③ 서류의 행방
      ㉠ 은행이 제시자로부터 향후 지시시까지 서류를 보유하고 있다는 것
      ㉡ 서류를 보유하거나, 추가적인 지시를 받을 수 있다는 것
      ㉢ 은행이 서류를 반송 중이라는 것
      ㉣ 은행이 제시자로부터 받은 이전의 지시에 따라 행동하고 있다는 것
5) 발행은행의 포기교섭권
6) 거절통지은행의 서류 반송의무
   서류의 수리거절통지를 이행한 지정은행, 확인은행, 발행은행은 어느 때이고 제시자에게 서류를 반송한다.
7) 거절통지 불이행의 효과
   발행은행 또는 확인은행이 이 규정에 따라 행동하지 못한 경우, 서류가 일치하는 제시에 해당하지 않는다는 주장으로부터 배제된다.
8) 거절통지 전 상환금에 대한 반환청구권

발행은행이 지급을 거부하거나 또는 확인은행이 지급 또는 매입을 거부하고, 이 조항에 따라 그 취지를 통지한 경우, 이미 행한 상환금에 대하여 이자를 포함하여 반환을 청구할 권리를 갖는다.

제16조 하자 있는 서류, 권리포기 및 통지

a. 지정에 따라 행동하는 지정은행, 확인은행(있는 경우) 또는 발행은행은 제시가 일치하지 않는다고 판단하는 때에는, 지급이행(honour) 또는 매입을 거절할 수 있다.
b. 발행은행은 제시가 일치하지 않는다고 판단하는 때에는, 자신의 독자적인 판단(its sole judgement)으로 하자에 대한 권리포기(waiver)를 위하여 발행의뢰인과 교섭할 수 있다. 그러나 이로 인하여 제14조 (b)항에 규정된 기간이 연장되지는 않는다.
c. 지정에 따라 행동하는 지정은행, 확인은행(있는 경우) 또는 발행은행이 지급이행(honour) 또는 매입을 거절하기로 결정하는 때에는, 제시자에게 그러한 취지로 한 번에 통지(single notice)하여야 한다.
   통지에는 다음 사항을 기재하여야 한다.
   i. 은행이 지급이행(honour) 또는 매입을 거절한다는 사실 그리고
   ii. 은행이 지급이행(honour) 또는 매입을 거절하는 각각의 하자 그리고
   iii. a) 제시자의 추가지시가 있을 때까지 은행이 서류를 보관할 것이라는 사실 또는
       b) 발행의뢰인으로부터 권리포기를 받고 이를 받아들이기로 동의하거나, 또는 권리포기를 받아들이기로 동의하기 이전에 제시자로부터 추가지시를 받을 때까지, 발행은행이 서류를 보관할 것 이라는 사실 또는
       c) 은행이 서류를 반환할 것이라는 사실 또는
       d) 은행이 사전에 제시자로부터 받은 지시에 따라 행동할 것이라는 사실
d. 제16조 (c)항에서 요구되는 통지는 전신(tele-communication)으로, 또는 그것의 이용이 불가능하다면 다른 신속한 수단으로, 제시일의 다음날로부터 기산하여 5은행영업일(banking day)의 종료시보다 늦지 않게 이루어져야 한다.
e. 지정에 따라 행동하는 지정은행, 확인은행(있는 경우) 또는 발행은행은, 제16조(c) iii호 (a) 또는 (b)에서 요구되는 통지를 한 후라도, 언제든지 제시자에게 서류를 반환할 수 있다.
f. 발행은행 또는 확인은행이 이 조항의 규정에 따라 행동하지 못하면, 그 은행은 서류에 대한 일치하는 제시가 아니라는 주장을 할 수 없다.
g. 발행은행이 지급이행(honour)를 거절하거나 또는 확인은행이 지급이행(honour) 또는 매입을 거절하고 이 조항에 따라 그 취지의 통지를 한 때에는, 그 은행은 이미 지급된 상환 대금을 이자와 함께 반환 청구할 권리를 갖는다.

5. 하자서류 관련 당사자 조치

(1) 의의
(2) 지정은행(매입은행)의 조치
  1) 의의
  2) 수리거절
  3) 보완요구
  4) 하자서류 매입
     ① 유보조건부
     ② 보상장과 상환(보증장부) : L/G Nego
     ③ 케이블네고 : Cable Nego
     ④ 추심방식
     ⑤ 신용장 조건 정정 : amendment

(3) 발행은행의 조치
  1) 수리거절
  2) 발행의뢰인에 대한 포기교섭권

(4) 수익자의 조치
  1) 불일치서류의 보완
  2) 발행의뢰인에 대한 하자서류의 인수요청
  3) 불일치서류로 인한 손실방지 조치

제4절 수입화물선취보증서와 수입화물대도

PART 1 수입화물선취보증서(Letter of Guarantee ; L/G)

1. 의의
2. 정의
3. 필요성
4. 절차
5. L/G 내용
6. L/G 발급효과
7. 적법성
8. L/G발급시 당사자의 책임관계
9. B/L 위기 극복방안

1. 의의

물품의 운송을 의뢰하는 송하인으로부터 운송의뢰를 받은 해상운송인은 운송계약에 따라 일정 장소까지 운송하여 운송물품을 수취할 권리자에게 선하증권과 상환으로 물품을 인도한다. 그러나 수입화물은 이미 도착하였으나 선하증권 등의 운송서류가 도착하지 않았을 경우 거래상 대응책으로 상관습으로 인정되고 있는 수입화물보증선취보증서(L/G)를 활용

2. 정의

수입상과 신용장발행은행이 연대보증한 증서를 선박회사 앞으로 선하증권의 원본 대신에 제출하여 수입화물을 미리 인도받을 수 있는 보증서를 수입화물선취보증서라고 함. 수입화물선취보증은 발행은행을 보증인으로 하고 선하증권을 도착즉시 선박회사에 인도하겠다는 것과 이 보증인도에 의하여 발생한 일체의 사고는 보증은행 및 수입상이 단독 또는 연대로 책임을 부담하겠다고 서약한 것임.

3. 필요성

(1) **이유**(수익자의 서류제시 지연 / 은행업무처리 지연 / 우송 중 지연)
(2) **필요성**(수입상 / 운송인 / 은행)
   ① 수입상 : 수입화물이 통관될 수 없어 인도가 늦어질 뿐만 아니라 창고료 등의 추가비용이 발생할 수도 있고, 도착화물에 손상을 가져오거나, 판매의 적기를 상실할 수도 있음.
   ② 선박회사 : 은행의 보증서(L/G)를 받고 인도하게 되는 것이므로 사고발생시 이를 커버할 수 있음

③ 은행 : 수입담보화물의 조기인도에 따른 자금회수가 적기에 이루어지는 때문에 현실적인 채권확보수단임.

4. 절차

(1) 발급신청(화환신용장방식 및 D/P, D/A 방식)
(2) 발급(내용)
(3) 수입화물 인수 : L/G와 상환으로 인도
(4) B/L원본제출 및 L/G회수

5. L/G의 내용

① 선하증권원본이 신용장발행은행에 도착하면 즉시 선박회사에 원본전통을 제출하겠다는 것
② 운송비의 지급, 기타 선하증권을 담보로 제공됨에 따른 모든 손실을 보상하겠다는 것

6. L/G발급효과

(1) 수입상의 하자서류에 대한 클레임 제기권 소멸

수입화물선취보증장이 발급되면 차후에 도착한 운송서류에 하자가 있더라도 신용장의 발행은행은 이를 이유로 지급 또는 인수를 거절할 수 없음.

(2) 대금결제문제 발생(대금만기일 확정)

일람후 정기출급 환어음(time draft)인 경우에는 수입화물선취보증장(L/G)의 발급일로부터 환어음의 만기일이 확정.

7. 적법성

수입화물선취보증서는 상법상 인정되는 제도는 아니며, **단지 전세계적으로 널리 사용되는 상관습**으로 볼 수 있음. 우리나라의 판례에서는 L/G가 운송증권이 가지고 있는 상환증권성을 부인하는 행위이기 때문에 **L/G의 적법성을 부정하여 운송인에게 운송계약상의 채무불이행책임 뿐만 아니라 불법책임까지 부담**시키고 있음.

8. L/G 발급시 당사자의 책임관계

(1) 수하인의 책임관계

① 운송인에 대한 손해배상 책임

수하인이 악의적인 목적으로 L/G를 통해 물품을 사취하였고, 선하증권의 선의의 소지인이 운송인에게 화물의 인도를 요구한다면 운송인은 채무불이행 책임이 존재한다. 이는 곧 L/G를 제출한 수하인의 책임이 되며, 그러므로 수하인은 이러한 경우 운송인에 대한 손해배상책임이 있다.

② 보증은행에 대한 손해배상 책임

상기와 같은 상황이 발생되어 만약 보증은행이 운송인에게 일정한 보상을 한 경우, 수하인은 L/G를 발급해준, 즉 연대보증해준 은행에게도 L/G 약정에 따른 손해배상 책임이 있다.

③ 선하증권의 선의의 소지인에 대한 불법책임

수하인은 선하증권의 선의의 소지인의 권리를 부당하게 침해한 것으로 보아 불법행위에 따른 일정한 책임이 있다.

(2) 보증은행의 책임관계

① 운송인에 대한 책임

보증은행의 경우 L/G의 연대보증인으로써, 운송인이 손해배상을 청구하는 경우 L/G의 내용에 따르는 손해배상 책임을 부담한다.

② 수하인에 대한 청구권

만약 운송인에게 일정한 손해배상을 한 경우, 보증은행은 수하인에게 L/G 약정에 따르는 손해배상을 청구할 권리를 가진다.

(3) 운송인의 책임관계

① 선하증권의 선의의 소지인에 대한 책임

운송인은 선하증권의 선의의 소지인에 대해서는 L/G와 상환으로 제공한 물품에 상응하는 일정한 채무불이행 책임이 있다.

② 보증은행과 수하인에 대한 청구권

운송인은 선하증권의 선의의 소지인에게 일정한 손해배상을 해준 경우, 수하인과 보증은행에게는 L/G의 내용에 따르는 손해배상 청구권을 가진다.

9. B/L위기 극복방안

PART 2. 수입화물대도(Trust Receipt ; T/R)

1. 의의
2. 효용
3. 법률적 성격
4. 거래시 유의점

1. 의의

수입상이 **일람출급결제조건이나 지급인도결제조건으로 물품을 수입하였으나** 수입지 은행으로부터 그 수입물품에 대한 선적서류를 인수할 자금이 없을 경우, 또는 은행의 자금으로 수입상을 위해서 발행된 신용장 하에서 물품이 수입되었을 경우 물품의 담보권을 가지고 있는 은행과 물품인수를 위하여 체결하는 제도

2. 효용

(1) 결제자금 부족시에도 선적서류를 취득할 수 있음.
(2) 계절상품 등의 상기(商期)를 맞출 수 있음.
(3) 결제지연으로 인한 부대비용을 절감할 수 있음.

3. 법률적 성격

(1) 양도담보, 기탁, 대리설
(2) 신탁설
(3) 질권존속설 등

4. 거래시 유의점

(1) 수입상의 신용점검
(2) 수입상의 다른 대출의 담보로 사용 금지
(3) 담보물의 판매대금의 대금지급에의 충당

제3편 신용장 관련 국제규칙

제1절 UCP 개요

1. 의의
2. 연혁
3. 개정특징
4. 구성

1. 의의

신용장 통일규칙은 전세계 대부분의 국가에서 채택하고 있는 국제적으로 필수불가결한 규칙으로 발전하였으며, 오늘날 거의 모든 신용장거래는 신용장 통일규칙의 적용 없이는 무역거래를 수행할 수 없게 되었음.

신용장 통일규칙은 신용장거래당사자에게 신용장의 해석기준과 준거법을 제공함으로써 분쟁예방은 물론 국제무역대금결제를 원활히 수행할 수 있도록 하고 있음.

2. 연혁

(1) 제정
- 1933 - 1951 - 1962 - 1974 - 1983 - 1993 - 2007(6차)
- 제6차 개정 : 2007. 7.1부터 시행(UCP 600)

(2) 제정주체 : ICC

(3) 관련 추록
① 2002년 4월 - 전자적 제시를 위한 UCP 500의 추록(e-UCP)
② 2003년 1월 - 국제표준은행관행(ISBP) 제정하여 공표

3. 개정특징

(1) 용어의 정의 및 해석조항
(2) 불명확하고 추상적인 표현의 삭제

(3) 신용장의 취소 가능성 여부 삭제
(4) 일자에 관한 해석의 변경
(5) 서류심사기간 및 불일치서류의 통지기간 단축
(6) 연지급 신용장의 선지급 또는 사전 매수 명시
(7) ISBP 규정의 반영
(8) 제2통지은행 개념 신설
(9) 은행간 대금상환 규정신설
(10) 운송주선인 발행서류의 삭제

제2절 UCP 600 개별 조문

▌제1조 적용범위

1. 의의 – 규칙(rules)이라고 명시
2. 적용범위
3. 준거문언 삽입
4. 보증신용장에도 준용
5. 관계당사자 구속(구속력)

제1조 신용장 통일규칙의 적용범위

　　제6차 개정 신용장 통일규칙(2007년 개정, 국제상업회의소 간행물 제600호, "신용장 통일규칙")은 신용장의 문면에 본 규칙이 적용된다는 것을 명시적으로 표시한 경우 모든 화환신용장(위 규칙이 적용 가능한 범위 내에서는 보증신용장(standby letter of credit)을 포함한다. 이하 "신용장"이라 한다)에 적용된다. 본 규칙은 신용장에 명시적으로 수정되거나 또는 배제되지 아니하는 한 모든 관계당사자를 구속한다.

▌제2조 용어의 정의

1. 용어의 정의 – 14개 개념
　　① 통지은행, ② 발행의뢰인, ③ 은행영업일, ④ 수익자, ⑤ 일치하는 제시, ⑥ 확인, ⑦ 확인은행, ⑧ 신용장, ⑨ 결제이행 ⑩ 발행은행 ⑪ 매입 ⑫ 지정은행 ⑬ 제시, ⑭ 제시자

2. 개정사항(중요)

① 일치하는 제시 : 신용장 조건, 적용 가능한 범위 내에서의 이 규칙의 규정, 그리고 국제표준은행관행에 따른 제시를 의미한다.
② 매입 : 매입은 일치하는 제시에 대하여 지정은행이, 지정은행에 상환하여야 하는 은행영업일 또는 그 전에 대금을 지급함으로써 또는 대금지급에 동의함으로써 환어음(지정은행이 아닌 은행 앞으로 발행된) 및 또는 서류를 매수(purchase)하는 것을 의미한다.
③ 지급이행(honour) : 지급이행은 다음을 의미한다.
   Ⓐ 신용장이 일람지급에 의하여 이용가능하다면 일람출급으로 지급하는 것.
   Ⓑ 신용장이 연지급에 의하여 이용가능하다면 연지급을 확약하고 만기에 지급하는 것
   Ⓒ 신용장이 인수에 의하여 이용가능하다면 수익자가 발행한 환어음을 인수하고 만기에 지급하는 것.

3. 실제 내용과의 결합(정의 규정 활용)

제2조 정의

본 규칙에서는 다음과 같이 해석한다.

통지은행(Advising Bank)은 발행은행의 요청에 따라 신용장을 통지하는 은행을 의미한다.

발행의뢰인(Applicant)은 신용장 발행을 신청한 당사자를 의미한다.

은행영업일(Banking day)은 이 규칙이 적용되는 행위가 이루어지는 장소에서 은행이 통상적으로 영업하는 날을 의미한다.

수익자(Beneficiary)는 신용장 발행을 통하여 이익을 받는 당사자를 의미한다.

일치하는 제시(Complying presentation)는 신용장 조건, 적용 가능한 범위 내에서의 이 규칙의 규정, 그리고 국제표준은행관행에 따른 제시를 의미한다.

확인(Confirmation)은 일치하는 제시에 대하여 지급이행(honour) 또는 매입하겠다는 발행은행의 확약에 추가하여 확인은행이 하는 확약을 의미한다.

확인은행(Confirming bank)은 발행은행의 수권 또는 요청에 의하여 신용장에 확인을 한 은행을 의미한다.

신용장(Credit)은 그 명칭이나 표현에 관계없이발행은행이 일치하는 제시에 대하여 지급이행(honour)하겠다는 확약으로서 취소가 불가능한 모든 약정을 의미한다.

지급이행(honour)은 다음과 같은 내용을 의미한다.
a. 신용장이 일람지급에 의하여 이용가능하다면 일람출급으로 지급하는 것.
b. 신용장이 연지급에 의하여 이용가능하다면 연지급을 확약하고 만기에 지급하는 것.
c. 신용장이 인수에 의하여 이용가능하다면 수익자가 발행한 환어음을 인수하고 만기에 지급하는 것.

발행은행(Issuing bank)은 발행의뢰인의 신청 또는 그 자신을 위하여 신용장을 발행한 은행을 의미한다.

매입(Negotiation)은 일치하는 제시에 대하여 지정은행이, 지정은행에 상환하여야 하는 은행영업일 또는 그 전에 대금을 지급함으로써 또는 대금지급에 동의함으로써 환어음(지정은행이 아닌 은행 앞으로 발행된) 및 또는 서류를 매수(purchase)하는 것을 의미한다.

지정은행(Nominated bank)은 신용장이 이용가능한 은행을 의미하고, 어느 은행에서나 이용가능한 경우에는 모든 은행을 의미한다.

제시(Presentation)는 발행은행 또는 지정은행에게 신용장에 의한 서류인도 또는 그와 같이 인도된 서류를 말한다.

제시자(Presenter)는 제시를 하는 수익자, 은행 또는 다른 당사자를 의미한다.

제3조 해석

제3조 해석

이 규칙에서는 다음과 같이 해석한다.

적용 가능한 경우, 단수의 단어는 복수의 단어를 포함하고, 복수의 단어는 단수의 단어를 포함한다.

신용장은 취소불능이라는 표시가 없더라도 취소불능이다.

서류는 수기, 모사, 천공서명, 스탬프, 상징 또는 그 외 기계식 또는 전자식 인증방법으로 서명될 수 있다.

공증, 사증, 증명 또는 이와 유사한 서류의 요건은 그 요건에 부합하는 것으로 보이는 서류상의 모든 서명, 표시, 스탬프 또는 라벨에 의하여 만족될 수 있다.

다른 국가에 있는 은행의 지점은 독립된 은행으로 본다.

서류의 발행자를 표현하기 위하여 사용되는 "first class(일류의)", "well known(저명한)", "qualified(자격있는)", "independent(독립적인)", "official(공인된)", "competent(능력있는)" 또는 "local(국내의)"라는 용어들은 수익자를 제외하고, 해당 서류를 발행하는 모든 서류 발행자가 사용할 수 있다.

서류에 사용하도록 요구되지 않았다면 "신속하게(prompt)", "즉시(immediately)" 또는 "가능한 빨리(as soon as possible)"라는 단어들은 무시된다.

"당월경(on or about)" 또는 이와 유사한 표현은 어떠한 날이 첫날과 마지막 날을 포함하여 특정 일자의 전 5일부터 후 5일까지의 기간 중에 발생해야 하는 규정으로 해석된다.

선적기간을 정하기 위하여 "to", "until", "till", "from", 그리고 "between"이라는 단어가 사용된 경우 이는 (기간에) 명시된 일자 또는 일자들을 포함하고, "before"와 "after"라는 단어는 명시된 일자를 제외한다.

만기(滿期)를 정하기 위하여 "from"과 "after"라는 단어가 사용된 경우에는 명시된 일자를 제외한다.

어느 월의 "전반(first half)"과 "후반(second)"이라는 단어는 각 해당 월의 1일부터 15일까지, 16일부터 해당 월의 마지막 날까지로 해석되며, 그 기간 중의 모든 날짜를 포함한다.

어느 월의 "초(beginning)", "중(middle)", "말(end)"이라는 단어는 각 해당 월의 1일부터 10일, 11일부터 20일, 21일부터 해당 월의 마지막 날까지로 해석되며, 그 기간 중의 모든 날짜가 포함된다.

제4조 신용장과 원인계약

1. 자체
2. 신용장의 특성
   - 독립성의 원칙
   - 완전정확성의 원칙

제4조 신용장과 원인계약

a. 신용장은 그 본질상 그 기초가 되는 매매계약 또는 다른 계약과는 별개의 거래이다. 신용장에 그러한 계약에 대한 언급이 있더라도 은행은 그 계약과 아무런 관련이 없고, 또한 그 계약 내용에 구속되지 않는다. 따라서 신용장에 의한 지급이행(honour), 매입 또는 다른 의무이행의 확약은 발행은행 또는 수익자와 발행의뢰인의 사이의 관계에서 비롯된 발행의뢰인의 주장이나 항변에 구속되지 않는다.
수익자는 어떠한 경우에도 은행들 사이 또는 발행의뢰인과 발행은행 사이의 계약관계를 원용할 수 없다.

b. 발행은행은 발행의뢰인이 근거계약이나 견적 송장 등의 사본을 신용장의 일부분으로 포함시키려는 어떠한 시도도 하지 못하게 하여야 한다.

제5조 서류거래원칙

1. 의의
2. 신용장의 특성
   (1) 서류거래원칙
   (2) 추상성
      - UCP 600 제5조
      - UCP 600 제14조 a항
      - UCP 600 제18조
      - UCP 600 제34조

제5조 서류와 물품, 서비스 또는 의무이행

은행은 서류로 거래하는 것이며 그 서류가 관계된 물품, 서비스 또는 의무이행으로 거래하는 것은 아니다.

제6조 사용가능성, 유효기일 및 제시장소

1. 자체
2. 미지정은행
3. 유효기일, 서류제시기일
4. 환어음 관련 규정
5. 사용방법
6. 당사자

- 유효기일 / 선적일 / 제시일 관련

1. **유효기일 명시**(UCP 600 제6조 d항)
   - 신용장은 제시를 위한 유효기일을 명시하여야 한다.
   - 유효기일은 제시를 위한 유효기일로 본다. 즉 유효기일은 제시를 위한 최종일!

2. **제시**(UCP 600 제6조 e항)
   29조에 의한 연장을 제외하고, 제시는 유효기일 또는 그 전에 이루어져야 한다.

2-1. **운송서류제시기간**(UCP 600 제14조 c항)
   운송서류제시는 선적일보다 21일 전에 제시되어야 한다.
   어떠한 경우라도 유효기일 전에 제시되어야 한다.

3. **유효기일 / 최종제시일의 자동연장**(UCP 600 제29조 a항)

4. **최종선적일의 자동연장 불인정**(UCP 600 제29조 c항)

5. **불가항력**(UCP 600 제36조)

✓ **제6조**
   1. **유효기일의 필요성**
      발행은행은 신용장조건과 일치하는 서류가 제시되면 개설신청인의 대금결제 여부에 관계없이 대금을 지급하여야 한다. 발행은행은 개설신청인의 신용도, 담보 등을 검토하여 발행은행이 대신 신용장대금을 지급하는 사태가 발생할 위험이 거의 없다고 판단되면 신용장을 개설한다.

한편 신용장 원인계약인 매매계약은 그 기한이 정하여져 있는 것이 일반적이므로 신용장발행의뢰인은 신용장 개설을 신청할 때 신용장 유효기간을 지정한다.
이와 같이 발행은행과 발행의뢰인은 유효기일을 정하는데 이해관계가 일치한다.

2. 지급, 인수, 매입을 위한 서류제시기한

신용장에 따라 수익자가 서류를 제시하는 것은 발행은행 또는 발행은행으로부터 수권 받은 지급, 인수, 매입은행이다. 따라서 지급, 인수, 매입을 위하여 명시된 유효기일은 제시를 위한 유효기일로 간주된다.

<u>서류를 제시하는 것과 지급, 인수 또는 매입을 완료하는 것과는 상당한 시간적 차이가 있을 수 있으며 유효기일까지 지급, 인수 또는 매입이 되어야 한다는 것은 아니다.</u>

유효기일을 지급, 인수 또는 매입의 최종일로 하면 매입은행의 서류심사기간이 어느 정도 걸릴 것인지 수익자가 미리 예상하기가 곤란하여 수익자가 불안한 상태에 빠지는 위험이 있으므로 유효기일을 제시를 위한 최종일로 규정하게 되었다.

* 신용장의 유효기일은 수출지에서 종료하는 것이 대부분이나 꼭 그런 것은 아니다. 유효기일이 종료하는 지점이 발행은행이 되는 예도 있다.

제6조 사용가능성, 유효기일 그리고 제시장소

a. 신용장은 그 신용장이 사용가능한 은행을 명시하거나 모든 은행에서 사용가능한지 여부를 명시하여야 한다. 지정은행에서 사용가능한 신용장은 또한 발행은행에서도 이용할 수 있다.
b. 신용장은 그 신용장이 일람지급, 연지급, 인수 또는 매입에 의하여 이용가능한지 여부를 명시하여야 한다.
c. 신용장은 발행의뢰인을 지급인으로 하는 환어음에 의하여 사용가능하도록 발행되어서는 안된다.
d. ⅰ. 신용장은 제시를 위한 유효기일을 명시하여야 한다. 신용장 대금의 지급이행(honour) 또는 매입을 위한 유효기일은 제시를 위한 유효기일로 본다.
 ⅱ. 신용장이 사용가능한 은행의 장소가 제시를 위한 장소이다. 모든 은행에서 사용 가능한 신용장에서의 제시장소는 그 모든 은행의 소재지가 된다. 발행은행의 소재지가 아닌 제시장소는 발행은행의 소재지에 그 장소를 추가한 것이다.
e. 제29조 (a)항에 규정된 경우를 제외하고, 수익자에 의한 또는 수익자를 위한 제시는 유효기일 또는 그 전에 이루어져야 한다.

제7조 발행은행의 의무

1. 발행은행의 지급이행의무

2. 지급이행부담시점
3. 발행은행의 상환의무
    - 상환약정
    - 상환기일
    - 상환확약과 수익자에 대한 확약의 관계

- UCP 600에서 규정하고 있는 발행은행의 책임과 의무
    1. 정의 - UCP 600 제2조
    2. 의무 - UCP 600 제7조(지급이행의무, 상환의무)
    3. 지정 - UCP 600 제12조
    4. 대금상환의무 - UCP 600 제13조
    5. 서류심사의무 - UCP 600 제14조
    5. 일치시 의무 - UCP 600 제15조
    6. 불일치시 의무 - UCP 600 제16조
    7. 은행의 면책 - UCP 600 제34조 ~ 제37조

제7조 발행은행의 의무
a. 신용장에서 규정된 서류들이 지정은행 또는 발행은행에 제시되고, 그것이 신용장 조건에 일치하는 제시일 경우 발행은행은 다음과 같은 지급이행(honour)의 의무를 부담한다.
  i. 신용장이 발행은행에서 일람지급, 연지급 또는 인수에 의하여 이용될 수 있는 경우
  ii. 신용장이 지정은행에서 일람지급에 의하여 이용될 수 있는데, 지정은행이 대금을 지급하지 않는 경우
  iii. 신용장이 지정은행에서 연지급에 의하여 이용될 수 있는데, 지정은행이 연지급의 의무를 부담하지 않는 경우, 또는 그와 같은 연지급의 의무를 부담하였으나 만기에 대금을 지급하지 않는 경우
  iv. 신용장이 지정은행에서 인수에 의하여 이용될 수 있는데, 지정은행이 지정은행을 지급인으로 한 환어음을 인수하지 않거나 그 환어음을 인수하였더라도 만기에 지급하지 않는 경우
  v. 신용장이 지정은행에서 매입에 의하여 이용될 수 있는데, 지정은행이 매입하지 않는 경우
b. 발행은행은 신용장의 발행시점으로부터 취소가 불가능한 지급이행(honour)의 의무를 부담한다.
c. 발행은행은 일치하는 제시에 대하여 지급이행(honoured) 또는 매입을 하고, 그 서류를 발행은행에 송부한 지정은행에 대하여 신용장 대금을 상환(reimburse)할 의무를 부담한다. 인수신용장 또는 연지급신용장의 경우 일치하는 제시에 대응하는 대금의 상환은 지정은행이 만기 이전에 대금을 먼저 지급하였거나 또는 매입하였는지 여부와 관계없이 만기에 이루어져야 한다. 발행은행의 지정은행에 대한 상환의무는 발행은행의 수익자에 대한 의무로부터 독립적이다.

제8조 확인은행의 의무

제8조 확인은행의 의무

a. 신용장에서 규정된 서류들이 확인은행 또는 다른 지정은행에 제시되고, 그것이 신용장 조건에 일치하는 제시일 경우,
   i. 확인은행은 다음과 같은 경우 지급이행(honour)의 의무를 부담한다.
      a) 신용장이 확인은행에서 일람지급, 연지급 또는 인수에 의하여 이용될 수 있는 경우
      b) 신용장이 다른 지정은행에서 일람지급에 의하여 이용될 수 있는데, 해당 지정은행이 대금을 지급하지 않는 경우
      c) 신용장이 다른 지정은행에서 연지급에 의하여 이용될 수 있는데, 해당 지정은행이 연지급의 의무를 부담하지 않는 경우, 또는 그와 같은 연지급의 의무를 부담하였으나 만기에 대금을 지급하지 않는 경우
      d) 신용장이 다른 지정은행에서 인수에 의하여 이용될 수 있는데, 해당 지정은행이 그 지정은행을 지급인으로 한 환어음을 인수하지 않거나 그 환어음을 인수하였더라도 만기에 대금을 지급하지 않는 경우
      e) 신용장이 다른 지정은행에서 매입에 의하여 이용될 수 있는데, 해당 지정은행이 매입하지 않는 경우
   ii. 신용장이 확인은행에서 매입의 방법으로 이용 가능하다면, 확인은행은 상환청구권(recourse)없이 매입하여야 한다.
b. 확인은행은 신용장에 확인을 추가하는 시점으로부터 취소가 불가능한 지급이행(honour) 또는 매입의 의무를 부담한다.
c. 확인은행은 일치하는 제시에 대하여 지급이행(honour) 또는 매입을 하고 그 서류를 확인은행에 송부한 다른 지정은행에 대하여 신용장 대금을 상환할 의무를 부담한다. 인수신용장 또는 연지급신용장의 경우 일치하는 제시에 대응하는 대금의 상환은 다른 지정은행이 그 신용장의 만기 이전에 대금을 먼저 지급하였거나 또는 매입하였는지 여부와 관계없이 만기에 이루어져야 한다. 확인은행의 다른 지정은행에 대한 상환의무는 확인은행의 수익자에 대한 의무로부터 독립적이다.
d. 어떤 은행이 발행은행으로부터 신용장에 대한 확인의 권한을 받았거나 요청 받았음에도 불구하고 그 준비가 되지 않았다면, 지체 없이 발행은행에 대하여 그 사실을 알려주어야 하고, 이 경우 신용장에 대한 확인없이 통지만을 할 수 있다.

제9조 신용장 및 조건변경의 통지

1. 의의 - 간접통지
2. 정의

3. 통지방법
4. 통지은행의 의무
    (1) 신용장의 외견상의 진정성 확인의무
    (2) 신용장의 조건을 정확히 반영시킬 의무
    (3) 통지하지 않는 것을 선택한 경우에 그 취지를 발행은행에 통보할 의무
    (4) 외견상의 진정성을 확인 불가능한 경우에 발행은행에게 그 취지를 통보할 의무
    (5) 외견상의 진정성을 확인 불가능함에도 불구하고 통지하는 경우에는 그 취지를 수익자에게 통보할 의무

제9조 신용장 및 이에 대한 조건변경의 통지

a. 신용장 및 이에 대한 조건변경은 통지은행을 통하여 수익자에게 통지될 수 있다. 확인은행이 아닌 통지은행은 지급이행(honour)이나 매입에 대한 어떤 의무의 부담없이 신용장 및 이에 대한 조건변경을 통지한다.
b. 통지은행은 신용장 또는 그 조건변경을 통지함으로써 신용장 또는 그 조건변경에 대한 외견상의 진정성이 충족된다는 점과 그 통지가 송부 받은 신용장 또는 그 조건변경의 조건들을 정확하게 반영하고 있다는 점을 표명한다.
c. 통지은행은 수익자에게 신용장 및 그 조건변경을 통지하기 위하여 다른 은행(이하 "제2통지은행"이라 한다)을 이용할 수 있다. 제2통지은행은 신용장 또는 그 조건변경을 통지함으로써 신용장 또는 그 조건변경에 대한 외견상의 진정성이 충족된다는 점과 그 통지가 송부 받은 신용장 또는 그 조건변경의 조건들을 정확하게 반영하고 있다는 점을 표명한다.
d. 신용장을 통지하기 위하여 통지은행 또는 제2의 통지은행을 이용하는 은행은 그 신용장의 조건 변경을 통지하기 위하여 동일한 은행을 이용하여야만 한다.
e. 은행이 신용장 또는 그 조건변경을 통지하도록 요청받았으나 이를 수락하지 않을 경우 신용장, 조건변경 또는 통지를 송부한 은행에 지체없이 이를 알려주어야 한다.
f. 은행이 신용장 또는 그 조건변경을 통지하도록 요청받았으나, 신용장, 그 조건변경 또는 통지의 외견상 진정성에 대한 요건을 충족하지 못한다고 판단한 경우, 지체 없이 그 지시를 송부한 것으로 되어 있는 은행에 그 사실을 통지하여야 한다. 그럼에도 불구하고 통지은행 또는 제2의 통지은행이 신용장 또는 그 조건변경을 통지하기로 한 경우, 그 은행은 수익자 또는 제2의 통지은행에게 신용장, 그 조건변경 또는 통지가 외견상 진위성에 대한 요건을 충족하지 못한다는 점을 알려주어야 한다.

제10조 조건변경

1. 신용장조건변경의 요건
2. 조건변경의 효력발생
3. 조건변경의 승낙
4. 거절의 통고

5. 부분승낙
  6. 자동승낙

제10조 조건변경

a. 제38조에서 규정한 경우를 제외하고, 신용장은 발행은행, 확인은행(있는 경우), 그리고 수익자의 합의가 없이는 조건변경 또는 취소될 수 없다.
b. 발행은행은 그 자신이 조건변경서를 발행(issue)하는 시점부터 그 조건변경서에 의하여 취소불능적인 의무를 부담한다. 확인은행은 그 자신의 확인을 조건변경에까지 부연할 수 있으며 그 변경을 통지(advise)한 시점부터 취소불능적인 의무를 부담한다. 그러나, 확인은행은 그 자신의 확인을 부연함이 없이 조건변경 통지를 선택할 수 있으며, 또한 이러한 경우에는 발행은행에게 지체 없이 통고하고 그 자신의 통지서로 수익자에게 통고하여야 한다.
c. 원신용장(또는 이미 승낙된 조건변경을 포함하고 있는 신용장)의 조건은 수익자가 조건변경을 통지한 은행에 대하여 변경된 내용을 수락(acceptance)한다는 뜻을 알려줄 때까지는 수익자에 대하여 효력을 가진다. 수익자는 조건변경 내용에 대한 수락 또는 거절의 뜻을 알려주어야 한다. 수익자가 위 수락 또는 거절의 뜻을 알리지 않은 경우, 신용장 및 아직 수락되지 않고 있는 조건변경 내용에 부합하는 제시가 있으면 수익자가 그러한 조건변경 내용을 수락한다는 뜻을 알린 것으로 본다. 이 경우 그 순간부터 신용장은 조건이 변경된다.
d. 신용장의 조건변경을 통지하는 은행은 조건변경을 송부한 은행에게 조건변경 내용에 대한 수락 또는 거절의 뜻을 통보하여야 한다.
e. 조건변경에 대하여 일부만을 수락하는 것은 허용되지 않으며, 이는 조건변경 내용에 대한 거절의 의사표시로 본다.
f. 수익자가 일정한 시간 내에 조건변경을 거절하지 않으면 조건변경이 효력을 가지게 된다는 규정이 조건변경 내용에 있는 경우 이는 무시된다.

제11조 전신 및 사전통지

제11조 전신과 사전 통지된 신용장 및 그 조건변경

a. 진정성이 확인된 신용장 또는 조건변경의 전신은 유효한 신용장 또는 조건변경으로 보고, 어떤 추가적인 우편확인은 무시된다. 전신의 내용에서 "상세한 명세가 추후 송부될 것"(또는 유사한 취지의 단어)이라고 표현되어 있거나, 또는 우편확인이 유효한 신용장 또는 조건변경이라고 표현되어 있는 경우, 이러한 전신은 유효한 신용장 또는 조건변경으로 보지 않는다. 그 경우 발행은행은 지체없이 전신과 불일치하지 않는 조건으로 유효한 신용장을 발행하거나 조건변경을 하여야 한다.
b. 신용장의 발행 또는 조건변경에 대한 사전적인 통지(이하 "사전통지"라 한다)는 발행은행이 유효한 신용장 또는 조건변경을 발행할 수 있을 경우에만 송부되어 질 수 있다. 사전통지를 보낸 발행은행은 이와 불일치하지 않는 조건으로 지체없이 취소 불가능하고 유효한 신용장을 발행하거나 조건변경을 하여야 한다.

제12조 지정

1. 지정은행 의무 면제
2. 지정은행에 의한 인수 또는 연지급신용장의 선지급 또는 구매허용
   (UCP 600 제7조 c항, 8조 c항, 12조)
3. 지정은행의 지급이행 또는 매입의무 면제

제12조 지정

a. 지정은행이 확인은행이 아닌 경우, 지급이행(honour) 또는 매입에 대한 수권은 지정은행이 지급이행(honour) 또는 매입에 대하여 명백하게 동의하고 이를 수익자에게 통보한 경우를 제외하고는 그 지정은행에 대하여 지급이행(honour) 또는 매입에 대한 어떤 의무도 부과하지 않는다.
b. 발행은행은 어떤 은행이 환어음을 인수하거나 연지급의 의무를 부담하도록 지정함으로써 그 지정은행이 대금을 먼저 지급하거나 또는 인수된 환어음을 매수(purchase)하거나, 또는 그 지정은행이 연지급의 의무를 부담하도록 권한을 부여한다.
c. 확인은행이 아닌 지정은행이 서류를 수취하거나 또는 심사 후 서류를 송부하는 것은 그 지정은행에게 지급이행(honour) 또는 매입에 대한 책임을 부담시키는 것이 아니고, 또한 그것이 지급이행(honour) 또는 매입을 구성하지도 않는다.

제13조 은행간 대금상환

1. 의의
   - UCP 500부터 적용
2. URR 725 적용여부 확인 책임
3. URR 725 부적용의 경우
   (1) 은행간 상환수권 부여
   (2) 은행간 일치증명서 요구 제한
   (3) 발행은행의 부담
   (4) 상환비용의 부담
4. 발행은행의 상환의무
   1. 의의
      - UCP 500부터 적용
      - 발행은행이 상환(신용장상의 지급약속의 이행)을 지급, 인수 또는 매입은행으로 하여금 발행은행의 대리인인 상환은행에게 청구하도록 하는 경우에, 발행은행의 의무와 책임을 규정하고 있는 것
   2. URR 725 적용여부 확인 책임
   3. URR 725 부적용의 경우

4. 발행은행의 상환의무

발행은행은 일람지급, 연지급약정 또는 환어음을 인수할 수 있으며 매입은 할 수 없다는 점이다. 따라서 매입은 확인은행 또는 지정은행만이 할 수 있다.

cf. 상환청구권이 없다는 것은 발행은행은 최종 지급의무자이기 때문에 자신이 지급한 것에 대항 상환청구권을 행사할 수 없다는 뜻이다. 즉 발행은행은 지급하였지만 발행의뢰인이 지급하지 않거나 거절할 경우 이미 수익자에게 지급한 신용장 대금을 반환청구하지 못한다는 것을 의미한다.

제13조 은행간 상환(Reimbursement)약정

a. 신용장에서 지정은행(이하 "청구은행"이라 한다)이 다른 당사자(이하 "상환은행"이라 한다)에게 청구하여 상환을 받도록 규정하고 있다면, 그 신용장은 상환과 관련하여 신용장 발행일에 유효한 은행간 상환에 대한 국제상업회의소 규칙에 따르는지를 명시하여야 한다.

b. 신용장이 상환과 관련하여 은행간 상환에 대한 국제상업회의소 규칙의 적용을 받는다는 사실을 명시하지 않으면, 아래 내용이 적용된다.

　ⅰ. 발행은행은 신용장에 명시된 이용가능성에 부합하는 상환수권을 상환은행에 수여하여야 한다. 상환수권은 유효기일의 적용을 받지 않아야 한다.

　ⅱ. 청구은행은 신용장의 조건에 일치한다는 증명서를 상환은행에 제시하도록 요구받아서는 안 된다.

　ⅲ. 신용장의 조건에 따른 상환은행의 최초 지급청구시에 상환이 이루어지지 않으면, 발행은행은 그로 인하여 발생한 모든 비용과 함께 모든 이자 손실에 대하여도 책임을 부담한다.

　ⅳ. 상환은행의 수수료는 발행은행이 부담한다. 그러나 그 수수료를 수익자가 부담하여야 한다면, 발행은행은 신용장과 상환수권서에 그러한 사실을 명시할 책임을 부담한다. 상환은행의 수수료를 수익자가 부담하여야 한다면, 그 수수료는 상환이 이루어질 때에 청구은행에 지급하여야 할 금액으로부터 공제된다. 상환이 이루어지지 아니한다면, 상환은행의 수수료는 발행은행이 부담하여야 한다.

c. 최초 지급청구시에 상환은행에 의한 상환이 이루어지지 아니한 경우 상환을 제공할 발행은행 자신의 의무는 면제되지 아니한다.

제14조 서류심사기준

제14조 서류심사의 기준

a. 지정에 따라 행동하는 지정은행, 확인은행(있는 경우) 그리고 발행은행은 서류에 대하여 문면상(on their face) 일치하는 제시가 있는지 여부를 단지 서류만에 의해서 심사하여야 한다.

b. 지정에 따라 행동하는 지정은행, 확인은행(있는 경우) 그리고 발행은행에게는 제시가 일치하는지 여부를 결정하기 위하여 제시일의 다음날로부터 기산하여 최장 제5은행영업일이 각자 주어진다. 이 기간은 유효기일 내의 제시일자나 최종제시일 또는 그 이후에 발생하는 사건에 의해서 단축되거나 달리 영향을 받지 않는다.

c. 제19조, 제20조, 제21조, 제22조, 제23조, 제24조 또는 제25조에 따른 하나 이상의 운송서류 원본이 포함된 제시는, 이 규칙에서 정하고 있는 선적일 후 21일보다 늦지 않게 수익자에 의하거나 또는 그를 대신하여 이루어져야 하고, 어떠한 경우라도 신용장의 유효기일보다 늦게 이루어져서는 안 된다.
d. 신용장, 서류 그 자체 그리고 국제표준은행관행의 문맥에 따라 읽을 때의 서류상의 정보(data)는 그 서류나 다른 적시된 서류 또는 신용장상의 정보와 반드시 일치될 필요는 없으나, 그들과 저촉되어서는 안 된다.
e. 상업송장 이외의 서류에서, 물품, 서비스 또는 의무이행의 명세는, 만약 기재되는 경우, 신용장상의 명세와 저촉되지 않는 일반적인 용어로 기재될 수 있다.
f. 신용장에서 누가 서류를 발행하여야 하는지 여부 또는 그 정보의 내용을 명시함이 없이 운송서류, 보험서류 또는 상업송장 이외의 다른 어떠한 서류의 제시를 요구한다면, 그 서류의 내용이 요구되는 서류의 기능을 충족하는 것으로 보이고 또한 그밖에 제14조 (d)항에 부합하는 한 은행은 제시된 대로 그 서류를 수리한다.
g. 제시되었으나 신용장에서 요구되지 아니한 서류는 무시될 것이고 제시자에게 반환될 수 있다.
h. 조건과 일치함을 나타낼 서류를 명시함이 없이 신용장에 어떠한 조건이 담겨 있다면, 은행은 그러한 조건이 기재되지 아니한 것으로 보고 무시할 것이다.
i. 서류는 신용장 발행일 이전 일자에 작성된 것일 수 있으나 제시일자보다 늦은 일자에 작성된 것이어서는 안 된다.
j. 수익자와 발행의뢰인의 주소가 어떤 요구서류에 나타날 때, 그것은 신용장 또는 다른 요구서류상에 기재된 것과 동일할 필요는 없으나 신용장에 기재된 각각의 주소와 동일한 국가 내에 있어야 한다. 수익자 및 발행의뢰인의 주소의 일부로 기재된 세부 연락처(팩스, 전화, 이메일 및 이와 유사한 것)는 무시된다.
그러나 발행의뢰인의 주소와 세부 연락처가 제19조, 제20조, 제21조, 제22조, 제23조, 제24조 또는 제25조의 적용을 받는 운송서류상의 수하인 또는 통지처의 일부로서 나타날 때에는 신용장에 명시된 대로 기재되어야 한다.
k. 어떠한 서류상에 표시된 물품 선적인 또는 송하인은 신용장의 수익자일 필요가 없다.
l. 운송서류가 이 규칙 제19조, 제20조, 제21조, 제22조, 제23조 또는 제24조의 요건을 충족하는 한, 그 운송서류는 운송인, 소유자, 선장, 용선자 아닌 어느 누구에 의해서도 발행될 수 있다.

제15조 일치하는 제시

제15조 일치하는 제시
a. 발행은행은 제시가 일치한다고 판단할 경우 지급이행(honour)하여야 한다.
b. 확인은행은 제시가 일치한다고 판단할 경우 지급이행(honour) 또는 매입하고 그 서류들을 발행은행에 송부하여야 한다.

c. 지정은행은 제시가 일치한다고 판단하고 지급이행(honour) 또는 매입할 경우 그 서류들을 확인은행 또는 발행은행에 송부하여야 한다.

▌제16조 불일치 서류

제16조 하자 있는 서류, 권리포기 및 통지

a. 지정에 따라 행동하는 지정은행, 확인은행(있는 경우) 또는 발행은행은 제시가 일치하지 않는다고 판단하는 때에는, 지급이행(honour) 또는 매입을 거절할 수 있다.
b. 발행은행은 제시가 일치하지 않는다고 판단하는 때에는, 자신의 독자적인 판단(its sole judgement)으로 하자에 대한 권리포기(waiver)를 위하여 발행의뢰인과 교섭할 수 있다. 그러나 이로 인하여 제14조 (b)항에 규정된 기간이 연장되지는 않는다.
c. 지정에 따라 행동하는 지정은행, 확인은행(있는 경우) 또는 발행은행이 지급이행(honour) 또는 매입을 거절하기로 결정하는 때에는, 제시자에게 그러한 취지로 한 번에 통지(single notice)하여야 한다.
   통지에는 다음 사항을 기재하여야 한다.
   ⅰ. 은행이 지급이행(honour) 또는 매입을 거절한다는 사실 그리고
   ⅱ. 은행이 지급이행(honour) 또는 매입을 거절하는 각각의 하자 그리고
   ⅲ. a) 제시자의 추가지시가 있을 때까지 은행이 서류를 보관할 것이라는 사실 또는
      b) 발행의뢰인으로부터 권리포기를 받고 이를 받아들이기로 동의하거나, 또는 권리포기를 받아들이기로 동의하기 이전에 제시자로부터 추가지시를 받을 때까지, 발행은행이 서류를 보관할 것이라는 사실 또는
      c) 은행이 서류를 반환할 것이라는 사실 또는
      d) 은행이 사전에 제시자로부터 받은 지시에 따라 행동할 것이라는 사실
d. 제16조 (c)항에서 요구되는 통지는 전신(tele - communication)으로, 또는 그것의 이용이 불가능하다면 다른 신속한 수단으로, 제시일의 다음날로부터 기산하여 5영업일의 종료시보다 늦지 않게 이루어져야 한다.
e. 지정에 따라 행동하는 지정은행, 확인은행(있는 경우) 또는 발행은행은, 제16조(c) ⅲ호 (a) 또는 (b)에서 요구되는 통지를 한 후라도, 언제든지 제시자에게 서류를 반환할 수 있다.
f. 발행은행 또는 확인은행이 이 조항의 규정에 따라 행동하지 못하면, 그 은행은 서류에 대한 일치하는 제시가 아니라는 주장을 할 수 없다.
g. 발행은행이 지급이행(honour)를 거절하거나 또는 확인은행이 지급이행(honour) 또는 매입을 거절하고 이 조항에 따라 그 취지의 통지를 한 때에는, 그 은행은 이미 지급된 상환 대금을 이자와 함께 반환 청구할 권리를 갖는다.

제17조 원본과 사본

1. 의의
2. 원본의 제시요건
2. 원본의 인정범위
3. 복사본의 허용범위
4. eUCP 2.0 상의 규정(eUCP 2.0 제9조)

제17조 원본 서류와 사본

a. 적어도 신용장에서 명시된 각각의 서류의 원본 한 통은 제시되어야 한다.
b. 서류 자체가 원본이 아니라고 표시하고 있지 않은 한, 은행은 명백하게 원본성을 갖는 서류 발행자의 서명, 마크, 스탬프 또는 라벨이 담긴 서류를 원본으로 취급한다.
c. 서류가 달리 표시하지 않으면, 은행은 또한 다음과 같은 서류를 원본으로 수리한다.
　ⅰ. 서류 발행자의 손으로 작성, 타이핑, 천공서명 또는 스탬프된 것으로 보이는 것 또는
　ⅱ. 서류 발행자의 원본 서류용지 위에 작성된 것으로 보이는 것 또는
　ⅲ. 원본이라는 표시가 제시된 서류에는 적용되지 않는 것으로 보이지 않는 한, 원본이라는 표시가 있는 것
d. 신용장이 서류 사본의 제시를 요구하는 경우, 원본 또는 사본의 제시가 모두 허용된다.
e. 신용장이 "in duplicate", "in two folds" 또는 "in two copies"와 같은 용어를 사용하여 복수의 서류의 제시를 요구하는 경우, 이 조건은 그 서류 자체에 달리 정함이 없는 한 적어도 한 통의 원본과 나머지 수량의 사본을 제시함으로써 충족된다.

제18조 상업송장

제18조 상업송장

a. 상업송장은,
　ⅰ. (제38조가 적용되는 경우를 제외하고는) 수익자가 발행한 것으로 보여야 한다.
　ⅱ. (제38조 (g)항이 적용되는 경우를 제외하고는) 발행의뢰인 앞으로 발행되어야 한다.
　ⅲ. 신용장과 같은 통화로 발행되어야 한다. 그리고
　ⅳ. 서명될 필요는 없다.
b. 지정에 따라 행동하는 지정은행, 확인은행이 있는 경우의 확인은행 또는 발행은행은 신용장에서 허용된 금액을 초과하여 발행된 상업송장을 수리할 수 있고, 이러한 결정은 문제된 은행이 신용장에서 허용된 금액을 초과한 금액을 지급이행(honour) 또는 매입하지 않았던 경우에 한하여, 모든 당사자를 구속한다.
c. 상업송장상의 물품, 서비스 또는 의무이행의 명세는 신용장상의 그것과 일치하여야 한다.

제19조 - 제25조 운송서류

1. 자체
2. 선적일자 및 발행일자 - 기출
3. 환적 취급
4. 공통적 수리요건
5. 부지약관

* 운송서류 수리요건
1. 의의
2. 법적성질 및 특징
3. UCP 600의 수리요건
    (1) 서류의 명칭
    (2) 운송인의 명칭표기 및 서명
    (3) 선적의 표시(선적일자 및 발행일자)
    (4) 적재항 및 양륙항의 표시
    (5) 서류의 제시통수
    (6) 약식/ 배면백지식 서류
    (7) 용선계약의 금지
    (8) 환적 관련 규정
        ① 환적의 정의
        ② 환적의 허용여부
        ③ 환적유보조항

✓ Issue 1. 갑판적 화물

1. 의의
2. 갑판적 화물
3. UCP 600 관련 규정
 (1) 의의
 (2) 수리 거절되는 갑판적재 운송서류
 (3) 수리 가능한 갑판적재 운송서류(갑판적 유보약관)

✓ Issue2. **부지약관**

   1. 의의
   2. 정의
   3. 부지약관 삽입이유
   4. UCP 600 관련 규정
   5. 선하증권 기재사항과의 관계(심화) – 추정적 효력 〈-〉 부지약관

✓ Issue3. **무고장운송서류**

   1. 의의
   2. 정의
   3. 효력
   4. 보험회사
   5. 관련 규정

	19 복합 운송 증권	20 선하 증권	21 해상 화물 운송장	22 용선 계약부 선하증권	23 항공 운송 서류	24 도로·철도 ·내수로 운송서류	25 특송화물· 우편 수령증 등
명칭							
발행 및 서명자							
선적 (적재)							
선적항 양륙항							
전통							
약식				x		x	x
용선 계약					x	x	
환적				x			

제19조 적어도 두 개 이상의 다른 운송방법을 포괄하는 운송서류

   a. 적어도 두 개 이상의 다른 운송방법을 포괄하는 운송서류(복합운송서류)는 어떤 명칭을 사용하든 간에 다음과 같이 표시되어야 한다.

i. 운송인의 명칭을 표시하고 다음의 자에 의하여 서명되어야 한다.
   a) 운송인, 또는 운송인을 위한 또는 그를 대리하는 기명대리인
   b) 선장, 또는 선장을 위한 또는 그를 대리하는 기명대리인
   운송인, 선장 또는 대리인의 서명은 운송인, 선장 또는 대리인의 서명으로서 특정되어야 한다. 대리인의 서명은 그가 운송인을 위하여 또는 대리하여 또는 선장을 위하여 또는 대리하여 서명한 것인지를 표시하여야 한다.
 ii. 물품이 신용장에 명시된 장소에서 발송, 수탁 또는 본선적재 되었다는 것을 다음의 방법으로 표시하여야 한다.
   a) 미리 인쇄된 문구 또는
   b) 물품이 발송, 수탁 또는 본선적재된 일자를 표시하는 스탬프 또는 부기
   운송서류의 발행일은 발송일, 수탁일 또는 본선적재일과 선적일로 본다. 그러나 운송서류가 스탬프 또는 부기에 의하여 발송일, 수탁일 또는 본선적재일을 표시하는 경우 그 일자를 선적일로 본다.
 iii. 비록 다음의 경우라 할지라도 신용장에 기재된 발송지, 수탁지, 선적지와 최종목적지를 표시하여야 한다.
   a) 운송서류가 추가적으로 다른 발송지, 수탁지 또는 선적지 또는 최종목적지를 기재하는 경우 또는
   b) 운송서류가 선박, 선적항(port of loading) 또는 하역항(port of discharge)과 관련하여 "예정된"이라는 표시 또는 이와 유사한 제한을 포함하는 경우
 iv. 유일한 운송서류 원본이거나 또는 원본이 한통을 초과하여 발행되는 경우에는 운송서류에 표시된 전통(full set)이어야 한다.
 v. 운송조건을 포함하거나 또는 운송조건을 포함하는 다른 출처를 언급하여야 한다(약식 또는 뒷면 백지 운송서류). 운송조건의 내용은 심사되지 않는다.
 vi. 용선계약에 따른다는 어떤 표시도 포함하지 않아야 한다.
b. 이 조항의 목적상, 환적은 신용장에 기재된 발송지, 수탁지 또는 선적지로부터 최종목적지까지의 운송 도중 하나의 운송수단으로부터 양하되어 다른 운송수단으로 재적재되는 것을 의미한다(운송방법이 다른지 여부는 상관하지 않는다).
c. i. 운송서류는 전운송이 하나의 동일한 운송서류에 의하여 포괄된다면 물품이 환적될 것이라거나 환적될 수 있다는 것을 표시할 수 있다.
 ii. 환적이 될 것이라거나 될 수 있다고 표시하는 운송서류는 비록 신용장이 환적을 금지하더라도 수리될 수 있다.

제20조 선하증권

a. 선하증권은 어떤 명칭을 사용하든 간에 다음과 같이 보여야 한다.
 i. 운송인의 명칭이 표시되고 다음의 자에 의하여 서명되어야 한다.
   a) 운송인, 또는 운송인을 위한 또는 그를 대리하는 기명대리인

b) 선장, 또는 선장을 위한 또는 그를 대리하는 기명대리인

운송인, 선장 또는 대리인의 서명은 운송인, 선장 또는 대리인의 서명으로서 특정되어야 한다.

대리인의 서명은 그가 운송인을 위하여 또는 대리하여 또는 선장을 위하여 또는 대리하여 서한 것인지를 표시하여야 한다.

ii. 물품이 신용장에서 명시된 선적항에서 기명된 선박에 본선적재 되었다는 것을 다음의 방법으로 표시 하여야 한다.

a) 미리 인쇄된 문구 또는

b) 물품이 본선적재된 일자를 표시하는 본선적재표기

선하증권이 선적일자를 표시하는 본선적재표기를 포함하지 않는 경우에는 선하증권 발행일을 선적일로 본다. 선하증권에 본선적재표기가 된 경우에는 본선적재표기에 기재된 일자를 선적일로 본다.

선하증권이 선박명과 관련하여 "예정선박" 또는 이와 유사한 표시를 포함하는 경우에는 선적일과 실제 선박명을 표시하는 본선적재표기가 요구된다.

iii. 신용장에 기재된 선적항으로부터 하역항까지의 선적을 표시하여야 한다.

선하증권이 신용장에 기재된 선적항을 선적항으로 표시하지 않는 경우 또는 선적항과 관련하여 "예정된"이라는 표시 또는 이와 유사한 제한을 포함하는 경우에는, 신용장에 기재된 선적항과 선적일 및 선적선박명을 표시하는 본선적재표기가 요구된다. 이 조항은 기명된 선박에의 본선적재 또는 선적이 미리 인쇄된 문구에 의하여 선하증권에 표시된 경우에도 적용된다.

iv. 유일한 선하증권 원본이거나 또는 원본이 한통을 초과하여 발행되는 경우 선하증권에 표시된 전통(full set)이어야 한다.

v. 운송조건을 포함하거나 또는 운송조건을 포함하는 다른 출처를 언급하여야 한다(약식 또는 뒷면 백지 선하증권). 운송조건의 내용은 심사되지 않는다.

vi. 용선계약에 따른다는 어떤 표시도 포함하지 않아야 한다.

b. 이 조항의 목적상, 환적은 신용장에 기재된 선적항으로부터 하역항까지의 운송 도중에 하나의 선박으로부터 양하되어 다른 선박에 재적재되는 것을 의미한다.

c. i. 선하증권은 전운송이 하나의 동일한 선하증권에 의하여 포괄된다면 물품이 환적될 것이라거나 환적될 수 있다는 것을 표시할 수 있다.

ii. 환적이 될 것이라거나 될 수 있다고 표시하는 선하증권은, 물품이 컨테이너, 트레일러, 래시 바지에 선적되었다는 것이 선하증권에 의하여 증명되는 경우에는 비록 신용장이 환적을 금지하더라도 수리될 수 있다.

d. 운송인이 환적할 권리를 갖고 있음을 기재한 선하증권의 조항은 무시된다.

제21조 비유통 해상화물운송장

a. 비유통 해상화물운송장은 어떤 명칭을 사용하든 간에 다음과 같이 보여야 한다.

i. 운송인의 명칭이 표시되고 다음의 자에 의해서 서명되어야 한다.

     a) 운송인, 또는 운송인을 위한 또는 그를 대리하는 기명대리인
     b) 선장, 또는 선장을 위한 또는 그를 대리하는 기명대리인
     운송인, 선장 또는 대리인의 서명은 운송인, 선장 또는 대리인의 서명으로서 특정되어야 한다. 대리인의 서명은 그가 운송인을 위하여 또는 대리하여 또는 선장을 위하여 또는 대리하여 서명
  ii. 물품이 신용장에 기재된 선적항에서 기명된 선박에 본선적재 되었다는 것을 다음의 방법으로 표시하여야 한다.
     a) 미리 인쇄된 문구 또는
     b) 물품이 본선적재된 일자를 표시하는 본선적재표기
     비유통 해상화물운송장이 적선일자를 표시하는 본선적재표기를 하지 않은 경우에는 비유통 해상화물 운송장의 발행일을 선적일로 본다. 비유통 해상화물운송장에 본선적재 표기가 된 경우에는 본선적재표에 기재된 일자를 선적일로 본다.
     비유통 해상화물운송장이 선박명과 관련하여 "예정선박"이라는 표시 또는 이와 유사한 제한을 포함하는 경우에는 선적일과 실제 선박명을 표시하는 본선적재표기가 요구된다.
  iii. 신용장에 기재된 선적항으로부터 하역항까지의 선적을 표시하여야한다.
     비유통 해상화물운송장이 신용장에 기재된 선적항을 선적항으로 표시하지 않는 경우 또는 선적항과 관련하여 "예정된"이라는 표시 또는 이와 유사한 제한을 포함하는 경우에는, 신용장에 기재된 선적항과 선적일 및 적재선박명을 표시하는 본선적재 표기가 요구된다. 이 조항은 기명된 선박에의 본선적재가 미리 인쇄된 문구에 의하여 비유통 해상화물운송장에 표시된 경우에도 적용된다.
  iv. 유일한 비유통 해상화물운송장 원본이거나 또는 원본이 한통을 초과하여 발행되는 경우 비유통 해상화물운송장에 표시된 전통(full set)이어야 한다.
  v. 운송조건을 포함하거나 또는 운송조건을 포함하는 다른 출처를 언급하여야 한다(약식 또는 뒷면 백지 비유통 해상화물운송장). 운송조건의 내용은 심사되지 않는다.
  vi. 용선계약에 따른다는 어떤 표시도 포함하지 않아야 한다.
b. 이 조항의 목적상, 환적은 신용장에 기재된 선적항으로부터 하역항까지의 운송도중에 한 선박으로부터 양하되어 다른 선박으로 재적재되는 것을 의미한다.
c. i. 비유통 해상화물운송장은 전운송이 하나의 동일한 비유통 해상화물운송장에 의하여 포괄된다면 물품이 환적될 것이라거나 환적될 수 있다는 것을 표시할 수 있다.
  ii. 환적이 될 것이라거나 환적될 수 있다고 표시하는 비유통 해상화물운송장은 물품이 컨테이너, 트레일러, 래시 바지에 선적되었다는 것이 비유통 해상화물운송장에 의하여 증명되는 경우에는 비록 신용장이 환적을 금지하더라도 수리될 수 있다.
d. 운송인이 환적할 권리를 갖고 있음을 기재한 비유통 해상화물운송장의 조항은 무시된다.

제22조 용선계약부 선하증권
a. 어떤 명칭을 사용하든 간에 용선계약에 따른다는 선하증권(용선계약부 선하증권)은 다음과 같이 보여야 한다.

i. 다음의 자에 의해서 서명되어야 한다.
    a) 선장, 또는 선장을 위한 또는 그를 대리하는 기명대리인
    b) 선주, 또는 선주를 위한 또는 그를 대리하는 기명대리인
    c) 용선자, 또는 용선자를 위한 또는 그를 대리하는 기명대리인
    선장, 선주, 용선자 또는 대리인의 서명은 선장, 선주, 용선자 또는 대리인의 서명으로서 특정되어야 한다.
    대리인의 서명은 그가 선장, 선주 또는 용선자를 위하여 또는 대리하여 서명한 것인지를 표시하여야 한다.
    선주를 위하여 또는 대리하여 또는 용선자를 위하여 또는 대리하여 서명하는 대리인은 선주 또는 용선의 명칭을 표시하여야 한다.
  ii. 물품이 신용장에 기재된 선적항에서 기명된 선박에 본선적재 되었다는 것을 다음의 방법으로 표시하여야 한다.
    - a) 미리 인쇄된 문구 또는
    b) 물품이 본선적재된 일자를 표시하는 본선적재표기
    용선계약부 선하증권이 선적일자를 표시하는 본선적재표기를 하지 않은 경우에는 용선계약부 선하증권의 발행일을 선적일로 본다. 용선계약부 선하증권에 본선적재표기가 된 경우에는 본선적재표기에 기재된 일자를 선적일로 본다.
  iii. 신용장에 기재된 선적항으로부터 하역항까지의 선적을 표시하여야 한다. 하역항은 또한 신용장에 기재 된 바에 따라 일정 범위의 항구들 또는 지리적 지역으로 표시될 수 있다.
  iv. 유일한 용선계약부 선하증권 원본이거나 또는 원본이 한통을 초과하여 발행되는 경우 용선계약부 선하증권에 표시된 전통(full set)이어야 한다.
b. 비록 신용장의 조건이 용선계약의 제시를 요구하더라도 은행은 용선계약을 심사하지 않는다.

제23조 항공운송서류

a. 항공운송서류는 어떤 명칭을 사용하든 간에 다음과 같이 보여야 한다.
  i. 운송인의 명칭을 표시하고 다음의 자에 의하여 서명되어야 한다.
    a) 운송인 또는
    b) 운송인을 위한 또는 그를 대리하는 기명대리인
    운송인 또는 대리인의 서명은 운송인 또는 대리인의 서명으로서 특정되어야 한다. 대리인의 서명은 그 대리인이 운송인을 위하여 또는 운송인을 대리하여 서명한 것인지를 표시하여야 한다.
  ii. 물품이 운송을 위하여 인수되었다는 것을 표시하여야 한다.
  iii. 발행일을 표시하여야 한다. 항공운송서류가 실제 선적일에 대한 특정한 부기를 포함하지 않는 경우에는 이 일자를 선적일로 본다. 항공운송서류가 실제 선적일에 대한 특정한 부기를 포함하는 경우에는 부기에 기재된 일자를 선적일로 본다.

운항번호와 일자와 관련하여 항공운송서류에 나타나는 그 밖의 모든 정보는 선적일을 결정할 때 고려되지 않는다.
  iv. 신용장에 기재된 출발공항과 도착공항을 표시하여야 한다.
  v. 비록 신용장이 원본 전통(full set)을 규정하더라도 송하인(consignor) 또는 선적인(shipper)용 원본이어야 한다.
  vi. 운송조건을 포함하거나 또는 운송조건을 포함하는 다른 출처를 언급하여야한다. 운송조건의 내용은 심사되지 않는다.
 b. 이 조항의 목적상, 환적은 신용장에 기재된 출발공항으로부터 도착공항까지의 운송 도중 하나의 항공기로부터 양하되어 다른 항공기로 재적재되는 것을 의미한다.
 c. i. 항공운송서류는 전운송이 하나의 동일한 항공운송서류에 의하여 포괄된다면 물품이 환적될 것이라거나 환적될 수 있다는 것을 표시할 수 있다.
   ii. 환적이 될 것이라거나 환적될 수 있다고 표시하는 항공운송서류는 비록 신용장이 환적을 금지하더라도 수리될 수 있다.

제24조 도로, 철도 또는 내수로 운송서류
a. 도로, 철도 또는 내수로 운송서류는 어떤 명칭을 사용하든 간에 다음과 같이 보여야 한다.
  i. 운송인의 명칭을 표시하고 또한
    a) 운송인, 또는 운송인을 위한 또는 그를 대리하는 대리인이 서명하거나 또는
    b) 운송인 또는 운송인을 위한 또는 대리하는 기명대리인이 서명, 스탬프 또는 부기에 의하여 물품의 수령을 표시하여야 한다.
    운송 또는 대리인에 의한 모든 서명, 스탬프 또는 물품수령 부기는 운송인 또는 대리인의 그것으로서 특정되어야 한다.
    대리인에 의한 모든 서명, 스탬프 또는 물품수령 부기는 대리인이 운송인을 위하여 또는 운송인을 대리하여 서명하였거나 행위한 것을 표시하여야 한다.
    철도운송서류가 운송인을 특정하지 않았다면, 철도회사의 서명 또는 스탬프가 문서가 운송인에 의하여 서명되었다는 점에 대한 증거로 승인된다.
  ii. 신용장에 기재된 장소에서의 선적일 또는 물품이 선적, 발송, 운송을 위하여 수령된 일자를 표시하여야 한다. 운송서류에 일자가 표시된 수령스탬프, 수령일 또는 선적일의 표시가 없다면 운송서류의 발행일을 선적일로 본다.
  iii. 신용장에 기재된 선적지와 목적지를 표시하여야 한다.
b. i. 도로운송서류는 송하인 또는 선적인용 원본으로 보이거나 또는 그 서류가 누구를 위하여 작성되었는지에 대한 표시가 없어야 한다.
  ii. "duplicate"라고 표시된 도로운송서류는 원본으로 수리된다.
  iii. 철도 또는 내수로 운송서류는 원본 표시 여부에 관계없이 원본으로 수리된다.
c. 운송서류에 발행된 원본 통수의 표시가 없는 경우 제시된 통수가 전통(full set)을 구성하는 것으로 본다.

d. 이 조항의 목적상 환적은 신용장에 기재된 선적, 발송 또는 운송지로부터 목적지까지의 운송 도중 동일한 운송방법 내에서 어떤 하나의 운송수단으로부터 양하되어 다른 운송수단으로 재적재되는 것을 의미한다.
e. ⅰ. 도로, 철도 또는 내수로 운송서류는 전운송이 하나의 동일한 운송서류에 의하여 포괄된다면 물품이 환적될 것이라거나 환적될 수 있다는 것을 표시할 수 있다.
   ⅱ. 비록 신용장이 환적을 금지하더라도 환적이 될 것이라거나 될 수 있다는 표시가 된 도로, 철도 또는 내수로 운송서류는 수리될 수 있다.

제25조 특송화물수령증, 우편수령증 또는 우편증명서
a. 어떤 명칭을 사용하든 간에 운송을 위하여 물품을 수령하였음을 증명하는 특송화물수령증은 다음과 같이 보여야 한다.
   ⅰ. 특송배달업체의 명칭을 표시하고, 신용장에 물품이 선적되기로 기재된 장소에서 기명된 특송배달업체가 스탬프하거나 서명하여야 한다. 그리고
   ⅱ. 집배 또는 수령일자 또는 이러한 취지의 문구를 표시하여야 한다. 이 일자를 선적일로 본다.
b. 특송배달료가 지급 또는 선지급되어야 한다는 요건은, 특송배달료가 수하인 이외의 제3자의 부담임을 증명하는 특송배달 업체가 발행한 운송서류에 의하여 충족될 수 있다.
c. 어떤 명칭을 사용하든 간에 운송을 위하여 물품을 수령하였음을 증명하는 우편영수증 또는 우편증명서는 신용장에 물품이 선적되기로 기재된 장소에서 스탬프되거나 또는 서명되고 일자가 기재되는 것으로 보여야 한다. 이 일자를 선적일로 본다.

제26조 "갑판적재", "내용물 부지약관"과 운임에 대한 추가비용
a. 운송서류는 물품이 갑판에 적재되거나 적재될 것이라는 표시를 하여서는 안 된다. 물품이 갑판에 적재될 수도 있다고 기재하는 운송서류상의 조항은 수리될 수 있다.
b. "선적인이 적재하고 검수하였음"(shipper's load and count)과 "선적인의 내용신고에 따름"(said by shipper to contain)과 같은 조항이 있는 운송서류는 수리될 수 있다.
c. 운송서류는 스탬프 또는 다른 방법으로 운임에 추가되는 요금을 언급할 수 있다.

제27조 무고장 운송서류
은행은 단지 무고장 운송서류만을 수리한다. 무고장 운송서류는 물품 또는 포장의 하자상태(defective conditions)를 명시적으로 선언하는 조항 또는 부기가 없는 운송서류를 말한다. "무고장"이라는 단어는 비록 신용장이 운송서류가 "무고장 본선적재"일 것이라는 요건을 포함하더라도 운송서류상에 나타날 필요가 없다.

제28조 보험서류

제28조 보험서류와 부보범위

a. 보험증권, 보험증서 또는 포괄보험에서의 확인서와 같은 보험서류는 보험회사, 보험인수인 또는 그들의 대리인 또는 수탁인(proxies)에 의하여 발행되고 서명된 것으로 보여야 한다. 대리인 또는 수탁인에 의한 서명은 보험회사 또는 보험중개인을 대리하여 서명했는지의 여부를 표시하여야 한다.
b. 보험서류가 한 통을 초과한 원본으로 발행되었다고 표시하는 경우, 모든 원본 서류가 제시되어야 한다.
c. 잠정적 보험영수증(cover notes)은 수리되지 않는다.
d. 보험증권은 보험증서나 포괄보험의 확인서를 대신하여 수리 가능하다.
e. 보험서류의 일자는 선적일보다 늦어서는 안 된다. 다만 보험서류에서 부보가 최소한 선적일자 이전에 효력이 발생함을 나타내고 있는 경우에는 그러하지 아니하다.
f. i. 보험서류는 부보금액을 표시하여야 하고 신용장과 동일한 통화로 표시되어야 한다.
    ii. 신용장에 부보금액이 물품의 가액, 송장가액 또는 그와 유사한 가액에 대한 백분율로 표시되어야 한다는 요건이 있는 경우, 이는 요구되는 부보금액의 최소한으로 본다. 신용장에 부보금액에 대한 명시가 없는 경우, 부보금액은 최소한 물품의 CIF 또는 CIP 가액의 110%가 되어야 한다.
    서류로부터 CIF 또는 CIP 가액을 결정할 수 없는 경우, 부보금액의 범위는 요구된 지급이행(honour) 또는 매입 금액 또는 송장에 나타난 물품에 대한 총가액 중 더 큰 금액을 기준으로 산출되어야 한다.
    iii. 보험서류는 최소한 신용장에 명시된 수탁지 또는 선적지로부터 양륙지 또는 최종 목적지 사이에 발생하는 위험에 대하여 부보가 되는 것이어야 한다.
g. 신용장은 요구되는 보험의 종류를 명시하여야 하고, 부보되어야 할 추가 위험이 있다면 그것도 명시하여야 한다. 만일 신용장이 "통상의 위험" 또는 "관습적인 위험"과 같이 부정확한 용어를 사용하는 경우 보험서류는 특정위험을 부보하지 않는지 여부와 관계없이 수리된다.
h. 신용장이 "전위험(all risks)"에 대한 부보를 요구하는 경우, 어떠한 "전위험(all risks)" 표시 또는 문구를 포함하는 보험서류가 제시되는 때에는, 제목에 "전위험(all risks)"이 포함되는가에 관계없이, 또한 어떠한 위험이 제외된다고 기재하는가에 관계없이 수리된다.
i. 보험서류는 어떠한 제외문구(exclusion clause)에 대한 언급을 포함할 수 있다.
j. 보험서류는 부보범위가 일정한도 본인부담이라는 조건 또는 일정한도 이상 보상 조건(a franchise or excess) (일정액 공제제도, deductible)의 적용을 받고 있음을 표시할 수 있다.

제29조 유효기일의 연장 또는 제시를 위한 최종일

1. 의의
2. 유효기일의 연장

3. 유효기일의 연장 설명
  4. 유효기일의 연장과 선적기한의 연장

제29조 유효기일 또는 최종제시일의 연장

a. 신용장의 유효기일 또는 최종제시일이 제시가 되어야 하는 은행이 제36조에서 언급된 사유 외의 사유로 영업을 하지 않는 날인 경우, 유효기일 또는 경우에 따라 최종제시일은 그 다음 첫 은행영업일까지 연장된다.
b. 만일 제시가 그 다음 첫 은행영업일에 이루어지는 경우, 지정은행은 발행은행 또는 확인은행에 제시가 제29조 (a)항에 따라 연장된 기한 내에 이루어졌음을 기재한 표지서류를 제공하여야 한다.
c. 최종선적일은 제29조 (a)항에 의하여 연장되지 않는다.

▎제30조 신용장 금액, 수량 그리고 단가의 감액허용

  1. 의의
  2. 개산수량조건
  3. 과부족용인약관
  4. 환어음의 감액발행 허용

제30조 신용장 금액, 수량 그리고 단가의 허용

a. 신용장 금액 또는 신용장에서 표시된 수량 또는 단가와 관련하여 사용된 "about" 또는 "approximately"라는 단어는, 그것이 언급하는 금액, 수량 또는 단가에 관하여 10%를 초과하지 않는 범위 내에서 많거나 적은 과부족을 허용하는 것으로 해석된다.
b. 만일 신용장이 수량을 포장단위 또는 개별단위의 특정 숫자로 기재하지 않고 청구금액의 총액이 신용장의 금액을 초과하지 않는 경우에는, 물품의 수량에서 5%를 초과하지 않는 범위 내의 많거나 적은 과부족은 허용된다.
c. 물품의 수량이 신용장에 기재된 경우 전량 선적되고 단가가 신용장에 기재된 경우 감액되지 않은 때, 또는 제30조 (b)항이 적용되지 않는 때에는, 분할선적이 허용되지 않더라도 신용장 금액의 5% 이내의 부족은 허용된다. 이 과부족은 신용장이 특정 과부족을 명시하거나 제30조 (a)항에서 언급된 표현을 사용하는 때에는 적용되지 않는다.

▎제31조 분할청구 또는 분할선적

  a. 분할청구 또는 분할선적은 허용
  b. 분할선적 보지 않는 경우(동일항해, 동일선박)

    선적일(가장 늦은날)
    분할선적인 경우
    c. 특송/우편/우송확인서 - 분할선적으로 보지 않는 경우

제31조 분할어음발행 또는 선적

a. 분할어음발행 또는 분할선적은 허용된다.
b. 같은 운송수단에서 개시되고 같은 운송구간을 위한 선적을 증명하는 두 세트 이상의 운송서류로 이루어진 제시는, 그 운송서류가 같은 목적지를 표시하고 있는 한 비록 다른 선적일자 또는 다른 선적항, 수탁지 또는 발송지를 표시하더라도 분할선적으로 보지 않는다.
제시가 두 세트 이상의 운송서류로 이루어지는 경우 어느 운송서류에 의하여 증명되는 가장 늦은 선적일을 선적일로 본다.
같은 운송방법 내에서 둘 이상의 운송수단상의 선적을 증명하는 하나 또는 둘 이상의 세트의 운송서류로 이루어진 제시는, 비록 운송수단들이 같은 날짜에 같은 목적지로 향하더라도 분할선적으로 본다.
c. 둘 이상의 특송화물수령증, 우편수령증 또는 우편증명서로 이루어진 제시는 만일 특송화물수령증, 우편수령증 또는 우편증명서가 같은 특송배달 또는 우편 서비스에 의하여 같은 장소, 같은 날짜 그리고 같은 목적지로 스탬프가 찍히거나 서명된 것으로 보이는 경우에는 분할선적으로 보지 않는다.

▎제32조 할부청구 또는 할부선적

1. 의의
2. 할부선적
3. 위반의 효과

제32조 할부어음발행 또는 선적

신용장에서 할부어음발행 또는 할부선적이 일정한 기간 내에 이루어지도록 명시된 경우 동 할부 거래를 위하여 배정된 기간 내에 할부어음발행이나 할부선적이 이루어지지 않으면 동 신용장은 해당 할부분과 향후 할부분에 대하여 더 이상 이용될 수 없다.

▎제33조 제시시간

제33조 제시시간

은행은 자신의 영업시간 외의 제시를 수리할 의무가 없다.

제34조 ~ 제37조 은행의 면책

- 접근포인트
1. 자체
2. 은행보호
   ① 신용장의 특성 : 독립추상성
   ② 은행의 면책
   ③ 서류심사 원칙 : 엄밀일치의 원칙

제34조 서류의 효력에 대한 면책

제34조 서류의 효력에 대한 면책

은행은 어떤 서류의 형식, 충분성, 정확성, 진정성, 위조 여부 또는 법적 효력 또는 서류에 명시되거나 위에 추가된 일반 또는 특정조건에 대하여 어떠한 책임(liability or responsibility)도 지지 않는다. 또한 은행은 어떤 서류에 나타난 물품, 서비스 또는 다른 이행의 기술, 수량, 무게, 품질, 상태, 포장, 인도, 가치 또는 존재 여부 또는 물품의 송하인, 운송인, 운송중개인, 수하인 또는 보험자 또는 다른 사람의 선의 또는 작위 또는 부작위, 지불능력, 이행 또는 지위(standing)에 대하여 어떠한 책임도 지지 않는다.

제35조 전송과 번역에 대한 면책

제35조 전송과 번역에 대한 면책

신용장에 기재된 방법에 따라서 알림 말, 서신 또는 서류가 전송 또는 송부되는 때, 또는 신용장에 송달 서비스 선택에 대한 지시 사항이 없어서 은행이 자신의 판단 하에 선정하였을 때, 알림 말의 전송 또는 서신이나 서류의 송부 과정에서 일어나는 지연, 전달 도중의 분실, 훼손 또는 다른 실수로 발생하는 결과에 대하여 은행은 어떠한 책임도 지지 않는다.

지정은행의 제시가 신용장 조건에 일치한다고 판단한 후 서류를 발행은행 또는 확인은행에 송부한 경우, 지정은행의 지급이행(honour) 또는 매입여부와 무관하게, 비록 서류가 지정은행과 발행은행 또는 확인은행 사이 또는 확인은행과 발행은행 사이의 송부 도중 분실된 경우에도 발행은행 또는 확인은행은 지급이행(honour) 또는 매입을 하거나, 그 지정은행에게 상환하여야 한다.

은행은 기술적인 용어의 번역 또는 해석에서의 잘못에 대하여 어떠한 책임(liability or responsibility)도 지지 않고 그러한 용어를 번역하지 않고 신용장의 조건을 전송할 수 있다.

제36조 불가항력에 관한 면책

제36조 불가항력
　은행은 천재지변, 폭동, 소요, 반란, 전쟁, 테러행위 또는 어떤 파업 또는 직장폐쇄 또는 자신의 통제 밖에 있는 원인에 의한 영업의 중단으로부터 발생하는 결과에 대하여 어떠한 책임도 지지 않는다.
　은행은 자신의 영업이 중단된 동안에 만료된 신용장 하에서는 지급이행(honour) 또는 매입을 하지 않는다.

제37조 지시받은 당사자의 행위에 대한 면책

제37조 지시받은 당사자의 행위에 대한 면책
a. 발행의뢰인의 지시를 이행하기 위하여 다른 은행의 서비스를 이용하는 은행은 발행 의뢰인의 비용과 위험 하에 하는 것이다.
b. 발행은행이나 통지은행은 비록 자신의 판단 하에 다른 은행을 선정하였더라도 그가 다른 은행에 전달한 지시가 이행되지 않은데 대하여 어떤 책임도 지지 않는다.
c. 다른 은행에게 서비스의 이행을 요청하는 은행은 그러한 지시와 관련하여 발생하는 다른 은행의 요금, 보수, 경비 또는 비용(이하 "수수료"라 한다)에 대하여 책임이 있다.
　신용장이 수수료가 수익자의 부담 이라고 기재하고 있고 그 수수료가 신용장대금에서 징수되거나 공제될 수 없는 경우 발행은행은 그 수수료에 대하여 여전히 책임이 있다.
　신용장 또는 조건변경은 수익자에 대한 통지가 통지은행 또는 둘째 통지은행이 자신의 수수료를 수령하는 것을 조건으로 하여서는 안 된다.
d. 발행의뢰인은 외국의 법과 관행이 부과하는 모든 의무와 책임에 대하여 은행에 보상할 의무와 책임이 있다.

제38조 신용장 양도

1. 의의
2. 신용장 양도의 정의
3. 신용장 양도의 필요성 및 효용
4. 신용장 양도의 요건
5. 신용장 양도의 종류(방법)
6. 신용장 양도 절차
7. 당사자의 권리 의무

(1) 양도인의 권리와 의무
   (2) 양도은행의 권리와 의무
 8. 신용장 양도의 조건변경
 9. 대금양도와의 관계
 10. 신용장양도와 내국신용장의 비교

제38조 양도가능신용장

a. 은행은 자신이 명시적으로 승낙하는 범위와 방법에 의한 경우를 제외하고는 신용장을 양도할 의무가 없다.
b. 이 조항에서는 다음과 같이 해석한다.
   양도가능신용장이란 신용장 자체가 "양도가능"이라고 특정하여 기재하고 있는 신용장을 말한다. 양도가능신용장은 수익자(이하 "제1수익자"라 한다)의 요청에 의하여 전부 또는 부분적으로 다른 수익자(이하 "제2수익자"라 한다)에게 이용하게 할 수 있다.
   양도은행이라 함은 신용장을 양도하는 지정은행, 또는 어느 은행에서나 이용할 수 있는 신용장의 경우에는 발행은행으로부터 양도할 수 있는 권한을 특정하여 받아 신용장을 양도하는 은행을 말한다. 발행은행은 양도은행이 될 수 있다.
   양도된 신용장이라 함은 양도은행이 제2수익자가 이용할 수 있도록 한 신용장을 말한다.
c. 양도시에 달리 합의된 경우를 제외하고, 양도와 관련하여 발생한 모든 수수료(요금, 보수, 경비 또는 비용 등)는 제1수익자가 지급해야 한다.
d. 분할청구 또는 분할선적이 허용되는 경우에 신용장은 두 사람 이상의 제2수익자에게 분할양도될 수 있다.
   양도된 신용장은 제2수익자의 요청에 의하여 그 다음 수익자에게 양도될 수 없다. 제1수익자는 그 다음 수익자로 보지 않는다.
e. 모든 양도 요청은 제2수익자에게 조건변경을 통지하여야 하는지 여부와 그리고 어떠한 조건 하에서 조건변경을 통지하여야 하는지 여부를 표시하여야 한다. 양도된 신용장은 그러한 조건을 명확하게 표시하여야 한다.
f. 신용장이 두 사람 이상의 제2수익자에게 양도되면, 하나 또는 둘 이상의 수익자가 조건변경을 거부하더라도 다른 제2수익자의 수락은 무효가 되지 않으며, 양도된 신용장은 그에 따라 변경된다. 조건변경을 거부한 제2수익자에 대하여는 양도된 신용장은 변경되지 않은 상태로 남는다.
g. 양도된 신용장은 만일 있는 경우 확인을 포함하여 신용장의 조건을 정확히 반영하여야 한다. 다만 다음은 예외로 한다.
   i. 신용장의 금액
   ii. 그곳에 기재된 단가
   iii. 유효기일
   iv. 제시기간 또는
   v. 최종선적일 또는 주어진 선적기간

위의 내용은 일부 또는 전부 감액되거나 단축될 수 있다.
부보되어야 하는 백분율은 신용장 또는 이 규칙에서 명시된 부보금액을 규정하기 위하여 높일 수 있다.
신용장의 발행의뢰인의 이름을 제1수익자의 이름으로 대체할 수 있다.
만일 신용장이 송장을 제외한 다른 서류에 발행의뢰인의 이름이 보일 것을 특정하여 요구하는 경우, 그러한 요건은 양도된 신용장에도 반영되어야 한다.

h. 제1수익자는 신용장에서 명시된 금액을 초과하지 않는 한 만일 있다면 자신의 송장과 환어음을 제2수익자의 그것과 대체할 권리를 가지고, 그러한 대체를 하는 경우 제1 수익자는 만일 있다면 자신의 송장과 제2수익자의 송장과의 차액에 대하여 신용장 하에서 청구할 수 있다.
i. 제1수익자가 만일 있다면 자신의 송장과 환어음을 제시하려고 하였으나 첫번째 요구에서 그렇게 하지 못한 경우 또는 제1수익자가 제시한 송장이 제2수익자가 제시한 서류에서는 없었던 하자를 발생시키고 제1수익자가 첫번째 요구에서 이를 정정하지 못한 경우, 양도은행은 제1수익자에 대하여 더 이상의 책임이 없이 제2수익자로부터 받은 그대로 서류를 발행은행에게 제시할 권리를 갖는다.
j. 제1수익자는 양도 요청에서, 신용장이 양도된 장소에서 신용장의 유효기일 이전에 제2수익자에게 지급이행(honour) 또는 매입이 이루어져야 한다는 것을 표시할 수 있다. 이는 제38조 (h)항에 따른 제1수익자의 권리에 영향을 미치지 않는다.
k. 제2수익자에 의한 또는 그를 위한 제시는 양도은행에 대하여 이루어져야 한다.

제39조 신용장 대금의 양도

1. 의의
2. 대금의 양도
3. 신용장 양도와의 비교
    ① 양도의 형태
    ② transferable 기재 여부
    ③ 적용조항(근거규정)
    ④ 양도차익을 위한 서류교체

제39조 대금의 양도

신용장이 양도가능하다고 기재되어 있지 않다는 사실은, 수익자가 신용장 하에서 받거나 받을 수 있는 어떤 대금을 준거법의 규정에 따라 양도할 수 있는 권리에 영향을 미치지 않는다. 이 조항은 오직 대금의 양도에 관한 것이고 신용장 하에서 이행할 수 있는 권리를 양도하는 것에 관한 것은 아니다.

제3절 eUCP

1. 의의
2. 연혁
3. 특징
4. 주요 내용
5. UCP VS eUCP

1. 의의

종이신용장에서 전자신용장으로의 점진적 변화와 더불어, 업계는 국제상업회의소가 이러한 변화에 대한 지침을 제공해 줄 것을 기대하였으며, 은행위원회는 UCP의 '추록(보충판)'(supplement)으로 적절한 규칙을 마련하였음.

2. 연혁

① 제정 : 2001년 11월 - 발효 2002년 4월 1일
② 개정 : 2007 eUCP 1.1 Version -> 2019년 7월 1일 eUCP 2.0 Version (現)
③ 구성 : 14개 조항

3. 특징

(1) eUCP는 UCP의 개정이 아니다.
(2) 전자적 제시에 적용할 수 있도록 정의 조항
(3) ① 전자적 제시 또는 ② 전자적 제시 + 종이 제시 혼용
(4) eUCP는 전자적 발행 및 통지(UCP 600 제10조) 언급 하는 것이 아님.
(5) 지속적 개정 - eUCP 2.0 version
(6) 기술중립
(7) eUCP 명시 삽입 - 적용

4. 주요내용 및 조항

eUCP는 버전 2.0은 총 14개 조항으로 구성되어 있다. eUCP 1.1과 비교하면 제e1조 eUCP a~c항, 제e2조 eUCP와 UCP의 관계, 제e5조 형식, 제e9조 원본 및 사본은 사소한 구조적 변화만 있을 뿐이며, **사전고려사항, 제e1조 eUCP의 범위 d항, 제e4조 전자기록 및 종이문서 v 물품, 용역 또는 의무이행과 제e14조 불가항력이 추가**되었다. 제e3조 정의, 제e6조 제시, 제e7조 심사, 제e8조 거절통지, 제e10조 발행일, 제e11조 운송, 제e12조 전자기록의 데이터 훼손, 제e13조 eUCP 하의 전자기록 제시의 의무에 대한 추가적인 면책은 실무적합성을 제고하도록 개정되어 보완되었다. 또한 추가조항이 생겨남에 따라 조항의 번호도 변경되었다.

eUCP 2.0은 eUCP의 적용범위(제e1조), UCP에 대한 eUCP의 관계(제e2조), 용어의 정의(제e3조), 전자기록 및 종이서류 v 물품(제e4조), 형식(제e5조), 제시(제e6조), 심사(제e7조), 거절통지(제e8조), 원본 및 사본(제e9조), 발행일(제e10조), 운송(제e11조), 전자기록의 데이터 훼손(제e12조), eUCP 하의 전자기록 제시의 의무에 대한 추가적인 면책(제e13조)및 불가항력(제e14조)에 관하여 총 14개 조항으로 구성하고 있다.

조항	내 용	개 정 내 용
	사전고려사항	추가
e1	eUCP의 범위	사소한 구조적 변화 / 추가d항
e2	eUCP와 UCP의 관계	사소한 구조적 변화
e3	정의	개정
e4	**전자기록 및 종이서류 v. 물품, 용역 또는 의무이행**	**추가**
e5	형식	사소한 구조적 변화
e6	제시	개정
e7	심사	개정
e8	거절통지	개정
e9	원본 및 사본	사소한 구조적 변화
e10	발행일	개정
e11	운송	개정
e12	전자기록의 데이터 훼손	개정
e13	eUCP 하의 전자기록 제시의 의무에 대한 추가적인 면책	개정
e14	**불가항력**	**추가**

사전고려사항

　수익자에 의해 또는 수익자를 대신하여 전자기록 혹은 전자기록과 종이서류와의 조합을 지정은행, 확인은행(있는 경우) 또는 발행은행에게 제시하는 방법은 eUCP의 적용대상이 되지 아니한다.

　발행은행에 의하여 전자기록 혹은 전자기록과 종이서류와의 조합을 발행의뢰인에게 제시하는 방법은 eUCP의 적용대상이 되지 아니한다.

　eUCP에서 정의되거나 수정되지 않은 경우, UCP 600에서 제공된 용어의 정의는 여전히 적용된다.

　은행은 eUCP 신용장을 발행, 통지, 확인, 조건변경이나 양도하는 것에 동의 하기 전에, 그 신용장 하에서 이루어질 제시에 포함되어 요구되는 전자기록을 심사할 수 있는지에 대해서 스스로 요건을 갖추어야 한다.

제1조 eUCP의 적용범위

a. eUCP는 전자기록 자체 또는 종이 서류와의 결합된 제시에 적용할 목적으로 화환신용장통일관습 및 관례(2007년 개정 국제상업회의소 간행물 번호 600)("UCP")를 보충한다.
b. eUCP는 신용장이 eUCP에 따른다는 명시가 있는 신용장("eUCP 신용장")인 경우에 적용된다.
c. 이 버전은 2.0이다. eUCP 신용장은 적용 가능한 eUCP 버전을 반드시 명시하여야 한다. 적용 가능한 버전이 명시되지 아니할 경우, eUCP 신용장이 발행된 날짜에 시행되는 최신 버전을 따르고 또는 수익자가 승낙한 조건변경이 eUCP에 따르도록 되어 있는 경우 조건변경일자에 시행되는 버전에 따른다.
d. eUCP 신용장은 발행은행의 물리적인 장소를 반드시 나타내야 한다. 추가로, 그러한 장소가 발행 시에 발행은행에게 알려져 있는 때에는 확인은행(확인은행이 있는 경우)의 물리적인 장소도 또한 나타내야 한다. 만약 기타 지정 은행 그리고/또는 확인은행의 물리적인 장소가 신용장상 명시되어 있지 않는다면, 그러한 은행은 신용장을 통지하거나 확인하는 것보다 늦지 않게 수익자에게 물리적인 장소를 표시하거나 또는, 신용장이 모든 은행에서 이용 가능한 경우에 지급 또는 매입에 대한 지정에 따라 행동할 의지가 있는 기타의 은행이 통지은행 또는 확인은행이 아닌 경우, 지정에 따라 행동할 것을 동의한 시점에 물리적인 장소를 명시해야 한다.

제2조 UCP에 대한 eUCP의 관계

a. eUCP 신용장은 UCP 편입의 명시적인 문구가 없더라도 UCP에 따른다.
b. eUCP가 적용되는 경우, 그 조항은 UCP의 적용과 상이한 결과를 낳을 수 있는 범위에 우선한다.
c. 만약 eUCP 신용장이 수익자가 종이 서류 또는 전자기록의 제시 사이에 선택할 수 있도록 허용하고 수익자가 오직 종이 서류의 제시만을 선택하는 경우, UCP는 그와 같은 제시에 독자적으로 적용된다. 만약 eUCP 하에서 오직 종이 서류만이 허용되는 경우, UCP가 독자적으로 적용된다.

제3조 용어의 정의

a. 다음과 같은 용어가 UCP에서 사용된 경우, UCP를 eUCP 신용장 하에서 제시된 전자기록에 적용하기 위한 용어의 정의는 다음과 같다.
　ⅰ. 문면상 또는 이와 유사한 표현이라 함은 전자기록의 자료 내용의 심사에 적용한다.
　ⅱ. 서류는 전자기록을 포함한다.
　ⅲ. 전자기록의 제시 장소는 자료 처리 시스템의 전자 주소를 의미한다.
　ⅳ. 제시자는 수익자를 의미하거나 또는 지정은행, 확인은행(확인은행이 있는 경우), 또는 발행은행에게 직접 제시를 행하는 수익자를 대리하여 행동하는 모든 당사자를 의미한다.
　ⅴ. 서명 또는 이와 유사한 표현은 전자 서명을 포함한다.
　ⅵ. 부기된, 표기 또는 스탬프 된이라 함은 전자기록에서 보충하는 성격이 분명한 자료 내용을 의미한다.

b. eUCP에서 사용된 아래 용어는 다음과 같은 의미를 갖는다.
　ⅰ. 자료 변형이라 함은 제시가 되었을 때, 그 전부나 일부를 읽을 수 없는 전자기록 자료의 모든 왜곡이나 멸실을 의미한다.
　ⅱ. 자료 처리 시스템은 처리와 조작 데이터, 작동을 개시하거나 자료 메시지 또는 이행의 전부나 일부를 대응하는데 있어 컴퓨터화되거나 전자적 또는 기타의 자동적인 방법으로 사용되는 것을 의미한다.
　ⅲ. 전자기록은 전자적인 수단에 의하여 작성, 생성, 송신, 통신, 수신 또는 저장된 자료를 의미하고, 적용되는 경우에 논리적으로 결합되거나 기타의 방법으로 함께 연결되어 동시에 생성되는지 아닌지에 관계 없이 전자기록의 일부가 되는 모든 정보를 포함한다. 즉:
　　a. 송신자의 분명한 신원 및 그 속에 포함된 자료의 분명한 출처, 또한 완전하고 변하지 않는 상태로 남아있는지 여부에 관하여 인증될 수 있는 것, 그리고
　　b. eUCP 신용장 거래 조건과의 일치성 여부에 관하여 심사될 수 있는 것.
　ⅳ. 전자 서명이라 함은 전자기록에 첨부되거나 또는 논리적으로 연합시키는, 또한 특정인의 신원을 확인하고 전자기록의 특정인의 인증을 표시하기 위하여 수행되거나 채용된 자료 처리 과정을 의미한다.
　ⅴ. 형식이라 함은 전자기록이 표시되거나 또는 그것이 참조하는 자료 구성을 의미한다.
　ⅵ. 종이 서류라 함은 종이 형식의 서류를 의미한다.
　ⅶ. 수신이라 함은 어떠한 전자기록이 eUCP 신용장에 의하여 지정된 제시 장소에서 특정 시스템에 의하여 받아들여질 수 있는 형식으로 자료 처리 시스템으로 유입되는 시점을 의미한다. 그 시스템에 의하여 생성된 어떤 수신 확인도 eUCP 신용장 하에서 전자기록이 검토, 심사, 인수 또는 거절되었다는 것을 암시하지 아니한다.
　ⅷ. 재제시 또는 재제시된이라 함은 이미 제시된 전자기록을 대체하거나 대신하는 것을 의미한다.

제4조 전자기록 및 종이서류와 물품, 서비스 또는 이행

은행은 전자기록 및 종이 서류와 관련될 수 있는 물품, 서비스 또는 이행을 취급하는 것이 아니다.

제5조 형식

eUCP 신용장은 전자기록이 제시되는 형식을 명시하여야 한다. 만약 전자기록의 형식이 명시되지 아니하였다면 전자기록은 어떠한 형식으로도 제시될 수 있다.

제6조 제시

a.
  i. eUCP 신용장은 전자기록의 제시 장소를 반드시 명시해야만 한다.
  ii. 전자기록과 종이 서류 둘 다의 제시를 요구하거나 허용하는 eUCP 신용장은 전자기록의 제시장소에 더하여 또한 종이 서류의 제시 장소를 반드시 명시해야만 한다.
b. 전자기록은 독립적으로 제시될 수 있으나 동시에 제시될 필요는 없다.
c.
  i. 하나 또는 그 이상의 전자기록이 독자적으로 제시되거나
  ii. 종이서류와 결합되어 제시되는 때에는, 제시자는 제시가 직접 이루어지는 경우에 지정은행, 확인은행(확인은행이 있는 경우), 또는 발행은행에게 완료의 통지를 제공해야 할 책임이 있다. 완료 통지의 수신은 제시가 완료되고 제시의 심사 기간이 개시될 것이라는 통고로서 수행되어 진다.
  iii. 완료 통지는 전자기록 또는 종이 서류로 이루어질 수 있고, 관련되는 eUCP 신용장과의 동일성을 반드시 확인하여야 한다.
  iv. 완료 통지가 수신되지 않는다면 제시는 이루어지지 않은 것으로 간주된다.
  v. 지정에 따라 행동하는지 아닌지 여부에 관계 없이 지정은행이 전자기록을 확인은행 또는 발행은행에 송부하거나 사용 가능하도록 만드는 경우, 완료 통지는 송부되어질 필요가 없다.
d.
  i. eUCP 신용장 하에서의 전자기록의 각 제시는 제시되는 eUCP 신용장과의 동일성을 반드시 확인하여야 한다. 이는 전자기록 그 자체 또는 전자기록에 첨부되거나 부기된 메타데이터의 구체적인 참조에 의하거나, 또는 제시에 첨부되는 표제 문서(covering letter)나 서류 송부장(covering schedule)에 있는 동일성 확인에 의하여 이루어질 수 있다.
  ii. 동일성을 확인하지 아니한 모든 전자기록의 제시는 수신되지 아니한 것으로 간주되어 진다.
e.
  i. 제시가 이루어지는 은행이 영업을 하고 있으나 그 시스템이 약정된 유효기일 그리고/또는 제시를 위한 최종일에 전송된 전자기록을 수신 할 수 없는 경우라면, 경우에 따라서 은행은 영업을 종료한 것으로 간주되며, 유효기일 그리고/또는 제시를 위한 최종일은 그러한 은행이 전자기록을 수신할 수 있는 다음 은행 영업일까지 연장된다.

ii. 이러한 경우에, 지정은행은 확인은행 또는 발행은행에게 전자기록의 제시가 제e6조 (e)항 - i 에 따라 연장된 기간 내에 제시되었다는 진술을 서류 송부장으로 제공해야 한다.
iii. 만약 제시되기 위하여 남아있는 유일한 전자기록이 완료의 통지라면, 이는 통신 또는 종이 서류에 의하여 제공될 수 있으며, 또한 은행이 전자기록을 수신하기 전에 발송되었다면 시의적절한 것으로 간주된다.
f. 인증될 수 없는 전자기록은 제시가 완료되지 아니한 것으로 간주된다.

▌제7조 심사

a.
  i. 서류 심사의 기간은 제시가 직접 이루어진 경우에 지정은행, 확인은행(확인은행이 있는 경우), 발행은행에 의하여 완료의 통지가 수신된 날의 다음 은행 영업일에 개시된다.
  ii. 만일 제e6조 (e)항- i 에 규정된대로 서류의 제시 또는 완료의 통지를 위한 기간이 연장되었다면, 서류 심사를 위한 기간은 제시를 받는 은행이 제시 장소에서 완료의 통지를 수신할 수 있는 날의 다음 은행 영업일에 개시된다.

b.
  i. 만약 전자기록이 외부 시스템에 하이퍼링크를 포함하거나 또는 전자기록이 외부 시스템을 참조하여 심사되어지는 것을 나타낸 경우, 하이퍼링크 또는 외부 시스템에 있는 전자기록은 심사되어져야 할 전자기록의 중요 부분을 구성하는 것으로 간주된다.
  ii. 제e7조 (d)항- ii를 제외하고 심사 시점에 요구된 전자기록에 대하여 외부 시스템으로의 접근 실패는 불일치를 구성한다.

c. eUCP 신용장에 의하여 요구되는 형식의 전자기록 또는 아무런 형식이 요구되지 아니한 경우 제시된 형식의 전자기록을 심사함에 있어 지정에 따라 행동하는 지정은행, 확인은행(확인은행이 있는 경우), 발행은행의 무능력은 거절을 위한 근거가 되지 아니한다.

d. 지급 또는 매입에 대한 지정에 따라 행동하는지 아닌지 여부에 관계 없이, 지정은행에 의한 전자기록의 발송은 전자기록에 대한 외관상 진정성을 스스로 충족시켰다는 것을 나타낸다.

e.
  i. 지정은행이 지급 또는 매입하는지 아닌지 여부와 관계 없이, 지정은행이 제시가 일치한다고 결정하고 그러한 전자기록을 확인은행 또는 발행은행에게 발송하거나 이용 가능하도록 만든 경우에, 발행은행 또는 확인은행은 지급 또는 매입해야 하고, 또는 지정은행에게 상환하여야 한다. 심지어는 명시된 하이퍼링크 또는 외부시스템이 발행은행 또는 확인은행이 지정은행과 발행은행 또는 확인은행 사이에, 또는 확인은행과 발행은행 사이에 이용 가능하도록 만들어진 하나 또는 그 이상의 전자기록을 심사하는 것을 허용하지 않는 경우에도 그러하다.

▌제8조 거절통지

　만약 지정에 따라 행동하는 지정은행, 확인은행(확인은행이 있는 경우), 또는 발행은행이 전자기록을 포함하는 제시에 대한 거절 통지를 행한 경우 그리고 거절 통지일자로부터 30역일 이내에 전자기록의 처분을 위하여 거절 통지를 행한 당사자로부터 지시를 수신하지 아니한 경우, 은행은 이전에 그 당사자에게 반송되지 않은 모든 종이 서류를 반송해야 하고, 아무런 책임 없이 적절하다고 간주되는 방법으로 전자기록을 처분 할 수 있다.

▌제9조 원본 및 사본

　전자기록의 하나 또는 그 이상의 원본 또는 사본의 제시를 위한 요구는 하나의 전자기록 제시에 의해 충족된다.

▌제10조 발행일자

　전자기록은 발행일의 증명을 반드시 제공해야 한다.

▌제11조 운송

　운송을 증명하고 있는 전자기록이 선적이나 발송 또는 수탁 또는 물품이 운송을 위하여 수취된 일자를 명시하고 있지 아니할 경우, 전자기록의 발행일자는 선적이나 발송 또는 수탁 또는 운송을 위하여 수취된 일자로 간주된다. 그러나 전자기록이 선적이나 발송 또는 수탁 또는 운송을 위하여 수취된 일자를 증명하는 표기를 포함하는 경우, 표기 일자는 선적이나 발송 또는 수탁 또는 운송을 위하여 수취된 일자로 간주된다. 부가적인 자료 내용을 보여주는 표기는 독립적인 서명이나 별도의 인증을 요하지 아니한다.

▌제12조 전자기록의 변형

a. 지정에 따라 행동하는지 아닌지 여부에 관계없이 지정은행, 확인은행(확인은행이 있는 경우) 또는 발행은행에 의하여 수신된 전자기록이 자료 변형에 의해 영향 받은 것으로 보여지는 경우, 그 은행은 제시자에게 통지할 수 있고 전자기록의 재제시를 요구할 수 있다.
b. 은행에 그러한 요구를 하는 경우
　ⅰ. 심사기간은 정지되며, 전자기록이 재제시 될 때 재개된다. 그리고,
　ⅱ. 지정은행이 확인은행이 아닌 경우, 모든 확인은행 및 발행은행에게 전자기록의 재제시 요청에 대한 통지 및 정지 기간에 대한 통지를 하여야 한다.

iii. 동일한 전자기록이 30역일 이내 또는 유효기일 그리고/또는 제시를 위한 최종일이나 그 이전에 재제시 되지 아니한 경우 더 먼저 발생한 일자에, 은행은 전자기록이 제시되지 아니한 것으로 취급한다.

▌제13조 eUCP하의 전자기록 제시 의무에 대한 추가적인 면책

a. 전자기록의 외관상 진정성을 스스로 충족함으로써 은행은 수신, 인증 및 전자기록의 동일성 확인을 위한 자료 처리 시스템 사용에 의하여 수신된 전자기록이 분명한지 이외에도 송신자의 신원, 정보의 출처 또는 전자기록이 완전하고 변하지 않는 성격인지에 대하여 아무런 의무를 부담하지 아니한다.
b. 은행은 자기 소유가 아닌 자료처리시스템의 사용불능으로 기인한 결과에 대해 어떠한 의무 혹은 책임을 부담하지 아니한다.

▌제14조 불가항력

은행은 장치, 소프트웨어 또는 통신 네트워크의 실패, 그의 통제를 넘어서는 것을 포함하여 천재지변, 폭동, 시민 소요, 반란, 전쟁, 테러 행위, 사이버 공격 또는 모든 파업 또는 직장폐쇄나 기타 모든 사유에 기인하는 자료 처리 과정에의 접근 불능 또는 장치, 소프트웨어 또는 통신 네트워크의 실패를 포함한(단, 이에 국한되지 않는다) 영업 중단으로부터 발생하는 결과에 대하여 의무를 부담하지 아니한다.

5. UCP와 eUCP 관계

(1) 준거문언 - UCP 자동적용
(2) 상충 - eUCP가 우선적용

- eUCP는 UCP에서 규정하고 있지 않는 전자적 제시부분을 보완하기 위해서 제정된 추록(suppliment)
- UCP 600을 대체하기 위해서 eUCP를 제정한 것이 아니라 전자적 제시를 위해 추가적으로 제정한 것
- eUCP와 UCP가 충돌하는 경우에는 eUCP가 우선적으로 적용(eUCP 제2조 b항)
- eUCP가 적용을 확정한 거래에서 화환신용장과 충돌로 인하여 다른 결과를 야기하는 경우 그 범위 내에서 eUCP의 조문이 우선적으로 적용됨

제4절 신용장대금상환통일규칙(URR 725)

1. 의의
2. 대금상환
3. 은행간 대금상환
4. UCP 관련 규정

5. URR 관련 규정
   (1) 의의
   (2) 연혁
   (3) 특징
   (4) 주요내용

1. 의의

신용장에는 그 사용방법, 즉 지급, 인수 또는 매입에 따라서 지정은행이 지정되어 대금의 결제가 이루어짐. 지정은행은 신용장 조건에 일치하여 지급, 인수 또는 매입을 한 경우, 발행은행에게 환어음과 선적서류를 송부하여 그 대금을 상환청구함.

2. 대금상환

발행은행은 송부된 환어음과 선적서류를 심사하여 신용장조건과 엄밀하게 일치하는 경우, 그러한 지정은행에게 대금을 상환함. 또한 발행은행은 신용장에 별도의 상환은행을 지정하고, 그러한 은행에게 상환수권서를 발급하여 지정은행의 상환청구에 응하도록 하는 경우가 있음.

3. 은행간 대금상환(bank-to-bank reimbursement)

지정은행이 지급, 인수 또는 매입을 하고 발행은행이 지정한 상환은행에 대금상환을 청구하여 지급받는 것을 '은행간 대금상환'이라고 함.

4. 신용장대금상환통일규칙

(1) 연혁

① URR 525 – 1996.7.1부터 시행 – UCP 500(1993) 제19조 신용장대금상환
② URR 725 – 2008.10.1부터 시행 – UCP 600(2007) 제13조

(2) 구성

총 4개장 17개 조항

(3) 특징

신용장통일규칙 제13조에서 간단하게 다루고 있는 은행간 신용장대금의 상환에 관한 국제 규칙에 있어서 당사자가 되는 각 은행들이 대금결제과정에서 발생될 수 있는 불필요한 지체와 마찰을 제거하여 원활한 신용장거래를 도모하기 위하여 제정된 규칙

(4) 주요 내용 및 개념

① **상환수권의 유효기일**(제7조)

상환수권서에는 상환청구 최종 제시일 즉, 유효기일이 있어서는 안되며 표시된 유효기일은 무시된다.

② **상환수권, 상환청구, 상환확약**

- **상환수권**(reimbursement authorization) : 상환청구은행에게 대금상환을 하도록, 혹은 발행은행이 요청이 있는 경우에 상환은행을 지급인으로 발행된 기한부어음을 인수 및 지급하도록 발행은행이 상환은행에게 발행하는 신용장과 독립된 지시 및 또는 수권
- **상환청구**(reimbursement) : 상환청구은행이 상환은행에게 하는 대금상환요청을 의미
- **상환확약**(reimbursement undertaking) : 발행은행의 수권에 따라 상환은행이 상환청구은행의 상환청구에 대해 취소불능의 지급확약

제5절 국제표준은행관행
(International Standard Banking Practice : ISBP)

1. 의의
2. 연혁
3. 특성 및 주요내용
4. ISBP의 실무적용상의 문제점
   (1) 은행의 책임증가
   (2) 은행실무와의 부조화

1. 의의

ISBP는 UCP의 적용에 관한 실무상의 보완서로서, UCP의 효력을 변경하지 아니하고 UCP를 일상에 어떻게 적용하여야 하는지를 상세히 설명하는 것이다.
- UCP 500 제13조 a항에 규정되었던 '국제표준은행관습'을 조문화하는 데 기본취지

2. 연혁

(1) 제·개정

① 2002년 - ISBP 645 - 200개 조항
② 2007년 - ISBP 681 - 185개 조항
③ 2013년 - ISPB 745 - 298개 조항
  -> 기존에 다루지 않았던 포장명세서, 중량명세서와 수익자의 증명서를 추가하여 실무적으로 많이 접하는 서류에 대해 명확한 심사기준 제시

3. 주요내용

ISBP 745		
예비적 고려사항		i ~ vii
일반원칙		A1 ~ 41
환어음과 만기일 계산		B1 ~ 18
송장		C1 ~ 15
적어도 두 가지 다른 운송방식을 표시하는 운송서류		D1 ~ 32
선하증권		E1 ~ 28
신설	비유통해상화물운송장	F1 ~ 25
용선계약 선하증권		G1 ~ 27
항공운송서류		H1 ~ 27
도로/철도/내수로 운송서류		J1 ~ 20
보험서류 및 담보범위		K1 ~ 23
원산지증명서		L1 ~ 8
신 설	포장명세서	M1 ~ 6
	중량명세서	N1 ~ 6
	수익자증명서	P1 ~ 4
	기타서류 (검역, 수량, 품질 등)	Q1 ~ 11

4. ISBP의 실무적용상의 문제점

(1) 은행의 책임증가
(2) 은행실무와의 부조화

제 7 장 국제운송

제1편 국제운송 자체

| 제1절 국제운송의 개요 | 제2절 운송 관련 결합형태 |

제1절 국제운송의 개요

1. 의의(정의)
2. 방법/형태/종류
3. 운송과 매매계약과의 관계
   (1) 무역과 운송
   (2) 성립과 운송
   (3) 결제와 운송
   (4) 운송과 보험

1. 운송의 정의

- **국제물품운송**은 국제간에 재화의 위치변화를 통하여 가치형성에 기여하는 서비스로 그 기본적 기능은 인적·물적 자원의 이동을 통하여 자원의 효율성을 높이는 데 있다. 전통적으로 국제물품운송을 주도해오고 있는 운송형태는 해상운송이다.
- **해상운송**이라 함은 해상에서 선박을 이용하여 사람 또는 재화를 장소적·공간적으로 이전하는 현상을 말한다. 해상운송은 선박의 운항형태에 따라 정기선 운송, 부정기선 운송, 특수전용선 운송으로 대별할 수 있다.
- **운송계약**이란 당사자의 일방이 물건 또는 여객을 한 장소에서부터 다른 장소로 이동할 것을 약속하고 상대방은 이에 대하여 보수를 지급할 것을 약속함으로써 성립하는 계약이다.

2. 운송의 방법 / 형태(종류)

(1) 운송경로에 따른 무역운송의 종류
해상운송 / 항공운송 / 복합운송

3. 운송과 매매계약과의 관계

(1) 무역과 운송
① 매매계약의 종속계약
② 운송계약의 내용은 무역계약의 선적조건에 따라 결정됨

(2) 성립(Incoterms)과 운송
운송계약의 내용 중 선적시기만 선적조건(shipment terms)에 명기하고, 나머지 운송계약 체결 당사자, 운송방법, 운임부담자, 인도방법 등은 <u>매매당사자 간에 구체적으로 합의하기보다는 당사자가 선택하는 정형거래조건에 의하여 자동적으로 결정되는 것이 일반적이다.</u>
ex) FOB 조건의 경우 해상운송, 운송계약은 매수인, 운임부담은 매수인

(3) 결제(UCP 600상 운송서류 수리요건)
① 운송서류별 수리요건(UCP 600 제19조 ~ 제25조)
② 운송서류의 공통적 수리요건(UCP 600 제26조, 제27조)

(4) 운송과 보험(담보위험, 책임, 면책)
운송인의 면책사유와 해상보험증권 및 이와 함께 사용되는 협회적하약관에서 규정된 부보범위를 비교할 때, 운송인의 과실에 근거하지 아니한 일부 면책사유는 해상보험의 부보범위에 포함된다.
한편 부보범위에 포함되지 아니한 면책사유는 추가보험료의 지급으로 언제든지 부보될 수 있기 때문에 <u>송하인으로서는 운송계약조항과 해상보험조항을 조정함으로써 운송과 관련한 제반 위험으로 인한 멸실이나 훼손에 대한 대비를 해두는 것이 중요하다.</u>

제2절 운송관련 결합형태

1. 매매계약 + 운송 주체(매매계약의 주체 VS 운송계약의 주체)

> Q. FOB 매매계약임에도 불구하고 매도인이 운송계약을 체결하는 경우

	대리인 (매도인의 협조의무)	본인 (매도인의 본질적 의무)
① 운송계약의 주체	매수인	매도인
② 인도의 방식	현실적 인도방식	상징적 인도방식(전환)
③ 소유권 이전 시점	선적 시점	권리증권의 이전시점
④ 결제방식의 결합 (화환신용장)	본질적 모순 (괴리)	적합성(일치성 ; 조화)

FOB 매매계약에서 해상운송계약의 당사자는 매수인(송하인)이 원칙임. 그러나 FOB 계약에서 화환신용장을 이용하기에 용이하고 수출국의 사정에 밝은 매도인이 운송계약의 체결하는 '화환특약부 FOB'계약을 체결한 경우 운송계약의 상대방이 누구인지에 대한 논란이 있을 수 있음.

(1) 본인(本人)으로서의 의무
매도인이 매수인의 대리인이 아닌 본인(本人)으로서 운송계약을 체결하는 것으로 볼 수 있는 견해 -> '상징적 인도' 성격으로 변화된 것으로 볼 수 있음.

(2) 대리인으로서의 의무
매수인이 매도인에게 자신을 대리하여 운송계약을 체결하는 권한을 부여하였다고 보아 운송계약의 상대방은 매수인으로 보는 견해

(3) 유의사항
대법원에서는 (2)의 견해를 인정하여 운송계약의 상대방은 매도인이 매수인을 대리하여 운송계약을 체결한 것으로 운송계약의 상대방은 매수인으로 판시한 바가 있음. 즉 화환특약부 FOB라고 하더라도 현실적 인도의 특성을 유지한 것으로 볼 수 있음.

2. 매매계약 + 운송형태(매매계약 + 운송계약의 형태)

> Q. FOB / CIF / CFR + 복합운송(항공운송)
> Q. Incoterms 복합운송 수용현황

	해상운송	복합운송	실무상 대책

FOB
CFR
CIF
	해상
	내수로
		① 위험부담의 공백
		② 적하보험의 담보구간의 문제
		③ 복합운송증권의 형식문제
		④ 특약의 효력
		   (본질적 의무 변화여부)
			① 특약 활용
			   (인도지점, 추가부담)
			② 대체조건 사용
			   (FCA, CPT, CIP)

3. 운송계약 + 보험계약

	운송계약	보험계약
책임범위	운송인의 책임, 면책 ① 운송인 책임(의무) • 감항력 주의의무 • 이로 하지 않을 의무 ② 운송인 면책 • 포장불비 ③ 약관 • B/L 上 쌍방과실충돌약관	보험자의 책임(담보), 면책 ① 보험자의 책임(담보) ② 보험자 면책 • 감항불비 (ICC 5조) + 완화 • 감항성담보 (MIA 39조) • 이로(MIA 46) + 이로허용(MIA 49) • 포장불비 (ICC 4조) ③ 약관 • ICC 제3조 쌍방과실충돌약관
책임기간	운송인의 책임기간 (from T-T / P-P / D-D)	보험자의 책임기간 (신ICC 제8조)

- 감항능력 주의의무와 보험과의 관계
- 이로하지 않을 의무와 보험과의 관계

4. 운송계약 + 결제계약

	운송계약	결제계약
FOB 매매계약	FOB + 매도인의 운송계약 - 운송특약부 FOB 한계	FOB + 신용장 결제 - 화환특약부 FOB 한계
위기(한계) -> 극복	선하증권의 위기 -> L/G	화환신용장의 위기 -> L/G
담보(처분권)	B/L (담보) AWB (처분권) SWB (처분권)	화환신용장 - 은행의 담보권 확보

제2편 해상운송

해상운송의 기초	선하증권	해상운송 국제규칙
1. 의의 (정의) 2. 특성 3. 형태 4. 정기선 운송과 개품운송계약 5. 부정기선 운송과 용선운송계약 6. 운송절차 　- 운송계약체결 　- 선적단계 　- 양륙단계	1. 의의 2. 기능 3. 법적성질 4. 법적효력 5. 종류 6. 발행절차 7. 발행 및 배서(양도) 8. 기재사항 9. 해상화물운송장 10. 전자식 선하증권 11. B/L의 위기 12. 관계	• 선하증권법 • 하터법 • 헤이그규칙 • 헤이그-비스비규칙 • 함부르그규칙 • 로테르담규칙

제1절 해상운송의 기초

1. 의의
2. 특성
3. 형태
4. 정기선운송과 개품운송계약
5. 부정기선운송과 용선운송계약
6. 해상운송절차

1. 해상운송의 정의

일반적으로 선박을 이용하여 사람과 화물을 운송하고 그 대가로 운임을 받는 상행위, 국제운송론에서는 상선을 이용하여 국제간 화물을 운송하고 운임을 받는 상행위로 규정

2. 해상운송의 특성

(1) 해상운송의 특징

① 대량운송
② 원거리운송
③ 운송비 저렴

④ 운송로 자유성
⑤ 국제성
⑥ 저속성
⑦ 위험성
⑧ 산업연관성

(2) 장점
① 대량수송이 용이
② 장거리 수송에 적합
③ 운송비 저렴
④ 부피 중량이 큰 화물의 운송가능

(3) 단점
① 시설 등의 설치 필요
② 기후에 민감
③ 운송시간의 장기화
④ 높은 위험

- 자국선자국화주의
- 편의치적
- 제2치적(역외치적 : 국제개방치적)

3. 형태(종류)

(1) 정기선운송
(2) 부정기선운송
(3) 전용선운송

4. 정기선운송과 개품운송계약

1. 의의
2. 대상
3. 특징
4. 운임
5. 정기선운송과 해운동맹
6. 운송계약
7. 절차
8. 정기선항로
9. 정기선운송의 장점
10. 정기선운송의 단점

(1) 의의
① 부정기선 주류 → 컨테이너/공산품 중심으로(둘 간의 관계는 병존)
② 정기선운송 정의
　특정항로를 화물의 유무에 관계없이 규칙적으로 반복 운항하는 운송형태
③ 정기선운송과 부정기선 운송과의 관계(대립/대칭이 아님, 상호보완적 병존관계)
　정기선과 부정기선은 상호 한계성 및 보완성을 갖고 있기 때문에 양 분야는 보완적·병존적 관계 하에서 지속 발전되고 있다.

(2) 대상
일반화물, 공산품, general cargo

(3) 특징
① 반복운항, 공표운임, 정기운항
② 자본규모가 大
③ 공시운임률(tariff rate), 고가
④ **성문법**(statute law) **적용**

(4) 운임
해상운임은 정기선운임과 부정기선운임의 구성내용이 다르지만 부정기선 운임자체도 해운시장의 자유거래에서 결정되는 것이 일반적이고 정기항로운임이나 장기계약운임에 영향을 받아 결정하게 된다.
① 기본운임
② 할증료 : 정기항로의 운임을 일단 공표하게 되면 운임을 긴급히 인상해야 할 사정이 있을 때 수시 변경하는 것이 용이하지 않기 때문에 부과하는 것이다. (통화할증료, 유가할증료, 중량할증료, 장척할증료, 체선할증료, 선택항할증료, 운하할증료 등)
③ 부대비용 : THC, CFS charge, Documentation Fee, DDC, Demurrage, Detention, Wharfage, Outport Arbitrary

(5) 정기선운송과 해운동맹

1. 의의
2. 종류
3. 운영방법
　(1) 대내적기능
　(2) 대외적기능
4. 장점
5. 단점

① 의의
둘 이상의 정기선운송인이 특정항로에서 상호간에 기업적 독립성을 존중하면서 공정경쟁을 유지하거나 경영기반의 유지·발전을 위하여 운임률 및 기타 영업조건 등에 공조하는 해운카르텔

② 종류 : 신규 가입의 자유성에 따른 분류
ⓐ 영국식 폐쇄적 동맹 ⓑ 미국식 개방적 동맹

③ 운영방법(기능)
동맹선사 상호간의 이익증대 및 화주구속을 위해
1) 대내적 기능
동맹선사간의 과당경쟁을 방지하고 폐해를 최소화하기 위함
① 운임협정, ② 항로제한협정, ③ 운임공동계산, ④ 공동경영
2) 대외적 기능
해운동맹에 가입하지 않은 비동맹선사에 대항하고 계약화주를 동맹선에 구속 하에 두기 위함.
① **계약운임제도** : 화주가 동맹선에 선적할 것을 계약하면 운임률이 낮은 계약운임률(contract rate)을 적용하는 특혜를 주어 화주를 유인하는 제도(이중운임제도)
cf. **삼중운임제도**(Treble Freight System) : 해운동맹이 운영하는 특별운임제로, 종래의 이중운임제(dual rate system)에 본선인도(FOB) 조건으로 매입한 화물을 동맹선에 적재할 때 부여하는 운임률을 더한 운임제도
② **운임연환급제/운임연할려제**(DRS ; deferred rebate system) : 일정기간(계산기간) 동맹선에 선적한 화주에 대하여 계속해서 동맹선에만 선적할 것을 조건으로 하여 그로부터 받은 운임의 일부(보통 10%)를 환급해 주는 제도, **계산기간과 거치기간에** 걸쳐 화주를 구속하는 것이므로 화주를 구속하는 수단 중 가장 가혹한 수단
③ **성실환급제, 성실할려제**(FRS ; fidelity rebate system) : 일정기간동안 자기의 화물 모두를 동맹선에만 선적한 화주에 대하여 동맹선사가 받은 운임의 일정비율을 환급하는 제도. 운임연환급제와는 달리 거치기간이 없다.
④ **대항선 투입**(fighting ship) : 해운동맹이 비동맹선박인 맹외선의 진출을 저지할 수 없는 경우, 회원사들 중 특정선박(fighting ship)을 선정하여 맹외선의 운항일정에 맞춰 배선시키고 정상적인 동맹운임보다 대폭 인하된 가격을 적용시킴으로써 맹외선의 집하를 방해하는 제도

- 운임연환급제 / 성실환급제
    1. 의의
    2. 정의(개념)
    3. 거치기간
    4. 유예기간
    5. 환급액

④ 장점(경제성)
 - 운임의 안정
 - 정기운송의 유지

- 양질의 운송서비스 제공
- 균등운임의 적용
- 배선의 합리성에 의한 운임

⑤ 단점
- 독점적 성격
- 임의적 운용
- 화주를 구속
- 합리성 결여

(6) 운송계약(개품운송계약)

① 의의

운송인이 동일선박에 화물을 적재하는 다수의 화주들과 개별적으로 체결하는 것. 즉 운송인인 선박회사가 다수 송하인의 개별화물을 운송하는 것을 인수하는 계약

<u>개품운송계약은 여러 화주에 대해서 거의 동일한 계약조건이 적용되기 때문에 별도의 계약형식이 없이 운송인이 발행하는 선하증권에 의하여 계약이 대치되는 부합계약의 성격을 갖는다.</u>

▶ 따라서 운송인이 일방적으로 계약내용을 결정할 수 없도록 법적으로 강행규정을 두어 계약 내용을 제한하게 된다. (강행규정 : 헤이그규칙, 헤이그비스비규칙 등)

② 특징

	개품운송계약
의의	개개의 물품을 대상으로 선박회사와 화주간에 물품운송계약을 개별적으로 체결하는 것
계약의 목적	개개의 물품운송
운송방법	정기선(liner)
적용법규	**성문법(statute law)**
책임관계	운송인 면책확대 불인정
당사자	선주와 송하인
화주	불특정 다수 화주
화물	잡화와 같은 비교적 적은 화물
계약의 증빙	선하증권(B/L)
운임률	공표운임률(tariff rate)
운임조건	Berth(Liner) Terms

(7) 절차

(8) 정기선항로

(9) 정기선운송의 장점
① 고정된 항로를 규칙적으로 운항하기 때문에 선적기일을 맞추는 데 적합
② 부정기선보다 대체로 신조선박이 많아 안정된 항행 수행 가능

(10) 정기선운송의 단점
① 운임이 높다
② 자본집약적이다.

5. 부정기선운송과 용선운송계약

1. 의의	4. 특징
2. 대상	5. 운송계약
3. 운임	

(1) 의의

① 의의
- 부정기선운송으로부터 시작
- 정기선운송 vs 부정기선운송은 병존관계

② 정의
대량의 화물을 화주가 원하는 그때그때의 시기 및 장소에 맞춰 불규칙적으로 운항하는 운송형태

(2) 대상
- 벌크(살) 화물

(3) 운임 : Open Rate(수급에 따른 운임결정)

(4) 특징
① 수시운항, 자율(계약)운임, 수시운항
② 자본규모가 小
③ 수급에 의한 시세 운임(open rate), 상대적 저렴
④ 공통법 적용
⑤ 용선운송계약(임의계약) - 일선일화주
⑥ 절차

(5) 운송계약(용선운송계약)
① 의의
해상운송인 또는 선박소유자가 선박의 전부 또는 일부를 운송을 위하여 제공하면서 여기에 적재된 물품을 운송할 것을 약속하고, 상대방인 용선자는 이에 대하여 보수인 용선료를 지급할 것을 약속하는 운송계약이다.

② 특징

	용선계약
의의	화주가 선박회사로부터 선복의 전부 또는 일부를 빌려 물품을 운송할 경우에 체결하는 계약
계약의 목적	선복의 일부 또는 전부
운송방법	부정기선(tramper)
적용법규	**보통법(common law)**
책임관계	운송인 책임 수정가능
당사자	선주와 용선자
화주	특정 화주
화물	대량산화물(원유, 철강, 석탄, 곡물 등)
계약의 증빙	용선계약서(C/P)
운임률	수급에 의한 시세(open rate)
운임조건	FI, FO, FIO

③ 종류
* 선복의 범위 : 일부용선, 전부용선
* 용선형태 : 항해용선, 정기용선, 나용선
* 용선주체 : 화주용선, 운송인용선

④ 계약의 절차(자유계약의 원칙)
계약서(표준화된 용선계약서에 의하여 정식의 운송계약을 체결)

⑤ 용선계약의 종류(항해용선계약/기간(정기)용선계약/나용선계약)

> ■ 용선계약 접근 tool
> 1. 의의   2. 본질   3. 기간   4. 비용부담
> 5. 계약서식   6. 용선료   7. 특수조건

	정기용선 / 기간용선 Time Charter	항해용선 Voyage Charter Trip Charter	나용선 / 임대차용선 Bareboat Charter Demise Charter
1. 의의/정의	일정기간 용선 선복의 전부 또는 일부를 일정기간을 정하여 용선하는 계약	항차 용선 (특정 항해)	장기간 용선
2. 본질	운항능력 (운송능력 제공) (운송의무를 일정기간 제공)	운송력 (운송행위 제공)	선박 (운송수단 제공)
3. 기간	일정기간 (약정기간으로서 용선개시시부터 종료하여 반선할 때까지)	항차 (선적항에서 선적준비가 완료된 때부터 양륙지에서 운송물이 양륙된 때까지)	장기 (약정기간으로서 용선선박을 인도한 때부터 반선 받을 때까지)
4. 비용부담 (용선료 산출방식)	선주 - 직접비, 간접비 용선주 - 운항비	선주 - 직접비, 간접비, 운항비	선주-간접비 용선주-직접비, 운항비
5. 계약서식	Baltime Form (영국해운회의소) Produce Form (뉴욕물품거래소)	Gencon Form (영국해운거래소)	Bareboat
6. 용선료	정기용선료(기간운임) - 기간단위(단기)	톤당 얼마 - 항해단위	기간에 얼마 - 기간단위(장기)
7. 특수조건	* 정기용선주는 자기의 화물을 운송하는 경우도 있으나 용선된 선박으로 타인의 화물을 운송하여 얻은 운임에서 용선비와 제비용을 공제한 차액을 취득하는 용선주도 있음.	* 변형 - 선복용선계약 - 일부용선계약 * 하역비부담 * 정박기간 산정	* 한국의 운송업자가 외국선박을 나용선하여 한국의 선원과 장비 등을 갖추어 다시 외국에 재용선하여 외화를 벌기도 한다.

PART 1. 항해용선

1. 의의
2. 특징
3. 항해용선계약의 형태
4. 하역운임조건
5. 정박기간의 표시

1. 의의

항해용선계약이란 다량의 화물을 보유하고 있는 화주가 특정 항로를 선택하여 화물을 수송하려고 할 때 한 단위의 선복 전체를 용선하여 운송인과 체결하는 운송계약을 말한다. (한 항구에서 다른 항구까지의 일항차 또는 수개항차에 걸쳐 물품운송을 의뢰하는 화주(용선주 ; charterer)와 선박회사 사이에 체결하는 용선계약을 말한다.)

2. 특징

3. 항해용선계약의 형태(종류/변형사용)

(1) 운임결정방식에 따른 분류(변형사용)
　① 항해용선
　② 선복용선(Lump-sum Charter)
　③ 일부용선(Daily Charter)

(2) 하역비 및 항비부담방식에 따른 분류
　① Gross Term Charter
　② Net Term Charter
　③ FIO Charter

4. 하역운임조건(하역비부담조건)

항해용선계약에서 하역비의 부담조건으로 선내하역인부임을 선주와 화주 중에 누가 부담할 것인가에 대하여 명확하게 약정하여야 한다.

(1) Berth Terms (Liner Terms) : 선적 및 양하시 선내하역인부임은 모두 선주가 부담하는 조건
(2) F.I (Free In) : 선적시의 선내하역인부임은 화주가 부담하고 양하시는 선주가 부담하는 조건

(3) F.O (Free Out) : F.I와 반대로 선적시의 선내하역인부임은 선주가 부담하고 양화시는 화주가 부담하는 조건
(4) F.I.O (Free In and Out) : 'Berth Terms'와 반대로 선적 및 양하시 선내하역인부임은 모두 화주가 부담하는 조건
(5) F.I.O.S.T (Free In, Free Out, Stowed, Trimmed) : 선적, 양륙, 본선 내의 적부, 선창 내 화물 정리비는 모두 화주가 부담하는 조건

5. 정박기간의 표시

PART 2 / 정박기간의 표시

1. 의의
2. 정의
3. 표시방법(약정방법)
4. 시기
5. 종기
6. 체선료와 조출료

1. 의의

화주가 약정한 기일 내에 하역을 끝내지 못하면 초과된 정박기간에 대하여 체선료(demurrage)를 지급하여야 하며 만일 약정기일 이전에 하역이 완료되면 선주가 화주에게 조출료(dispatch money)를 지급

2. 정의

정박기간(Laydays : Laytime)이란 화주가 용선한 선박에 계약물품을 적재 또는 양륙하기 위하여 그 선박을 선적항 또는 양륙항에 정박할 수 있는 기간

3. 표시방법(약정방법)

(1) C.Q.D(관습적 조속하역) : 관습적 하역방법 및 하역능력에 따라 가능한 한 빨리 적재 또는 양하하는 조건

(2) Running Days(연속하역일) : 하역개시일로부터 종료시까지의 경과일수를 계산하는 방법. 우천, 파업 및 기타 불가항력 등 어떠한 원인에도 관계없이 하역개시 이후 종료시까지의 일수를 모두 정박기간에 계산하는 방법
(3) W.W.D(호천하역일) : 하역가능한 좋은 일기상태의 날만 정박기간에 산입하는 것으로 현재 가장 많이 사용하고 있는 조건

- 구분 및 유의
    ① 하역일 계산방법(의의)
    ② 불가항력 산정방법
    ③ 일요일 및 공휴일 등 산정방법

4. 시기

N/R(Notice of Readiness : 하역준비통지) 통보 후 일정시간 경과 후 개시

(ex. Gencon 서식의 경우 하역준비완료통지(N/R)가 정오 이전에 접수되면 오후 1시부터, 정오 이후에 접수되면 다음 영업일 오전 6시부터 개시되는 것이 일반적)

5. 종기

하역이 종료하는 시점. 하역이 종료되면 정박일수를 기재한 정박일 계산서(laydays statement ; laytime statement)를 작성하여 선장 및 화주가 서명한다. 이 때 약정된 대로 하역이 이행되지 않았다면 체선료(demurrage)나 조출료(despatch money)를 부담

6. 체선료와 조출료(VS 체박손해금)

(1) **체선료**

체선료(Demurrage)는 용선계약에서 약정된 정박기간을 초과하여 선적하거나 양륙한 시간에 대하여 용선자가 선주에게 지급하기로 약정한 금액. 즉, 약정된 정박기간을 초과하여 선박을 정박시킨 때에 발생한 손해에 대하여 사전에 그 요율을 약정하여 두고 약정된 대로 용선자가 선주에게 지급하는 금액으로서, 금액이 확정된 확정배상금(liquidated damages)

(2) **체박손해금**

체박손해금(damages for detention)은 약정된 정박기간을 초과하여 선박을 정박시킨 때에 발생한 손해에 대하여 사전에 그 요율을 정함이 없이 손해배상의 원칙에 따라 실제로 입은 손해만큼 용선자가 선주에게 지급하는 금액으로서, 미확정손해배상금(unliquidated damages)

(3) 조출료

조출료(Despatch Money)는 약정된 정박기간 이전에 하역을 완료하였을 경우 그 단축된 기간에 대하여 선주가 용선자에게 지급하는 보수로서, 보통 체선료의 반액.

약정된 정박기간 이전에 하역을 완료하면 선주는 본선의 회항 시간을 단축할 수 있고, 용선자는 신속하역을 위하여 추가비용을 부담하였을 것이므로 이에 대한 보수로서, 선주가 화주에게 보상금의 형태로 지급

☑ 정기선운송 vs 부정기선운송

	정기선운송	부정기선운송
선박	정기선(컨테이너선) 고가, 복잡	부정기선(전용/겸용), 저가, 구조단순
선사규모와 조직	대형조직	소형조직
운항 형태 (항로)	규칙성, 반복성 (지정된 항로를 일정한 시차를 두고 반복적으로 운행)	불규칙성 (항로가 일정치 않고 통상 항로는 반복되지 않는다.)
운임	공정, 표정운임(tariff) - 통상 고가	변동운임 - 통상 저가
운임의 안정성	동일선박에 같은 종류의 화물이면 동일한 운임이 적용되므로 안정적	일정한 운임표가 없고 시황에 따라 결정되므로 정기선운임보다 낮음
화물	불특정, 다수, 소량화물, 공산품등 일반화물	단일화주의 대량 산화물
화물 가치	고가	저가
운송 계약	개품운송계약(선하증권)	용선운송계약(용선계약서)
여객 취급	제한적으로 취급	전혀 취급하지 않음
운송성격	공적인 일반운송	사적인 계약운송
화물의 집하	주로 선사가 직접 집하	주로 중개인을 통하여 이루어짐
서비스의 변화	정기선을 이용하는 화주들의 요청에 부응하여 조절	각 화주의 필요에 의해 결정

7. 해상운송절차

Part 1. 선적절차

1. 운송계약 체결
   ① 선복신청서 제출(S/R: Shipping Request) : 송하인이 선사에 제출
   ② 예약인수서 교부(B/N: Booking Note) : 선사가 송하인에게 교부

2. 선적단계
   (1) 재래선 선적절차
   ① 선적지시서(S/O: Shipping order) : 선사가 선장에게 지시
   ② 화주 물품 선적 / 검수
   ③ 본선 수취증(M/R : Mates Receipt): 선장이 송하인에게 교부
      - 화물에 이상이 있을 때 Remark
      - 화주는 파손화물보상장(L/I) 제출
   ④ M/R과 운임(CFR, CIF) 선사에 제출
   ⑤ B/L발급

   (2) 컨테이너선 선적절차
   ① 선사 Booking List작성
   ② FCL은 송하인에게 공 콘테이너 제공, LCL화물은 CFS(콘테이너 화물조작장)에 공콘테이너 제공하여 적입준비
   ③ FCL 화물 송하인은 화물 적입하여 CY까지 운송하여 인계, LCL화물 송하인은 화물 CFS까지 운송하여 인계, CFS 운영인 화물적입하여 CY에 인계
   ④ CY운영인이 송하인에게 부두수령증(Dock Receipt: D/R) 교부
   ⑤ 송하인은 D/R과 운임(CIP, CPT) 선사에 제공
   ⑥ 선사 B/L발급

Part2. 양륙절차

   ① 선사 : 수하인에 도착통지(A/N : Arrive Notice)
   ② 수하인 : B/L 선사에 제시
   ③ 선사 : 수하인에 D/O(Delivery Order: 화물인도지시서) 교부
   ④ 수하인 : 화물인도장소에 D/O제시하여 화물인도

제2절 선하증권

Part1. 선하증권　　　Part2. 전자식선하증권　　　Part3. 해상화물운송장

PART 1　선하증권

1. 의의
2. 기능
3. 법적성질
4. 법적효력
5. 종류
6. 발행절차
7. 발행 및 배서(양도)
8. 기재사항
9. 선하증권의 위기
10. 선하증권의 한계
11. 관계

1. 의의

(1) 의의 / 정의

'해상운송인이 화물의 수령 또는 선적을 증명하고, 그 소지인이 증권의 양도에 의하여 운송물의 소유권을 양수인에게 이전할 수 있으며, 목적지에서 해상운송인에 대한 운송물인도청구권을 표창하는 증권'

(2) 국제법규상 정의

(함부르크규칙 제1조 제7호) <U>'선하증권이라 함은 해상운송계약 및 운송인에 의한 화물의 수령 또는 선적을 증명하는 증권으로서 운송인이 그 증권과 상환으로 화물을 인도할 것을 약정한 증권'</U>

(미국통일상법전 제1편 201조(b)) 선하증권은 물품의 운송업무 또는 운송취급업무에 종사하는 자가 발행하고, 선적을 위하여 물품의 수취를 입증하는 증거를 뜻하고, 항공증권을 포함

2. 기능

① 해상운송계약의 추정적 증거(운송계약의 증빙)
② 화물수령 또는 선적의 증거(물품의 수령증)
　　추정적 증거 → 확정적 증거(부지약관 - UCP 600 제26조)
③ 인도청구권을 표창하고 있는 권리증권(영미 - 권리증권, 한일 - 유가증권)

3. 법적성질

(1) 요인증권
증권 상의 권리가 그 원인이 되어 있는 법률관계와 관련을 가지고 있는 증권으로서의 성질

(2) 요식증권
유가증권의 효력발생의 전제조건으로서의 기재사항이 법률에 의하여 명기되어 있는 증권으로서의 성질

(3) 채권증권
선하증권의 정당한 소지인은 이를 발급한 운송인에 대하여 화물의 청구를 할 수 있는 채권과 같은 효력

(4) 지시증권
증권 상의 권리자가 타인을 새로운 권리자로 지정함으로써 양도가 가능한 유가증권으로서의 성질

(5) 상환증권
증권과의 교환에 의하여 채무의 변제가 이뤄지는 증권으로서의 성질

(6) 유통증권
선하증권의 유통은 보통 배서에 의하지만 전자식 선하증권의 경우 통지에 의해 유통

(7) 유가증권
선하증권은 재산적 가치를 가지고 있는 유가증권이며, 모든 유가증권이 갖고 있는 성질인 유통성을 가지고 있다

(8) 인도증권
선하증권을 정당한 소지인에게 인도한다는 것은 당해 선하증권에 기재된 물건을 인도하는 것과 동일한 효력을 가지는 성질

(9) 처분증권
증권상에 표시된 물건을 양도할 때에는 증권으로서 실행해야 하는 유가증권으로서의 성질 · 인도증권성의 성질에서 당연히 인출되는 성질

(10) 문언증권
증권 상의 권리의 내용이 증권의 문언에 의하여 정하여지는 것이고, 당사자는 증권 이외의 입증방법으로 그 문언의 내용을 변경하거나 보충할 수 없는 증권으로서의 성질

(11) 제시증권

증권의 제시가 없는 한 채무자가 변제를 할 필요가 없는 증권으로서의 성질

4. 선하증권의 법적효력

1. 의의 2. 채권적 효력 　(1) 의의 　(2) 요식증권성 　(3) 선하증권의 기재사항	3. 물권적 효력 　(1) 의의 　(2) 인도증권성

(1) 채권적 효력(요식증권성) ; 선하증권의 유통성 확보

- **선하증권 기재의 추정적 효력**

B/L소지인이 운송인에 대한 운송계약상의 채무이행을 요구하고 불이행의 경우에는 손해배상을 청구할 수 있는 효력

선하증권의 채권적 효력은 선하증권 소지인이 운송인에 대하여 해상운송계약상의 권리의무, 곧 채권채무를 주된 내용으로 하여 운송인과의 계약당사자가 아닌 선하증권의 소지인 사이의 채권적인 법률관계를 정하는 효력이다. 이 같은 선하증권의 채권적 효력은 대개 <u>선하증권의 요식증권성에 기하여 당해 증권의 기재사항과 관련한 문제</u>로 귀착된다.

요컨대 선하증권의 채권적 효력에 기하여 선하증권 문면상 기재사항의 효력을 합리적으로 강화하여 선하증권 발행인의 책임을 엄격히 인정하고 있는 취지는 <u>선의의 소지인을 보호하려는데 그 궁극적인 목적</u>이 있다.

> 선하증권은 유통을 목적으로 발행되기 때문에 운송계약의 당사자 이외에 수하인이나 제3자에게 교부되는 것이 보통이다. 이 때에 제3자는 증권에 기재된 내용 이외의 운송계약의 내용에 대하여는 알지 못하기 때문에 선하증권의 채권적 효력을 인정하지 않을 수 없다. 즉 <u>선하증권의 소지인은 운송인과 운송계약을 체결한 바가 없지만 선하증권에 기재된 바에 따라 운송인에 대하여 권리·의무를 취득하는데, 이로 인하여 선하증권의 소지인은 운송인에 대하여 채무이행을 청구하고 나아가 손해배상을 청구할 수 있는데 이를 선하증권의 채권적 효력이라고 한다.</u>

(2) 물권적 효력(인도증권성)

B/L을 통한 화물에 대한 권리로 B/L의 양도는 화물에 대한 권리가 이전됨을 의미하며 B/L을 통하여 화물인도청구권을 갖는다.

선하증권의 물권적 효력은 일반적으로 운송물품의 처분, 즉 양도 또는 입질 기타 담보권의 설정에 관한 선하증권의 수수에 있어 당사자 간의 물권관계를 정하는 효력이라고 정의된다. 이는 곧 <u>선하증권의 인도증권성으로 요약</u>되는데, 환언하면 <u>선하증권의 인도가 운송물품 자체의 인도와 동일한 효력을 가진다는 것</u>을 뜻한다.

5. 선하증권의 종류

(1) 선적여부(발행시기에 의한 구분)

① 선적선하증권 : 본선적재선하증권

② 수취선하증권 : 신용장에서 허용하지 않는 한 수리 X

  ex) 예정표시선하증권, 보관선하증권(Custody), 항구선하증권(Port)
  → 본선적재부기 - 선적선하증권으로 전환 및 선적 B/L 발급
  * 헤이그규칙 제3조 7항 본선적재표기에 의해 수취선하증권이 선적선하증권으로 전환되는 것을 확실하게 규정하고 있다.

(2) 하자표시유무

① 무고장선하증권

  - UCP 600 제27조 : 무고장선하증권만 수리
  - 부지약관이 있는 경우도 무고장선하증권으로 수리

② 고장부(조항부, 유보부)선하증권

  - 신용장에 별도의 명시가 없는 한 수리되지 않음(UCP 600 제27조)
  - 파손화물보상장(L/I) 제출 - 편법 / 실무적인 관행

(3) 수하인표시방법

① 기명식 : 비유통증권 / 배서양도할 수 없음.
② 지시식 : 단순지시식, 기명지시식, 선택지시식
③ 소지인식 및 무기명식

(4) 유통성여부

(5) 무역의 유무

(6) 증권양식에 따른

① 정식선하증권(Long Form B/L)
② 약식선하증권(Short Form B/L)

(7) 운송계약형태

(8) 환적여부

(9) 발행인에 따른

(10) 운송수단의 결합형태

(11) 신속운송용
   ① 목적지 선하증권(Destination B/L)
   ② 써렌더 B/L(Surrender B/L)

(12) 중계무역용
   ① 제3자 선하증권(The 3rd B/L)
   ② 스위치 선하증권(Switch B/L)

(13) 제시기일 및 발행일자
   ① 기한경과 선하증권(Stale B/L)
   ② 선선하증권(Back Dated B/L, 空 B/L)

(14) 기타
   - 컨테이너
   - 적색
   - 부서부
   - 양륙항 선택
   - 이중목적
   - 내륙수로

✓ ISSUE 1. **목적지선하증권**(Destination B/L)

| 1. 의의 | 2. 정의 | 3. 효용 | 4. 절차 | 5. 한계 |

1. 의의

목적지선하증권은 <u>운송인이 송하인의 요구에 따라 선적지에서 발행하는 대신에 목적지 또는 송하인이 희망하는 목적지의 특정장소(송하인의 대리인측 또는 송하인의 거래은행의 본지점이나 환거래은행 중 수하인과 동일한 지역에 소재하는 거래은행)에서 발행함으로써 수하인이 물품의 도착 즉시 물품을 인수할 수 있도록 편의를 제공하는 선하증권 또는 기타 운송증권</u>을 말한다. 서류보다 물품이 빨리 목적지에 도착하는 경우에 지시식선하증권의 사용을 촉진시키는 데 그 이용가치가 있으나, 매도인 자신에 의한 양도는 불가능하다.

2. 효용

목적지 선하증권을 사용하는 경우에는 ① 국제적으로 컴퓨터 통신망이 발달하고 각국의 은행관계가 강화된 현대에 있어서 운송서류의 도착이 물품의 도착보다 늦어지는 경우에 발생할 수 있는 선하증권의 위기문제를 극복할 수 있는 대안으로서 사용될 수 있으며, ② 목적지에 있는 지정은행이 운송서류와 상환으로 매수인으로부터 대금을 확실히 징수할 수 있기 때문에 통상의 B/L보다 더욱 확실한 담보물로서 이용될 수 있다.

3. 한계
선적지 은행이 목적지 은행에 환어음을 전송하는 경우에는 환어음의 진정성의 문제, 즉 서류의 원본성을 확보할 수 있을 것인지가 문제

4. 절차
① 매도인(송하인)은 물품을 운송인에게 인도할 때, '목적지의 지정은행 또는 그 지시인 앞으로의 B/L을 발행할 것'이라고 지시한다.
② 운송인은 매도인(송하인)에게 물품의 수취증(본선수취증;M/R)에 해당하는 수취증을 발행한다.
③ 매도인은 목적지의 지정은행(또는 매도인의 대리인, 또는 매수인)을 지급인으로 하는 환어음을 발행한 후 선적지의 거래은행에 매입한다. 반면, 운송인은 목적지에 있는 운송인에게 목적지 선하증권을 발행할 것을 지시하고, 물품을 목적지까지 운송한다.
④ 매입은행은 환어음을 목적지의 환거래은행에 전송(전자적 송부)한다.
⑤ 목적지의 지정은행(선적지 은행의 환거래은행)은 환어음을 결제한다.
⑥ 목적지의 지정은행은 환어음 및 목적지선하증권의 도착을 매수인(수하인)에게 통지한다.
⑦ 매수인은 환어음을 결제한다.
⑧ 목적지의 운송인은 매수인(수하인)에게 목적지 선하증권을 발행한다. 이 선하증권은 통상적으로 목적지에 있는 매도인의 대리인(은행을 포함)의 지시식으로 발행된다. 따라서 매수인은 물품이 도착하기 전에 선하증권을 입수하는 것이 가능하게 된다.
⑨ 목적지의 지정은행은 목적지 선하증권에 배서한 후 이를 매수인에게 양도한다.
⑩ 매수인(수하인)은 운송인에게 선하증권을 제시한다.
⑪ 운송인은 매수인(수하인)에게 물품을 인도한다.

✓ ISSUE 2. Surrender B/L

| 1. 의의 | 2. 정의 | 3. 요건 | 4. 효과 | 5. 사용상 문제점(한계) |

1. 의의
서류보다 물품이 빨리 목적지에 도착하는 경우에 그 이용가치가 있음
선하증권의 위기 극복 방법 중 하나임

2. 정의

Surrender B/L 이란 해상운송인에게 화물의 운송을 의뢰한 송하인이 원본선하증권을 입수하고 수입지의 수입상에게 발송하기 이전에 수입국에 운송화물이 도착한 경우 수입상에게 원본선하증권을 발송하여 수입상으로 하여금 B/L 입수 후 화물을 인수하는 것이 물품인수의 지체를 야기할 수 있으므로 원본선하증권을 선사에 제출하고 운송화물을 수하인에게 직접 교부해줄 것을 의뢰하는 경우 선사에 반환된 선하증권

Surrender B/L은 송하인의 요청에 따라 선사가 B/L에 "Surrendered" 스탬프를 날인하여 B/L을 발행해 주는 것

3. 절차

선하증권을 Surrender 하면 선사에서 선하증권이 Surrender 되었다는 정보와 이 물품을 인수할 수하인에 대한 정보를 도착항의 선사 대리점에 전송하게 되고, 이를 근거로 하여 도착항의 선사대리점은 물품이 도착할 무렵에 수하인에게 화물도착통지를 한다. 연락을 받은 수하인은 선사 대리점에 가서 자신이 신분을 증명하고 대금정산 등의 기타 업무를 마친 후 화물인도지시서(D/O)를 발급받아 물품을 인수하게 된다.

4. 한계

- Surrender B/L은 수하인이 은행에 대금을 결제함이 없이 화물을 수령해 갈 수 있고 B/L 원본을 은행을 통하여 제시하는 신용장거래나 추심거래에는 부적합
- 담보로서의 기능을 하지 못하므로 원칙적으로 신용장거래에서는 이용할 수 없다. 물론 수하인을 해상화물운송장(SWB)처럼 발행은행으로 하는 경우에는 이러한 문제를 해결
- 송하인이 선하증권을 surrender한 사실을 안 자가 수하인이외의 자로서 사기행위를 통해 물품을 인수해간다면 수입국에서 수하인은 물품을 인수할 수 없고 송하인도 운송인에 대하여 책임을 물을 수 없다는 문제점

✓ ISSUE 3. **중계무역에 사용되는 선하증권**(제3자 선하증권, 스위치 선하증권)

1. 제3자 선하증권

1. 의의
2. 활용 (예. 중계무역 _ 당사자 노출 무관)
3. 관련 규정
   (1) 의의
   선하증권상에 표시되어 있는 송하인이 신용장상의 수익자가 아닌 제3자로 되어 있는 선하증권을 제3자 선하증권이라고 함.
   (2) 활용

양도가 가능한 신용장에서 제2수익자의 명의로 선하증권을 발급하는 경우 또는 **중계무역**(운송 중 전매), 다국적 기업의 해외생산기지에서 물품을 생산하는 경우, 신용장양도 등 수익자와 송하인이 상이한 경우 활용

(3) 관련규정
(UCP 600 14조 k항) 어떠한 서류상에 표시된 물품 선적인 또는 송하인은 신용장의 수익자일 필요가 없다.

2. 스위치 선하증권

(1) 의의
선하증권 상에 '교환(switch)'이라는 문언이 있는 것으로서, 신용장이나 무역관계서류상의 조건을 충족시킬 목적으로 최초의 수출상이나 최종 수입항이 아닌 중계항에 있는 중계인의 명의로 전환한 선하증권을 말한다.
즉 중계국의 운송인이 중계인에게 발행하는 중계무역용 선하증권으로서, 중계국의 운송인은 최초의 선적 전에 이 스위치 선하증권을 발급할 중계국의 운송인을 선정해야 하고, 중계국의 운송인은 스위치 선하증권을 발급하기 전에 First leg 용 선하증권 전통을 반드시 회수해야 한다.

(2) 활용
(예. 중계무역 _ 당사자 노출 방지)

(3) 변경사항
① 가능 : Shipper(송하인), Consignee(수하인), Notify Party(착하통지처)
② 불능 : 나머지 사항은 특별한 경우를 제외하고는 변경될 수 없다.
    특히, <u>수령지, 적재항, 명세는 어떠한 경우에도 변경될 수 없다.</u>

(4) 유의사항
운송인이 스위치선하증권을 발행하고자 할 때에는, 최초의 선적항에서 발행된 선하증권이 유효한 채 송하인, 수하인, 선적항, 양륙항이 변경된 선하증권의 원본이 이중으로 발급되는 것을 방지하기 위하여 스위치 선하증권의 발행요구자에게 최초 발행된 선하증권 원본의 전통을 회수하거나, 또는 express released되었다는 증명을 요구하거나, 또는 반납되었다는 증명을 요구하게 된다.

✓ ISSUE 4. 제시기일 및 발행일자에 따른 분류

1. Stale B/L(기간경과선하증권)
1. 의의
2. UCP 규정(UCP 600 제14조 c항) 운송서류 원본 제시요구
3. 원칙 - 수리거절
4. 예외

① stale B/L acceptable
② 21일 경과 서류 수리가능 (BWT 거래 경우 등)

2. Back date B/L
선선하증권은 물품이 실제로 본선상에 적재완료된 일자가 아니라 그 이전의 일자로 발행된 선하증권을 말한다. 수출업자가 부득이한 사정으로 계약된 선적일에 선적을 하지 못한 경우 계약위반을 회피하기 위하여 선박회사에 양해를 구하여 "적재완료일 이전의 일자에 의한 발행(back dating)"을 요청한다면, 선박회사는 물품의 적재를 완료한 다음 적재완료일 이전의 일자로 된 선하증권을 발행하게 된다. 이 경우, 선하증권에 기재되는 적재완료일 이전의 일자는 본선의 당해 항구에 있어서의 적재의 개시일 또는 그 이후의 일자로 기재된다. 다만, 이러한 선하증권은 선박회사가 당해 물품이 적재되었다는 것을 확인하지 않는 한 발행되지 않는다. 이러한 사실에 대하여 수하인은 클레임을 제기할 수는 있지만 증거확보가 어렵게 된다. 이로 인하여 클레임이 제기된다면 선박회사는 책임을 부담하여야 한다.

✓ ISSUE 5. 용선계약부선하증권(Charter party B/L)

1. 의의	2. 배경	3. 용선계약부선하증권의 처리
4. 용선계약서	5. UCP 600 제22조 수리요건	

1. 의의
선박을 소유하고 있지 않은 운송인이 선박회사로부터 선박을 용선하여 자기책임 하에 운송을 담당하면서 발급하는 선하증권.
신용장에서 특별히 수리한다는 문구가 없는 한 일반적으로 은행은 이의 수리를 거절

2. 배경
- 임차인이 발행한 B/L → 선주의 유치권 행사 가능 → 은행수리거절
- 용선계약이 불가피한 살물(Bulk Cargo) 운송관행 → UCP 500 제25조에 반영

3. 용선계약부선하증권의 처리 (UCP)
① 원칙 : 수리불가
② 예외 : 'Charter Party B/L Acceptable'의 경우 수리 可 (UCP 600 제22조)

4. 용선계약서

5. UCP 600 제22조 수리요건

6. 선하증권의 발행절차

7. 선하증권의 발행 및 배서(양도)

(1) 발행형식

① 기명식
② 지시식(단순지시식 / 기명지시식 / 선택지시식)
③ 소지인식
④ 무기명식

발행형식		표시방식	내용
기명식		특정인의 이름을 기입	특정된 기명인은 배서에 의하여 다른 자에게 선하증권 인도 가능
지시식	단순지시식	'to order' 'to order of shipper'	■ 송하인이 지시하는 자를 수하인으로 하는 방식 ■ 송하인은 선하증권의 배면에 배서하여 은행에 인도
	기명지시식 (제3자지시식)	'to order of A'	A가 지시하는 자가 수하인(권리자)으로 됨
	선택지시식	'A or to order'	A가 배서인이거나 또는 A가 배서인으로 되어 A가 지시한 자가 수하인(권리자)으로 됨
지참인식	단순지참인식 (단순소지인식)	'Bearer'	■ 목적지의 선박회사 또는 그 대리점에 이 선하증권을 지참, 제시한 자가 수하인(권리자)으로 됨 ■ 증권의 인도만으로 이전효과 발생 (배서 불필요)
	기명지참인식 (선택무기명식)	'A or bearer'	■ A를 인도청구자로 하여 기명하지만, 지참인 또는 기타의 자를 선택할 수 있는 방식 ■ A는 매수인에게 선하증권 인도시 배서 불필요
무기명식(백지식)		공백	지참인식과 동일하게 취급함

(2) 배서형식

① 기명식
② 지시식
③ 소지인식

8. 선하증권의 기재사항

선하증권 그 자체는 운송계약서는 아니지만, 물품의 수령 및 선적사실을 증빙하는 문서이므로 선하증권에는 운송계약 당사자 사이에 협정된 운송조건 등 물품의 운송과 관련된 제반사항이 기재되어 있어야 한다. 따라서 **선하증권의 유통성 확보 및 증권소지인의 보호측면에서 각국은 선하증권의 기재사항과 그러한 기재사항에 대한 증거력에 대하여 법률로 규정**하고 있다. 선하증권의 기재사항에는 법에 의하여 강제되는 법정기재사항과 계약자유의 원칙에 따라 각 당사자간의 특약에 의한 임의기재사항이 있다.

(1) 필수기재사항(법정기재사항)

선하증권에는 일정한 사항을 기재하고 운송인이 기명날인 또는 서명을 하여야 하며, 선하증권의 법정기재사항은 어음이나 수표와 달리 그 일부를 생략하여도 무효가 되지 않는다. 헤이그 규칙 제3조 제3항 a호 및 함부르크규칙 제15조에 법정기재사항을 규정하고 있으며 우리 상법 제814조에도 규정되어 있다.

> ✓ ISSUE 1. 선하증권기재사항 + 법률적 효력 + 부지약관
>
> 선하증권의 기재에는 <u>송하인(送荷人)과 운송인(運送人) 사이의 추정적 효력</u>과 <u>선하증권 선의의 소지인과 운송인 사이의 채권적효력</u>이 존재한다. 또한 **운송인의 추정적 효력을 부인하기 위한 도구로서 부인문구가 존재**한다.
> 선하증권에 운송물이 외관상 양호한 상태로 수령 또는 선적되었다는 기재가 있는 한 운송인은 그 운송물을 양호한 상태로 수령 또는 선적한 것으로 추정된다.

(2) 임의기재사항 - 선하증권의 이면약관

선하증권의 이면에는 운송계약의 내용을 구성하는 약관이 인쇄되어 있어서 운송인과 송하인 간에 체결된 운송계약의 추정적 증거로서의 역할을 한다.
① 지상약관(Paramount Clause)
② 이로조항
③ 부지조항
④ 뉴제이슨조항(New Jason Clause)
⑤ 히말라야약관
⑥ 쌍방과실충돌약관

9. 선하증권의 위기

(1) 선하증권 위기의 발생요인

① 선하증권의 상환증권성
② 고속선의 등장

③ 은행 간의 서류 우송관행
④ 매매계약당사자간, 운송인간 서류 우송관행
⑤ 은행의 서류심사 기간

(2) 선하증권의 위기에 대한 대책
① 수입화물선취보증서(L/G)에 의한 화물인도
② 선하증권의 편법사용
  ㉠ 매수인 직송
  ㉡ 정본 1통 선장탁송
  ㉢ Surrender B/L 사용
  ㉣ Destination B/L 사용
③ 해상화물운송장(Sea Waybill)
④ 전자식 선하증권(e-B/L)
⑤ 보증신용장 이용 선적서류 수하인에게 직송

10. 선하증권의 한계점

(1) 근거리 무역에서의 문제
① 지연도착(운송수단의 고속화와 선하증권의 위기)
② 추가적 비용증가

(2) 선하증권의 분실
(3) 사기의 문제

11. 관계

- 권리증권
- 상징적인도
- 화환신용장
- 전자식 선하증권

PART 2 전자식선하증권(Electronic bill of lading : e-B/L)

1. 의의
2. 정의
3. 기능
4. 장점(효용)
5. 단점(한계)
6. 절차
7. 거래의 실제
8. 관련 국제규칙

1. 의의

전자선하증권(Electronic Bill of Lading)은 운송인이 선하증권의 내용을 전자적 방법으로 작성, 저장한 후 송하인에게 전송하는 형식의 선하증권이다. 전자식 선하증권으로 컴퓨터에 의한 전자문서교환(EDI)에 의해 무서류화하여 관계자간의 메시지 전달에 의해서 본선이 도착한 때에 정당한 권리자가 화물을 선박회사로부터 수취할 수 있도록 하는 것

2. 정의

전자식 선하증권은 기존의 종이선하증권을 발행하지 않고, 선하증권의 내용을 구성하는 정보를 전자적 방법에 의해 운송인의 컴퓨터에 보관하고, 운송인이 부여한 '개인키(private key)를 사용함으로써 물품에 대한 지배권 및 처분권의 권리를 그 권리자의 지시에 따라 수하인에게 그 정보를 전송하는 형식의 선하증권'을 말한다.

3. 기능

4. 장점(효용)

(1) 신속성
(2) 복잡성
(3) 경제성

5. 단점(한계)

(1) 경제성
(2) 안정성
　① 법적 안정성
　② 보안 안정성

6. 절차

7. 거래의 실제

(1) CMI 규칙상의 전자선하증권

전자선하증권이란 종이 선하증권을 발행하는 대신에 그 내용을 구성하는 정보를 전자식 방법으로 운송인의 컴퓨터에 보관하고 선박회사와 송하인 혹인 양수인이 서로 EDI 메시지를 전송하고 권리의 증명으로서 '**개인키**(Private Key : 비밀번호)**를 사용함으로써 물품에 대한 지배권 및 처분권의 권리를 그 권리자의 지시에 따라 수하인에게 그 정보를 전송하는 형식의 선하증권**'을 말한다.

CMI 규칙에 있어서는, 송하인과 운송인은 선하증권을 전자적으로 송신하기로 약정하고 CMI 규칙을 적용하기로 합의하는 교환계약을 체결한 다음, 운송인은 송하인의 선복예약서(booking note)를 확인하고, 선복예약서를 작성함으로써 운송계약을 체결하게 된다.

(2) 볼레로의 전자선하증권

볼레로선하증권은 볼레로인터내셔널사에 의해서 개발된 것으로서, '관련 권리등록기록과 함께 BBL text'로 정의되어 있다. 즉, 볼레로 선하증권은 종이매체를 전자적 기록으로 대체하고 있으면서 선하증권의 전통적인 거래의 의미와 기능을 보유하고 있다. 볼레로 선하증권은 선하증권의 주요원문을 포함하고 있는 서류이며, BBL text에 관한 거래정보로 구성되어 있는 전자적 기록이다. 볼레로 선하증권은 전통적인 종이 선하증권에 대한 전자적인 대안으로서, 그 선하증권이 발행된 후에 그 선하증권에 영향을 미치는 거래(배서 등)를 기록하는 중앙등록기(TR)의 기록에 링크된 전자서류이다.

8. 관련 국제규칙

PART 3 해상화물 운송장(Sea Waybill)

1. 의의
2. 기능
3. 장점(효용)
4. 단점(문제점)
5. B/L과의 비교
6. 한계 및 문제점 - 극복방안
7. 관련 국제규칙

1. 의의

(1) 의의

해상화물운송장(Sea Waybill)은 수하인이 물품을 수령할 때 운송인에게 제출할 필요가 없는, 즉 채권적 효력이 없는 증권이기 때문에 선하증권의 입수가 화물의 도착보다 지연됨으로써 발생하는 물품의 인도지연을 해소할 수 있고, 그 결과 화주의 입장에서 보관료나 이자의 절감이 가능함.

(2) 정의

해상화물운송장(Sea Waybill)이란, 해상운송인이 운송품의 수취를 증명하고 운송인수조건을 알기 위한 목적으로 송하인에 대해서 발행하는 서류이지만 선하증권과 달리 운송품인도청구권을 상징하는 유가증권이 아니기 때문에 양도성이 없는 것이다. 즉, 해상화물운송장은 운송인에 의한 물품의 인도 또는 적재를 입증하는 비유통서류이며, 그것에 의해서 운송인은 물품을 서류에 기재된 수하인에게 인도할 의무를 진다. 권리증권이 아닌 운송서류를 사용함으로써 수하인이 선하증권 원본을 제출하지 않았더라도 화물을 수취할 수 있도록 하는 것이다.

2. 기능

(1) 물품수령증
(2) 운송계약 체결의 추정적 증거

3. 장점(효용)

① 절차적
② 비용적
③ 신속성
④ 도난 분실

4. 단점(문제점) / 한계

(1) 거래의 제한

유통불능 운송장이 사용되는 거래가 매우 제한적이라는 점이다. 해상운송에 있어서 모회사와 외국현지 법인간의 거래, 즉 내부거래에 한정되어 사용되고 있으며, 지역적으로는 그 사용이 대서양 무역거래에 편중되어 있다는 점이다.

(2) 전매거래 사용 불가

유통이 불가능한 해상운송장은 운송 중에 물품의 전매가 이루어지는 거래에서는 사용될 수 없다는 한계성을 갖는다.

(3) 처분권 문제
화물처분권에 따른 - 소유권 따라서, **처분권 금지조항**(No Disposal Clause)으로 해결

5. B/L 비교

구 분	해상화물운송장(SWB)	선하증권(B/L)
증빙적 기능	운송계약의 증빙, 물품의 수령증	
권리증권 기능	권리증권으로 기능이 없으며 화물인도청구권을 행사하기 위해 SWB을 제시할 필요가 없다.	권리증권으로서 물품의 인도를 위하여 B/L의 제시가 필요
유통성	비유통성증권(non-negotiable)으로만 발행	일반적으로 유통증권(negotiable)으로 발행, 운송중에 전매가능
화물의 처분권	화물처분권을 주장할 수 없다.	B/L 소지로 송하인의 지위를 승계 (운송계약자의 지위)
증권발행형식	기명식(straight), 수취식(received)으로 발행	일반적으로 지시식(to order), 선적식(shipped)으로 발행

6. 문제점(한계/담보 → 해결)

(1) 한계
해상화물운송장이란 운송인이 선적을 위한 물품의 수취를 증명하고 운송목적을 알릴 목적으로 송하인에게 발행하는 서류이지만 목적지에서 물품의 인도청구시에 상환되어야 할 권리증권이 아니라는 점에서 선하증권과 차이가 있다. 해상화물운송장의 이러한 특성으로 인하여 해상화물운송장은 사용상의 한계가 존재하게 된다.

① 사용되는 거래의 제한
해상화물운송장이 발행되는 경우에 수하인이 운송장을 제시하지 않고 동일인 증명만으로 물품의 인수가 가능하여 화물의 신속한 인도가 이루어지기 때문에 해상화물운송장의 보급으로 선하증권의 위기를 극복할 수 있다. 그러나 해상화물운송장이 사용되는 거래가 매우 제한적이라는데 문제가 있다. 해상운송에 있어서 모회사와 외국현지법인간의 거래, 즉 내부거래에 한정되어 사용되고 있으며, 지역적으로 그 사용이 대서양 무역거래에 편중되어 있다는 점이다.

② 전매거래 사용불가
해상화물운송장은 운송 중의 물품전매가 이루어지는 거래에 있어서는 사용될 수 없다는 한계성을 지닌다. 전매가 예상되거나 신용이 불확실한 당사자와 거래 시 해상화물운송장은 사용되지 않고 선하증권이 사용되게 된다.

(2) 해결(특히 신용장거래에서)

해상화물운송장은 환어음의 매입에 따른 담보로서의 기능을 갖추지 못함으로써 현대의 무역에서 그 이용비중이 높은 신용장거래에서 원활하게 이용될 수 없다. 이는 운송서류가 대금지급이 이루어질 때까지 담보로서 제공되기 위하여 권리증권이어야 하는 경우에 실질적인 어려움이 발생하는 것이다. 따라서 신용장거래에 해상화물운송장을 사용하기 위하여는 선하증권이 가지고 있는 담보수단이라는 역할을 해상화물운송장에 부여하는 것이다.

① 신용장발행은행을 해상화물운송장의 수하인으로 하는 방법

신용장 발행은행을 해상화물운송장의 수하인으로 하고 화물인도지시서를 실제 수하인에게 발행하는 방법이다. 해상화물운송장은 권리증권이 아니므로 수하인은 운송증권이 없어도 화물을 인도 받을 수 있다. 따라서 수하인인 매수인은 발행은행에 대금을 지급하지 않고 화물을 인출할 우려가 있으며, 이 경우에도 발행은행은 제출된 서류가 신용장조건과 일치하면 매입은행이나 수익자에게 보상하여야 한다. 그러므로 발행은행은 이러한 해상화물운송장의 담보력에 대하여 불안을 느껴 신용장의 발행을 주저할 것이다. 이 문제는 위와 같이 신용장 발행은행을 해상화물운송장의 수하인으로 하고 화물인도지시서를 실제 수하인에게 발행하는 것으로 해결할 수 있다.

② 발행은행에 선취특권조항을 해상화물운송장상에 부여하는 방법

해상화물운송장상의 수하인을 실제 수하인으로 하고 은행에 대한 선취특권을 부여하는 조항을 해상화물운송장상에 설정하는 방법이다. 선취특권조항으로는 '해상화물운송장에 표시된 물품의 인도는 물품에 대한 선취특권을 보유하고 있는 은행으로부터의 서류에 의한 지시에 따를 것'이라는 문언을 사용하면 된다. 이렇게 하면 해상화물운송장은 송하인만의 사적계약으로 간주되어 운송인에게 손해배상을 청구할 수 있는 유일한 당사자는 송하인이 되고 수하인인 은행에게는 일체 책임이 발생하지 않게 된다.

③ 'No Disposal clause' 조항을 부여하는 방법

송하인의 운송품처분권(right of control and transfer)을 제약할 수 있는 'No Disposal clause' 조항을 부여하는 방법을 둠으로써 해결할 수 있다. 이것은 송하인이 운송인에 대한 의사표시를 함으로써 운송품처분권을 수하인에게 이전하는 조항이다. 송하인의 운송품처분권이 송하인에게 있는지 또는 수하인에게 있는지는 먼저 해상화물운송장상에 명시되어야 하며 이를 위하여 운송품처분권의 선택권은 해상화물운송장 발행 이전에 행사되어야 한다.

그리고 송하인이 수하인에게 물품을 인도하도록 한 이러한 지시는 취소불능이어야 한다. 해상화물운송장의 'No Disposal Clause' 조항으로 송하인은 그 자신이 발행한 어음을 매입은행에서 할인받고 난 후 운송인에게 수하인의 변경을 지시할 수 없게 된다. 이는 송하인이 어음매입으로 인한 대금결제로 받고 난 후 수하인을 변경함으로써 발생할 수 있는 수하인의 물품인수불능 위험을 방지할 수 있는 것이다.

7. 국제규칙(해상화물운송장에 관한 CMI 통일규칙)

- 채택 : 1990 Incoterms / 1993 UCP

제3절 해상운송관련 국제규칙

- 각 운송규칙 간 비교 point
  1. 정식명칭
  2. 제정주체
  3. 제정/발효
  4. 의의
  5. 운송인책임기간
  6. 운송인 책임원칙
  7. 적용범위
  8. 운송인 면책내용
  9. 손해배상대상범위(손해원인)
  10. 책임한도액
  11. 포장단위(컨테이너조항)
  12. 갑판적화물/산동물(물품의 범위)
  13. 이행보조자
  14. 제소기간
  15. 손해통지기간

PART 1. 선하증권법 1855

1855년에 제정된 영국의 선하증권법은 선하증권과 관련한 최초의 입법으로, 이 법에는 처음으로 배서에 의한 선하증권의 양도로 물품의 소유권이 이전됨을 규정하고, 선하증권 상 명시된 송하인과 운송인간의 권리의무가 선하증권의 양도로 양수인에게 이전됨을 규정하고 있다. 즉, 이 법에서 최초로 선하증권의 유통성을 인정하고 있다.

<u>1855년 영국의 선하증권법은 1992년 해상화물운송법(COGSA : carriage of Goods by Sea Act)으로 개정되었으며</u>, 여기에서는 선하증권 뿐만 아니라 해상화물운송장(SWB)과 인도지시서(Delivery Order)까지도 주요한 선적서류로 규정하고 있다.

PART 2 하터법 1893

남북전쟁 이후 선주국인 영국의 해운업자들이 과도한 면책조항으로 화주를 괴롭히자 1893년 하터법을 제정하였다. 이 법은 선주의 면책특약을 제한 또는 금지하는 한편 최초로 항해과실(errors of navigation and management of ship)과 상업과실(errors of cargo handling and custody)을 구분하였으며, 항해과실에 대하여는 운송인의 면책을 그리고 상업과실에 관하여는 운송인의 책임을 규정하였다.

총 8개항으로 된 선주의 항해과실에 대하여 면책약관에 의하지 않고 법적 효과를 부여한 점, 그리고 선박의 감항성 유지에 관한 주관주의 채용 및 상업과실에 관한 면책약관의 금지를 강행법적으로 확립한 점이 특색이다.

하터법은 미국이 1924년 헤이그규칙을 수용하여 제정한 해상화물운송법(COGSA : Carriage of Goods by Sea Act, 1936)으로 대체되었으나 그 정신이 헤이그 규칙에 발행됨으로써 국제해상운송법의 제정에 크게 기여하였다.

즉 선하증권의 무분별한 면책약관을 규제하고 선박 소유자의 과실을 항해상 과실과 상업상 과실로 구분하였으며, 상업상 과실에 대해 면책약관을 금지 및 제한하였다.

PART 3 헤이그 규칙, 헤이그-비스비규칙

	헤이그규칙	헤이그-비스비규칙
의의	운송인의 최소한의 의무, 최대한의 면책 및 책임한도를 명확히 한 것으로 선주중심의 규칙	〈개정〉
개정배경 개정특징	영미법계 – 해상운송법 근간 운송인 보호에 치중	① 컨테이너운송의 출현 ② 인플레이션으로 인한 통화가치의 변동 등 시대의 요청
정식명칭	선하증권에 관한 법규의 통일을 위한 국제협약	선하증권 관련 일부 법규의 통일에 관한 국제협약을 개정하기 위한 의정서

제정연도	성립 : 1921년 채택 : 1924년 발효 : 1931년	채택 : 1968년 발효 : 1977.6.23 재개정 : 1979
제정주체	ILA · CMI	CMI
구성	전문16개조 - 책임(3)면책(4)	전문 17개조
적용대상 ★	산동물, 계약에 의거 갑판적으로 운송되는 적하 및 비상업적으로 운송되는 특수화물 이외의 모든 물건 (1조-c / 6조) * 인적적용범위 : 운송인 / 송하인 또는 선하증권소지인	산동물, 갑판적 화물을 제외한 모든 화물, 제품, 및 상품
적용구간 ★	From Tackle to Tackle 운송물의 선적이 이루어진 때로부터 양륙된 때 (1조 e항)	From Tackle to Tackle 운송물의 선적이 이루어진 때로부터 양륙된 때 (2조)
적용범위 ★	체약국에서 작성되는 선하증권에 한하여 (10조) 선하증권 발행 전제 선하증권이 발행되는 운송계약에 적용	적용범위확대 (10조) ① 선하증권이 체약국에서 발행된 경우 ② 운송이 체약국의 항구로부터 개시된 경우 ③ 지상약관이 있는 경우 * 지상약관 : 선하증권상에 포함된 계약 또는 선하증권에 의하여 증명된 계약이 이 조약 또는 계약의 효력을 인정하는 국내법을 준거법으로 정한 경우
손해배상 대상범위 (손해원인) ★	멸실, 훼손	멸실, 훼손
책임원칙	과실책임주의 (3조) cf. 상법- 과실책임주의(제795,796조)	과실책임주의
운송인의 주요의무 ★	(1) 화물에 관한 주의의무 (2) 선하증권 발행의무 (3) 감항능력 주의의무 　-발항전 및 그 당시에 (3조 1항)	〈좌 동〉

	① 선박에 감항능력을 지니게 할 것 (감항능력주의의무) ② 선박에 적당한 선원을 승선시키고, 의장을 갖추고, 저장품을 보급할 것 (선체능력/운항능력) ③ 본선의 선창, 냉장실 및 냉기실, 기타 운송물을 수령하여 보관하고 운송하는 데 적당하고 안전하게 할 것 (감항능력) - '상당한 주의'의무 - 선박의 불감항으로 인한 손해에 관하여 면책되기 위해서는 자기 또는 그 사용인이 상당한 주의를 다하였다는 것, 즉 선박의 불감항에 관한 무과실을 입증하여야 한다. (4조 1항)(운송인 입증책임)	- H, H-V나 함부르크규칙에서는 그 증명 책임을 누가 지는지에 대해서는 명확하게 규정하고 있지 않다.
책임한도 ★★	화물의 성질과 가액을 고지하여 선하증권상에 기재되지 아니한 경우에는 1포장당 또는 단위당 100 파운드	〈중량제 병용〉 화물의 성질과 가액을 고지하여 선하증권상에 기재되지 아니한 경우에는 1포장당 10,000프랑과 화물의 총중량 KG 당 30프랑의 총액 가운데 더 많은 금액 (666.67SDR 또는 2 SDR) - 개정상법 동일 함
면책 ★★	면책카달로그 (17개) (4조 2항) • 해상고유의 위험 면책 • 항해과실면책 • 화재면책 등 cf. 상업과실면책조항은 불인정(제3조 8항)	좌 동
컨테이너 조항		O 컨테이너화 또는 팰릿화된 운송물에 대해서는 선하증권의 문면에 컨테이너의 내용물인 물품의 개수 또는 단위가 표시되어 있는 한, 책임제한의 적용에 있어서 이들 내용물 각각을 하나의 포장 또는 선적단위로 본다. (2조)

제3자 책임한계 (히말라야 약관)		O 사용인 또는 대리인은 운송인이 이 협약에 의거하여 적용을 주장할 수 있는 항변사유 및 책임한도의 적용을 주장할 권리를 갖는다.
손해배상 청구	① 확인 可 - 인도시 ② 확인 不 - 3일 이내 * 통지하지 않으면 운송물이 선하증권에 기재된 대로 인도된 것으로 추정.	① 확인 可 - 인도시 ② 확인 不 - 3일 이내
불법행위 책임과의 경합		조약에서 정한 항변사유나 책임제한의 이익은 운송인에 대한 손해배상청구소송에서 동 소송이 계약에 기초하고 있는지 또는 불법행위에 기초하고 있는지를 묻지 않고 적용된다고 규정 (3조)
소제기	1년 (화물이 인도된 날로부터 또는 화물이 인도되어야 할 날로부터 1년 이내에 소송이 제기되지 아니하면)	1년
책임 한도액상 실사유	4조 4항e	손해를 발생시킬 의도로 행하였거나, 또는 그러한 손해가 발생될 수가 있음을 알면서도 무모하게 행한 운송인의 작위 또는 부작위의 결과로 손해가 발생된 것이 입증된 경우 (2조)
선하 증권의 기재력	선하증권의 추정적 증거로서의 효력만을 인정(3조 4) → 선하증권의 유통성 저해 및 선의의 선하증권 소지인의 보호에 충분치 못함 cf. 선하증권의 기재사항 규정 cf. 선적식선하증권(3조 7항)	선하증권기재의 결정적 또는 절대적 증거력 부여(1조 1항)
	무해화조치 가능 * 용선계약에 적용 x 그러나 (함부르그동일) * 면책특약의 금지 (5조)	〈손해배상금액 산정기준의 명확화〉 • 손해의 총액은 양륙장소 및 일시를 기준 • 화물가액 : 상품거래소의 가격 → 당시의 시장가격 → 통상가액

PART 4 함부르크규칙, 로테르담규칙

	함부르크규칙	로테르담규칙
의의	운송인의 책임이 대폭적으로 강화되고 화주의 권리가 신장된 선하증권 관련 국제규칙	기존의 규칙에 대한 현대적 대안을 제공하기 위한 것
개정배경 개정특징	① 운송인의 면책조항 삭제 ② 책임한도액의 상향조정	① 컨테이너운송의 일반화 ② 단일계약에 의한 택배운송(D-D)의 수요증가 ③ 전자운송서류의 발전 등 해상운송 분야에서의 다양한 기술적 및 상사적 발전을 고려한 운송법체제를 제공
정식명칭	UN해상물품 운송에 관한 조약	국제물품해상운송계약에 관한 UN 협약
제정연도	채택 : 1978년 발효 : 1991년	채택 : 2008년 발효 : 미발효
제정주체	UNCITRAL	CMI · UNCITRAL
구성	7개장 34조	18개장 96조
적용대상 ★	산동물, 갑판적 화물 포함 (1조) * 인적범위 : 운송인, 송하인, 수하인 이외에 기타 일체의 이해관계인	화물에 대한 제한 없음 - 다만, 산동물/갑판적화물은 일부 제한 가능
적용구간 ★	From Receipt to Delivery 화물이 선적항에, 운송 중에, 양륙항에 운송인의 관리하에 있는 기간 - 선적항에서 화물을 수령한 때 부터 양륙항에서의 화물 인도할 때 (4조 책임의 기간) (from port to port)	Door to Door 운송인 또는 이행당사자가 운송을 위해 운송물을 수령한 때부터 인도될 때까지 (12조 책임기간)
적용범위 ★	상이한 두 국가간의 운송계약 ① 선적항이 체약국내 있는 경우 ② 양륙항이 체약국내 있는 경우 ③ 선하증권이 체약국내에서 발행된 경우 ④ 지상약관이 있는 경우 (2조 적용범위)	해상운송 및 해상운송을 포함하는 복합운송 (운송계약) - 출발항과 도착항이 각각 서로 다른 국가에 있는 국제운송(5조 1항)-함! 동일 - 운송물의 수령지와 인도지가 다른 국가인 운송계약에 적용되고, 한편 운송계약에 따라 운송물의 수령지, 선적지, 인도지 또는 양하지 중 하나가 로테르담규칙의 체약국에 소재한 경우에 해상운송의 선적지와 양하지가 다른 국가인 운송계약에 적용이 된다.

	운송계약 전제 ① 함부르크 - 모든 운송계약에 적용 ② 로테르담 - 해상운송 및 해상운송을 포함하는 복합운송	
손해배상 대상범위 (손해원인) ★	멸실, 손상, 인도의 지연(5조) (상당한 인도기간 경과 후 60일 이내에 인도가 되지 않는 경우에 화물을 멸실된 것으로 취급) * 인도지연이란 물건이 해상운송계약에 정해진 양하항에서 명시적으로 합의한 기간 내에, 명시적 합의가 없는 때는 ~ 합리적 기간 내에 인도되지 아니한때를 말한다.	멸실, 훼손, 인도의 지연(60조) (인도지연 90일 멸실)
책임원칙	과실책임주의(5조 1항) (과실추정주의)	과실책임주의(17조 2항) (과실추정주의)
운송인의 주요의무 ★	〈운송인의 책임과 입증책임의 일반원칙을 하나의 규정으로 간명하게 표현〉 - H에서는 선박의 내항성에 관한 주의의무가 규정되어 있으나 함부르크규칙에서는 아무런 규정이 없다. 감항능력주의의무를 따로 규정하지 않고 **운송인의 일반적인 주의의무에 포함**(5조 1항) * 5조1항 : 물건이 운송인의 관리 아래 있는 동안에 물건의 멸실, 훼손 또는 인도지연의 원인으로 사고가 일어난 때에는 운송인은 그 멸실, 훼손 또는 지연으로 인하여 생긴 손실에 대하여 책임을 진다. 다만, 운송인이 자기, 그 사용인 및 대리인이 그러한 사고 및 그 결과를 방지하기 위하여 합리적으로 요구되는 모든 조치를 취하였다는 것을 증명한 때에는 그러하지 아니하다.	(1) 화물인도의무 (2) 화물에 대한 주의의무 (3) 감항능력 주의의무 (항해중) **전 구간 (제14조 : 지속적의무)** ① 선박의 감항능력 ② 선원, 장비, 운송용품 유지 ③ 선창 등 확보, 보존 적합, 안전유지 (감항능력주의의무 위반에 관한 증명책임 : 송하인 : 17조 5항) cf. 송하인의 의무 27- 운송을 위한 인도의무 29- 서류제공의무 31-계약에 일치하는 정보제공의무
책임한도 ★★	〈중량제 병용〉 **화물의 성질과 가액을 고지하여 선하증권상에 기재되지 아니한 경우에는** 1포장당 또는 단위당 835 SDR 또는 1kg 당 2.5 SDR 상당하는 금액 중 높은 금액(12,500, 37.5 프랑) * 인도지연 - 지연된 물건에 관하여 지급되는 운임의 2.5배를 한도액으로 (지급 운임총액을 초과할 수 없도록)	〈중량제 병용〉 **화물의 성질과 가액을 고지하여 선하증권상에 기재되지 아니한 경우에는** 1포장당 또는 단위당 875 SDR 또는 1kg 당 3 SDR 상당하는 금액 중 높은 금액 (59조 1항) * 인도지연 - 지연된 물건에 관하여 지급되는 운임의 2.5배를 한도액으로 (지급 운임총액을 초과할 수 없도록)

면책★★	• 면책리스트 폐지
	• 항해과실면책 폐지
	• 화재면책폐지
	  (입증책임 전환 인정 – 실질적 면책)
		• 면책카달로그 제공(15개)
		• 화재면책
		• 항해과실면책 폐지
		  (17조 3항)

컨테이너 조항	O 컨테이너화 또는 팰릿화된 운송물에 대해서는 선하증권의 문면에 컨테이너의 내용물인 물품의 개수 또는 단위가 표시되어 있는 한, 책임제한의 적용에 있어서 이들 내용물 각각을 하나의 포장 또는 선적단위로 본다 (6조 2항)	O 컨테이너화 또는 팰릿화된 운송물에 대해서는 선하증권의 문면에 컨테이너의 내용물인 물품의 개수 또는 단위가 표시되어 있는 한, 책임제한의 적용에 있어서 이들 내용물 각각을 하나의 포장 또는 선적단위로 본다 (59조 2항)
제3자 책임한계 (히말라야 약관)	O 《《운송인을 보조하는 **독립이행보조자**는 운송인의 사용인이 아니기 때문에 운송인의 사용인이나 대리인을 위한 항변 및 책임제한에 관한 규정의 적용을 받지 않는다. (부두하역노동자)	O 〈**독립이행보조자도 가능**〉
손해배상 청구	① 확인 可 – 인도익일 ② 확인 不 – 15일 이내 ③ 지연손해 60일 이내	① 확인 可 – 인도전 또는 인도시 ② 확인 不 – 인도장소에서 7영업일 이내 ③ 지연손해 21일 이내
불법행위 책임과의 경합	조약에서 정한 항변사유나 책임제한의 이익은 운송인에 대한 손해배상청구소송에서 동 소송이 계약에 기초하고 있는지 또는 불법행위에 기초하고 있는지를 묻지 않고 적용된다고 규정(7조 1)	조약에서 정한 항변사유나 책임제한의 이익은 운송인에 대한 손해배상청구소송에서 동 소송이 계약에 기초하고 있는지 또는 불법행위에 기초하고 있는지를 묻지 않고 적용된다고 규정(4조 1)
소제기	2년	2년
책임 한도액상 실사유		운송인 자신의 고의 또는 손해가 생길 염려가 있음을 인식하면서 무모하게 한 작위 또는 부작위로 인하여 생긴 손해
파손화물 보상장	보상장은 선하증권의 양도를 받은 수하인을 포함하여 모든 제3자에게 무효이다.(17조 2항) 그리고 송하인에 대한 관계에서는 운송인에게 수하인을 포함한 선하증권 소지인을 기망할 의도가 없는 경우에 한하여 송하인과의 사이에서만 유효하고, 운송인에게 그러한 의도가 있는 경우에는 송하인과의 관계에서도 무효이며, 책임제한의 이익도 향수할 수 없도록 하였다.(17조 3,4항)	
	* 해상운송계약 정의 * 선하증권 정의	

✓ 1924년 선하증권에 관한 규정의 통일을 위한 국제협약 _ 헤이그규칙

제1조 (용어의 정의)

이 협약에서 다음의 용어는 아래에 설명한 의미로 사용된다.

(a) "운송인"이라 함은 송하인과 운송계약을 체결하는 선주(船主) 또는 용선자(傭船者)를 포함한다.
(b) "운송계약"이라 함은 선하증권 또는 이와 유사한 권리증권에 의해 증명되는 해당물품 운송계약에만 적용한다. 다만, 선하증권이나 용선계약 하에서 혹은 용선계약에 따라 발행된 이와 유사한 증서가 운송인과 증거소지자와의 관계를 규정하는 순간부터 적용된다.
(c) "물품"은 살아 있는 동물과 운송계약에 의하여 갑판적재화물(甲板積載貨物)이라고 기재되고 또 그렇게 운송되는 화물을 제외한 모든 종류의 물품, 제품 및 상품을 포함한다.
(d) "선박"은 해상운송에 사용되는 일체의 선박을 뜻한다.
(e) "물품운송"의 기간은 물품이 선박에 적재된 순간부터 선박으로부터 물품이 양하되는 기간을 말한다.

제2조 (운송인의 권리와 의무)

제6조의 규정의 경우를 제외하고 모든 해상운송계약에서 운송인은 화물의 선적, 취급, 선내작업, 운송, 보관, 관리 및 양하에 관하여 이 통일협약에서 규정한 의무와 책임을 지며 또 권리와 면책권을 갖는다.

제3조 (운송인의 의무)

제(1)항. 운송인은 발항(發航)전과 발항시에 상당한 주의를 갖고 다음 사항을 이행하여야 한다.

(a) 선박으로 하여금 감항능력을 갖추도록 한다.
(b) 선박의 승조원(乘組員) 배치, 선박 의장(艤裝) 및 필수품 보급을 적절히 한다.
(c) 화물이 운송되어질 창내(艙內), 냉동실, 냉기실(冷氣室) 및 화물운송에 필요한 선박의 그 외의 모든 부분을 화물의 수취, 운송 및 보존에 적합하고 안전하게 한다.

제(2)항. 제4조의 규정의 적용을 받는 경우를 제외하고는 운송인은 화물을 적재, 취급, 선내작업, 운송, 보관, 관리 및 양하하는데 적절하고 신중히 하여야 한다.

제(3)항. 운송인, 선장 또는 운송인의 대리인은 화물을 자기 책임하에 인수한 후 송하인이 요구하면 여타 사항 가운데 다음 사항을 표시한 선하증권을 송하인에게 교부(交付)하여야 한다.

(a) 화물의 선적개시 전에 송하인이 서면으로 통지한 것과 동일한 화물임을 증명하는 데 필요한 주요 하인(荷印). 단, 이러한 하인은 무포장일 때는 동(同)화물 자체에, 그리고 포장화물일 때는 화물이 들어 있는 상자나 포장에 항해가 끝날 때까지 통상 읽어볼 수 있도록 남아 있게 명확히 압인(押印)되거나 그 밖의 방법으로 표시되어야 한다.
(b) 송하인이 서면으로 통지한 내용과 같은 포장 및 개품의 수 또는 경우에 따라 수량이나 중량.
(c) 화물의 외관상태.

단, 운송인, 선장 또는 운송인의 대리인은 화물의 하인, 수량, 용적 또는 중량이 실제로 인수한 화물을 정확히 나타내지 못한다는 상당한 의문의 근거가 있거나 또는 이를 검사할 적절한 방법이 없는 경우에는 선하증권에 이를 기재하거나 표시할 의무가 없다.

제(4)항. 이와 같은 선하증권은 전기 (3)의 (a)(b)(c)에 따라 기재된 대로 운송인이 화물을 인수하였다는 추정적(推定的)인 증거가 된다.

제(5)항. 송하인은 선적시 운송인에게 자기가 통지한 대로 하인, 숫자, 수량 및 중량의 정확성을 보증한 것으로 간주하며 또한 송하인은 이러한 사항의 부정확성의 결과로 야기되는 모든 손실, 손상 및 비용에 대해서 운송인에게 보상하여야 한다. 이러한 손해배상에 대한 운송인의 권리가 운송인이 송하인 이외의 모든 자에 대한 운송계약상의 의무와 책임에 대해서는 어떠한 방법으로도 제한하지 않는다.

제(6)항. 운송계약에 의해서 화물을 인도받을 권리가 있는 자에게 화물이 이전보관(移轉保管)되기 이전 또는 이전 보관시에 양하항에서 운송인 또는 그의 대리인에게 서면으로 멸실, 손상과 또 이러한 멸실 및 손상의 개략적인 설명에 대한 통지를 하지 않는 한, 또 만일 멸실이나 손상이 외관상 분명치 않는 경우에는 3일 내에 이러한 통지를 하지 않으면 이러한 화물의 이전은 선하증권에 기재된 대로 동(同)화물을 운송인이 인도하였다는 추정적 근거가 된다.

화물의 인수 당시 동 화물의 상태에 관하여 공동조사나 검사의 대상이 되었을 경우에는 서면통지는 필요하지 않다.

실제로 화물이 인도된 날로부터 또는 동 화물이 인도되었어야 할 날로부터 1년 내에 소송이 제기되지 않으면 운송인 및 선박은 어떠한 경우에 있어서도 멸실 및 손상에 대한 모든 책임으로부터 면제된다.

현실적으로 또는 추정적 멸실이나 손상이 발생한 경우에는 운송인과 수하인은 화물의 검사와 검수를 위해서 모든 합리적인 편의를 상호 제공하여야 한다.

제(7)항. 화물이 선적된 후 운송인, 선장 또는 운송인의 대리인이 송하인에게 교부하는 선하증권은 송하인의 요구가 있는 경우에는 "선적"선하증권이어야 한다. 단, 송하인이 이 화물에 대한 다른 어떤 권리증서를 수령하였을 경우에는 "선적"선하증권의 교부와 상환하여 동 권리증서를 반환하여야 한다.

그러나 운송인의 재량에 따라 운송인, 선장 또는 운송인의 대리인은 동 권리증서에 화물이 선적된 선박명과 선적일자를 선적항에서 기재할 수 있으며, 이와 같이 기재된 권리증서가 제3조 (3)항에 규정된 사항을 표시할 경우 이러한 권리증서는 본조의 취지에 따라 "선적"선하증권의 요건을 구비한 것으로 간주한다.

제(8)항. 본 협약에 규정되어 있는 의무를 태만, 과실 또는 불이행하여 발생된 화물의 멸실, 손상 또는 화물에 관련된 멸실, 손상에 대한 책임으로부터 운송인 또는 선박을 면제시키거나, 본 협약의 규정과 달리 이러한 책임을 경감시키는 운송계약상의 일체의 조항, 계약 또는 합의사항은 무효로 한다. 보험의 이익을 운송인에게 양도하는 조항 또는 이와 유사한 모든 조항은 운송인의 책임을 면제하는 조항으로 간주한다.

제4조 (운송인의 면책)

제(1)항. 제3조 (1)항의 규정에 따라 선박을 감항상태로 하고 선박의 승조원(乘組員) 배치, 의장(艤裝) 및 필수보급품들을 적절히 하고 선박의 창내, 냉동실, 냉기실 및 물품 운송에 사용되는 그 외의 모든 부분을 화물의 인수, 운송, 보관에 적합하고 안전하게 하는데 있어서, 운송인이 상당한 주의를 하지 않은 데에 그 원인이 있지 않은 한, 선박의 불감항성의 결과로 발생되는 멸실 또는 손상 등에 대한 책임은 운송인이나 선박이 공히 지지 않는다. 선박의 불감항성 때문에 멸실이나 손상이 발생하는 경우에는 상당한 주의를 경주(傾注)하였다는 입증책임은 본조(本條)의 규정에 따라 면책을 주장하는 운송인 또는 그 밖의 자(者)에게 있다.

제(2)항. 운송인이나 선박은 다음 각호로 인한 멸실 또는 손상에 대하여 책임을 지지 않는다.
  (a) 선박의 운항 또는 선박관리(船舶管理)에 있어서 선장, 선원, 수로(水路)안내인 또는 운송인의 고용인의 행위와 태만(怠慢) 또는 과실에 의한 손실.
  (b) 운송인의 사실상의 과실 또는 고의(故意)에 의한 경우를 제외한 화재로 인한 손실.
  (c) 해상 또는 그 외의 가항수로(可航水路)에서의 재해(災害), 위험 또는 사고로 인한 손실.
  (d) 천재지변에 의한 손실.
  (e) 전쟁행위에 의한 손실.
  (f) 공적(公敵)의 행위로 인한 손실.
  (g) 군주, 통치자 또는 인민에 의한 구속, 억류 또는 재판상의 차압(差押)에 의한 손실.
  (h) 검역상(檢疫上)의 제한에 의한 손실.
  (i) 화물의 송하인, 소유권자 또는 이들의 대리인이나 지정인의 태만행위에 의한 손실.
  (j) 원인 여하를 불문하고 부분적 또는 전면적 동맹파업(同盟罷業), 직장폐쇄(職場閉鎖), 노동의 정지(停止) 또는 방해에 의한 손실.

(k) 폭동 및 내란에 의한 손실.
(l) 해상에서의 인명 및 재산의 구조 또는 구조의 기도(企圖)에 의한 손실.
(m) 화물고유의 하자 및 화물의 품질 또는 결함에 의한 용적 또는 중량의 감손(減損)이나 그 밖의 일체의 멸실 또는 손상.
(n) 포장의 불충분에 의한 손실.
(o) 하인(荷印)의 불충분 및 부적당에 의한 손실.
(p) 상당한 주의를 하여도 발견할 수 없는 하자에 의한 손실.
(q) 운송인의 사실상의 과실이나 고의에 의하지 않거나 또 운송인의 대리인이나 고용인의 과실이나 태만에 의하지 않은 그 밖의 모든 원인, 그러나 화물의 멸실이나 손상이 운송인의 사실상의 과실이나 고의 또는 운송인의 대리인이나 고용인의 과실이나, 태만에 의하여 발생하지 않았다는 입증책임은 이러한 면책의 혜택을 주장하는 자에게 있다.

제(3)항. 송하인은 운송인이나 선박이 입은 멸실이나 손해에 대하여 송하인, 그의 대리인 및 그의 고용인의 행위, 과실 또는 태만에 그 원인이 있지 않는 한 책임을 지지 않는다.

제(4)항. 해상에서 인명 또는 재산을 구조하거나 이러한 구조를 하기 위한 이로(離路) 또는 그 외의 합리적인 이로는 본 협약이나 운송계약의 위반이나 침해로 간주하지 않으며, 운송인은 이러한 결과로 발생된 일체의 멸실이나 손상에 대하여 책임을 지지 않는다.

제(5)항. 운송인이나 선박은 어떠한 경우에도 화물의 멸실이나 손상 또는 화물에 관련된 멸실이나 손상에 대하여 송하인이 선적 전에 이러한 화물의 성질과 가격을 고지하여 선하증권에 기재하지 않은 경우에는 포장당 또는 단위당 100파운드를 초과하거나 또 다른 통화로 100파운드 상당액을 초과하는 경우에는 책임을 지지 않는다.

이와 같이 화물의 성질과 가격이 선하증권에 구현(具現)되어 있을 경우 이러한 기재는 추정증거로 한다. 그러나 이러한 기재가 운송인을 구속하거나 결정적 증거가 되는 것은 아니다. 운송인, 선장 또는 운송인의 대리인과 송하인은 합의에 의하여 본 조항에 규정되어 있는 금액과 다른 최고금액을 정할 수도 있다. 단, 이러한 협정최고액은 위에 언급된 금액보다 적어서는 안된다.

송하인이 화물의 성질과 가격을 고의로 허위통지하여 선하증권에 잘못 기재되는 경우에는 운송인이나 선박은 화물의 멸실이나 손상 또는 화물에 관련된 멸실이나 손상에 대하여 어떠한 경우도 책임을 지지 않는다.

제(6)항. 인화성(引火性), 폭발성(爆發性) 또는 위험성(危險性)이 있는 선적된 화물로서 운송인, 선장 또는 운송인의 대리인이 동 물품의 이러한 성질 및 특징을 알았다면 선적을 허용하지 않았을 화물에 대하여 운송인은 양하전 언제 어디서도 손해보상의 책임 없이 양하하거나 파괴 또는 무해화(無害化)시킬 수 있다.

그리고 이러한 화물의 송하인은 이러한 화물선적으로 인하여 직접 또는 간접적으로 발생하는 모든 손해와 비용에 대해서 책임을 진다.

운송인이 이러한 화물의 성질을 알고 또 동의하에 선적된 경우에도 만일 이러한 화물이 선박 또는 적하에 위험하게 될 경우 위에 언급된 방법으로 운송인은 아무런 책임없이 어떤 장소에든지 양하시키거나 파괴 또는 무해화시킬 수 있다. 단, 공동해손이 성립되는 경우에는 그러하지 아니하다.

제5조 (운송인의 의무증가 및 권리포기)

운송인은 본 협약에 규정된 그의 권리와 면책의 전부 또는 일부를 포기하거나 그의 의무와 책임을 증가시킬 수 있는 자유를 갖는다. 단, 이러한 포기나 증가는 송하인에게 교부한 선하증권에 구현(具現)되어 있어야 한다.

본 협약의 규정은 용선계약에는 적용되지 않는다. 그러나 용선계약하에서도 선하증권이 발행되는 경우에는 이러한 선하증권은 이 협약의 규정에 따른다. 본 규칙의 어떠한 규정도 공동해손에 관한 합법적 조항을 선하증권에 삽입하는 것을 못하게 하지는 않는다.

제6조 (운송인의 자유계약)

전기 각조의 규정에도 불구하고 운송인, 선장 또는 운송인의 대리인과 송하인은 어떠한 특정화물에 관하여도 동 화물에 대한 운송인의 의무와 책임 또한 동 화물의 운송인의 권리와 면책에 관하여 이러한 약정이 공공질서에 반하지 않는 한 감항성에 대한 운송인의 의무, 해상운송화물의 선적, 취급, 선내작업, 운송, 보관, 관리 및 양하에 대한 운송인의 사용인 또는 대리인의 주의 등에 관하여 어떠한 조건으로도 자유로이 협약을 체결할 수 있다. 단, 이러한 경우 선하증권을 발행하지 않았거나 발행하지 않는 것을 조건으로 하여 약정된 비유통성 증서라고 명시된 화물수취증에 구현되어 있어야 한다.

이와 같이 체결된 약정은 완전한 법적 효력을 갖는다. 단, 본 조항은 통상의 상거래에 의하여 선적되는 통상의 상업적 적하(積荷)에 적용되는 것이 아니고 운송해야 할 재산의 특성과 상태 또는 운송이행에 따르는 사정과 조건에 대하여 특약할 만한 정당한 이유가 있는 그 밖의 적하에 한하여 적용한다.

제7조 (운송인의 계약자유)

본 협약의 어떠한 규정도 해상운송화물의 선적 전과 양하 후에 있어서 화물을 보관, 관리, 취급할 때 또는 이에 관련하여 발생되는 멸실 또는 손상에 대한 운송인 또는 선박의 의무 및 책임에 관하여 운송인이나 송하인이 어떠한 협정, 계약, 조건, 유보 또는 면책을 체결하는 것을 못하게 하지는 않는다.

제8조 (선주의 책임제한)

본 협약의 제 규정은 항해선박선주의 책임을 제한하는데 관계되는 현행법상의 운송인의 권리와 의무에 영향을 미치지 않는다.

제9조 (화폐의 기준)

본 협약에서 언급되는 화폐단위는 금본위가액으로 한다.

파운드 스털링이 화폐단위로 사용되고 있지 않는 계약당사자 국가들은 본 협약에 파운드 스털링으로 표시된 금액을 자국의 화폐제도에 따라 개수(概數)로 환산할 권한을 유보한다.

채무자는 국내법에 의하여 관계된 화물을 실은 선박이 양하항에 도착하는 당일의 환율시세에 의하여 자기의 채무를 자국통화로 변제(辨濟)할 권리를 유보한다.

제10조 (협약의 적용범위)

본 협약의 규정은 어느 체약국에서나 발행되는 모든 선하증권에 적용된다.

제11조 (협약의 비준)

본 협약이 서명된 날로부터 2년의 기간이 경과하기 전에 벨기에 정부는 본 협약의 시행여부를 결정하기 위하여 협약비준의 준비를 선언한 체약(締約) 당사국 정부와 연락을 취하도록 한다. 협약비준서는 체약국 정부간에 합의로 정한 일자에 Brussels에 기탁(寄託)되어져야 한다.

비준서의 제1회 기탁은 이에 참가한 국가의 대표들과 벨기에 외무부장관이 서명한 의사록(議事錄)에 기록되어진다. 그 이후의 비준서의 기탁은 벨기에 정부 앞으로 비준서가 첨부된 서면통지로 이루어진다.

비준서의 제1회 기탁에 관한 의사록, 전항에서 언급한 통지 및 이에 첨부된 비준서 등의 인증사본(認證寫本)은 벨기에 정부가 외교통로를 통하여 본 협약에 서명하거나 승낙한 국가에 즉시 송부하도록 한다. 전항에서 언급된 방식(서면통지)으로 비준이 이루어지는 경우에는 벨기에 정부가 그러한 통지를 접수하는 같은 일자에 이들 국가에 알리도록 한다.

제12조 (협약에의 가입)

비서명(非署名) 국가는 Brussels국제협의회에 대표를 파견하였든 안하였든 관계없이 본 협약에 가입할 수 있다. 가입을 희망하는 국가는 이러한 의향을 벨기에 정부에 서면으로 통지하여야 하며, 벨기에 정부 문서록에 기탁될 가입동의문서를 동 정부에 발송하여야 한다.

벨기에 정부는 본 협약에 서명하거나 가입동의한 모든 국가에서 이러한 통지서 접수일자를 표시하여 가입동의서 및 통지서의 인증사본을 즉시 송부하도록 한다.

제13조 (자치령·보호령 등의 개별가입)

체약당사국은 본 협약을 서명, 비준, 동의시에 본 협약의 승인이 자국의 주권·권력하에 있는 자치령(自治領), 식민지(植民地), 해외속령(海外屬領), 보호령(保護領), 또는 지배령(支配領)의 전부 또는 그 일부에 대해서는 적용되지 않음을 선언할 수 있으며, 또 동선언에서 제외된 자치령, 식민지, 해외속령, 보호령 또는 지배령을 대신하여 개별적으로 가입동의할 수도 있다.

체약국은 동 규정에 따라 그들의 주권·권력하에 있는 자치령, 식민지, 해외속령, 보호령 또는 지배령에 대해서 개별적으로 협약을 폐기할 수도 있다.

제14조 (효력의 발생)

본 협약은 비준서의 제1회 기탁에 참가한 국가의 경우에는 동 기탁은 기록한 의정서일자로부터 1년 후에 효력을 발생한다. 추후에 본 협약에 비준하거나 동의한 국가에 관하여는, 그리고 제12조에 따라 본 협약이 추후에 시행될 경우에는 벨기에 정부가 제11조 (2)항 및 제12조 (2)항에 규정된 통지서를 접수한 날로부터 6개월 후에 효력이 발생한다.

제15조 (협약의 폐기)

체약국 중 어느 한 국가가 본 협약의 폐기를 원하는 경우에는 그러한 폐기의사를 서면으로 벨기에 정부에 통지하여야 하며, 벨기에 정부는 다른 모든 체약국에서 폐기통지서의 접수일자를 알리는 동 폐기통지의 인증본을 즉시 전달하여야 한다.

협약의 폐기는 그러한 의사를 통지한 국가에 대하여 통지서가 벨기에 정부에 도착된 후 1년을 경과한 때에 효력을 발생하게 된다.

제16조 (협약의 개정)

체약국 중 어느 나라도 가능한 협약개정안의 심의를 하기 위하여 새로운 회의를 제기할 권리를 갖는다. 이러한 권리를 행사하려는 국가는 회의소집을 준비하게 될 벨기에 정부를 통하여 그러한 의사를 다른 체약국에게 통지하여야 한다.

1924년 8월 25일, Brussels에서 본서 1통을 작성하였음.

서명의정서

선하증권에 관한 몇 가지 규칙의 통일을 위한 국제협약을 서명함에 있어서 아래 서명한 전권위원(前權委員)은 본 의정서의 규정이 본 의정서가 관련되어 있는 본 협약의 원문에 삽입되어 있는 것과 동일한 효력을 갖는 본 의정서를 채택한다.

체약당사국은 본 협약에 법률효력을 부여하거나 국내법에 본 협약이 채택한 규정을 적절한 형식으로 편입시킴으로써 본 협약의 효력을 발생시킬 수 있다.

체약당사국은 다음과 같은 권리를 유보할 수 있다.
(1) 제4조 2항 (c)에서 (p)까지 언급된 경우에 있어서는 (a)호에 포함되어 있지 않은 운송인 자신의 과실이나 그 사용인의 과실로 인한 멸실 또는 손상에 대한 책임을 확정할 권리가 선하증권 소지인에게 있음을 규정한다.
(2) 국내 연안무역에 관련되는 경우는 제6조의 마지막 항에 기재되어있는 제한을 고려하지 않고 모든 종류의 화물에 대해서 제6조의 규정을 적용시킨다.

1924년 8월 25일, Brussels에서 본서 1통을 작성하였음.

✓ 상법 _ 해상운송 (791조~864조)

제791조 (개품운송계약의 의의)
개품운송계약은 운송인이 개개의 물건을 해상에서 선박으로 운송할 것을 인수하고, 송하인이 이에 대하여 운임을 지급하기로 약정함으로써 그 효력이 생긴다.

제792조 (운송물의 제공)
① 송하인은 당사자 사이의 합의 또는 선적항의 관습에 의한 때와 곳에서 운송인에게 운송물을 제공하여야 한다.
② 제1항에 따른 때와 곳에서 송하인이 운송물을 제공하지 아니한 경우에는 계약을 해제한 것으로 본다. 이 경우 선장은 즉시 발항할 수 있고, 송하인은 운임의 전액을 지급하여야 한다.

제793조 (운송에 필요한 서류의 교부)
송하인은 선적기간 이내에 운송에 필요한 서류를 선장에게 교부하여야 한다.

제794조 (감항능력 주의의무)
운송인은 자기 또는 선원이나 그 밖의 선박사용인이 발항 당시 다음의 사항에 관하여 주의를 해태하지 아니하였음을 증명하지 아니하면 운송물의 멸실 · 훼손 또는 연착으로 인한 손해를 배상할 책임이 있다.
  1. 선박이 안전하게 항해를 할 수 있게 할 것
  2. 필요한 선원의 승선, 선박의장(艤裝)과 필요품의 보급
  3. 선창 · 냉장실, 그 밖에 운송물을 적재할 선박의 부분을 운송물의 수령 · 운송과 보존을 위하여 적합한 상태에 둘 것

제795조 (운송물에 관한 주의의무)

① 운송인은 자기 또는 선원이나 그 밖의 선박사용인이 운송물의 수령·선적·적부(積付)·운송·보관·양륙과 인도에 관하여 주의를 해태하지 아니하였음을 증명하지 아니하면 운송물의 멸실·훼손 또는 연착으로 인한 손해를 배상할 책임이 있다.
② 운송인은 선장·해원·도선사, 그 밖의 선박사용인의 항해 또는 선박의 관리에 관한 행위 또는 화재로 인하여 생긴 운송물에 관한 손해를 배상할 책임을 면한다. 다만, 운송인의 고의 또는 과실로 인한 화재의 경우에는 그러하지 아니하다.

제796조 (운송인의 면책사유)

운송인은 다음 각 호의 사실이 있었다는 것과 운송물에 관한 손해가 그 사실로 인하여 보통 생길 수 있는 것임을 증명한 때에는 이를 배상할 책임을 면한다. 다만, 제794조 및 제795조제1항에 따른 주의를 다하였더라면 그 손해를 피할 수 있었음에도 불구하고 그 주의를 다하지 아니하였음을 증명한 때에는 그러하지 아니하다.

1. 해상이나 그 밖에 항행할 수 있는 수면에서의 위험 또는 사고
2. 불가항력
3. 전쟁·폭동 또는 내란
4. 해적행위나 그 밖에 이에 준한 행위
5. 재판상의 압류, 검역상의 제한, 그 밖에 공권에 의한 제한
6. 송하인 또는 운송물의 소유자나 그 사용인의 행위
7. 동맹파업이나 그 밖의 쟁의행위 또는 선박폐쇄
8. 해상에서의 인명이나 재산의 구조행위 또는 이로 인한 항로이탈이나 그 밖의 정당한 사유로 인한 항로이탈
9. 운송물의 포장의 불충분 또는 기호의 표시의 불완전
10. 운송물의 특수한 성질 또는 숨은 하자
11. 선박의 숨은 하자

제797조 (책임의 한도)

① 제794조부터 제796조까지의 규정에 따른 운송인의 손해배상의 책임은 당해 운송물의 매 포장당 또는 선적단위당 666과 100분의 67 계산단위의 금액과 중량 1킬로그램당 2 계산단위의 금액 중 큰 금액을 한도로 제한할 수 있다. 다만, 운송물에 관한 손해가 운송인 자신의 고의 또는 손해발생의 염려가 있음을 인식하면서 무모하게 한 작위 또는 부작위로 인하여 생긴 것인 때에는 그러하지 아니하다.
② 제1항의 적용에 있어서 운송물의 포장 또는 선적단위의 수는 다음과 같이 정한다.
  1. 컨테이너나 그 밖에 이와 유사한 운송용기가 운송물을 통합하기 위하여 사용되는 경우에 그러한 운송용기에 내장된 운송물의 포장 또는 선적단위의 수를 선하증권이나 그 밖에 운송계약을 증명하는 문서에 기재한 때에는 그 각 포장 또는 선적단

위를 하나의 포장 또는 선적단위로 본다. 이 경우를 제외하고는 이러한 운송용기 내의 운송물 전부를 하나의 포장 또는 선적단위로 본다.
   2. 운송인이 아닌 자가 공급한 운송용기 자체가 멸실 또는 훼손된 경우에는 그 용기를 별개의 포장 또는 선적단위로 본다.
③ 제1항 및 제2항은 송하인이 운송인에게 운송물을 인도할 때에 그 종류와 가액을 고지하고 선하증권이나 그 밖에 운송계약을 증명하는 문서에 이를 기재한 경우에는 적용하지 아니한다. 다만, 송하인이 운송물의 종류 또는 가액을 고의로 현저하게 부실의 고지를 한 때에는 운송인은 자기 또는 그 사용인이 악의인 경우를 제외하고 운송물의 손해에 대하여 책임을 면한다.
④ 제1항부터 제3항까지의 규정은 제769조부터 제774조까지 및 제776조의 적용에 영향을 미치지 아니한다.

제798조 (비계약적 청구에 대한 적용)

① 이 절의 운송인의 책임에 관한 규정은 운송인의 불법행위로 인한 손해배상의 책임에도 적용한다.
② 운송물에 관한 손해배상청구가 운송인의 사용인 또는 대리인에 대하여 제기된 경우에 그 손해가 그 사용인 또는 대리인의 직무집행에 관하여 생긴 것인 때에는 그 사용인 또는 대리인은 운송인이 주장할 수 있는 항변과 책임제한을 원용할 수 있다. 다만, 그 손해가 그 사용인 또는 대리인의 고의 또는 운송물의 멸실·훼손 또는 연착이 생길 염려가 있음을 인식하면서 무모하게 한 작위 또는 부작위로 인하여 생긴 것인 때에는 그러하지 아니하다.
③ 제2항 본문의 경우에 운송인과 그 사용인 또는 대리인의 운송물에 대한 책임제한금액의 총액은 제797조제1항에 따른 한도를 초과하지 못한다.
④ 제1항부터 제3항까지의 규정은 운송물에 관한 손해배상청구가 운송인 외의 실제운송인 또는 그 사용인이나 대리인에 대하여 제기된 경우에도 적용한다.

제799조 (운송인의 책임경감금지)

① 제794조부터 제798조까지의 규정에 반하여 운송인의 의무 또는 책임을 경감 또는 면제하는 당사자 사이의 특약은 효력이 없다. 운송물에 관한 보험의 이익을 운송인에게 양도하는 약정 또는 이와 유사한 약정도 또한 같다.
② 제1항은 산 동물의 운송 및 선하증권이나 그 밖에 운송계약을 증명하는 문서의 표면에 갑판적(甲板積)으로 운송할 취지를 기재하여 갑판적으로 행하는 운송에 대하여는 적용하지 아니한다.

제800조 (위법선적물의 처분)

① 선장은 법령 또는 계약을 위반하여 선적된 운송물은 언제든지 이를 양륙할 수 있고, 그 운송물이 선박 또는 다른 운송물에 위해를 미칠 염려가 있는 때에는 이를 포기할 수 있다.

② 선장이 제1항의 물건을 운송하는 때에는 선적한 때와 곳에서의 동종 운송물의 최고운임의 지급을 청구할 수 있다.
③ 제1항 및 제2항은 운송인과 그 밖의 이해관계인의 손해배상청구에 영향을 미치지 아니한다.

제801조 (위험물의 처분)

① 인화성·폭발성이나 그 밖의 위험성이 있는 운송물은 운송인이 그 성질을 알고 선적한 경우에도 그 운송물이 선박이나 다른 운송물에 위해를 미칠 위험이 있는 때에는 선장은 언제든지 이를 양륙·파괴 또는 무해조치할 수 있다.
② 운송인은 제1항의 처분에 의하여 그 운송물에 발생한 손해에 대하여는 공동해손분담책임을 제외하고 그 배상책임을 면한다.

제802조 (운송물의 수령)

운송물의 도착통지를 받은 수하인은 당사자 사이의 합의 또는 양륙항의 관습에 의한 때와 곳에서 지체 없이 운송물을 수령하여야 한다.

제803조 (운송물의 공탁 등)

① 수하인이 운송물의 수령을 게을리한 때에는 선장은 이를 공탁하거나 세관이나 그 밖에 법령으로 정한 관청의 허가를 받은 곳에 인도할 수 있다. 이 경우 지체 없이 수하인에게 그 통지를 발송하여야 한다.
② 수하인을 확실히 알 수 없거나 수하인이 운송물의 수령을 거부한 때에는 선장은 이를 공탁하거나 세관이나 그 밖에 법령으로 정한 관청의 허가를 받은 곳에 인도하고 지체 없이 용선자 또는 송하인 및 알고 있는 수하인에게 그 통지를 발송하여야 한다.
③ 제1항 및 제2항에 따라 운송물을 공탁하거나 세관이나 그 밖에 법령으로 정한 관청의 허가를 받은 곳에 인도한 때에는 선하증권소지인이나 그 밖의 수하인에게 운송물을 인도한 것으로 본다.

제804조 (운송물의 일부 멸실·훼손에 관한 통지)

① 수하인이 운송물의 일부 멸실 또는 훼손을 발견한 때에는 수령 후 지체 없이 그 개요에 관하여 운송인에게 서면에 의한 통지를 발송하여야 한다. 다만, 그 멸실 또는 훼손이 즉시 발견할 수 없는 것인 때에는 수령한 날부터 3일 이내에 그 통지를 발송하여야 한다.
② 제1항의 통지가 없는 경우에는 운송물이 멸실 또는 훼손 없이 수하인에게 인도된 것으로 추정한다.
③ 제1항 및 제2항은 운송인 또는 그 사용인이 악의인 경우에는 적용하지 아니한다.
④ 운송물에 멸실 또는 훼손이 발생하였거나 그 의심이 있는 경우에는 운송인과 수하인은 서로 운송물의 검사를 위하여 필요한 편의를 제공하여야 한다.

⑤ 제1항부터 제4항까지의 규정에 반하여 수하인에게 불리한 당사자 사이의 특약은 효력이 없다.

제805조 (운송물의 중량·용적에 따른 운임)

'운송물의 중량 또는 용적으로 운임을 정한 때에는 운송물을 인도하는 때의 중량 또는 용적에 의하여 그 액을 정한다.

제806조 (운송기간에 따른 운임)

① 기간으로 운임을 정한 때에는 운송물의 선적을 개시한 날부터 그 양륙을 종료한 날까지의 기간에 의하여 그 액을 정한다.
② 제1항의 기간에는 불가항력으로 인하여 선박이 선적항이나 항해도중에 정박한 기간 또는 항해 도중에 선박을 수선한 기간을 산입하지 아니한다.

제807조 (수하인의 의무, 선장의 유치권)

① 수하인이 운송물을 수령하는 때에는 운송계약 또는 선하증권의 취지에 따라 운임·부수비용·체당금·체선료, 운송물의 가액에 따른 공동해손 또는 해난구조로 인한 부담액을 지급하여야 한다.
② 선장은 제1항에 따른 금액의 지급과 상환하지 아니하면 운송물을 인도할 의무가 없다.

제808조 (운송인의 운송물경매권)

① 운송인은 제807조제1항에 따른 금액의 지급을 받기 위하여 법원의 허가를 받아 운송물을 경매하여 우선변제를 받을 권리가 있다.
② 선장이 수하인에게 운송물을 인도한 후에도 운송인은 그 운송물에 대하여 제1항의 권리를 행사할 수 있다. 다만, 인도한 날부터 30일을 경과하거나 제3자가 그 운송물에 점유를 취득한 때에는 그러하지 아니하다.

제809조 (항해용선자 등의 재운송계약시 선박소유자의 책임)

항해용선자 또는 정기용선자가 자기의 명의로 제3자와 운송계약을 체결한 경우에는 그 계약의 이행이 선장의 직무에 속한 범위 안에서 선박소유자도 그 제3자에 대하여 제794조 및 제795조에 따른 책임을 진다.

제810조 (운송계약의 종료사유)

① 운송계약은 다음의 사유로 인하여 종료한다.
　1. 선박이 침몰 또는 멸실한 때

2. 선박이 수선할 수 없게 된 때
3. 선박이 포획된 때
4. 운송물이 불가항력으로 인하여 멸실된 때

② 제1항제1호부터 제3호까지의 사유가 항해 도중에 생긴 때에는 송하인은 운송의 비율에 따라 현존하는 운송물의 가액의 한도에서 운임을 지급하여야 한다.

제811조 (법정사유로 인한 해제 등)

① 항해 또는 운송이 법령을 위반하게 되거나 그 밖에 불가항력으로 인하여 계약의 목적을 달할 수 없게 된 때에는 각 당사자는 계약을 해제할 수 있다.
② 제1항의 사유가 항해 도중에 생긴 경우에 계약을 해지한 때에는 송하인은 운송의 비율에 따라 운임을 지급하여야 한다.

제812조 (운송물의 일부에 관한 불가항력)

① 제810조제1항제4호 및 제811조제1항의 사유가 운송물의 일부에 대하여 생긴 때에는 송하인은 운송인의 책임이 가중되지 아니하는 범위 안에서 다른 운송물을 선적할 수 있다.
② 송하인이 제1항의 권리를 행사하고자 하는 때에는 지체 없이 운송물의 양륙 또는 선적을 하여야 한다. 그 양륙 또는 선적을 게을리한 때에는 운임의 전액을 지급하여야 한다.

제813조 (선장의 적하처분과 운임)

운송인은 다음 각 호의 어느 하나에 해당하는 경우에는 운임의 전액을 청구할 수 있다.
1. 선장이 제750조제1항에 따라 적하를 처분하였을 때
2. 선장이 제865조에 따라 적하를 처분하였을 때

제814조 (운송인의 채권·채무의 소멸)

① 운송인의 송하인 또는 수하인에 대한 채권 및 채무는 그 청구원인의 여하에 불구하고 운송인이 수하인에게 운송물을 인도한 날 또는 인도할 날부터 1년 이내에 재판상 청구가 없으면 소멸한다. 다만, 이 기간은 당사자의 합의에 의하여 연장할 수 있다.
② 운송인이 인수한 운송을 다시 제3자에게 위탁한 경우에 송하인 또는 수하인이 제1항의 기간 이내에 운송인과 배상 합의를 하거나 운송인에게 재판상 청구를 하였다면, 그 합의 또는 청구가 있은 날부터 3개월이 경과하기 이전에는 그 제3자에 대한 운송인의 채권·채무는 제1항에도 불구하고 소멸하지 아니한다. 운송인과 그 제3자 사이에 제1항 단서와 동일한 취지의 약정이 있는 경우에도 또한 같다.
③ 제2항의 경우에 있어서 재판상 청구를 받은 운송인이 그로부터 3개월 이내에 그 제3자에 대하여 소송고지를 하면 3개월의 기간은 그 재판이 확정되거나 그 밖에 종료된 때부터 기산한다.

제815조 (준용규정)

제134조, 제136조부터 제140조까지의 규정은 이 절에서 정한 운송인에 준용한다.

제816조 (복합운송인의 책임)

① 운송인이 인수한 운송에 해상 외의 운송구간이 포함된 경우 운송인은 손해가 발생한 운송구간에 적용될 법에 따라 책임을 진다.
② 어느 운송구간에서 손해가 발생하였는지 불분명한 경우 또는 손해의 발생이 성질상 특정한 지역으로 한정되지 아니하는 경우에는 운송인은 운송거리가 가장 긴 구간에 적용되는 법에 따라 책임을 진다. 다만, 운송거리가 같거나 가장 긴 구간을 정할 수 없는 경우에는 운임이 가장 비싼 구간에 적용되는 법에 따라 책임을 진다.

817 ~ 851 기타

✓ 제6절 운송증서

제852조 (선하증권의 발행)

① 운송인은 운송물을 수령한 후 송하인의 청구에 의하여 1통 또는 수통의 선하증권을 교부하여야 한다.
② 운송인은 운송물을 선적한 후 송하인의 청구에 의하여 1통 또는 수통의 선적선하증권을 교부하거나 제1항의 선하증권에 선적의 뜻을 표시하여야 한다.
③ 운송인은 선장 또는 그 밖의 대리인에게 선하증권의 교부 또는 제2항의 표시를 위임할 수 있다.

제853조 (선하증권의 기재사항)

① 선하증권에는 다음 각 호의 사항을 기재하고 운송인이 기명날인 또는 서명하여야 한다.
　1. 선박의 명칭·국적 및 톤수
　2. 송하인이 서면으로 통지한 운송물의 종류, 중량 또는 용적, 포장의 종별, 개수와 기호
　3. 운송물의 외관상태
　4. 용선자 또는 송하인의 성명·상호
　5. 수하인 또는 통지수령인의 성명·상호
　6. 선적항
　7. 양륙항
　8. 운임
　9. 발행지와 그 발행연월일
　10. 수통의 선하증권을 발행한 때에는 그 수

11. 운송인의 성명 또는 상호
　12. 운송인의 주된 영업소 소재지
② 제1항 제2호의 기재사항 중 운송물의 중량·용적·개수 또는 기호가 운송인이 실제로 수령한 운송물을 정확하게 표시하고 있지 아니하다고 의심할 만한 상당한 이유가 있는 때 또는 이를 확인할 적당한 방법이 없는 때에는 그 기재를 생략할 수 있다.
③ 송하인은 제1항제2호의 기재사항이 정확함을 운송인에게 담보한 것으로 본다.
④ 운송인이 선하증권에 기재된 통지수령인에게 운송물에 관한 통지를 한 때에는 송하인 및 선하증권소지인과 그 밖의 수하인에게 통지한 것으로 본다.

제854조 (선하증권 기재의 효력)

① 제853조제1항에 따라 선하증권이 발행된 경우 운송인과 송하인 사이에 선하증권에 기재된 대로 개품운송계약이 체결되고 운송물을 수령 또는 선적한 것으로 추정한다.
② 제1항의 선하증권을 선의로 취득한 소지인에 대하여 운송인은 선하증권에 기재된 대로 운송물을 수령 혹은 선적한 것으로 보고 선하증권에 기재된 바에 따라 운송인으로서 책임을 진다.

제855조 (용선계약과 선하증권)

① 용선자의 청구가 있는 경우 선박소유자는 운송물을 수령한 후에 제852조 및 제853조에 따라 선하증권을 발행한다.
② 제1항에 따라 선하증권이 발행된 경우 선박소유자는 선하증권에 기재된 대로 운송물을 수령 또는 선적한 것으로 추정한다.
③ 제3자가 선의로 제1항의 선하증권을 취득한 경우 선박소유자는 제854조제2항에 따라 운송인으로서 권리와 의무가 있다. 용선자의 청구에 따라 선박소유자가 제3자에게 선하증권을 발행한 경우에도 또한 같다.
④ 제3항의 경우에 그 제3자는 제833조부터 제835조까지 및 제837조에 따른 송하인으로 본다.
⑤ 제3항의 경우 제799조를 위반하여 운송인으로서의 의무와 책임을 감경 또는 면제하는 특약을 하지 못한다.

제856조 (등본의 교부)

선하증권의 교부를 받은 용선자 또는 송하인은 발행자의 청구가 있는 때에는 선하증권의 등본에 기명날인 또는 서명하여 교부하여야 한다.

제857조 (수통의 선하증권과 양륙항에 있어서의 운송물의 인도)

① 양륙항에서 수통의 선하증권 중 1통을 소지한 자가 운송물의 인도를 청구하는 경우에도 선장은 그 인도를 거부하지 못한다.

② 제1항에 따라 수통의 선하증권 중 1통의 소지인이 운송물의 인도를 받은 때에는 다른 선하증권은 그 효력을 잃는다.

제858조 (수통의 선하증권과 양륙항 외에서의 운송물의 인도)

양륙항 외에서는 선장은 선하증권의 각 통의 반환을 받지 아니하면 운송물을 인도하지 못한다.

제859조 (2인 이상 소지인의 운송물인도청구와 공탁)

① 2인 이상의 선하증권소지인이 운송물의 인도를 청구한 때에는 선장은 지체 없이 운송물을 공탁하고 각 청구자에게 그 통지를 발송하여야 한다.
② 선장이 제857조제1항에 따라 운송물의 일부를 인도한 후 다른 소지인이 운송물의 인도를 청구한 경우에도 그 인도하지 아니한 운송물에 대하여는 제1항과 같다.

제860조 (수인의 선하증권소지인의 순위)

① 제859조에 따라 공탁한 운송물에 대하여는 수인의 선하증권소지인에게 공통되는 전 소지인으로부터 먼저 교부를 받은 증권소지인의 권리가 다른 소지인의 권리에 우선한다.
② 격지자에 대하여 발송한 선하증권은 그 발송한 때를 교부받은 때로 본다.

제861조 (준용규정)

제129조·제130조·제132조 및 제133조는 제852조 및 제855조의 선하증권에 준용한다.

제862조 (전자선하증권)

① 운송인은 제852조 또는 제855조의 선하증권을 발행하는 대신에 송하인 또는 용선자의 동의를 받아 법무부장관이 지정하는 등록기관에 등록을 하는 방식으로 전자선하증권을 발행할 수 있다. 이 경우 전자선하증권은 제852조 및 제855조의 선하증권과 동일한 법적 효력을 갖는다.
② 전자선하증권에는 제853조제1항 각 호의 정보가 포함되어야 하며, 운송인이 전자서명을 하여 송신하고 용선자 또는 송하인이 이를 수신하여야 그 효력이 생긴다.
③ 전자선하증권의 권리자는 배서의 뜻을 기재한 전자문서를 작성한 다음 전자선하증권을 첨부하여 지정된 등록기관을 통하여 상대방에게 송신하는 방식으로 그 권리를 양도할 수 있다.
④ 제3항에서 정한 방식에 따라 배서의 뜻을 기재한 전자문서를 상대방이 수신하면 제852조 및 제855조의 선하증권을 배서하여 교부한 것과 동일한 효력이 있고, 제2항 및 제3항의 전자문서를 수신한 권리자는 제852조 및 제855조의 선하증권을 교부받은 소지인과 동일한 권리를 취득한다.

⑤ 전자선하증권의 등록기관의 지정요건, 발행 및 배서의 전자적인 방식, 운송물의 구체적인 수령절차와 그 밖에 필요한 사항은 대통령령으로 정한다.

제863조 (해상화물운송장의 발행)
① 운송인은 용선자 또는 송하인의 청구가 있으면 제852조 또는 제855조의 선하증권을 발행하는 대신 해상화물운송장을 발행할 수 있다. 해상화물운송장은 당사자 사이의 합의에 따라 전자식으로도 발행할 수 있다.
② 해상화물운송장에는 해상화물운송장임을 표시하는 외에 제853조제1항 각 호 사항을 기재하고 운송인이 기명날인 또는 서명하여야 한다.
③ 제853조제2항 및 제4항은 해상화물운송장에 준용한다.

제864조 (해상화물운송장의 효력)
① 제863조제1항의 규정에 따라 해상화물운송장이 발행된 경우 운송인이 그 운송장에 기재된 대로 운송물을 수령 또는 선적한 것으로 추정한다.
② 운송인이 운송물을 인도함에 있어서 수령인이 해상화물운송장에 기재된 수하인 또는 그 대리인이라고 믿을만한 정당한 사유가 있는 때에는 수령인이 권리자가 아니라고 하더라도 운송인은 그 책임을 면한다.

☑ 운송관련 국제규범

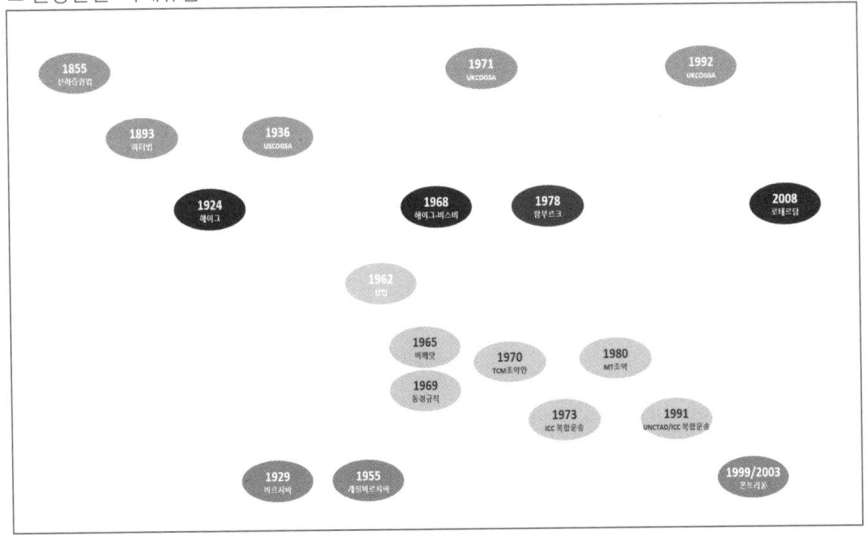

제3편 컨테이너 운송

1. 의의
2. 필요성
3. 장단점
4. 종류(컨테이너, 컨테이너선, 컨테이너화물)
5. 컨테이너화물 운송형태
6. 운송절차
7. 복합운송과의 관계

1. 의의

- 컨테이너운송이란 운송과정 중에 컨테이너란 운송용기에 화물을 적입하여 운송하는 것
- 화물을 컨테이너에 적입하여 기계로 하역하고 컨테이너선으로 운송하는 방식
- 컨테이너운송에 의해 비로소 해상운송 서비스의 단위화와 규격화가 가능하게 되어 해상운송 서비스의 대량공급이 가능하게 됨.
- 해상 뿐만 아니라 육상, 항공운송 등에서도 컨테이너를 이용한 운송이 보편화

2. 필요성

항만에서의 불필요한 비용을 줄일 수 있고, 선박회항 시간을 단축할 수 있으며, 운송화물의 단위당 비용을 줄일 수 있고, 선복이윤을 증대시킬 수 있다.

3. 장단점

(1) 컨테이너운송의 장점
 1) 물적유통 관리상의 비용 절감
  ① 운송 및 하역비의 절감
  ② 보관비의 절감
  ③ 포장비의 절감
  ④ 자금의 신속 회전
  ⑤ 보험료 및 기타 비용절감
 2) 고객에 대한 서비스의 향상
 3) 국제복합운송의 기능

(2) 컨테이너운송의 단점
① 막대한 자본과 기술적 지원이 필요
② 화물의 종류나 성질상 운송하는 데 곤란한 화물
③ 갑판상에 적재되는데 따른 할증보험료율의 적용과 컨테이너취급상의 대인대물배상책임보험은 보험료 증가요인
④ 노동집약적인 개도국의 경우에는 항만노무자의 실업문제 및 국제간의 컨테이너 운송관련 법체계나 제도의 수용상 어려움

4. 종류(컨테이너, 컨테이너선, 컨테이너화물)

5. 컨테이너화물 운송형태
수출지의 송하인과 수입지의 수하인의 관계에서 볼 때 4가지 운송형태로 구분
(1) CY(FCL/DOOR) - CY(FCL/DOOR)
(2) CY - CFS(LCL/PIER)
(3) CFS - CY
(4) CFS - CFS

6. 운송절차(컨테이너선)
(1) 선적단계
① 선사 Booking List작성
② FCL은 송하인에게 공 컨테이너 제공, LCL화물은 CFS(컨테이너 화물조작장)에 공 컨테이너 제공하여 적입준비
③ FCL 화물 송하인은 화물 적입하여 CY까지 운송하여 인계, LCL화물 송하인은 화물 CFS까지 운송하여 인계, CFS 운영인 화물적입하여 CY에 인계
④ CY운영인 송하인에게 부두수령증(Dock Receipt: D/R) 교부
⑤ 송하인은 D/R과 운임(CIP, CPT) 선사에 제공
⑥ 선사 B/L발급

(2) 양륙단계
① 선　사 : 수하인에 도착통지
② 수하인 : B/L선사에 제시
③ 선　사 : 수하인에 D/O(Delivery Order: 화물인도지시서) 교부
④ 수하인 : 화물인도장소에 D/O제시하여 화물인도

7. 복합운송과의 관계

제4편 복합운송

- 1. 의의
- 2. 요건(특성)
- 3. 복합운송인
- 4. 복합운송증권
- 5. 관련 국제법규
- 6. UCP 및 Incoterms 와의 관계
- 7. 컨테이너 운송과의 관계
- 8. 주요경로

1. 의의

(1) 의의

복합운송 용어등장 : 1929년 바르샤바조약

1980 '유엔국제물품복합운송조약'에서 multimodal transport라고 표기

5차 신용장통일규칙(1993)에서도 multimodal transport로 부름

(2) 정의(MT조약)

국제물품복합운송이란 복합운송인이 물건을 인수한 어느 한 나라의 지점에서 다른 나라에 위치하고 있는 인도가 예정된 지점까지 복합운송계약에 의거한 적어도 두 가지 이상의 운송수단에 의한 물건운송

(3) 비교

① 복합운송 vs 통운송(공통 : 복수의 운송인 / 차이 : 이종운송수단결합)

② 복합운송 vs 컨테이너운송

2. 요건(특성)

(1) 단일운송계약

(2) 복합운송인의 전운송구간에 대한 주체성(단일책임)

(3) 단일운임

(4) 운송수단의 다양성(이종운송수단결합) : 운송수단의 종류가 문제 / 이러한 운송방식은 각각 다른 법적 규제를 받는 것이어야 함. 따라서 내륙수로, 철도, 도로에 다 같은 육상운송법이 적용되는 우리나라 상법 하에서 행해지는 복합운송은 서로 다른 종류의 운송수단이 사용되었음에도 복합운송으로 간주되지 않는다.

(5) 복합운송증권의 발행

UN국제물품복합운송조약 제5조 1항에 의하면 복합운송인은 화물을 인수한 경우 복합운송증권을 발행하여야 하며, 증권의 형식은 송하인의 선택에 따라 유통성 또는 비유통성으로 발행되어야 한다.

3. 복합운송인

1. 의의
2. 복합운송인의 유형
3. 복합운송인의 책임원칙
4. 복합운송인의 책임체계

(1) 의의

① 용어 : CTO(TCM), MTO(MT), ITO(UNCTAD/ICC)
② 정의 : 유엔복합운송조약(MT)에서는 복합운송인이란 스스로 또는 대리인을 통해서 운송계약을 체결하고 송화인이나 운송인의 대리인이 아닌 주체(하청운송인이 아님)로서 계약의 이행에 대해 책임을 지는 자 (1조 2항)

(2) 복합운송인의 유형

① 실제운송인형 : 복합운송인과 동일인 여부에 관계없이 실제로 운송의 전부 또는 일부를 이행하거나 또는 이행을 약속하는 자
② 계약운송인형 : 운송수단을 직접 보유하지 않으면서도, 운송주체자로서의 역할과 책임을 다하는 운송인

*실체
- 우리나라의 국제물류주선인(물류정책기본법 - 2007.8.3 개정)
- 미국의 NVOCC
- FIATA가 정의하는 Freight Forwarder

③ 무선박운송인형 : 법적으로 실체화

(3) 복합운송인의 책임원칙

① 과실책임주의
② 무과실책임주의: 불가항력, 포장의 불비, 화물고유의 성질, 통상의 소모 또는 누손 등으로 발생한 손해에 대해서는 면책을 인정
③ 절대책임주의

(4) 복합운송인의 책임체계

복합운송인은 화주에 대하여 복합운송 전구간에 걸쳐 단일의 운송책임을 부담하는데, 복합운송인이 부담하는 책임을 어떤 내용으로 결정할 것인지에 대하여는 단일책임체계, 이종책임체계 및 수정책임체계 등의 이론

1) 단일(동일)책임체계

① 의의

　복인운송인이 물품의 멸실이나 손상, 지연 등의 손해가 발생한 운송구간이나 운송방식의 여하를 불문하고 화주에 대하여는 전운송구간에 걸쳐서 전적으로 동일한 내용의 책임을 부담하는 것.

② 단점
- 복합운송인이 하청운송인에게 구상해야 하므로, 오히려 절차가 복잡하게 되어 비용이 증가할 수 있다는 문제점
- 책임수준을 어디에 맞추느냐에 따라 이해관계가 엇갈리게 된다는 문제점
- 이상주의적인 것으로 치우치는 경향
- 화주에게는 유리하지만 복합운송인에게는 불리

③ 장점
- 이론적으로는 일관성, 간명성, 합리성이 있음
- 손해발생의 장소나 시기 등을 고려할 필요가 없기 때문에 불필요한 소송을 제거하여 당사자들 간에 분쟁을 줄일 수 있는 것으로 평가
- 복잡한 이종책임체계보다 단순하기 때문에 실무가들에게는 한층 더 매력적인 체계

④ 채택

　TCM 조약안과 1992년 UNCTAD/ICC 통일규칙이 채택

2) 이종책임체계

① 의의

　복합운송인이 전 운송구간에 대하여 화주에게 책임을 지지만, 그 책임의 내용은 손해발생구간의 판명여부에 따라 달라지는 것이다. 즉, 손해발생구간이 확인되지 않은 운송구간불명손해에 대하여는 그 손해가 해상구간에서 발생한 것으로 추정하여 헤이그규칙을 적용하든가 또는 별도로 정하여진 일반원칙을 적용하고, 손해발생 구간이 확인된 손해인 경우에는 각기 다른 운송수단에 대하여 그 손해발생구간에 해당하는 국내법이나 국제조약을 적용하는 책임체계

② 단점
- 각 운송구간에 적용될 각종의 국제조약과 국내법에 의한 책임내용을 모두 잘 알고 있는 전문가가 아닌 한 그 책임내용을 올바르게 적용할 수 없음
- 각 운송구간에 대한 청구사건의 해결을 위하여는 보험회사의 비용도 증가한다는 문제
- tie-up system의 적용으로 화주에게 불리한 약관 등이 적용될 가능성 (복합운송인의 책임원칙과 하청운송인의 사적 계약상의 책임원칙을 전적으로 동일하게 하는 방식)

③ 장점
- 실무적이고 상업적인 견지에서는 현실적인 것으로 인정
- 기존의 운송법 질서를 고려 적용조화시킴으로서 복합운송의 원활한 발전을 도모
- 가장 적절한 책임수준을 결정하며 가장 낮은 총보험료비용을 야기시킨다는 점
- 가장 합리적이고 현실적인 책임체계로 평가

④ 채택
동경규칙, FIATA CT BL의 이면약관

3) 절충식책임체계
① 의의
단일책임체계와 이종책임체계의 절충안으로서, 복합운송인의 책임체제는 일률적인 책임원칙을 따르고, 책임의 정도와 한도는 손해가 발생한 운송구간의 조약 또는 법규를 따르도록 한다.

② 채택(MT 조약)
동 조약 19조에서는 단일책임체계를 채택하더라도 어느 구간의 운송수단에 고유한 조약 또는 강행법규에 의한 책임한도액 본조약의 한도액보다 높은 경우에는 고유의 조약 또는 강행법규가 우선하는 것으로 규정. 즉 손해발생구간의 확인 여부에 관계없이 동일한 책임규정을 적용한다는 점에서는 단일책임체계를 채택한 것으로 보이지만, 손해발생국간이 확인되고 그 구간에 적용될 국제조약 또는 강행적인 국내법에 규정된 책임한도액이 동조약의 책임한도액보다 높은 한도를 규정하고 있는 경우에는 그 구간에 적용될 법의 책임한도액을 인정하여 이종책임체계를 절충하고 있는 것이다.

4. 복합운송증권

(1) 의의
① 의의 : 복합운송증권이란 선박, 철도, 항공기, 자동차 등 종류가 다른 운송수단 중 두 가지 이상의 조합에 의해 이루어지는 운송에 대해 복합운송인이 발행하는 증권

② 규정(MT 조약)
복합운송증권은 복합운송계약에 따라 복합운송인이 자신의 관리 하에 물품을 수취하였다는 것 및 그 계약의 내용에 따라 운송인이 물품을 인도할 의무를 부담하는 것을 증명하는 증권(1조 4항)

(2) 기능
① 운송계약 체결의 추정적 증거
② 물품수령증
③ 권리증권성

(3) 법적성질

① 요식증권
② 요인증권
③ 문언증권
④ 유통증권, 유가증권
⑤ 처분증권

(4) 종류

① 복합운송인이 부담하는 책임내용
   - 분할책임형증권(network system), 통합책임형증권(uniform system)
② 증권의 발행인이 누군가에 따라
   해상운송인이 발행하는 증권, 육상운송인이 발행하는 증권, 항공운송인이 발행하는 증권, 또 운송주선인이 발행하는 증권
③ 복합운송증권이 선하증권의 형식을 취하는가 아닌가,
④ 유통성인가 비유통성인가, 유통성이 있는 경우에는 기명식인가 지시식인가 하는 것이다.

(5) 신용장통일규칙 상의 수리요건(UCP 600 제19조)

구 분	복합운송서류 (적어도 두 가지의 다른 운송방식을 표시하는 운송서류)	관련 조항
서류의 명칭	① 복합운송서류는 그 명칭에 관계없이 아래와 같이 보여야 한다.	제19조 a항 본문
운송인의 명칭표기 및 서명방법	㉮ 운송인의 명칭이 표시되고, 운송인, 선장 또는 이들 대리인에 의하여 서명되어 있어야 한다.	제19조 a항 ⅰ호
선적의 표시	㉯ 신용장에 명기된 장소에서 물품이 발송, 수탁 또는 본선선적되었음이 표시되어야 한다.	제19조 a항 ⅱ호
수탁지 및 최종목적지의 표시	㉰ 신용장에 명기된 발송·수탁·선적지와 최종목적지가 표시되어야 한다.	제19조 a항 ⅲ호
서류의 제시통수	㉱ 운송서류상에 표시된 대로 전통이어야 한다.	제19조 a항 ⅳ호
약식/배면 백지식서류	㉲ 운송의 제 조건을 포함하고 있거나 운송의 제조건을 포함하는 다른 자료를 참조하도록 표시하는 약식/배면 백지식 복합운송서류이어야 한다.	제19조 a항 ⅴ호
용선계약의 금지	㉳ 용선계약에 따른다는 표시가 없어야 한다.	제19조 a항 ⅵ호

환적의 정의	② 환적이란 신용장에 명기된 발송, 수탁 또는 선적지로부터 최종목적지까지의 운송과정 중에 한 운송수단으로 부터의 양화 및 다른 운송수단으로의 재적재를 말한다.	제19조 b항
환적의 허용여부	③ 신용장에서 환적을 금지하더라도, 은행은 환적이 행해질 것이라거나 또는 행해질 수 있다고 표시하고 있는 복합운송서류를 수리하여야 한다. 다만, 전운송은 동일한 복합운송서류에 의하여 커버되어야 한다.	제19조 c항

5. 국제법규

1. 의의
2. 적용범위
3. 운송인의 책임
4. 기타

- 밧게안(1965) : UNIDROIT "국제물품복합운송조약초안" + 동경규칙(1969) : CMI
  = TCM조약안(1970) : 복합운송협약 초안
  = 백지환원
  = 1980 UN국제물품복합운송조약

〈민간베이스〉
  ICC 1975 '복합운송에 관한 통일규칙'
  1992년 복합운송증권에 관한 UNCTAD/ICC 규칙

- MT 조약이 외면되자, UNCTAD는 국제물품복합운송을 규율하기 위한 새로운 방향 모색
- UNDTAD와 ICC가 공동으로 제정
- ICC의 복합운송에 관한 통일규칙 대체
- 헤이그 규칙과 헤이그-비스비규칙에 기초
- 추정적 과실책임주의 – 네트워크 책임체제를 채택

  cf. 현재 우리나라를 비롯하여 세계적으로 통용되고 있는 FIATA FBL은 지난 1992년부터 발효하기 시작한 UNCTAD/ICC 복합운송증권규칙에 의거하여 개정해 1994년 3월 1일 부터 사용하기로 한 것이다.

* UN국제물품복합운송조약
  - 40개 조문 + 부속서에 5개의 조문
  - 함부르크규칙 영향(발효조건인 30개국- 아직 요원함)

1) 복합운송인의 책임 : 과실책임주의(과실추정주의)
2) 수취 또는 인도지의 어느쪽이 체약국이면 강제적 적용
3) 책임한도액 : 920 SDR or 2.75 SDR 중 많은 금액(단 육상구간에는 CIM, CMR의 한도액에 의함)
4) 책임한도액은 수정동일책임체계에 의함. 즉 사고발생구간에 강행법규가 존재하는 경우에도 본 조약의 규정이 우선 적용될 수 있다. 단, 당해 강행법규의 한도액이 본 조약의 그것을 상회하는 경우에는 그 강행법규가 우선 적용된다.

		UN국제물품복합운송조약 (MT 조약)
제정	정식명칭	국제물품복합운송에 관한 UN 협약
	제정연도	1980.5.24 채택 - 아직 발효 되지 못함
	제정주체	UNCTAD
	구성	40개 조문
적용범위	적용대상	화물제한 없음 - 산동물, 갑판적 언급 없음 - 컨테이너, 팔레트 포함
	적용구간	- 운송물의 수령지 또는 인도지가 체약국내에 있는 2국간의 복합운송계약 (운송인의 관리 하) -2조, 3조 1항(수령에서 인도까지) - Door to Door
	적용범위	운송물의 수령지 또는 인도지가 체약국 내에 있는 2국간의 복합운송계약을 그 강행적 적용대상으로 함(2조, 3조 1항)
운송인 책임	손해배상 대상범위 (손해원인)	멸실, 훼손, 인도지연
	운송인 의무	- 별도 규정 없음 - 일반원칙에 의거 운송 전구간에 대한 책임 - 감항능력 주의의무 (지속)
	책임원칙	(1) 책임원칙 : 과실추정주의 (2) 책임체계 : 수정단일책임체계
	책임한도	* 멸실, 훼손 920 SDR or 2.75 SDR 중 많은 금액. 단 육상 운송구간에는 CIM, CMR 의 한도액 (해상운송구간이 포함되지 않은 경우는 <u>kg 당 8.33 SDR</u>) - 함부르크 규칙보다 10% 인상 @ 해상운송구간이 포함된 복합운송 : 포장. 중량 병용방식 @ 해상구간이 포함되지 않은 복합운송 : 중량단일방식 * 인도지연 복합운송계약상의 운임총액을 상한으로 하여 **지연된 운송물에 대하여 지급되는 운임의 2.5배**에 상당하는 금액 (전손의 한도액을 초과 하지 않음 - 지연 + 분손)

	상실사유	멸실·손상 또는 인도지연을 발생시킬 의도를 가지고 또는 무모하게 또는 이것이 발생할 우려가 있다는 것을 인식하면서 행한 운송인의 작위 또는 부작위로 이들 손해가 발생되었음이 증명된 경우
	면책	항해과실면책 : 폐지 화재 : 폐지 면책카달로그 : 폐지
기타	컨테이너조항 (약관)	있음
	제3자 책임한계 (히말라야약관)	이행보조자 항변사유나 책임한도 인용 가능
	손해배상	외관확인 가능 : 익일 외관확인 불능 : 6일 인도지연 : 60일 인도지연 90일 : 멸실
	소제기	2년 (인도 x - 6개월)

6. UCP 및 Incoterms 와의 관계
 (1) 복합운송과 신용장 통일규칙
 (2) 복합운송과 정형거래조건

7. 컨테이너 운송과의 관계

8. 주요경로
 (1) 해륙복합운송_랜드브릿지(Land Bridge)
  ① 시베리아랜드브릿지(SLB)
  ② 차이나랜드브릿지(CLB)
  ③ 아메리카랜드브릿지(ALB)
  ④ 캐나다랜드브릿지(CLB)
  ⑤ 미니랜드브릿지(Mini Land Bridge)
  ⑥ 마이크로랜드브릿지(Micro Land Bridge)
 (2) 해공복합운송

제5편 항공운송

1. 의의
2. 특성(장, 단점)
3. 운송업자
4. 운임
5. 항공화물의 수출입절차
6. 항공화물운송장
7. 조약 / 항공운송인의 책임
8. 항공운송과 보험
9. 항공운송과 정형거래조건
10. 항공화물인도승낙서

1. 의의

항공기의 항복(plane's space)에 여객 또는 화물을 탑재하고 국내외 공항에서 공로(air route)를 통하여 다른 공항까지 운항하는 운송시스템을 의미한다. 국제항공화물의 운송은 일반적으로 송하인이 항공회사와 직접 접촉하기보다는 항공화물대리점(air cargo agent)이나 항공화물운송주선업자(air freight forwarder)와 운송계약을 체결하고 있다.

2. 특성(장,단점)

신속성, 정시성, 안정성, 경제성, 야행성, 비계절성, 편도성

3. 운송업자

(1) 항공화물운송대리점(Air Cargo Agent)
(2) 항공화물운송주선업(Air Freight Forwarder)

> ■ 항공운송인 - 실제운송인
>   - 계약운송인 - 혼재업자
>   - 운송주선인
> (바르샤바협약 - 항공화물의 수취에서 인도까지의 동안에, 자신의 관리 하에 있는 화물의 파괴, 멸실, 손상 및 지연에 의한 손해를 배상하는 책임을 부담한다.)

(1) **항공화물운송대리점**(Air Cargo Agent)
- 항공사 또는 총대리점을 위하여 유상으로 항공기에 의한 화물운송계약체결을 대리하는 사업을 말한다.

- 항공화물운송대리점은 항공사를 대리하여 항공사의 운송약관, 운임률표 및 운항시간표에 의거 항공화물을 모으고 항공화물운송장을 발행하여 이에 부수되는 업무를 수행하여 그 대가로 소정의 수수료를 받는다.

(2) **항공화물운송주선업**(Air Freight Forwarder)
- 항공화물주선업자는 혼재업자라고도 부르는데, 타인의 수요에 응해 자기의 명의로 항공사의 항공기를 이용, 화물을 혼재, 운송주선하는 사업자이다.
- 혼재업자는 자체의 운송약관 및 운임률표(tariff)를 가지고 혼재되는 개개의 화물에 대해 혼재화물운송장(House Air Waybill ; HAWB)을 발행한다. 혼재화물이 항공사에 인도될 때 혼재업자는 화물집하자이면서 송하인이 되어 항공사로부터 항공화물운송장(Master Air Waybill ; MAWB)을 발급받게 된다. 수출자가 은행을 통하여 환어음을 매입하는 것과, 수입자가 화물도착지에서 항공화물을 찾게 되는 것은 HWB 이다. MAWB은 항공사와 혼재업자 간의 운송계약에 따른 증빙이며 항공화물을 수하인별로 분류하여 인도할 때 HAWB와 연결시키게 된다.

> - tool
> 1. 의의(활동영역)
> 2. 운임(tariff)
> 3. 화주에 대한 책임
> 4. 운송약관
> 5. 수수료
> 6. 항공화물운송장

4. 운임

(1) **일반화물요율**(general cargo rate : GCR) : 특정품목할인요율(specific commodity rate) 또는 품목분류요율(class rate)이 적용되지 않는 모든 화물에 적용되는 가장 기본적인 요율

(2) **특정품목할인요율**(specific commodity rate : SCR) : 특정구간에서 동일품목이 계속적으로 반복운송되는 품목에 대하여 일반품목보다 요율을 낮춤으로써 항공운송이용을 촉진·확대시키는 데 목적

(3) **품목분류요율**(commodity classification rate : CCR) : 화물의 특성, 가격 등을 고려하여 몇 가지 특정품목, 특정 지역간에만 적용한다. 이 요율이 적용되는 품목은 신문·잡지 등 정기간행물, 귀중화물, 생동물 등으로, 예를 들면 신문·잡지는 할인하고 귀금속 및 생동물 등은 기본료율에 할증하여 부과

(4) **종가운임**(valuation charge : VC) : 신고가격(declared value)이 화물 1kg당 일정금액을 초과하면 종가운임이 부과된다. 무신고도 하나의 신고로 간주하며 귀금속·예술작품 등 고가품은 신고하여 할증된 종가운임을 지급

(5) **팰릿·컨테이너 운임**(bulk unitization charge : BUC) : 팰릿 또는 컨테이너에 적입된 상태로 송하인이 항공사에 반입, 그대로 수하인에게 인도되는 화물에 적용하는 운임으로 화물의 종류에 관계없이 일정 구간에 한해 팰릿·컨테이너 크기와 개수로 운임을 부과한다.

5. 항공화물의 수출입절차

(1) **Space Booking** : 송하인 해당 화물의 품목, 수량, 포장개수, 총용적, 총중량, 출하예정지, 출하지, 운송방법을 통보하며 관계서류를 전달한다.
(2) **Cargo Pick-up** : 운송대리인은 화물을 송하인으로부터 pick-up하여 공항으로 운송한 후 보세창고에 반입한다.
(3) **검사, 통관 및 검정·검량** : 미통관화물은 소정의 세관검사 후 통관되며, 지정된 검정·검량업체로부터 검사를 받고 통관이 완료되어 반입된 화물은 검정·검량만 집행한 후 보세구역에서 일정기간 장치 후 기적되며, 장치기간이 유보되는 화물은 즉시 해당 항공기에 적재된다.
(4) **Air Waybill** : 항공운송대리인은 화물을 인수함과 동시에 송하인에게 항공화물운송장을 발행한다. 운임선지급조건일 경우에는 대리점이 수금하여 항공사에 전달하며, 후지급인 경우에는 도착지에서 대리점 또는 항공사 지점이 운임을 받고 화물을 인도한다.
(5) **화물인도** : 목적지에 도착한 화물은 해당 공항이나 항공사의 지정창고에 반입되어 항공사나 항공운송대리인의 양하지 partner에 의해 화물도착사실이 수하인에게 통보되며, 수하인은 화물과 함께 도착한 Air Waybill 원본을 인수하여 수입통관후 화물을 인수한다.

6. 항공화물운송장

1. 의의
2. 기능
3. 구성
4. 법적성질
5. 선하증권과의 비교(공통점/ 차이점)
6. 항공운송서류와 신용장통일규칙(UCP 600 제23조)

1. 의의

해상운송의 선하증권에 해당하는 항공운송의 기본서류가 항공화물운송장(Air Waybill : AWB) 또는 항공화물탁송장(Air Consignment Note)
운송장은 송하인과 운송인 사이에 운송계약이 체결되었다는 증거서류이며 동시에 송하인으로부터 화물을 수령하였다는 증빙

2. 기능

(1) 운송계약체결의 추정적 증거
(2) 물품수령증
(3) 운임계산서
(4) 보험계약증서

3. 구성

항공화물운송장은 **3장**(Triplicate)의 **원본**(original)과 **여러 통의 부본**(copy)으로 구성
각 원본 및 부본에는 그 **용도가 정해져 있으며** 식별을 쉽게 하기 위해서 **색용지** 사용

(1) **제1원본은 녹색으로 운송인용**(for the carrier)이라고 기재하고 송하인이 서명한다. 이는 항공회사가 운임 및 기타 회계처리를 위하여 사용하며, 송하인과 운송인 간에 운송계약이 성립되었음을 증명하는 서류가 된다.

(2) **제2원본은 적색으로 수하인용**(for the consignee)이라고 기재하고 송하인 및 항공사가 서명한다. 이는 화물과 함께 목적지에 송부되어 화물의 식별에 사용되고, 목적지의 항공대리점이 화물과 함께 이를 수하인에게 인도한다. 수하인은 자기가 항공운송장에 기재된 수하인이라는 것만 입증하면 항공회사 대리점은 화물과 수하인용 항공운송장 원본 2부를 수하인에게 인도한다.

(3) **제3원본은 청색으로 송하인용**(for the shipper)으로 운송인이 서명하여 화물인수 후 송하인에게 교부한다. 이는 운송인이 화물을 수령하였다는 수령증이며 운송계약을 체결했다는 증거서류가 된다. 이와 함께 발행되는 부분은 화물인도의 증명서, 운송계약의 이행증거서류, 운송인의 대리점 보관용 등의 용도로 사용된다.

4. 법적성질

(1) 비유통증권
(2) 지시증권 및 불완전처분증권
(3) 증거증권

5. 선하증권과의 비교(공통점/ 차이점)

(1) 유통성
(2) 유가증권성
(3) 발급시기
(4) 발행형식
(5) 작성주체
(6) 상환증권성(화물인수)

6. 항공운송서류와 신용장통일규칙(UCP 600 제23조)

구분	항공운송서류	관련 조항
서류의 명칭	① 항공운송서류는 그 명칭에 관계없이 아래와 같이 보여야 한다.	제23조 a항 본문
운송인의 명칭표기 및 서명방법	㉮ 운송인의 명칭이 표시되고, 운송인 또는 그 대리인에 의하여 서명되어 있어야 한다.	제23조 a항 ⅰ호

선적의 표시	⑭ 물품이 운송을 위하여 인수되었음이 표시되어야 한다.	제23조 a항 ii호
발행일의 표시	⑮ 발행일이 표시되어야 한다.	제23조 a항 iii호
출발공항 및 양륙공항의 표시	⑯ 신용장에 명기된 출발공항과 목적공항이 표시되어야 한다.	제23조 a항 iv호
서류의 제시통수	⑰ 신용장에서 전통이 요구되더라도, 송화인용 원본이 제시되어야 한다.	제23조 a항 v호
약식/배면 백지식 서류	⑱ 운송의 제조건을 포함하고 있거나 운송의 제조건을 포함하는 다른 자료를 참조하도록 표시하는 항공운송서류이어야 한다.	제23조 a항 vi호
환적의 정의	② 환적이란 신용장에 명기된 출발공항으로부터 목적공항까지의 운송과정 중에 한 항공기로부터의 양하 및 다른 항공기로의 재적재를 말한다.	제23조 b항
환적의 허용여부	③ 신용장에서 환적을 금지하더라도, 은행은 환적이 행해질 것이라거나 또는 행해질 수 있다고 표시하고 있는 항공운송서류를 수리하여야 한다. 다만, 전운송은 동일한 항공운송서류에 의하여 커버되어야 한다.	제23조 c항

7. 조약 / 항공운송인의 책임

8. 항공운송과 보험

협회항공적하약관(ICC(All Risks)) + IWC(Air Cargo) + ISC(Air Cargo)

9. 항공운송과 정형거래조건

10. 항공화물인도승낙(항공L/G)

    1. 의의
    2. 개념
    3. 필요성
    4. 절차
    5. 내용
    6. 비교(해상L/G VS 항공L/G)
        (1) 명칭
        (2) 정의
        (3) 발행목적
        (4) 발행주체
        (5) 대상서류

☑ 해상화물L/G VS 항공화물L/G

	해상화물L/G	항공화물L/G
명 칭	수입화물선취보증서	항공화물운송장에 의한 화물인도승낙서
정 의	은행이 수하인인 수입자와 운송인에게 선하증권 원본을 입수하는 즉시 교부하며 선하증권의 정당한 소지인에게 운송인이 손해배상책임을 부담할 경우 책임을 부담할 경우 책임을 부담할 것을 보증하는 서류	발행은행이 채권확보를 위하여 발행은행을 수하인으로 기재된 항공화물에 대하여 수입화주로부터 대금결제를 완료한 후 운송인 또는 보세창고업자에게 당해 물품을 수입화주에게 인도하여도 좋다는 뜻이 기재된 서류
발행목적	선하증권의 위기 발생시 선하증권 도착전 화물을 수령하기 위함.	발행은행의 신용장대금의 채권확보를 위해 사용 (대금결제상의 목적)
발행주체	발행은행	발행은행
대상서류	은행지시식 선하증권	은행기명식 항공화물운송장

11. 조약 / 항공운송인의 책임

		바르샤바협약 - 와르소(Warsaw)	헤이그 의정서, 개정바르샤바협약	몬트리올협약
제 정	의의	해상운송에 관한 헤이그규칙을 모법으로 하여 제정된 협약으로 항공운송인의 추정과실책임과 유한책임원칙을 채택하고 있음.	〈주요개정내용〉 항공운송장에 관한 규정의 수정, 그 동안 해석상 논란이 되었던 규정의 명확화 및 항공운송인의 책임한도액의 조정 등	기존의 관련 조약들을 현대화하고 하나로 통합한 것이며 소비자/승객을 위한 조약
	정식 명칭	국제항공운송관련 일부 법규의 통일에 관한 협약 - 국제항공운송에 관한 통일조약	국제항공운송 관련 일부 법규의 통일에 관한 협약을 개정하는 의정서	국제항공운송에 관한 일부 규칙의 통일에 관한 협약
	제정 연도	제정:1929.10.12 발효:1933.2.13	제정:1955.9.28 발효:1963.8.1	1999.5월 채택 2003.11.4 발효 우리나라는 2007.12.29 발효
	제정 주체			IACO(국제민간항공기구)
	구성			전문, 7개장 57개 조문
적 용	적용 대상	- 유상으로 국제운송되는 승객, 수하물, 화물 - 우편협약에 따른 운송 제외	- 유상으로 국제운송되는 승객, 수하물, 화물 - 우편, 우편소화물 제외	- 유상으로 국제운송되는 승객, 수하물, 화물 - 일반우편물 면책

범위				
범위	적용 구간	Airport to Airport (항공운송인이 관리하는 구간)	Airport to Airport (항공운송인이 관리하는 구간)	Airport to Airport (항공운송인이 관리하는 구간)
	적용 범위	항공운송의 출발자국과 도착자국이 동시에 원협약의 체약국일 경우	출발자국과 도착자국이 동시에 개정협약의 체약국일 경우	출발지와 도착지가 체약국인 경우
운송인 책임	운송인 의무	운송인은 여객 운송시 항공기내 또는 승강 중에 발생한 승객의 사망, 부상 등에 대하여 배상할 책임을 진다. (제17조)		수하인에 대한 화물도착 및 인도의무
	손해배상 대상범위 (손해원인)	항공운송 중 수하물의 파괴, 멸실, 훼손, 지연	항공운송 중 수하물의 파괴, 멸실, 훼손, 지연	항공운송 중 화물의 파괴, 멸실 또는 훼손, 지연
	책임 원칙	과실추정주의 (18조, 20조)	과실추정주의	무과실책임주의(멸실손상) 과실추정주의 (인도지연)
	책임 한도	1kg 당 250프랑 → 1kg 당 17 SDR 1kg 당 USD 20	1kg 당 USD 20	1kg 당 22 SDR 까지는 무과실 책임 (2019개정) (22조 3항)
	면책	1. 운송인 최대선의 2. 손해가 조종, 항공기 취급 과실 3. 청구자측의 과실		1. 화물고유의 흠결, 품질, 하자 2. 화물의 결함이 있는 포장 3. 전쟁 또는 무력분쟁 4. 공공기관의 행위
기타		(1) 멸실, 손상 - 물품을 수령한 날로부터 7일 이내 (2) 연착 - 송하인이 화물을 처분할 수 있었던 날로부터 14일 이내	(1) 멸실, 손상 - 물품을 수령한 날로부터 14일 이내 (2) 연착 - 송하인이 화물을 처분할 수 있었던 날로부터 21일 이내	(1) 멸실, 손상 - 물품을 수령한 날로부터 14일 이내 (2) 연착 - 송하인이 화물을 처분할 수 있었던 날로부터 21일 이내
	소계기	화물의 도착일, 도착하여야 할 일자 또는 운송의 중지일로부터 2년 이내	화물의 도착일, 도착하여야 할 일자 또는 운송의 중지일로부터 2년 이내	화물의 도착일, 도착하여야 할 일자 또는 운송의 중지일로부터 2년 이내 (29조)
	책임 한도액 상실사유	운송인 또는 사용인의 고의로 인한	운송인 또는 사용인의 고의로 인한	

✓ 국제항공운송에 있어서의 일부 규칙 통일에 관한 협약

이 협약의 당사국은,

1929년 10월 12일 바르샤바에서 서명된 국제항공운송에 있어서의 일부 규칙 통일에 관한 협약(이하 '바르샤바협약'이라 한다) 및 기타 관련 문서들이 국제항공사법의 조화에 지대한 공헌을 하여왔음을 인식하며,
바르샤바협약 및 관련 문서를 현대화하고 통합하여야 할 필요성을 인식하며,
국제항공운송에 있어서 소비자 이익 보호의 중요성과 원상회복의 원칙에 근거한 공평한 보상의 필요성을 인식하며,
1944년 12월 7일 시카고에서 작성된 국제민간항공협약의 원칙과 목적에 따른 국제항공운송사업의 질서정연한 발전과 승객·수하물 및 화물의 원활한 이동이 바람직함을 재확인하며,
새로운 협약을 통하여 국제항공운송을 규율하는 일부 규칙의 조화 및 성문화를 진작하기 위한 국가의 공동행동이 공평한 이익균형의 달성에 가장 적합한 수단임을 확신하며,
다음과 같이 합의하였다.

제1장 총 칙

제1조 적용 범위

1. 이 협약은 항공기에 의하여 유상으로 수행되는 승객·수하물 또는 화물의 모든 국제운송에 적용된다. 이 협약은 항공운송기업이 항공기에 의하여 무상으로 수행되는 운송에도 동일하게 적용된다.
2. 이 협약의 목적상, 국제운송이라 함은 운송의 중단 또는 환적이 있는지 여부를 불문하고, 당사자간 합의에 따라 출발지와 도착지가 두 개의 당사국의 영역내에 있는 운송, 또는 출발지와 도착지가 단일의 당사국 영역내에 있는 운송으로서 합의된 예정 기항지가 타 국가의 영역내에 존재하는 운송을 말한다. 이때 예정 기항지가 존재한 타 국가가 이 협약의 당사국인지 여부는 불문한다. 단일의 당사국 영역내의 두 지점간 수행하는 운송으로서 타 국가의 영역내에 합의된 예정 기항지가 존재하지 아니하는 것은 이 협약의 목적상 국제운송이 아니다.
3. 2인 이상의 운송인이 연속적으로 수행하는 운송은 이 협약의 목적상, 당사자가 단일의 취급을 한 때에는, 단일의 계약형식 또는 일련의 계약형식으로 합의하였는지 여부를 불문하고 하나의 불가분의 운송이라고 간주되며, 이러한 운송은 단지 단일의 계약 또는 일련의 계약이 전적으로 동일국의 영역내에서 이행된다는 이유로 국제적 성질이 상실되는 것은 아니다.
4. 이 협약은 또한, 제5장의 조건에 따라, 동장에 규정된 운송에도 적용된다.

제2조 국가가 수행하는 운송 및 우편물의 운송

1. 이 협약은 제1조에 규정된 조건에 합치하는 한, 국가 또는 법적으로 설치된 공공기관이 수행하는 운송에도 적용된다.
2. 우편물의 운송의 경우, 운송인은 운송인과 우정당국간 관계에 적용되는 규칙에 따라 관련 우정당국에 대해서만 책임을 진다.
3. 본 조 제2항에서 규정하고 있는 경우를 제외한 이 협약의 규정은 우편물의 운송에 적용되지 아니한다.

제2장 승객·수하물 및 화물의 운송과 관련된 증권과 당사자 의무

제3조 승객 및 수하물

1. 승객의 운송에 관하여 다음 사항을 포함한 개인용 또는 단체용 운송증권을 교부한다.
   가. 출발지 및 도착지의 표시
   나. 출발지 및 도착지가 단일의 당사국 영역내에 있고 하나 또는 그 이상의 예정 기항지가 타 국가의 영역내에 존재하는 경우에는 그러한 예정 기항지 중 최소한 한 곳의 표시
2. 제1항에 명시된 정보를 보존하는 다른 수단도 동항에 언급된 증권의 교부를 대체할 수 있다. 그러한 수단이 사용되는 경우, 운송인은 보존된 정보에 관한 서면 신고서의 교부를 승객에게 제안한다.
3. 운송인은 개개의 위탁수하물에 대한 수하물 식별표를 여객에게 교부한다.
4. 운송인은 이 협약이 적용가능한 경우 승객의 사망 또는 부상 및 수하물의 파괴·분실 또는 손상 및 지연에 대한 운송인의 책임을 이 협약이 규율하고 제한할 수 있음을 승객에게 서면으로 통고한다.
5. 전항의 규정에 따르지 아니한 경우에도 운송계약의 존재 및 유효성에는 영향을 미치지 아니하며, 책임의 한도에 관한 규정을 포함한 이 협약의 규정이 적용된다.

제4조 화 물

1. 화물 운송의 경우, 항공운송장이 교부된다.
2. 운송에 관한 기록을 보존하는 다른 수단도 항공운송장의 교부를 대체할 수 있다. 그러한 수단이 사용되는 경우, 운송인은 송하인의 요청에 따라 송하인에게 운송을 증명하고 그러한 수단에 의하여 보존되는 기록에 포함된 정보를 수록한 화물수령증을 교부한다.

제5조 항공운송장 또는 화물수령중의 기재사항

항공운송장 또는 화물수령증에는 다음의 사항을 기재한다.
   가. 출발지 및 도착지의 표시
   나. 출발지 및 도착지가 단일의 당사국 영역내에 존재하고 하나 또는 그 이상의 예정 기항지가 타 국가의 영역내에 존재하는 경우에는 그러한 예정 기항지의 최소한 한 곳의 표시
   다. 화물의 중량 표시

제6조 화물의 성질에 관련된 서류

세관·경찰 및 유사한 공공기관의 절차를 이행하기 위하여 필요한 경우, 송하인은 화물의 성질을 명시한 서류를 교부할 것을 요구받을 수 있다. 이 규정은 운송인에게 어떠한 의무·구속 또는 그에 따른 책임을 부과하지 아니한다.

제7조 항공운송장의 서식

1. 항공운송장은 송하인에 의하여 원본 3통이 작성된다.
2. 제1의 원본에는 '운송인용'이라고 기재하고 송하인이 서명한다. 제2의 원본에는 '수하인용'이라고 기재하고 송하인 및 운송인이 서명한다. 제3의 원본에는 운송인이 서명하고, 화물을 접수받은 후 송하인에게 인도한다.
3. 운송인 및 송하인의 서명은 인쇄 또는 날인하여도 무방하다.
4. 송하인의 청구에 따라 운송인이 항공운송장을 작성하였을 경우, 반증이 없는 한 운송인은 송하인을 대신하여 항공운송장을 작성한 것으로 간주된다.

제8조 복수화물을 위한 증권

1개 이상의 화물이 있는 경우,
  가. 화물의 운송인은 송하인에게 개별적인 항공운송장을 작성하여 줄 것을 청구할 권리를 갖는다.
  나. 송하인은 제4조제2항에 언급된 다른 수단이 사용되는 경우에는 운송인에게 개별적인 화물수령증의 교부를 청구할 권리를 갖는다.

제9조 증권상 요건의 불이행

제4조 내지 제8조의 규정에 따르지 아니하는 경우에도 운송계약의 존재 및 유효성에는 영향을 미치지 아니하며, 책임의 한도에 관한 규정을 포함한 이 협약의 규정이 적용된다.

제10조 증권의 기재사항에 대한 책임

1. 송하인은 본인 또는 대리인이 화물에 관련하여 항공운송장에 기재한 사항, 본인 또는 대리인이 화물수령증에의 기재를 위하여 운송인에게 제공한 사항, 또는 제4조제2항에 언급된 다른 수단에 의하여 보존되는 기록에의 기재를 위하여 운송인에게 제공한 사항의 정확성에 대하여 책임진다. 이는 송하인을 대신하여 행동하는 자가 운송인의 대리인인 경우에도 적용된다.
2. 송하인은 본인 또는 대리인이 제공한 기재사항의 불비·부정확 또는 불완전으로 인하여 운송인이나 운송인이 책임을 부담하는 자가 당한 모든 손해에 대하여 운송인에게 보상한다.
3. 본 조 제1항 및 제2항의 규정을 조건으로, 운송인은 본인 또는 대리인이 화물수령증 또는 제4조제2항에 언급된 다른 수단에 의하여 보존되는 기록에 기재한 사항의 불비·부정확 또는 불완전으로 인하여 송하인이나 송하인이 책임을 부담하는 자가 당한 모든 손해에 대하여 송하인에게 보상한다.

제11조 증권의 증거력

1. 항공운송장 또는 화물수령증은 반증이 없는 한, 그러한 증권에 언급된 계약의 체결, 화물의 인수 및 운송의 조건에 관한 증거가 된다.
2. 화물의 개수를 포함한, 화물의 중량·크기 및 포장에 관한 항공운송장 및 화물수령증의 기재사항은 반증이 없는 한, 기재된 사실에 대한 증거가 된다. 화물의 수량·부피 및 상태는 운송인이 송하인의 입회하에 점검하고, 그러한 사실을 항공운송장이나 화물수령증에 기재한 경우 또는 화물의 외양에 관한 기재의 경우를 제외하고는 운송인에게 불리한 증거를 구성하지 아니한다.

제12조 화물의 처분권

1. 송하인은 운송계약에 따른 모든 채무를 이행할 책임을 조건으로, 출발공항 또는 도착공항에서 화물을 회수하거나, 운송도중 착륙할 때에 화물을 유치하거나, 최초 지정한 수하인 이외의 자에 대하여 도착지에서 또는 운송도중에 화물을 인도할 것을 요청하거나 또는 출발공항으로 화물을 반송할 것을 청구함으로써 화물을 처분할 권리를 보유한다. 송하인은 운송인 또는 다른 송하인을 해하는 방식으로 이러한 처분권을 행사해서는 아니되며, 이러한 처분권의 행사에 의하여 발생한 어떠한 비용도 변제하여야 한다.
2. 송하인의 지시를 이행하지 못할 경우, 운송인은 즉시 이를 송하인에게 통보하여야 한다.
3. 운송인은 송하인에게 교부한 항공운송장 또는 화물수령증의 제시를 요구하지 아니하고 화물의 처분에 관한 송하인의 지시에 따른 경우, 이로 인하여 항공운송장 또는 화물수령증의 정당한 소지인에게 발생된 어떠한 손해에 대하여도 책임을 진다. 단, 송하인에 대한 운송인의 구상권은 침해받지 아니한다.
4. 송하인에게 부여된 권리는 수하인의 권리가 제13조에 따라 발생할 때 소멸한다. 그럼에도 불구하고 수하인이 화물의 수취를 거절하거나 또는 수하인을 알 수 없는 때에는 송하인은 처분권을 회복한다.

제13조 화물의 인도

1. 송하인이 제12조에 따른 권리를 행사하는 경우를 제외하고, 수하인은 화물이 도착지에 도착하였을 때 운송인에게 정당한 비용을 지급하고 운송의 조건을 충족하면 화물의 인도를 요구할 권리를 가진다.
2. 별도의 합의가 없는 한, 운송인은 화물이 도착한 때 수하인에게 통지를 할 의무가 있다.
3. 운송인이 화물의 분실을 인정하거나 또는 화물이 도착되었어야 할 날로부터 7일이 경과하여도 도착되지 아니하였을 때에는 수하인은 운송인에 대하여 계약으로부터 발생된 권리를 행사할 권리를 가진다.

제14조 송하인과 수하인의 권리행사

송하인과 수하인은 운송계약에 의하여 부과된 채무를 이행할 것을 조건으로 하여 자신 또는 타인의 이익을 위하여 행사함을 불문하고 각각 자기의 명의로 제12조 및 제13조에 의하여 부여된 모든 권리를 행사할 수 있다.

제15조 송하인과 수하인의 관계 또는 제3자와의 상호관계

1. 제12조·제13조 및 제14조는 송하인과 수하인의 상호관계 또는 송하인 및 수하인과 이들 중 어느 한쪽으로부터 권리를 취득한 제3자와의 상호관계에는 영향을 미치지 아니한다.
2. 제12조·제13조 및 제14조의 규정은 항공운송장 또는 화물수령증에 명시적인 규정에 의해서만 변경될 수 있다.

제16조 세관·경찰 및 기타 공공기관의 절차

1. 송하인은 화물이 수하인에게 인도될 수 있기 전에 세관·경찰 또는 기타 공공기관의 절차를 이행하기 위하여 필요한 정보 및 서류를 제공한다. 송하인은 그러한 정보 및 서류의 부재·불충분 또는 불비로부터 발생한 손해에 대하여 운송인에게 책임을 진다. 단, 그러한 손해가 운송인·그의 고용인 또는 대리인의 과실에 기인한 경우에는 그러하지 아니한다.
2. 운송인은 그러한 정보 또는 서류의 정확성 또는 충분성 여부를 조사할 의무가 없다.

제3장 운송인의 책임 및 손해배상의 범위

제17조 승객의 사망 및 부상-수하물에 대한 손해

1. 운송인은 승객의 사망 또는 신체의 부상의 경우에 입은 손해에 대하여 사망 또는 부상을 야기한 사고가 항공기상에서 발생하였거나 또는 탑승과 하강의 과정에서 발생하였을 때에 한하여 책임을 진다.
2. 운송인은 위탁수하물의 파괴·분실 또는 손상으로 인한 손해에 대하여 파괴·분실 또는 손상을 야기한 사고가 항공기상에서 발생하였거나 또는 위탁수하물이 운송인의 관리하에 있는 기간중 발생한 경우에 한하여 책임을 진다. 그러나, 운송인은 손해가 수하물 고유의 결함·성질 또는 수하물의 불완전에 기인하는 경우 및 그러한 범위 내에서는 책임을 부담하지 아니한다. 개인소지품을 포함한 휴대수하물의 경우, 운송인·그의 고용인 또는 대리인의 과실에 기인하였을 때에만 책임을 진다.
3. 운송인이 위탁수하물의 분실을 인정하거나 또는 위탁수하물이 도착하였어야 하는 날로부터 21일이 경과하여도 도착하지 아니하였을 때 승객은 운송인에 대하여 운송계약으로부터 발생되는 권리를 행사할 권한을 가진다.
4. 별도의 구체적인 규정이 없는 한, 이 협약에서 '수하물'이라는 용어는 위탁수하물 및 휴대 수하물 모두를 의미한다.

제18조 화물에 대한 손해

1. 운송인은 화물의 파괴·분실 또는 손상으로 인한 손해에 대하여 손해를 야기한 사고가 항공운송중에 발생하였을 경우에 한하여 책임을 진다.
2. 그러나, 운송인은 화물의 파괴·분실 또는 손상이 다음중 하나이상의 사유에 기인하여 발생하였다는 것이 입증되었을 때에는 책임을 지지 아니한다.
    가. 화물의 고유한 결함·성질 또는 화물의 불완전
    나. 운송인·그의 고용인 또는 대리인이외의 자가 수행한 화물의 결함이 있는 포장

다. 전쟁 또는 무력분쟁행위
라. 화물의 입출국 또는 통과와 관련하여 행한 공공기관의 행위
3. 본 조 제1항의 의미상 항공운송은 화물이 운송인의 관리하에 있는 기간도 포함된다.
4. 항공운송의 기간에는 공항외부에서 행한 육상·해상운송 또는 내륙수로운송은 포함되지 아니한다. 그러나, 그러한 운송이 항공운송계약을 이행함에 있어서, 화물의 적재·인도 또는 환적을 목적으로 하여 행하여졌을 때에는 반증이 없는 한 어떠한 손해도 항공운송중에 발생한 사고의 결과라고 추정된다. 운송인이 송하인의 동의없이 당사자간 합의에 따라 항공운송으로 행할 것이 예정되어 있었던 운송의 전부 또는 일부를 다른 운송수단의 형태에 의한 운송으로 대체하였을 때에는 다른 운송수단의 형태에 의한 운송은 항공운송의 기간내에 있는 것으로 간주된다.

제19조 지 연

운송인은 승객·수하물 또는 화물의 항공운송중 지연으로 인한 손해에 대한 책임을 진다. 그럼에도 불구하고, 운송인은 본인·그의 고용인 또는 대리인이 손해를 피하기 위하여 합리적으로 요구되는 모든 조치를 다하였거나 또는 그러한 조치를 취할 수 없었다는 것을 증명한 경우에는 책임을 지지 아니한다.

제20조 책임 면제

운송인이 손해배상을 청구하는 자 또는 그로부터 권한을 위임받은 자의 과실·기타 불법적인 작위 또는 부작위가 손해를 야기하였거나 또는 손해에 기여하였다는 것을 증명하였을 때에는 그러한 과실·불법적인 작위 또는 부작위가 손해를 야기하였거나 손해에 기여한 정도에 따라 청구자에 대하여 책임의 전부 또는 일부를 면제받는다. 승객의 사망 또는 부상을 이유로 하여 손해배상이 승객이외의 자에 의하여 청구되었을 때, 운송인은 손해가 승객의 과실·불법적인 작위 또는 부작위에 기인하였거나 이에 기여하였음을 증명한 정도에 따라 책임의 전부 또는 일부를 면제받는다. 본 조는 제21조제1항을 포함한 이 협약의 모든 배상책임규정에 적용된다.

제21조 승객의 사망 또는 부상에 대한 배상

1. 운송인은 승객당 100,000 SDR을 초과하지 아니한 제17조제1항상의 손해에 대한 책임을 배제하거나 제한하지 못한다.
2. 승객당 100,000 SDR을 초과하는 제17조제1항상의 손해에 대하여, 운송인이 다음을 증명하는 경우에는 책임을 지지 아니한다.
   가. 그러한 손해가 운송인·그의 고용인 또는 대리인의 과실·기타 불법적인 작위 또는 부작위에 기인하지 아니하였거나,
   나. 그러한 손해가 오직 제3자의 과실·기타 불법적인 작위 또는 부작위에 기인하였을 경우

제22조 지연수하물 및 화물과 관련한 배상책임의 한도

1. 승객의 운송에 있어서 제19조에 규정되어 있는 지연에 기인한 손해가 발생한 경우, 운송인의 책임은 승객 1인당 4,150 SDR로 제한된다.

2. 수하물의 운송에 있어서 수하물의 파괴 · 분실 · 손상 또는 지연이 발생한 경우 운송인의 책임은 승객 1인당 1,000 SDR로 제한된다. 단, 승객이 위탁수하물을 운송인에게 인도할 때에 도착지에서 인도시 이익에 관한 특별신고를 하였거나 필요에 따라 추가요금을 지급한 경우에는 그러하지 아니한다. 이러한 경우, 운송인은 신고가액이 도착지에 있어서 인도시 승객의 실질이익을 초과한다는 것을 증명하지 아니하는 한 신고가액을 한도로 하는 금액을 지급할 책임을 진다.
3. 화물의 운송에 있어서 화물의 파괴 · 분실 · 손상 또는 지연이 발생한 경우 운송인의 책임은 1 킬로그램당 17 SDR로 제한된다. 단, 송하인이 화물을 운송인에게 인도할 때에 도착지에서 인도시 이익에 관한 특별신고를 하였거나 필요에 따라 추가 요금을 지급한 경우에는 그러하지 아니하다. 이러한 경우, 운송인은 신고가액이 도착지에 있어서 인도시 송하인의 실질이익을 초과한다는 것을 증명하지 아니하는 한 신고가액을 한도로 하는 금액을 지급할 책임을 진다.
4. 화물의 일부 또는 화물에 포함된 물건의 파괴 · 분실 · 손상 또는 지연의 경우, 운송인의 책임한도를 결정함에 있어서 고려하여야 할 중량은 관련 화물의 총 중량이다. 그럼에도 불구하고 화물의 일부 또는 화물에 포함된 물건의 파괴 · 분실 · 손상 또는 지연이 동일한 항공운송장 또는 화물수령증에 기재하거나 또는 이러한 증권이 발행되지 아니하였을 때에는 제4조제2항에 언급된 다른 수단에 의하여 보존되고 있는 동일한 기록에 기재되어 있는 기타 화물의 가액에 영향을 미칠 때에는 운송인의 책임한도를 결정함에 있어 그러한 화물의 총 중량도 고려되어야 한다.
5. 손해가 운송인 · 그의 고용인 또는 대리인이 손해를 야기할 의도를 가지거나 또는 무모하게 손해가 야기될 것을 인지하고 행한 작위 또는 부작위로부터 발생되었다는 것이 입증되었을 때에는 본 조 제1항 및 제2항에 전술한 규정은 적용되지 아니한다. 단, 고용인 또는 대리인이 작위 또는 부작위를 행한 경우에는 그가 자기의 고용업무의 범위 내에서 행하였다는 것이 입증되어야 한다.
6. 제21조 및 본 조에 규정된 책임제한은 자국법에 따라 법원이 원고가 부담하는 소송비용 및 소송과 관련된 기타 비용에 이자를 포함한 금액의 전부 또는 일부를 재정하는 것을 방해하지 아니한다. 전기 규정은 소송비용 및 소송과 관련된 기타 비용을 제외한, 재정된 손해액이 손해를 야기한 사건의 발생일로부터 6월의 기간내에 또는 소송의 개시가 상기 기간이후일 경우에는 소송 개시전에 운송인이 원고에게 서면으로 제시한 액수를 초과하지 아니한 때에는 적용되지 아니한다.

제23조 화폐단위의 환산

1. 이 협약에서 특별인출권으로 환산되어 언급된 금액은 국제통화기금이 정의한 특별인출권을 의미하는 것으로 간주된다. 재판절차에 있어서 국내통화로의 환산은 판결일자에 특별인출권의 국내통화환산액에 따라 정한다. 국제통화기금의 회원국의 특별인출권의 국내통화환산금액은 국제통화기금의 운영과 거래를 위하여 적용하는 평가방식에 따라 산출하게 되며, 동 방식은 판결일자에 유효하여야 한다. 국제통화기금의 비회원국인 당사국의 특별인출권의 국내통화환산금액은 동 당사국이 결정한 방식에 따라 산출된다.
2. 그럼에도 불구하고, 국제통화기금의 비회원국이며 자국법에 따라 본 조 제1항의 적용이 허용되지 아니하는 국가는 비준 · 가입시 또는 그 이후에 언제라도 제21조에 규정되어 있는 운송인의 책임한도가 자국의 영역에서 소송이 진행중인 경우 승객 1인당 1,500,000

화폐단위, 제22조제1항과 관련해서는 승객 1인당 62,500 화폐단위, 제22조제2항과 관련해서는 승객 1인당 15,000 화폐단위 및 제22조제3항과 관련해서는 1킬로그램당 250 화폐단위로 고정된다고 선언할 수 있다. 이와 같은 화폐단위는 1000분의 900의 순도를 가진 금 65.5 밀리그램에 해당한다. 국내통화로 환산된 금액은 관계국 통화의 단수가 없는 금액으로 환산할 수 있다. 국내통화로 환산되는 금액은 관련국가의 법률에 따른다.

3. 본 조 제1항 후단에 언급된 계산 및 제2항에 언급된 환산방식은 본 조 제1항의 전 3단의 적용에 기인되는 제21조 및 제22조의 가액과 동일한 실질가치를 가능한 한 동 당사국의 국내통화로 표시하는 방법으로 할 수 있다. 당사국들은 본 조 제1항에 따른 산출방식 또는, 경우에 따라 본 조 제2항에 의한 환산의 결과를 이 협약의 비준서·수락서·승인서 또는 가입서 기탁시 또는 상기 산출방식이나 환산결과의 변경시 수탁자에게 통보한다.

제24조 한도의 검토

1. 이 협약 제25조의 규정을 침해하지 아니하고 하기 제2항을 조건으로 하여, 제21조 내지 제23조에 규정한 책임한도는 5년 주기로 수탁자에 의하여 검토되어야 하며, 최초의 검토는 이 협약의 발효일로부터 5년이 되는 해의 연말에 실시된다. 만일 이 협약이 서명을 위하여 개방된 날로부터 5년내에 발효가 되지 못하면 발효되는 해에 협약의 발효일 이후 또는 이전 수정이후 누적 물가상승률에 상응하는 물가상승요인을 참고하여 검토된다. 물가상승요인의 결정에 사용되는 물가상승률의 기준은 제23조제1항에 언급된 특별인출권을 구성하는 통화를 가진 국가의 소비자물가지수의 상승 또는 하강률의 가중평균치를 부여하여 산정한다.
2. 전항의 규정에 따라 검토를 행한 결과 인플레이션 계수가 10퍼센트를 초과하였다면 수탁자는 당사국에게 책임한도의 수정을 통고한다. 이러한 수정은 당사국에게 통고된 후 6월 경과시 효력을 발생한다. 만일 당사국에게 통고된 후 3월이내에 과반수의 당사국들이 수정에 대한 불승인을 표명한 때에는 수정은 효력을 발생하지 아니하며, 수탁자는 동 문제를 당사국의 회합에 회부한다. 수탁자는 모든 당사국에게 수정의 발효를 즉시 통보한다.
3. 본 조 제1항에도 불구하고, 본 조 제2항에 언급된 절차는 당사국의 3분의 1이상이 이전의 수정 또는 이전에 수정이 없었다면 이 협약의 발효일이래 본 조 제1항에 언급된 인플레이션계수가 30퍼센트를 초과할 것을 조건으로 하여 그러한 효과에 대한 의사를 표시한 경우에는 언제나 적용 가능하다. 본 조 제1항에 기술된 절차를 사용한 추가검토는 본 항에 따른 검토일로부터 5년이 되는 해의 연말에 개시하여 5년 주기로 한다.

제25조 한도의 규정

운송인은 이 협약이 정한 책임한도보다 높은 한도를 정하거나 어떤 경우에도 책임의 한도를 두지 아니한다는 것을 운송계약에 규정할 수 있다.

제26조 계약조항의 무효

운송인의 책임을 경감하거나 또는 이 협약에 규정된 책임한도보다 낮은 한도를 정하는 어떠한 조항도 무효다. 그러나, 그러한 조항의 무효는 계약 전체를 무효로 하는 것은 아니며 계약은 이 협약의 조항에 따른다.

제27조 계약의 자유

이 협약의 어떠한 규정도 운송인이 운송계약의 체결을 거절하거나, 이 협약상의 항변권을 포기하거나 또는 이 협약의 규정과 저촉되지 아니하는 운송조건을 설정하는 것을 방해하지 못한다.

제28조 선배상지급

승객의 사망 또는 부상을 야기하는 항공기사고시, 운송인은 자국법이 요구하는 경우 자연인 또는 배상을 받을 권한이 있는 자의 즉각적인 경제적 필요성을 충족시키기 위하여 지체없이 선배상금을 지급한다. 이러한 선배상지급은 운송인의 책임을 인정하는 것은 아니며, 추후 운송인이 지급한 배상금과 상쇄될 수 있다.

제29조 청구의 기초

승객·수하물 및 화물의 운송에 있어서, 손해에 관한 어떠한 소송이든지 이 협약·계약·불법행위 또는 기타 어떠한 사항에 근거하는지 여부를 불문하고, 소를 제기할 권리를 가지는 자와 그들 각각의 권리에 관한 문제를 침해함이 없이, 이 협약에 규정되어 있는 조건 및 책임한도에 따르는 경우에만 제기될 수 있다. 어떠한 소송에 있어서도, 징벌적 배상 또는 비보상적 배상은 회복되지 아니한다.

제30조 고용인·대리인 - 청구의 총액

1. 이 협약과 관련된 손해로 인하여 운송인의 고용인 또는 대리인을 상대로 소송이 제기된 경우, 그들이 고용범위내에서 행동하였음이 증명된다면 이 협약하에서 운송인 자신이 주장할 수 있는 책임의 조건 및 한도를 원용할 권리를 가진다.
2. 그러한 경우, 운송인·그의 고용인 및 대리인으로부터 회수가능한 금액의 총액은 전술한 한도를 초과하지 아니한다.
3. 화물운송의 경우를 제외하고는 본 조 제1항 및 제2항의 규정은 고용인 또는 대리인이 손해를 야기할 의도로 무모하게, 또는 손해가 발생할 것을 알고 행한 작위 또는 부작위에 기인한 손해임이 증명된 경우에는 적용되지 아니한다.

제31조 이의제기의 시한

1. 위탁수하물 또는 화물을 인도받을 권리를 가지고 있는 자가 이의를 제기하지 아니하고 이를 수령하였다는 것은 반증이 없는 한 위탁수하물 또는 화물이 양호한 상태로 또한 운송서류 또는 제3조제2항 및 제4조제2항에 언급된 기타 수단으로 보존된 기록에 따라 인도되었다는 명백한 증거가 된다.
2. 손상의 경우, 인도받을 권리를 가지는 자는 손상을 발견한 즉시 또한 늦어도 위탁수하물의 경우에는 수령일로부터 7일 이내에 그리고 화물의 경우에는 수령일로부터 14일 이내에 운송인에게 이의를 제기하여야 한다. 지연의 경우, 이의는 인도받을 권리를 가지는 자가 수하물 또는 화물을 처분할 수 있는 날로부터 21일 이내에 제기되어야 한다.
3. 개개의 이의는 서면으로 작성되어야 하며, 전술한 기한내에 발송하여야 한다.
4. 전술한 기한내에 이의가 제기되지 아니한 때에는 운송인에 대하여 제소할 수 없다. 단, 운송인측의 사기인 경우에는 그러하지 아니한다.

제32조 책임있는 자의 사망

책임있는 자가 사망하는 경우, 손해에 관한 소송이 이 협약의 규정에 따라 동인의 재산의 법정 대리인에 대하여 제기할 수 있다.

제33조 재판관할권

1. 손해에 관한 소송은 원고의 선택에 따라 당사국중 하나의 영역내에서 운송인의 주소지, 운송인의 주된 영업소 소재지, 운송인이 계약을 체결한 영업소 소재지의 법원 또는 도착지의 법원중 어느 한 법원에 제기한다.
2. 승객의 사망 또는 부상으로 인한 손해의 경우, 소송은 본 조 제1항에 언급된 법원 또는 사고발생당시 승객의 주소지와 주된 거주지가 있고 운송인이 자신이 소유한 항공기 또는 상업적 계약에 따른 타 운송인의 항공기로 항공운송서비스를 제공하는 장소이며, 운송인 자신 또는 상업적 계약에 의하여 타 운송인이 소유하거나 임대한 건물로부터 항공운송사업을 영위하고 있는 장소에서 소송을 제기할 수 있다.
3. 제2항의 목적을 위하여,
   가. '상업적 계약'이라 함은 대리점 계약을 제외한, 항공승객운송을 위한 공동서비스의 제공과 관련된 운송인간의 계약을 말한다.
   나. '주소지 및 영구거주지'라 함은 사고발생당시 승객의 고정적이고 영구적인 하나의 주소를 말한다. 이 경우 승객의 국적은 결정요인이 되지 않는다.
4. 소송절차에 관한 문제는 소송이 계류중인 법원의 법률에 의한다.

제34조 중 재

1. 본 조의 규정에 따를 것을 조건으로, 화물운송계약의 당사자들은 이 협약에 따른 운송인의 책임에 관련된 어떠한 분쟁도 중재에 의하여 해결한다고 규정할 수 있다.
2. 중재절차는 청구인의 선택에 따라 제33조에 언급된 재판관할권중 하나에서 진행된다.
3. 중재인 또는 중재법원은 이 협약의 규정을 적용한다.
4. 본 조 제2항 및 제3항의 규정은 모든 중재조항 또는 협정의 일부라고 간주되며, 이러한 규정과 일치하지 아니하는 조항 또는 협정의 어떠한 조건도 무효이다.

제35조 제소기한

1. 손해에 관한 권리가 도착지에 도착한 날·항공기가 도착하였어만 하는 날 또는 운송이 중지된 날로부터 기산하여 2년내에 제기되지 않을 때에는 소멸된다.
2. 그러한 기간의 산정방법은 소송이 계류된 법원의 법률에 의하여 결정된다.

제36조 순차운송

1. 2인 이상의 운송인이 순차로 행한 운송으로서 이 협약 제1조제3항에 규정된 정의에 해당하는 운송의 경우, 승객·수하물 또는 화물을 인수하는 각 운송인은 이 협약에 규정된 규칙에 따라야 하며, 또한 운송계약이 각 운송인의 관리하에 수행된 운송부분을 다루고 있는 한 동 운송계약의 당사자중 1인으로 간주된다.
2. 이러한 성질을 가지는 운송의 경우, 승객 또는 승객에 관하여 손해배상을 받을 권한을

가지는 자는, 명시적 합의에 의하여 최초의 운송인이 모든 운송구간에 대한 책임을 지는 경우를 제외하고는, 사고 또는 지연이 발생된 동안에 운송을 수행한 운송인에 대하여 소송을 제기할 수 있다.
3. 수하물 또는 화물과 관련하여, 승객 또는 송하인은 최초 운송인에 대하여 소송을 제기할 수 있는 권리를 가지며, 인도받을 권리를 가지는 승객 또는 수하인은 최종 운송인에 대하여 소송을 제기할 권리를 가지며, 또한, 각자는 파괴·분실·손상 또는 지연이 발생한 기간중에 운송을 수행한 운송인에 대하여 소송을 제기할 수 있다. 이들 운송인은 여객·송하인 또는 수하인에 대하여 연대하거나 또는 단독으로 책임을 진다.

제37조 제3자에 대한 구상권

이 협약의 어떠한 규정도 이 협약의 규정에 따라 손해에 대하여 책임을 지는 자가 갖고 있는 다른 사람에 대한 구상권을 행사할 권리가 있는지 여부에 관한 문제에 영향을 미치지 아니한다.

제4장 복합운송

제38조 복합운송

1. 운송이 항공과 다른 운송형식에 의하여 부분적으로 행하여지는 복합운송의 경우에는 이 협약의 규정들은, 제18조제4항을 조건으로 하여, 항공운송에 대하여만 적용된다. 단, 그러한 항공운송이 제1조의 조건을 충족시킨 경우에 한한다.
2. 이 협약의 어떠한 규정도 복합운송의 경우 당사자가 다른 운송형식에 관한 조건을 항공운송의 증권에 기재하는 것을 방해하지 아니한다. 단, 항공운송에 관하여 이 협약의 규정이 준수되어야 한다.

제5장 계약운송인 이외의 자에 의한 항공운송

제39조 계약운송인 - 실제운송인

본 장의 규정은 어떤 사람(이하 '계약운송인'이라 한다.)이 승객 또는 송하인·승객 또는 송하인을 대신하여 행동하는 자와 이 협약에 의하여 규율되는 운송계약을 체결하고, 다른 사람(이하 '실제운송인'이라 한다.)이 계약운송인으로부터 권한을 받아 운송의 전부 또는 일부를 행하지만 이 협약의 의미내에서 그러한 운송의 일부에 관하여 순차운송인에는 해당되지 않는 경우에 적용된다. 이와 같은 권한은 반증이 없는 한 추정된다.

제40조 계약운송인과 실제운송인의 개별적 책임

실제운송인이 제39조에 언급된 계약에 따라 이 협약이 규율하는 운송의 전부 또는 일부를 수행한다면, 본 장에 달리 정하는 경우를 제외하고, 계약운송인 및 실제운송인 모두는 이 협약의 규칙에 따른다. 즉, 계약운송인이 계약에 예정된 운송의 전부에 관하여 그리고 실제운송인은 자기가 수행한 운송에 한하여 이 협약의 규칙에 따른다.

제41조 상호 책임

1. 실제운송인이 수행한 운송과 관련하여, 실제운송인·자신의 고용업무의 범위내에서 행동한 고용인 및 대리인의 작위 또는 부작위도 또한 계약운송인의 작위 또는 부작위로 간주된다.
2. 실제운송인이 수행한 운송과 관련하여, 계약운송인, 자신의 고용업무의 범위내에서 행동한 고용인 및 대리인의 작위 또는 부작위도 또한 실제운송인의 작위 및 부작위로 간주된다. 그럼에도 불구하고, 그러한 작위 및 부작위로 인하여 실제운송인은 이 협약 제21조 내지 제24조에 언급된 금액을 초과하는 책임을 부담하지 아니한다. 이 협약이 부과하지 아니한 의무를 계약운송인에게 부과하는 특별 합의·이 협약이 부여한 권리의 포기 또는 이 협약 제22조에서 예정된 도착지에서의 인도 이익에 관한 특별신고는 실제운송인이 합의하지 아니하는 한 그에게 영향을 미치지 아니한다.

제42조 이의제기 및 지시의 상대방

이 협약에 근거하여 운송인에게 행한 이의나 지시는 계약운송인 또는 실제운송인 어느 쪽에 행하여도 동일한 효력이 있다. 그럼에도 불구하고, 이 협약 제12조에 언급된 지시는 계약운송인에게 행한 경우에 한하여 효력이 있다.

제43조 고용인 및 대리인

실제운송인이 수행한 운송과 관련하여, 실제운송인 또는 계약운송인의 고용인 또는 대리인은 자기의 고용업무의 범위내의 행위를 증명할 경우 이 협약하에서 자신이 귀속되는 운송인에게 적용할 이 협약상 책임의 조건 및 한도를 원용할 권리를 가진다. 단, 그들이 책임한도가 이 협약에 따라 원용되는 것을 방지하는 방식으로 행동하는 것이 증명된 경우에는 그러하지 아니한다.

제44조 손해배상총액

실제운송인이 수행한 운송과 관련하여, 실제운송인과 계약운송인, 또는 자기의 고용업무의 범위내에서 행동한 고용인 및 대리인으로부터 회수가능한 배상총액은 이 협약에 따라 계약운송인 또는 실제운송인의 어느 한쪽에 대하여 재정할 수 있는 최고액을 초과하여서는 아니된다. 그러나, 상기 언급된 자중 누구도 그에게 적용가능한 한도를 초과하는 금액에 대하여 책임을 지지 아니한다.

제45조 피청구자

실제운송인이 수행한 운송과 관련하여, 손해에 관한 소송은 원고의 선택에 따라 실제운송인 또는 계약운송인에 대하여 공동 또는 개별적으로 제기될 수 있다. 소송이 이들 운송인중 하나에 한하여 제기된 때에는 동 운송인은 다른 운송인에게 소송절차에 참가할 것을 요구할 권리를 가지며, 그 절차와 효과는 소송이 계류되어 있는 법원의 법률에 따르게 된다.

제46조 추가재판관할권

제45조에 예정된 손해에 대한 소송은 원고의 선택에 따라 이 협약 제33조에 규정된

바에 따라 당사국중 하나의 영역내에서 계약운송인에 대한 소송이 제기될 수 있는 법원 또는 실제운송인의 주소지나 주된 영업소 소재지에 대하여 관할권을 가지는 법원에 제기되어야 한다.

제47조 계약조항의 무효

본 장에 따른 계약운송인 또는 실제운송인의 책임을 경감하거나 또는 본 장에 따라 적용가능한 한도보다 낮은 한도를 정하는 것은 무효로 한다. 그러나, 그러한 조항의 무효는 계약 전체를 무효로 하는 것은 아니며 계약은 이 협약의 조항에 따른다.

제48조 계약운송인 및 실제운송인의 상호관계

제45조에 규정된 경우를 제외하고는 본 장의 여하한 규정도 여하한 구상권 또는 손실보상청구권을 포함하는, 계약운송인 또는 실제운송인간 운송인의 권리 및 의무에 영향을 미치지 아니한다.

제6장 기타 규정

제49조 강제적용

적용될 법을 결정하거나 관할권에 관한 규칙을 변경함으로써 이 협약에 규정된 규칙을 침해할 의도를 가진 당사자에 의하여 손해가 발생되기 전에 발효한 운송계약과 모든 특별합의에 포함된 조항은 무효로 한다.

제50조 보 험

당사국은 이 협약에 따른 손해배상책임을 담보하는 적절한 보험을 유지하도록 운송인에게 요구한다. 운송인은 취항지국으로부터 이 협약에 따른 손해배상책임을 담보하는 보험을 유지하고 있음을 증명하는 자료를 요구받을 수 있다.

제51조 비정상적인 상황하에서의 운송

운송증권과 관련된 제3조 내지 제5조제7조 및 제8조의 규정은 운송인의 정상적인 사업범위를 벗어난 비정상적인 상황에는 적용되지 아니한다.

제52조 일의 정의

이 협약에서 사용되는 '일(日)'이라 함은 영업일(營業日)이 아닌 역일(曆日)을 말한다.

제7장 최종 조항

제53조 서명·비준 및 발효

1. 이 협약은 1999년 5월 10일부터 28일간 몬트리올에서 개최된 항공법에 관한 국제회의

에 참가한 국가의 서명을 위하여 1999년 5월 28일 개방된다. 1999년 5월 28일 이후에는 본 조 제6항에 따라 이 협약이 발효하기 전까지 국제민간항공기구 본부에서 서명을 위하여 모든 국가에 개방된다.
2. 이 협약은 지역경제통합기구의 서명을 위하여 동일하게 개방된다. 이 협약의 목적상, '지역경제통합기구'라 함은 이 협약이 규율하는 특정 문제에 관하여 권한을 가진, 일정 지역의 주권국가로 구성된 기구이며, 이 협약의 서명·비준·수락·승인 및 가입을 위한 정당한 권한을 가진 기구를 말한다. 이 협약상의 '당사국'이란 용어는 제1조제2항·제3조제1항나목·제5조나항·제23조·제33조·제46조 및 제57조나항을 제외하고, 지역경제통합기구에도 동일하게 적용된다. 제24조의 목적상, '당사국의 과반수' 및 '당사국의 3분의 1'이란 용어는 지역경제통합기구에는 적용되지 아니한다.
3. 이 협약은 서명한 당사국 및 지역경제통합기구의 비준을 받는다.
4. 이 협약에 서명하지 아니한 국가 및 지역경제통합기구는 언제라도 이를 수락·승인하거나 또는 이에 가입할 수 있다.
5. 비준서·수락서·승인서 또는 가입서는 국제민간항공기구 사무총장에게 기탁된다. 국제민간항공기구 사무총장은 이 협약의 수탁자가 된다.
6. 이 협약은 30번째 비준서, 수락서, 승인서 및 가입서가 기탁된 날로부터 60일이 되는 날 기탁한 국가간에 발효한다. 지역경제통합기구가 기탁한 문서는 본 항의 목적상 산입되지 아니한다.
7. 다른 국가 및 지역경제통합기관에 대하여 이 협약은 비준서·수락서·승인서 및 가입서가 기탁된 날로부터 60일이 경과하면 효력을 발생한다.
8. 수탁자는 아래의 내용을 모든 당사국에 지체없이 통고한다.
    가. 이 협약의 서명자 및 서명일
    나. 비준서·수락서·승인서 및 가입서의 제출 및 제출일
    다. 이 협약의 발효일
    라. 이 협약이 정한 배상책임한도의 수정의 효력발생일

제54조 폐기

1. 모든 당사국은 수탁자에 대한 서면통고로써 이 협약을 폐기할 수 있다.
2. 폐기에 관한 통고는 수탁자에게 접수된 날로부터 180일 경과후 효력을 갖는다.

제55조 기타 바르샤바 협약문서와의 관계

1. 이 협약은 아래 협약들의 당사국인 이 협약의 당사국간에 국제항공운송에 적용되는 모든 규칙에 우선하여 적용된다.
    가. 1929년 10월 12일 바르샤바에서 서명된 '국제항공운송에 있어서의 일부 규칙의 통일에 관한 협약'(이하 바르샤바협약이라 부른다.)
    나. 1955년 9월 28일 헤이그에서 작성된 '1929년 10월 12일 바르샤바에서 서명된 국제항공운송에 있어서의 일부 규칙의 통일에 관한 협약의 개정의정서'(이하 헤이그의정서라 부른다.)

다. 1961년 9월 18일 과달라하라에서 서명된 '계약운송인을 제외한 자에 의하여 수행된 국제항공운송에 있어서의 일부 규칙의 통일을 위한 협약'(이하 과달라하라협약이라 부른다.)
라. 1971년 3월 8일 과테말라시티에서 서명된 '1955년 9월 28일 헤이그에서 작성된 의정서에 의하여 개정된, 1929년 10월 12일 바르샤바에서 서명된 국제항공운송에 있어서의 일부 규칙의 통일에 관한 협약의 개정의정서'(이하 과테말라시티의정서라 부른다.)
마. 1975년 9월 25일 몬트리올에서 서명된 '헤이그의정서와 과테말라시티의정서 또는 헤이그의정서에 의하여 개정된 바르샤바협약을 개정하는 몬트리올 제1.2.3.4. 추가의정서'(이하 몬트리올의정서라 부른다.)
2. 이 협약은 상기 가목 내지 마목의 협약중 하나 이상의 당사국인 이 협약의 단일당사국 영역내에서 적용된다.

제56조 하나 이상의 법체계를 가진 국가
1. 이 협약에서 다루는 사안과 관련하여 서로 상이한 법체계가 적용되는 둘 이상의 영역 단위를 가지는 국가는 이 협약의 서명·비준·수락·승인 및 가입시 이 협약이 모든 영역에 적용되는지 또는 그중 하나 또는 그 이상의 지역에 미치는가를 선언한다. 이는 언제든지 다른 선언을 제출함으로써 변경할 수 있다.
2. 그러한 선언은 수탁자에게 통고되어야 하며, 이 협약이 적용되는 영역단위에 대하여 명시적으로 진술하여야 한다.
3. 그러한 선언을 행한 당사국과 관련하여,
    가. 제23조상 '국내통화'라는 용어는 당사국의 관련 영역단위의 통화를 의미하는 것으로 해석된다.
    나. 제28조상 '국내법'이라는 용어는 당사국의 관련 영역단위의 법을 의미하는 것으로 해석된다.

제57조 유 보
이 협약은 유보될 수 없다. 그러나 당사국이 아래의 내용에 대하여 이 협약이 적용되지 않음을 수탁자에 대한 통고로서 선언한 경우에는 그러하지 아니하다.
가. 주권국가로서의 기능과 의무에 관하여 비상업적 목적을 위하여 당사국이 직접 수행하거나 운영하는 국제운송
나. 당사국에 등록된 항공기 또는 당사국이 임대한 항공기로서 군당국을 위한 승객·화물 및 수하물의 운송. 그러한 권한전체는 상기 당국에 의하여 또는 상기 당국을 대신하여 보유된다.

이상의 증거로서 아래 전권대표는 정당하게 권한을 위임받아 이 협약에 서명하였다.
이 협약은 1999년 5월 28일 몬트리올에서 영어·아랍어·중국어·프랑스어·러시아어 및 서반아어로 작성되었으며, 동등하게 정본이다. 이 협약은 국제민간항공기구 문서보관소에 기탁되며, 수탁자는 인증등본은 바르샤바협약·헤이그의정서·과달라하라협약·

과테말라시티의정서 및 몬트리올 추가의정서의 당사국과 이 협약의 모든 당사국에 송부한다.

✓ **상법 _ 항공운송 (896조 ~ 929조)**

제6편 항공운송

제1장 통칙

제896조(항공기의 의의) 이 법에서 "항공기"란 상행위나 그 밖의 영리를 목적으로 운항에 사용하는 항공기를 말한다. 다만, 대통령령으로 정하는 초경량 비행장치(超輕量 飛行裝置)는 제외한다.

제897조(적용범위) 운항용 항공기에 대하여는 상행위나 그 밖의 영리를 목적으로 하지 아니하더라도 이 편의 규정을 준용한다. 다만, 국유(國有) 또는 공유(公有) 항공기에 대하여는 운항의 목적·성질 등을 고려하여 이 편의 규정을 준용하는 것이 적합하지 아니한 경우로서 대통령령으로 정하는 경우에는 그러하지 아니하다.

제898조(운송인 등의 책임감면) 제905조제1항을 포함하여 이 편에서 정한 운송인이나 항공기 운항자의 손해배상책임과 관련하여 운송인이나 항공기 운항자가 손해배상청구권자의 과실 또는 그 밖의 불법한 작위나 부작위가 손해를 발생시켰거나 손해에 기여하였다는 것을 증명한 경우에는, 그 과실 또는 그 밖의 불법한 작위나 부작위가 손해를 발생시켰거나 손해에 기여한 정도에 따라 운송인이나 항공기 운항자의 책임을 감경하거나 면제할 수 있다.

제2장 운송

제1절 통칙

제899조 (비계약적 청구에 대한 적용 등)
① 이 장의 운송인의 책임에 관한 규정은 운송인의 불법행위로 인한 손해배상의 책임에도 적용한다.
② 여객, 수하물 또는 운송물에 관한 손해배상청구가 운송인의 사용인이나 대리인에 대하여 제기된 경우에 그 손해가 그 사용인이나 대리인의 직무집행에 관하여 생겼을 때에는 그 사용인이나 대리인은 운송인이 주장할 수 있는 항변과 책임제한을 원용할 수 있다.
③ 제2항에도 불구하고 여객 또는 수하물의 손해가 운송인의 사용인이나 대리인의 고

의로 인하여 발생하였거나 또는 여객의 사망·상해·연착(수하물의 경우 멸실·훼손·연착)이 생길 염려가 있음을 인식하면서 무모하게 한 작위 또는 부작위로 인하여 발생하였을 때에는 그 사용인이나 대리인은 운송인이 주장할 수 있는 항변과 책임제한을 원용할 수 없다.
④ 제2항의 경우에 운송인과 그 사용인이나 대리인의 여객, 수하물 또는 운송물에 대한 책임제한금액의 총액은 각각 제905조·제907조·제910조 및 제915조에 따른 한도를 초과하지 못한다.

제900조 (실제운송인에 대한 청구)
① 운송계약을 체결한 운송인(이하 "계약운송인"이라 한다)의 위임을 받아 운송의 전부 또는 일부를 수행한 운송인(이하 "실제운송인"이라 한다)이 있을 경우 실제운송인이 수행한 운송에 관하여는 실제운송인에 대하여도 이 장의 운송인의 책임에 관한 규정을 적용한다. 다만, 제901조의 순차운송에 해당하는 경우는 그러하지 아니하다.
② 실제운송인이 여객·수하물 또는 운송물에 대한 손해배상책임을 지는 경우 계약운송인과 실제운송인은 연대하여 그 책임을 진다.
③ 제1항의 경우 제899조제2항부터 제4항까지를 준용한다. 이 경우 제899조제2항·제3항 중 "운송인"은 "실제운송인"으로, 같은 조 제4항 중 "운송인"은 "계약운송인과 실제운송인"으로 본다.
④ 이 장에서 정한 운송인의 책임과 의무 외에 운송인이 책임과 의무를 부담하기로 하는 특약 또는 이 장에서 정한 운송인의 권리나 항변의 포기는 실제운송인이 동의하지 아니하는 한 실제운송인에게 영향을 미치지 아니한다.

제901조 (순차운송)
① 둘 이상이 순차(順次)로 운송할 경우에는 각 운송인의 운송구간에 관하여 그 운송인도 운송계약의 당사자로 본다.
② 순차운송에서 여객의 사망, 상해 또는 연착으로 인한 손해배상은 그 사실이 발생한 구간의 운송인에게만 청구할 수 있다. 다만, 최초 운송인이 명시적으로 전 구간에 대한 책임을 인수하기로 약정한 경우에는 최초 운송인과 그 사실이 발생한 구간의 운송인이 연대하여 그 손해를 배상할 책임이 있다.
③ 순차운송에서 수하물의 멸실, 훼손 또는 연착으로 인한 손해배상은 최초 운송인, 최종 운송인 및 그 사실이 발생한 구간의 운송인에게 각각 청구할 수 있다.
④ 순차운송에서 운송물의 멸실, 훼손 또는 연착으로 인한 손해배상은 송하인이 최초 운송인 및 그 사실이 발생한 구간의 운송인에게 각각 청구할 수 있다. 다만, 제918조제1항에 따라 수하인이 운송물의 인도를 청구할 권리를 가지는 경우에는 수하인이 최종 운송인 및 그 사실이 발생한 구간의 운송인에게 그 손해배상을 각각 청구할 수 있다.
⑤ 제3항과 제4항의 경우 각 운송인은 연대하여 그 손해를 배상할 책임이 있다.
⑥ 최초 운송인 또는 최종 운송인이 제2항부터 제5항까지의 규정에 따라 손해를 배상한 경우에는 여객의 사망, 상해 또는 연착이나 수하물·운송물의 멸실, 훼손 또는 연착이 발생한 구간의 운송인에 대하여 구상권을 가진다.

제902조 (운송인 책임의 소멸)

운송인의 여객, 송하인 또는 수하인에 대한 책임은 그 청구원인에 관계없이 여객 또는 운송물이 도착지에 도착한 날, 항공기가 도착할 날 또는 운송이 중지된 날 가운데 가장 늦게 도래한 날부터 2년 이내에 재판상 청구가 없으면 소멸한다.

제903조 (계약조항의 무효)

이 장의 규정에 반하여 운송인의 책임을 감면하거나 책임한도액을 낮게 정하는 특약은 효력이 없다.

제3절 물건운송

제913조 (운송물의 멸실·훼손에 대한 책임)

① 운송인은 운송물의 멸실 또는 훼손으로 인한 손해에 대하여 그 손해가 항공운송 중(운송인이 운송물을 관리하고 있는 기간을 포함한다. 이하 이 조에서 같다)에 발생한 경우에만 책임을 진다. 다만, 운송인이 운송물의 멸실 또는 훼손이 다음 각호의 사유로 인하여 발생하였음을 증명하였을 경우에는 그 책임을 면한다.
  1. 운송물의 고유한 결함, 특수한 성질 또는 숨은 하자
  2. 운송인 또는 그 사용인이나 대리인 외의 자가 수행한 운송물의 부적절한 포장 또는 불완전한 기호 표시
  3. 전쟁, 폭동, 내란 또는 무력충돌
  4. 운송물의 출입국, 검역 또는 통관과 관련된 공공기관의 행위
  5. 불가항력
② 제1항에 따른 항공운송 중에는 공항 외부에서 한 육상, 해상 운송 또는 내륙 수로 운송은 포함되지 아니한다. 다만, 그러한 운송이 운송계약을 이행하면서 운송물의 적재(積載), 인도 또는 환적(換積)할 목적으로 이루어졌을 경우에는 항공운송 중인 것으로 추정한다.
③ 운송인이 송하인과의 합의에 따라 항공운송하기로 예정된 운송의 전부 또는 일부를 송하인의 동의 없이 다른 운송수단에 의한 운송으로 대체하였을 경우에는 그 다른 운송수단에 의한 운송은 항공운송으로 본다.

제914조 (운송물 연착에 대한 책임)

운송인은 운송물의 연착으로 인한 손해에 대하여 책임을 진다. 다만, 운송인이 자신과 그 사용인 및 대리인이 손해를 방지하기 위하여 합리적으로 요구되는 모든 조치를 하였다는 것 또는 그 조치를 하는 것이 불가능하였다는 것을 증명한 경우에는 그 책임을 면한다.

제915조 (운송물에 대한 책임한도액)

① 제913조와 제914조에 따른 운송인의 손해배상책임은 손해가 발생한 해당 운송물의 1킬로그램당 19 계산단위의 금액을 한도로 하되, 송하인과의 운송계약상 그 출발지,

도착지 및 중간 착륙지가 대한민국 영토 내에 있는 운송의 경우에는 손해가 발생한 해당 운송물의 1킬로그램당 15 계산단위의 금액을 한도로 한다. 다만, 송하인이 운송물을 운송인에게 인도할 때에 도착지에서 인도받을 때의 예정가액을 미리 신고한 경우에는 운송인은 신고 가액이 도착지에서 인도할 때의 실제가액을 초과한다는 것을 증명하지 아니하는 한 신고 가액을 한도로 책임을 진다. 〈개정 2014. 5. 20.〉

② 제1항의 항공운송인의 책임한도를 결정할 때 고려하여야 할 중량은 해당 손해가 발생된 운송물의 중량을 말한다. 다만, 운송물의 일부 또는 운송물에 포함된 물건의 멸실, 훼손 또는 연착이 동일한 항공화물운송장(제924조에 따라 항공화물운송장의 교부에 대체되는 경우를 포함한다) 또는 화물수령증에 적힌 다른 운송물의 가치에 영향을 미칠 때에는 운송인의 책임한도를 결정할 때 그 다른 운송물의 중량도 고려하여야 한다.

제916조 (운송물의 일부 멸실·훼손 등에 관한 통지)

① 수하인은 운송물의 일부 멸실 또는 훼손을 발견하면 운송물을 수령한 후 지체 없이 그 개요에 관하여 운송인에게 서면 또는 전자문서로 통지를 발송하여야 한다. 다만, 그 멸실 또는 훼손이 즉시 발견할 수 없는 것일 경우에는 수령일부터 14일 이내에 그 통지를 발송하여야 한다.

② 운송물이 연착된 경우 수하인은 운송물을 처분할 수 있는 날부터 21일 이내에 이의를 제기하여야 한다.

③ 제1항의 통지가 없는 경우에는 운송물이 멸실 또는 훼손 없이 수하인에게 인도된 것으로 추정한다.

④ 운송물에 멸실 또는 훼손이 발생하였거나 그런 것으로 의심되는 경우에는 운송인과 수하인은 서로 운송물의 검사를 위하여 필요한 편의를 제공하여야 한다.

⑤ 제1항과 제2항의 기간 내에 통지나 이의제기가 없을 경우에는 수하인은 운송인에 대하여 제소할 수 없다. 다만, 운송인 또는 그 사용인이나 대리인이 악의인 경우에는 그러하지 아니하다.

⑥ 제1항부터 제5항까지의 규정에 반하여 수하인에게 불리한 당사자 사이의 특약은 효력이 없다.

제917조 (운송물의 처분청구권)

① 송하인은 운송인에게 운송의 중지, 운송물의 반환, 그 밖의 처분을 청구(이하 이 조에서 "처분청구권"이라 한다)할 수 있다. 이 경우에 운송인은 운송계약에서 정한 바에 따라 운임, 체당금과 처분으로 인한 비용의 지급을 청구할 수 있다.

② 송하인은 운송인 또는 다른 송하인의 권리를 침해하는 방법으로 처분청구권을 행사하여서는 아니 되며, 운송인이 송하인의 청구에 따르지 못할 경우에는 지체 없이 그 뜻을 송하인에게 통지하여야 한다.

③ 운송인이 송하인에게 교부한 항공화물운송장 또는 화물수령증을 확인하지 아니하고 송하인의 처분청구에 따른 경우, 운송인은 그로 인하여 항공화물운송장 또는 화물수령증의 소지인이 입은 손해를 배상할 책임을 진다.

④ 제918조제1항에 따라 수하인이 운송물의 인도를 청구할 권리를 취득하였을 때에는

송하인의 처분청구권은 소멸한다. 다만, 수하인이 운송물의 수령을 거부하거나 수하인을 알 수 없을 경우에는 그러하지 아니하다.

제918조 (운송물의 인도)

① 운송물이 도착지에 도착한 때에는 수하인은 운송인에게 운송물의 인도를 청구할 수 있다. 다만, 송하인이 제917조제1항에 따라 처분청구권을 행사한 경우에는 그러하지 아니하다.

② 운송물이 도착지에 도착하면 다른 약정이 없는 한 운송인은 지체 없이 수하인에게 통지하여야 한다.

제919조 (운송인의 채권의 시효)

운송인의 송하인 또는 수하인에 대한 채권은 2년간 행사하지 아니하면 소멸시효가 완성한다.

제920조 (준용규정)

항공화물 운송에 관하여는 제120조, 제134조, 제141조부터 제143조까지, 제792조, 제793조, 제801조, 제802조, 제811조 및 제812조를 준용한다. 이 경우 "선적항"은 "출발지 공항"으로, "선장"은 "운송인"으로, "양륙항"은 "도착지 공항"으로 본다.

제4절 운송증서

제921조 (여객항공권)

① 운송인이 여객운송을 인수하면 여객에게 다음 각 호의 사항을 적은 개인용 또는 단체용 여객항공권을 교부하여야 한다.

1. 여객의 성명 또는 단체의 명칭
2. 출발지와 도착지
3. 출발일시
4. 운항할 항공편
5. 발행지와 발행연월일
6. 운송인의 성명 또는 상호

② 운송인은 제1항 각 호의 정보를 전산정보처리조직에 의하여 전자적 형태로 저장하거나 그 밖의 다른 방식으로 보존함으로써 제1항의 여객항공권 교부를 갈음할 수 있다. 이 경우 운송인은 여객이 청구하면 제1항 각 호의 정보를 적은 서면을 교부하여야 한다.

제922조 (수하물표)

운송인은 여객에게 개개의 위탁수하물마다 수하물표를 교부하여야 한다.

제923조 (항공화물운송장의 발행)

① 송하인은 운송인의 청구를 받아 다음 각 호의 사항을 적은 항공화물운송장 3부를 작성하여 운송인에게 교부하여야 한다.
  1. 송하인의 성명 또는 상호
  2. 수하인의 성명 또는 상호
  3. 출발지와 도착지
  4. 운송물의 종류, 중량, 포장의 종별·개수와 기호
  5. 출발일시
  6. 운송할 항공편
  7. 발행지와 발행연월일
  8. 운송인의 성명 또는 상호
② 운송인이 송하인의 청구에 따라 항공화물운송장을 작성한 경우에는 송하인을 대신하여 작성한 것으로 추정한다.
③ 제1항의 항공화물운송장 중 제1원본에는 "운송인용"이라고 적고 송하인이 기명날인 또는 서명하여야 하고, 제2원본에는 "수하인용"이라고 적고 송하인과 운송인이 기명날인 또는 서명하여야 하며, 제3원본에는 "송하인용"이라고 적고 운송인이 기명날인 또는 서명하여야 한다.
④ 제3항의 서명은 인쇄 또는 그 밖의 다른 적절한 방법으로 할 수 있다.
⑤ 운송인은 송하인으로부터 운송물을 수령한 후 송하인에게 항공화물운송장 제3원본을 교부하여야 한다.

제924조 (항공화물운송장의 대체)

① 운송인은 제923조제1항 각 호의 정보를 전산정보처리조직에 의하여 전자적 형태로 저장하거나 그 밖의 다른 방식으로 보존함으로써 항공화물운송장의 교부에 대체할 수 있다.
② 제1항의 경우 운송인은 송하인의 청구에 따라 송하인에게 제923조제1항 각 호의 정보를 적은 화물수령증을 교부하여야 한다.

제925조 (복수의 운송물)

① 2개 이상의 운송물이 있는 경우에는 운송인은 송하인에 대하여 각 운송물마다 항공화물운송장의 교부를 청구할 수 있다.
② 항공화물운송장의 교부가 제924조제1항에 따른 저장·보존으로 대체되는 경우에는 송하인은 운송인에게 각 운송물마다 화물수령증의 교부를 청구할 수 있다.

제926조 (운송물의 성질에 관한 서류)

① 송하인은 세관, 경찰 등 행정기관이나 그 밖의 공공기관의 절차를 이행하기 위하여 필요한 경우 운송인의 요청을 받아 운송물의 성질을 명시한 서류를 운송인에게 교부하여야 한다.
② 운송인은 제1항과 관련하여 어떠한 의무나 책임을 부담하지 아니한다.

제927조 (항공운송증서에 관한 규정 위반의 효과)

운송인 또는 송하인이 제921조부터 제926조까지를 위반하는 경우에도 운송계약의 효력 및 이 법의 다른 규정의 적용에 영향을 미치지 아니한다.

제928조 (항공운송증서 등의 기재사항에 관한 책임)

① 송하인은 항공화물운송장에 적었거나 운송인에게 통지한 운송물의 명세 또는 운송물에 관한 진술이 정확하고 충분함을 운송인에게 담보한 것으로 본다.
② 송하인은 제1항의 운송물의 명세 또는 운송물에 관한 진술이 정확하지 아니하거나 불충분하여 운송인이 손해를 입은 경우에는 운송인에게 배상할 책임이 있다.
③ 운송인은 제924조제1항에 따라 저장·보존되는 운송에 관한 기록이나 화물수령증에 적은 운송물의 명세 또는 운송물에 관한 진술이 정확하지 아니하거나 불충분하여 송하인이 손해를 입은 경우 송하인에게 배상할 책임이 있다. 다만, 제1항에 따라 송하인이 그 정확하고 충분함을 담보한 것으로 보는 경우에는 그러하지 아니하다.

제929조 (항공운송증서 기재의 효력)

① 항공화물운송장 또는 화물수령증이 교부된 경우 그 운송증서에 적힌 대로 운송계약이 체결된 것으로 추정한다.
② 운송인은 항공화물운송장 또는 화물수령증에 적힌 운송물의 중량, 크기, 포장의 종별·개수·기호 및 외관상태대로 운송물을 수령한 것으로 추정한다.
③ 운송물의 종류, 외관상태 외의 상태, 포장 내부의 수량 및 부피에 관한 항공화물운송장 또는 화물수령증의 기재 내용은 송하인이 참여한 가운데 운송인이 그 기재 내용의 정확함을 확인하고 그 사실을 항공화물운송장이나 화물수령증에 적은 경우에만 그 기재 내용대로 운송물을 수령한 것

제8장 해상보험

제1편 해상보험의 개요
    제1절 해상보험 개요
    제2절 결합형태

제2편 해상보험계약
    제1절 해상보험계약
    제2절 피보험이익 등
    제3절 고지의무, 통지의무, 담보
    제4절 위부와 대위

제3편 보험증권과 보험약관
    제1절 보험증권
    제2절 보험약관
    제3절 신협회적하약관(ICC 2009)

제4편 해상위험과 해상손해
    제1절 해상위험
    제2절 해상손해

제5편 무역보험
    제1절 수출보험
    제2절 수입보험

제1편 해상보험 개요

제1절 해상보험 개요

1. 의의
2. 구성요소
3. 해상보험의 종류
4. 해상보험과의 관계
5. 해상보험의 기본원리

1. 의의

(1) 의의

① 다수의 위험 → 해상보험 / 무역보험
② 주계약 → 종속계약
③ 해상위험 – 해상손해

> 해상보험은 해상에서 발생하는 손해를 보상해 주는 손해보상계약의 일종으로 영국을 중심으로 발전해 왔다. 그러나 오늘날의 해상보험은 비단 해상구간 뿐만 아니라 육상운송 심지어 항공운송에서 발생하는 손해까지도 보상하고 있다. 그리고 해상보험은 그 성질상 국제성이 아주 강하며 이에 따라서 영국의 법과 관습이 적용되고 있다.

(2) 정의(개념) – MIA 제1조, 상법 제693조

(cf. 해상보험계약(운영절차), 해상보험(제도))

해상보험은 일종의 제도이고 해상보험계약은 이러한 제도를 구체적으로 시행하는 방법

> ① MIA 1조 : 해상보험계약은 보험자가 피보험자에 대하여 그 계약에 의해서 합의한 방법과 범위 내에서 해상손해, 즉 해상사업에 수반되는 손해를 보상할 것을 약속하는 계약이다.
> ② 상법 693조 : '해상보험계약의 보험자는 해상사업에 관한 사고로 인하여 생길 손해를 보상할 책임이 있다.' 라고 해상보험자의 책임에 대하여 규정하고 있다.

(3) 범위

- ① MIA 제2조 – 해상보험계약은 그 명시적 또는 상관습에 의해서 해상항해에 부수하는 내수로 또는 육상위험으로 인한 손해에 대해서 피보험자를 보호하기 위하여 그 담보범위를 확장할 수 있다.
- ② 부대조건 : I.T.E(내륙운송연장담보조건)
- ③ 협회적하약관 : ICC 2009 제8조 운송약관
- → 오늘날의 해상보험은 육상운송위험까지도 연장담보 하도록 되어 있어, 해상 및 육상의 혼합보험성격을 띠고 있다.

2. 구성요소

(1) **적용범위** : MIA 제2조 + ITE(내륙운송연장담보조건) + ICC 제8조(운송약관)

　cf. 운송(from tackle to tackle) → 보험(warehouse to warehouse)

(2) **특성**(특징)
- ① 국제성
- ② 기업보험의 성격
- ③ 보장성보험의 성격
- ④ 국제무역의 촉진제 역할
- ⑤ 영국의 법률과 관습의 적용

(3) **기능**(금융편의, 해운관련성)

3. 해상보험의 종류

(1) **피보험이익**(보험가입대상에 따른 분류)
- ① 적하보험
- ② 선박보험
- ③ 선임보험
- ④ 희망이익보험

(2) **보험기간**(보험기간을 정하는 방법)
- ① 항해보험(구간보험) ; 통상 적하보험 – 항해보험증권
- ② 기간보험 : 통상 선박보험 – 기간보험증권
- ③ 혼합보험 : 일정항해 및 일정기간을 보험기간으로 정하는 방법

(3) 부보형태

① 확정보험 : **보험증권**(Insurance Policy) 발행
② 예정보험
  -〉 보험계약 그 자체는 성립하고, 내용의 일부가 미확정
     즉, 보험계약 그 자체이지 보험계약의 예약은 아님.

   * 위험의 수에 따라서
     1) 개별예정보험 : 예정보험증권 발행하고, **확정통지**(Declaration)에 따라
                    확정보험증권 발행
     2) 포괄예정보험
        Open policy, Open contract(보험증서, 보험증명서)라는 특약서가 작성되거나,
        보험증명서 등이 발행됨. → **확정통지**(Declaration)

✓ ISSUE 1. 예정보험

1. 의의

2. 효용(필요성)

   - **무보험상태를 피하기 위해**
     (보험계약체결시에 피보험이익의 내용을 확정할 수 없는 경우)

3. 종류
   (1) 개별예정보험 : 예정보험증권 → (확정통지) -〉 확정보험증권
   (2) 포괄예정보험
       ① Open policy
       ② Open contract
          → **확정통지**(Declaration)
          → **보험증명서**(certificate of insurance) **또는 보험증권**(Insurance Policy)

4. UCP 600 상의 수리 가능한 보험서류(UCP 600 제28조)

---

4. 해상보험과의 관계

1) 무역(주계약 / 종속계약) : 매매계약의 이행을 위한 종속계약
2) 매매계약과 보험계약(Incoterms) : 정형거래조건 / 기본조건 - 보험조건
   ① 의의
   ② CIF와 CIP조건에서의 매도인의 보험부보의무 (Incoterms 2020 개정)

3) UCP 600 제28조
　① 의의
　② 수리 가능한 보험서류의 종류
　③ 보험서류의 수리요건
　④ 보험담보의 형태

4) 운송계약
　운송인의 책임 원칙 및 한계 vs 보험자의 담보

5) 관련법규(MIA, 상법, YAR)

> (1) 공통조건
> 　① 최소, ② 금액, ③ 보험자, ④ 보험증권, ⑤ 보험기간, ⑥ 통화
> (2) Incoterms
> 　① 보험청구, ② 추가보험, ③ 정보제공
> (3) UCP
> 　① 전통, ② 일자, ③ 부정확, ④ 전위험, ⑤ 면책조항, ⑥ 면책율
>
> - 인코텀즈(Incoterms)
>   (1) 소개문
>   (2) CIF, CIP ; 사용자를 위한 설명문
>   (3) CIF, CIP 의 A5
>
> - UCP 600 제28조

5. 해상보험의 기본원리

Part1. 손해보상의 원칙
Part2. 담보
Part3. 최대선의의 원칙
Part4. 근인주의
Part5. 소급보상의 허용

Part 1. 손해보상의 원칙

+ <기평가보험증권 : MIA 제27조> + 대위 개념

화주는 일반적으로 보험자에게 손해보상을 청구함과 동시에 운송인에 대한 손해배상 청구권은 보험자가 대위한다.

> 1. 의의
> 2. 정의
> 3. 해상보험 실무
>   (1) 대위
>   (2) 협정보험가액
>   (3) 기평가보험증권

Part 2. 담보

> 1. 의의
> 2. 필요성 / 기능
> 3. 종류
> 4. 담보위반의 효과
> 5. 담보위반의 허용
> 6. 고지의무위반과 담보위반의 비교

1. 의의(정의)
- 담보라는 개념은 영국법에 특유한 것, 최대선의의 원칙에서 파생
- 담보는 <u>특정조건의 준수를 보증하는 보험계약자에 의한 약속</u>
- 담보를 위반할 경우에는 보험계약을 무효화할 권리 (중요성불문의 원칙)

> MIA 33조에 의하며, 담보는 그것에 의해 피보험자가 어떤 특정한 사항이 행하여지거나 행하여지지 않을 것 또는 어떤 조건이 충족될 것을 약속하는 담보인 약속담보, 그것에 의해 피보험자가 특정한 사실상태의 존재를 긍정하거나 부정하는 담보를 의미함.

2. 필요성 / 기능

3. 종류

명시담보(express warranty)와 묵시담보(implied warranties)

(1) 명시담보(express warranty)
① 의의 : 담보의 내용이 보험증권에 기재되거나 담보내용을 증권에 첨부하는 것 (MIA 35조) 명시담보는 담보하려는 의사가 추정될 수 있는 것이면 어떠한 형태의 어구를 사용하여도 무방함. 보험증권에 포함되거나 또는 기재되거나, 보험증권 내의 언급에 의해 보험증권의 일부인 서류에 포함됨.
② 종류
  - 안전담보(MIA 38) : 피보험목적물이 특정일 또는 기간 동안 언제라도 안전해야 한다
  - 중립담보(MIA 36, 37) : 보험기간 중 본선상에는 선박이나 적하가 중립국의 재산으로 증명할 수 있어야 한다.
  - 항해담보 : 선박이 운항할 수 없는 지역을 명시
  - 선비담보 : 선박보험에 추가하여 선비를 부보할 때 선비의 보험금액을 선박보험 금액의 일정비율(25%) 이상을 넘지 못하도록 함

(2) 묵시담보
① 의의 : 보험증권에 명시되어 있지 않으나 피보험자가 묵시적으로 제약을 받아야 하는 담보, 즉 법적으로 계약서에 포함되어 있다고 간주하는 것
② 종류
  - 내항성담보(MIA 39, 40) : 선박이 항해를 개시할 때에 해당 항해를 완수할 수 있을 정도로, 즉 항해에 적합하도록 내항성이 있어야 한다는 것.
    (적하보험증권의 경우에는 화주는 선박의 내항성 유무를 알 수 없으므로 화주에게 선박의 내항성을 요구하는 것은 무리이기 때문에 협회적하약관에 동 취지를 규정.(구ICC 제8조, 신ICC 제5조)
  - 적법성담보(MIA 41) : 피보험자가 지배할 수 없는 경우를 제외하고는 모든 해상보험은 그 내용이 합법적이어야 한다는 것.

4. 담보위반의 효과
(1) 담보위반의 효과
1) 담보위반일 이후의 면책(MIA 33-3)
  - 보험자에게 계약의 해지권 인정
    담보가 정확하게 지켜지지 않으면 보험증권에 명시규정이 있는 경우를 제외하고 보험자는 담보위반일로부터 책임을 지지 않는다. 그러나 보험자는 담보위반일 이전에 발생한 손해에 대해서는 보상책임이 있다. 담보위반이 있는 경우 피보험자는 손해 발생일 이전에 그 위반이 교정되어 담보가 충족되었다는 항변을 할 수 없다.

2) 경과보험료의 불환급
보험자는 담보위반일 이전에 발생한 손해에 대해서는 책임을 부담했기 때문에 담보위반시에 보험자의 재량으로 보험계약을 해지할 경우 보험계약의 해지일자 이전의 경과보험료는 사고가 없었더라도 환급되지 않는다.

3) 입증책임 - 보험자
담보위반에 대한 입증책임은 원칙적으로 그것을 주장하는 보험자 측에 있다. 보험자는 피보험자가 담보를 위반했다는 사실을 입증해야만 자신의 면책이 인정된다.

(2) 담보위반이 허용되는 경우(MIA 제34조)
1) 사정의 변경으로 담보가 계약에 적합하지 않을 경우
2) 담보를 충족하는 것이 그 후의 법률에 의하여 위법이 될 경우
3) 담보위반이 보험자에 의하여 묵인될 경우

5. 고지의무 위반과 담보의무 위반의 비교

	고지의무 위반 (MIA)	담보의무 위반
위반내역	중요한 사항	어떠한 사항
결과	보험계약의 취소	보험계약의 해지
효력	전 보험계약의 무효	해지시점 이후의 보험계약 무효
보험료	전부반환	일부반환

* MIA 규정 활용(33조 ~ 41조)
1. 33조 - 의의(33조- 담보의 정의)
2. 33조 3항 - 담보위반의 효과(보험자 해지권)
3. 34조 - 담보위반이 허용되는 경우
4. 35조 - 담보의 종류(33조 2항)
    (1) 명시담보(35조)
        - 36, 37조(중립담보)
        - 38조(안전담보)
    (2) 묵시담보
        - 39조, 40조(내항성담보)
        - 41조(적법성 담보)

- Part 3. 최대선의의 원칙(MIA 제17조 + 상법 제652조)

  → '담보의무' 개념으로 파생
  → '고지의무' 개념 연관
  → '통지의무' 개념으로 파생

  > 1. 의의
  > 2. 내용
  > 3. 관련 규정
  >   (1) MIA 제17조
  >   (2) 상법 제651조, 652조

- Part 4. 근인주의(MIA 제55조)

  1. 의의
  2. 정의(MIA 제55조)
  3. 학설(유형/종류)
     (1) 최후조건설
     (2) 최유력조건설
     (3) 상당인과관계설
  4. MIA 관련 규정(MIA 제55조)

- Part 5. 소급보상의 허용

  피보험이익의 존재시기(MIA 제6조 / ICC 제11조)

  > 1. 의의
  > 2. 소급보상
  >   (1) 의의
  >   (2) MIA 제6조
  >   (3) 신 ICC 제11조

제2절 결합형태

1. 매매계약 + 보험계약(보험기간)

- FOB + 매수인의 보험
- CIF + 매도인의 보험
- 보험기간의 문제

	보험계약 체결	피보험이익	보험계약상 보험기간 (신ICC 8조)	관계
FOB CFR	매수인	본선인도 완료 후 ~	매도인의 창고 ~ 매수인의 창고	보험기간의 공백
CIF	매도인	매도인의 창고 ~	매도인의 창고 ~ 매수인의 창고	공백 없음 (매도인 보험증권 양도)

2. 운송계약 + 보험계약

- 운송인의 책임 + 보험자의 책임(이로, 감항)
- 창고간 약관 + 운송인의 책임구간
- B/L상 쌍방과실충돌약관 + ICC 상 쌍방과실충돌약관

	운송계약	보험계약

책임범위	운송인의 책임, 면책
	① 운송인 책임(의무)
	  • 감항력 주의의무
	  • 이로 하지 않을 의무
	② 운송인 면책
	  • 포장불비
	③ 약관
	  • B/L 上 쌍방과실충돌약관
		보험자의 책임(담보), 면책
		① 보험자의 책임(담보)
		② 보험자 면책
		  • 감항불비 (ICC 5조) + 완화 감항성담보 (MIA 39조)
		  • 이로(MIA 46) + 이로허용(MIA 49)
		  • 포장불비 (ICC 4조)
		③ 약관
		  • ICC 제3조 쌍방과실충돌약관

책임기간	운송인의 책임기간 (from T-T / P-P / D-D)	보험자의 책임기간 (신ICC 제8조)

- 감항능력 주의의무와 보험과의 관계
- 이로하지 않을 의무와 보험과의 관계

3. 결제계약 + 보험계약(+매매계약)

- 화환신용장 + 보험서류(UCP 600 제28조)
- 화환신용장 + 신협회적하약관

1. UCP 600 제28조
2. 보험서류(보험증권 및 보험약관)
3. 신협회보험약관 : 신ICC
4. CIF 매매계약(인코텀즈)
   (1) 소개문
   (2) CIF, CIP - 사용자를 위한 설명문
   (3) CIF, CIP - A5

제2편 해상보험계약

| 제1절 해상보험계약
제2절 피보험이익 등 | 제3절 고지의무, 통지의무, 담보
제4절 위부와 대위 |
|---|---|

제1절 해상보험계약

1. 의의(정의)
2. 법적 성격
3. 당사자(계약체결절차)
4. 당사자의 의무
5. 해상보험계약의 무효, 변경, 취소, 부활
6. 해상보험계약의 효과
7. 해상보험계약의 절차

1. 의의(정의)

보험자가 해상사업에 관한 사고로 인하여 발생하는 손해, 즉 해상손해를 동 계약에서 정한 방법과 한도로 피보험자에게 보상하기로 하는 합의계약

2. 해상보험계약의 법적성격

(1) 낙성계약, 불요식 계약

MIA 제21조 '피보험자의 청약이 보험자에 의해 승낙된 때에 성립된 것으로 간주되고, 그 때에 보험증권이 발행되는지의 여부와는 관계가 없다.'

(2) 쌍무계약, 유상계약

(3) 사행계약

(4) 부합계약

부합계약은 계약당사자인 보험자가 결정한 보험약관에 대하여 보험계약자가 이것을 포괄적으로 승인함으로써 효력이 발생하는 계약이다.

(5) 최대선의계약

MIA 제17조에는 "해상보험계약은 최대선의에 기초한 계약이며, 당사자 일방에 의하여 이 원칙이 준수되지 않을 경우 타방은 그 계약을 취소할 수 있다."고 규정하고 있다.

(6) 조건부계약
(7) 유인계약
(8) 계속계약(보험기간)

3. 해상보험계약의 당사자(계약체결절차)

(1) 보험자
(2) 보험계약자
(3) 피보험자
(4) 보험대리점, 보험중개인

4. 해상보험계약 당사자의 의무

(1) 보험자의 의무
① 보험증권 교부의무
② 손해보상의무
③ 보험료 반환의무
④ 보험금 지급의무

(2) 보험계약자 혹은 피보험자의 의무
① 보험료 납입의무
② 위험의 통지의무
 - 위험의 변경 혹은 증가의 통지의무
 - 손해발생의 통지의무
 - 손해방지 혹은 손해경감의 의무
③ 고지의무
④ 손해방지 및 경감의무

5. 해상보험계약의 무효, 변경, 취소, 부활
6. 해상보험계약의 효과
7. 해상보험계약의 절차

제2절 피보험이익 등

1. 의의
2. 피보험이익의 기능
3. 피보험이익의 요건
4. 피보험이익의 종류
5. 피보험이익의 존재시기
6. 피보험이익의 평가

1. 의의

- 보험의 목적(subject-matter insured), 보험계약의 목적
- 피보험이익의 정의(MIA 제5조)
  ① 일반적 정의 : 보험의 목적이 멸실 또는 손상됨으로써 경제적 손해를 입게 되는 특정인(피보험자)과 그 보험의 목적 사이에 존재하는 이해관계
  ② MIA 규정상 정의

2. 피보험이익의 기능

(1) 경제적 기능

① 보험가액의 평가
② 보험금액의 제한
③ 보험금 산정의 기초

(2) 법적 기능

① 보험계약의 성립 및 효력발생
② 보험악용 방지
③ 보험자의 책임범위 결정
④ 보험계약 동일성의 구별
⑤ 피보험자 확정

3. 피보험이익의 요건

보험계약이 법적효력을 발생하기 위하여는 피보험이익은 반드시 ①적법성, ②경제성, ③ 확정성의 요건을 갖추어야 한다.

① **적법성**(MIA 제3조 -...모든 적법한 해상사업은 해상보험계약의 목적이 될 수 있다.)
  피보험이익은 법적으로 인정된 것이어야 하며 적법한 것이어야 한다. 불법, 공서양속에 위배되는 목적물 이를테면 밀수품, 마약, 절도품, 탈세와 도박 등에 관련되거나 음란도서나 음반 등은 피보험이익이 될 수 없다.

② **경제성**(상법 668조)

피보험이익이 될 수 있는 것은 경제적 이익이라야 하며 감정적, 도덕적 이익은 비경제적이익, 즉 금전으로 평가할 수 없는 것이기 때문에 피보험이익이 될 수 없다.

한국 상법 제668조에서도 "보험계약은 금전으로 산정할 수 있는 이익에 한하여 보험계약의 목적으로 할 수 있다"고 규정하고 있으므로 이는 곧 피보험이익의 경제성을 의미하고 있다.

③ **확정성**(MIA 제6조)

피보험이익은 보험사고가 발생할 때까지는 보험계약의 요소로서 확정하거나 확정할 수 있는 것이어야 한다. 그렇게 되기 위해서는 타 이익과 명확하게 식별할 수 있는 것이어야 한다. 이익은 현재 확정되어 있지 않더라도 장래에 있어서 확정될 것이 확실한 것은 보험의 대상이 될 수 있다. 예컨대 CIF가격에 희망이익을 추가하여 부보하는 것도 이러한 의미에서 가능한 것이다.

4. 피보험이익의 내용(종류) : 이해관계의 발생이유 및 참여관계의 여하에 따라

5. 피보험이익의 존재시기

1. 의의
2. MIA상 존재시기
3. ICC상 존재시기
4. 피보험이익의 요건과의 관계(확정성)

(1) 의의

(2) MIA 상 존재시기(MIA 제6조)

① 손해발생시 : 보험계약체결 당시에는 존재하지 않아도 좋으나 손해발생시점에는 반드시 존재하여야 한다.

② 소급보험 : 손해발생시에 피보험이익은 존재하지 아니하였다고 할지라도, 계약체결 당시에 피보험자는 그 멸실사실을 알고 있었지만, 보험자는 모르고 있었던 경우가 아닌 한, 보험자는 보상책임을 면할 수 없고 피보험자는 보상을 받을 수 있다.

(3) ICC 상 피보험이익조항(ICC 제11조)

(ICC 제11조 11.1) 이 보험에 따라 보상을 받기 위하여는 피보험자는 손해발생시에 보험의 목적에 대하여 피보험이익을 갖고 있어야 한다.

(ICC 제11조 11.2) 상기의 제11조 제1항의 규정을 제외하고, 이 보험의 담보기간 중에 발생하는 손해는 그 손해가 보험계약의 체결 이전에 발생한 것이라도 피보험자가 이 손해발생의 사실을 알았고 보험자가 몰랐을 경우가 아닌 한 피보험자는 이를 보상받을 권리가 있다.

(4) 피보험이익과의 관계(확정성)

6. 피보험이익의 평가

(1) 보험가액(insurable value)

- 협정보험가액 / 기평가보험증권(MIA 제27조)

보험가액이란 보험사고가 발생한 경우에 피보험자가 입게 되는 손해액의 최고한도액이며 피보험이익(insurable interest)의 평가액을 말한다. 보험가액은 보험기간 중 일정하지 않고 시간, 장소, 물가에 따라 변동할 수 있는 것이기 때문에 그 평가가 문제시된다.

일반적으로 손해보험종목은 손해발생시점의 실제 현금가치(actual cash value)로 보상해야 하는 손해보상의 원칙이 적용되어야 하는 데 반해, 해상보험에서는 피보험이익인 선박과 적하는 시간적으로 항상 움직이고 있어 보험가액측정이 어렵기 때문에 보험계약체결시 피보험자와 보험자가 상호협의 하에 보험가액을 평가하는 협정보험가액(agreed value)으로 부보하게 된다.

(2) 보험금액(insured amount)

보험금액이란 손해발생시 보험자가 부담하는 보상책임의 최고한도액이며 보험계약의 체결에 있어 보험자와 피보험자간에 약정된 금액을 말한다.

일반적으로 보험금액은 보험가액을 초과할 수 없는 것이 원칙이다.

(3) 양자의 관계 및 이에 따른 보상

1) 전부보험

전부보험이란 보험가액 전액을 보험에 부보한 경우, 즉 보험가액과 보험금액이 일치하는 경우의 보험을 전부보험(full insurance) 또는 전액보험이라 하며, 보험자는 소손해면책 등의 약정이 없는 한 피보험자의 손해액 전액을 보상하여야 한다.

2) 일부보험

일부보험이란 보험가액에 미달되는 금액으로 보험을 부보한 경우, 즉 보험가액보다 보험금액이 적은 경우를 의미한다. 이 경우 우리 상법은 일반적으로 비례보상 방식을 채택하고 있다.

3) 초과보험

초과보험(over insurance)이란 보험금액이 보험가액을 초과하는 보험을 의미한다. 이 경우 우리나라는 실제 손해만을 보상한다.

4) 중복보험(double insurance)

중복보험이란 동일한 피보험이익 및 위험에 관하여 복수의 보험계약이 존재하고 그 보험금액의 합계액이 보험가액을 초과하는 경우를 말한다. 만약 선의로 중복보험이 성립한 경우 각 보험계약의 효력은 인정되지만 실제 손해액을 한도로만 보상한다.

5) 공동보험

공동보험이란 중복보험과 같이 동일한 피보험이익 및 위험에 관하여 복수의 보험계약이 체결되지만 보험금액의 합계액이 보험가액의 범위 내인 경우로서 복수의 보험자가 각각 위험의 일부를 인수하는 경우를 말한다. 이 경우 손해액을 한도로 보험

✓ ISSUE 1. 중복보험

> 1. 의의
> 2. 성립요건
> 3. 중복보험의 효과
> 4. 중복보험의 효과에 관한 입법주의

1. 의의

2. 성립요건
① 피보험이익의 동일성
② 담보위험의 동일성
③ 보험기간의 동일성
④ 복수의 보험계약
⑤ 초과보험의 성립

3. 중복보험의 효과
사기로 중복보험이 체결되는 경우는 이를 무효로 하는 동시에 보험자는 그 사실을 알게 된 시점까지의 보험료를 청구할 수 있다. 그러나 선의로 중복보험이 성립된 경우에는 각 보험계약의 효력을 인정하고 보상하지만 어떠한 경우에도 손해액 이상을 보상하지 않는다.

4. 중복보험의 효과에 관한 입법주의
각 보험자의 책임액을 결정하는 방법
(1) 우선주의 : 보험계약 체결시기가 빠른 보험자로부터 순차적으로 보상받는 방법

(2) 비례주의 : 각 보험자가 보험금액의 비례에 따라 보상하는 방법, 초과분에 대해서는 보험금액에 비례하여 무효로 하고, 그 나머지에 대하여 비율에 따라 보상한다.
<문제점 : 어떤 보험자의 지급불능시에 피보험자는 그 보험자에게 받을 보험금을 받지 못하게 되고, 피보험자는 중복보험의 모든 보험자에게 개별적으로 보상청구를 해야 하는 번거로움이 있다. 특히 적하보험에서 담보조건이 다른 경우에 보상액을 비율별로 나누기가 어렵다>

(3) 연대책임주의 : 피보험자는 자신의 선택에 따라 어느 보험자에 대하여서도 먼저 보험금의 지급을 청구할 수 있다. 각 보험자는 보험가액을 한도로 연대책임을 지기 때문에 어느 한 보험자가 부담액을 초과해서 보험금을 지급하였다면 타보험자에게 각자가 보상할 금액에 비례하는 분담액을 부담하도록 요구할 수 있다.

(4) 절충주의 : 우리 상법 '보험자는 각자의 보험금액의 한도에서 연대책임을 진다. 이 경우에는 각 보험자의 보상책임은 각자의 보험금액의 비율에 따른다.'고 규정하고 연대책임주의를 원칙으로 하면서 비례분담주의를 가미하고 있다.

제3절 고지의무, 통지의무, 담보

Part1. 고지의무   Part2. 통지의무   Part3. 담보

PART 1 고지의무(MIA 제18조)

1. 의의
2. 고지의무당사자
3. 고지의무 내용
   (1) 고지시기
   (2) 고지방법
   (3) 고지내용(MIA 18-2)
   (4) 고지가 필요 없는 사항(MIA 18-3)
4. 고지의무 위반
5. 통지의무와의 구별

1. 의의

- <u>보험계약자</u>(피보험자)<u>는 보험계약을 체결할 때 보험자에 대하여 보험자가 보험의 인수 여부 또는 계약내용의 결정에 영향을 미치는 모든 중요한 사실을 고지하지 않으면 안되고, 또 중요한 사항에 대해서 부실하게 고지</u>해서는 안된다. 이것을 <u>고지의무</u>(duty of disclosure)라 한다.
- 보험자 자신이 화물의 상태나 성질을 잘 모르고 있기 때문에, 보험자가 모든 중요한 사항을 일일이 점검하는 부담을 덜어 주기 위함이다.
- 한국상법에서도 해상보험계약이 최대선의 계약이 되기 위하여 보험계약자에게 고지의무를 지우고 있는데, 보험계약체결 당시에 중요한 사실을 고지하지 아니하면 계약이 해지되고(상법 제651조), 통지의무 즉 계약체결 후 보험목적물의 위험이 변경 또는 증가되면 보험자에게 통지하여야 하며 통지하지 아니하면 보험자는 계약을 해지할 수 있다고 규정하고 있다.(상법 제652조)
- 영국해상보험법에서도 "해상보험계약은 최대선의에 의한 계약이며 당사자의 일방이 최대선의를 준수하지 않을 경우에는 타방은 그 계약을 취소할 수 있다.(MIA 제17조)"고 규정하고 있다.

2. 고지의무당사자

(1) 고지의무자 동일 : 계약자 or 피보험자 /
    동일 X : 상법(보험계약자 피보험자 모두) MIA(피보험자만)
    cf. 보험중개인, 대리인(MIA 제19조)
    상법상 보험계약자/피보험자, MIA 상 피보험자가 고지의무를 진다.

(2) 고지수령자 : 보험자
    고지의무자가 고지하여야 할 상대방은 보험자와 보험자를 위하여 고지를 받을 대리권을 가지고 있는 자이다.

3. 고지의무 내용

(1) 고지시기
    보험계약이 체결되기 전(보험계약이 성립되는 시점에 고지의무 종결)

(2) 고지방법
    MIA 별다른 제한 없음.(고지의 방법엔 별도의 제한이 없으나 정확하게 표시되어야 하므로 서면이나 구두를 통해 명확히 하여야 한다.)

(3) 고지내용(MIA 제18조 2항)
    <u>중요한 사항</u>
    <u>① 보험자가 보험계약을 체결할 당시에 보험료를 확정하거나</u>
    <u>② 보험계약의 인수 여부를 결정하는 데 영향을 미칠 수 있는 사항</u>

(4) 고지가 필요 없는 사항(MIA 제18조 3항)
    ① 위험감소요인(18-3-a)
    ② 보험자가 알고 있는 것으로 간주되는 사항(18-3-b)
    ③ 보험자가 고지의무를 면제(포기)한 사항(18-3-c)
    ④ 담보에 의해 고지가 필요 없는 사항(33-1)

4. 고지의무 위반

- **상법(해지) - 해지**(상법 제651조)
- **MIA(해제;AVOID) - 취소**(MIA 제20조 1항)

계약의 협의 중 및 계약이 성립되기 이전에 피보험자 또는 그 대리인이 보험자에게 행한 모든 중요한 표시는 진실이어야 한다. 그것이 진실이 아닌 경우 보험자는 그 계약을 취소할 수 있다. (MIA 20-1)

5. 통지의무와의 구별

고지의무는 보험계약의 성립 전에 보험계약자에 부과되는 것이기 때문에 보험계약이 성립한 후에 보험계약의 효과로서 발생하는 위험변경 또는 위험증가에 대한 통지의무와는 구별하여야 한다.

PART 2 통지의무

1. 의의
2. 위험의 현저한 변경 및 증가
   (1) 통지의무
   (2) 위반시 조치
3. 보험사고 발생
   (1) 통지의무
   (2) 위반시 조치

1. 의의

보험계약체결 후에 위험이 현저하게 변경, 증가되거나 보험사고가 발생한 경우 보험계약자는 보험자에게 통지하여야 한다.(상법 제652조, 제657조) MIA에서는 통지의무에 대한 규정이 없으며, 우리 상법에 통지의무를 명확히 규정함.

2. 위험의 현저한 변경 및 증가

(1) 통지의무

보험기간 중 보험계약자 또는 피보험자가 사고발생의 위험이 현저하게 변경 또는 증가된 사실을 안 때에는 지체 없이 보험자에게 통지하여야 한다. 위험의 변경이란 위험의 측정 당시에 불변을 전제로 한 위험사정이 변경하는 것이며, 위험의 증가란 위험율의 양적인 증가를 말한다.

(2) 위반시 조치

보험계약자 또는 피보험자가 통지의무를 위반한 때에는 보험자는 그 사실을 안 날로부터 1개월 내 보험계약을 해지할 수 있음.(상법 제652조)

3. 보험사고 발생

(1) 통지의무

보험기간 중에 보험자가 부담하는 보험사고에 의해 손해가 발생하는 경우 보험계약자는 그 손해사실을 지체 없이 보험자에게 통지하여야 함.

(2) 위반시 조치

보험자는 이에 대한 '손해배상을 청구'할 수 있으며 보험금에서 공제가능
보험사고발생의 통지의무에 대하여는 계약해지권은 인정되지 아니함.

제4절 위부와 대위

Part1. 대위   Part2. 위부   Part3. 위부와 대위의 비교

PART 1 대위

1. 의의
2. 목적
3. 유형
4. 성립
5. 위부 vs 대위

1. 의의

보험자가 보험금을 지급한 경우, 피보험자가 보험의 목적에 대하여 가지는 권리 및 제3자에 대하여 가지는 권리를 피보험자를 대신하여 보험자가 취득하는 것

2. 목적

부당이득(이중이득)을 방지하기 위해서

3. 대위의 유형

(1) 잔존물 대위(보험의 목적에 관한 대위)

(2) 청구권 대위(제3자에 대한 대위)

4. 성립

(1) 대위의 효과

보험자는 대위를 통하여 피보험자가 피보험목적물에 대하여 취득한 이해관계인 피보험이익을 취득할 수 있다. 즉 대위의 효과는 보험자가 대위권을 행사할 권리가 보장되어 있다는 것이다.

(2) 대위의 성립요건

대위의 성립은 보험자가 피보험자에게 보험금을 지급한 때 성립된다.

(3) 대위권 취득시기

보험의 목적의 전부가 멸실한 경우에 보험금액의 전부를 지급한 보험자는 그 목적에 따라 피보험자의 권리를 취득한다. 손해가 제3자의 행위로 인하여 생긴 경우에 보험금액을 지급한 보험자는 그 지급한 금액의 한도에서 그 제3자에 대한 보험계약자 또는 피보험자의 권리를 취득한다.

PART 2 위부

1. 의의
2. 위부의 사유
3. 위부의 통지
4. 위부의 성립 및 요건
5. 위부의 효과
6. 위부의 무조건성
7. 위부의 범위
8. 위부 VS 대위

1. 의의

- 위부권 행사는 피보험자의 재량
- 추정전손이 발생한 경우, 피보험자는 보험의 목적에 대한 모든 권리를 보험자에게 이전하고 보험금액의 전부를 청구할 수 있다. 이를 위부라고 한다.
- 해상보험에 특유한 제도

2. 위부의 사유

(국가에 따라 상이, 법과 약관에 따라 상이) - 추정전손의 사유가 발생해야 함.

- MIA 제60조(전손의 발생이 불가피하다고 인정되는 경우나 손해의 정도가 너무 커서 보험의 목적의 가액을 초과하는 비용을 지출하지 않으면 전손을 면할 수 없는 경우에 추정전손이 성립하고, 이러한 경우 위부할 수 있는 것으로 규정하고 있다.) ; 상법 제710조

3. 위부의 통지(MIA 제62조)

피보험자가 보험자에게 보험의 목적을 위부하기 위해서는 위부의 통지를 해야 한다.(MIA 제62조) 만일 위부의 통지를 하지 않으면 피보험자가 위부의 의사를 가졌는지 여부에 상관없이 발생한 손해는 분손으로 취급된다.

(1) 위부통지 목적

(2) 위부통지 방법

구두로 하여도 무방하다, 실무상 서면(MIA 62-2 ; 서면 또는 구두로 할 수 있다.)

(3) 위부통지 시기

위부의 통지는 손해에 관해 신뢰할 만한 정보를 받은 후 합리적으로 신속하게 행해져야 한다.(MIA 제62조)

(4) 위부통지 면제(MIA 제62조)

① 보험목적물 전멸로 회수 잔존물이 없을 경우(62-7)
② 보험자가 위부통지 면제한 경우(62-8)
③ 보험자가 자기위험을 재보험 하였을 경우(62-9)

4. 위부의 성립 및 요건

(1) 위부의 성립

① MIA : 계약으로 봄.(통지 → 승낙)
② 상법 : 단독행위(형성권) - 보험자의 승낙을 요하지 않고도 법적 효과가 발생

5. 위부의 효과

피보험자는 보험금액 전액에 대해서 보험금청구권을 행사할 수 있고, 보험자는 보험의 목적에 대한 피보험자의 소유권 및 기타 이익을 포함한 모든 권리를 취득한다.

6. 위부의 무조건성(MIA 62-2, 상법 714조 1항)

7. 위부의 범위

위부는 보험의 목적 전부에 대해서 해야 한다. 그러나 위부의 원인이 보험의 목적의 일부에 대해서 생긴 때에는 그 부분에 대해서만 위부할 수 있다.

PART 3 위부와 대위의 비교

1. 의의

대위는 보험자가 보험금을 지급함으로써 보험목적물에 관련되는 일체의 권리를 피보험자로부터 승계하는 것을 의미하고 위부는 피보험자가 전손보험금을 청구하기 위하여 잔존물에 대한 권리를 보험자에게 포기하는 것을 말한다.
대위와 위부는 서로 원인과 결과의 관계로 볼 수 있지만 다음과 같은 차이가 있다.

2. 차이점

	대위	위부
손해보험의 범위	모든 손해보험	해상보험
목적	이중보상방지	권리포기 → 추정전손성립
손해범위	전손 / 분손	전손
보상범위(권리승계)	보험금지급범위 내	일체권리승계
성립요건	승낙여부에 관계없이	승낙 要

제3편 보험증권과 보험약관

제1절 보험증권
제2절 보험약관
제3절 신협회적하약관 (ICC 2009)

구 보험증권	구 보험약관
- 1779 Lloyd's S.G. Policy - 본문약관, 이탤릭서체약관, 난외약관, 　+ 이면약관 **보험증권이 중심**	- ICC (FPA) - ICC(WA) - ICC(A/R) 구 ICC 1963 **보험증권을 보완**
신 보험증권	신 보험약관
- 1982 신양식 - 본문약관 　(준거법약관, 약인약관, 선서약관, 타보험약관) - 스케줄 **보험계약체결의 단순증빙**	- ICC(A) - ICC(B) - ICC(C) 신 ICC 1982 -> 신 ICC 2009 **보험 내용의 중심**

제1절 보험증권

1. 의의
2. 특성
3. 보험증권 해석원칙
4. 법적성질
5. 종류
6. 해상보험증권의 양식

1. 의의

보험계약의 성립과 그 내용을 증명하기 위하여 보험계약의 내용을 기재하고, 보험자가 기명날인하여 보험계약자에게 교부하는 증권이다.

2. 해상보험증권의 특성

우리나라 상법상 보험계약은 불요식의 낙성계약이므로 보험증권이 보험계약의 성립을 위하여 반드시 필요한 것은 아니지만, 국제거래에서 해상보험계약이 일반적으로 준거법으로 지정하고 있는 영국해상보험법은 해상보험계약은 해상보험증권에 기재되지 않는 한 증거로서 받아들여지지 않는다고 규정함으로써 해상보험증권이 발행되어야만 해상보험계약의 존재 및 효력을 주장할 수 있도록 하고 있다.(MIA 제22조)

- MIA에서는 '어떠한 제정법의 규정이 있는 경우를 제외하고, 해상보험계약은 본 법에 따라 해상보험증권에 구현되지 않는 한 증거로서 인정되지 않는다. 해상보험증권은 계약이 성립된 때 또는 그 후에 작성되고 발행될 수 있다.(MIA 제22조)'라고 규정하고 있다.
- 상법 - 보험자는 보험계약자가 보험료의 전부 또는 최초의 보험료를 지급하지 않은 경우를 제외하고 보험계약이 성립한 때에 지체없이 보험증권을 작성, 보험계약자에게 교부하여야 한다.(640조)

3. 해상보험증권의 해석원칙

① 수기문언 우선원칙
② 당사자 의사 및 판례의 존중원칙
③ 평이, 통상, 통속적 해석의 원칙
④ 동종해석의 원칙
⑤ 문언작성자 불이익의 원칙
⑥ 합리적 해석의 원칙

4. 해상보험증권의 법적성질

① 증거증권성
② 면책증권성
③ 유가증권성
④ 유인증권성
⑤ 상환증권성

5. 해상보험증권의 종류

① 피보험이익에 따른 분류 : 선박보험증권, 적하보험증권, 운임보험증권
② 보험기간에 따른 분류 : 항해보험증권, 기간보험증권, 혼합보험증권
③ 보험가액에 따른 분류 : 기평가보험증권, 미평가보험증권

④ 계약방식에 따른 분류 : 확정보험증권, 예정보험증권
  - 확정보험증권/예정보험증권/개별예정보험증권/포괄예정보험증권/선명미정보험증권

6. 해상보험증권의 양식

- Part 1. 舊 증권(Lloyd's S.G Policy)

1. 의의

2. 연혁
1779년

3. 특징
- 고어체와 난해한 문장 / 성경식 서술

   > Lloyd's S.G 보험증권은 오랫동안 사용되면서 보험증권상의 단어가 수많은 판례에 얽매임으로써 새로운 내용의 약관을 제정하여도 기존의 약관을 삭제하지 못하고 함께 사용해 왔다. 이런 연유로 세월이 지나감에 따라 Lloyd's S.G 보험증권에는 많은 약관이 첨부되었다.

- 구 증권의 담보체계는 총19개의 약관으로 구성된 본문약관, 3개의 이탤릭체약관, 난외약관 및 특약으로 협회약관이 첨부된다. 대표적인 협회약관은 각각 총 14개 조항으로 구성된 A/R, WA, FPA 등이 있으며 이 가운데 어느 하나를 선택하여 첨부한다. 즉, 구 증권은 <u>담보체계를 본문약관과 협회약관의 2중적 체계</u>를 갖고 있다.

4. 구 협회적하약관
구 증권의 담보체계는 총19개의 약관으로 구성된 본문약관, 3개의 이탤릭체약관, 난외약관 및 특약으로 협회약관이 첨부된다. 대표적인 협회약관은 각각 총 14개 조항으로 구성된 A/R, WA, FPA 등이 있으며 이 가운데 어느 하나를 선택하여 첨부한다. 즉, 구 증권은 담보체계를 본문약관과 협회약관의 2중적 체계를 갖고 있다.

① 본문약관은 모두약관, 양도약관, 소급약관, 위험개시약관, 피보험목적물 표시약관, 선박명의 표시약관, 선장표시약관, 보험기간약관, 기항·정박약관, 보험가액평가약관, 위험약관, 손해방지약관, 위부표기약관, 보험증권의 효력에 관한 약관, 구속약관, 보험료 영수승인약관, 선서약관, 면책률약관, 영국법 준거법 약관 등 총 19개의 약관으로 되어 있다.

② 이탤릭체약관은 본문약관보다 우선한다. 오늘날은 이탤릭체로 인쇄되지 않으나 그 효력에는 차이가 없다.
이에 해당하는 것은 포획·나포 부담보약관(F.C&S. clause), 동맹파업·폭동·소요 부담보약관(F.S.R.&C.C clause) 및 항해중단부담보약관(frustration clause) 등이 있다.
비록 본문약관에서 담보되는 위험이라도 이탤릭체에서 면책으로 규정되면 면책된다.

③ 난외약관 보험증권의 우측 또는 좌측상단에 인쇄된 약관으로, 협회약물약관(instituted dangerous drug clause), 교사약관(grounding clause), 타보험약관(other insurance clause), 손해통지약관(claim notice clause) 등이 있으며 오늘날 실무에서 사용되는 보험증권에는 손해통지 및 절차를 규정한 중요약관(important clause)이 있다. 이러한 난외약관도 본문약관보다 우선한다. 이러한 많은 약관 가운데 가장 중심이 되는 것이 담보위험에 관한 위험약관(perils clause)이다.

- Part 2. 신보험증권양식

1. 의의

신해상보험증권은 로이즈 보험업자 및 런던보험자협회(ILU)의 합동적하위원회가 UNCTAD의 해상보험에 관한 보고서에 따라 1981년 7월 1일에 제정한 표준해상보험증권

2. 연혁

- 1779년 채택 - 약 200년 동안 거의 그대로 사용(구증권)
- 1912년 제정
- 1963년 개정
- **1982년 개정**(신증권)
- **2009년 개정**(신증권)

3. 특징

구 S.G Form은 본문약관이 보험계약의 중심이 되고 협회약관은 특약으로 첨부되어 본문약관을 보완하는 성격을 지녔다. 그러나 신증권은 약관의 중심내용인 위험약관을 포함한 대부분의 약관을 없애고 이를 협회약관에 규정하며 신증권은 단지 보험계약서로서 필수적인 약관인 준거법약관 타보험약관, 약인약관 및 선언약관만 남겨 놓았다.

1) 본문약관의 간소화 / 단순화 : 본문약관과 명세표(schedule)

본문약관은 해상보험계약의 내용을 입증할 수 있는 약관인 준거법약관, 타보험약관, 약인약관 및 선서약관 등으로 구성되어 있다.

2) 담보체계의 단순화

구 증권하에서는 증권의 본문약관과 협회적하약관에서 담보위험을 규정하는 2중적인 담보체계를 유지하고 있었으나, 신증권은 담보위험으로 인한 손해를 보상해 주는 단순한 체계로 되어 있다고 할 수 있다.

3) 담보범위의 명확화

담보위험약관이 본문약관에서 삭제되고 적하약관으로 이기되어 담보범위가 명확화되었다. 구 증권하에서는 본문약관과 이탤릭서체 약관, 협회적하약관을 동시에 파악하여야 담보위험의 내용을 이해할 수 있었다. 그러나 신증권 체계 하에서는 협회적하약관만 이해하면 담보위험을 명확하게 파악할 수 있다.

4) 스케줄의 도입

신해상보험증권은 증권의 상단부분에 스케줄을 도입하였다.

> 1. Lloyd's S.G 보험증권은 그 자체가 계약의 중심이 되고 협회약관은 본문약관을 보완하는 특약의 성질을 가지고 있었다. 그러나 신양식에서는 Lloyd's S.G 보험증권의 본문약관 중 중요한 것은 모두 협회약관에 포함시킴으로써 협회약관이 해상보험계약의 중심을 이루게 되었다.
> 2. 협회약관이 해상보험계약의 중심이 되면서 신양식의 해상보험증권은 단순히 보험계약의 성립을 입증해 주는 서류에 불과하게 되었다. 따라서 신해상보험증권에는 보험계약서로서 필수조항인 준거법약관, 타보험약관, 약인약관, 선서약관 등이 규정되어 있다.
> 3. Lloyd's S.G 보험증권에서는 보험계약의 주요사항을 본문약관의 중간 중간에 공란으로 되어 있는 부분에 기재하였다. 그러나 신보험증권은 해상보험계약의 내용을 집중적으로 기재하는 스케줄 방식을 채택하여 보험계약의 내용을 쉽게 알아볼 수 있도록 하였다.
> 4. 과거에는 분손을 담보하느냐 하지 않느냐에 따라서 보험조건을 분손담보약관 또는 분손부담보약관으로 나누어 보험자의 담보범위가 애매한 점이 있었다. 그러나 신해상보험증권에서는 보험자가 담보하는 위험의 수에 따라서 보험조건을 구분하기 때문에 보험조건별로 보험자의 담보범위가 명확하게 되었다.

4. 구성내용

신 증권은 구 증권에 비하여 담보체계가 매우 단순화 되었다. 본문약관에는 4개의 약관만 남고 담보위험약관은 삭제하였을 뿐만 아니라 구약관처럼 손해의 형태를 분리하지 않고 위험 중심으로 통일했으며 담보위험에 관하여는 협회약관으로 모두 수용하였다.

(1) 준거법약관(governing law clause)

이 약관은 구증권 본문에 있던 준거법약관을 이어 받은 것으로서, 모든 클레임에 대한 보험자의 책임의 유무 및 클레임의 정산에 관한 한, 영국의 법률 및 관계에 따를 것을 규정한 것이다.

(2) 타보험약관(other insurance clause)

이 약관은 이 보험증권에 의하여 담보되는 손해가 발생한 때에 그 손해가 화재보험증권이든, 해상보험증권이든 불문하고 다른 보험증권에 의해서 또 담보되어 있거나 또는 이 보험증권이 없었다면 다른 보험증권에 의하여 담보되었을 경우에 대비한 것이다. 이러한 경우 이 보험증권에서는 그 손해를 보상하지 않고, 다만 다른 보험증권에 의하여 보상될 금액을 공제한 잔액에 대하여만 이 보험증권에서 보상한다.

(3) 약인약관(consideration clause)

이 약관은 구증권 본문에 있던 약인약관과 그 내용이 크게 바뀌었다.

즉 구증권에서는 위험부담의 대가로 보험료를 확실히 수령하였음을 확인하고 있었으나, 이 약관에서는 'the payment to us ...as arranged'와 'to insure ...or expense'가 상호 약인관계에 서서 유효한 계약이 성립되도록 하고 있다. 즉 약인약관은 해상보험계약을 체결하면 보험자가 피보험자로부터 보험료를 받는 대가로 피보험목적물에 대한 경제적 손해를 보상한다는 약인에 관한 규정이다. 여기서 약인이란 약속에 대한 대가, 보험자가 보상을 약속하는 대가로 보험료를 영수함을 의미한다.

(4) 선서약관(attestation clause)

이 약관은 보험계약을 체결한 증거로서 보험회사의 책임자가 보험증권에 서명하였음을 나타내고 있는 것으로, 구 증권 본문의 선서약관과 전적으로 동일한 내용이다.

제2절 보험약관

1. 의의

보험약관(insurance clause)이란 일반보험계약에 공통되는 표준적 사항을 보험자가 미리 정해 둔 것으로서 보험증권상의 각종 약속과 규정을 가리킨다.

원래 해상보험계약의 내용은 계약당사자의 합의에 의해 자유롭게 결정할 수가 있지만(계약자유의 원칙), 실제로는 대량의 거래를 신속하게 처리하기 위하여 보험자측이 미리 준비한 정형적 약관에 의하여 계약되고 있다. 특히 보험제도는 위험단체를 전제로 하고 있으므로 동일한 위험단체에 속한 계약자들 사이에 그 계약의 내용에 실질적인 차이가 생기는 것은 부당하다. 따라서 그 구성원을 동일하게 취급하기 위해서도 보험약관이 필요하다.

2. 유형

(1) 보통보험약관(general clause)

- 보통보험약관은 특정한 유형의 보험계약의 내용을 일반화시키고 계약절차를 간소화하기 위하여 명시한 표준적 약관을 의미.
- 보통보험약관은 보험계약자가 그 내용을 이해하고 그 약관에 따라 계약을 체결하겠다는 의사 여부를 불문하고 특별히 반대의 의사표시를 하지 않는 한 보험계약자를 구속
- 보험계약자의 의사와는 관계없이 보험자가 일방적으로 제시한 조건에 대하여 반대의사가 없으면 보험계약이 성립한 것으로 간주한다는 의미와 같은 것이다.

(2) 특별보험약관(special clause)

- 특별보험약관은 보통보험약관과는 다르게 특정의 사안에 대하여 보험계약자가 의사표시를 하여 결정을 하는 계약조항
- 특별보험약관은 보통보험약관의 내용을 보완 또는 수정한 것으로 개개의 해상보험계약에서 특약을 할 때만 적용
- 특별보험약관이 보통보험약관에 우선하여 적용
- 특별보험약관으로는 ILU가 담보범위를 확장한 협회전쟁약관(IWC), 협회동맹파업·소요·폭동약관(Institute Strike, Riots and Civil Commotions Clause)과 협회도난·발하·불착약관(Institute Theft, Pilferage and Non-Delivery Clause) 등

3. 협회적하약관

▪ Part 1. 구협회적하약관

영국에서는 협회약관을 공표하였던 런던보험자협회가 국제언더라이팅협회(IUA)로 개편되었으며, 로이즈시장협회(LMA)와의 합동적하위원회(JCC)는 1982년 협회적하약관(ICC)을 개정하기로 결정하여 3년 동안의 준비과정을 거쳐 2009년 1월1일자 협회적하약관을 공표하였다.

1912년 ICC(FPA)
1921년 ICC(WA)
1951년 ICC(All Risks)
→ 1958년, 1963년도에 대폭 개정
   1963년 구ICC
   손해의 형태에 따른 구분 - 내용이 애매모호
- 제5조를 제외하고는 동일함

▪ Part 2. 신협회적하약관

1. 의의
- 신증권을 이용할 경우 협회적하약관이 첨부되지 않으면 보험증권으로서의 구실을 할 수 없게 됨.
- 1조, 4조, 6조를 제외하고 동일

> 전쟁면책약관을 규정하고 있는 제6조는 구증권에서 전쟁위험으로 취급하던 해적위험을 해상위험으로 취급하게 됨에 따라 A 조건 괄호 안에 'piracy except'(해적행위 제외)라는 문구가 있으나 B 및 C 조건에는 이러한 문구가 없다는 점만 차이가 있다.

2. 연혁
- 협회적하약관 - 런던보험자협회(ILU) + 로이즈보험자협회(LUA)
              - 기술 및 약관위원회 → 제정약관을 협회약관!
- 1982년 신ICC : 약관의 명칭과 내용을 알기 쉽게 대폭 정비
               ICC(A) ICC(B) ICC(C)
- 2009년 신ICC : 신약관 사용 20년 - 테러리즘, 해상사기 등의 새로운 위험

3. 주요 개정 사항

1) 면책조항들의 적용범위가 축소되어 피보험자에게 유리하도록 개정

포장불충분 면책조항에서는 'LIFTVAN'에는 적부가 삭제되고, 보험개시 전 독립계약자에 의해 컨테이너에의 적부가 이루어진 경우에도 면책이 적용되지 않는다. 선주등의 파산면책에서도 ICC(1982)에서는 어느 경우이든 운송인의 파산의 결과로 발생하는 손해는 면책되었으나 ICC(2009)에서는 보험의 목적의 적재 시에 그러한 파산이 정상적인 항해수행을 중단시킬 수 있다는 사실을 피보험자가 알고 있는 경우에 한하여 면책이다. 파산면책은 부적합면책과 함께 1963 협회상품동업자약관의 면책을 채용하여 보험증권의 선의의 양수인에게는 적용하지 않는다.

2) 운송조항의 개정으로 보험기간의 확장

보험자의 책임 개시시점이 화물이 '창고를 떠날 때(leave the warehouse)'에서 창고에서 보험의 목적이 '맨 처음 이동할(first moved) 때'로 개정되었고, '인도될 때(on delivery)'가 아닌 양하 완료시(on completition)' 책임이 종료된다.

3) 용어의 정의 추가

테러리즘과 테러리스트의 정의를 규정하고 종교적 동기에서 행동하는 자를 추가하였다.

4) 항해변경조항의 변경

항해변경조항에서 'held covered'라는 말을 삭제하고 유령선(phantom ship)상황에 처한, 즉 다른 목적지를 향하여 출항한 사실을 알지 못한 피보험자를 보장하도록 개정하였다.

5) 용어의 변경

기타 'underwriter'라는 말 대신에 'insurer'로 'servants'라는 말 대신에 'employee'로 표준화 하였다.

4. 신협회적하약관의 특징

(1) 보험증권의 단순화

신약관은 단순화되었다. 담보위험에 관한 내용을 증권의 본문약관에서 삭제함으로써 신증권 자체가 단순화되었고 담보위험의 내용은 협회약관에 집중되어 피보험자는 협회약관의 내용을 보고 계약을 체결할 수 있으므로 보험계약업무가 간단해졌으며 자기완결성을 지니게 되었다.

(2) 담보범위의 명료화

구협회약관의 A/R을 제외한 W/A나 FPA는 손해의 형태에 따라 담보위험을 열거하고 있기 때문에 담보범위가 명료하지 않고 혼란을 야기시킬 수 있다. 그러나 신협회적하약관은 손해의 원인이 되는 담보위험만을 열거하고 있기 때문에 담보범위가 명료하고 평이하다.
특히 구약관에서 보험자의 담보범위를 알기 위해서는 증권의 본문약관 MIA 및 구약관을 모두 검토해야 하지만 신약관은 이들은 모두 포괄하고 있으므로 신약관만 잘 검토하면 쉽게 담보위험이 무엇인지 알 수 있다.

(3) 체계의 정비
협회약관의 내용을 성질별로 분류, 순서를 정하여 포괄하고 협회적하약관을 동일 순서로 규정하고 약관마다 약관명을 부여하였다. 기존의 FPA 또는 WA라는 개념의 틀에서 벗어나 담보위험의 범위를 이해하기 쉽게 (A), (B), (C)조건으로 규정하였다.

(4) 운송환경의 변화에 적응
신약관은 컨테이너를 이용한 국제복합운송에 적용될 수 있도록 하기 위하여 포장의 개념에 컨테이너를 포함시키거나 선박의 불내항성에 컨테이너의 불내항성도 포함시킴으로써 복합운송을 수용할 수 있도록 하였으며, 육상운송용구의 전복이나 탈선 및 컨테이너에 해수나 강수의 침입 등 육상운송 중의 위험에 관한 규정을 추가하였다.

(5) 해적위험의 변경
해적행위(piracy)는 구약관에서 전쟁위험의 하나로 간주하고 있으나 신약관 ICC(A)의 제6조 War Exclusion Clause에서 전쟁위험으로부터 이를 제외하여 담보위험에 포함하고 있다.

(6) 전쟁보험과 동맹파업보험의 독립
전쟁위험과 동맹파업위험이 신약관에서 (A), (B), (C) Clause로부터 독립되어 있다.

(7) 구분기준의 변경
구약관 WA와 FPA는 악천후위험에 대한 분손담보냐 단독해손부담보냐의 보상범위의 차이가 구별의 중심이지만 (B) Clause 와 (C) Clause는 담보위험의 종류와 수의 차이로 구분되었다.

(8) 창고간 정신의 고려
구약관은 항구간 담보를 원칙으로 하여 내륙운송을 연장 담보하는 형식이었지만 신약관은 육상운송까지 충분히 고려하여 규정하였다.

(9) 소손해면책(franchise)의 삭제
S.G Form의 폐지로 소손해 면책조항(franchise clause)이 삭제되었다.

(10) 약관수의 증가
S.G Form이 폐지되어 구약관 14개 조항이 19개 조항으로 증가하였다. 신설약관으로는 피보험이익약관, 계반비용약관, 포기약관, 영국법 및 관습약관 등이 있다.

제3절 신협회적하약관(ICC 2009)

☑ 8개의 그룹약관 19개의 개별약관

구분	1982	2009
담보위험	1. 위험약관 2. 공동해손약관 3. 쌍방과실충돌약관	1. 위험 2. 공동해손 3. 쌍방과실충돌약관
면책조항	4. 일반면책약관 5. 불내항성 및 부적합면책약관 6. 전쟁면책약관 7. 동맹파업약관	4. 5. 6. 7.
보험기간	8. 운송약관 9. 운송계약종료약관 10. 항해변경약관	8. 운송약관 9. 운송계약종료 10. 항해변경
보험금청구	11. 피보험이익약관 12. 계반비용약관 13. 추정전손약관 14. 증액약관	11. 피보험이익 12. 계반비용 13. 추정전손 14. 증액
보험이익	15. 보험이익불공여약관	15.
손해경감	16. 피보험자의무약관 - 손해경감 17. 포기약관	16. 피보험자의 의무 17. 포기
지연의 방지	18. 신속조치약관	18.
법률 및 판례	19. 법률 및 관례약관	19.

▎제1조 위험약관

1. 위험약관 (ICC(A) VS ICC(B) VS ICC(C))
2. 담보위험
3. ICC(A), ICC(B), ICC(C)의 차이
4. 구 약관과 신약관의 비교

✓ ICC (A)

1. 이 보험은 다음의 제4조, 제5조, 제6조 및 제7조 규정에 의해 면책된 경우를 제외하고, 보험의 목적의 멸실 또는 손상에 관한 일체의 위험을 담보로 한다.

✓ ICC(B)

1. 이 보험은 다음의 제4조, 제5조, 제6조 및 제7조 규정에 의해 면책된 경우를 제외하고, 다음의 멸실 또는 손상에 관한 위험을 담보한다.
    1.1 다음의 사유에 상당인과관계가 있는 보험의 목적의 멸실 또는 손상
        1.1.1 화재 또는 폭발
        1.1.2 본선 또는 부선의 좌초, 교사, 침몰 또는 전복
        1.1.3 육상운송용구의 전복 또는 탈선
        1.1.4 본선, 부선 또는 운송용구와 물 이외의 타물과의 충돌 또는 접촉
        1.1.5 조난항에서의 양하
        1.1.6 지진, 화산의 분화 또는 낙뢰
    1.2 다음의 사유에 기인하여 발생하는 보험의 목적의 멸실 또는 손상
        1.2.1 공동해손희생
        1.2.2 투하 또는 갑판유실
        1.2.3 본선, 부선, 선창, 운송용구, 컨테이너, 또는 보관장소에 해수, 호수 또는 하천수의 침입
    1.3 본선 또는 부선의 선적 또는 하역작업 중에 바다로의 낙하 또는 갑판 상에 추락한 포장단위당 전손

✓ ICC(C)

1. 이 보험은 다음의 제4조, 제5조, 제6조 및 제7조 규정에 의해 면책된 경우를 제외하고, 다음의 멸실 또는 손상에 관한 위험을 담보한다.
    1.1 다음의 사유에 상당인과관계가 있는 보험의 목적의 멸실 또는 손상
        1.1.1 화재 또는 폭발
        1.1.2 본선 또는 부선의 좌초, 교사, 침몰 또는 전복
        1.1.3 육상운송용구의 전복 또는 탈선
        1.1.4 본선, 부선 또는 운송용구와 물 이외의 타물과의 충돌 또는 접촉
        1.1.5 조난항에서의 양하
    1.2 다음의 사유에 기인하여 발생하는 보험의 목적의 멸실 또는 손상
        1.2.1 공동해손희생
        1.2.2 투하

▍제2조 공동해손약관

1. 공동해손약관
2. 담보위험

3. 공동해손
   4. 구조비

2. 보험은 다음의 제4조, 제5조, 제6조 및 제7조의 면책사유를 제외한 일체의 사유에 따른 손해를 피하기 위하여 또는 피함과 관련하여 발생한, 해상운송계약 및 또는 준거법이나 관습에 따라 정산되거나 결정된 공동해손(General Average)과 구조비(Salvage charge)를 보상한다.

제3조 쌍방과실충돌약관

1. 쌍방과실충돌약관
2. 담보위험
3. 선하증권 약관 + 보험약관 – 쌍방과실충돌약관
    (1) 선하증권의 쌍방과실충돌약관은 선주가 자선의 화물손해에 대해서 간접적으로 보상한 금액을 다시 회수할 수 있도록 규정한 것
    (2) 보험증권의 쌍방과실충돌약관은 만약 피보험자가 선주로부터 이러한 금액을 청구 받았을 경우에는 피보험자는 그 취지를 보험자에게 통지하고 보험자로부터 보상받을 수 있다는 것.
    (3) 관계
        선하증권의 쌍방과실충돌약관으로 인하여 피보험자가 별도로 부담할 금액을 보상하는 것이기 때문에 만약에 선하증권에 이러한 약관이 없으면 보험증권상의 쌍방과실충돌약관도 필요 없게 된다.

3. 이 보험은 본 약관에서 담보된 위험과 관련하여, 운송계약의 "쌍방과실충돌조항"에 따라 발생한 책임에 대하여 피보험자에게 보상한다. 상기의 조항에 따라 운송인으로부터 배상청구를 받은 경우에는, 피보험자는 보험자에게 통지할 것을 동의하고 이에 대하여 보험자는 자신의 비용부담으로 피보험자를 보호할 권리를 갖는다.

제4조 면책약관

1. 면책약관 (ICC(A) VS ICC(B) VS ICC(C))
2. 포장적합성 – 매도인의 의무 / 보험자 면책
3. 보험자 보호
4. ICC의 복합운송 관련 조항
    - 4조 3항 : 컨테이너(포장)
        컨테이너 –> 면책
        육상운송용구의 전복 또는 탈선
        지진, 분화, 낙뢰를 담보위험으로 규정

✓ **ICC(A)**
4. 어떠한 경우에도 이 보험은 다음의 손해를 담보하지 아니한다.
   4.1 피보험자의 고의의 불법행위에 기인하는 멸실, 손상 또는 비용
   4.2 보험의 목적의 통상의 누손, 통상의 중량손 또는 용적손, 또는 자연소모
   4.3 부보된 운송과정 중에 통상적으로 발생할 수 있는 사건을 견디기 위한 보험의 목적의 포장 또는 준비의 불완전, 부적절에 기인하여 발생한 멸실, 손상 또는 비용. 다만 그러한 포장이나 준비가 피보험자나 그의 고용인에 의해 이루어지거나 이 보험의 개시 전에 일어난 경우에 한한다(본 약관의 목적 상 "포장"이라 함은 컨테이너에 적입하는 것을 포함하며 "고용인"에 독립적 계약자는 포함하지 않는다).
   4.4 보험의 목적의 고유의 하자 또는 성질로 인하여 발생한 멸실, 손상 또는 비용
   4.5 피보험위험에 의해 발생한 경우라도 지연에 기인하여 발생한 멸실 또는 비용(다만, 상기의 제2조에 따라 지급되는 비용은 제외함)
   4.6 본선의 소유자, 관리자, 용선자 또는 운항자의 지급불능 또는 금전상의 채무불이행으로 인하여 발생한 멸실, 손상 또는 비용. 다만 보험의 목적이 본선으로 적재될 당시에 피보험자가 그러한 지급불능이나 금전상의 채무불이행이 정상적인 항해를 이행하지 못하게 할 수도 있다는 것을 알았거나 통상적인 사업과정에서 알아야만 했던 경우에 한한다. 이 면책조항은 구속력 있는 계약 하에서 선의로 보험의 목적을 구매하였거나 구매하기로 동의하여 보험의 권리를 주장할 수 있는 자에게 이 보험계약이 양도된 경우에는 적용하지 아니한다.
   4.7 원자력이나 핵의 분열 및/또는 융합 또는 기타 이와 유사한 반응 또는 방사능이나 방사성의 물질을 응용한 무기나 장치의 사용에 직·간접적으로 기인하여 발생한 멸실, 손상 또는 비용

✓ **ICC(B)(C)**
4. 어떠한 경우에도 이 보험은 다음의 손해를 담보하지 아니한다.
   4.1 피보험자의 고의의 불법행위에 기인하는 멸실, 손상 또는 비용
   4.2 보험의 목적의 통상의 누손, 통상의 중량손 또는 용적손, 또는 자연소모
   4.3 부보된 운송과정 중에 통상적으로 발생할 수 있는 사건을 견디기 위한 보험의 목적의 포장 또는 준비의 불완전, 부적절에 기인하여 발생한 멸실, 손상 또는 비용. 다만 그러한 포장이나 준비가 피보험자나 그의 고용인에 의해 이루어지거나 이 보험의 개시 전에 일어난 경우에 한한다(본 약관의 목적 상 "포장"이라 함은 컨테이너에 적입하는 것을 포함하며 "고용인"에 독립적 계약자는 포함하지 않는다).
   4.4 보험의 목적의 고유의 하자 또는 성질로 인하여 발생한 멸실, 손상 또는 비용
   4.4 피보험위험에 의해 발생한 경우라도 지연에 기인하여 발생한 멸실 또는 비용(다만, 상기의 제2조에 따라 지급되는 비용은 제외함)
   4.6 본선의 소유자, 관리자, 용선자 또는 운항자의 지급불능 또는 금전상의 채무불이행으로 인하여 발생한 멸실, 손상 또는 비용. 다만 보험의 목적이 본선으로 적재될 당시에 피보험자가 그러한 지급불능이나 금전상의 채무불이행이 정상적인 항해를 이행하지 못하게 할 수도 있다는 것을 알았거나 통상적인 사업과정에서 알아야만 했던 경우에 한한다.

이 면책조항은 구속력 있는 계약 하에서 선의로 보험의 목적을 구매하였거나 구매하기로 동의하여 보험의 권리를 주장할 수 있는 자에게 이 보험계약이 양도된 경우에는 적용하지 아니한다.

4.7 보험의 목적 또는 그 일부에 대한 어떠한 자의 불법행위에 의한 고의적인 손상 또는 고의적인 파괴

4.8 원자력이나 핵의 분열 및/또는 융합 또는 기타 이와 유사한 반응 또는 방사능이나 방사성의 물질을 응용한 무기나 장치의 사용에 직·간접적으로 기인하여 발생한 멸실, 손상 또는 비용

제5조 불내항성 및 부적합 면책약관

1. 불내항성 및 부적합 면책약관
2. 운송인의 책임(감항성 주의 의무) + 보험 면책(ICC 제5조)
3. 보험자 보호
4. 감항성 중심
   ① 운송인의 의무
   ② 보험자의 면책(원칙)
   ③ 보험자의 보상허용(예외)

5.1 어떠한 경우에도 이 보험은 다음의 사항으로 인하여 발생한 멸실, 손상 또는 비용을 담보하지 아니한다.

　5.1.1 보험의 목적의 안전한 운송을 위한 본선 또는 부선의 불내항성 또는 부적합성. 다만 피보험자가 보험의 목적을 적재할 때 그러한 불내항성 또는 부적합성을 알고 있는 경우에 한한다.

　5.1.2 보험의 목적의 안전한 운송을 위한 컨테이너, 운송용구의 부적합성. 다만 보험의 목적의 적재가 이 보험의 개시 전에 이루어지거나 피보험자 또는 그 고용인에 의해 이루어지고 그들이 적재 시 그러한 불내항성 또는 부적합성을 알고 있는 경우에 한한다.

5.2 상기 5.1.1의 면책조항은 구속력 있는 계약 하에서 선의로 보험의 목적을 구매하였거나 구매하기로 동의하여 이 보험의 권리를 주장할 수 있는 자에게 보험계약이 양도된 경우에는 적용하지 아니한다.

5.3 보험의 목적을 목적지까지 운송하기 위해 선박이 내항성을 갖추고 적합하여야 한다는 묵시담보를 위반한 경우에 보험자는 그 권리를 포기한다.

제6조 전쟁면책약관

1. 전쟁면책약관
2. 보험자 보호
3. 협회전쟁약관(Institute War Clause ; IWC)

✓ ICC(A)

6. 어떠한 경우에도 이 보험은 다음의 위험에 기인하여 발생한 멸실, 손상 또는 비용을 담보하지 아니한다.
   - 6.1 전쟁, 내란, 혁명, 반역, 반란, 또는 이로 인하여 발생하는 국내투쟁, 또는 교전국에 의하거나 또는 교전국에 대하여 가해진 일체의 적대행위
   - 6.2 포획, 나포, 강유, 억지 또는 억류(해적위험은 제외함), 또는 이러한 행위의 결과 또는 이러한 행위의 기도
   - 6.3 유기된 기뢰, 어뢰, 폭탄 또는 기타의 유기된 전쟁병기

✓ ICC(B) (C)

6. 어떠한 경우에도 이 보험은 다음의 위험에 기인하여 발생한 멸실, 손상 또는 비용을 담보하지 아니한다.
   - 6.1 전쟁, 내란, 혁명, 반역, 반란, 또는 이로 인하여 발생하는 국내투쟁, 또는 교전국에 의하거나 또는 교전국에 대하여 가해진 일체의 적대행위
   - 6.2 포획, 나포, 강유, 억지 또는 억류 또는 이러한 행위의 결과 또는 이러한 행위의 기도
   - 6.3 유기된 기뢰, 어뢰, 폭탄 또는 기타의 유기된 전쟁병기

제7조 동맹파업면책약관

1. 동맹파업면책약관
2. 보험자 보호
3. 협회동맹파업약관(Institute Strike Clause ; ISC)

7. 어떠한 경우에도 이 보험은 다음의 위험으로 인한 멸실, 손상 또는 비용을 담보하지 아니한다.
   - 7.1 동맹파업자, 직장폐쇄노동자 또는 노동쟁의, 폭동 또는 소요에 가담한 자에 기인하여 발생한 것
   - 7.2 동맹파업, 직장폐쇄, 노동쟁의, 폭동 또는 소요의 결과로 발생한 것
   - 7.3 합법적, 혹은 비합법적으로 설립된 정부를 전복하기 위해 혹은 영향을 끼치기 위해 행동하는 어떤 조직을 위하여 혹은 관련하여 행동하는 자의 테러리즘에 의해 발생한 것
   - 7.4 정치적, 이념적 혹은 종교적 동기에 의해서 행동하는 자에 의해 발생한 것

제8조 운송약관

1. 운송약관 ; 창고간약관
   (1) 의의
   (2) 보험기간
   (3) 시기
   (4) 종기
   (5) 보험종료
   (6) 계속담보
2. 보험자 책임기간 + 운송인 책임기간
3. 계약 + 보험
   FOB / CFR / CIF + ICC 제8조(운송약관)
4. ICC 2009 주요 개정사항
5. 복합운송의 수용(운송 관행 및 관습)

8.1 11조에 따르면서 이 보험은 보험의 목적이 운송개시를 위하여 운송차량이나 기타 운송용구에 적재할 목적으로 창고나 보관 장소에서(이 보험계약에 명시된 장소에서) 최초로 움직인 때부터 개시되고, 통상의 운송과정에 있는 동안 계속되며, 다음 중의 어느 것이든 먼저 발생하는 때에 종료한다.

    8.1.1 보험계약에 기재된 목적지의 최종창고나 보관 장소에서 혹은 그 안에서 운송차량이나 기타 운송용구로부터 양하가 완료된 때,

    8.1.2 보험계약에 기재된 목적지에 도착하기 이전 또는 목적지에서를 불문하고 피보험자 또는 그 고용인이 통상의 운송과정이 아닌 보관이나 할당 또는 분배를 위해 선택한 기타의 창고 또는 보관 장소에서 혹은 그 안에서 운송차량이나 기타 운송용구로부터 양하가 완료된 때, 또는

    8.1.3 피보험자 또는 그 고용인이 통상의 운송과정이 아닌 보관을 위해 운송차량 또는 운송용구나 컨테이너를 사용하기로 선택한 때, 또는

    8.1.4 최종 양륙항에서 외항선으로부터 보험의 목적의 양하 작업을 완료한 후 60일이 경과될 때, 이중 가장 먼저 발생한 것.

8.2 최종 양륙항에서 외항선으로부터의 양하 작업 후, 그러나 이 보험기간의 종료 전에 보험의 목적이 이 보험에 부보된 목적지 이외의 장소로 운송되는 경우에는, 이 보험은 상기의 8.1.1부터 8.1.4의 보험종료 규정에 따라 계속되나 새로운 목적지로 운송이 개시될 목적으로 보험의 목적이 처음 이동할 때 종료한다.

8.3 이 보험은(상기의 8.1.1부터 8.1.4의 보험종료의 규정 및 다음의 제9조의 규정에 따라) 피보험자가 통제할 수 없는 지연, 일체의 이로, 불가피한 양하, 재선적, 환적 및 운송계약상 운송인에게 부여된 자유재량권의 행사로부터 발생하는 위험의 변경기간 중에는 유효하게 계속된다.

제9조 보험종료

1. 보험종료약관
2. 보험기간(8조 + 9조 + 10조)
3. 보험기간의 확장(8.3 + 9조 + 10조)

9. 피보험자가 통제할 수 없는 사정에 의하여 운송계약이 그 계약서에 기재된 목적지 이외의 항구 또는 장소에서 종료되거나 또는 기타 상기의 제8조에 규정된 보험의 목적의 양하 이전에 운송이 종료되는 경우에는, 이 보험도 또한 종료한다. 다만 보험자에게 그 취지를 지체없이 통고하고 담보의 계속을 요청하는 경우에는 보험자로부터 청구가 있으면 추가보험료를 지급할 것을 조건으로 하여 유효하게 계속된다.
9.1 보험의 목적이 상기의 항구 또는 장소에서 매각된 후 인도될 때까지 또는 별도의 합의가 없는 한, 그러한 항구 또는 장소에서 보험의 목적이 도착한 후 60일이 경과된 것 중의 어느 것이든 먼저 발생한 때까지, 또는
9.2 보험의 목적이 상기의 60일의 기간 내에(또는 합의된 연장기간 내에) 보험계약에 기재된 목적지 또는 기타의 어떠한 목적지로 계반되는 경우에는, 상기의 제8조의 규정에 따라 이 보험이 종료될 때까지 유효하게 계속된다.

제10조 항해변경약관

1. 항해변경약관
   ① 자발적인 항해의 변경(10조 1항)
   ② 비자발적인 항해의 변경(10조 2항) – 유령선 조항
2. 위험의 변경(항해변경)
3. ICC 제10조와 항해변경과의 관계
4. 유령선(phantom ship) 조항
5. MIA 제45조 + ICC 제10조
   - ICC 제10조는 MIA 제45조를 부인하는 효과

10.1 이 보험이 개시된 후에 피보험자에 의하여 목적지가 변경되는 경우에는 합의될 보험요율과 보험조건을 위해 보험자에게 지체 없이 통지되어야 한다. 만약 그러한 합의가 확보되기 전에 손해가 발생하면 합리적인 시장 조건으로 합리적인 상업적 시장요율로서 보험부보가 이용될 수 있는 경우에만 보험부보가 제공될 것이다.
10.2 보험의 목적이 이 보험에 의해 예정된 운송(8.1조와 일치하여)을 시작하였으나 피보험자나 그 고용인이 알지 못한 채 선박이 다른 목적지로 항해를 한 경우에도 이 보험은 그러한 운송 개시 시에 부보된 것으로 간주한다.

제11조 피보험이익약관

1. 피보험이익약관
   (1) 의의
   (2) 피보험이익의 존재시기
       ① 손해발생시
       ② 소급보상 가능
2. 피보험이익의 존재시기
3. ICC 제11조 + MIA 제6조
4. 피보험이익의 요건 - 확정성

11.1 이 보험에 따라 보상을 받기 위하여는 피보험자는 손해발생시에 보험의 목적에 대하여 피보험이익을 갖고 있어야 한다.

11.2 상기의 제11조 제1항의 규정을 제외하고, 이 보험의 담보기간 중에 발생하는 손해는 그 손해가 보험계약의 체결 이전에 발생한 것이라도 피보험자가 이 손해발생의 사실을 알았고 보험자가 몰랐을 경우가 아닌 한 피보험자는 이를 보상받을 권리가 있다.

제12조 계반비용약관

이 보험에서 담보되는 위험의 발생결과로 인하여 피보험운송이 이 보험에서 담보되는 보험의 목적의 목적지 이외의 항구 또는 장소에서 종료되는 경우에는, 보험자는 피보험자에 대하여 보험의 목적을 양하하고, 보관하고 또 이 보험증권에 기재된 목적지까지 계반하기 위하여 적절히 합리적으로 지출한 추가비용을 보상한다.

이 제12조는 공동해손 또는 구조료에는 적용되지 아니하고 상기의 제4조, 제5조, 제6조 및 제7조에 규정된 면책조항의 적용을 받으며, 또 피보험자 또는 그 고용인의 과실, 태만, 지급불능 또는 재정상의 채무불이행으로부터 야기된 비용을 포함하지 아니한다.

제13조 추정전손약관

13. 추정전손에 대한 보험금청구는 보험의 목적의 현실전손이 불가피하다고 생각되거나, 또는 보험의 목적을 회복시켜 거기에 손질을 가하고 부보된 목적지까지 계반하는데 소요되는 비용이 그 목적지에 도착하였을 때의 보험의 목적의 가액을 초과하게 된 이유로 보험의 목적을 위부하지 아니하는 한, 이 보험증권 하에서는 이를 보상하지 아니한다.

제14조 증액보험약관

14.1 이 보험의 피보험목적에 대하여 피보험자가 별도의 증액보험에 부보한 경우에는, 그 적하의 협정가액은 이 보험 및 이와 동일한 손해를 담보하는 모든 증액보험의 합계보험금액까지 증가된 것으로 본다. 그리고 이 보험에 따른 책임은 이 보험의 보험금액이 합계보험금액에 대하여 갖는 비율로 부담하게 된다.

보험금의 청구 시에는 피보험자는 다른 모든 보험의 보험금액을 증명할 수 있는 서류를 보험자에게 제출하여야 한다.

14.2 이 보험이 증액보험인 경우에는 다음의 조항을 이에 적용한다.

보험의 목적의 협정가액은 원보험 및 피보험자가 그 적하에 대하여 부보한 동일한 손해를 담보하는 모든 증액보험의 합계보험금액과 동액인 것으로 본다. 그리고 이 보험에 따른 책임은 이 보험의 보험금액이 합계보험금액에 대하여 갖는 비율로 부담하게 된다.

보험금의 청구시에는 피보험자는 다른 모든 보험의 보험금액을 증명할 수 있는 서류를 보험자에게 제출하여야 한다.

제15조 보험이익 불공여약관

15. 이 보험은
    15.1 피보험자는 그에 의해 혹은 그를 대신하여 보험계약이 부보된 자 혹은 양수인으로서 보상받을 권리를 가진 자를 포함한다.
    15.2 운송인 또는 기타의 수탁자의 이익을 위하여 이용되어서는 아니된다.

제16조 손해방지의무약관

1. 손해방지의무약관
2. 신의칙
   ① ICC 제16조
   ② MIA 제78조 제4항
   ③ CISG 제77조
3. 손해방지의무 관련 약관
   제16조 + 제17조

16. 이 보험에 따라 보상하는 손해에 대하여 다음의 사항은 피보험자, 그 고용인 및 대리인의 의무이다.
    16.1 그러한 손해의 방지 또는 경감을 위하여 합리적인 조치를 강구하는 것, 또

16.2 운송인, 수탁자 또는 기타의 제3자에 대한 일체의 권리가 적절히 보전되고 행사되도록 확보하는 것
그리고 보험자는 이 보험에서 보상하는 손해에 추가하여 이러한 의무의 수행 상 적절히 합리적으로 발생된 일체의 비용을 피보험자에게 보상한다.

제17조 포기약관

1. 포기약관
2. 손해방지의무
   제16조 + 제17조

17. 보험의 목적을 구조하거나, 보호하거나 또는 회복하기 위하여 피보험자 또는 보험자가 취한 조치는 위부의 포기 또는 승낙으로서 보지 아니하며, 또는 그 밖에 각 당사자의 권리를 침해하지도 아니한다.

제18조 신속조치약관

18. 피보험자는 자신이 통제할 수 있는 모든 사정에 있어서 상당히 신속하게 행동하는 것이 이 보험의 조건이다.

제19조 법률 및 관례약관

19. 이 보험은 영국의 법률과 관습에 준거하는 것으로 한다.

제4편 해상위험과 해상손해

| 제1절 해상위험 | 제2절 해상손해 |

제1절 해상위험

1. 의의
2. 해상위험의 종류
3. 담보위험과 면책위험
4. 위험의 변동
5. 위험의 제한

1. 해상위험

- 의의(정의)
- MIA 제3조 2항

> '해상위험'이란 항해에 기인 또는 부수하는 위험, 즉 해상고유의 위험, 화재, 전쟁위험, 해적, 표도, 강도, 포획, 나포, 왕후 및 국민의 억지 또는 억류, 투하, 선원의 악행 그리고 앞의 여러 위험과 동종의 위험 또는 보험증권에 기재되는 기타 일체의 위험을 말한다.

- 해상위험의 범위
    - 상법 : 포괄책임주의
    - MIA : 열거책임주의

2. 해상위험의 종류

(1) 해상고유의 위험 : 침몰 및 전복, 좌초 및 교사, 충돌, 악천후
(2) 해상위험 : 화재, 투하, 선장 또는 선원의 악행, 해적행위, 표도, 강도
(3) 전쟁위험 : 포획과 나포, 강류, 적대행위, 내란, 기뢰 등
(4) 동맹파업위험 : 동맹파업, 직장폐쇄, 소요, 폭동, 노동분쟁

(5) 부가위험 : 도난, 발하, 불착 (TPND), 빗물손 또는 담수손, 유류 및 타물과의 접촉, 갑판유실, 갈고리 손해, 파손, 누손과 부족손, 곡손, 습손과 열손, 오염, 자연발화, 곰팡이손해, 녹, 서해와 충해
(6) 기타 일체의 위험

3. 담보위험과 면책위험

(1) 보험자의 담보방식

1) 포괄책임주의(대륙법계)
   - 전통적인 위험담보원칙
   - ICC(A/R), ICC(A)
   - 그럼에도 불구하고 면책위험 존재
   - 입증책임 : 보험자(보험자는 발생된 손해가 면책위험에 의하여 야기되었다는 것을 입증하지 못하면 책임을 면할 수 없다)

2) 열거책임주의(영미법계)
   - ICC(WA), ICC(FPA), ICC(B), ICC(C)
   - 입증책임 : 피보험자
     - 담보위험
     - 면책위험
     - 비담보위험

4. 위험의 변동

영국해상보험법에서는 피보험자의 행위에 기인하든 기인하지 않든 간에 위험이 변경되면 보험계약의 효력도 변경되는 것으로 규정하고 있지만, 불가항력에 의하여 위험이 변경될 경우에는 계속 담보를 허용하여 선의의 피보험자를 보호하고 있다.

(1) 의의

보험자는 보험계약 체결시에 보험계약자(피보험자)가 고지한 위험사정을 기초로 하여 위험을 측정하고 그 결과에 따라 위험의 인수여부, 인수할 경우의 보험요율, 담보조건 등을 결정한다. 그리고 계약성립 후는 보험자의 위험인수의 기초가 된 위험사정이 변동하지 않을 것을 전제로 하고 있다.

만약 **보험계약이 성립한 다음에 위험이 변동해도 보험계약의 효력에 영향을 미치지 않는다고 하면 고지의무제도를 둔 의미가 없어진다.** 따라서 계약성립 후 보험자의 위험인수의 전제가 된 위험사정이 변동되면 보험자는 원칙적으로 그 변동 이후의 위험부담책임이 면제된다. 이것을 위험변동의 원칙(principle of change of risk)이라 한다.

(2) 위험의 변경 및 위험의 변혁

1) 위험의 변경(variation of risk)

보험계약의 기초가 된 위험사정의 일부변경, 즉 위험율의 변경(양적변경)을 말한다. 위험변경의 예로 이로, 항해의 지연, 환전, 강제양륙 등이 있다.

2) 위험의 변혁(alteration of risk)

위험율의 변동문제가 아니라 보험자의 위험측정의 기초조건인 위험사정이 소멸하고 전혀 별개의 위험사정으로 대체되는 것, 즉 부보된 위험사정과는 내용적으로 전혀 다른 위험으로 바뀌는 경우(질적변경)을 말한다. 위험변혁의 예로 항해의 변경과 선박의 변경 등이 있다.

(3) 위험변동의 원인

1) 주관적 위험변동

보험계약자 또는 피보험자의 귀책사유로 인한 위험변동이다.

2) 객관적 위험변동

보험계약자 또는 피보험자의 귀책사유가 아닌 사유로 인한 위험변동이다. 보험계약자 또는 피보험자 측에서 보면 객관적 위험변동은 일종의 불가항력에 의한 것이다.

(4) 위험변동의 유형(효과)

MIA는 개개의 위험변동에 대하여 상세한 규정을 두고 있다.

영국 해상보험법에 의하면 위험의 변경이 있는 때에는 그 변경이 있는 때로부터 보험자는 면책되며, 위험의 변경을 초래한 사정이 원상으로 회복되었다고 할지라도 보험자의 책임은 부활하지 않는다.

> - 접근 TOOL
> 1. 의의
> 2. 정의
> 3. 효과
> 4. 허용되는 경우
> 5. 비교

- Part 1. 항로이탈(이로 ; Deviation)

  1. 의의
  2. 정의 및 성립
  3. 이로의 효과
  4. 이로가 허용되는 경우
  5. 항해변경과의 차이

1. 의의 - 위험의 변경

이로는 선박이 발항항 및 목적항을 변경함이 없이 보험증권에 항로를 특정한 때에는 그 항로를, 보험증권에 항로가 특정되고 있지 않은 때는 관습상 정해진 항로를 이탈하거나 또는 보험증권에 정해진 순서 혹은 지리적 순서에 따르지 않고 기항하는 것을 말한다. 요컨대, 이로는 정당한 항로를 이탈하는 것 또는 정당하지 않은 기항을 하는 것을 말한다.

2. 이로(정의 및 규정)

(1) 정의 : 항로 벗어난, 순서 틀림
(2) 성립 : 의사가 아닌 실제 항로 변경시 이로 성립

> ① MIA 46-2 : 항로가 보험증권상에 특별히 지정되어 있는 경우에는 그 항로를 이탈한 경우, 그리고 항로가 보험증권상에 특별히 지정되어 있지 않은 경우에는 통상적이고 관습적인 항로를 벗어날 경우를 이로로 규정하고 있다.
> ② MIA 47 : 순서에 따르지 않을 경우에도 이로가 있는 것으로 본다.

3. 이로의 효과

(1) 이로시부터 면책
(2) 손해전 항로복귀했다 하더라도 해제

> 이로가 생기면 원칙적으로 보험자는 이로시부터 면책된다. (MIA 제46조 제1항 ; 상법 제701조의 2). 따라서 이로를 할 의사가 있어도 실제로 이로를 하지 않았다면 보험자는 계속 책임을 진다.

4. 이로가 허용되는 경우(MIA 제49조)

(1) 이로허용 사유 7개
  ① 보험증권상 특약에 의하여 인정되는 경우
  ② 선장 및 그 고용주가 지배할 수 없는 사정으로 인하여 발생된 경우
  ③ 명시 또는 묵시담보를 충족하기 위해 합리적으로 필요한 경우

④ 선박 또는 보험의 목적의 안전을 위해 합리적으로 필요한 경우
⑤ 인명을 구조하기 위해 또는 인명이 위험에 처해 있을 것으로 생각되는 조난선을 구조하기 위한 경우
⑥ 선상에 있는 자에게 내과적 또는 외과적 치료를 하기 위해 합리적으로 필요한 경우
⑦ 선장 또는 해원의 악행이 피보험위험의 하나일 때, 이들의 악행으로 인하여 생긴 경우
(2) 허용사유 소멸시 항로 복귀

5. 항해변경과의 차이

- Part 2. 항해의 지연(delay in voyage)

  1. 의의
  2. 항해의 지연
  3. 항해의 지연 효과
  4. 항해지연이 허용되는 경우

항해보험의 경우 부보된 항해는 그 전체항로에 상당한 속도로 수행되어야 한다. 적법한 이유 없이 상당한 속도로 수행되지 않는 경우, 보험자는 부당한 지연이 생긴 때부터 면책된다. (MIA 제48조 ; 상법 제702조)

- Part 3. 환적(transshipment) <임의의 환적>

환적이란 특정선박에 적재한 화물을 항해개시 후 중간항에서 다른 선박에 옮겨 싣는 것을 말한다. 일반원칙에 의하면 화물이 항해 중 환적되면 보험은 종료한다. 왜냐하면 보험증권에는 특정선박에 항해를 담보하는 것으로 규정하고 있기 때문이다.

- Part 4. 항해의 변경(change of voyage) - MIA 45조 1항 2항

  1. 의의
  2. 항해의 변경
  3. 항해의 변경 효과
  4. 이로와의 비교
  5. 항해변경의 허용 - ICC 제10조

MIA상 항해의 변경이란 보험증권에 정해진 도착항을 위험개시후 임의로 변경하는 것을 말하며, 항해변경의 결정이 표명된 때부터 보험자는 면책된다. 우리 상법상 항해의 변경은 피보험항해의 발항항 또는 도착항을 변경하는 것을 가리키지만(상법 제701조), 영국법에서의 항해의 변경은 위험개시 후 목적항을 변경하는 것을 말한다.

항해의 변경이 되기 위해서는 보험증권에 규정된 도착항이 피보험자에 의하여 임의로 변경되어야 한다. 항해의 변경은 항해변경의 의사가 명백해진 때에 생기고, 선박이 보험증권에 규정된 항로를 실제로 떠나지 않아도 그것은 문제가 되지 않는다.

이로의 경우에는 보험증권에 정한 항로 또는 관습상의 항로를 이탈한 경우에만 효과가 발생하지만, 항해의 변경의 경우에는 항해변경의 의사가 표명된 때부터 그 효과가 생긴다.

✓ MIA 제45조

① 위험개시 후 선박의 목적지가 보험증권에 규정된 목적지로부터 임의로 변경되었을 때에는 항해의 변경이 있는 것으로 한다.

② 보험증권에 별도의 규정이 없는 한, 항해의 변경이 있는 경우 보험자는 그 변경시, 즉 항해를 변경할 결의가 표명된 때부터 면책된다. 손해발생시에 선박이 보험증권에 규정된 항로를 실제로 떠나지 않았다고 해도 그것은 문제가 되지 않는다.

- Part 5. 선박의 변경(change of ship)

선박의 변경이란 화물의 적재선박이 보험증권에 지정되어 있는 경우에 피보험화물을 그 지정선박 이외의 선박에 적재하는 것을 말한다. MIA는 선박의 변경에 대하여 아무런 규정을 두고 있지 않지만, 선박의 불변경은 보험계약의 묵시조건이다. 따라서 특약으로 보험자가 선박의 변경을 인정하고 있는 경우나, 특약은 없지만 피보험자의 통지에 대하여 보험자가 선박의 변경에 동의한 경우 이외에는 선박이 변경되면 보험자는 면책된다. 즉 MIA의 경우는 주관적 위험변동이든, 객관적 위험변동이든 관계없이 선박이 변경되면 보험계약의 효력에 영향을 미친다.

5. 위험의 제한

(1) 종류적 제한
(2) 시간적 제한
(3) 조건적 제한
(4) 원인적 제한
(5) 장소적 제한
(6) 손해의 정도에 의한 제한

제2절 해상손해

1. 의의
2. 해상손해의 종류
3. 물적 손해
4. 비용 손해
5. 배상책임 손해
6. 비용간 비교

1. 해상손해

(1) 의의(정의)

해상손해란 항해사업(marine adventure)에 관련된 화물, 선박 또는 기타의 피보험목적물이 해상위험의 발생으로 인하여 피보험이익의 전부 또는 일부가 멸실 또는 손상되어 피보험자에게 경제적 불이익을 초래하는 것

(2) 의의

해상손해 + 피보험이익 + 인과관계(담보위험)

2. 해상손해의 종류

(1) 인과관계(담보위험 vs 손해)

직접손해 / 간접손해

(2) 손해의 종류

공동해손 / 단독해손

(3) 피보험이익의 종류

① 물적손해 : 보험목적물 자체의 손해(물적손해/직접손해)
② 비용손해 : 보험목적물과 관련하여 간접적으로 비용이 발생하는 손해(비용손해/간접손해)
③ 책임손해 : 손해배상책임은 피보험자의 과오·태만 등으로 인하여 제3자가 입는 손실

3. 물적 손해

Part1. 현실전손
Part2. 추정전손
Part3. 단독해손
Part4. 공동해손

전손이라 함은 보험사고가 발생하여 피보험이익의 전부가 멸실되거나 구조가 사실상 불가능하거나 수리비가 보험금액을 초과할 정도로 손상이 심한 경우를 말하며 전손에는 현실전손과 추정전손이 있다.

손해의 정도에 따라서 전손과 분손으로 구분된다. 전손은 보험목적물이 완전히 멸실된 경우이며 분손은 보험목적물의 일부분의 손상을 의미한다. 전손이 아닌 손해는 분손으로 처리된다.

- Part 1. 현실전손

> 1. 의의
> 2. 현실전손의 형태
> 3. 현실전손의 예

1. 의의
보험목적물이나 피보험이익에 실질적으로 전손이 발생하여 원래의 상태로 복구할 가능성이 전혀 없기 때문에 절대전손이라고도 한다.

2. 현실전손의 유형(형태) - 현실전손의 성립

> (1) 현실전손의 형태(MIA 제57조 1항)
> ① 보험목적물의 파손
> ② 보험목적물의 성질의 상실
> ③ 보험목적물의 박탈
> (2) 선박의 행방불명(MIA 제58조)

(1) 실질적인 멸실(보험목적물의 파손)
  담보위험으로 보험목적물이 파손되어 그 가치가 실질적으로 소멸된 경우에는 현실전손이 성립된다.(ex. 선박완파 등)

(2) 보험목적물 본래의 성질 상실
  보험목적물이 상품으로서 가치를 잃어버릴 정도로 또는 원래의 성질이 변할 정도로 심하게 손상을 입게 되면 현실전손이 된다.(ex. 시멘트 - 침수/ 물에 젖은 원맥 등)

(3) 회복가망이 없는 박탈
  보험목적물이 박탈당하여 피보험자가 이를 회복할 수 없을 대도 현실전손이 성립된다. (ex. 심해빠진 금괴)

(4) 선박의 행방불명

① 영법 : 현실전손(MIA 제58조)
② 상법 : 추정전손(상법 제711조 : 선박 행방불명된 후 2개월 경과하면 위부)

3. 현실전손의 예
(1) 선박의 현실전손
   ① 선박의 침몰
   ② 선박의 좌초
   ③ 선박의 화재
   ④ 선박의 행방불명

(2) 화물의 현실전손
   ① 선박의 현실전손으로 인한 화물의 전손
   ② 화물의 투하
   ③ 화물의 매각
   ④ 화물인도의 과실

(3) 운임의 현실전손
   ① 화물의 전손
   ② 선박의 전손 및 항해불능

- Part 2. 추정전손

1. 의의
2. 추정전손의 유형(형태)
3. 추정전손의 성립요건
4. 추정전손의 효과
5. 신협회적하약관의 관련 규정

1. 의의(MIA 제60조 1항)
① 의의 : 추정전손은 해상보험에서만 유일하게 인정되고 있는 전손(MIA 56-2)으로 전손이 확실하지 않으나 그럴 것 같다는 추측에 의해 그 손해를 전손으로 처리하는 것
② MIA 제60조 1항 : 보험증권상에 명시규정이 있는 경우를 제외하고, 보험목적물의 현실전손이 불가피하다고 보이거나, 또는 현실전손을 면하기 위하여 비용이 발생할 경우 보험목적물의 가액을 초과하는 비용이 소요되기 때문에 합리적으로 위부했을 경우에는 추정전손이 성립된다.

2. 추정전손의 유형(형태)(MIA 제60조 2항)
① 점유박탈 – 피보험자가 담보위험으로 인하여 자기 선박 및 화물의 점유를 박탈당하여 회복가망 없을 경우 / 회복비용이 회복후 가액 초과 예상
② 선박 손상 – 수리비용이 수리후 가액 초과
③ 화물손상 – 손상 수리비용 수송비용이 도착시 화물가액 초과

3. 추정전손의 성립요건(MIA 제60조 1항)
① 위부통지
② MIA 제60조 1항 : 합리적으로 위부했을 경우에 한하여 추정전손이 성립된다고 규정하고 위부가 추정전손 성립의 형식적 요건임을 명시하고 있음.
③ 효과 : 따라서 피보험자의 이와 같은 의사표시를 보험자가 승낙하게 되면 추정전손이 성립되고 만약 이를 거절하게 되면 분손으로 처리된다.

4. 추정전손의 효과(MIA 제61조)
추정전손의 경우에 피보험자는 그 선택에 따라 이를 분손으로 취급하거나 또는 이를 현실전손으로 취급할 수 있다.

5. 신협회적하약관의 관련 규정
ICC 제13조(추정전손) : MIA와 같은 취지

- Part 3. 단독해손

1. 의의 / 정의(MIA 제64조 1항)
단독해손은 담보위험에 의한 피보험목적물의 분손으로 공동해손손해가 아닌 것을 말한다.

2. 분손
① 분손이란 전손에 대응되는 개념으로서 피보험이익의 일부가 멸실, 손상 또는 회복의 가망이 없이 상실됨으로써 발생되는 손해이며 여기에는 단독해손과 공동해손이 있다.
② 분손은 전손의 상대적인 개념으로서 전손에 속하지 않는 모든 손해는 분손으로 취급된다.(MIA 56-1)
③ 단독해손(particular average)은 담보위험으로 인하여 발생한 보험목적물 일부분의 손해로서 피보험자가 단독으로 책임지는 손해이다.(MIA 64-1)
④ 공동해손(general average)은 공동의 안전을 위하여 희생된 손실이나 비용을 해상사업에 관련되는 이해관계자들이 공동으로 비례하여 분담하는 손해이다.

- Part 4. 공동해손

   1. 의의
   2. 공동해손의 성립요건
   3. 공동해손의 성립 및 범위에 관한 입법주의
   4. 공동해손의 구성
   5. 공동해손의 정산
   6. vs 관계

1. 의의
(1) 의의
공동의 안전을 위하여 희생된 손해를 해상사업과 관련되는 모든 당사자들이 합리적인 비율에 따라서 상호 분담하는 제도를 말한다. 해상기업에 불가피하게 따르는 해상위험을 극복하기 위한 방법으로 인정된 해상법상의 가장 오래된 제도이다.

(2) 정의
① MIA 제66조 : 공동해손손해라 함은 공동해손행위로 인하여 발생한 손해 또는 공동해손행위의 직접적인 결과로 발생하는 손해를 말한다. 공동해손손해는 공동해손비용 및 공동해손희생손해를 포함한다.(제1항) 공동의 해상사업의 수행과정에서 위험에 놓인 재산을 보존할 목적으로 자발적으로 그리고 합리적으로 이례적인 희생을 치르거나 이례적인 비용을 지출하는 경우에 공동해손행위가 있는 것으로 하고, 이러한 행위로 인하여 발생한 손해 또는 이러한 행위의 직접적인 결과로 생긴 손해를 공동해손손해라고 한다. 이러한 공동해손손해는 공동해손비용과 공동해손희생을 포함한다.'고 규정하고 있다.

② YAR 규칙 A
공동의 해상사업에 속하는 재산을 위험으로부터 구제하려는 목적으로 공동의 안전을 위하여 이례적인 희생이나 비용이 임의적으로 그리고 합리적으로 발생하는 경우에 한해서만 공동해손행위가 존재한다.

2. 공동해손의 성립요건
(1) 현실적 손해

(2) 공동해손행위의 직접적 결과에 따른 손해
1) 위험요건
① 위험의 공동성
② 위험의 현실성
③ 위험의 중대성

2) 처분요건
① 처분의 임의성
② 처분의 이례성
③ 처분의 합리성
3) 잔존요건

3. 공동해손의 성립 및 범위에 관한 입법주의
(1) 공동안전주의 - 영국적 견해(범위 협소)
(2) 공동이익주의 - 대륙법계 및 미국적 견해(실용적, 광범위함)
(3) 절충주의 - YAR(문자-공동안전, 숫자-공동이익)

4. 공동해손의 구성
(1) **공동해손손해**
1) 공동해손희생손해
① 공동해손행위에 의한 물적 손해
② 공동의 안전을 위하여 희생된 보험목적물 자체의 손실
2) 공동해손비용손해
① 공동해손행위에 의한 비용손해
② 공동해손행위로 인하여 생기는 비용의 지출
③ 구조비, 피난항비용, 대체비용, 임시수리비, 자금조달비용, 정산비용 등

(2) **공동해손행위**
공동의 안전을 위해 취해진 행위 - 공동해손행위로 인하여 발생하는 손해를 공동해손

(3) **공동해손분담가액**
공동해손배상액이 결정되면 항해에 관련되는 모든 당사자들이 손해액을 균등하게 분담해야 하는데, 이 때 적용되는 분담기준을 공동해손분담가액이라 한다. 공동해손분담가액은 항해가 종료되는 시점에서의 실제 순가액에 따라 결정된다. 그리고 실제순가액에 공동해손배상액이 포함되어 있지 않으면 이를 가산한다.

(4) **공동해손배상액**
공동의 위험으로부터 벗어나기 위하여 희생된 손해나 지출된 경비로서 실제로 발생한 공동해손의 총액을 말한다. 공동해손배상액은 공동해손희생손해와 공동해손비용손해로 구분된다. 공동해손배상액과 공동해손분담가액은 항해종료의 시 및 장소의 가액을 기준으로 한다.

(5) **공동해손분담율**
공동해손배상액의 총액을 공동해손분담가액의 총액으로 나눈 율을 말한다.

공동해손분담률(%) = 공동해손배상액의 총액/ 공동해손분담가액의 총액 $\times$ 100

(6) 공동해손분담금

공동해손이 발생했을 경우 각 당사자들은 자신의 공동해손분담가액에 따라서 실제 부과하는 금액을 공동해손분담금이라 하며, 각 공동해손분담가액에 공동해손분담율을 곱하여 결정된다.

> 각 공동해손분담금 = 각 공동해손분담가액 X 공동해손분담률

5. 공동해손의 정산

① 공동의 안전을 위하여 희생된 손해와 비용을 항해에 관련되는 모든 당사자들이 균등하게 책임지자는 것이 공동해손제도의 취지이다.
② 공동해손이 발생하게 되면 손해를 입은 당사자를 포함한 모든 당사자들이 공동해손을 균등하게 분담하게 되는데, 이러한 절차를 공동해손의 정산이라 한다.

> YAR(G조) 공동해손이 되는 희생 및 비용은 각종 분담 이익에 의해 분담되며 공동해손은 손실 및 분담액에 관하여 항해가 끝나는 때와 장소에 있어서의 가격에 따라 정산된다.

③ 공동해손을 정산하기 위해서는 먼저 공동해손배상액과 공동해손분담가액을 산정한 후 공동해손배상액의 총액을 공동해손분담가액의 총액으로 나누어 공동해손분담률을 구해야 한다. 이 분담률을 각각의 공동해손분담가액에 곱하면 각 당사자들이 분담해야 할 공동해손분담금이 결정된다.

6. VS 관계

(1) 공동해손 VS 손해방지비용
(2) 공동해손 VS 구조비

> 1. 의의
> 2. 정의
> 3. 성립요건
> 4. 보상한도
> 5. 타 비용과의 관계

4. 비용손해

| Part1. 구조비 | Part2. 손해방지비용 | Part3. 특별비용 |

■ Part 1. 구조비

1. 의의
2. 정의
3. 성립요건
4. 보상한도
5. 구조비 VS 손해방지비용

[구조비의 구조]
1. 임의구조 - 구조비--> 비용손해
2. 계약구조 - 성격에 따라
        1) 공동해손비용
        2) 손해방지비용

1. 의의 및 정의

선박이나 적하나 해난을 당한 경우에 구조계약과 관계없이 임의로 이를 구조한 자는 해사법상 구조에 관하여 상당한 보수를 청구할 수 있는데 이를 구조비라 한다. 이 비용은 보험자가 피보험자를 대신하여 구조자에게 지급한다. 그리고 구조계약에 인한 구조작업의 결과가 지출된 구조비 및 선박, 적하 등 공동의 안전을 위하여 지출된 경우는 공동해손으로 처리된다. 이러한 구조비는 보험금액을 한도로 보상된다.

2. 구조비의 성립요건

구조비가 청구될 수 있는 조건은 보험목적물이 위험한 상태에 있어야 하고, 구조자는 임의적으로 구조행위에 임해야 하며 그리고 구조물의 전부 또는 일부를 취득해야 한다.

(1) 위험의 존재

    구조행위가 성립되기 위해서는 먼저 선박·적하 등 보험목적물이 실제로 위험한 상태에 있어야 한다. 위험의 긴급성을 요하지는 않지만 위험이 실제로 발생하여 보험목적물이 어려운 상태에 있어야만 구조행위가 필요하고 그에 따른 구조비가 보상된다.

(2) 임의성

    임의성은 구조자가 법적 의무로서 구조를 하는 것이 아니라 자기 의사대로 구조행위를 하는 것을 말한다.

(3) 구조행위의 성공

구조비가 성립되려면 구조행위가 성공해야 한다. 즉 구조자는 구조행위를 한 결과 구조물의 전부 혹은 일부를 취득해야 구조비를 청구할 수 있다. 이 점은 손해방지비용의 성립과 전혀 다르다고 할 수 있다. 손해방지비용은 손해방지행위의 성공 여부에 상관없이 보상된다.

3. 보상한도

4. 타비용과의 관계(구조비 VS 손해방지비용)

(1) 공통점 : 비용손해
(2) 차이점
   ① 행위 주체
   ② 구조성공여부
   ③ 전손발생
   ④ 보상한도

		구조비	손배방지비용
공통점		비용손해	
행위의 주체자		피보험자 또는 대리인 등을 제외한 제3자	피보험자 또는 그의 대리인
보상청구성립요건	구조성공여부	구조행위가 성공한 경우만 보상 구조자는 구조물의 일부 또는 전부를 취득해야만 구조비 청구가능	구조행위가 실패한 경우도 보상가능
	전손발생	구조비 미지급(성립되지 않음)	전손보험금과 손해방지비용 모두 지급
보상한도		보험금액을 한도로	보험금액 초과하더라도 보상가능

Part 2. 손해방지비용

1. 의의
2. 손해방지의무
3. 손해방지비용
   (1) 의의
   (2) 정의
   (3) 성립요건
   (4) 보상한도
   (5) 타 비용과의 관계(구조비 VS 손해방지비용)

1. 의의(MIA 78-4 / ICC 16 / CISG 77) / 상법 680조 1항

- **관련규정**

  보험계약자 또는 피보험자는 손해를 방지·경감할 의무, 즉 손해방지·경감의무(duty to avert or minimise a loss)를 지고 있다. 이것은 손해액에 따라 보험금을 지급하는 보험자에 대한 보험계약자 등의 신의성실의 요청에 부응하고, 또 공익상의 필요에서 인정된 것이다.

2. 손해방지 의무 규정

(1) 손해방지의무

각국의 법률 및 약관에는 손해방지의무에 관한 규정을 두고 있다.

(2) 손해방지의무 위반

피보험자는 보험목적물의 손해를 방지하거나 경감시키도록 모든 합리적인 조치를 강구해야 할 의무가 있는 데도 불구하고 피보험자가 자신의 의무를 소홀히 할 경우에는 보험금 지급이 거절될 수 있다.

이 점은 MIA 에 명시적으로 규정된 바는 없지만 피보험자 또는 그의 대리인이 손해방지와 경감의무를 위반한 것은 곧 보험법과 보험약관을 위반한 결과로 보기 때문에 보험자는 보험금을 지급하지 않을 수 있다.

오히려 보험자는 피보험자가 자신의 의무를 소홀히 함으로써 생긴 손해에 대해서 배상을 청구할 수 있으며, 또한 손해방지행위를 했더라면 경감할 수 있었던 손해액을 보험금에서 공제하여 지급할 수도 있다.

3. 손해방지비용(MIA 제78조)

(1) 의의

피보험자나 그의 대리인이 손해방지 및 경감의무를 수행하기 위해서 지출한 비용을 손해방지비용이라 한다.
- 궁극적으로 보험자를 위한 비용
- 보험증권사의 손해방지약관에 따라서 보험자가 추가로 보상하는 비용

(2) 보상한도

손해방지비용은 손해방지의무에 의하여 지출된 비용이므로 특약이 없어도 보험자가 이를 부담하고, 더욱이 물적 손해 등 다른 손해에 대한 보상액과 손해방지비용의 합계액이 보험금액을 초과하는 경우에도 이를 보험자가 부담한다.(MIA 제78조 제1항 ; 상법 제680조 제1항) 다만 일부보험의 경우에는 보험금액의 보험가액에 대한 비율에 따라 보상된다.

> 보험목적물에 대한 보상책임과 손해방지비용에 대한 보상책임은 별개의 것이기 때문에 보험자는 보험금액을 초과해서라도 지급하게 된다.

(3) 타비용과의 관계

① 공동해손비용
손해방지비용은 피보험자 자신의 손해를 방지하는 비용에 한하고, 선박과 화물 공동의 이익을 위해 지출되는 비용은 공동해손비용(general average expenditure)에 속한다.

② 구조료
보험목적물의 구조에 소용된 비용이라 해도 손해방지비용에 속하는 것은 계약구조료에 한하며, 임의구조료는 구조료에 포함된다.

(4) 손해방지비용의 요건
손해방지비용은 보험자가 부담하는 손해를 방지 또는 경감하기 위해 피보험자, 그 사용인 또는 대리인이 지출한 비용인데, 손해방지비용으로서 보험자로부터 보상을 받기 위해서는 다음과 같은 요건을 갖추어야 한다.

1) 피보험위험이 현실적으로 발생 또는 작용하고 있을 것.
손해방지비용은 피보험위험이 현실적으로 발생하여 보험자가 부담하는 손해를 입을 염려가 있는 경우에 그 손해를 방지 또는 경감하기 위하여 지출한 비용이어야 한다.

2) 보험자가 보상하는 손해를 방지·경감하기 위한 비용일 것
보험자가 보상하지 않는 손해를 방지·경감하기 위해 지출된 비용도 광의의 손해방지비용에 속하지만, 보험자로부터 회수할 수는 없다. 즉 보험증권상 담보되지 않은 위험에 대한 방지나 경감비용은 보상되지 않는다.

3) 피보험자 등의 손해방지 행위일 것
피보험자, 그 사용인 또는 대리인이 손해방지행위를 하였을 때에만 보험자의 보상책임이 생긴다.

4) 합리적으로 지출한 비용일 것
손해방지비용은 적절하고 합리적으로 지출한 비용이어야 한다.

(5) 구조비와 손해방지비용의 비교
구조비와 손해방지비용은 모두 비용손해이지만 행위의 주체와 결과로 서로 구분된다.
- (1) 공통점 : 비용손해
- (2) 차이점
  - ① 행위 주체
  - ② 구조성공여부
  - ③ 전손발생
  - ④ 보상한도

		구조비	손해방지비용
공통점		비용손해	
행위의 주체자		피보험자 또는 대리인 등을 제외한 제3자	피보험자 또는 그의 **대리인**
보상청구 성립요건	구조성공여부	구조행위가 **성공한 경우만** 보상 구조자는 구조물의 일부 또는 전부를 취득해야만 구조비 청구가능	구조행위가 실패한 경우도 보상 가능
	전손발생	구조비 미지급(성립되지 않음)	전손보험금과 손해방지비용 모두 지급
보상한도		보험금액을 한도로	보험금액 초과하더라도 보상가능

- Part 3. 특별비용(particular charge)

1. 의의
2. 정의
3. 종류
4. 한도

1. 특별비용의 개념

특별비용(particular charge)은 일반적으로 보험목적물의 손해를 담보위험으로부터 방지하기 위해 피보험자 혹은 그 대리인이 지출한 비용을 말하는데 영국해상보험법(제64조 2항)의 정의에 의하면 보험목적물의 안전과 보존을 위하여 발생한 비용 중에서 공동해손 구조비 이외의 비용을 특별비용이라 한다.

특별비용은 피보험자가 자신의 보험목적물의 안전과 보존을 위하여 지출한 비용이기 때문에 공동의 안전과 이익에 관련되는 공동해손에는 포함되지 않는다.

그리고 구조비는 제3자의 구조활동에 소요되는 비용인 반면, 특별비용은 피보험자 자신의 행동에 따른 비용이므로 특별비용과 구조비는 엄격히 구분된다. 또한 특별비용은 보험목적물 자체의 물적 손해가 아니라 그 손해를 경감하거나 방지하기 위하여 발생한 비용이므로 단독해손에도 포함되지 않는다.

따라서 해상보험에서 보편적으로 인식되고 있는 비용손해 중에서 공동해손비용·구조비 등을 제외하면 특별비용에 해당되는 것으로는 손해방지비용과 기타의 비용이라 할 수 있다.

즉 특별비용은 다음과 같이 손해방지비용과 순수특별비용(Pure particular charge)을 합한 것으로 볼 수 있다.

이처럼 손해방지비용은 특별비용의 한 형태이기 때문에 손해방지비용은 모두 특별비용이 되지만 특별비용이라고 해서 전부 손해방지비용이 되는 것은 아니다.
특별비용은 일반적으로 손해방지약관에 의해서 보험자로부터 보상된다.
그리고 손해방지약관에 의해 보상되지 않는 경우에는 클레임이 보상되는 것을 조건으로 특별비용을 지급하는 것이 관례이다. 그러나 손해방지비용 이외의 비용을 포함한 보상액은 특약이 없는 한 보험금액을 한도로 제한된다.

2. 특별비용의 종류

손해방지비용은 피보험자나 그의 대리인이 보험목적물의 손해를 방지하거나 경감시키기 위해 지출된 비용을 말하는데, 주로 목적지에 도착하기 전에 발행하는 비용이다. 반면 순수특별비용은 손해의 평가와 관련하여 목적지에서 지출되는 비용을 말한다.
적하보험에서는 손해방지비용을 제외한 특별비용을 부대비용(extra charge)이라 한다. 부대비용에는 손해조사비용·판매비용·재포장비용 및 재조정비용 등이 있는데, 대부분 화물에 일부 손상이 발생한 경우 생기는 비용들이다.

5. 배상책임손해

① 쌍방과실충돌약관(적하보험)
② 3/4 충돌(선박보험)

6. 비용간 비교

구분	공동해손비용	구조비용	손해방지비용	단독비용(특별)
주체	선장	제3자	당사자 (피보험자 및 대리인)	당사자 (피보험자 및 대리인)
목적	공동이익	단독(피보험자)이익	단독(피보험자)이익	단독(피보험자)이익
성립 조건		구조행위 성공	성공여부에 관계없음	
비용 성격	손해의 방지	손해의 방지	손해의 방지	보험목적물 안전 및 보존
종류 (예시)	구조비 피난항 입항비 피난항 양륙비 정산비용	자발적인 구조행위에 따른 구조비	피난항 도착전 비용 소송비용	피난항 비용 목적지도착후 비용 계약구조비
책임 한도	실지출비	보험금액한도 실구조비	보험금액 한도 X 전부보상	보험금액한도 실지출비

제5편 무역보험

제1절 수출보험   제2절 수입보험

제1절 수출보험

1. 의의
2. 기능
3. 특징
4. 담보하는 위험
5. 종류

1. 의의

수출보험은 수출거래에 수반되는 여러가지 위험에 대비하는 보험제도로 수출자, 생산자 또는 수출자금을 대출해준 금융기관이 입게 되는 불의의 손실을 보상함으로 수출진행을 도모하기 위한 비영리 정책으로 우리나라의 수출을 촉진하고 진흥하기 위한 수출지원제도의 일종으로 볼 수 있다.

2. 기능

(1) 수출거래상의 불안제거 기능
(2) 금융 보완적 기능
(3) 수출진흥 정책수단으로서의 기능
(4) 해외수입자에 대한 신용조사 기능

3. 수출보험제도의 특징

(1) 위험의 동시다발성
(2) 거액의 보험사고 발생가능성
(3) 비영리 정책보험

4. 담보하는 위험

(1) 신용위험
(2) 환위험
(3) 국가(비상)위험

5. 수출보험의 종류

(1) 의의

한국무역보험공사는 각종 대외거래와 관련하여 13개의 보험제도, 2개의 보증제도 및 기타 서비스를 제공하고 있다.

(2) 단기성 종목

① 단기성 종목 결제기간 2년 이내의 수출거래 대상
② 단기수출보험, 수출신용보증(선적전, 선적후, Nego), 중소기업Plus+보험 등

(3) 중장기성 종목

① 중장기성 종목 결제기간 2년 초과 수출거래 대상
② 중장기수출보험(선적전, 공급자신용, 구매자신용), 해외사업금융보험, 해외투자보험(주식, 대출금, 보증채무, 부동산에 대한 권리), 해외자원개발펀드보험, 해외공사보험, 수출보증보험, 이자율변동보험, 서비스종합보험(기성고·연불방식)

  ※ 해외투자(주식, 대출금, 보증채무, 투자금융, 부동산에 대한 권리), 해외자원개발펀드보험, 해외공사보험, 수출보증보험은 결제기간에 대한 제한이 없으나 통상 중장기거래와 관련하여 이용되는 경우가 많음

(4) 기타 보험종목 및 서비스

기타 보험종목 및 서비스에는 환변동보험, 신뢰성보험, 수입자 신용조사 서비스, 해외채권 추심대행 서비스 등이 있다.

제2절 수입보험

1. 의의
2. 정의
3. 대상
4. 종류
   (1) 수입자용 수입보험
   (2) 금융기관용 수입보험
5. 유의사항

1. 의의

수입보험은 2010년도에 도입 운영된 보험제도로서 수입자용 수입보험과 금융기관용 수입보험이 있다.

2. 정의

수입보험이란 원유, 철, 시설재 등 국민경제에 중요한 자원이나 물품을 수입하는 경우 국내기업이 부담하는 선급금 미회수 위험을 담보하거나(수입자용 수입보험), 국내기업에 대한 수입자금 대출지원이 원활하도록 지원하는 제도(금융기관용 수입보험)를 말한다.

3. 수입보험의 대상

(1) 수입자용 수입보험

주요자원(철, 동, 아연, 석탄, 원유 등), 시설재(관세법 제90조 및 제95조의 일부 물품), 첨단제품 및 외화획득용 원료 등의 물품을 선급금지급 후 2년 이내에 선적하여야 하는 수입거래(중계무역 제외)

(2) 금융기관용 수입보험

주요자원(철, 동, 아연, 석탄, 원유 등), 시설재(관세법 제90조 및 제95조의 일부 물품) 및 첨단제품을 선급금 지급 후 2년 이내에 선적하여야 하는 수입거래(중계무역 제외)

4. 종류

(1) 수입자용 수입보험

국내기업이 주요자원의 수입을 위하여 해외에 소재하는 수입계약 상대방에게 선급금을 지급하였으나 비상위험 또는 신용위험으로 인하여 선급금이 회수되지 못함에 따라 발생하는 손실을 보상하는 수입보험이다.

(2) 금융기관용 수입보험

금융기관이 주요자원의 수입을 위하여 필요한 자금을 국내수입기업에 대출하였으나 국내기업의 파산 등으로 대출금이 회수되지 못함에 따라 발생하는 손실을 보상하는 수입보험이다.

5. 유의사항

수입보험 이용시 수입물품이 수입보험 지원대상물품이 아닌 경우나, 멸실 훼손 등 수입화물과 관련하여 발생된 손실 등에 대해서는 한국무역보험공사의 면책사항이므로 활용상 유의해야 한다.

✓ THE MARINE INSURANCE ACT 1906 (1906년 영국해상보험법)

제1절 : MARINE INSURANCE (해상보험)

제1조 해상보험의 정의
해상보험계약이란 보험자가 그 계약에 의하여 합의한 방법과 범위 내에서 해상손해, 즉 해상사업에 수반되는 손해에 대하여 피보험자에게 손해보상을 약속하는 계약이다.

제2조 해륙혼합위험
① 해상보험계약은 명시의 특약이나 상관습에 의하여 해상항행에 수반할 수 있는 내수 또는 육상위험의 손해에 대하여 피보험자를 보호하기 위해서 그 담보범위를 확장할 수 있다.
② 건조중의 선박, 또는 선박의 진수, 또는 해상사업과 유사한 일체의 사업이 해상보험 증권양식의 보험증권에 의해서 담보되는 경우 본 법의 제규정은 가능한 한 이를 적용하여야 한다. 그러나 본 조에서 규정하는 경우를 제외하고, 본법의 어떤 규정도 이법에서 정의하고 있는 해상보험계약 이외의 일체의 보험계약에 적용되는 법규를 변경하거나 제한하는 것은 아니다.

제3조 해상사업과 해상위험의 정의
① 본 법에 별도의 규정이 있는 경우를 제외하고 일체의 적법한 해상사업은 해상보험 계약의 목적이 될 수 있다.
② 특히 다음의 경우 해상사업이 있다.
  ⓐ 일체의 선박, 화물 또는 동산이 해상위험에 노출되는 경우, 그러한 재산을 이 법에서는 '피보험재산'이라고 한다.
  ⓑ 일체의 화물운송임, 여객운임, 수수료, 이윤 또는 기타 금정의 이익의 수입이나 취득, 또는 일체의 전도금이나 대출금 또는 선비를 위한 담보인 피보험재산이 해상위험에 노출됨으로써 위험에 직면한 경우
  ⓒ 피보험재산의 소유자 또는 피보험재산에 기타 이해관계가 있거나 책임이 있는 자가 해상위험 때문에 제3자에 대해 배상책임을 부담하는 경우'해상위험'은 바다의 항해에 기인하거나 부수하는 위험을 의미하며, 즉 해상고유의 위험, 화재, 전쟁위험, 해적, 강도, 절도, 포획, 나포, 군주와 국민의 억류 및 억지, 투하, 선원의 악행, 및 이와 동종의 또는 보험증권에 기재되는 일체의 기타위험을 말한다.

제2절 : INSURABLE INTEREST (피보험이익)

제4조 도박 또는 사행계약의 무효
① 사행 또는 도박을 목적으로 하는 모든 해상보험 계약은 무효이다.
② 해상보험계약은 다음의 경우 사행 또는 도박계약으로 간주된다.

ⓐ 피보험자가 이 법에서 정의하고 있는 피보험 이익을 갖지 않고, 또한 그와 같은 이익을 취득할 기대가능성이 없이 계약을 체결되는 경우, 또는
ⓑ 보험증권이 '이익의 유무 불문', 또는'보험증권 자체 이외에 이익의 추가 증명 없음', 또는'보험자에게 구조물의 권리 없음'. 또는 이와 유사한 기타 일체의 용어에 따라 작성되는 경우. 단, 구조의 가능성이 없는 경우 보험자에게 구조물 취득의 수익권이 없다는 조건으로 보험계약이 체결될 수 있다.

제5조 피보험이익의 정의
① 본 법의 별도의 규정이 있는 경우를 제외하고, 해상사업에 이해관계가 있는 자는 모두 피보험이익을 갖는다.
② 특히 해상사업에 대하여 또는 해상사업에서 위험이 노출된 일체의 피보험 재산에 대하여 어떤 자가 보통법 또는 형평법상 관계가 있는 경우, 그 결과로 인하여 피보험재산의 안전이나 예정시기의 도착으로 이익을 얻거나, 피보험재산의 멸실이나 손상 또는 억류로 손해를 입거나, 또는 피보험재산에 관하여 배상책임을 발생시키는 자는 해상사업에 이해관계가 있다.

제6조 피보험이익이 존재하여야 할 시기
① 피보험자는 보험계약 체결시에 보험의 목적에 대하여 이해관계가 있을 필요는 없지만, 손해발생시에는 이해관계를 갖지 않으면 안된다. 단, 보험의 목적이 '멸실 여부를 불문함'이란 조건으로 보험가입되는 경우에는, 피보험자는 손해발생 후까지 피보험이익을 취득하지 않아도 손해를 보험자로부터 회수할 수 있다. 그러나 보험계약 체결시 피보험자가 손해발생의 사실을 알고 보험자가 몰랐을 경우에는 그러하지 아니하다.
② 피보험자가 손해 발생시에 피보험이익을 가지고 있지 않을 경우에는 피보험자는 손해발생의 사실을 알고난 후에는 여하한 선택에 의해서도 이익을 취득할 수 없다

제7조 소멸이익 또는 불확정이익
① 소멸이익은 이를 보험에 가입할 수 있으며 불확정이익도 또한 같다.
② 특히 화물의 매수인이 화물을 보험에 가입하는 경우에는, 매도인의 화물인도의 지연 또는 기타 이유로 매수인이 자기의 선택권에 따라 화물인수를 거절하거나 또는 매도인의 위험에 속하는 것으로서 화물을 처리할 수 있는 경우에도 매수인은 피보험이익을 갖는다.

제8조 일부의 이익
성질 여하에 관계없이 일부 이익은 보험에 가입할 수 있다.

제9조 재보험
① 해상보험계약의 보험자는 자기의 위험에 대한 피보험 이익을 가지며, 그 이익에 관하여 재보험에 가입할 수 있다.
② 보험증권에 별도의 규정이 있는 경우를 제외하고 원보험의 피보험자는 그러한 재보험에 관하여 여하한 권리나 이익도 갖지 않는다.

제10조 모험대차(Bottomry)
선박모험대차 또는 적하보험대차의 대금업자는 그 대출금에 대하여 피보험이익을 갖는다.

제11조 선장과 선원의 급료
선박의 선장 또는 모든 선원은 자기의 급료에 대하여 피보험이익을 갖는다.

제12조 선불운송임
선불운송임의 경우에 운송임을 선불할 자는 손해발생시 그 운송임을 반환받지 않는 한도내에서 피보험이익을 가진다.

제13조 보험의 비용
피보험자는 자기가 체결하는 모든 보험의 비용에 대한 피보험이익을 갖는다

제14조 이익의 크기
① 보험의 목적에 저당권이 설정되었을 경우에는 저당권설정자는 보험의 목적의 전체가액에 대하여 피보험이익을 가지며, 저당권자는 저당권에 의하여 지불되는 금액 또는 지불되기로 되어 있는 일체의 금액에 대하여 피보험이익을 가진다.
② 저당권자, 수화인 또는 기타 보험의 목적에 이해관계가 있는 자는 자기를 위하여 또는 피보험이익을 가진 타인을 위하여도 보험에 가입할 수 있다.
③ 피보험재산의 소유자는, 손해발생시에 제3자가 자기에게 손해보상을 약정하거나 또는 손해보상 책임을 부담하는 경우일지라도, 피보험재산의 전체가액에 대하여 피보험이익을 갖는다.

제15조 이익의 양도
피보험자가 보험의 목적에 대하여 가지는 자기의 이익을 양도하거나 또는 기타의 방법으로 분할 처분하는 경우에 보험계약상의 피보험자의 자기의 권리는 양수인에게 이를 이전한다는 취지의 명시적 합의나 묵시적 합의가 없는 한 이에 대하여 양수인에게 이전하지 아니한다.

제3절 : INSURABLE VALUE (보험가액)

제16조 보험가액의 평가기준
보험증권에 명시규정이나 평가액이 있는 경우를 제외하고, 보험의 목적의 보험가액은 다음과 같이 확정하여야 한다.
① 선박에 관한 보험에서 보험가액은 선박의 의장구, 고급선원과 보통선원을 위한 식료품과 소모품, 해원의 급료에 대한 선불금 및 보험증권에 의해 예정된 항해 또는 해상사업을 위하여 선박을 적합하도록 만들기 위해 지출한 기타 선비(지출한 경우)를 포함하여 선박의 보험개시시의 가액에 그 전체에 관한 보험비용을 가산한 금액이다. 증기선의 경우에 보험가액은 상기 이외에 기계와 보일러 및 피보험자의 소유인 경우 석탄과 엔진소모품을 포함하며, 특수무역에 종사하는 선박의 경우에는 그러한 무역에 필수적인 통상적인 설비를 포함한다.

② 운송임에 관한 보험에서는, 선불운송임이든 아니든 불문하고, 보험가액은 피보험자의 위험에 속하는 운송임의 총액에 보험비용을 가산한 금액이다.
③ 화물 또는 상품에 관한 보험에서 보험가액은 피보험재산의 원가에 선적비용과 선적의 부수비용 및 그 전체에 대한 보험비용을 가산한 금액이다.
④ 일체의 기타 보험의 목적에 관한 보험에서 보험가액은 보험계약의 효력이 개시되는 때에 피보험자의 위험에 속하는 금액에 보험비용을 가산한 금액이다.

제4절 : DISCLOSURE AND REPRESENTATION (고지 및 표시)

제17조 최대선의

해상보험계약은 최대선의를 기초로 한 계약이며, 당사자의 일방이 최대선의를 준수하지 않을 경우에는 타방은 그 계약을 취소할 수 있다.

제18조 피보험자의 고지(Disclosure by assured)

① 본 조에 별도의 규정이 있는 경우를 제외하고, 피보험자는 자기가 알고 있는 모든 중요사항을 계약이 성립되기 전에 보험자에게 고지하여야 하며, 피보험자는 통상의 업무상 마땅히 알아야 하는 모든 사항을 알고 있는 것으로 간주한다. 피보험자가 그러한 고지를 하지 않은 경우에는 보험자는 계약을 취소할 수 있다.
② 보험료를 산정하거나 또는 위험의 인수여부를 결정하는데 있어서 신중한 보험자의 판단에 영향을 미치는 모든 사항은 중요사항이다.
③ 다음의 사항은 질문이 없는 경우에는 고지할 필요가 없다. 즉,
 ⓐ 위험을 감소시키는 일체의 사항
 ⓑ 보험자가 알고 있거나 알고 있는 것으로 추정되는 일체의 사항. 보험자는 일반적으로 널리 알려진 사항이나 상식에 속하는 사항 및 보험자가 자기의 통상의 업무상 마땅히 알아야 하는 사항들을 알고 있는 것으로 추정된다.
 ⓒ 보험자가 그에 관한 정보를 포기한 일체의 사항
 ⓓ 어떠한 명시 또는 묵시담보 때문에 고지할 필요가 없는 일체의 사항
④ 고지되지 않은 어떠한 특정사항이 중요한 것인지 아닌지의 여부는 각각의 경우에 있어서 사실문제 이다.
⑤ "사항"이란 말은 피보험자에게 행한 일체의 통신 또는 피보험자가 접수한 정보를 포함한다.

제19조 보험계약을 체결하는 대리인의 고지

보험계약이 피보험자를 위하여 대리인에 의해 체결되는 경우 고지되어야 필요가 없는 사항에 관한 전후에 별도의 규정이 있는 경우를 제외하고, 대리인은 보험자에게 다음의 사항을 고지하여야 한다.
 ⓐ 대리인 자신이 알고 있는 모든 중요한 사항, 그리고 보험계약을 체결하는 대리인은 통상의 업무상 마땅히 알고 있어야 하는 모든 사항과 대리인에게 마땅히 통지되었을 모든 사항을 알고 있는 것으로 간주한다. 그리고,

ⓑ 피보험자가 고지할 의무가 있는 모든 중요사항, 다만 피보험자가 너무 늦게 알게 되어 대리인에게 통지하지 못한 경우에는 그러하지 아니하다.

제20조 계약의 협의중 표시
① 계약의 협의중 및 계약이 성립되기 이전에 피보험자 또는 그 대리인이 보험자에게 행한 모든 중요한 표시는 진실이어야 한다. 그것이 진실이 아닌 경우 보험자는 그 계약을 취소할 수 있다.
② 신중한 보험자가 보험료를 산정하거나 위험의 인수여부를 결정하는 판단에 영향을 미치는 표시는 중요한 것이다.
③ 표시는 사실문제에 관한 표시일수도 있고, 또는 기대나 신념의 문제에 관한 것일수도 있다.
④ 사실문제에 관한 표시는, 그것이 실질적으로 정확한 경우, 즉 표시된 것과 실제적으로 정확한 것과의 차이를 신중한 보험자가 중요한 것으로 간주하지 않는 경우에는 진실한 표기이다.
⑤ 기대 또는 신념의 문제에 관한 표시는 그것이 선의로 행하여진 경우에는 진실한 표시이다.
⑥ 표시는 계약이 성립되기 전에 철회되거나 수정될 수 있다.
⑦ 특정의 표시가 중요한 것인가 아닌가의 여부는 각각의 경우에 있어서 사실문제이다.

제21조 보험계약이 성립된 것으로 간주되는 시기
해상보험계약은 보험증권의 발행여부에 관계없이 피보험자의 청약이 보험자에 의해 승낙된 때 성립한 것으로 간주한다. 그리고, 청약이 승낙된 때를 증명하기 위해서 슬립이나 보험인수증서 또는 기타 관례적인 계약각서를 참조할 수 있다.

제5절 : THE POLICY (해상보험 증권)

제22조 보험계약은 보험증권에 구현되어야 한다.
다른 성립법에 별도 규정이 있는 경우를 제외하고 해상보험계약은 본 법에 따라 해상보험증권에 구현되지 않는 한 증거로서 인정되지 않는다. 보험증권은 계약이 성립된 때 또는 그후에 작성되고 발행될 수 있다.

제23조 보험증권의 필수 기재사항
해상보험증권은 다음의 사항을 반드시 기재하여야 한다.
① 피보험자의 성명, 또는 피보험자를 위하여 보험계약을 체결하는 자의 성명
② 보험의 목적 및 담보위험
③ 보험에서 담보하는 항해 또는 항해기간, 경우에 따라서는 둘다.
④ 보험가입금액
⑤ 보험자 상호

제24조 보험자의 서명
① 해상보험증권은 반드시 보험자에 의해 서명 되거나 또는 보험자를 대리하여 서명되어야 한다. 단, 법인의 경우 법인의 인장으로 충분하다. 그러나 본 조의 규정은 법인의 서명이 인장으로 날인되는 것을 요구하는 것으로 해석해서는 안 된다.
② 하나의 보험증권이 2인 이상의 보험자에 의해 서명 되거나 또는 2인 이상의 보험자를 대리하여 서명 되는 경우에는 반대의 의사가 없는 한 각각의 서명은 피보험자와 별도의 계약을 구성한다.

제25조 항해보험증권과 기간보험증권
① 보험계약이 보험의 목적을 "에서 및 부터" 또는 어느 장소로부터 다른 1개 장소나 수개의 장소까지로 보험인수하는 경우 그 보험증권을 "항해보험증권"이라고 부르며, 보험계약이 보험의 목적을 일정기간에 대하여 보험인수하는 경우, 그 보험증권을 "기간보험증권"이라 부른다. 항해와 기간의 양자를 위한 계약이 동일한 보험증권에 포함될 수 있다.
② Finance 1901의 11조항을 조건으로, 12개월을 초과하는 기간보험증권은 무효이다.

제26조 보험의 목적의 표시
① 보험의 목적은 반드시 해상보험증권에 상당히 정확하게 명시되어야 한다.
② 보험의 목적에 대한 피보험자의 이익의 성질과 범위는 보험증권에 명기할 필요가 없다.
③ 보험증권에 보험의 목적을 총괄적 문언으로 명시하는 경우, 그것은 피보험자가 담보를 받을 것으로 의도한 이익에 적용되는 것으로 해석하여야 한다.
④ 본 조를 적용함에 있어서는 보험의 목적의 표시를 규제하는 관습을 고려하여야 한다.

제27조 기평가 보험증권
① 보험증권은 기평가보험 증권이나 또는 미평가보험 증권일 수 있다.
② 기평가 보험증권은 보험의 목적의 협정보험가액을 기재한 보험증권이다
③ 본 법에 별도의 규정이 있는 경우를 제외하고, 그리고 사기가 없는 경우에 보험증권에 의해 정해진 가액은 보험자와 피보험자 사이에서는 손해가 전손이든 분손이든 관계없이 보험에 가입하려고 의도한 보험의 목적의 보험가액으로서 결정적이다.
④ 보험증권에 별도로 규정하고 있는 경우를 제외하고, 보험증권에 정해진 가액은 추정전손의 존재여부를 결정하는 목적을 위하여는 결정적인 것은 아니다.

제28조 미평가 보험증권
미평가보험증권은 보험의 목적의 가액을 기재하지 않고, 보험금액의 한도에 따라서 앞에서 명시된 방법으로 보험가액이 추후 확정되도록 하는 보험증권이다.

제29조 선명미정 보험증권(Floating Policy by Slip or Ships)
① 부동보험증권은 총괄적 문언으로 보험계약을 기술하고, 선박의 명칭과 기타의 자세한 사항은 추후 확정통지에 의해 확정되도록 하는 보험증권이다.

② 추후의 확정통지는 보험증권상의 배서에 의해 또는 기타 관습적인 방법으로 할 수 있다.
③ 보험증권에 반대의 규정이 있는 경우를 제외하고, 확정통지는 반드시 발송시 또는 선적의 순서에 따라 하여야 한다. 화물의 경우 확정통지는 반드시 보험증권의 조건에 해당되는 모든 적송품을 포함하여야 하고, 화물이나 기타 재산의 가액은 반드시 정직하게 신고되어야 한다. 그러나 확정통지의 탈루 또는 오기는 그것이 선의로 이루어진 경우에 한하여, 손해발생후 또는 도착후에도 수정될 수 있다.
④ 보험증권에 반대의 규정이 있는 경우를 제외하고, 손해의 통지 후 또는 도착의 통지 후까지 가액에 대한 확정통지가 이루어지지 않는 경우에, 그 보험증권은 그러한 확정통지의 대상인 보험의 목적에 관하여는 반드시 미평가 보험증권으로 처리되어야 한다.

제30조 보험증권의 용어의 해석
① 보험증권은 본 법의 제1부칙에 있는 양식이 사용될 수 있다.
② 본 법에 별도로 규정하고 있는 경우를 제외하고, 그리고 보험증권의 문맥상 별도의 해석을 필요로 하지 않는 한, 본 법의 제1부칙에서 언급된 용어와 어구는 그 부칙에 정하고 있는 범위와 의미를 갖는 것으로 해석하여야 한다.

제31조 추후 협정되는 보험료
① 추후 협정되는 보험료의 조건으로 보험계약이 체결되고, 보험료에 대한 협정이 이루어지지 않는 경우에는 합리적인 보험료가 지불되어야 한다.
② 일정한 경우에 추가 보험료가 협정된다는 조건으로 보험계약이 체결되고, 그러한 경우가 발생하지만 추가보험료가 협정되지 않는 경우에는, 합리적인 추가 보험료가 지불되어야 한다.

제6절 : DOUBLE INSURANCE (중복보험)

제32조 중복보험 (Double Insurance))
① 동일한 해상사업과 이익 또는 그 일부에 관하여 둘 이상의 보험계약이 피보험자에 의해서 또는 피보험자를 대리하여 체결되고, 보험금액이 본 법에서 허용된 손해보상액을 초과하는 경우, 피보험자는 중복보험에 의한 초과보험 되었다고 말한다.
② 피보험자가 중복보험에 의해 초과 보험되는 경우
  ⓐ 피보험자는 보험증권에 별도의 규정이 있는 경우를 제외하고, 자기가 적절하다고 생각하는 순서에 따라 보험자들에게 보험금을 청구할 수 있다. 단, 피보험자는 본법에 의해 허용되는 손해보상액을 초과하는 일체의 금액을 수취할 수 있는 권리는 없다.
  ⓑ 피보험자가 보험금을 청구하는 보험증권이 기평가보험증권인 경우, 피보험자는 보험의 목적의 실제가액에 관계없이 여타 보험증권에 의해 그가 수취한 일체의 금액을 평가액에서 공제하여야 한다.

ⓒ 피보험자가 보험금을 청구하는 보험증권이 미평가보험인 경우, 피보험자는 여타 보험증권에 의해 그가 수취한 일체의 금액을 전체의 보험가액에서 공제하여야 한다.
ⓓ 피보험자가 본 법에 의해 허용된 손해보상액을 초과하는 금액을 수취한 경우, 피보험자는 그 초과액을 보험자 상호간의 상환청구권에 따라 각 보험자를 위하여 수탁한 것으로 간주한다.

제7절 : WARRANTIES, ETC. (담보등)

제33조 담보의 성질
① 담보에 관한 다음의 제조항에서의 담보는 약속담보를 의미하고, 즉 그것에 의해 피보험자가 어떤 특정한 사항이 행하여지거나 해하여지지 않을 것 또는 어떤 조건이 충족될 것을 약속하는 담보, 또는 그것에 의해 피보험자가 특정한 사실상태의 존재를 긍정하거나 부정하는 담보를 의미한다.
② 담보는 명시담보일 수도 있고, 또는 묵시담보일 수도 있다.
③ 위에서 정의한 담보는 그것이 위험에 대하여 중요한 것이든 아니든 관계없이 반드시 정확하게 충족되어야 하는 조건이다. 만약 그것이 정확히 충족되지 않으면, 보험증권에 명시규정이 있는 경우를 제외하고 보험자는 담보위반일로부터 책임이 해제된다. 그러나 담보위반일 이전에 보험자에게 발생한 책임에는 영향을 미치지 아니한다.

제34조 담보위반이 허용되는 경우
① 담보의 불충족이 허용되는 경우는 상황의 변경에 의해 담보가 계약상황에 적용될 수 없게 된 경우, 또는 담보의 충족이 그 이후의 어떠한 법률에 의해 위법이 되는 경우이다.
② 담보의 위반이 있는 경우, 피보험자는 손해발생 이전에 그 위반이 교정되고 따라서 담보가 충족되었다는 항변을 이용할 수 없다.
③ 담보의 위반은 보험자가 그 권리를 포기할 수 있다.

제35조 명시담보 (Express Warranties)
① 명시담보는 담보하려는 의사가 추정될 수 있는 것이면 어떠한 형태의 어구를 사용하여도 무방하다.
② 명시담보는 반드시 보험증권에 포함되거나 또는 기재되거나, 또는 보험증권내의 언급에 의해 보험증권의 일부인 서류에 포함되어 있어야 한다.
③ 명시담보는, 그것이 묵시담보와 저촉되지 않는 한, 묵시담보를 배제하지 안는다.

제36조 중립담보 (Warranty of Neutrality)
① 피보험재산이 선박이든 화물이든 중립적일 것을 명시담보로 한 경우에는, 그 재산은 위험의 개시시에 중립적 성질을 가지고 있어야 하고, 또한 피보험자가 사정을

지배할 수 있는 한, 그 재산의 중립적 성질은 위험기간중 보존되어야 한다는 묵시조건이 있다.
② 선박이 '중립적'일 것을 명시담보로 한 경우에는, 피보험자가 사정을 지배할 수 있는 한, 선박은 또한 그에 관한 적절한 서류를 비치하여야 하고, 또 선박의 서류를 위조하거나 은닉해서는 안되며 위조서류를 사용하지 않을 것을 묵시조건으로 한다. 만약 이조건의 위반으로 인하여 손해가 발생한 경우, 보험자는 계약을 취소할 수 있다.

제37조 국적에 관한 묵시담보는 없다

선박의 국적에 관한 묵시담보는 없으며, 또한 선박의 국적이 위험 기간중 변경되어서는 안된다는 묵시담보도 없다.

제38조 안전담보(Warranty of Good Safety)

보험의 목적이 특정일에 '무사히' 또는 '상당히 안전한 상태로' 있을 것을 담보하는 경우, 해당일의 어떠한 시간이든 안전하면 그것으로 충분하다.

제39조 선박의 감항성 담보 (Warranty of Seaworthiness of Ship)

① 항해보험증권에서는 항해의 개시시에 선박은 보험에 가입된 특정한 해상사업의 목적을 위하여 감항이어야 한다는 묵시담보가 있다.
② 선박이 항내에 있는 동안에 보험계약이 개시되는 경우에는, 또한 선박이 위험개시시에 그 항내의 통상적인 위험에 대응하는데 있어서 합리적으로 적합하여야 한다는 묵시담보가 있다.
③ 상이한 여러단계로 수행되는 항해에 보험계약이 관련되어 있고, 그 각 단계별마다 선박이 상이한 종류의 준비나 장비 또는 추가적인 준비나 장비를 필요로 하는 경우에는, 각 단계의 개시시에 선박은 그 단계의 목적을 위하여 그와 같은 준비나 장비에 관하여 감항이어야 한다는 묵시담보가 있다.
④ 선박이 피보험해상사업의 통상적인 해상고유의 위험에 대응하는데 있어서 모든 점에서 합리적으로 적합한 때에는, 선박은 감항인 것으로 간주한다.
⑤ 기간보험증권에서는 선박이 어떠한 단계의 해상사업에도 감항이어야 한다는 묵시담보는 없다. 그러나 피보험자가 은밀히 알고 있으면서도 선박이 불감항인 상태로 취항한 경우에는 보험자는 불감항에 기인하는 어떠한 손해에 대해서도 보상책임이 없다.

제40조 화물이 감항이라는 묵시담보는 없다.

① 화물이나 기타 동산에 관한 보험계약에서는 화물이나 동산이 감항이라는 묵시담보는 없다.
② 화물이나 기타 동산에 관한 보험계약에서는 선박이 항해의 개시시에 선박으로서의 감항일뿐 아니라 보험증권에 예정된 목적지까지 화물이나 기타 동산을 운송하는데 합리적으로 적합하다는 묵시담보가 있다.

제41조 적법담보 (Warranty of Legality)

피보험 해상사업은 적법한 사업이어야 하고, 피보험자가 사정을 지배할 수 있는 한 그 해상사업은 적법한 방법으로 수행되어야 한다는 묵시담보가 있다.

제8절 : THE VOYAGE (항해)

제42조 위험개시에 관한 묵시조건

① 보험의 목적이 특정장소 "에서 및 부터" 또는 특정장소"로부터" 항해보험증권에 의해 보험에 가입되는 경우, 계약 체결시에 선박이 그 장소에 있어야 할 필요는 없지만, 항해가 합리적인 기간내에 개시되어야 하고, 만약 항해가 그렇게 개시되지 않으면 보험자는 계약을 취소할 수 있다는 묵시조건이 있다.
② 그 묵시조건은 계약이 체결되기 전에 보험자가 알고 있는 상황에 의해 지연이 발생하였다는 것을 증명함으로써, 또는 보험자가 그 조건에 대한 권리를 포기하였다는 것을 증명함으로써 무효화될 수 있다.

제43조 발항항의 변경 (Alteration of Departure)

발항장소가 보험증권에 명기되어 있는 경우, 선박이 그 장소에서 출항하지 않고 다른 장소에서 출항하는 때에는 위험은 개시하지 아니한다.

제44조 상이한 목적지를 향한 출항 (Sailing for Different Destination)

목적지가 보험증권에 명기되어 있는 경우 선박이 그 목적지를 향하여 출항하지 않고, 다른 목적지를 향하여 출항하는 때에는 위험은 개시하지 아니한다.

제45조 항해의 변경 (Change of Voyage)

① 위험 개시후 선박의 목적지가 보험증권에 정하여진 목적지로부터 임의로 변경되는 경우에, 항해의 변경이 있었다고 말한다.
② 보험증권에 별도의 규정이 있는 경우를 제외하고, 항해의 변경이 있는 경우에는 보험자는 그 변경시부터, 즉 항해를 변경할 결의가 명백한 때부터 책임이 해제된다. 그리고 손해발생시 선박이 보험증권에 정하여진 항로를 실제 떠나지 않았다는 사실은 중요하지 아니하다.

제46조 이로(Deviation)

① 선박이 적법한 이유없이 보험증권에 정하여진 항해에서 이탈하는 경우, 보험자는 이로시부터 책임이 해제되고, 선박이 손해발생 전에 본래의 항로에 복귀하였다는 사실은 중요하지 아니하다.
② 다음의 경우에 보험증권에 정하여진 항해로부터 이로가 있는 것으로 한다.
   ⓐ 항로가 보험증권에 특별히 지정되어 있는 경우에는, 그 항로를 떠났을 때 또는
   ⓑ 항로가 보험증권에 특별히 지정되어 있지 않는 경우에는, 통상적이고 관습적인 항로를 떠났을 때

③ 이로할 의사는 중요하지 아니하다. 즉 보험자가 계약상 책임을 면하기 위해서는 반드시 실제 이로가 있어야 한다.

제47조 다수의 양하항 (Several Ports of Discharge)
① 보험증권에서 수개의 양하항이 명기되어 있는 경우, 선박은 그들 항구의 전부 또는 일부로 항행할 수 있다. 그러나 어떠한 관습이나 반대의 충분한 이유가 없는 것과 같은 항구로 항행하여야 한다. 만약 선박이 그와 같이 항행하지 않으면 이로가 있다.
② 보험증권이 특정항구가 명기되어 있지 않고 일정 지역내의 "계양하항"까지로 기재되어 있는 경우에는, 어떠한 관습이나 반대의 충분한 이유가 없는 한, 선박은 반드시 지리적 순서에 따라 그들 항구 또는 흔히 항행하는 것과 같은 항구로 항행하여야 한다. 만약 선박이 그와 같이 항행하지 않으면, 이로가 있다.

제48조 항해의 지연(Delay in Voyage)
항해보험증권의 경우에서, 보험에 가입된 해상사업은 반드시 전과정을 통해 상당히 신속하게 수행되어야 하고, 만약 적법한 이유없이 그와 같이 수행되지 않으면, 그 지연이 부당하게 되었을 때부터 보험자는 책임이 해제된다.

제49조 이로 또는 지연의 허용 (Excuses for Deviation or Delay)
① 보험증권에 예정된 항해를 수행하는데 있어서 다음의 경우에는 이로 또는 지연이 허용된다
ⓐ 보험증권의 특약에 의해 인정되는 경우, 또는
ⓑ 선장과 그의 고용주의 지배권외의 사정으로 기인하는 경우, 또는
ⓒ 명시담보 또는 묵시담보를 충족하기 위해 합리적으로 필요한 경우, 또는
ⓓ 선박 또는 보험의 목적의 안전을 위해 합리적으로 필요한 경우, 또는
ⓔ 인명을 구조하거나 또는 인명이 위험한 경우의 조난선을 구조하기 위한 경우, 또는
ⓖ 선박에 승선한 자에 대해 내과 또는 외과적 치료를 시행하기 위해서 합리적으로 필요한 경우또는
ⓗ 선장 또는 선원의 악행이 피보험위험의 하나인 경우에 선장이나 선원의 악행에 기인하는 경우
② 이로 또는 지연을 허용하는 사유가 중지되었을 때에는, 선박은 상당히 신속하게 본래의 항로로 복귀하여 항해를 수행하여야 한다.

제9절 : ASSIGNMENT OF POLICY (보험증권의 양도)

제50조 보험증권의 양도
① 해상보험증권에 양도를 명시적으로 금지하는 문언을 포함하고 있지 않는한, 해상보험증권은 양도할 수 있다. 해상보험증권은 손해발생의 이전이든 이후이든 양도될 수 있다.

② 해상보험증권이 그러한 보험증권상의 수익권의 이익을 이전할 목적으로 양도된 경우에, 보험증권의 양수인은 자기 자신의 이름으로 그 보험증권에 관한 소송을 제기할 수 있는 권리가 있고, 자기의 이름으로 보험계약을 체결한 자 또는 타인을 위하여 보험계약이 체결되는 경우의 타인의 이름으로 소송을 제기되었을 경우에 피고가 항변할 권리가 있었을 그 계약에 기인한 어떠한 항변을 피고는 할 수 있는 권리가 있다.
③ 해상보험증권은 그 보험증권상의 배서 또는 기타 관습적인 방법에 의하여 양도될 수 있다.

제51조 이익을 갖지 않는 피보험자는 양도할 수 없다.

피보험자가 보험의 목적에 대한 자기의 이익을 포기하거나 상실한 경우, 그리고 그렇게 하기 전에 또는 그렇게 할 당시에, 보험증권을 양도하기로 명시적으로 또는 묵시적으로 합의하지 않는 경우에는, 그 이후의 보험증권의 양도는 효력이 없다. 단, 본 조의 규정은 손해발생후의 보험증권의 양도에는 영향을 미치지 아니한다.

제10절 : THE PREMIUM (보험료)

제52조 보험료의 지급시기

별도의 협정이 있는 경우를 제외하고, 피보험자 또는 그 대리인의 보험료의 지불 의무와 피보험자 또는 그 대리인에 대한 보험자의 보험증권의 발급의무는 동시조건이며, 보험자는 보험료의 지불 또는 보험료에 대한 변제의 제공이 있을 때까지는 보험증권을 발급할 의무를 지지 않는다.

제53조 보험중개인을 통해 체결된 보험계약

① 별도의 협정이 있는 경우를 제외하고, 해상보험증권이 피보험자를 대리하여 보험중개인에 의해 체결되는 경우, 보험중개인은 보험료에 대해 보험자에게 직접적으로 책임이 있고, 보험자는 손해에 대한 보험금 또는 환급보험료에 관해 지급하여야할 금액에 대하여 피보험자에게 직접적인 책임이 있다.
② 별도의 협정이 있는 경우를 제외하고, 보험중개인은 피보험자를 상대로 보험료의 금액과 보험계약의 체결과 관련한 보험중개인의 비용에 대하여 보험증권에 관한 유치권을 갖는다. 그리고 본인으로서 보험중개인은 고용하고 있는 자와 보험중개인이 거래관계를 가지고 있는 경우, 보험중개인은 그와 같은 자가 보험중개인에게 지불하여야 할 보험계정상의 부족액에 관하여도 보험증권에 관한 유치권을 갖는다. 단, 부채가 발생하였던 당시에, 보험중개인이 그와 같은 자가 단지 대리인에 불과하다고 믿을 만한 이유가 있었을 경우에는 그러하지 아니하다.

제54조 보험증권상 보험료 영수의 효과

해상보험계약이 피보험자를 대리하여 보험중개인에 의해 체결되고 그 보험료의 영수사실이 인정되고 있는 경우에는, 그러한 사실인정은 사기가 없는한 보험자와 피보험자 사이에는 결정적인 것이다. 그러나 보험자와 보험중개인 사이에는 그러하지 아니하다.

제11절 : LOSS AND ABANDONMENT (손해와 위부)

제55조 면책 및 귀책손해
① 본 법에 별도의 규정이 있는 경우와 반대로 규정하는 경우를 제외하고, 보험자는 피보험위험에 근인하여 발생하는 모든 손해에 대하여 책임이 있다. 그러나 전술한 경우를 제외하고, 보험자는 피보험위험에 근인하여 발생하지 않는 모든 손해에 대하여는 책임을 지지 않는다.
② 특히,
  ⓐ 보험자는 피보험자의 고의 불법행위에 기인하는 모든 손해에 대하여 책임을 지지 않는다. 그러나 보험증권에 별도로 규정하지 않는한, 보험자는 피보험위험에 근인하여 발생하는 모든 손해에 대하여는 비록 그 손해가 선장이나 선원의 불법행위 또는 과실이 없었더라면 발행하지 않았을 경우에도 그 책임을 져야 한다.
  ⓑ 보험증권에 별도로 규정하고 있는 경우를 제외하고 선박 또는 화물에 관한 보험자는 지연이 피보험위험에 기인한 경우라도 지연에 근인한 모든 손해에 대하여는 책임을 지지 않는다.
  ⓒ 보험증권에 별도로 규정하고 있는 경우를 제외하고, 보험자는 통상의 자연소모, 통상의 누손과 파손, 보험의 목적의 고유의 하자나 성질에 대하여, 또는 쥐 또는 충에 근인하는 모든 손해에 대하여 그 책임을 지지 않는다.

제56조 분손과 전손 (Partial and Total Loss)
① 손해는 전손이거나 또는 분손인 경우도 있다. 다음에 정의하는 전손 이외의 일체의 손해는 분손이다.
② 전손은 현실 전손이거나 또는 추정 전손인 경우도 있다.
③ 보험증권의 문맥상 다른 의도가 표시되어 있는 경우를 제외하고, 전손에 대한 보험은 현실전손 이외에 추정 전손도 포함한다.
④ 피보험자가 전손 보험금 청구 소송을 제기한 경우에 오직 분손에 대해서만 증거가 입증되는 때에는, 보험증권에 별도로 규정하고 있는 경우를 제외하고 피보험자는 분손에 대한 보험금을 받을 수 있다.
⑤ 화물이 본래의 종류의 것으로 목적지에 도달하였으나 화물표시의 말소 또는 기타의 이유로 동일성을 식별할 수 없을 경우에는, 만일 손해가 있다면 그 손해는 분손이며 전손은 아니다.

제57조 현실전손 (Actual Total Loss)
① 보험의 목적이 파괴되거나 또는 보험에 가입된 종류의 물건으로서 존재할 수 없을 정도로 손상을 입은 경우, 또는 피보험자가 회복할 수 없도록 보험의 목적의 점유를 박탈당하는 경우에는, 현실전손이 있는 것이다.
② 현실전손의 경우에는 위부의 통지를 할 필요가 없다.

제58조 행방불명 선박 (Missing Ship)
해상사업에 종사하는 선박이 행방불명되고, 상당한 기간이 경과한 후에도 그 선박에 대한 소식을 수취하지 못하는 경우에는, 현실 전손으로 추정할 수 있다.

제59조 환적 등의 효과 (Effect of Transhipment, etc.)

항해가 피보험위험으로 인하여 중간항구 또는 중간지점에서 중단되는 경우, 해상화물 운송계약서의 특약과는 관계없이, 선장이 화물이나 기타 동산을 양륙하여 재선적하거나 또는 화물이나 기타 동산을 환적하여 그 목적지까지 운송하는 것이 정당화되는 상황하에서는, 보험자의 책임은 그 양륙이나 환적에도 불구하고 계속된다.

제60조 추정전손의 정의 (Constructive Total Loss Defined)

① 보험증권에 명시규정이 있는 경우를 제외하고, 보험의 목적의 현실전손이 불가피한 것으로 생각되기 때문에, 또는 비용이 지출되었을 때에는 보험의 목적의 가액을 초과할 비용의 지출없이는 현실전손으로부터 보험의 목적이 보존될 수 없기 때문에, 보험의 목적이 합리적으로 포기된 경우에, 추정전손이 있다.

② 특히, 다음의 경우에는 추정전손이 있다.
  (i) 피보험자가 피보험위험으로 인하여 자기의 선박 또는 화물의 점유를 박탈당하고,
    ⓐ 피보험자가 선박 또는 화물을 회복할 수 있는 가능성이 없는 경우, 또는
    ⓑ 선박 또는 화물의 회복하는 비용이 회복되었을 때의 가액을 초과할 경우, 또는
  (ii) 선박의 손상의 경우에는, 선박이 피보험위험으로 인하여 손상을 입은 결과로 손상의 수비용이 수리되었을 때의 선박의 가액을 초과할 경우. 수리비를 견적함에 있어, 그러한 수리비에 대하여 다른 이해관계자가 지불할 공동해손 분담금을 수리비에서 공제하여서는 안된다. 그러나 장래의 구조작업의 비용과 선박이 수리될 경우에 선박이 부담하게 될 일체의 장래의 공동해손분담금은 수리비에 가산하지 않으면 안된다. 또는
  (iii) 화물의 손상의 경우에는, 그 손상을 수리하는 비용과 그 화물을 목적지까지 계속운송하는 비용이 도착시 화물의 가액을 초과할 경우

제61조 추정전손의 효과 (Effect of Constructive Total Loss)

추정전손이 있을 경우에는, 피보험자는 그 손해를 분손으로 처리할 수도 있고, 보험의 목적을 보험자에게 위부하고 그 손해를 현실전손의 경우에 준하여 처리할 수도 있다.

제62조 위부의 통지 (Notice of abandonment)

① 본 조의 별도의 규정이 있는 경우를 제외하고, 피보험자가 보험의 목적을 보험자에게 위부할 것을 선택하는 경우, 피보험자는 위부의 통지를 하여야 한다. 피보험자가 위부를 통지하지 않으면, 그 손해는 오로지 분손으로 처리되는데 불과하다.

② 위부의 통지는 서면으로 하거나, 구두로도 할 수 있고, 또는 일부는 서면으로 일부는 구두로 할 수 있으며, 보험의 목적에 대한 피보험자의 보험이익을 보험자에게 무조건 위부한다는 피보험자의 의사를 나타내는 것이면 어떠한 용어로 하여도 무방하다.

③ 위부의 통지는 손해에 관한 신뢰할 수 있는 정보를 수취한 후에 상당한 주의로서 이를 통지하여야 한다. 그러나 그 정보가 의심스러운 성질을 가지고 있는 경우에는, 피보험자는 상당히 신속하게 이를 조사할 권리가 있다.

④ 위부의 통지가 정당하게 행하여지는 경우에는, 피보험자의 권리는 보험자가 위부의 승낙을 거부한다는 사실로 인하여 피해를 입지 아니한다.
⑤ 위부의 승낙은 보험자의 행위에 의하며 명시적 또는 묵시적으로 이를 할 수 있다. 위부의 통지후 보험자의 단순한 침묵은 승낙이 아니다.
⑥ 위부의 통지가 승낙되는 경우에는, 위부는 철회할 수 없다. 위부의 통지의 승낙은 손해에 대한 책임과 충분한 요건을 갖춘 통지임을 결정적으로 인정하는 것이다.
⑦ 피보험자가 손해의 정보를 받았을 때에 위부의 통지를 보험자에게 행하였다고 할지라도 보험자에게 이득의 가능성이 없었을 경우에는, 위부의 통지는 필요하지 아니하다.
⑧ 위부의 통지는 보험자가 이를 면제할 수 있다.
⑨ 보험자가 자기의 위험을 재보험한 경우에는, 보험자는 위부의 통지를 할 필요가 없다.

제63조 위부의 효과 (Effect of Abandonment)
① 유효한 위부가 있을 경우에는, 보험자는 보험의 목적에 잔존할 수 있는 피보험자의 일체의 이익과 보험의 목적에 부수하는 소유권에 속하는 일체의 권리를 양도 받을 수 있는 권리가 있다.
② 선박의 위부가 있을 경우에는, 그 선박의 보험자는 선박이 취득중에 있는 운송임과 손해를 초래한 재난 이후에 취득되는 운송임에서 그 재난 이후에 운송임을 취득하기 위해 지출된 비용을 공제한 운송임을 취득할 권리가 있다. 그리고 그 선박이 선주의 화물을 운송하고 있는 경우에는, 보험자는 손해를 초래한 재난 이후의 그 화물의 운송에 대해 상당한 보수를 받을 권리가 있다.

제12절 : 분손 (PARTIAL LOSSES) (구조비, 공동해손, 단독비용 포함)

제64조 단독해손손해 (Particular average Loss)
① 단독해손손해라 함은 피보험위험으로 인하여 발생한 보험의 목적의 분손이며, 공동해손손해가 아닌것을 말한다.
② 보험의 목적의 안전이나 보존을 위하여 피보험자에 의하여 또는 피보험자를 대리하여 지출한 비용으로서 공동해손과 구조비용이 아닌 비용은 단독비용이라고 한다. 단독비용은 단독해손에 포함되지 않는다.

제65조 구조비용 (Salvage Charges)
① 보험증권에 명시적인 규정이 있는 경우를 제외하고, 피보험위험으로 인하여 발생한 손해를 방지하기 위하여 지출한 구조비용은 피보험위험으로 인한 손해로서 보상될 수 있다.
② "구조비용"은 계약과 관계없이 해법에 의하여 구조자가 보상받을 수 있는 비용을 의미한다. 구조비용에는 피보험위험을 피하기 위하여 피보험자나 그 대리인 또는 보수를 받고 그들에 의해 고용된 자가 행하는 구조의 성격을 띤 서비스의 비용을 포함하지 아니한다. 정당하게 지출된 이런 종류의 비용은 그 지출 상황에 따라 단독비용 또는 공동해손손해로서 보상될 수 있다.

제66조 공동해손손해 (General Average Loss)

① 공동해손손해라 함은 공동해손행위로 인하여 발생한 손해 또는 공동해손행위의 직접적인 결과로 발생하는 손해를 말한다. 공동해손손해는 공동해손비용 및 공동해손희생손해를 포함한다.

② 공동의 해상사업에 있어서 위험에 직면한 재산을 보존할 목적으로 위험의 작용시에 어떠한 이례적인 희생 또는 비용이 임의로 또는 합리적으로 초래되거나 지출되는 경우에, 공동해손행위가 있는 것으로 한다.

③ 공동해손손해가 존재하는 경우에는, 그 손해를 부담하는 당사자는 해법에 의하여 부과되는 조건에 따라 다른 이해관계자들에 대하여 비례적인 분담금을 청구할 수 있는 권리가 있으며, 그러한 분담금을 공동해손분담금이라고 한다.

④ 보험증권에 명시적인 규정이 있는 경우를 제외하고, 피보험자가 공동해손비용을 지출한 경우에는, 피보험자는 이 비용손해중 자기부담으로 귀속되는 그 손해의 부담부분을 보험자로부터 보상받을 수 있다. 그리고 공동해손희생의 경우에는 피보험자는 분담의무가 있는 다른 당사자들에 대하여 그의 분담청구권을 행사하지 않고, 손해의 전액을 보험자로부터 보상받을 수 있다.

⑤ 보험증권에 명시적인 규정이 있는 경우를 제외하고, 피보험자가 보험의 목적에 대하여 공동해손분담금을 지불하였거나 또는 지불할 책임을 부담할 경우에는, 피보험자는 그러한 분담금을 보험자로부터 보상받을 수 있다.

⑥ 명시적인 약정이 없는한, 보험자는 피보험위험을 피할 목적으로 또는 피보험위험을 피하는 것과 관련하여 손해가 발생한 것이 아니면, 보험자는 어떠한 공동해손손해 또는 공동해손분담금에 대하여 그 보상책임을 지지 않는다.

⑦ 선박과 운임 및 적하 또는 이들 이익중에는 두가지가 동일 피보험자에 의하여 소유되었을 경우에, 공동해손손해나 공동해손분담금에 관한 보험자의 책임은 그러한 목적이 상이한 자에 의하여 소유되고 있는 경우에 준하여 결정되지 않으면 안된다.

제13절 : MEASURE OF INDEMNITY (손해보상의 한도)

제67조 손해에 대한 보험자의 책임의 범위

① 피보험자가 자기를 피보험자로 한 보험증권에 의하여 손해를 회수할 수 있는 금액은 보험가입되어 있는 보험증권상의 손해에 관하여 미평가보험증권의 경우에는 보험가액의 전액까지, 기평가보험증권의 경우에는 보험증권에 확정되어 있는 가액의 전액까지로 하고 이를 손해보상의 한도라고 한다.

② 보험증권에 의하여 보상받을 수 있는 손해가 있을 경우에 보험자 또는 2인 이상의 보험자가 있는 경우 각 보험자는 손해보상한도 중에서, 기평가보험증권의 경우에 있어서는 보험증권에 확정되어 있는 가액에 대하여, 자기가 인수한 금액이 부담한 비율의 보상한도에 대해서 보상책임을 지며, 미평가보험증권의 경우에 있어서는 법정보험가액에 대하여 자기가 인수한 금액이 부담하는 비율의 보상한도에 대해서 보상책임을 진다.

제68조 전손 (Total Loss)

본 법에 별도의 규정이 있는 경우 및 보험증권에 명시적인 규정이 있는 경우를 제외하고, 보험의 목적에 전손이 있는 경우에는

① 만약 보험증권이 기평가 보험증권일 때는, 손해보상의 한도는 보험증권에 확정되어 있는 금액이다.
② 만약 보험증권이 미평가보험증권일 때는, 손해보상의 한도는 보험의 목적의 보험가액이다.

제69조 선박의 분손 (Partial Loss of Ship)

선박이 손상되었으나 전손이 아닌 경우에는, 손해보상의 한도는 보험증권에 어떠한 명시적인 규정이 있는 경우를 제외하고 다음과 같다.

① 선박이 수선되었을 경우에, 피보험자는 관습상의 공제액을 차감한 합리적인 수리비를 보상받을 수 있는 권리가 있다. 그러나 매 1회의 사고에 대하여 보험금액을 초과하지 아니한다.
② 선박이 손상의 일부분만이 수선되었을 경우에 피보험자는 수선부분에 대하여 지는 전호에 의하여 계산된 상당한 수선비를 보상받을 수 있는 권리가 있으며, 미수선된 손상으로부터 발생되는 합리적인 감가가 있을 경우, 상당한 감가에 대하여 손해보상을 받을 권리가 있다. 단, 그 총액은 전호에 의하여 계산된 전체 손상의 수선비를 초과하지 아니한다.
③ 선박이 수선되지 아니하고 위험기간중에 손상상태로 매각되지 않았을 경우에는, 피보험자는 미수선손상으로부터 발생하는 합리적인 감가에 대하여 손해보상을 받을 권리가 있다. 단 그 금액은 제1호에 의하여 계산된 손상의 합리적인 수선비를 초과하지 아니한다.

제70조 운송임의 분손 (Partial Loss of Freight)

보험증권에 명시적인 규정이 있는 경우를 제외하고, 운송임의 분손이 있는 경우에는, 손해보상의 한도는 보험증권상 피보험자의 위험에 속하는 전체의 운송임에 대한 피보험자가 상실한 운송임의 비율을, 기평가보험증권의 경우에는 보험증권에 확정되어 잇는 금액에 곱한 금액이며, 미평가보험증권의 경우에는 보험가액에 곱한 금액이다.

제71조 화물, 상품 등의 분손

① 기평가 보험증권에 의하여 보험 가입된 화물, 상품 또는 기타 동산의 일부가 전손이 되는 경우에는, 손해보상의 한도는 멸실한 부분의 법정보험가액의 전부의 법정보험가액에 대한 비율을 미평가 보험증권의 경우에서와 같이 확정하여 보험증권에 확정되어 있는 금액에 곱한 금액이다.
② 미평가 보험증권에 의해 보험가입된 화물, 상품 또는 기타 동산의 일부가 전손이 되는 경우는, 손해보상의 한도는 전손의 경우와 같이 확정된 멸실 부분의 법정보험가액이다.
③ 보험가입된 화물이나 상품의 전부 또는 일부가 손상되어 목적지에서 인도되는 경우에는, 손해보상의 한도는 도착장소에서의 총정품가액과 총손상 가격과의 차액의

총정품 가격에 대한 비율을, 기평가 보험증권의 경우에 있어서는 보험증권에 정한 금액에 곱한 금액이며, 미평가 보험증권의 경우에 있어서는 법정보험가액에 곱한 금액이다.

④ "총가액"이라 함은 도매가격을 의미하며, 도매가격이 없는 경우에는 견적가격을 의미하고, 어느 경우에서든지 운송임과 양륙비용 및 기지불한 세금을 포함한다. 단, 관습상 보세화물로 매각되는 화물이나 상품의 경우에는 보세가격을 총가격으로 간주한다. "총수익금"이란 매도인이 모든 매각비용을 지불한 경우에 매각으로 취득한 실제 가격을 의미한다.

제72조 평가액의 할당

① 종류를 달리하는 수개의 재산이 단일 평가액으로 보험 가입되는 경우에, 그 평가액은 미평가 보험증권의 경우에서와 같이 각각의 보험가액의 비율에 따라 상이한 종류의 재산에 할당되지 않으면 안된다. 일부분인 한 종류의 협정보험가액은, 본법에서 규정한 바에 따라 모두 확정된 전체의 재산의 법정보험가액에 대한 그 일부분의 보험가액의 비율을, 전체 재산의 총 협정보험가액에 곱한 금액이다.

② 평가액을 할당하여야 할 경우, 각개의 별개 화물의 종류나 품질 또는 품목의 원가의 면세가 확정될 수 없을 때에는, 상이한 종류, 품질 또는 품목의 정미정품도착가액을 기준으로 하여 평가액을 구분할 수 있다.

제73조 공동해손분담금과 구조보수 (General Average Contributions and Salvage Charges)

① 보험증권에 명시적 규정이 있는 경우를 제외하고, 피보험자가 공동해손 분담금을 지급하였거나 지급책임이 있는 경우에, 분담의무가 있는 보험의 목적이 그 분담가액의 전액에 대하여 보험가입되어 있을 때에는, 손해보상의 한도는 그 분담금의 전액이다. 이에 반하여 그러한 보험의 목적이 분담가액의 전액에 대하여 보험에 가입지 않았을 경우나, 또는 그 일부만이 보험에 가입되어 있는 경우에는, 보험자가 지급하여야 할 손해보상은 일부보험의 비율에 따라 감액되어야 한다. 그리고 분담가액에서 공제되는 단독해손손해가 있고 그 보상책임을 부담하는 경우에는, 보험자가 책임을 지는 분담금액을 확정하기 위해서는 그 금액을 협정보험가액에서 공제하지 않으면 안된다.

② 보험자가 구조료에 대하여 책임을 지는 경우에, 보험자의 책임범위는 전항과 공일한 원칙에 의하여 이를 정하여야 한다.

제74조 제3자에 대한 배상책임(Liabilities to Third Parties)

피보험자가 제3자에 대한 배상책임을 명시적인 조건으로 보험계약을 체결한 경우에 그 손해보상의 한도는 보험증권에 명시적 규정이 있는 경우를 제외하고 피보험자가 그러한 책임에 대하여 제3자에게 지불하였거나 또는 지불하지 않으면 안될 금액인 것이다.

제75조 손해보상의 한도에 대한 일반규정

① 본 법의 앞의 제규정에 명시하고 있지 않는 보험의 목적에 관한 손해가 있는 경우에, 그 손해보상의 한도는 앞의 제 규정을 개개의 경우에 적용할 수 있는 한 그러한 규정들에 따라 정하지 않으면 안된다.

② 손해보상한도에 관한 본 법의 제규정은 중복보험에 관한 제규칙을 변경하지 않으며 또는 보험자가 피보험이익의 전부 또는 일부를 부인하거나 또는 손해발생시의 보험의 목적의 전부 또는 일부가 보험계약에 가입된 위험에 놓여 있지 않았다는 사실을 증명하는 것을 금지하지 아니한다.

제76조 단독해손담보 (Particular Average Warranties)
① 보험의 목적이 단독해손의 면책을 담보로 하는 경우에는, 피보험자는 보험증권에 기재된 계약이 분할할 수 있는 경우를 제외하고 공동해손희생으로 인하여 발생한 손해 이외의 일부의 손해를 보험자로부터 보상받을 수 없다. 그러나 계약이 분할된 수 있는 경우에는, 피보험자는 분할된 부분의 전손에 대하여 보상받을 수 있다.
② 보험의 목적이 전부 또는 일정비율 미만의 단독해손의 면책을 담보로 하는 경우이라도 보험자는 구조비용 및 피보험손해를 피하기 위하여 손해방지약관의 규정에 따라 정당하게 지출한 단독비용과 기타비용에 대하여는 보상책임을 가진다.
③ 보험증권에 반대의 특약이 있는 경우를 제외하고, 보험의 목적이 일정비율 미만의 단독해손의 면책을 담보로 하는 경우에는 공동해손손해는 그 일정비율을 충족시키기 위해서는 단독해손손해에 가산할 수 없다.
④ 일정 비율이 충족되었는지의 여부를 확정하기 위해서는, 보험의 목적이 입은 실제 손해만을 고려하여야 한다. 단독비용과 손해를 확정하거나 증명하는 비용 및 그에 부수하는 비용은 제외하지 않으면 안된다.

제77조 연속손해 (Successive Losses)
① 보험증권에 반대의 규정이 있는 경우 및 본 법에 별도의 규정이 있는 경우를 제외하고, 보험자는 연속손해에 대하여 비록 그 손해의 합계금액이 보험금액을 초과하는 일이 있을지라도 이를 보상할 책임을 부담한다.
② 동일 보험증권에서 분손이 발생하고, 이것이 수리되지 아니하거나 또는 기타의 방법으로 원상복구되지 않은 상태에서 전손이 발생하는 경우에, 피보험자는 오로지 전손에 관하여만 보험자로부터 보상 받을 수 있다. 단, 본 조의 규정은 손해방지약관에 의한 보험자의 책임을 제한하지 않는다.

제78조 손해방지약관 (Suing and Labouring Clause)
① 보험증권에 손해방지약관이 있는 경우에는, 이 약관에 의하여 체결된 합의는 보험계약을 보충하는 것으로 간주하며 보험자가 전손에 대하여 보험금을 지급하였거나 또는 보험의 목적이 단독해손의 전부 또는 일정비율 미만의 면책을 담보로하고 있는 경우일지라도 피보험자는 이 약관에 따라서 정당하게 지출한 일체의 비용을 보험자로부터 보상받을 수 있다.
② 본 법이 규정한 공동해손손해와 분담금 및 구조비용은 손해방지 약관에 의하여 보상될 수 없다.
③ 보험증권에 의해서 담보될 수 없는 손해를 방지하거나 경감할 목적으로 지출한 비용은 손해방지 약관에 의하여 보상될 수 없다.
④ 손해를 방지하거나 경감하기 위하여 합리적인 조치를 강구하는 것은 모든 경우에 있어서 피보험자와 그 대리인의 의무이다.

제14절 : 보험금 지급에 관한 보험자의 권리

제79조 대위권 (Right of Subrogation)
① 보험자가 보험의 목적의 전부에 대한 전손금을 지불하였거나, 또는 화물의 경우에는 보험의 목적의 분할된 전손금을 지불한 경우에는, 보험자는 전손금이 지불된 보험의 목적에 잔존할 수 있을 피보험자의 이익을 승계할 권리를 갖는다. 그리고 손해를 야기한 재난의 발생시부터 보험의 목적에 존재하며 또 보험의 목적과 관련한 피보험자의 일체의 권리와 구제수단에 대위한다.

② 전항에 규정한 경우를 제외하고, 보험자가 분손금을 지불한 경우에는, 보험자는 보험의 목적에 대한 권리 또는 잔존할 수 있을 부분의 보험의 목적에 대한 권리를 취득할 수 없다. 그러나 보험자는 손해에 대한 지불을 함으로써, 피보험자가 본법에 따라 보상받을 한도내에서, 손해를 야기한 재난의 발생시부터 보험의 목적에 존재하며, 또 보험의 목적과 관련한 피보험자의 일체의 권리와 구제수단을 대위한다.

제80조 분담의 권리 (Right of Contribution)
① 피보험자가 중복보험에 의하여 초과보험이 되었을 경우에는, 각 보험자는 자기 자신과 다른 보험자 사이에서는 계약상 자기가 부담하는 금액의 비율에 따라 비례적으로 손해를 분담할 의무가 있다.

② 보험자가 자기의 분담비율을 초과하는 손해를 보상할 경우, 그 보험자는 다른 보험자에 대하여 분담청구를 위한 소송을 제기할 권리가 있으며, 또 분담비율을 초과하는 부채를 지불한 보증인과 동일한 구제수단을 취할 권리가 있다.

제81조 일부보험의 효과 (Effect of Under-Insurance)
피보험자가 보험가액보다 적은 금액에 대해서 또는 기평가 보험증권의 경우에는 보험평가액보다 적은 금액에 대해서 보험에 가입되었을 경우에는, 피보험자는 보험에 가입되지 않은 차액에 대해서는 자기 보험자로 간주한다.

제15조 : RETURN OF PREMIUM (보험료 환급)

제82조 환급의 실시
보험료 또는 보험료의 비례부분이 본법에 의해서 환급되어야 한다고 규정하고 있을 경우에는,
ⓐ 보험료가 기지불되었을 경우에는, 피보험자는 보험자로부터 이를 회수할 수 있으며, 또
ⓑ 보험료가 미지불일 경우에는, 피보험자 및 그의 대리인은 이를 유보할 수 있다.

제83조 합의에 의한 환급
보험증권에 일정한 사유가 발생하였을 때에는 보험료 또는 그 비례부분을 환급한다는 취지의 약관이 삽입되어 있을 경우에 그 사유가 발생하였을 때에는 보험료 또는 그 비례부분은 피보험자에 환급된다.

제84조 약인의 불이행에 의한 환급

① 보험료 지불에 대한 약인이 전부 불이행되고, 피보험자 및 그 대리인 측에 사기 또는 위법이 없는 경우에는, 보험료는 피보험자에게 환급된다.
② 보험료 지불에 대한 약인이 분할일 경우에, 그 약인의 분할된 부분의 전부가 불이행되었을 때에는, 보험료의 비례부분이 전항과 동일한 조건으로 피보험자에게 환급된다.
③ 특히,
  ⓐ 보험계약이 무효이든지, 또는 보험자에 의해서 위험개시시부터 취소되는 경우에, 피보험자 측에 사기 또는 위법이 없을 때에 한하여, 보험료는 환급된다. 그러나 위험이 분할될 수 없는 것이고, 그 위험이 일단 개시하였을 경우에는, 보험료는 환급되지 아니한다.
  ⓑ 보험의 목적 또는 그 일부가 위험에 처하지 않았을 경우에는, 보험료 또는 그 비례부분이 환급된다. 단, 보험의 목적이 "멸실여부를 불문함"의 조건으로 보험에 가입되었을 경우에 있어서 보험의 목적이 계약 성립시에 안전히 도달하였을 경우에는, 계약 성립시에 보험자가 안전한 도착을 알고 있었을 때를 제외하고, 보험료는 환급되지 아니한다.
  ⓒ 피보험자가 위험기간을 통하여 피보험이익을 갖지 않을 경우에는, 보험료는 환급된다. 단, 이규정은 사행 또는 도박의 방법으로 체결한 보험계약에는 적용되지 아니한다.
  ⓓ 피보험자가 소멸할 수 있는 이익을 가진 경우에, 그 이익이 보험기간중에 소멸할 대에는 보험료는 환급되지 아니한다.
  ⓔ 피보험자가 미평가보험증권에 의해서 초과부보되었을 경우에는, 보험료의 비례부분이 환급된다.
  ⓕ 전 각호에 별도의 규정이 있는 경우를 제외하고, 피보험자가 중복보험에 의해서 초과보험인 때에는 각 보험료의 비례부분이 환급된다. 단, 복수의 보험계약이 상이한 시기에 체결되었을 경우에 전의 보험계약이 임의의 시기에 전체의 위험을 부담하였을 때나, 또는 그 보험계약에 의해서 보험금액의 전액에 관한 보험금이 지급되었을 때는 보험료는 환급되지 아니한다. 그리고 피보험자가 중복보험인 것을 알면서 계약하였을 때는 보험료는 환급되지 아니한다.

제16절 : MUTUAL INSURANCE (상호보험)

제85조 상호보험의 경우 본법의 수정

① 2인 이상의 자가 해상손해에 대하여 상호간에 서로를 보험을 담보하기로 합의하는 경우 상호보험이라고 말한다.
② 본법의 보험료에 관한 규정은 상호보험에서는 적용되지 아니한다. 그러나 보증금이나 또는 협약될 기타의 결정으로서 보험료에 대체할 수 있다.
③ 본 법의 제 규정중, 당사자의 협정에 의하여 수정될 수 있는 것에 대하여서는 상호보험의 경우에는 조합이 발생한 보험증권의 제규정이나 또는 조합의 규칙과 정관에 의하여 이를 수정할 수 있다.
④ 본 조에서 정한 제외규정을 제외하고, 본 법의 제규정은 상호보험에 적용된다.

제17절 : SUPPLEMENTAL (부 칙)

제86조 피보험자에 의한 추인
해상보험계약이 타인을 위하여 어떤 자에 의해 선의로 체결되는 경우에 자기를 위하여 보험계약이 체결된 자는, 심지어 그가 손해발생을 알고 있는 후에도 그 계약을 추인할 수 있다.

제87조 합의 또는 관습에 의해 변경된 묵시의무
① 법률의 묵시적 내용에 의해 해상보험 계약상 어떠한 권리나 의무 또는 책임이 발생하는 경우에, 그것은 명시적 합의에 의해 부정되거나 변경될 수 있으며, 관습이 양 계약당사자를 구속하는 것인 경우 그 관습에 의해서도 부정되거나 변경될 수 있다.
② 본 조의 규정은 합의에 의해 합법적으로 수정될 수 있다고 본 법에서 밝히고 있는 일체의 권리나 의무 또는 책임에 적용된다.

제88조 상당한 기간 등 사실문제
본법에서 상당한 시간, 상당한 보험료 도는 상당한 주의에 대하여 언급되어 있는 경우에 무엇이 상당한 것인가의 문제는 사실문제이다.

제89조 증거로서의 슬립
정당하게 印紙가 첨부된 보험증권이 있는 경우에 일체의 법적 소송에 있어서 슬립이나 보험인수증서가 종래와 같이 참조될 수 있다.

제90조 용어의 해석
본 법에서, 그 문맥상 또는 내용상 별도의 해석을 필요로 하지 않는 한, '소송'은 반소와 상살청구소송을 포함한다.'운임'은 제3자가 지불하는 운임은 물론, 선주가 자기 자신의 화물이나 동산을 운송하기 위해 자기의 선박을 사용함으로써 파생될 수 있는 수익을 포함한다. 그러나 여객운임은 포함하지 아니한다.'동산'은 선박 이외의 일체의 움직일 수 있는 유형재산을 의미하고, 화폐와 유가증권 및 기타 증서를 포함한다. '보험증권'은 해상보험증권을 의미한다.

제91조 유보사항
① 본 법 또는 본 법에 의해 폐지된 법률의 어떤 규정도 다음의 법규에 영향을 미치지 아니한다.
　ⓐ 1891년 인지세법 또는 세입에 관련한 일체의 현행 법규의 제규정
　ⓑ 1862년 회사법 또는 동법을 수정하거나 대체하는 일체의 법규의 제 규정
　ⓒ 본 법에 의해서 명시적으로 폐지되지 않은 일체의 제정법의 제규정
② 상관습법을 포함하는 보통법의 원칙들은 그것들이 법의 명시적인 규정에 상반되는 경우를 제외하고 해상보험계약에 계속 적용된다.

제92조
본조항은 1927년 성문법개정법에 의해 폐지되었음.

제93조
본조항은 1927년 성문법개정법에 의해 폐지 되었음.

제94조 약칭
본법은 1906년 해상보험법으로 인용될 수 있다.

제18절 : FIRST SCHEDULE

Note The first portion of this Schedule consists of the SG Form of Policy.
보험증권의 양식

(ⓐ)는 자기(ⓑ)자신의 이름으로 또한 보험의 목적의 일부 또는 전부가 귀속되거나 귀속될 수 있는, 또는 귀속하게 될 기타 모든 사람 또는 사람들을 위하여 그리고 그들의 이름으로 보험계약을 체결하고, 그 자신(ⓒ)과 그들 모두가 (ⓓ)에서 및 부터 멸실여부를 불문하고 보험에 가입된 것으로 인정한다.

(ⓔ)라고 부르는 감항성이 있는 선박에 적재된 모든 종류의 화물과 상품에 관하여, 그리고 그러한 선박의 선체, 태클, 의장구, 병기, 군수품,대포, 보우트 및 기타 의장에 관하여, (ⓕ)가 본항해에 대하여는 현재 하나님 다음으로 그 선박의 선장이며, 또한 주구든지 장래에 상기 선박의 선장으로 간주될 것이고, 상기 선박 또는 그 선장은 어떠한 이름이나 이름들로 지명되거나 호칭되고 있으며, 장래에도 지명되거나 호칭될 것이다.

상기 화물과 상품에 관한 위험은 상기 선박에 화물이 적재되는 때부터 개시하고, 상기 선박 등에 관한 위험도 상술한 바와 같이 개시되며, 상기 선박 등에 관하여는 그곳에서 선박의 정박중에 계속된다. 그리고 상기 선박 등에 관하여는 선박의 모든 병기, 태클, 의장구 등과 무엇이든 화물 및 상품을 적재한 상기 선박이 상기 장소에 도착할 때까지 선박이 안전한 상태로 닻을 내리고 정박한 후 24시간 경과할 때까지 계속된다. 그리고 화물과 상품이 그곳에서 양화되고 안전하게 양륙될 때까지 계속된다. 그리고 본항해에 있어서 상기 선박등이 항행하고 어떠한 항구나 장소로 출항하며, 그곳에서 기항하고 정박하는 것은 적법한 것이고, 무엇이든 이 보험에는 영향을 미치지 아니한다.

상기 선박 기타, 화물과 상품 등은 이 보험증권에서 피보험자와 보험자와의 합의에 의해 피보험자에게 관련되는 한, (ⓘ)로 평가되고 또한 평가되어야 한다.

우리들 보험자가 이 항해에서 부담하고 책임을 지기로 약속한 해상사업과 위험은 다음과 같다. 즉 해상고유의 위험, 군함, 화재, 외적, 해적, 강도, 도적, 투하, 포획면허장과 보복포획면허장, 습격, 해상탈취, 어떠한 국가나 상황이나 성질에 관계없이 모든 국왕과 여왕 및 국민의 압류와 억지 및 억류, 선장이나 선원의 악행, 상기 화물과 상품 및 선박 기타 또는 그 일부의 파손이나 훼손 또는 손상을 가져왔거나 가져오게 될 모든 기타 위험과 손해 및 불행이다.

그리고 어떠한 손해나 불행이 발생한 경우에, 상기 화물과 상품 및 선박 기타, 또는 그 일부의 방비와 보호 및 회복에 있어서, 그리고 그것에 대하여 피보험자, 그 대리인, 사용인 및 양도인이 손해방지를 하거나 이행하는 것은 적법한 것이며, 이 보험의 효력에는 영향을 미치지 아니한다. 그에 따른 비용은 우리들 보험자가 이 보험증권에서 인수한 비율과 금액에 따라 각각 분담한다.

피보험재산을 회복하거나 구조하거나 또는 보존하는 보험자 또는 피보험자의 행위는 권리포기 또는 위부의 승낙으로 간주하지 않는다는 것을 특별히 선언하고 합의한다.

그리고 이 문서나 보험증권은 롬바르드가, 왕립거래소, 또는 런던의 어느곳에서 지금까지 작성된 가장확실한 문서나 보험증권과 동일한 효력을 갖는 것으로 우리들 보험자는 동의한다.

그리고 우리들 보험자는 _____의 비율로 피보험자가 이 보험에 대해 우리에게 지불해야 할 약인을 지불하였음을 자인하면서, 약속의 진정한 이행을 위해 피보험자와 그들의 유언집행인과 관리인 및 양수인에 대하여 만족스럽게 이 보험증권에 의해 약속하고, 또한 우리들 자신, 자기 자신의 부담부분에 대해 각자와 우리의 상속인과 유언집행인 및 화물에 책임을 부담한다.

이에 대한 증거로서, 우리들 보험자는 런던에서 우리들의 이름과 보험인수한 금액에 서명한다.

유의사항-- 곡물, 어류, 소금, 과일, 밀가루 및 종자는 공동해손 또는 선박이 좌초되지 않는 한 해손의 면책을 담보로 하고, 설탕, 연초, 대마, 아마, 크고 적은 짐승의 피혁은 5% 미만의 해손의 면책을 담보로 하며, 모든 기타 화물과 또한 선박과 운임은 공동해손 또는 선박이 좌초되지 않는 한, 3% 미만의 해손의 면책을 담보로 한다.

제19절 : RULES FOR CONSTRUCTION OF POLICY (증권해석규칙)

보험증권의 문맥이 반대 해석을 요하지 않는 경우에는, 전술한 양식 또는 기타 이와 유사한 양식의 보험증권의 해석에 관하여 본 법이 정한 규칙은 다음과 같다.

제1조 멸실 여부를 불문함 (Lost or not lost)

보험의 목적의 '멸실여부를 불문함'의 조건으로 보험에 가입되고, 계약이 성립되기 전에 손해가 발생한 경우에는, 계약의 성립시에 피보험자가 손해발생을 알고 있었고 보험자가 알고있지 못한 경우를 제외하고 위험이 개시한다.

제2조부터 (From)

보험의 목적이 특정장소'로부터' 보험에 가입되는 경우에는, 선박이 피보험항해를 출항할 때에 위험이 개시한다.

제3조에서 및부터 (At and From)
[선박]

ⓐ 선박이 특정장소에서 '에서 및 부터' 보험에 가입되고, 계약이 성립할 때 안전하게 그 장소에 있는 경우에는, 위험은 즉시 개시한다.
ⓑ 계약이 성립할 때 선박이 그 장소에 없는 경우에는, 위험은 선박이 안전하게 그 곳에 도착하는 순간에 개시한다. 그리고 보험증권에 반대의 규정이 있는 경우를 제외하고, 선박이 도착후 일정기간 동안 다른 보험증권에 의해 담보되고 있다는 것은 중요하지 아니하다.

[운송임]
ⓒ 용선료가 특정장소 '에서 및 부터'보험에 가입되어 있고, 계약이 성립할 때 선박이 안전하게 그 장소에 있는 경우에는, 위험은 즉시 개시한다. 계약이 성립할 때 선박이 그 곳에 없는 경우에는, 위험은 선박이 안전하게 그곳에 도착하는 순간에 개시한다.
ⓓ 용선료 이외의 운송임이 특별한 조건없이 지불되고, 특정장소 '에서 및 부터' 보험에 가입되어 있는 경우에는, 위험은 화물이나 상품이 선적되는 비율에 따라 개시한다. 단, 선주에게 속하는 적하 또는 기타의 어떤 자가 선적하기로 간주와 계약한 적하가 그곳에서 선적이 준비되어 있는 경우에는, 위험은 선박이 그러한 적하를 수취할 준비가 완료되면 지체없이 개시한다.

제4조 적재시부터 (From the Loading thereof)

화물이나 기타 동산이 '그것의 적재시부터' 보험에 가입되는 경우에는, 위험은 그러한 화물이나 동산이 실제 선적된 때에 개시하고, 보험자는 육지로부터 선박까지 운송되는 동안에 그러한 화물이나 동산에 대해 책임이 없다.

제5조 안전한 양륙 (Safely Landed)

화물이나 기타 동산의 위험이 '안전하게 양륙되는'때까지 계속되는 경우, 그들 화물이나 동산은 반드시 관습적인 방법으로, 그리고 양하항에 도착후 상당한 기간내에 양륙하여야 한다. 그리고 만약 화물이나 동산이 그와 같이 양륙되지 않으면, 위험은 종료한다.

제6조 기항 및 정박 (At any port or place whatsoever)

어떠한 추가적인 허가나 관습이 없는 경우에는 '어떠한 항구나 장소이든 어느 곳에서든' 기항하거나 정박하는 자유는, 출항항으로부터 목적항까지의 선박의 항해의 항로에서 선박이 이탈하는 것을 인정하는 것은 아니다.

제7조 해상고유의 위험 (Perils of the Seas)

'해상고유의 위험'이란 말은 오직 바다의 우연한 사고나 재난만을 의미한다. 그것은 풍파의 통상적인 작용은 포함하지 아니한다.

제8조 해적 (Pirates)

'해적'이란 말은 폭동을 일으키는 승객과 육지로부터 선박을 공격하는 폭도를 포함한다.

제9조 도적 (Thieves)

'도적'이란 말은 은밀한 절도 또는 선원이든 승객이든 불문하고 승선자에 의한 절도는 포함하지 않는다.

제10조 군주의 억지 (Arrests, etc., of Kings, Prince, and Peoples)
'국왕과 여왕 및 국민의 억류 등'이라는 말은 정치적이나 행정적 행위를 의미하며, 소요로 인한 손해 또는 통상적인 재판과정으로 인한 손해는 포함하지 아니한다.

제11조 선장이나 선원의 악행 (Barratry)
'선장이나 선원의 악행'이란 말은 소유자 또는 경우에 따라서는 용선자에게 손해를 입히는 선장 및 선원의 고의에 의한 일체의 위법행위를 포함한다.

제12조 기타 일체의 위험 (All other Perils)
'기타 일체의 위험'이란 말은 오로지 보험증권에서 특별히 기재된 위험과 동종의 위험만을 포함한다.

제13조 공동해손이 아닌 해손 (Average Unless General)
'공동해손이 아닌 해손'이란 말은 공동해손손해가 아닌 분손을 의미하고, 단독비용을 포함하지 않는다.

제14조 좌초 (Stranding)
선박이 좌초한 경우에는, 비록 손해가 그 좌초에 기인한 것이 아닐지라도, 보험자는 제외된 손해에 대해서도 보상책임이 있다. 단, 위험이 개시한 후에 좌초가 발생하는 때, 그리고 보험증권이 화물에 관한 경우에는 손상된 화물이 선상에 있을 것을 조건으로 한다.

제15조 선박 (Ship)
'선박'이란 말은 선체, 자재와 의장구, 고급선원과 보통선원을 위한 소모품과 식료품을 포함하고, 특수무역에 종사하는 선박의 경우에는 그 무역에 필요한 통상적인 의장을 포함하며, 또한 기선의 경우에는 기계와 보일러 및 피보험자가 소유한 엔진 소모품을 포함한다.

제16조 운송임 (Freight)
'운송임'이란 말은 제3자에 의해 지불되는 운송임은 물론, 선주가 자신의 화물이나 동산을 운송하기 위해 자기의 선박을 사용함으로써 파생되는 수익을 포함한다. 그러나 운송임에는 승객운임은 포함하지 아니한다.

제17조 화물 (Goods)
'화물'이란 말은 상품의 성질을 가진 화물을 말하고, 개인의 소지품이나 선상에서 사용하기 위한 식료품과 소모품은 포함하지 아니한다.
반대의 관습이 없는 한, 갑판에 적재한 적하와 살아 있는 동물은 특정하여 보험에 가입되어야 하고, 화물의 포괄적 명칭으로 보험에 가입되어서는 안된다.

✓ 상법 _ 보험

제4편 보험
제1장 통칙

제638조 (보험계약의 의의)
보험계약은 당사자 일방이 약정한 보험료를 지급하고 재산 또는 생명이나 신체에 불확정한 사고가 발생할 경우에 상대방이 일정한 보험금이나 그 밖의 급여를 지급할 것을 약정함으로써 효력이 생긴다. [전문개정 2014. 3. 11.]

제638조의2 (보험계약의 성립)
① 보험자가 보험계약자로부터 보험계약의 청약과 함께 보험료 상당액의 전부 또는 일부의 지급을 받은 때에는 다른 약정이 없으면 30일내에 그 상대방에 대하여 낙부의 통지를 발송하여야 한다. 그러나 인보험계약의 피보험자가 신체검사를 받아야 하는 경우에는 그 기간은 신체검사를 받은 날부터 기산한다.
② 보험자가 제1항의 규정에 의한 기간내에 낙부의 통지를 해태한 때에는 승낙한 것으로 본다.
③ 보험자가 보험계약자로부터 보험계약의 청약과 함께 보험료 상당액의 전부 또는 일부를 받은 경우에 그 청약을 승낙하기 전에 보험계약에서 정한 보험사고가 생긴 때에는 그 청약을 거절할 사유가 없는 한 보험자는 보험계약상의 책임을 진다. 그러나 인보험계약의 피보험자가 신체검사를 받아야 하는 경우에 그 검사를 받지 아니한 때에는 그러하지 아니하다.
[본조신설 1991. 12. 31.]

제638조의3 (보험약관의 교부·설명 의무)
① 보험자는 보험계약을 체결할 때에 보험계약자에게 보험약관을 교부하고 그 약관의 중요한 내용을 설명하여야 한다.
② 보험자가 제1항을 위반한 경우 보험계약자는 보험계약이 성립한 날부터 3개월 이내에 그 계약을 취소할 수 있다.
[전문개정 2014. 3. 11.]

제639조 (타인을 위한 보험)
① 보험계약자는 위임을 받거나 위임을 받지 아니하고 특정 또는 불특정의 타인을 위하여 보험계약을 체결할 수 있다. 그러나 손해보험계약의 경우에 그 타인의 위임이 없는 때에는 보험계약자는 이를 보험자에게 고지하여야 하고, 그 고지가 없는 때에는 타인이 그 보험계약이 체결된 사실을 알지 못하였다는 사유로 보험자에게 대항하지 못한다. 〈개정 1991. 12. 31.〉
② 제1항의 경우에는 그 타인은 당연히 그 계약의 이익을 받는다. 그러나 손해보험계약의 경우에 보험계약자가 그 타인에게 보험사고의 발생으로 생긴 손해의 배상을 한 때에는 보험계약자는 그 타인의 권리를 해하지 아니하는 범위안에서 보험자에게 보험금액의 지급을 청구할 수 있다. 〈신설 1991. 12. 31.〉

③ 제1항의 경우에는 보험계약자는 보험자에 대하여 보험료를 지급할 의무가 있다. 그러나 보험계약자가 파산선고를 받거나 보험료의 지급을 지체한 때에는 그 타인이 그 권리를 포기하지 아니하는 한 그 타인도 보험료를 지급할 의무가 있다. 〈개정 1991. 12. 31.〉

제640조 (보험증권의 교부)

① 보험자는 보험계약이 성립한 때에는 지체없이 보험증권을 작성하여 보험계약자에게 교부하여야 한다. 그러나 보험계약자가 보험료의 전부 또는 최초의 보험료를 지급하지 아니한 때에는 그러하지 아니하다. 〈개정 1991. 12. 31.〉

② 기존의 보험계약을 연장하거나 변경한 경우에는 보험자는 그 보험증권에 그 사실을 기재함으로써 보험증권의 교부에 갈음할 수 있다. 〈신설 1991. 12. 31.〉

제641조 (증권에 관한 이의약관의 효력)

보험계약의 당사자는 보험증권의 교부가 있은 날로부터 일정한 기간내에 한하여 그 증권내용의 정부에 관한 이의를 할 수 있음을 약정할 수 있다. 이 기간은 1월을 내리지 못한다.

제642조 (증권의 재교부청구)

보험증권을 멸실 또는 현저하게 훼손한 때에는 보험계약자는 보험자에 대하여 증권의 재교부를 청구할 수 있다. 그 증권작성의 비용은 보험계약자의 부담으로 한다.

제643조 (소급보험)

보험계약은 그 계약전의 어느 시기를 보험기간의 시기로 할 수 있다.

제644조 (보험사고의 객관적 확정의 효과)

보험계약당시에 보험사고가 이미 발생하였거나 또는 발생할 수 없는 것인 때에는 그 계약은 무효로 한다. 그러나 당사자 쌍방과 피보험자가 이를 알지 못한 때에는 그러하지 아니하다.

제645조 삭제 〈1991. 12. 31.〉

제646조 (대리인이 안 것의 효과)

대리인에 의하여 보험계약을 체결한 경우에 대리인이 안 사유는 그 본인이 안 것과 동일한 것으로 한다.

제646조의2 (보험대리상 등의 권한)

① 보험대리상은 다음 각 호의 권한이 있다.
  1. 보험계약자로부터 보험료를 수령할 수 있는 권한
  2. 보험자가 작성한 보험증권을 보험계약자에게 교부할 수 있는 권한
  3. 보험계약자로부터 청약, 고지, 통지, 해지, 취소 등 보험계약에 관한 의사표시를 수령할 수 있는 권한
  4. 보험계약자에게 보험계약의 체결, 변경, 해지 등 보험계약에 관한 의사표시를 할 수 있는 권한

② 제1항에도 불구하고 보험자는 보험대리상의 제1항 각 호의 권한 중 일부를 제한할 수 있다. 다만, 보험자는 그러한 권한 제한을 이유로 선의의 보험계약자에게 대항하지 못한다.
③ 보험대리상이 아니면서 특정한 보험자를 위하여 계속적으로 보험계약의 체결을 중개하는 자는 제1항제1호(보험자가 작성한 영수증을 보험계약자에게 교부하는 경우만 해당한다) 및 제2호의 권한이 있다.
④ 피보험자나 보험수익자가 보험료를 지급하거나 보험계약에 관한 의사표시를 할 의무가 있는 경우에는 제1항부터 제3항까지의 규정을 그 피보험자나 보험수익자에게도 적용한다.
[본조신설 2014. 3. 11.]

제647조 (특별위험의 소멸로 인한 보험료의 감액청구)
보험계약의 당사자가 특별한 위험을 예기하여 보험료의 액을 정한 경우에 보험기간중 그 예기한 위험이 소멸한 때에는 보험계약자는 그 후의 보험료의 감액을 청구할 수 있다.

제648조 (보험계약의 무효로 인한 보험료반환청구)
보험계약의 전부 또는 일부가 무효인 경우에 보험계약자와 피보험자가 선의이며 중대한 과실이 없는 때에는 보험자에 대하여 보험료의 전부 또는 일부의 반환을 청구할 수 있다. 보험계약자와 보험수익자가 선의이며 중대한 과실이 없는 때에도 같다.

제649조 (사고발생전의 임의해지)
① 보험사고가 발생하기 전에는 보험계약자는 언제든지 계약의 전부 또는 일부를 해지할 수 있다. 그러나 제639조의 보험계약의 경우에는 보험계약자는 그 타인의 동의를 얻지 아니하거나 보험증권을 소지하지 아니하면 그 계약을 해지하지 못한다. 〈개정 1991. 12. 31.〉
② 보험사고의 발생으로 보험자가 보험금액을 지급한 때에도 보험금액이 감액되지 아니하는 보험의 경우에는 보험계약자는 그 사고발생후에도 보험계약을 해지할 수 있다. 〈신설 1991. 12. 31.〉
③ 제1항의 경우에는 보험계약자는 당사자간에 다른 약정이 없으면 미경과보험료의 반환을 청구할 수 있다. 〈개정 1991. 12. 31.〉

제650조 (보험료의 지급과 지체의 효과)
① 보험계약자는 계약체결후 지체없이 보험료의 전부 또는 제1회 보험료를 지급하여야 하며, 보험계약자가 이를 지급하지 아니하는 경우에는 다른 약정이 없는 한 계약성립후 2월이 경과하면 그 계약은 해제된 것으로 본다.
② 계속보험료가 약정한 시기에 지급되지 아니한 때에는 보험자는 상당한 기간을 정하여 보험계약자에게 최고하고 그 기간내에 지급되지 아니한 때에는 그 계약을 해지할 수 있다.
③ 특정한 타인을 위한 보험의 경우에 보험계약자가 보험료의 지급을 지체한 때에는 보험자는 그 타인에게도 상당한 기간을 정하여 보험료의 지급을 최고한 후가 아니면 그 계약을 해제 또는 해지하지 못한다.
[전문개정 1991. 12. 31.]

제650조의2 (보험계약의 부활)

제650조제2항에 따라 보험계약이 해지되고 해지환급금이 지급되지 아니한 경우에 보험계약자는 일정한 기간내에 연체보험료에 약정이자를 붙여 보험자에게 지급하고 그 계약의 부활을 청구할 수 있다. 제638조의2의 규정은 이 경우에 준용한다.
[본조신설 1991. 12. 31.]

제651조 (고지의무위반으로 인한 계약해지)

보험계약당시에 보험계약자 또는 피보험자가 고의 또는 중대한 과실로 인하여 중요한 사항을 고지하지 아니하거나 부실의 고지를 한 때에는 보험자는 그 사실을 안 날로부터 1월내에, 계약을 체결한 날로부터 3년내에 한하여 계약을 해지할 수 있다. 그러나 보험자가 계약당시에 그 사실을 알았거나 중대한 과실로 인하여 알지 못한 때에는 그러하지 아니하다. 〈개정 1991. 12. 31.〉

제651조의2 (서면에 의한 질문의 효력)

보험자가 서면으로 질문한 사항은 중요한 사항으로 추정한다.
[본조신설 1991. 12. 31.]

제652조 (위험변경증가의 통지와 계약해지)

① 보험기간 중에 보험계약자 또는 피보험자가 사고발생의 위험이 현저하게 변경 또는 증가된 사실을 안 때에는 지체없이 보험자에게 통지하여야 한다. 이를 해태한 때에는 보험자는 그 사실을 안 날로부터 1월내에 한하여 계약을 해지할 수 있다.
② 보험자가 제1항의 위험변경증가의 통지를 받은 때에는 1월내에 보험료의 증액을 청구하거나 계약을 해지할 수 있다. 〈신설 1991. 12. 31.〉

제653조 (보험계약자 등의 고의나 중과실로 인한 위험증가와 계약해지)

보험기간중에 보험계약자, 피보험자 또는 보험수익자의 고의 또는 중대한 과실로 인하여 사고발생의 위험이 현저하게 변경 또는 증가된 때에는 보험자는 그 사실을 안 날부터 1월내에 보험료의 증액을 청구하거나 계약을 해지할 수 있다. 〈개정 1991. 12. 31.〉

제654조 (보험자의 파산선고와 계약해지)

① 보험자가 파산의 선고를 받은 때에는 보험계약자는 계약을 해지할 수 있다.
② 제1항의 규정에 의하여 해지하지 아니한 보험계약은 파산선고 후 3월을 경과한 때에는 그 효력을 잃는다. 〈개정 1991. 12. 31.〉

제655조 (계약해지와 보험금청구권)

보험사고가 발생한 후라도 보험자가 제650조, 제651조, 제652조 및 제653조에 따라 계약을 해지하였을 때에는 보험금을 지급할 책임이 없고 이미 지급한 보험금의 반환을 청구할 수 있다. 다만, 고지의무(告知義務)를 위반한 사실 또는 위험이 현저하게 변경되거나 증가된 사실이 보험사고 발생에 영향을 미치지 아니하였음이 증명된 경우에는 보험금을 지급할 책임이 있다. [전문개정 2014. 3. 11.]

제656조 (보험료의 지급과 보험자의 책임개시)
　보험자의 책임은 당사자간에 다른 약정이 없으면 최초의 보험료의 지급을 받은 때로부터 개시한다.

제657조 (보험사고발생의 통지의무)
　① 보험계약자 또는 피보험자나 보험수익자는 보험사고의 발생을 안 때에는 지체없이 보험자에게 그 통지를 발송하여야 한다.
　② 보험계약자 또는 피보험자나 보험수익자가 제1항의 통지의무를 해태함으로 인하여 손해가 증가된 때에는 보험자는 그 증가된 손해를 보상할 책임이 없다. 〈신설 1991. 12. 31.〉

제658조 (보험금액의 지급)
　보험자는 보험금액의 지급에 관하여 약정기간이 있는 경우에는 그 기간내에 약정기간이 없는 경우에는 제657조제1항의 통지를 받은 후 지체없이 지급할 보험금액을 정하고 그 정하여진 날부터 10일내에 피보험자 또는 보험수익자에게 보험금액을 지급하여야 한다. [전문개정 1991. 12. 31.]

제659조 (보험자의 면책사유)
　① 보험사고가 보험계약자 또는 피보험자나 보험수익자의 고의 또는 중대한 과실로 인하여 생긴 때에는 보험자는 보험금액을 지급할 책임이 없다.
　② 삭제 〈1991. 12. 31.〉

제660조 (전쟁위험 등으로 인한 면책)
　보험사고가 전쟁 기타의 변란으로 인하여 생긴 때에는 당사자간에 다른 약정이 없으면 보험자는 보험금액을 지급할 책임이 없다.

제661조 (재보험)
　보험자는 보험사고로 인하여 부담할 책임에 대하여 다른 보험자와 재보험계약을 체결할 수 있다. 이 재보험계약은 원보험계약의 효력에 영향을 미치지 아니한다.

제662조 (소멸시효)
　보험금청구권은 3년간, 보험료 또는 적립금의 반환청구권은 3년간, 보험료청구권은 2년간 행사하지 아니하면 시효의 완성으로 소멸한다. [전문개정 2014. 3. 11.]

제663조 (보험계약자 등의 불이익변경금지)
　이 편의 규정은 당사자간의 특약으로 보험계약자 또는 피보험자나 보험수익자의 불이익으로 변경하지 못한다. 그러나 재보험 및 해상보험 기타 이와 유사한 보험의 경우에는 그러하지 아니하다. 〈개정 1991. 12. 31.〉

제664조(상호보험, 공제 등에의 준용)
　이 편(編)의 규정은 그 성질에 반하지 아니하는 범위에서 상호보험(相互保險), 공제(共

濟), 그 밖에 이에 준하는 계약에 준용한다. [전문개정 2014. 3. 11.]

제2장 손해보험

제1절 통칙

제665조(손해보험자의 책임)
손해보험계약의 보험자는 보험사고로 인하여 생길 피보험자의 재산상의 손해를 보상할 책임이 있다.

제666조(손해보험증권)
손해보험증권에는 다음의 사항을 기재하고 보험자가 기명날인 또는 서명하여야 한다. 〈개정 1991. 12. 31., 2014. 3. 11.〉
1. 보험의 목적
2. 보험사고의 성질
3. 보험금액
4. 보험료와 그 지급방법
5. 보험기간을 정한 때에는 그 시기와 종기
6. 무효와 실권의 사유
7. 보험계약자의 주소와 성명 또는 상호
7의2. 피보험자의 주소, 성명 또는 상호
8. 보험계약의 연월일
9. 보험증권의 작성지와 그 작성년월일

제667조(상실이익 등의 불산입)
보험사고로 인하여 상실된 피보험자가 얻을 이익이나 보수는 당사자간에 다른 약정이 없으면 보험자가 보상할 손해액에 산입하지 아니한다.

제668조(보험계약의 목적)
보험계약은 금전으로 산정할 수 있는 이익에 한하여 보험계약의 목적으로 할 수 있다.

제669조(초과보험)
① 보험금액이 보험계약의 목적의 가액을 현저하게 초과한 때에는 보험자 또는 보험계약자는 보험료와 보험금액의 감액을 청구할 수 있다. 그러나 보험료의 감액은 장래에 대하여서만 그 효력이 있다.
② 제1항의 가액은 계약당시의 가액에 의하여 정한다. 〈개정 1991. 12. 31.〉
③ 보험가액이 보험기간 중에 현저하게 감소된 때에도 제1항과 같다.
④ 제1항의 경우에 계약이 보험계약자의 사기로 인하여 체결된 때에는 그 계약은 무효로 한다. 그러나 보험자는 그 사실을 안 때까지의 보험료를 청구할 수 있다.

제670조(기평가보험)

당사자간에 보험가액을 정한 때에는 그 가액은 사고발생시의 가액으로 정한 것으로 추정한다. 그러나 그 가액이 사고발생시의 가액을 현저하게 초과할 때에는 사고발생시의 가액을 보험가액으로 한다.

제671조(미평가보험)

당사자간에 보험가액을 정하지 아니한 때에는 사고발생시의 가액을 보험가액으로 한다.

제672조(중복보험)

① 동일한 보험계약의 목적과 동일한 사고에 관하여 수개의 보험계약이 동시에 또는 순차로 체결된 경우에 그 보험금액의 총액이 보험가액을 초과한 때에는 보험자는 각자의 보험금액의 한도에서 연대책임을 진다. 이 경우에는 각 보험자의 보상책임은 각자의 보험금액의 비율에 따른다. 〈개정 1991. 12. 31.〉
② 동일한 보험계약의 목적과 동일한 사고에 관하여 수개의 보험계약을 체결하는 경우에는 보험계약자는 각 보험자에 대하여 각 보험계약의 내용을 통지하여야 한다. 〈개정 1991. 12. 31.〉
③ 제669조제4항의 규정은 제1항의 보험계약에 준용한다.

제673조(중복보험과 보험자 1인에 대한 권리포기)

제672조의 규정에 의한 수개의 보험계약을 체결한 경우에 보험자 1인에 대한 권리의 포기는 다른 보험자의 권리의무에 영향을 미치지 아니한다. 〈개정 1991. 12. 31.〉

제674조(일부보험)

보험가액의 일부를 보험에 붙인 경우에는 보험자는 보험금액의 보험가액에 대한 비율에 따라 보상할 책임을 진다. 그러나 당사자간에 다른 약정이 있는 때에는 보험자는 보험금액의 한도내에서 그 손해를 보상할 책임을 진다. 〈개정 1991. 12. 31.〉

제675조(사고발생 후의 목적멸실과 보상책임)

보험의 목적에 관하여 보험자가 부담할 손해가 생긴 경우에는 그 후 그 목적이 보험자가 부담하지 아니하는 보험사고의 발생으로 인하여 멸실된 때에도 보험자는 이미 생긴 손해를 보상할 책임을 면하지 못한다. 〈개정 1962. 12. 12.〉

제676조(손해액의 산정기준)

① 보험자가 보상할 손해액은 그 손해가 발생한 때와 곳의 가액에 의하여 산정한다. 그러나 당사자간에 다른 약정이 있는 때에는 그 신품가액에 의하여 손해액을 산정할 수 있다. 〈개정 1991. 12. 31.〉
② 제1항의 손해액의 산정에 관한 비용은 보험자의 부담으로 한다. 〈개정 1991. 12. 31.〉

제677조(보험료체납과 보상액의 공제)

보험자가 손해를 보상할 경우에 보험료의 지급을 받지 아니한 잔액이 있으면 그 지급기일이 도래하지 아니한 때라도 보상할 금액에서 이를 공제할 수 있다.

제678조(보험자의 면책사유)

보험의 목적의 성질, 하자 또는 자연소모로 인한 손해는 보험자가 이를 보상할 책임이 없다.

제679조(보험목적의 양도)

① 피보험자가 보험의 목적을 양도한 때에는 양수인은 보험계약상의 권리와 의무를 승계한 것으로 추정한다. 〈개정 1991. 12. 31.〉
② 제1항의 경우에 보험의 목적의 양도인 또는 양수인은 보험자에 대하여 지체없이 그 사실을 통지하여야 한다. 〈신설 1991. 12. 31.〉

제680조(손해방지의무)

① 보험계약자와 피보험자는 손해의 방지와 경감을 위하여 노력하여야 한다. 그러나 이를 위하여 필요 또는 유익하였던 비용과 보상액이 보험금액을 초과한 경우라도 보험자가 이를 부담한다. 〈개정 1991. 12. 31.〉
② 삭제〈1991. 12. 31.〉

제681조(보험목적에 관한 보험대위)

보험의 목적의 전부가 멸실한 경우에 보험금액의 전부를 지급한 보험자는 그 목적에 대한 피보험자의 권리를 취득한다. 그러나 보험가액의 일부를 보험에 붙인 경우에는 보험자가 취득할 권리는 보험금액의 보험가액에 대한 비율에 따라 이를 정한다.

제682조(제3자에 대한 보험대위)

① 손해가 제3자의 행위로 인하여 발생한 경우에 보험금을 지급한 보험자는 그 지급한 금액의 한도에서 그 제3자에 대한 보험계약자 또는 피보험자의 권리를 취득한다. 다만, 보험자가 보상할 보험금의 일부를 지급한 경우에는 피보험자의 권리를 침해하지 아니하는 범위에서 그 권리를 행사할 수 있다.
② 보험계약자나 피보험자의 제1항에 따른 권리가 그와 생계를 같이 하는 가족에 대한 것인 경우 보험자는 그 권리를 취득하지 못한다. 다만, 손해가 그 가족의 고의로 인하여 발생한 경우에는 그러하지 아니하다.
[전문개정 2014. 3. 11.]

제2절 화재보험

제683조(화재보험자의 책임)

화재보험계약의 보험자는 화재로 인하여 생긴 손해를 보상할 책임이 있다.

제684조(소방 등의 조치로 인한 손해의 보상)

보험자는 화재의 소방 또는 손해의 감소에 필요한 조치로 인하여 생긴 손해를 보상할 책임이 있다.

제685조(화재보험증권)

화재보험증권에는 제666조에 게기한 사항외에 다음의 사항을 기재하여야 한다.
1. 건물을 보험의 목적으로 한 때에는 그 소재지, 구조와 용도
2. 동산을 보험의 목적으로 한 때에는 그 존치한 장소의 상태와 용도
3. 보험가액을 정한 때에는 그 가액

제686조(집합보험의 목적)

집합된 물건을 일괄하여 보험의 목적으로 한 때에는 피보험자의 가족과 사용인의 물건도 보험의 목적에 포함된 것으로 한다. 이 경우에는 그 보험은 그 가족 또는 사용인을 위하여서도 체결한 것으로 본다.

제687조(동전)

집합된 물건을 일괄하여 보험의 목적으로 한 때에는 그 목적에 속한 물건이 보험기간 중에 수시로 교체된 경우에도 보험사고의 발생 시에 현존한 물건은 보험의 목적에 포함된 것으로 한다.

제3절 운송보험

제688조(운송보험자의 책임)

운송보험계약의 보험자는 다른 약정이 없으면 운송인이 운송물을 수령한 때로부터 수하인에게 인도할 때까지 생길 손해를 보상할 책임이 있다.

제689조(운송보험의 보험가액)

① 운송물의 보험에 있어서는 발송한 때와 곳의 가액과 도착지까지의 운임 기타의 비용을 보험가액으로 한다.
② 운송물의 도착으로 인하여 얻을 이익은 약정이 있는 때에 한하여 보험가액 중에 산입한다.

제690조(운송보험증권)

운송보험증권에는 제666조에 게기한 사항외에 다음의 사항을 기재하여야 한다.
1. 운송의 노순과 방법
2. 운송인의 주소와 성명 또는 상호
3. 운송물의 수령과 인도의 장소
4. 운송기간을 정한 때에는 그 기간
5. 보험가액을 정한 때에는 그 가액

제691조(운송의 중지나 변경과 계약효력)

보험계약은 다른 약정이 없으면 운송의 필요에 의하여 일시운송을 중지하거나 운송의 노순 또는 방법을 변경한 경우에도 그 효력을 잃지 아니한다.

제692조(운송보조자의 고의, 중과실과 보험자의 면책)
보험사고가 송하인 또는 수하인의 고의 또는 중대한 과실로 인하여 발생한 때에는 보험자는 이로 인하여 생긴 손해를 보상할 책임이 없다.

제4절 해상보험

제693조(해상보험자의 책임)
해상보험계약의 보험자는 해상사업에 관한 사고로 인하여 생길 손해를 보상할 책임이 있다. 〈개정 1991. 12. 31.〉

제694조(공동해손분담액의 보상)
보험자는 피보험자가 지급할 공동해손의 분담액을 보상할 책임이 있다. 그러나 보험의 목적의 공동해손분담가액이 보험가액을 초과할 때에는 그 초과액에 대한 분담액은 보상하지 아니한다. 〈개정 1991. 12. 31.〉

제694조의2(구조료의 보상)
보험자는 피보험자가 보험사고로 인하여 발생하는 손해를 방지하기 위하여 지급할 구조료를 보상할 책임이 있다. 그러나 보험의 목적물의 구조료분담가액이 보험가액을 초과할 때에는 그 초과액에 대한 분담액은 보상하지 아니한다. [본조신설 1991. 12. 31.]

제694조의3(특별비용의 보상)
보험자는 보험의 목적의 안전이나 보존을 위하여 지급할 특별비용을 보험금액의 한도 내에서 보상할 책임이 있다. [본조신설 1991. 12. 31.]

제695조(해상보험증권)
해상보험증권에는 제666조에 게기한 사항외에 다음의 사항을 기재하여야 한다. 〈개정 1991. 12. 31.〉
1. 선박을 보험에 붙인 경우에는 그 선박의 명칭, 국적과 종류 및 항해의 범위
2. 적하를 보험에 붙인 경우에는 선박의 명칭, 국적과 종류, 선적항, 양륙항 및 출하지와 도착지를 정한 때에는 그 지명
3. 보험가액을 정한 때에는 그 가액

제696조(선박보험의 보험가액과 보험목적)
① 선박의 보험에 있어서는 보험자의 책임이 개시될 때의 선박가액을 보험가액으로 한다.
② 제1항의 경우에는 선박의 속구, 연료, 양식 기타 항해에 필요한 모든 물건은 보험의 목적에 포함된 것으로 한다. 〈개정 1991. 12. 31.〉

제697조(적하보험의 보험가액)
적하의 보험에 있어서는 선적한 때와 곳의 적하의 가액과 선적 및 보험에 관한 비용을 보험가액으로 한다. 〈개정 1962. 12. 12.〉

제698조 (희망이익보험의 보험가액)
적하의 도착으로 인하여 얻을 이익 또는 보수의 보험에 있어서는 계약으로 보험가액을 정하지 아니한 때에는 보험금액을 보험가액으로 한 것으로 추정한다.

제699조 (해상보험의 보험기간의 개시)
① 항해단위로 선박을 보험에 붙인 경우에는 보험기간은 하물 또는 저하의 선적에 착수한 때에 개시한다.
② 적하를 보험에 붙인 경우에는 보험기간은 하물의 선적에 착수한 때에 개시한다. 그러나 출하지를 정한 경우에는 그 곳에서 운송에 착수한 때에 개시한다.
③ 하물 또는 저하의 선적에 착수한 후에 제1항 또는 제2항의 규정에 의한 보험계약이 체결된 경우에는 보험기간은 계약이 성립한 때에 개시한다.
[전문개정 1991. 12. 31.]

제700조 (해상보험의 보험기간의 종료)
보험기간은 제699조제1항의 경우에는 도착항에서 하물 또는 저하를 양륙한 때에, 동조 제2항의 경우에는 양륙항 또는 도착지에서 하물을 인도한 때에 종료한다. 그러나 불가항력으로 인하지 아니하고 양륙이 지연된 때에는 그 양륙이 보통종료될 때에 종료된 것으로 한다. 〈개정 1991. 12. 31.〉

제701조 (항해변경의 효과)
① 선박이 보험계약에서 정하여진 발항항이 아닌 다른 항에서 출항한 때에는 보험자는 책임을 지지 아니한다.
② 선박이 보험계약에서 정하여진 도착항이 아닌 다른 항을 향하여 출항한 때에도 제1항의 경우와 같다.
③ 보험자의 책임이 개시된 후에 보험계약에서 정하여진 도착항이 변경된 경우에는 보험자는 그 항해의 변경이 결정된 때부터 책임을 지지 아니한다.
[전문개정 1991. 12. 31.]

제701조의2 (이로)
선박이 정당한 사유없이 보험계약에서 정하여진 항로를 이탈한 경우에는 보험자는 그 때부터 책임을 지지 아니한다. 선박이 손해발생전에 원항로로 돌아온 경우에도 같다.
[본조신설 1991. 12. 31.]

제702조 (발항 또는 항해의 지연의 효과)
피보험자가 정당한 사유없이 발항 또는 항해를 지연한 때에는 보험자는 발항 또는 항해를 지체한 이후의 사고에 대하여 책임을 지지 아니한다. [전문개정 1991. 12. 31.]

제703조 (선박변경의 효과)
적하를 보험에 붙인 경우에 보험계약자 또는 피보험자의 책임있는 사유로 인하여 선박을 변경한 때에는 그 변경후의 사고에 대하여 책임을 지지 아니한다. 〈개정 1991. 12. 31.〉

제703조의2 (선박의 양도 등의 효과)

선박을 보험에 붙인 경우에 다음의 사유가 있을 때에는 보험계약은 종료한다. 그러나 보험자의 동의가 있는 때에는 그러하지 아니하다.
1. 선박을 양도할 때
2. 선박의 선급을 변경한 때
3. 선박을 새로운 관리로 옮긴 때

[본조신설 1991. 12. 31.]

제704조 (선박미확정의 적하예정보험)

① 보험계약의 체결당시에 하물을 적재할 선박을 지정하지 아니한 경우에 보험계약자 또는 피보험자가 그 하물이 선적되었음을 안 때에는 지체없이 보험자에 대하여 그 선박의 명칭, 국적과 하물의 종류, 수량과 가액의 통지를 발송하여야 한다. 〈개정 1991. 12. 31.〉
② 제1항의 통지를 해태한 때에는 보험자는 그 사실을 안 날부터 1월내에 계약을 해지할 수 있다. 〈개정 1991. 12. 31.〉

제705조 삭제 〈1991. 12. 31.〉

제706조 (해상보험자의 면책사유)

보험자는 다음의 손해와 비용을 보상할 책임이 없다. 〈개정 1991. 12. 31.〉
1. 선박 또는 운임을 보험에 붙인 경우에는 발항당시 안전하게 항해를 하기에 필요한 준비를 하지 아니하거나 필요한 서류를 비치하지 아니함으로 인하여 생긴 손해
2. 적하를 보험에 붙인 경우에는 용선자, 송하인 또는 수하인의 고의 또는 중대한 과실로 인하여 생긴 손해
3. 도선료, 입항료, 등대료, 검역료, 기타 선박 또는 적하에 관한 항해 중의 통상비용

제707조삭제 〈1991. 12. 31.〉

제707조의2 (선박의 일부손해의 보상)

① 선박의 일부가 훼손되어 그 훼손된 부분의 전부를 수선한 경우에는 보험자는 수선에 따른 비용을 1회의 사고에 대하여 보험금액을 한도로 보상할 책임이 있다.
② 선박의 일부가 훼손되어 그 훼손된 부분의 일부를 수선한 경우에는 보험자는 수선에 따른 비용과 수선을 하지 아니함으로써 생긴 감가액을 보상할 책임이 있다.
③ 선박의 일부가 훼손되었으나 이를 수선하지 아니한 경우에는 보험자는 그로 인한 감가액을 보상할 책임이 있다.

[본조신설 1991. 12. 31.]

제708조 (적하의 일부손해의 보상)

보험의 목적인 적하가 훼손되어 양륙항에 도착한 때에는 보험자는 그 훼손된 상태의 가액과 훼손되지 아니한 상태의 가액과의 비율에 따라 보험가액의 일부에 대한 손해를 보상할 책임이 있다.

제709조 (적하매각으로 인한 손해의 보상)
① 항해도중에 불가항력으로 보험의 목적인 적하를 매각한 때에는 보험자는 그 대금에서 운임 기타 필요한 비용을 공제한 금액과 보험가액과의 차액을 보상하여야 한다.
② 제1항의 경우에 매수인이 대금을 지급하지 아니한 때에는 보험자는 그 금액을 지급하여야 한다. 보험자가 그 금액을 지급한 때에는 피보험자의 매수인에 대한 권리를 취득한다. 〈개정 1991. 12. 31.〉

제710조 (보험위부의 원인)
다음의 경우에는 피보험자는 보험의 목적을 보험자에게 위부하고 보험금액의 전부를 청구할 수 있다. 〈개정 1991. 12. 31.〉
1. 피보험자가 보험사고로 인하여 자기의 선박 또는 적하의 점유를 상실하여 이를 회복할 가능성이 없거나 회복하기 위한 비용이 회복하였을 때의 가액을 초과하리라고 예상될 경우
2. 선박이 보험사고로 인하여 심하게 훼손되어 이를 수선하기 위한 비용이 수선하였을 때의 가액을 초과하리라고 예상될 경우
3. 적하가 보험사고로 인하여 심하게 훼손되어서 이를 수선하기 위한 비용과 그 적하를 목적지까지 운송하기 위한 비용과의 합계액이 도착하는 때의 적하의 가액을 초과하리라고 예상될 경우

제711조 (선박의 행방불명)
① 선박의 존부가 2월간 분명하지 아니한 때에는 그 선박의 행방이 불명한 것으로 한다. 〈개정 1991. 12. 31.〉
② 제1항의 경우에는 전손으로 추정한다. 〈개정 1991. 12. 31.〉

제712조 (대선에 의한 운송의 계속과 위부권의 소멸)
제710조제2호의 경우에 선장이 지체없이 다른 선박으로 적하의 운송을 계속한 때에는 피보험자는 그 적하를 위부할 수 없다. 〈개정 1991. 12. 31.〉

제713조 (위부의 통지)
① 피보험자가 위부를 하고자 할 때에는 상당한 기간내에 보험자에 대하여 그 통지를 발송하여야 한다. 〈개정 1991. 12. 31.〉
② 삭제 〈1991. 12. 31.〉

제714조 (위부권행사의 요건)
① 위부는 무조건이어야 한다.
② 위부는 보험의 목적의 전부에 대하여 이를 하여야 한다. 그러나 위부의 원인이 그 일부에 대하여 생긴 때에는 그 부분에 대하여서만 이를 할 수 있다.
③ 보험가액의 일부를 보험에 붙인 경우에는 위부는 보험금액의 보험가액에 대한 비율에 따라서만 이를 할 수 있다.

제715조 (다른 보험계약등에 관한 통지)

> ① 피보험자가 위부를 함에 있어서는 보험자에 대하여 보험의 목적에 관한 다른 보험계약과 그 부담에 속한 채무의 유무와 그 종류 및 내용을 통지하여야 한다.
> ② 보험자는 제1항의 통지를 받을 때까지 보험금액의 지급을 거부할 수 있다. 〈개정 1991. 12. 31.〉
> ③ 보험금액의 지급에 관한 기간의 약정이 있는 때에는 그 기간은 제1항의 통지를 받은 날로부터 기산한다.
>
> **제716조 (위부의 승인)**
> 보험자가 위부를 승인한 후에는 그 위부에 대하여 이의를 하지 못한다.
>
> **제717조 (위부의 불승인)**
> 보험자가 위부를 승인하지 아니한 때에는 피보험자는 위부의 원인을 증명하지 아니하면 보험금액의 지급을 청구하지 못한다.
>
> **제718조 (위부의 효과)**
> ① 보험자는 위부로 인하여 그 보험의 목적에 관한 피보험자의 모든 권리를 취득한다.
> ② 피보험자가 위부를 한 때에는 보험의 목적에 관한 모든 서류를 보험자에게 교부하여야 한다.

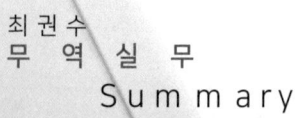

최권수
무역실무
Summary

PART 4

제4편
국제물품매매계약의 종료

제9장 국제물품매매계약의 종료

제9장 국제물품매매계약의 종료

계약 종료	계약위반	무역클레임	상사중재
1. 의의 2. 소멸사유 3. 소멸의 효과	1. 의의 2. 계약위반의 유형 3. 구제	1. 의의 2. 원인 3. 내용 4. 종류 5. 해결방안 6. 예방 / 해결책	1. 의의 2. 장, 단점 3. 중재계약 4. 절차 5. 중재판정 6. 외국중재판정

제1편 무역계약의 종료(해제, 소멸)

1. 의의

무역계약의 종료(해제, 소멸)

2. 소멸사유

(1) 합의(취소) - CISG 제29조 1항
(2) 이행
(3) 강행법규
(4) 약정사유
(5) 기간만료(실효)
(6) 이행불능
(7) 계약위반

3. 소멸의 효과

제2편 계약위반

| 제1절 계약위반 | 제2절 프러스트레이션 |

제1절 계약위반

1. 개념(의의)

<u>계약당사자가 자신의 귀책사유로</u> 계약내용을 이행하지 않거나 또는 불일치하게 이행한 것으로서, 당해 계약상의 명시적 또는 묵시적 약정, 계약내용에 적용되는 각종 조약 등의 강행법규, 국제상관습, 당해 계약의 취지 등에 <u>적합한 의무이행을 하지 않는 것</u>

2. 계약위반의 유형

(1) **이행불능**(일방의 책임있는 이유로 인한 후발적 이행불능)

　① 원시적 이행불능 - 원천무효(계약성립 X)
　② **후발적 이행불능**
　　- 일방의 귀책 - 계약위반
　　- 귀책사유 X - 프러스트레이션

(2) 이행거절

(3) 불완전 이행

(4) 이행지체

비고		대륙법(민법)	CISG	영미법(SGA)
적합성		① 개념: (하자) 담보책임 ② 요건: 무과실책임 ③ 효과: 계약해제 可	물적적합성 (35) 법적적합성 (41,42)	① 조건(condition) → 조건위반 　→) 계약해제 可 　　* 계약해제 可 + 손해배상청구 　　* 계약해제 x + 손해배상청구 o 　■ 주요의무, 주요약관 ② 담보(warranty) → 담보위반 　→) 계약해제 不 (손해배상청구 可) 　■ 부수적의무 　■ 유형 　　- 이행지체, 이행불능, 이행거절
계약위반		① 개념: 채무불이행 책임 ② 유형 　이행지체, 불완전이행, 이행불능 ③ 요건: <u>과실책임주의</u> ④ 효과: 구제	〈위반의 정도〉 ① 본질적 위반(25조) ② 비본질적위반 → 고의 과실 불문 <u>(무과실책임주의)</u>	

3. 구제

(1) 의의

구제(remedy)라 함은 일정한 권리가 침해당하게 되는 경우에 그러한 침해를 방지하거나 시정하거나, 보상하게 하는 것

(2) 방법

1) 영미 SGA

① **매도인구제**

유치권(41), 운송정지권(42), 재매각권(43), 대금지급청구권(49), 손해배상청구권(50)

② **매수인구제**

물품인수거절권(36), 손해배상청구권(51-53)

2) 한국법

- 대륙법
- 의무이행강제
- 손해배상청구

(3) CISG

1) 매수인구제

① 특정이행청구권(46①)
② 대체품인도청구권(46②)
③ 하자보완청구권(46③)
④ 추가기간지정권(47)
⑤ 계약해제권(49)
⑥ 대금감액청구권(50)
⑦ 매도인의 하자보완권(37, 48)
⑧ 일부이행, 조기이행, 초과이행에 대한 구제(51,52)
⑨ 손해배상청구권(45, 74~77)
⑩ 공통규정 : 이행기전이행정지권(71), 이행기전계약해제권(72), 분할이행계약해제권(73)

2) 매도인구제

① 매도인의 이행청구권(62)
② 추가기간지정권(63)
③ 계약해제권(64)

④ 물품명세확정권(65)
⑤ 손해배상청구권(45, 74~77)
⑥ 공통규정 : 이행기전이행정지권(71), 이행기전계약해제권(72), 분할이행계약해제권(73)

제2절 프러스트레이션(Frustration)

1. 의의
2. 프러스트레이션의 성립요건
3. 프러스트레이션 성립의 배제사유
4. 프러스트레이션의 효과
5. 프러스트레이션의 대응방안
6. 프러스트레이션과 불가항력과의 관계

1. 의의

당사자 자신의 귀책사유 없이 계약성립의 기초가 되었던 상황이 후발적으로 변경됨으로써 계약은 자동적으로 소멸하고, 양 당사자는 계약상의 모든 의무로부터 면책되는 원리

2. 프러스트레이션의 성립요건

(1) 계약목적물의 멸실

계약의 이행상 본질적으로 요구되는 특정 물건의 멸실에 의하여 계약의 이행이 불가능할 때 프러스트레이션 성립(특정물건의 계속적인 존재가 계약이행의 본질적 조건이며 또한 계약은 특정 물건이 멸실된 경우, 당사자들의 계약이행을 면제시킬 것이라는 묵시적 조건을 포함하고 있는 것으로 간주되기 때문)

(2) 후발적 위법

원칙적으로 계약체결 후에 발생한 사건으로 말미암아 계약의 이행이 위법이 되면 프러스트레이션 성립(전쟁의 발발이나, 계약체결 후에 계약의 목적물에 관한 수출입금지 등 정부의 규제가 계약이행을 불가능하게 하는 경우 등)

(3) 사정의 본질적 변화

계약당사자들이 계약체결당시 계약체결 후의 변화된 상황을 예측했더라면 처음부터 계약이 성립되지 않았을 것으로 인정되는 사건이 발생된 경우, 계약의 프러스트레이션 성립. 즉 주변사정이 예상외로 변화됨으로써 계약의 묵시적 내용을 합리적으로 판단해 볼 때 또는 주변상황에 비추어 볼 때 계약의 기초가 상실되어, 만일 계약이 유효할 경우에는 그것은 계약당사자들이 원래 체결한 것과 근본적으로 다른 새로운 계약으로 변경되었다는 결론에 도달하게 된 때에는 계약의 프러스트레이션이 성립된다.

(4) 당사자의 사망

당사자의 사망(용선계약에서 한 당사자가 사망하여 영원히 특정 이행을 하지 못할 경우)

3. 프러스트레이션 성립의 배제사유

① 스스로 이행불능을 자초한 경우
② 계약서상에 명시적 규정이 있을 경우
③ 예측된 사건의 경우
④ 단기간의 이행불능
⑤ 이행상의 비용증가
⑥ 한 당사자에 의해 의도된 계약목적달성불능
⑦ 다른 대안이 존재할 경우

4. 프러스트레이션의 효과

(1) 계약의 자동소멸

프러스트레이션의 성립은 계약을 즉시 자동적으로 소멸시킨다. 일단 법적으로 프러스트레이션이 성립되면 계약자체를 소멸시키게 되어 자동적으로 양 당사자의 의무를 면제시킨다.

이러한 점에서 볼 때, 프러스트레이션은 피해당사자가 계약의 소멸여부를 결정할 수 있는 계약위반과는 상이하며, 또한 일단 프러스트레이션이 성립되면 계약당사자가 프러스트레이션의 성립 이후에 마치 계약이 존속되는 것처럼 행동하는 것은 문제가 되지 않는다. 즉 프러스트레이션의 성립과 동시에 이미 계약이 자동적으로 소멸되었기 때문에 그 후 어떠한 행동도 무효가 된다.

(2) 장래의 계약이행 면제

프러스트레이션은 계약을 소급하여 소멸시키는 것이 아니라 발생과 동시에 소멸하고, 따라서 장래의 계약이행만을 면제시킨다.

요컨대, 프러스트레이션의 효과는 계약이 단지 장래를 향해서만 소멸되고 착오에 의해서 계약이 취소되는 것과는 달리, 유효한 계약으로 시작되지만 프러스트레이션의 성립과 동시에 자동적으로 소멸됨을 의미한다.

5. 프러스트레이션의 대응방안

(1) 불가항력조항

무역거래에서 매매당사자는 프러스트레이션이 성립되는 경우를 고려하여 계약을 체결할 때 불가항력조항(Force Majeure Clause) 등을 명시적으로 삽입하도록 대비하여야 한다.

프러스트레이션과 불가항력의 사유가 발생할 경우에는 계약이행이 불가능한 점에서는 공통점이 있으나 전자는 계약자체를 소멸시키지만, 후자는 계약조건의 불이행에 따른 면책을 인정할 따름이다. 프러스트레이션의 원리의 적용이나 불가항력조항의 설정 등은 계약목적의 달성불능 또는 이행불능에 따른 매매당사자의 면책을 인정하여 주기 때문에 본질적인 역할은 같고 상호보완적이 된다고 할 수 있다.

프러스트레이션이 성립되는지 여부는 계약법상의 원칙으로 사건별로 판단면책여부의 판단을 하는 것이 바람직하고 용이하다고 할 수 있다.

(2) 하드십조항

국제간 장기계약의 경우에 매매계약이 체결된 이후에 당사자의 통제불능인 정치·경제사정의 본질적 변화로 계약이행이 곤란하게 되는 경우가 있다. 이것은 프러스트레이션이나 불가항력의 적용과 유사한 것 같지만 당사자의 의도는 다르다. 즉, 계약소멸은 원하지 않고 계약이행은 하고 싶은 경우로 이와 같은 상황에 부응하기 위하여 계약서에 이른바 하드십조항(Hardship Clause)을 설정한다. 이 조항은 사정변경이 발생하는 경우에, 즉 가격조정, 시간의 연장 및 기타의 변경 등 원래의 약정사항을 당사자의 우호적인 타협에 의하여 계약을 이행하고자 하는 취지로 사정변경에 능동적으로 대응하기 위한 조항이다.

6. 프러스트레이션과 불가항력과의 관계

	프러스트레이션	불가항력
공통점	계약이행의 불능	
형성법리	일반계약법에 의해 형성된 법리 (영미법에서 발전)	당사자 자치의 원칙에 의한 계약 조항 (대륙법에서 발전)
계약에 대한 효과	계약자체를 소멸	계약조건 불이행에 따른 면책 인정 계약이행기간 연장
적용	무조건 적용 (사안에 따라 배제 가능)	명시규정으로 배제 가능
관계	본질적인 역할은 같고, 상호보완적	

제3편 무역클레임

1. 의의
2. 원인
3. 내용
4. 종류
5. 해결방안
6. 예방 / 해결책

1. 의의

매매당사자자간의 어느 일방이 매매계약 내용을 불이행함으로써 상대방에게 손해를 입힐 때 손해를 입은 당사자가 상대방에 대하여 손해배상을 청구하는 것

2. 원인

(1) 직접적 원인

1) 계약의 성립에 원인이 있는 경우
2) 계약의 내용에 원인이 있는 경우
3) 계약이행에 원인이 있는 경우

(2) 간접적 원인

① 언어의 차이
② 상관습과 법률에 의한 차이
③ e-mail이나 인터넷에 의한 전자문서의 사용시 전달과정상의 오류나 수·발신 시기에 따른 분쟁가능
④ 신용조사의 미비로 선정된 상대방의 대금결제능력이나 도덕성의 결여
⑤ 운송중의 위험은 해상적하보험으로 커버되지만 CIF조건에서는 위험부담자와 보험계약자가 다르기 때문에 보험분쟁이 생길 수 있으며, 또한 포장불충분이나 화물고유의 하자 등은 보험에서 커버되지 않기 때문에 이에 관한 내용을 알고 사전에 유의하여 대책을 세워야 한다.
⑥ 일부국가가 사용하는 도량형이 국제적인 표준과 다른 점을 유의하여야 한다.
⑦ 상대방 법규에 대한 무지가 문제가 될 수 있다. 비록 계약에서 비엔나협약을 준거법으로 채택하더라도 소비자보호법, 독점금지법, 식품위생법 등은 국내법이 적용되므로 이러한 외국법규에 대한 무지가 claim을 유발하고 간접적 원인이 될 수 있다.

3. 내용

(1) 금전의 청구

　① 손해배상청구
　② 대금지급거절 및 대금감액요청

(2) 금전 이외의 청구

　① 화물의 인수거절
　② 특정이행청구
　③ 계약해제
　④ 대체품인도청구

(3) 금전 및 금전이외의 양자 청구

(4) 도덕적 제재

4. 종류

(1) 클레임의 발생원인에 따른 분류

　1) 품질에 관한 클레임
　　품질불량(inferior quality), 품질상위(different quality), 규격상위(different specification), 등급저하(inferior grade), 손상(damage), 변질(deterioration), 변색(discoloration) 등

　2) 수량에 관한 클레임
　　적하부족(short shipment), 착화부족(short landing) 중량부족(under weight), 감량(diminution) 등

　3) 가격, 결제에 관한 클레임
　　초과지급(over payment), 대금부지급(non - payment), 수선비(repairing charge), 재포장비(repacking charge), 벌과금(penalty) 등

　4) 운송 및 인도에 관한 클레임
　　선적지연(delayed shipment), 선적불이행(non - shipment), 취급불량(bad handling), 적부불량(bad stowage), 환적(transshipment), 분실(missing), 유실(drifting away), 도난(pilferage) 등

　5) 포장에 관한 클레임
　　포장불량(inferior packing), 포장불충분(insufficient packing), 불완전포장(incomplete packing) 등

　6) 서류에 관한 클레임
　　송장오류(error in invoice), 기재사항상이(misdescription), 서류불비(lack of documents) 등

7) 계약에 관할 클레임

계약위반(breach of contract), 계약취소(cancellation of contract), 계약종료(termination of contract), 계약거절(rejection of contract) 등

8) 기타의 클레임

신용장발행지연(delayed issue of L/C), 계약위반(breach of contract), 계약취소(cancellation of contract) 등

(2) 클레임의 성격에 따른 분류

무역클레임은 매매당사자간에 어느 일방의 과실이나 태만에 따라 계약을 위반하였을 때 발생되는 일반적인 클레임과 고의적으로 가격을 깎는 구실로 트집을 잡는 마켓클레임(market claim) 그리고 당초부터 계획적인 술책으로 클레임을 제기하는 의도적인 클레임이 있다.

1) 일반적 클레임

무역거래를 수행하는 과정에서 발생하는 일반적 클레임으로서 매매당사자 일방의 과실이나 태만으로 발생하거나 당사자 이외의 제3자에 의하여 야기된다. 제3자에 의하여 발생된 경우, 예를 들면 클레임의 발생원인이 제조업자나 공급자 또는 운송업자 등의 귀책사유일 경우에는 가해자가 피해자에게 손해배상을 한 뒤 책임있는 제3자에게 그 책임을 전가시킬 수 있다.

2) 마켓클레임

무역계약 성립 후 물품의 시세가 하락하여 손해를 입을 것으로 예상될 때 평소 같으면 클레임의 대상이 되지 않을 경미한 과실을 여러 가지 핑계로 제기하는 클레임이 마켓클레임이다. 이러한 클레임은 부당한 것이므로 응할 필요가 없으나 경우에 따라서는 마켓클레임인지 정당한 클레임인지 판단하기 어렵다. 또한 Non-L/C 베이스인 경우 대금지급을 거부하겠다고 위협할 가능성이 있기 때문에 거래전 철저한 신용조사가 중요하다.

3) 계획적 클레임

매매당사자의 고의에 의한 클레임을 말한다. 즉, 매수인은 처음부터 교묘한 술책을 사용하여 매도인으로 하여금 계약이행에 지장을 일으키게 하여 제기하는 클레임이다.

5. 절차(제기, 수리)

1. 의의
2. 클레임제기기간(명시) - 클레임조항
3. 클레임제기기한(비명시)
4. 클레임조항의 효과

(1) 의의

손해를 입은 당사자는 클레임을 유발시킨 당사자에게 클레임을 청구하고 구상권을 행사하여야 한다. 즉, 클레임을 제기하는 자는 매매계약에 약정된 기간이 있다면 그 기간 내에, 약정된 기간이 없다면 국제규칙, 상관습, 각국의 법률이 정하는 기간 내에 클레임을 유발시킨 당사자를 상대로 적절한 절차에 따라 클레임을 제기하여야 한다.

(2) 클레임의 제기기간

1) 의의
클레임의 제기기간은 '클레임을 제기할 수 있는 권리의 행사예정기간'으로서, 정해진 기간이 경과하면 법률적인 구상권이 상실되기 때문에 일종의 면책조항과 같은 성질을 가진다. 이 클레임의 제기기간은 매매계약상의 클레임조항(claim clause)에 따라 결정되지만, 계약서에 이를 명시하지 않은 경우에는 계약의 준거법에 따라 결정된다.

2) 매매계약상에 클레임조항이 있는 경우
클레임조항에는 대부분의 클레임의 제기기간 뿐만 아니라 클레임 제기시의 구비서류, 클레임의 해결방법 등이 명기된다.

3) 매매계약상에 클레임조항이 없는 경우
당사자 간에 클레임의 제기기간에 관하여 특별한 약정이 없는 경우에는 준거법 규정에 따라 클레임의 제기기간이 결정된다. 물품의 검사, 통지의무에 관한 각국의 입법례는 다음과 같이 상이하게 규정하고 있다.

① **우리나라 상법**(제69조)
'매수인은 물품을 수령한 즉시 지체없이 이를 검사하고 하자 또는 수량부족을 발견한 때에는 즉시 매도인에게 통지하여야 한다'라고 규정. 다만 매매의 목적물에 즉시 발견할 수 없는 하자가 있는 경우에는 매수인이 6개월 내에 이를 발견하면 즉시 통지하고 배상을 요구할 수 있다.

② **일본 상법**(제526조)
인도물품을 즉시 검사하고 하자사항을 곧 통지하도록 하고 있다.

③ **영국의 물품매매법**(SGA 제34조 및 제35조)
합리적인 검사기회와 합리적인 기간이 경과하기 전에 인도물품을 검사할 권리와 통지할 의무를 규정하고 있다.

④ **미국의 통일상법전**(UCC 제2 - 606조)
매수인이 합리적인 기간 내에 물품검사와 이에 따른 하자를 통지할 것을 규정하고 있다.

⑤ **CIF 계약에 관한 와르소 옥스퍼드 규칙**(제19조)
매수인이 합리적인 기간 내의 물품검사를 실시하고, 인도물품을 도착 후 3일 이내에 발신주의에 의한 검사결과를 통보하도록 하고 있다.

⑥ **비엔나협약**(제38조 및 제39조)
매수인이 상황에 따라 '실행가능한 단기간 내'에 물품을 검사하고 계약에 부적합함을 발견하거나 발견했어야 하는 때로부터 '합리적 기간내'에 통지하여야 하며, 이들 기간은 매수인이 물품을 실제로 인도받은 날로부터 2년을 초과하지 못하도록 규정하고 있다.

6. 클레임 해결방안

(1) 당사자간 해결

1) **클레임의 포기**(waiver of claim)

  피해당사자가 상대방에게 청구권을 행사하지 않거나 또는 제기한 클레임을 스스로 포기하는 것이다.

2) **타협**(compromise)**과 화해**(amicable settlement)

(2) 제3자 개입(알선, 조정, 중재, 소송)

> 1. 의의
> 2. 정의
> 3. 특징
>   ① 해결주체: 3자지위
>   ② 해결안
>   ③ 강제력(구속력)
>   ④ 절차
> 4. 차이

1) **알선**(intermediation) _ **ADR**(대체적 분쟁해결방식)

  '알선'이란 공정한 제3자적 기관이 당사자의 일방 또는 쌍방의 의뢰에 의하여 클레임 사건에 개입하여 해결을 위한 조언을 하는 것을 말한다. 상공회의소, 국제상사중재협의회, 대사관, 영사관과 같은 공적기관에 의뢰하는 경우가 많다. 그러나 알선기관은 단순한 해결방안이나 조언을 제시할 뿐이며 당사자들이 알선에 응하지 않으면 해결은 불가능하다. 즉 쌍방의 협력이 있어야 하며 강제력은 없으나 알선을 담당하는 공정한 위치에 있는 기관이 당사자에게 영향력을 가할 수 있는 경우에는 성공하는 예가 많다. 알선은 조정이나 중재와는 달리 형식적인 절차를 요하지 않는다.

2) **조정**(Conciliation or Mediation) _ **ADR**(대체적 분쟁해결방식)

  조정은 양 당사자가 공정한 제3자를 조정인으로 선임하고 조정인이 제시하는 구체적인 해결안에 대하여 합의함으로써 클레임을 해결하는 것이다. 조정은 중재의 전단계로 중재기관을 이용할 수도 있지만 기타의 제3자적 기관에 의할 수도 있다. 조정은 양 당사자의 합의에 의하여 행하여지므로 일방이 조정을 신청하더라도 상대방이 이에 응하지 않으면 조정은 효력을 발휘할 수 없다. 또한 당사자는 제시된 조정안을 수락할 의무가 없으며 어느 일방이 조정안에 불복하면 조정은 실패로 돌아간다. 그러나 조정안에 의해 당사자가 수락을 하면 일단 구속력을 갖게 된다. 만일 조정을 하는 데 있어 조정인 선정일로부터 일정기간 이내에 조정이 실패하면 조정절차는 자동적으로 폐기되고 중재의 단계로 넘어가게 된다.

3) 중재(Arbitration)_ ADR(대체적 분쟁해결방식)

조정과 마찬가지로, 당사자의 합의에 의하여 중재인(arbitrator)을 선정하여, 중재인이 행한 판정, 즉 중재판정(award)에 복종함에 의해서 분쟁을 해결하는 방법이다. 현재, 세계 대부분의 나라가 국내법에 상사중재에 관한 법률을 제정하고 있으며 원칙적으로 중재판정에 양 당사자는 복종하지 않으면 안된다. 중재판정은 법원의 최종 판결과 마찬가지로 취급되어 상소할 수 없으며 중재에 위탁된 사건은 소송에 의하여 다툴 수 없다.

중재가 조정과 다른 점은 조정은 당사자의 자유의사에 따라서 조정안의 수락여부를 결정할 수 있으나 중재의 경우에는 당사자가 중재판정(arbitral awards)을 거부할 수 없을 뿐만 아니라 이러한 판정은 국제적으로 효력을 미치게 된다. 그리고 중재는 1회의 판정으로 끝나게 되며 일단 중재에 의뢰한 사건은 소송에 의하여 다툴 수 없다.

☑ 조종과 중재의 비교

조정	중재
조정인이 당사자 간 합의 유도	중재인이 분쟁에 대해 중재판정
합의서 효력	법원의 확정판결과 동일한 효력
합의실패시 중재, 소송 필요	최종 판단으로 소송 불필요

4) 소송(Litigation)_ 전통적 분쟁해결방식

	의의	해결 주체	제3자 개입여부	해결안	법적구속력	절차	기타
협상		당사자	X	당사자 합의안	없음	자유 비공식적 법률의존도 낮음	
알선		공정한 제3자	O	당사자 합의 도출	없음	자유 비공식적 법률의존도 낮음	
조정		조정인	O	조정안 (당사자 합의 반영)	당사자합의 時 법적구속력	일정한 형식 법률, 절차	대외 무역법
중재		중재인	O	중재 판정	법원 확정판결과 동일 법적구속력 국제적 효력	일정한 형식 법률, 절차	대외 무역법
소송		법관	O	법원 판결	법적 구속력	엄격한 형식 법률, 절차	

구 분	소 송	중 재
대상	민사, 형사, 행정, 선거 등 모든 분쟁	당사자가 처분할 수 있는 사법상의 모든 분쟁
요건	당해 법원이 관할권을 가질 것, 소제기가 유효할 것, 당사자 능력이 있을 것, 적당한 당사자일 것, 권리보호의 자격과 필요가 있을 것.	당사자간의 서면에 의한 중재합의만 있으면 족함. 다만, 분쟁물은 당사자가 자유로이 처분할 수 있어야 함.
효력	구속력(불가철회성), 형식적 확정력, 기판력, 집행력, 형성력이 있음.	법원의 확정판결과 동일한 효력(강제집행을 할 때는 법원의 집행판결만 구하면 됨).
신속성	복잡한 소송절차와 삼심제도 때문에 오랜 시일이 걸림.	절차가 간단하고, 단 한번의 중재판정으로 분쟁이 종료되므로 매우 신속함.
경비	변호사보수, 인지대 등 많은 비용발생과 심급이 올라갈수록 변호사도 다시 선임해야 하므로 비경제적임.	단심제이므로 한번의 중재비용 지출로 족하면, 변호사를 선임하지 않아도 되어 경비가 소송에 비해 훨씬 저렴함.
심판자	법관이 판결을 하나, 현실적으로 법관은 법이론과 실무에는 밝지만 전문적인 상거래의 실무와 관습에 관한 경험도 반드시 그에 비례하는 것은 아님.	고도로 전문화되고 상거래에 정통한 중재인이 판정하므로 개개분쟁에 관한 실정에 맞는 합리적 해결을 할 수 있음.
공개성	소송은 공개주의가 원칙이므로 영업상의 비밀이나 사인의 비밀이 공개되어 대외신용도가 실추되기 쉬움.	엄격한 비공개주의에 따라 사인(私人)의 비밀이 절대 보장되므로 대외신용도에도 부정적 영향을 받을 우려가 없음.

제4편 상사중재

1. 의의
2. 장, 단점
3. 중재의 종류
   (1) 임의중재
   (2) 기관중재
4. 중재계약(중재합의)
5. 절차
6. 중재판정
7. 외국중재판정

1. 의의

중재는 **사인간의 분쟁**(또는 클레임)**을 법원의 판결에 의하지 아니하고 당사자간의 합의로 사인인 제3자**(중재인)**에게 부탁하여 구속력있는 판정을 구함으로써 최종적인 해결을 기하는 방법**을 말한다.(우리나라 중재법에서 '이 법은 중재에 의하여 사법상의 분쟁을 직접, 공평, 신속하게 해결함을 목적으로 한다.'라고 규정)

2. 장점 및 단점, 한계점

(1) 중재제도의 장점

1) 자주적 분쟁해결 방식(voluntary reference)
2) 신속성
3) 중재인의 전문성
4) 절차의 비공개
5) 저렴한 비용
6) 중재판정효력의 국제성
7) 평화적 분위기

(2) 중재제도의 단점

1) 법률문제
2) 법적 안정성과 예측가능성의 결여
3) 상소제도의 결여
4) 중재인의 대리인 의식
5) 양 당사자의 주장의 절충
6) 강제성의 결여

(3) 중재제도의 한계점

중재제도는 많은 잠정이 있음에도 불구하고 법원의 협조가 필요한 한계성
① 당사자 간의 중재합의의 효력에 관한 분쟁은 법원의 해결을 받아야 한다.(중재법 제9조)
② 중재인의 선임이 원만하게 이루어지지 않을 때에는 법원이 이를 선정·보충·대체한다. (중재법 제12조)
③ 보전처분이 필요한 경우 신청인은 법원으로부터 피신청인에 대한 법적 강제력이 있는 보전처분을 받아야 한다.
④ 중재인은 증인이나 감정인을 강제로 출석시킬 권한이 없으며, 증인 등에 대한 선서를 시킬 권한도 없다. 따라서 증거조사를 위하여 법원의 협조를 받아야 한다.(중재법 제28조)
⑤ 당사자가 중재판정에 따르지 않는 경우에는 법원의 집행판결을 받아서 강제집행을 하여야 한다.(중재법 제37조 제1항) 또한 외국의 중재판정도 중재조약에 의하여 그 효력이 인정되지만 역시 법원의 집행판정을 받아야 집행할 수 있다.(중재법 제39조)
⑥ 내국중재판정에 하자가 있을 때에는 법원에 소를 제기하여 이를 취소할 수 있다.(중재법 제36조) 외국중재판정의 취소와 무효는 중재절차준거법에 의하여 결정된다.

3. 중재의 종류

(1) 의의

중재는 임의중재 또는 임시중재와 기관중재로 구분

(2) 임의중재

임의중재는 **당사자가 구체적으로 합의한 바에 따라 절차가 진행되는 형태의 중재**이다. 임시중재에 있어서는 당사자들이 스스로 직접 규칙을 정하거나 아니면 UNCITRAL 중재규칙과 같은 임시중재에 사용하기 위한 표준규칙을 이용한다.

(3) 기관중재

1) 의의

기관중재는 **당사자가 상설적이고 조직화된 특정 중재기관의 후원 하에서 합의절차가 진행되는 형태의 중재**이다. 국제상사중재를 주도하는 이러한 국제상사중재기관으로는 국제상업회의소 중재법원, 런던국제중재법원, 미국중재협회 국제중재센터 그리고 세계지적재산기구 중재본부 등을 들 수 있다. 이러한 기관들은 중재를 요구하거나 중재절차를 용이하게 수행하기 위하여 인원과 절차에 관한 규칙을 두고 있다.

2) 장점

① 중재를 위한 규칙과 절차를 두고 있다는 점
② 중재인을 선정하는 데 도움을 제공하고 중재인을 효과적으로 통제한다는 점

③ 중재절차를 관리한다는 점
④ 중재시설을 갖추고 있다는 점
⑤ 번역 등과 같은 부수적인 서비스도 제공한다는 점
⑥ 중재합의와 중재판정을 집행하는 데 도움을 제공한다는 점

3) 단점
① 기관의 관료주의나 중재의 지연
② 중재비용이 비싸다는 점 등

4) 당사자 고려
임시중재와 기관중재는 나름대로의 장단점이 있으며, 따라서 계약당사자는 중재조항을 계약 내용에 삽입하는 데 있어서 이러한 점을 고려하여 선택해야 한다.

4. 중재계약(중재합의)

1. 중재계약의 의의
2. 중재계약의 대상
3. 방식과 서면성
4. 요건

5. 중재계약의 효력
   (1) 직소금지의 효력
   (2) 중재조항의 독립성의 원칙

5. 중재절차

중재계약(중재합의) - 중재신청 - 조정 - 중재지 - 중재인 선정 - 중재심리 - 중재판정

(1) **제출서류** : 중재합의서, 중재신청서, 중재비용 예납 등
(2) **중재절차**
- 등록통지
- 조정
- 중재장소 합의
- 중재인 선정
- 심문
- 중재판정
- 법원의 집행판결

6. 중재판정

(1) 의의

중재판정(award)이란 중재계약의 당사자가 부탁한 분쟁의 해결을 위하여 중재인이 내리는 최종적 결정(final decision)을 의미한다. 중재판정은 중재인이 분쟁해결에 있어 내리는 최종 결정이며, 양 당사자를 구속하기 때문에 공평하고 정당하면서 확정적으로 판정되어야 한다.

(2) 효력

1) 국내적 효력 : 법원의 확정판결과 동일한 효력
2) 국제적 효력

7. 외국중재판정

1. 의의
2. 승인과 집행의 의의
3. 승인과 집행의 요건
4. 승인과 집행의 효과
5. 뉴욕협약

1. 외국중재판정의 승인과 집행

1) 승인과 집행의 의의

승인(recognition)이란 특정한 법률관계 또는 사항에 대하여 공적인 권위 또는 권한(authority)에 의하여 그 存否 또는 正否를 확인(confirm)·批准(ratify) 또는 시인(acknowledge)하는 행위를 의미한다. 따라서 뉴욕협약에서 말하는 외국중재판정의 승인 또는 중재합의의 승인이란 '동 협약의 체약국에 의한 승인'을 지칭하고 있는 것이다.

집행(enforcement)이란 사법상의 청구권을 국가권력의 행사에 의하여 만족시킬 것을 목적으로 하는 법률상의 절차를 말한다.

2) 외국중재판정의 승인과 집행의 요건

중재계약이 법원에 의해 집행되기 위한 요건은 다음과 같다
① 중재계약이 뉴욕협약의 적용범위 내에 들어가야 한다.
② 분쟁이 일정한 법률관계에 관련하여 발생하되 동 분쟁은 중재계약의 범위 내에 있어야 한다.
③ 중재계약의 서면성 요건이 구비되어야 한다.
④ 중재계약이 무효, 실효 또는 이행불능이 되지 않아야 한다.
⑤ 외국판정의 승인이나 집행이 그 국가의 공공의 질서에 반하지 않아야 한다.

3) 외국중재판정의 승인과 집행의 효과

2. 뉴욕협약(외국중재판정의 승인 및 집행에 관한 유엔협약)
1) 의의
국제적인 상거래의 활성화를 목적으로 중재판정에 대한 강제집행의 요구를 받는 국가 이외의 국가영토 내에서 내려진 외국중재판정을 승인하고 집행하기 위하여 UN 주도하에 국제적으로 체결한 다자간 국제조약

(우리나라 1973.5.9. 42번째 국가로 가입)
2) 적용범위
3) 중재판정의 승인 및 집행
4) 중재판정의 승인 또는 집행의 거부사유
① 당사자가 취소의 소를 제기할 수 있는 사유
- 당사자의 무능력 또는 중재합의의 무효
- 피신청인의 방어권의 침해
- 중재인의 권한 유월
- 중재판정부의 구성 또는 중재절차의 하자
- 중재판정의 구속력의 결여 또는 취소·정지

② 법원이 직권으로 판단할 사유
- 중재가능성의 결여
- 공서위반

✓ 외국 중재판정의 승인 및 집행에 관한 협약 (뉴욕협약)

제1조

1. 이 협약은 중재판정의 승인 및 집행을 요구받은 국가 이외의 국가의 영역 내에서 내려진 판정으로서, 자연인 또는 법인 간의 분쟁으로부터 발생하는 중재판정의 승인 및 집행에 적용된다. 이 협약은 또한 그 승인 및 집행을 요구받은 국가에서 국내판정으로 간주되지 아니하는 중재판정에도 적용된다.
2. "중재판정"이란 개개의 사건을 위하여 선정된 중재인이 내린 판정뿐만 아니라 당사자가 회부한 상설 중재기관이 내린 판정도 포함한다.
3. 어떠한 국가든지 이 협약에 서명, 비준 또는 가입할 때, 또는 이 협약 제10조에 따라 적용을 통고할 때에는, 상호주의에 기초하여 다른 체약국의 영역 내에서 내려진 판정의 승인 및 집행에 한하여 이 협약을 적용할 것을 선언할 수 있다. 또한 어떠한 국가든지, 계약적 성질의 것인지 여부를 불문하고, 그러한 선언을 행하는 국가의 국내법상 상사상의 것이라고 간주되는 법률관계로부터 발생하는 분쟁에 한하여 이 협약을 적용할 것을 선언할 수 있다.

제2조

1. 각 체약국은, 계약적 성질의 것인지 여부를 불문하고, 중재에 의하여 해결이 가능한 사항에 관한 일정한 법률관계와 관련하여 당사자 간에 발생하였거나 또는 발생할 수 있는 분쟁의 전부 또는 일부를 중재에 회부하기로 약정하는 당사자 간의 서면에 의한 합의를 승인한다.
2. "서면에 의한 합의"란 당사자 간에 서명되었거나 교환된 서신이나 전보에 포함되어 있는 계약서상의 중재조항 또는 중재합의를 포함한다.
3. 당사자들이 이 조에서 의미하는 합의를 한 사항에 관한 소송이 제기되었을 때에는 체약국의 법원은, 전기 합의를 무효, 실효 또는 이행불능이라고 인정하는 경우를 제외하고, 어느 한쪽 당사자의 요청에 따라서 중재에 회부할 것을 당사자에게 명한다.

제3조

각 체약국은 중재판정을 다음 제 조항에 규정된 조건 하에서 구속력 있는 것으로 승인하고 그 판정이 원용되는 영역의 절차 규칙에 따라서 집행한다. 이 협약이 적용되는 중재판정의 승인 또는 집행에 대해서는 국내 중재판정의 승인 또는 집행에 대하여 부과하는 것보다 실질적으로 더 엄격한 조건이나 더 높은 비용을 부과하여서는 아니 된다.

제4조

1. 위 조항에 언급된 승인과 집행을 얻기 위하여 승인과 집행을 신청하는 당사자는 신청 시 다음의 서류를 제출한다.
    가. 정당하게 인증된 판정정본 또는 정당하게 인증된 그 등본
    나. 제2조에 언급된 합의의 원본 또는 정당하게 인증된 그 등본

2. 전기 판정이나 합의가 원용되는 국가의 공식 언어로 작성되지 않은 경우, 판정의 승인과 집행을 신청하는 당사자는 그 문서의 공식 언어 번역문을 제출한다. 번역문은 공식 또는 선서한 번역사에 의하여, 또는 외교관 또는 영사관원에 의하여 인증된다.

제5조

1. 판정의 승인과 집행은 판정의 피원용 당사자의 요청에 따라서, 그 당사자가 판정의 승인 및 집행을 요구받은 국가의 권한 있는 당국에 다음의 증거를 제출하는 경우에 한하여 거부될 수 있다.
    - 가. 제2조에 언급된 합의의 당사자가 그들에게 적용가능한 법에 따라 무능력자이었거나, 또는 당사자가 준거법으로서 지정한 법에 따라 또는 그러한 지정이 없는 경우에는 판정을 내린 국가의 법에 따라 전기 합의가 유효하지 않은 경우, 또는
    - 나. 판정의 피원용 당사자가 중재인의 선정이나 중재절차에 관하여 적절한 통고를 받지 아니하였거나 또는 그 밖의 이유에 의하여 응할 수 없었을 경우, 또는
    - 다. 판정이 중재회부조항에 규정되어 있지 아니하거나 그 조항의 범위에 속하지 아니하는 분쟁에 관한 것이거나, 또는 그 판정이 중재회부의 범위를 벗어나는 사항에 관한 결정을 포함하는 경우. 다만, 중재에 회부한 사항에 관한 결정이 중재에 회부하지 아니한 사항과 분리될 수 있는 경우에는 중재에 회부한 사항에 관한 결정을 포함하는 판정의 부분은 승인 및 집행될 수 있다. 또는
    - 라. 중재판정부의 구성이나 중재절차가 당사자 간의 합의와 합치하지 아니하거나, 또는 이러한 합의가 없는 경우에는 중재가 행해진 국가의 법과 합치하지 아니하는 경우, 또는
    - 마. 당사자에 대하여 판정의 구속력이 아직 발생하지 아니하였거나 또는 판정이 내려진 국가의 권한 있는 당국에 의하여 또는 그 국가의 법에 따라 판정이 취소 또는 정지된 경우.
2. 중재판정의 승인 및 집행을 요구 받은 국가의 권한 있는 당국이 다음의 사항을 인정하는 경우에도 중재판정의 승인과 집행이 거부될 수 있다.
    - 가. 분쟁의 대상인 사항이 그 국가의 법에 따라서는 중재에 의해 해결될 수 없는 것일 경우, 또는
    - 나. 판정의 승인이나 집행이 그 국가의 공공의 질서에 반하는 경우.

제6조

판정의 취소 또는 정지를 요구하는 신청이 제5조제1항의 마에 언급된 권한 있는 당국에 제기되었을 경우에는, 판정의 원용을 신청받은 당국은, 그것이 적절하다고 간주하는 때에는 판정의 집행에 관한 판결을 연기할 수 있고 또한 판정의 집행을 요구하는 당사자의 신청이 있는 경우 적절한 담보를 제공할 것을 다른 쪽 당사자에 명할 수 있다.

제7조

1. 이 협약의 규정은 체약국에 의하여 체결된 중재판정의 승인 및 집행에 관한 다자 또는 양자 협정의 효력에 영향을 미치지 아니하며, 또한 어떠한 이해 당사자가, 중재판정의

원용이 요구된 국가의 법이나 조약에서 허용한 방법 및 한도 내에서, 판정을 원용할 수 있는 권리를 박탈하지도 아니한다.
2. 1923년 중재조항에 관한 제네바 의정서 및 1927년 외국중재판정의 집행에 관한 제네바협약은 체약국이 이 협약에 의한 구속을 받게 되는 때부터, 그리고 그 구속을 받는 한도 내에서 체약국 간에 있어 효력을 상실한다.

제8조
1. 이 협약은 국제연합회원국, 또한 현재 또는 장래의 국제연합 전문기구의 회원국, 또는 현재 또는 장래의 국제사법재판소 규정의 당사국, 또는 국제연합총회로부터 초청을 받은 그 밖의 국가의 서명을 위하여 1958년 12월 31일까지 개방된다.
2. 이 협약은 비준되어야 하며 비준서는 국제연합사무총장에게 기탁된다.

제9조
1. 이 협약은 제8조에 언급된 모든 국가의 가입을 위하여 개방된다.
2. 가입은 국제연합사무총장에게 가입서를 기탁함으로써 발효한다.

제10조
1. 어떠한 국가든지 서명, 비준 또는 가입 시에 국제관계에 있어서 자국이 책임을 지는 전부 또는 일부의 영역에 이 협약을 적용함을 선언할 수 있다. 그러한 선언은 이 협약이 관련국가에 대하여 발효할 때 효력이 발생한다.
2. 그러한 적용은 그 후 언제든지 국제연합사무총장에게 통고함으로써 행할 수 있으며, 그 효력은 국제연합사무총장이 이 통고를 접수한 날부터 90일 후 또는 관련국가에 대하여 이 협약이 발효하는 날 중 늦은 일자에 발생한다.
3. 서명, 비준 또는 가입 시에 이 협약이 적용되지 아니하는 영역에 관하여는, 각 관련국가는 헌법상의 이유로 필요한 경우에는 그 영역을 관할하는 정부의 동의를 얻을 것을 조건으로, 이 협약을 그러한 영역에 적용하기 위하여 필요한 조치를 취할 수 있는 가능성을 고려한다.

제11조
연방국가 또는 비단일국가의 경우에는 다음의 규정이 적용된다.
　가. 이 협약의 조항 중 연방정부의 입법 관할권 내에 속하는 것에 관해서는, 연방정부의 의무는 이러한 한도 내에서 연방국가가 아닌 다른 체약국의 의무와 동일하다.
　나. 이 협약의 조항 중 연방의 헌법체계 하에서 입법조치를 취할 의무가 없는 주 또는 지방의 입법관할권 내에 속하는 것에 관하여는, 연방정부는 가급적 조속히 주 또는 지방의 적절한 당국에 대하여 호의적 권고를 포함하여 그러한 조항에 대한 주의를 환기시킨다.
　다. 이 협약의 당사국인 연방국가는, 국제연합사무총장을 통하여 전달된 다른 체약국의 요청에 따라서, 이 협약의 어떠한 특정 규정에 관하여 입법 또는 그 밖의 조치를 통해 그 규정이 이행되고 있는 범위를 보여주는 연방과 그 구성단위의 법과 관행에 대한 정보를 제공한다.

제12조

1. 이 협약은 세 번째의 비준서 또는 가입서의 기탁일 후 90일째 되는 날에 발효한다.
2. 세 번째의 비준서 또는 가입서의 기탁일 후에 이 협약을 비준하거나 이 협약에 가입하는 국가에 대하여는, 이 협약은 그 국가의 비준서 또는 가입서의 기탁일 후 90일째 되는 날에 효력을 발생한다.

제13조

1. 어떠한 체약국이든지 국제연합사무총장에게 서면으로 통고함으로써 이 협약을 탈퇴할 수 있다. 탈퇴는 사무총장이 통고를 접수한 일자부터 1년 후에 발효한다.
2. 제10조에 따라 선언 또는 통고를 한 국가는, 그 후 언제든지 국제연합사무총장에게 통고함으로써, 사무총장이 통고를 접수한 일자부터 1년 후에 관련 영역에 대한 이 협약의 적용이 종결됨을 선언할 수 있다.
3. 탈퇴가 발효되기 전에 승인이나 집행절차가 개시된 중재판정에 대해서는 이 협약이 계속하여 적용된다.

제14조

체약국은 자국이 이 협약을 적용하여야 할 의무가 있는 범위 외에는 다른 체약국에 대하여 이 협약을 원용할 권리를 가지지 아니한다.

제15조

국제연합사무총장은 제8조에 규정된 국가에 대하여 다음의 사항에 관하여 통고한다.
  가. 제8조에 따른 서명 및 비준,
  나. 제9조에 따른 가입,
  다. 제1조, 제10조 및 제11조에 따른 선언 및 통고,
  라. 제12조에 따라 이 협약이 발효한 일자,
  마. 제13조에 따른 탈퇴 및 통고

제16조

1. 중국어본, 영어본, 프랑스어본, 러시아어본 및 스페인어본이 동등하게 정본인 이 협약은 국제연합 기록보관소에 보관된다.
2. 국제연합사무총장은 이 협약의 인증등본을 제8조에 규정된 국가에 송부한다.

대한민국의 선언:

이 협약 제1조제3항에 따라, 대한민국 정부는 오직 다른 체약국의 영역 내에서 내려진 중재판정의 승인과 집행에 한하여만 이 협약을 적용할 것을 선언한다. 또한 대한민국 정부는, 계약적 성질의 것인지 여부를 불문하고, 국내법상 상사상의 것이라고 간주되는 법률관계로부터 발생하는 분쟁에 한하여 이 협약을 적용할 것을 선언한다.

✓ 중재법 [시행 2020. 2. 4.] [법률 제16918호, 2020. 2. 4., 일부개정]

제1장 총칙

제1조(목적)
이 법은 중재(仲裁)에 의하여 사법(私法)상의 분쟁을 적정·공평·신속하게 해결함을 목적으로 한다.

제2조(적용 범위)
① 이 법은 제21조에 따른 중재지(仲裁地)가 대한민국인 경우에 적용한다. 다만, 제9조와 제10조는 중재지가 아직 정해지지 아니하였거나 대한민국이 아닌 경우에도 적용하며, 제37조와 제39조는 중재지가 대한민국이 아닌 경우에도 적용한다.
② 이 법은 중재절차를 인정하지 아니하거나 이 법의 중재절차와는 다른 절차에 따라 중재에 부칠 수 있도록 정한 법률과 대한민국에서 발효(發效) 중인 조약에 대하여는 영향을 미치지 아니한다.

제3조(정의)
이 법에서 사용하는 용어의 뜻은 다음과 같다.
1. "중재"란 당사자 간의 합의로 재산권상의 분쟁 및 당사자가 화해에 의하여 해결할 수 있는 비재산권상의 분쟁을 법원의 재판에 의하지 아니하고 중재인(仲裁人)의 판정에 의하여 해결하는 절차를 말한다.
2. "중재합의"란 계약상의 분쟁인지 여부에 관계없이 일정한 법률관계에 관하여 당사자 간에 이미 발생하였거나 앞으로 발생할 수 있는 분쟁의 전부 또는 일부를 중재에 의하여 해결하도록 하는 당사자 간의 합의를 말한다.
3. "중재판정부"(仲裁判定部)란 중재절차를 진행하고 중재판정을 내리는 단독중재인 또는 여러 명의 중재인으로 구성되는 중재인단을 말한다.

제4조(서면의 통지)
① 당사자 간에 다른 합의가 없는 경우에 서면(書面)의 통지는 수신인 본인에게 서면을 직접 교부하는 방법으로 한다.
② 제1항에 따른 직접 교부의 방법으로 통지할 수 없는 경우에는 서면이 수신인의 주소, 영업소 또는 우편연락장소에 정당하게 전달된 때에 수신인에게 통지된 것으로 본다.
③ 제2항을 적용할 때에 적절한 조회를 하였음에도 수신인의 주소, 영업소 또는 우편연락장소를 알 수 없는 경우에는 최후로 알려진 수신인의 주소, 영업소 또는 우편연락장소로 등기우편이나 그 밖에 발송을 증명할 수 있는 우편방법에 의하여 서면이 발송된 때에 수신인에게 통지된 것으로 본다.
④ 제1항부터 제3항까지의 규정은 법원이 하는 송달에는 적용하지 아니한다.

제5조(이의신청권의 상실)

당사자가 이 법의 임의규정 또는 중재절차에 관한 당사자 간의 합의를 위반한 사실을 알고도 지체 없이 이의를 제기하지 아니하거나, 정하여진 이의제기 기간 내에 이의를 제기하지 아니하고 중재절차가 진행된 경우에는 그 이의신청권을 상실한다.

제6조(법원의 관여)

법원은 이 법에서 정한 경우를 제외하고는 이 법에 관한 사항에 관여할 수 없다.

제7조(관할법원)

① 다음 각 호의 사항에 대하여는 중재합의에서 지정한 지방법원 또는 지원(이하 "법원"이라 한다)이, 그 지정이 없는 경우에는 중재지를 관할하는 법원이 관할하며, 중재지가 아직 정하여지지 아니한 경우에는 피신청인의 주소 또는 영업소를 관할하는 법원이, 주소 또는 영업소를 알 수 없는 경우에는 거소(居所)를 관할하는 법원이, 거소도 알 수 없는 경우에는 최후로 알려진 주소 또는 영업소를 관할하는 법원이 관할한다.
   1. 제12조제3항 및 제4항에 따른 중재인의 선정 및 중재기관의 지정
   2. 제14조제3항에 따른 중재인의 기피신청에 대한 법원의 기피결정
   3. 제15조제2항에 따른 중재인의 권한종료신청에 대한 법원의 권한종료결정
   4. 제17조제6항에 따른 중재판정부의 권한심사신청에 대한 법원의 권한심사
   4의2. 제18조의7에 따른 임시적 처분의 승인 또는 집행 신청에 대한 법원의 결정 및 담보제공 명령
   5. 제27조제3항에 따른 감정인(鑑定人)에 대한 기피신청에 대한 법원의 기피결정
② 제28조에 따른 증거조사는 증거조사가 실시되는 지역을 관할하는 법원이 관할한다.
③ 다음 각 호의 사항에 대하여는 중재합의에서 지정한 법원이 관할하고, 그 지정이 없는 경우에는 중재지를 관할하는 법원이 관할한다.
   1. 제32조제4항에 따른 중재판정 원본(原本)의 보관
   2. 제36조제1항에 따른 중재판정 취소의 소(訴)
④ 제37조부터 제39조까지의 규정에 따른 중재판정의 승인과 집행 청구의 소는 다음 각 호의 어느 하나에 해당하는 법원이 관할한다.
   1. 중재합의에서 지정한 법원
   2. 중재지를 관할하는 법원
   3. 피고 소유의 재산이 있는 곳을 관할하는 법원
   4. 피고의 주소 또는 영업소, 주소 또는 영업소를 알 수 없는 경우에는 거소, 거소도 알 수 없는 경우에는 최후로 알려진 주소 또는 영업소를 관할하는 법원

제2장 중재합의

제8조 (중재합의의 방식)

① 중재합의는 독립된 합의 또는 계약에 중재조항을 포함하는 형식으로 할 수 있다.

② 중재합의는 서면으로 하여야 한다.
③ 다음 각 호의 어느 하나에 해당하는 경우는 서면에 의한 중재합의로 본다.
1. 구두나 행위, 그 밖의 어떠한 수단에 의하여 이루어진 것인지 여부와 관계없이 중재합의의 내용이 기록된 경우
2. 전보(電報), 전신(電信), 팩스, 전자우편 또는 그 밖의 통신수단에 의하여 교환된 전자적 의사표시에 중재합의가 포함된 경우. 다만, 그 중재합의의 내용을 확인할 수 없는 경우는 제외한다.
3. 어느 한쪽 당사자가 당사자 간에 교환된 신청서 또는 답변서의 내용에 중재합의가 있는 것을 주장하고 상대방 당사자가 이에 대하여 다투지 아니하는 경우
④ 계약이 중재조항을 포함한 문서를 인용하고 있는 경우에는 중재합의가 있는 것으로 본다. 다만, 중재조항을 그 계약의 일부로 하고 있는 경우로 한정한다.

제9조 (중재합의와 법원에의 제소)
① 중재합의의 대상인 분쟁에 관하여 소가 제기된 경우에 피고가 중재합의가 있다는 항변(抗辯)을 하였을 때에는 법원은 그 소를 각하(却下)하여야 한다. 다만, 중재합의가 없거나 무효이거나 효력을 상실하였거나 그 이행이 불가능한 경우에는 그러하지 아니하다.
② 피고는 제1항의 항변을 본안(本案)에 관한 최초의 변론을 할 때까지 하여야 한다.
③ 제1항의 소가 법원에 계속(繫屬) 중인 경우에도 중재판정부는 중재절차를 개시 또는 진행하거나 중재판정을 내릴 수 있다.

제10조 (중재합의와 법원의 보전처분)
중재합의의 당사자는 중재절차의 개시 전 또는 진행 중에 법원에 보전처분(保全處分)을 신청할 수 있다.

제3장 중재판정부

제11조 (중재인의 수)
① 중재인의 수는 당사자 간의 합의로 정한다.
② 제1항의 합의가 없으면 중재인의 수는 3명으로 한다.

제12조 (중재인의 선정)
① 당사자 간에 다른 합의가 없으면 중재인은 국적에 관계없이 선정될 수 있다.
② 중재인의 선정절차는 당사자 간의 합의로 정한다.
③ 제2항의 합의가 없으면 다음 각 호의 구분에 따라 중재인을 선정한다.
1. 단독중재인에 의한 중재의 경우: 어느 한쪽 당사자가 상대방 당사자로부터 중재인의 선정을 요구받은 후 30일 이내에 당사자들이 중재인의 선정에 관하여 합의하지 못한 경우에는 어느 한쪽 당사자의 신청을 받아 법원 또는 그 법원이 지정한 중재기관이 중재인을 선정한다.

2. 3명의 중재인에 의한 중재의 경우: 각 당사자가 1명씩 중재인을 선정하고, 이에 따라 선정된 2명의 중재인들이 합의하여 나머지 1명의 중재인을 선정한다. 이 경우 어느 한쪽 당사자가 상대방 당사자로부터 중재인의 선정을 요구받은 후 30일 이내에 중재인을 선정하지 아니하거나 선정된 2명의 중재인들이 선정된 후 30일 이내에 나머지 1명의 중재인을 선정하지 못한 경우에는 어느 한쪽 당사자의 신청을 받아 법원 또는 그 법원이 지정한 중재기관이 그 중재인을 선정한다.

④ 제2항의 합의가 있더라도 다음 각 호의 어느 하나에 해당할 때에는 당사자의 신청을 받아 법원 또는 그 법원이 지정한 중재기관이 중재인을 선정한다.
  1. 어느 한쪽 당사자가 합의된 절차에 따라 중재인을 선정하지 아니하였을 때
  2. 양쪽 당사자 또는 중재인들이 합의된 절차에 따라 중재인을 선정하지 못하였을 때
  3. 중재인의 선정을 위임받은 기관 또는 그 밖의 제3자가 중재인을 선정할 수 없을 때

⑤ 제3항 및 제4항에 따른 법원 또는 그 법원이 지정한 중재기관의 결정에 대하여는 불복할 수 없다.

제13조(중재인에 대한 기피 사유)

① 중재인이 되어 달라고 요청받은 사람 또는 중재인으로 선정된 사람은 자신의 공정성이나 독립성에 관하여 의심을 살 만한 사유가 있을 때에는 지체 없이 이를 당사자들에게 고지(告知)하여야 한다.

② 중재인은 제1항의 사유가 있거나 당사자들이 합의한 중재인의 자격을 갖추지 못한 사유가 있는 경우에만 기피될 수 있다. 다만, 당사자는 자신이 선정하였거나 선정절차에 참여하여 선정한 중재인에 대하여는 선정 후에 알게 된 사유가 있는 경우에만 기피신청을 할 수 있다.

제14조(중재인에 대한 기피절차)

① 중재인에 대한 기피절차는 당사자 간의 합의로 정한다.

② 제1항의 합의가 없는 경우에 중재인을 기피하려는 당사자는 중재판정부가 구성된 날 또는 제13조제2항의 사유를 안 날부터 15일 이내에 중재판정부에 서면으로 기피신청을 하여야 한다. 이 경우 기피신청을 받은 중재인이 사임(辭任)하지 아니하거나 상대방 당사자가 기피신청에 동의하지 아니하면 중재판정부는 그 기피신청에 대한 결정을 하여야 한다.

③ 제1항 및 제2항에 따른 기피신청이 받아들여지지 아니한 경우 기피신청을 한 당사자는 그 결과를 통지받은 날부터 30일 이내에 법원에 해당 중재인에 대한 기피신청을 할 수 있다. 이 경우 기피신청이 법원에 계속 중일 때에도 중재판정부는 중재절차를 진행하거나 중재판정을 내릴 수 있다.

④ 제3항에 따른 기피신청에 대한 법원의 기피결정에 대하여는 항고할 수 없다.

제15조(중재인의 직무 불이행으로 인한 권한종료)

① 중재인이 법률상 또는 사실상의 사유로 직무를 수행할 수 없거나 정당한 사유 없

이 직무 수행을 지체하는 경우에는 그 중재인의 사임 또는 당사자 간의 합의에 의하여 중재인의 권한은 종료된다.
② 제1항에 따른 중재인의 권한종료 여부에 관하여 다툼이 있는 경우 당사자는 법원에 이에 대한 결정을 신청할 수 있다.
③ 제2항에 따른 권한종료신청에 대한 법원의 권한종료결정에 대하여는 항고할 수 없다.

제16조(보궐중재인의 선정)
중재인의 권한이 종료되어 중재인을 다시 선정하는 경우 그 선정절차는 대체되는 중재인의 선정에 적용된 절차에 따른다.

제17조(중재판정부의 판정 권한에 관한 결정)
① 중재판정부는 자신의 권한 및 이와 관련된 중재합의의 존재 여부 또는 유효성에 대한 이의에 대하여 결정할 수 있다. 이 경우 중재합의가 중재조항의 형식으로 되어 있을 때에는 계약 중 다른 조항의 효력은 중재조항의 효력에 영향을 미치지 아니한다.
② 중재판정부의 권한에 관한 이의는 본안에 관한 답변서를 제출할 때까지 제기하여야 한다. 이 경우 당사자는 자신이 중재인을 선정하였거나 선정절차에 참여하였더라도 이의를 제기할 수 있다.
③ 중재판정부가 중재절차의 진행 중에 그 권한의 범위를 벗어난 경우 이에 대한 이의는 그 사유가 중재절차에서 다루어지는 즉시 제기하여야 한다.
④ 중재판정부는 제2항 및 제3항에 따른 이의가 같은 항에 규정된 시기보다 늦게 제기되었더라도 그 지연에 정당한 이유가 있다고 인정하는 경우에는 이를 받아들일 수 있다.
⑤ 중재판정부는 제2항 및 제3항에 따른 이의에 대하여 선결문제(先決問題)로서 결정하거나 본안에 관한 중재판정에서 함께 판단할 수 있다.
⑥ 중재판정부가 제5항에 따라 선결문제로서 그 권한의 유무를 결정한 경우에 그 결정에 불복하는 당사자는 그 결정을 통지받은 날부터 30일 이내에 법원에 중재판정부의 권한에 대한 심사를 신청할 수 있다.
⑦ 중재판정부는 제6항에 따른 신청으로 재판이 계속 중인 경우에도 중재절차를 진행하거나 중재판정을 내릴 수 있다.
⑧ 제6항에 따른 권한심사신청에 대한 법원의 권한심사에 대하여는 항고할 수 없다.
⑨ 제6항에 따른 신청을 받은 법원이 중재판정부에 판정 권한이 있다는 결정을 하게 되면 중재판정부는 중재절차를 계속해서 진행하여야 하고, 중재인이 중재절차의 진행을 할 수 없거나 원하지 아니하면 중재인의 권한은 종료되고 제16조에 따라 중재인을 다시 선정하여야 한다.

제3장의2 임시적 처분 <신설 2016. 5. 29.>

제18조 (임시적 처분)
① 당사자 간에 다른 합의가 없는 경우에 중재판정부는 어느 한쪽 당사자의 신청에 따라 필요하다고 인정하는 임시적 처분을 내릴 수 있다.

② 제1항의 임시적 처분은 중재판정부가 중재판정이 내려지기 전에 어느 한쪽 당사자에게 다음 각 호의 내용을 이행하도록 명하는 잠정적 처분으로 한다.
  1. 본안에 대한 중재판정이 있을 때까지 현상의 유지 또는 복원
  2. 중재절차 자체에 대한 현존하거나 급박한 위험이나 영향을 방지하는 조치 또는 그러한 위험이나 영향을 줄 수 있는 조치의 금지
  3. 중재판정의 집행 대상이 되는 자산에 대한 보전 방법의 제공
  4. 분쟁의 해결에 관련성과 중요성이 있는 증거의 보전

제18조의2 (임시적 처분의 요건)
① 제18조제2항제1호부터 제3호까지의 임시적 처분은 이를 신청하는 당사자가 다음 각 호의 요건을 모두 소명하는 경우에만 내릴 수 있다.
  1. 신청인이 임시적 처분을 받지 못하는 경우 신청인에게 중재판정에 포함된 손해배상으로 적절히 보상되지 아니하는 손해가 발생할 가능성이 있고, 그러한 손해가 임시적 처분으로 인하여 상대방에게 발생할 것으로 예상되는 손해를 상당히 초과할 것
  2. 본안에 대하여 합리적으로 인용가능성이 있을 것. 다만, 중재판정부는 본안 심리를 할 때 임시적 처분 결정 시의 인용가능성에 대한 판단에 구속되지 아니한다.
② 제18조제2항제4호의 임시적 처분의 신청에 대해서는 중재판정부가 적절하다고 판단하는 범위에서 제1항의 요건을 적용할 수 있다.

제18조의3 (임시적 처분의 변경·정지 또는 취소)
중재판정부는 일방 당사자의 신청에 의하여 또는 특별한 사정이 있는 경우에는 당사자에게 미리 통지하고 직권으로 이미 내린 임시적 처분을 변경·정지하거나 취소할 수 있다. 이 경우 중재판정부는 그 변경·정지 또는 취소 전에 당사자를 심문(審問)하여야 한다.

제18조의4 (담보의 제공)
중재판정부는 임시적 처분을 신청하는 당사자에게 상당한 담보의 제공을 명할 수 있다.

제18조의5 (고지의무)
중재판정부는 당사자에게 임시적 처분 또는 그 신청의 기초가 되는 사정에 중요한 변경이 있을 경우 즉시 이를 알릴 것을 요구할 수 있다.

제18조의6 (비용 및 손해배상)
① 중재판정부가 임시적 처분을 내린 후 해당 임시적 처분이 부당하다고 인정할 경우에는 임시적 처분을 신청한 당사자는 임시적 처분으로 인한 비용이나 손해를 상대방 당사자에게 지급하거나 배상할 책임을 진다.
② 중재판정부는 중재절차 중 언제든지 제1항에 따른 비용의 지급이나 손해의 배상을 중재판정의 형식으로 명할 수 있다.

제18조의7 (임시적 처분의 승인 및 집행)

① 중재판정부가 내린 임시적 처분의 승인을 받으려는 당사자는 법원에 그 승인의 결정을 구하는 신청을 할 수 있으며, 임시적 처분에 기초한 강제집행을 하려고 하는 당사자는 법원에 이를 집행할 수 있다는 결정을 구하는 신청을 할 수 있다.
② 임시적 처분의 승인 또는 집행을 신청한 당사자 및 그 상대방 당사자는 그 처분의 변경·정지 또는 취소가 있는 경우 법원에 이를 알려야 한다.
③ 중재판정부가 임시적 처분과 관련하여 담보제공 명령을 하지 아니한 경우나 제3자의 권리를 침해할 우려가 있는 경우, 임시적 처분의 승인이나 집행을 신청받은 법원은 필요하다고 인정할 때에는 승인과 집행을 신청한 당사자에게 적절한 담보를 제공할 것을 명할 수 있다.
④ 임시적 처분의 집행에 관하여는 「민사집행법」 중 보전처분에 관한 규정을 준용한다.

제18조의8 (승인 및 집행의 거부사유)

① 임시적 처분의 승인 또는 집행은 다음 각 호의 어느 하나에 해당하는 경우에만 거부될 수 있다.
  1. 임시적 처분의 상대방 당사자의 이의에 따라 법원이 다음 각 목의 어느 하나에 해당한다고 인정하는 경우
     가. 임시적 처분의 상대방 당사자가 다음의 어느 하나에 해당하는 사실을 소명한 경우
        1) 제36조제2항제1호가목 또는 라목에 해당하는 사실
        2) 임시적 처분의 상대방 당사자가 중재인의 선정 또는 중재절차에 관하여 적절한 통지를 받지 못하였거나 그 밖의 사유로 변론을 할 수 없었던 사실
        3) 임시적 처분이 중재합의 대상이 아닌 분쟁을 다룬 사실 또는 임시적 처분이 중재합의 범위를 벗어난 사항을 다룬 사실. 다만, 임시적 처분이 중재합의의 대상에 관한 부분과 대상이 아닌 부분으로 분리될 수 있는 경우에는 대상이 아닌 임시적 처분 부분만이 거부될 수 있다.
     나. 임시적 처분에 대하여 법원 또는 중재판정부가 명한 담보가 제공되지 아니한 경우
     다. 임시적 처분이 중재판정부에 의하여 취소 또는 정지된 경우
  2. 법원이 직권으로 다음 각 목의 어느 하나에 해당한다고 인정하는 경우
     가. 법원에 임시적 처분을 집행할 권한이 없는 경우. 다만, 법원이 임시적 처분의 집행을 위하여 임시적 처분의 실체를 변경하지 아니하고 필요한 범위에서 임시적 처분을 변경하는 결정을 한 경우에는 그러하지 아니하다.
     나. 제36조제2항제2호가목 또는 나목의 사유가 있는 경우
② 제18조의7에 따라 임시적 처분의 승인이나 집행을 신청받은 법원은 그 결정을 할 때 임시적 처분의 실체에 대하여 심리해서는 아니 된다.
③ 제1항의 사유에 기초한 법원의 판단은 임시적 처분의 승인과 집행의 결정에 대해서만 효력이 있다.

제4장 중재절차

제19조 (당사자에 대한 동등한 대우)
양쪽 당사자는 중재절차에서 동등한 대우를 받아야 하고, 자신의 사안(事案)에 대하여 변론할 수 있는 충분한 기회를 가져야 한다.

제20조 (중재절차)
① 이 법의 강행규정(强行規定)에 반하는 경우를 제외하고는 당사자들은 중재절차에 관하여 합의할 수 있다.
② 제1항의 합의가 없는 경우에는 중재판정부가 이 법에 따라 적절한 방식으로 중재절차를 진행할 수 있다. 이 경우 중재판정부는 증거능력, 증거의 관련성 및 증명력에 관하여 판단할 권한을 가진다.

제21조 (중재지)
① 중재지는 당사자 간의 합의로 정한다.
② 제1항의 합의가 없는 경우 중재판정부는 당사자의 편의와 해당 사건에 관한 모든 사정을 고려하여 중재지를 정한다.
③ 중재판정부는 제1항 및 제2항에 따른 중재지 외의 적절한 장소에서 중재인들 간의 협의, 증인·감정인 및 당사자 본인에 대한 신문(訊問), 물건·장소의 검증 또는 문서의 열람을 할 수 있다. 다만, 당사자가 이와 달리 합의한 경우에는 그러하지 아니하다.

제22조 (중재절차의 개시)
① 당사자 간에 다른 합의가 없는 경우 중재절차는 피신청인이 중재요청서를 받은 날부터 시작된다.
② 제1항의 중재요청서에는 당사자, 분쟁의 대상 및 중재합의의 내용을 적어야 한다.

제23조 (언어)
① 중재절차에서 사용될 언어는 당사자 간의 합의로 정하고, 합의가 없는 경우에는 중재판정부가 지정하며, 중재판정부의 지정이 없는 경우에는 한국어로 한다.
② 제1항의 언어는 달리 정한 것이 없으면 당사자의 준비서면, 구술심리(口述審理), 중재판정부의 중재판정 및 결정, 그 밖의 의사표현에 사용된다.
③ 중재판정부는 필요하다고 인정하면 서증(書證)과 함께 제1항의 언어로 작성된 번역문을 제출할 것을 당사자에게 명할 수 있다.

제24조 (신청서와 답변서)
① 신청인은 당사자들이 합의하였거나 중재판정부가 정한 기간 내에 신청 취지와 신청 원인이 된 사실을 적은 신청서를 중재판정부에 제출하고, 피신청인은 이에 대하여 답변하여야 한다.
② 당사자는 신청서 또는 답변서에 중요하다고 인정하는 서류를 첨부하거나 앞으로 사용할 증거방법을 표시할 수 있다.

③ 당사자 간에 다른 합의가 없는 경우 당사자는 중재절차의 진행 중에 자신의 신청이나 공격·방어방법을 변경하거나 보완할 수 있다. 다만, 중재판정부가 변경 또는 보완에 의하여 절차가 현저히 지연될 우려가 있다고 인정하는 경우에는 그러하지 아니하다.

제25조 (심리)

① 당사자 간에 다른 합의가 없는 경우 중재판정부는 구술심리를 할 것인지 또는 서면으로만 심리를 할 것인지를 결정한다. 다만, 당사자들이 구술심리를 하지 아니하기로 합의한 경우를 제외하고는 중재판정부는 어느 한쪽 당사자의 신청에 따라 적절한 단계에서 구술심리를 하여야 한다.
② 중재판정부는 구술심리나 그 밖의 증거조사를 하기 전에 충분한 시간을 두고 구술심리기일 또는 증거조사기일을 당사자에게 통지하여야 한다.
③ 어느 한쪽 당사자가 중재판정부에 제출하는 준비서면, 서류, 그 밖의 자료는 지체 없이 상대방 당사자에게 제공되어야 한다.
④ 중재판정부가 판정에서 기초로 삼으려는 감정서(鑑定書) 또는 서증은 양쪽 당사자에게 제공되어야 한다.

제26조 (어느 한쪽 당사자의 해태)

① 신청인이 제24조제1항에 따라 신청서를 제출하지 아니하는 경우 중재판정부는 중재절차를 종료하여야 한다.
② 피신청인이 제24조제1항의 답변서를 제출하지 아니하는 경우 중재판정부는 신청인의 주장에 대한 자백으로 간주하지 아니하고 중재절차를 계속 진행하여야 한다.
③ 어느 한쪽 당사자가 구술심리에 출석하지 아니하거나 정하여진 기간 내에 서증을 제출하지 아니하는 경우 중재판정부는 중재절차를 계속 진행하여 제출된 증거를 기초로 중재판정을 내릴 수 있다.
④ 당사자 간에 다른 합의가 있거나 중재판정부가 상당한 이유가 있다고 인정하는 경우에는 제1항부터 제3항까지의 규정을 적용하지 아니한다.

제27조 (감정인)

① 당사자 간에 다른 합의가 없는 경우 중재판정부는 특정 쟁점에 대한 감정을 위하여 감정인을 지정할 수 있다. 이 경우 중재판정부는 당사자로 하여금 감정인에게 필요한 정보를 제공하고 감정인의 조사를 위하여 관련 문서와 물건 등을 제출하게 하거나 그에 대한 접근을 허용하도록 할 수 있다.
② 당사자 간에 다른 합의가 없는 경우 중재판정부는 직권으로 또는 당사자의 신청을 받아 감정인을 구술심리기일에 출석시켜 당사자의 질문에 답변하도록 할 수 있다.
③ 중재판정부가 지정한 감정인에 대한 기피에 관하여는 제13조 및 제14조를 준용한다.

제28조 (증거조사에 관한 법원의 협조)

① 중재판정부는 직권으로 또는 당사자의 신청을 받아 법원에 증거조사를 촉탁(囑託)하거나 증거조사에 대한 협조를 요청할 수 있다.

② 중재판정부가 법원에 증거조사를 촉탁하는 경우 중재판정부는 조서(調書)에 적을 사항과 그 밖에 증거조사가 필요한 사항을 서면으로 지정할 수 있다.
③ 제2항에 따라 법원이 증거조사를 하는 경우 중재인이나 당사자는 재판장의 허가를 얻어 그 증거조사에 참여할 수 있다.
④ 제2항의 경우 법원은 증거조사를 마친 후 증인신문조서 등본, 검증조서 등본 등 증거조사에 관한 기록을 지체 없이 중재판정부에 보내야 한다.
⑤ 중재판정부가 법원에 증거조사에 대한 협조를 요청하는 경우 법원은 증인이나 문서소지자 등에게 중재판정부 앞에 출석할 것을 명하거나 중재판정부에 필요한 문서를 제출할 것을 명할 수 있다.
⑥ 중재판정부는 증거조사에 필요한 비용을 법원에 내야 한다.

제5장 중재판정

제29조 (분쟁의 실체에 적용될 법)
① 중재판정부는 당사자들이 지정한 법에 따라 판정을 내려야 한다. 특정 국가의 법 또는 법 체계가 지정된 경우에 달리 명시된 것이 없으면 그 국가의 국제사법이 아닌 분쟁의 실체(實體)에 적용될 법을 지정한 것으로 본다.
② 제1항의 지정이 없는 경우 중재판정부는 분쟁의 대상과 가장 밀접한 관련이 있는 국가의 법을 적용하여야 한다.
③ 중재판정부는 당사자들이 명시적으로 권한을 부여하는 경우에만 형평과 선(善)에 따라 판정을 내릴 수 있다.
④ 중재판정부는 계약에서 정한 바에 따라 판단하고 해당 거래에 적용될 수 있는 상관습(商慣習)을 고려하여야 한다.

제30조 (중재판정부의 의사결정)
당사자 간에 다른 합의가 없는 경우 3명 이상 중재인으로 구성된 중재판정부의 의사결정은 과반수의 결의에 따른다. 다만, 중재절차는 당사자 간의 합의가 있거나 중재인 전원이 권한을 부여하는 경우에는 절차를 주관하는 중재인이 단독으로 결정할 수 있다.

제31조 (화해)
① 중재절차의 진행 중에 당사자들이 화해한 경우 중재판정부는 그 절차를 종료한다. 이 경우 중재판정부는 당사자들의 요구에 따라 그 화해 내용을 중재판정의 형식으로 적을 수 있다.
② 제1항에 따라 화해 내용을 중재판정의 형식으로 적을 때에는 제32조에 따라 작성되어야 하며, 중재판정임이 명시되어야 한다.
③ 화해 중재판정은 해당 사건의 본안에 관한 중재판정과 동일한 효력을 가진다.

제32조 (중재판정의 형식과 내용)

① 중재판정은 서면으로 작성하여야 하며, 중재인 전원이 서명하여야 한다. 다만, 3명 이상의 중재인으로 구성된 중재판정부의 경우에 과반수에 미달하는 일부 중재인에게 서명할 수 없는 사유가 있을 때에는 다른 중재인이 그 사유를 적고 서명하여야 한다.
② 중재판정에는 그 판정의 근거가 되는 이유를 적어야 한다. 다만, 당사자 간에 합의가 있거나 제31조에 따른 화해 중재판정인 경우에는 그러하지 아니하다.
③ 중재판정에는 작성날짜와 중재지를 적어야 한다. 이 경우 중재판정은 그 중재판정서에 적힌 날짜와 장소에서 내려진 것으로 본다.
④ 제1항부터 제3항까지의 규정에 따라 작성·서명된 중재판정의 정본(正本)은 제4조 제1항부터 제3항까지의 규정에 따라 각 당사자에게 송부한다. 다만, 당사자의 신청이 있는 경우에는 중재판정부는 중재판정의 원본을 그 송부 사실을 증명하는 서면과 함께 관할법원에 송부하여 보관할 수 있다.

제33조 (중재절차의 종료)

① 중재절차는 종국판정(終局判定) 또는 제2항에 따른 중재판정부의 결정에 따라 종료된다.
② 중재판정부는 다음 각 호의 어느 하나에 해당하는 경우에는 중재절차의 종료결정을 하여야 한다.
  1. 신청인이 중재신청을 철회하는 경우. 다만, 피신청인이 이에 동의하지 아니하고 중재판정부가 피신청인에게 분쟁의 최종적 해결을 구할 정당한 이익이 있다고 인정하는 경우는 제외한다.
  2. 당사자들이 중재절차를 종료하기로 합의하는 경우
  3. 중재판정부가 중재절차를 계속 진행하는 것이 불필요하거나 불가능하다고 인정하는 경우
③ 중재판정부의 권한은 제34조의 경우를 제외하고는 중재절차의 종료와 함께 종결된다.

제34조 (중재판정의 정정·해석 및 추가 판정)

① 당사자들이 달리 기간을 정한 경우를 제외하고는 각 당사자는 중재판정의 정본을 받은 날부터 30일 이내에 다음 각 호의 어느 하나에 규정된 정정, 해석 또는 추가 판정을 중재판정부에 신청할 수 있다.
  1. 중재판정의 오산(誤算)·오기(誤記), 그 밖에 이와 유사한 오류의 정정
  2. 당사자 간의 합의가 있는 경우에 중재판정의 일부 또는 특정 쟁점에 대한 해석
  3. 중재절차에서 주장되었으나 중재판정에 포함되지 아니한 청구에 관한 추가 판정. 다만, 당사자 간에 다른 합의가 있는 경우는 제외한다.
② 제1항의 신청을 하는 경우 신청인은 상대방 당사자에게 그 취지를 통지하여야 한다.
③ 중재판정부는 제1항제1호 및 제2호의 신청에 대하여는 신청을 받은 날부터 30일 이내에, 같은 항 제3호의 신청에 대하여는 신청을 받은 날부터 60일 이내에 이를 판단하여야 한다. 이 경우 제1항제2호의 해석은 중재판정의 일부를 구성한다.

④ 중재판정부는 판정일부터 30일 이내에 직권으로 제1항제1호의 정정을 할 수 있다.
⑤ 중재판정부는 필요하다고 인정할 때에는 제3항의 기간을 연장할 수 있다.
⑥ 중재판정의 정정, 해석 또는 추가 판정의 형식에 관하여는 제32조를 준용한다.

제34조의2 (중재비용의 분담)
당사자 간에 다른 합의가 없는 경우 중재판정부는 중재사건에 관한 모든 사정을 고려하여 중재절차에 관하여 지출한 비용의 분담에 관하여 정할 수 있다.

제34조의3 (지연이자)
당사자 간에 다른 합의가 없는 경우 중재판정부는 중재판정을 내릴 때 중재사건에 관한 모든 사정을 고려하여 적절하다고 인정하는 지연이자의 지급을 명할 수 있다.

제6장 중재판정의 효력 및 불복

제35조 (중재판정의 효력)
중재판정은 양쪽 당사자 간에 법원의 확정판결과 동일한 효력을 가진다. 다만, 제38조에 따라 승인 또는 집행이 거절되는 경우에는 그러하지 아니하다.

제36조 (중재판정 취소의 소)
① 중재판정에 대한 불복은 법원에 중재판정 취소의 소를 제기하는 방법으로만 할 수 있다.
② 법원은 다음 각 호의 어느 하나에 해당하는 경우에만 중재판정을 취소할 수 있다.
  1. 중재판정의 취소를 구하는 당사자가 다음 각 목의 어느 하나에 해당하는 사실을 증명하는 경우
     가. 중재합의의 당사자가 해당 준거법(準據法)에 따라 중재합의 당시 무능력자였던 사실 또는 중재합의가 당사자들이 지정한 법에 따라 무효이거나 그러한 지정이 없는 경우에는 대한민국의 법에 따라 무효인 사실
     나. 중재판정의 취소를 구하는 당사자가 중재인의 선정 또는 중재절차에 관하여 적절한 통지를 받지 못하였거나 그 밖의 사유로 변론을 할 수 없었던 사실
     다. 중재판정이 중재합의의 대상이 아닌 분쟁을 다룬 사실 또는 중재판정이 중재합의의 범위를 벗어난 사항을 다룬 사실. 다만, 중재판정이 중재합의의 대상에 관한 부분과 대상이 아닌 부분으로 분리될 수 있는 경우에는 대상이 아닌 중재판정 부분만을 취소할 수 있다.
     라. 중재판정부의 구성 또는 중재절차가 이 법의 강행규정에 반하지 아니하는 당사자 간의 합의에 따르지 아니하였거나 그러한 합의가 없는 경우에는 이 법에 따르지 아니하였다는 사실
  2. 법원이 직권으로 다음 각 목의 어느 하나에 해당하는 사유가 있다고 인정하는 경우

가. 중재판정의 대상이 된 분쟁이 대한민국의 법에 따라 중재로 해결될 수 없는 경우
나. 중재판정의 승인 또는 집행이 대한민국의 선량한 풍속이나 그 밖의 사회질서에 위배되는 경우
③ 중재판정 취소의 소는 중재판정의 취소를 구하는 당사자가 중재판정의 정본을 받은 날부터 또는 제34조에 따른 정정·해석 또는 추가 판정의 정본을 받은 날부터 3개월 이내에 제기하여야 한다.
④ 해당 중재판정에 관하여 대한민국의 법원에서 내려진 승인 또는 집행 결정이 확정된 후에는 중재판정 취소의 소를 제기할 수 없다.

제7장 중재판정의 승인과 집행

제37조 (중재판정의 승인과 집행)
① 중재판정은 제38조 또는 제39조에 따른 승인 거부사유가 없으면 승인된다. 다만, 당사자의 신청이 있는 경우에는 법원은 중재판정을 승인하는 결정을 할 수 있다.
② 중재판정에 기초한 집행은 당사자의 신청에 따라 법원에서 집행결정으로 이를 허가하여야 할 수 있다.
③ 중재판정의 승인 또는 집행을 신청하는 당사자는 중재판정의 정본이나 사본을 제출하여야 한다. 다만, 중재판정이 외국어로 작성되어 있는 경우에는 한국어 번역문을 첨부하여야 한다.
   1. 삭제
   2. 삭제
④ 제1항 단서 또는 제2항의 신청이 있는 때에는 법원은 변론기일 또는 당사자 쌍방이 참여할 수 있는 심문기일을 정하고 당사자에게 이를 통지하여야 한다.
⑤ 제1항 단서 또는 제2항에 따른 결정은 이유를 적어야 한다. 다만, 변론을 거치지 아니한 경우에는 이유의 요지만을 적을 수 있다.
⑥ 제1항 단서 또는 제2항에 따른 결정에 대해서는 즉시항고를 할 수 있다.
⑦ 제6항의 즉시항고는 집행정지의 효력을 가지지 아니한다. 다만, 항고법원(재판기록이 원심법원에 남아 있을 때에는 원심법원을 말한다)은 즉시항고에 대한 결정이 있을 때까지 담보를 제공하게 하거나 담보를 제공하게 하지 아니하고 원심재판의 집행을 정지하거나 집행절차의 전부 또는 일부를 정지하도록 명할 수 있으며, 담보를 제공하게 하고 그 집행을 계속하도록 명할 수 있다.
⑧ 제7항 단서에 따른 결정에 대해서는 불복할 수 없다.

제38조 (국내 중재판정)
대한민국에서 내려진 중재판정은 다음 각 호의 어느 하나에 해당하는 사유가 없으면 승인되거나 집행되어야 한다.
1. 중재판정의 당사자가 다음 각 목의 어느 하나에 해당하는 사실을 증명한 경우

가. 제36조제2항제1호 각 목의 어느 하나에 해당하는 사실
나. 다음의 어느 하나에 해당하는 사실
1) 중재판정의 구속력이 당사자에 대하여 아직 발생하지 아니하였다는 사실
2) 중재판정이 법원에 의하여 취소되었다는 사실
2. 제36조제2항제2호에 해당하는 경우

제39조 (외국 중재판정)
① 「외국 중재판정의 승인 및 집행에 관한 협약」을 적용받는 외국 중재판정의 승인 또는 집행은 같은 협약에 따라 한다.
② 「외국 중재판정의 승인 및 집행에 관한 협약」을 적용받지 아니하는 외국 중재판정의 승인 또는 집행에 관하여는 「민사소송법」 제217조, 「민사집행법」 제26조제1항 및 제27조를 준용한다.

제8장 보칙

제40조 (상사중재기관에 대한 보조)
정부는 이 법에 따라 국내외 상사분쟁(商事紛爭)을 공정·신속하게 해결하고 국제거래질서를 확립하기 위하여 법무부장관 또는 산업통상자원부장관이 지정하는 상사중재(商事仲裁)를 하는 사단법인에 대하여 필요한 경비의 전부 또는 일부를 보조할 수 있다.

제41조 (중재규칙의 제정 및 승인)
제40조에 따라 상사중재기관으로 지정받은 사단법인이 중재규칙을 제정하거나 변경할 때에는 대법원장의 승인을 받아야 한다.

부칙
이 법은 공포한 날부터 시행한다.

최권수
무역실무
Summary

PART 5

제5편
기출문제 모음

2022년 제39회

1. 신용장의 양도에 관한 다음 물음에 답하시오 (30점)
   물음 1) UCP 600상 양도가능신용장의 (1)개념을 쓰고, 양도요건 4가지만 쓰시오 (12점)
   물음 2) 신용장 양도의 이유를 4가지만 쓰시오 (8점)
   물음 3) 신용장 양도에서 송장대체(invoice substitution)의 (1)개념을 쓰고, (2)단순양도와 (3)조건변경부양도에 관하여 설명하시오. (10점)

2. 국제물품매매계약에 관한 UN협약(UN Convention on Contracts for the International Sale of Goods:CISG)의 제25조에 대한 다음 물음에 답하시오. (20점)
   물음 1) 본질적 위반의 (1)정의와 요건을 쓰고, 본질적 위반이 인정되는 채무자의 (2)예견가능성에 관하여 설명하시오.(8점)
   물음 2) 본질적 위반이 계약에 미치는 효과를 6가지만 쓰시오. (12점)

3. 2009년 개정 신협회적하약관(Institute Cargo Clauses, 2009 revision)에 관한 다음 물음에 답하시오 (30점)
   물음 1) ICC(C)약관 제1조(위험)의 (1)담보위험 6가지만 쓰고, ICC(B)약관 제1조(위험)에 (2)추가 열거된 담보위험 4가지를 쓰시오.. (10점)
   물음 2) ICC(C) 제8조(운송약관)에 규정된 (1)보험의 시기와 계속, (2)보험의 종기를 각각 쓰시오. (10점)
   물음 3) ICC(B)에 규정된 (1)양륙 후 재운송(제8조 제2항), 위험의 변경(제8조 제3항), 항해변경(제10조)의 내용을 각각 기술하고, 각 상황에 따른 (2)보험의 개시·계속·종료 여부를 각각 설명하시오. (10점)

4. 다음 물음에 답하시오. (20점)
   물음 1) 대외무역법령상 전략물자의 수출입과 관련하여 (1)대통령령으로 정하는 국제수출통제체제(시행령 제32조) 7가지와 (2)자율준수무역거래자로 지정받기 위해 갖춰야할 대통령령으로 정하는 능력(시행력 제43조 제2항) 3가지를 각각 쓰시오. (10점)
   물음 2) 외국환거래법상 외국환평형기금 조성(법 제13조 제2항)하기 위한 재원(財源) 5가지만 쓰시오. (10점)

2021년 제38회

1. 항공운송에 관한 다음 물음에 답하시오. (50점)

   물음 1) 몬트리올 협약(Montreal Convention)의 (1) 제정목적, (2) 각 장(Chapter)의 제목 및 (3) 제1조 제1항의 적용범위를 쓰시오. (10점)

   물음 2) 몬트리올 협약(Montreal Convention)상 (1) 항공운송인의 책임원칙 3가지와 (2) 면책사유 4가지를 쓰고, (3) 청구기한(손상된 위탁수하물/화물, 지연된 위탁수하물/화물) 및 (4) 제소기한을 구체적으로 설명하시오. (20점)

   물음 3) 항공화물운임 중 부대운임(Other Charge) 종류 6가지를 쓰고, 설명하시오. (20점)

2. 외국환거래법상 제21조의2 부담금납부의무자에 해당되는 5개 기관만 쓰시오. (제21조의2 7호 각 목 제외)(10점)

3. 비엔나협약상 승낙기간에 관한 다음 물음에 답하시오.(10점)

   물음 1) 승낙기간의 결정에 관하여 설명하시오. (4점)

   물음 2) 통신수단별 승낙기간의 기산일에 관하여 설명하시오. (6점)

4. UCP 600 제16조의 불일치서류에 관한 다음 물음에 답하시오. (10점)

   물음 1) 발행은행의 불일치서류에 대한 권리포기와 관련하여 권리포기의 교섭 가능성 및 교섭기간에 관하여 설명하시오. (4점)

   물음 2) 불일치서류의 거절통지에 포함될 내용 6가지를 쓰시오. (6점)

5. 대외무역법령상 수출입승인의 유효기간을 달리 정할 수 있는 사유 4가지를 쓰시오. (10점)

6. Incoterms 2020의 CIF 규칙에서 복수의 운송인이 존재하는 경우에 관한 다음 물음에 답하시오. (10점)

   물음 1) 당사자 간에 선적항에 대한 합의가 있는 경우 (1) 복수의 운송인이 존재하는 운송구간 및 (2) 위험이전시기에 관하여 설명하시오. (4점)

   물음 2) 당사자 간에 선적항에 대한 합의가 없는 경우 (1) 복수의 운송인이 존재하는 운송구간, (2) 위험이전시기 및 (3) 위험부담시점의 연장방법에 관하여 설명하시오. (점)

2020년 제37회

1. 화환신용장통일규칙(UCP 600)상 제시된 운송서류는 그 종류에 따라 제19조에서 제25조가 규정하고 있는 요건에 따라 심사한다. 다음 물음에 답하시오. (50점)
   물음 1) 제19조에서 제25조의 제목을 이용하여 운송서류의 명칭 7개를 쓰시오.
   (예 : 제 O 조 OO 서류) (10점)
   물음 2) 제19조 운송서류의 수리요건 6가지를 설명하시오. (30점)
   물음 3) 제20조 운송서류의 환적에 관한 규정을 설명하시오. (10점)

2. 외국환거래법령상 '거주자'의 정의와 이와 관련된 '거주자의 범위'(시행령 제10조 제1항) 7가지를 쓰시오. (10점)

3. Incoterms 2020 소개문에서 'Incoterms 규칙이 하지 않는 역할(What the Incoterms rules do not do)'에 대해 10가지를 쓰시오. (10점)

4. 대외무역법령상 권한의 위임과 위탁에 관한 다음 물품에 답하시오. (10점)
   물음 1) 관세청장에게 위탁된 권한 4개를 쓰시오. (4점)
   물음 2) 세관장에서 위탁된 권한 6개를 쓰시오. (6점)

5. 무역계약에 있어서 청약의 효력이 소멸되는 사유 5가지를 쓰시오. (10점)

6. 정기선운송에서 선사들이 대외적으로 화주들을 구속(유인)하기 위한 각종 계약제도에 관한 물품에 답하시오. (10점)
   물음 1) 계약운임제에 대해 간단히 설명하시오. (5점)
   물음 2) 삼중운임제에 대해 간단히 설명하시오. (5점)

2019년 제36회

1. 해상보험에 대한 다음 물음에 답하시오.
   (1) 피보험이익의 의외와 요건에 대하여 각각 설명하시오. (10점)
   (2) 2009년 개정 신협회적화약관(Institute Cargo Clauses, 2009 revision)의 (B)약관에서 보험자의 면책위험을 일반면책, 선박의 불내항(Unseaworthiness) 및 부적합면책, 전쟁위험면책, 동맹파업위험 면책으로 분류하여 설명하시오. (25점)

(3) 신용장통일규칙(UCP 600) 제28조의 보험서류의 수리요건에 대하여 설명하시오. (15점)

2. 국제물품매매계약에 관한 UN협약(UN Convention on Contracts for the International Sale of Goods : CISG) 제35조의 물품의 계약적합성에 대하여 설명하시오. (10점)

3. 한국 중재법상 임시적 처분 전의 잠정적 처분의 내용과 임시적 처분의 요건을 각각 설명하시오. (10점)

4. 중계무역에 사용되는 제3자 선하증권과 스위치선하증권에 대하여 각각 설명하시오. (10점)

5. 대외무역법령 및 관리규정상의 수출입승인의 요건과 전략물자 수출허가의 기준을 각각 설명하시오. (10점)

6. 외국환거래법령상 소액해외송금업자와 관련한 이행보증예탁기관의 이행보증금의 지급사유와 반환사유에 대하여 각각 설명하시오 (10점)

2018년 제35회

1. 항공운송에 대한 다음 물품에 답하시오. (50점)
   (1) 항공화물운송장(AWB)의 개념과 기능에 대하여 설명하시오. (10점)
   (2) 신용장통일규칙(UCP 600) 제23조의 항공운송서류(Air Transport Document) 수리요건에 대하여 설명하시오. (15점)
   (3) ① 항공화물 운임요율의 종류, ② 항공화물 사고의 유형, ③ 항공화물 사고 유형에 따른 클레임 청구 기한에 대하여 설명하시오. (25점)

2. 수출입기업의 환리스크관리를 위한 대내적, 대외적 기법에 대하여 설명하시오.

3. 국제물품매매계약에서 정지조건과 해제조건을 비교·설명하시오.

4. 영국해상보험법상(MIA)상 보험자 면책위험에 대하여 설명하시오. (10점)

5. 대외무역법상 '수출'과 관세법상 '수출'의 개념과 차이점에 대하여 설명하시오.

6. 외국환거래법령상 외국환업무취급기관 등의 '건전성 규제' 기준에 대하여 설명하시오.

2017년 제34회

1. 국제물품매매계약에 관한 UN협약(UN Convention on Contracts for the International Sale of Goods:CISG)에 관한 다음 물품에 답하시오. (50점)
   (1) 계약위반의 유형을 그 발생원인에 따라 설명하시오. (10점)
   (2) 매도인의 계약위반에 따른 매수인의 구제방법에 관하여 설명하시오. (20점)
   (3) 매수인의 계약위반에 따른 매도인의 구제방법에 관하여 설명하시오. (20점)

2. 한국 중재법에서 규정하고 있는 중재판정의 취소사유를 설명하시오. (10점)

3. 신협회적하약관(Institude Cargo Caluses, 2009 revision)상 보험자의 책임 개시되는 보험의 시기와 보험자의 책임의 계속, 보험자의 책임이 종료되는 종기에 관하여 설명하시오. (10점)

4. 신용장 양도의 정의와 양도요건에 관하여 설명하시오. (10점)

5. 외국환거래법(제3조 제19호)에서 규정하고 있는 자본거래의 정의에 간하여 설명하시오. (10점)

6. 대외무역법 제5조에 따른 물품등의 수출입의 제한 또는 금지사유를 설명하시오. (10점)

2016년 제33회

1. 국제상거래에서 발생하는 수입업자의 대금지급 거절이나 지급불능과 같은 신용위험에 대처하기 위하여 수출업자는 수출대금회수불능에 대한 안전장치를 마련할 필요가 있다. 다음 물음에 답하시오. (50점)
   (1) 이 경우 수출업자가 활용할 수 있는 우리나라 단기성 및 중장기성 무역보험을 종류별로 설명하시오. (15점)
   (2) 수출업자가 수입업자의 신용위험에 대처하기 위하여 국제팩터링(Factoring)제도와 포페이팅(Forfaiting)제도를 활용할 경우 그 효용과 한계점을 설명하시오. (25점)

2. 영국해상보험법상 해상보험 기간 중에 발생하는 위험 변경의 형태 중 이로(離路 : Deviation)의 성립요건, 이로의 효과, 정당한 이로의 사유에 대하여 설명하시오.

3. 항공화물운송장(Air Waybill) 원본의 용도별 기능, 선하증권(B/L)과의 차이점을 설명하시오.

4. 무역결제방식 중 송금결제방식의 특징과 실무상 유의점을 설명하고, 사전송금방식 및 사후송금방식 각각의 개념과 위험관리방안에 대하여 설명하시오.

5. 대외무역법령상 구매확인서의 정의와 발급절차, 구매확인서와 내국신용장의 차이점, 구매확인서의 전자발급 의무화에 대하여 설명하시오.

6. 외국환거래법령상 자본거래의 신고 등에 관한 내용 중 경미하거나 정형화된 자본거래로서 ① 사후에 보고하는 거래의 종류와 ② 자본거래신고 등의 예외 거래의 종류를 설명하시오.

2015년 제32회

1. 국제물품매매계약에서 비엔나협약(CISG)과 Incoterms 2010의 위험의 이전에 관한 규정을 각각 설명하고, 양 규정의 유사점과 차이점을 논하시오.

2. 외국환거래법령상 '외국환거래의 정지 등'을 다루고 있는 규정을 조치의 대상, 관련 사항의 고시, 적용기간, 적용의 제한 등으로 나누어서 설명하시오.

3. 해상보험에서 적용되는 위부(Abandonment)와 대위(Subrogation)의 개념과 차이점을 설명하시오.

4. 신용장통일규칙(UCP600) 제2조에 규정된 '지급이행(Honour)'의 의미를 적용가능한 신용장과 연계하여 설명하시오.

5. 대외무역법령상 특정거래 형태의 수출입의 종류와 내용을 설명하시오.

6. 무역계약의 수량조건 중 과부족용인조항(M/L Clause)의 개념과 그에 대한 신용장통일규칙(UCP600)상의 해석기준을 설명하시오.

2014년 제31회

1. 화환추심결제에서 D/P at sight, D/P usance, D/A 조건을 비교 설명하고 매도인과 매수인 입장에서 이들 3가지 조건에 대한 한계성을 각각 제시한 후, 매도인의 신용위험(credit risks)을 줄일 수 있는 방안을 논하시오.

2. 대외무역법에 의하면, 수출자와 선적 전 검사기관 간에 분쟁이 발생할 경우에는 그 해결을 위하여 필요한 조정(調整)을 할 수 있도록 규정하고 있다. 이 경우 ① 선적 전 검사가 무역장벽으로 간주되는 경우, ② 조정안의 작성(제시 시기와 기재내용 포함), ③ 조정안의 통지, ④ 조정이 종료되는 경우를 대외무역법령에 의하여 설명하시오.

3. 외국환거래규정상 비금융기관의 해외지사 설치신고 시, 설치신고를 하는 각각의 경우에 따른 신고자 또는 신고기관을 서술하시오.

4. 부정기선 용선계약 시, 이용하는 하역비부담조건들에 대하여 설명하시오.

5. 영국해상보험법(MIA)상 미평가보험증권(unvalued policy)과 선명미상보험증권(floating policy by ship or ships)에 대하여 설명하시오.

6. 몬트리올협약(Montreat convention)상 운송인의 책임원칙과 운송인의 면책사유, 운송인의 책임한도(단, 화물의 경우만)에 대하여 설명하시오.

2013년 제30회

1. INCOTERMS 2010의 C I F 규칙을 설명하고, 동 규칙으로 매매계약 체결시 소유권 이전과 관련된 문제점과 대응방안에 대하여 논하시오.

2. 외국환거래법령상에 규정된 지급수단의 개념과 대외지급수단에 대하여 설명하시오.

3. 대외무역법령상에 나타난 원산지 판정 절차 및 이의제기에 대하여 설명하시오.

4. INCOTERMS 2010 의 E, F, C, D Term 별로 통관의무 및 통관관련비용 부담의 당사자를 설명하시오.

5. 뉴욕협약에 따른 중재판정의 승인과 집행의 거부사유에 대하여 설명하시오.

6. 사전송금결제방식에 대하여 설명하시오.

2012년 제29회

1. 선적의 정의와 선적시기의 결정방법을 설명하고, UCP600 상에서 운송서류별 선적일자의 해석기준을 설명하시오. (50점)

2. Incoterms 2010 DAT, DAP 규칙의 개념을 각각 설명한 후 두 규칙의 차이점을 설명하시오. (10점)

3. 신용장에서 요구하는 아래 B/L 의 밑줄 친 부분의 의미를 각각 설명하시오. (10점)
   ① Full set of clean on board ocean bill of lading (dated ② not later than January 30, 2012) made out ③ to order and ④ blank endorsed, and mar ⑤ 'freight prepaid' and ⑥ notify 'applicant'.

4. MIA상 담보의 정의와 종류, 담보위반의 효과와 담보위반의 허용에 대하여 설명하시오. (10점)

5. 대외무역법상 외화획득의 범위와 이행기간에 대하여 설명하시오. (10점)

6. 외국환거래법상 외국환은행의 역외계정의 설치, 운영에 관한 조항에 대하여 설명하시오. (10점)

2011년 제28회

1. Incoterms 2010의 개정이유와 주요특징에 대하여 설명하시오. (50점)

2. 무역계약에 있어서 청약(Offer)과 청약의 유인(Invitation of Offer)에 대한 각각의 개념과 양자를 구분할 수 있는 기준을 설명하시오. (10점)

3. 국제결제방식에 있어서 팩토링결제방식과 신용장결제방식의 구조를 설명하고 각각의 결제방식에 있어서 은행의 역할을 비교하여 설명하시오.

4. FIATA FBL(International Federation of Freight Forwarder Association multimodal transport B/L ; 복합운송선하증권)과 UNCIMTG(United Nations Convention on International Multimodal Transport of Goods ; 유엔국제복합운송협약)에 규정된 운송인의 책임원칙과 책임한도액을 비교하여 설명하시오. (10점)

5. 채권회수명령에 대한 외국환거래법의 법적근거와 회수대상 채권범위 그리고 회수기한에 대해 설명하시오. (10점)

6. "A그룹이 소 500마리와 트럭100대를 판문점을 통해 북한측에 무상으로 넘겨 주었다" 라는 기사에 대해 대외무역법상 거래관계를 설명하시오.

2010년 제27회

1. 지시식 B/L과 D/P 방식, CFR 조건에 대해 설명하고, 3가지를 동시에 사용하였을 때 매도인과 매수인 입장에서 장점에 대해 설명하시오.

2. CISG 상 운송 중 전매물품의 위험의 이전에 대해 설명하시오

3. 대외무역법상 전략물자 수입목적 확인서(의의, 필요성, 절차)에 대해 설명하시오.

4. 외국환거래법상 외국환평형기금(재원의 조성, 운용방법 등)에 대해 설명하시오.

5. BWT 거래와 STALE BL의 개요, 신용장조건에서 사용가능한 방법에 대해 설명하시오.

6. ICC(09) 협회전쟁약관과 협회동맹파업약관의 담보하지 않는 사유에 대해 설명하시오.

2009년 제26회

1. CISG에 따른 "계약위반"의 특징을 설명하고, 매도인의 의무위반에 대한 매수인의 권리구제권, 매수인의 의무위반에 대한 매도인의 권리구제권에 대해서 설명하시오. 또한 매도인, 매수인의 공통된 권리 구제 방법인 손해배상의 원칙, 손해액의 산정방법, 손해방지경감의무에 대해서 설명하시오. (50점)

2. 선적기일, 서류제시일, 유효기일의 상관관계에 대해 쓰고, 서류심사기간에 대해 UCP500과 UCP600을 비교하시오.

3. M/R의 비고란에 수량부족인 경우, L/I를 발급하여 clean B/L을 발행한다. 이때 L/I, M/R, B/L 간 상호관계에 대해 설명하고 L/I의 법률적 효과에 대해 설명하시오.

4. 목적항 본선인도조건에 대해 위험과 비용의 분기, 소유권의 이전에 대해 설명하시오.

5. ICC상 보험의 시기와 종기 및 FOB상 적하보험의 시기와 종기를 비교하여 설명하시오.

6. "Available with ○○ Bank by acceptance" 인수신용장의 의의 및 사용되는 경우에 대해 설명하고, 기한부 매입신용장과 비교하시오

2008년 제25회

1. 바르샤바협약상 항공운송인의 책임원칙, 책임한도, 손해배상 및 제소기간 등을 헤이그비스비의 해상운송인의 그것과 비교 설명하시오.

2. 비엔나협약상 매수인의 대금지급 관련 대금지급시기, 장소에 대하여 설명하시오.

3. FOB 인천공항, FOB 코리아, FOB 컨테이너운송 등의 문제점과 해결방안에 대하여 설명하시오.

4. 비유통성해상운송장에 대해 선하증권과 비교한 특징, UCP 600에서 규정한 해상운송장의 운송인, 서명인 요건에 대하여 설명하시오.

5. 영국해상보험법상 묵시담보에 대하여 설명하시오.

6. 국제팩토링과 포페이팅의 개념과 기능을 비교하여 설명하시오.

2007년 제24회

1. 국제물품매매계약(United Nations Convention on Contracts for the International Sale of Good : CISG)상 계약에 적합한 물품을 인도하여야 하는 매도인의 물품적합의무(의의, 내용, 기준시기, 위반효과 등)에 대하여 설명하시오.

2. 무역거래에서 발생하는 분쟁을 해결하는데 사용되고 있는 ADR의 장점과 여기에 해당하는 세가지 방법을 비교, 설명하시오.

3. 운송주선업자(forwarder)를 이용한 LCL 컨테이너 화물의 집하 및 운송형태에 대하여 설명하고 이 경우 운송주선업자와 송하인 및 선사간의 선하증권발행형태에 대해 설명하시오.

4. 해상적하보험에서 피보험자의 손해방지의무 및 위부의 개념을 설명하고, 이를 활용하여 현행 협회적하약관(Institute Cargo Clauses)의 포기약관(Waiver Clauses)을 설명하시오.

5. 수출보험의 한 종류인 환변동보험의 의의와 종류에 대하여 설명하시오.

6. 이른바 Surrender B/L 혹은 Surrendered B/L의 의의, 기능 및 이용절차를 설명하시오.

2006년 제23회

1. 해상운송의 책임원칙(항해과실과 상사과실을 위주로), 책임기간, 손해범위를 중심으로 해상운송인의 법적 책임문제를 헤이그-비스비규칙, 함부르크규칙, 영국해상물품운송법((1971) 및 우리나라 상법의 관점에서 비교 설명하시오.

2. 운송을 증명하는 서류가 전자기록(electronic record)의 형태로 제시되는 eUCP 신용장 거래에서 당해 전자기록 운송증권의 전통(full set)요건 및 발급일과 선적일의 판단기준에 대하여 eUCP 규정을 토대로 설명하시오.

3. 신용장양도와 관련된 제반조건(정의, 전제조건, 양도의 종류 및 양도원칙 등)과 관련 당사자들의 지위를 설명하시오.

4. 선하증권의 이면약관에 쌍방과실충돌약관(Both to blame collision)이 삽입된 이유를 설명하시오. 그리고 협회적하약관(Institute cargo clauses)에서도 동일한 명칭의 쌍방과실충돌약관이 삽입된 이유를 설명하시오.

5. 우리나라 수입물품의 원산지 판정기준에 대하여 설명하시오.

6. 보세창고도거래(Bonded Warehouse Transaction ; BWT)란 무엇이며, 당해 거래 방식에서 발급되는 선하증권이 화환신용장 거래방식에서 무리 없이 수리될 수 있는 근거와 요건들은 무엇인지 설명하시오.

2005년 제22회

1. 2005년3월1일부터 국제물품매매계약에 관한 유엔협약(약칭CISG)이 적용되고 있다. CISG의 적용범위를 설명하고 국내법(민법,상법)과의 차이점에 관하여 논하시오.

2. 일반적인 계약의 법적성질(4가지)을 기준으로 일반적인 청약의 경우와 청약의 유인이 있는 경우에 있어서 무역계약 성립을 예를 들어(영문구문) 도출하고 비엔나 협약, 한국법 및 미국법의 경우 승낙의 법적유효성 문제(대화자간, 격지자간)를 각각 비교 설명하시오.

3. 전자무역에서 내국신용장 업무와 구매승인서 업무 중 제조(공급)업자가 물품을 공급한 후 대금지급을 받을 때까지의 업무절차를 설명하고 내국신용장 업무와 구매승인서 업무의 차이점과 유사점을 비교 설명하시오.

4. 보험가액 10,000 X 화물을 A 보험자에 보험금액 6,000원으로 부보한 후 또 B 보험자에 보험금액 5,000원으로 부보 하였을 때 우리나라 상법 및 MIA의 경우 각각 총 보험금수령을 비교하시오. (단, 소숫점 이하 무시함)

5. 해상화물의 선적절차 중 컨테이너화물의 선적절차를 운송계약의 체결과 선적으로 구분하여 설명하시오.

6. 무신용장방식의 대표적인 결제방법인 추심결제방식의 유리한 점을 수출업자와 수입업자입장에서 약술하고 추심결제방식의 한계점에 대하여 설명하시오.

2004년 제21회

1. 신용장거래에서 L/G 조건으로 계약물품을 인수할 경우 화물인수절차에 대하여 설명하시오. 만약 인수한 물품이 품질 불량임이 개설의뢰인에 의해서 발견되었을 뿐 아니라 추후 제시 받은 선적 서류가 신용장 조건과 불일치 함을 알게 되었을 경우 개설의뢰인이 개설은행에 대하여 지급거절을 할 수 있는 가를 UCP 500의 내용 및 L/G 관련 실무적 관행을 근거로 설명하시오.

2. 중계무역의 정의 및 의의 그리고 수출실적의 범위와 어떤 경우에 수출입인정의 대상이 되는지에 대하여 설명하시오. 또한 한국을 중계국으로 하는 경우 최초 수출자를 노출시키지 않기 위한 중계무역 선적서류들(상업송장, 환어음, 포장명세서, B/L, C/O)의 처리 방법에 대하여 설명하시오.

3. 수입화물선취보증서(L/G) 취급시 운송인의 책임에 대하여 설명하시오.

4. 내국신용장과 구매확인서의 차이를 수출물품 조달자와 공급자의 입장에서 설명하시오.

5. 면책비율조항과 면책비율 부적용(irrespective of percentage)의 개념을 설명하고, 이들 조항이 보험서류에 포함되어 있는 경우 UCP와 ISBP에 근거한 수리요건을 설명하시오.

6. 선하증권의 위기(B/L crisis)의 발생원인과 그 해결을 위한 방법으로 L/G 인도의 편법적 사용과 해상화물운송장의 활용방안을 설명하시오.

2003년 제20회

1. 무역거래에서 사용되는 선하증권의 기능을 설명하고, 최근 근거리 무역(예 : 한국과 중국간의 무역거래)에서 제기되고 있는 문제점 및 이에 대한 대안으로 사용되고 있는 방법들을 논하시오.

2. 수출자와 수입자는 그간 무역거래를 수행해 오면서 당해 대금을 TT에 의한 송금방식으로 결제(지급)해왔으나, 이번에 대금지급(결제)수단을 D/P 방식으로 변경하기로 합의하였다. 이렇게 대금결제(지급)수단이 변경될 경우 수출자가 수출대금을 회수하고 수입자가 물품을 인도받을 때 수반되는 위험부담이 각각에 어떻게 달라지는지 비교설명하시오.

3. INCOTERMS 2000상의 CIF 조건에는 보험자의 자격, 보험금액부보, 통화 및 담보의 범위 등 수출자의 부보조건을 각각 '평판이 좋은 보험자', '약정된 계약대금의 10%를 가산한 금액(즉 110%), 협회적하약관 또는 이와 유사한 약관의 최소 담보조건' 로 규정하고 있다. 이러한 조건들이 수입자에게 초래하는 보험클레임의 효과에 대하여 설명하시오.

4. 수입자가 수출자로부터 화공약품을 수입하면서 'TRANSSHIPMENT NOT ALLOWED)'조건으로 계약을 체결한 데 비해 ' TRANSSHIPMENT ALLOWED'한 경우 수입자의 계약물품의 수입효과가 어떻게 달라지는지, 그리고 'TRANSSHIPMENT NOT ALLOWED'조건이 어떠한 운송구간에 적용되는 지 설명하시오.

5. 예정보험의 의의와 그 유형을 설명하시오.

6. 클레임의 해결방안을 당사자간 해결방법과 제3자 개입 해결방법으로 구분하여 설명하시오.

2002년 제19회

1. Incoterms 2000에서 C Terms와 D Terms의 본질적 차이를 선적지 계약과 도착지 계약 특성을 중심으로 논하시오.

2. 항공화물운송장(AWB)이 신용장에서 요구된 경우 개설은행의 위험은 무엇이며 이에 대한 개설은행의 대응방안을 설명하시오.

3. 신협회약관(ICC) 운송조항(약관 제8조)의 도입과정과 보험자 책임의 시기와 종기를 설명하시오.

4. 선하증권(B/L)상 Description of Goods란에 부지약관을 삽입하는 이유를 운송인 입장에서 제시하고 UCP 500상의 해석기준을 설명하시오.

5. 화주입장에서의 복합운송의 장점을 단일운송과 비교해 설명하시오.

6. UCP와 eUCP의 관계를 설명하시오.

2001년 제18회

1. CIF 계약과 화환어음결제방식의 관계 및 적합한지 여부에 대하여 화환어음의 역할을 중심으로 논하시오.

2. Third party B/L의 의의와 활용사례 및 이유를 설명하시오.

3. 신용장 거래시 당사자(발행은행, 발행의뢰인, 수익자)의 파산에 따른 이해관계를 설명하시오.

4. 승낙의 의의와 효력발생시기 및 철회에 대하여 우리나라 민법, 영미법, 비엔나협약의 규정을 비교하여 설명하시오.

5. 외국중재판정의 승인 및 집행에 관한 UN 협약의 적용범위와 승인 및 집행의 거부사유를 설명하시오.

6. CIP Chicago 계약을 체결하고, door to door service를 이행하는 경우 적합한 운송형태와 가정 적합한 서류 및 적하보험의 담보시기를 설명하시오.

2000년 제17회

1. 화환신용장거래에서의 운송서류의 종류를 설명하고 그 수리요건과 수리거절요건에 대하여 설명하시오. (UCP 500에 근거)

2. Stale B/L Acceptable 의 의미를 설명하고, 이 조항으로 인해 수입자에게 미칠 수 있는 불이익의 예와 그 이유를 설명하시오.

3. 비엔나협약과 Incoterms 2000 상에서 규정한 국제물품매매상의 위험이전의 원칙을 비교설명하시오.

4. Force majeure 와 frustration 의 근본적인 차이점을 설명하고, Force majeure clause 가 포함하여야 할 내용에 대해 논하시오.

5. 수입하물선취보증서의 필요성과 이를 취급하는 운송인의 책임에 대하여 논하시오.

6. FOB 조건하에서의 CFS/CY 운송을 비교 설명하고, 물품흐름의 절차에 대하여 설명하시오.

1999년 제16회

1. 해상운송인의 책임원칙과 면책사유 및 보험자의 담보위험과 관계에 관하여 논하시오.

2. 신용장 개설은행의 서류심사기준과 불일치 서류의 처리에 관하여 설명하시오.

3. Open Account 결제방식의 효용에 관하여 설명하시오.

4. 복합운송인의 책임원칙 중 Uniform Liability System에 관하여 설명하시오.

5. 신용장에서 다음과 같은 선하증권을 요구하고 있다.
   "Full set of clean on board ocean bills lading made out to the order of DahanBank"이 신용장에서 요구하는 선하증권의 종류에 대하여 설명하시오.

6. 우리나라 수출보험의 담보위험에 대하여 설명하시오.

1998년 제15회

1. FOB계약에 있어서 화환신용장을 이용한 대금결제의 본질적인 문제점을 논하시오.

2. 무역계약상의 품질결정방법에 대해 설명하시오.

3. Bank's reasonable time to examine the documents(UCP 500 규정 내)에 관하여 논하시오.

4. B/L에 관하여 설명하시오.

5. 추정전손의 의의와 구체적인 경우 및 보험금액 전액 청구시 어떠한 과정(행위)를 하여야 하는 가를 설명하시오.

6. 하역비 부담에 의한 분류를 열거 기술하시오.

1997년 제14회

1. 상사중재의 장단점과 상사중재절차를 상술하시오.

2. DDP 조건에 대해 약술하시오.

3. UCP500에서 규정한 서류점검(Examination of Documents)의 소요시간에 대해 약술하시오.

4. D/Acontrac tand D/Pcontract에 대해 약술하시오.

5. Bill of Lading의 기능에 대해 약술하시오.

6. 지난 1980년만 해도 우리나라 전체 수출액 중 신용장에 의한 거래가 약80%의 비중을 차지하였으나 오늘날에는 그 비중이 60%이하로 떨어지고 있다. 이처럼 신용장에 의한 수출 비중이 감소되는 요인에 대해 설명하시오.

1996년 제13회

1. INCOTERMS 1990(개정:2010)의 이론적 배경, 개정동기 및 형태를 논술하시오.

2. "we offer you firm subject to our final confirmation"이란 offer에 대해 "we accepted your offer"라 회신했다면 계약의 성립여부에 대해 서술하시오.

3. "100,000 M/T of california 10% more or less"라는 문구에 대해 설명하시오.

4. 신용장의 독립 추상성에 대해 약술하시오.

5. 용선운송계약의 의의와 종류를 설명하시오.

6. 수출어음보험에 대해 약술하시오.

관세사 시험대비

무역실무
요약집

저　　자: 최권수
디 자 인: 오미정
초판인쇄: 2022년 7월 10일
초판발행: 2022년 7월 15일
발 행 인: 김용원
발 행 처: FTA관세무역연구원
기 획 처: 세인북스
등　　록: 제 2013-000007호
주　　소: 서울특별시 서초구 서운로 138, 동아타워 2층
전화번호: 02-6011-3064
F A X: 02-6011-3089
의견제출: seinbooks@esein.co.kr
교재구매: www.customsacademy.co.kr

저자와의
협의하에
인지생략

본 책자는 정확한 정보제공을 목적으로 하고 있습니다.
다만, 그 완전성이 항상 보장되는 것은 아니므로
적용결과에 대해서는 본원이 책임지지 아니합니다.
따라서 실제적용에 있어서는 충분히 검토하시고,
전문가와 상의하실 것을 권고합니다.

ISBN 979-11-92103-19-8　93320　　값 **25,000원**